Ueli Mäder

macht.ch

Ueli Mäder

macht₊ch

Geld und Macht in der Schweiz

Mit Fallstudien von Peter Streckeisen,
Ganga Jey Aratnam, Markus Bossert
und Gian Trepp

Mitarbeit: Mirja Bänninger, Cornelia Brüllmann, Christoph Brunner, Reto Bürgin, Milan Büttner, Ursina Conzelmann, Cédric Duchêne-Lacroix, Eliane Eggenschwiler, Oliver Fahrni, Bianca Fritz, Esther Girsberger, Stephan Graf, Hugo Hanbury, Veronika Henschel, Jérôme Jacky, Saskia Jaeggi, Victoria Jäggi, Anna Jungen, Sarah Kehrli, Jeremias Kläui, Markus Kocher, Rodrigo Krönkvist, Magdalena Küng, Rahel Locher, Simon Monfort, Astrid Motz, Simon Mugier, Michael Mülli, Bastian Nussbaumer, Stefanie Omlin, Riccardo Pardini, Kathrin Pavic, Martin Rohmeder, Nathalie von Rotz, Cynthia Rudin, Melina Rutishauser, Anouk Sartorius, Sarah Schilliger, Samuel Schlaefli, Hector Schmassmann, Aline Schoch, Mario Steinberg, Peter Sutter, Anja Vatter, Florian Vock, Franz C. Widmer, Davide Zollino und Eveline Zwahlen.

Rotpunktverlag.

Der Verlag dankt für die Unterstützung:

prohelvetia

Gestaltung: Patrizia Grab
Druck und Bindung: Pustet Regensburg
ISBN 978-3-85869-663-2

1. Auflage 2015

Inhalt

Vorwort

Hans Tschäni publizierte 1983 seine Studie *Wer regiert die Schweiz?* Der damalige Redaktor des *Tages-Anzeigers* kritisierte die enge Verflechtung des Staates mit wirtschaftlichen Kartellen sowie »die Selbstaufsicht der Banken«. Er analysierte, wer mit welchem Auftrag im Parlament politisierte und wie die »Filzokratie« demokratische Prozesse unterlief. Inzwischen ist die Welt stärker globalisiert, rationalisiert und modernisiert. Und das Militär ist auch nicht mehr, was es einmal war. Wir fragen, wie sich Macht und Herrschaft in der Schweiz heute manifestieren: in und über Personen, Institutionen und Ideologien. Wir wollen ergründen, wer den sozialen Wandel wie beeinflusst. Und dabei interessiert uns, welche Rolle das Geld spielt. Wir suchen Spuren mehr oder weniger verborgener Mechanismen der Macht. Im Sinne einer Annäherung.

Im ersten Teil des Buches setzen wir uns exemplarisch mit dem Einfluss von Finanzinstituten, Unternehmen, Verbänden, Denkfabriken, Netzwerken, politischen Einrichtungen und staatlichen Verwaltungen auseinander. Wir skizzieren aktuelle Entwicklungen und beziehen uns auf über 200 eigene Gespräche. Im zweiten Teil folgen Fallstudien: zum Bankenstaat und zur Macht des ökonomischen Denkens von Peter Streckeisen, zur Nationalbank von Gian Trepp, zu den größten (Rohstoff-)Konzernen von Ganga Jey Aratnam, zum Gewerbeverband von Markus Bossert.

Ich danke allen Interviewten, Autoren der Fallstudien und weiteren Mitarbeitenden. Ich danke auch allen Studierenden, die persönliche Erfahrungen bei einem Bankpraktikum oder bei Diensten auf einem Golfplatz oder einer Luxusjacht aufzeichneten. Auf einzelne Arbeiten nehmen wir Bezug. Vielen Dank auch allen, die uns wertvolle Hinweise vermittelt haben. Ein besonderer Dank gilt dem Zürcher Rotpunktverlag.

Ich verantworte den Haupttext und die meisten Interviews. Etliche Mitarbeitende unterstützten mich dabei. Deshalb dominiert im Text die Wir-Form. Wobei unsere Debatten öfter kontrovers blieben.

Des Schweizers Schweiz heißt ein Buch von Peter Bichsel. Er publizierte es 1969 und las damals an der Universität Basel daraus vor. Am Schluss fragte er: »Will noch jemand diskutieren?«, und fügte an, ohne eine Sekunde zu zögern: »Auch ich gehe lieber ein Bier trinken.« Damit beendete er die Veranstaltung. Doch seine Lesung wirkte nach. Bichsel beschrieb seine ambivalente »Liebe zur Schweiz«. Sie ist gut nachvollziehbar.

Teil I # Gefüge der Macht – eine Annäherung

Im ersten Teil unserer Arbeit nähern wir uns ausgewählten Gefügen und Konstellationen der Macht an. Dazu gehören Institutionen, Personen, Interessen und Dynamiken. Wir fragen, wer überhaupt wie Einfluss nimmt. Als Grundlage dienen Interviews, die wir geführt haben, Dokumenten-, Medien- und Kontextanalysen sowie teilnehmende Beobachtungen.

✛Fragestellungen und Methoden

Im Frühjahr 2015 gründeten die Unternehmer Hansjörg Wyss und Jobst Wagner den Verein Vorteil Schweiz. Sie setzen sich mit sieben Millionen Franken dafür ein, die bilateralen Verträge mit der Europäischen Union (EU) zu erhalten. Ihr Geld dient laut *SonntagsZeitung* (5.4.2015: 1) dazu, politische Inhalte zu befördern. Gegen die Macht, die Christoph Blocher, ein anderer Unternehmer, ausübt. Der Philosoph Georg Kohler sieht die »Gefahr einer Plutokratie«, also der Geldherrschaft, wie in den USA und anderswo, auch in der Schweiz. Reiche hätten heute bei uns mehr politischen Einfluss als vor fünfzig Jahren, erläuterte er mir. (7.12.2014) Und die Weigerung, diese Mittel offenzulegen, zeuge von einem Demokratiedefizit. Die *Weltwoche* (9.4.2015: 12) mokierte sich, wie die Zeitung *20 Minuten* über »Vorteil Schweiz« berichtete. Statt des Vereins habe sie das »EU-No«-Komitee in den Vordergrund gerückt. Die *Weltwoche* illustrierte (und ironisierte?) ihre Kritik mit einem kleinen Bild von Hansjörg Wyss und einem großen Bild des EU-Gegners Christoph Blocher.

Wir versuchen, uns Dynamiken der Macht anzunähern. Wir fragen, wer in der Schweiz den Ton angibt. Sind es eher wirtschaftliche, politische oder zivilgesellschaftliche Kreise? Oder hat »das Volk« das Sagen, das an der Urne immerhin Ja oder Nein stimmen darf? Und lassen sich die erwähnten Akteure überhaupt klar voneinander unterscheiden? In unserer Studie *Wie Reiche denken und lenken* (Mäder/Jey/Schilliger 2010) untersuchten wir, wie Reiche auf die Finanz- und Wirtschaftskrise reagierten. Einzelne plädierten dafür, den sozialen Ausgleich freiwillig zu fördern. Wir warnten davor, die Existenzsicherung dem Goodwill von Begüterten zu überlassen. Hier diskutieren wir nun, wie materiell mehr oder weniger Privilegierte ihren Einfluss ausüben. Wir werfen einen soziologischen Blick auf wirkungsmächtige Praktiken.

Wer regiert die Schweiz?

Hans Tschäni beschrieb in seinem Buch *Wer regiert die Schweiz?* die Politik und Verwaltung als verlängerten Arm der Wirtschaft. Inzwischen liegt eine weitere Studie mit demselben Titel vor. Sie stammt von Matthias Daum, Ralph Pöhner und Peer Teuwsen. (2014) Die drei Autoren untersuchen, welchen Einfluss die Wirtschaft, Politik und Lobbys »heute tatsächlich haben«. Nach ihrer Auffassung sind viele frühere Seilschaften und der »alte Filz« passé: Neue »unbekannte Hintermänner« prägen die Geschicke des Landes. Wichtig ist zudem die Bundesverwaltung. Sie vereint viel Kompetenz. Die Eidgenössische Finanzmarktaufsicht (Finma) reguliert die Banken und Versicherungen. Die Wettbewerbskommission (Weko) kontrolliert, ob Konzerne das Kartellgesetz beachten. Und was tun die Medien? Sie sind (laut Daum et al. 2014) keine »vierte Gewalt« mehr im Staat. Sie plakatieren mehr Vordergründiges, statt gründlich zu recherchieren und eigenständig zu agieren. Wir setzen uns mit diesen Thesen auseinander und versuchen, der Macht auf die Spur zu kommen.

Uns interessiert, was heute passiert. Wie sehr prägen die Großindustrie und das Finanzkapital die Schweiz? Gebärdet sich die Politik schwach gegenüber Starken und stark gegenüber Schwachen? Oder handelt sie im Kontext der Finanz- und Wirtschaftskrise nun selbstbewusster? Einzelne Wirtschaftsverbände versuchen derzeit, ihre eigenen Leute wieder mehr auf das politische Parkett zu hieven. Was bedeutet das? Und wie reagieren zivilgesellschaftliche Gruppen? Sind sie in der Lage, demokratische Prozesse auszuweiten?

Theoretische Bezüge

Macht bedeutet, wenn wir uns an Max Weber (1922) orientieren, die Fähigkeit, eigene Interessen gegen Widerstreben durchzusetzen. Wie gut das gelingt, hängt von Ressourcen ab. Wichtig sind ökonomisches, soziales, kulturelles und symbolisches Kapital (Bourdieu 1983); Geld, Beziehungen, Ausbildung und Prestige. Wir analysieren Dynamiken der Macht im

Kontext sozialer Gegensätze. Wir fragen, ob Reiche eher eine Macht-
(Krysmanski 2004) oder eine Leistungselite (Freiburghaus 2008) sind. Und warum Einzelne ihre eigenen Interessen als gesellschaftliche durchsetzen
können. (Gramsci 2012, H. 6: 783) Zudem interessiert, wie sich Macht herr-
schaftlich institutionalisiert und in sozialen Beziehungen dokumentiert.

Macht lässt sich nach Michel Foucault (2005: 256) ohne direkte physi-
sche Gewalt ausüben. Sie bezieht sich auf Handlungen von Subjekten und
Kräfteverhältnisse. Macht äußert sich im »Führen der Führungen« und
im Schaffen von Wahrscheinlichkeiten. Sie wandelt sich ständig und
passt sich veränderten Gegebenheiten an. Macht wirkt nicht nur von
oben nach unten oder durch Zwang. Sie kann sich auch von unten entfalten und über soziale Bewegungen sehr produktiv sein. Wir versuchen,
Dynamiken der Macht sichtbar zu machen. Machteffekte zeigen sich
auch, wenn wir Widerstände gegen sie analysieren.

Macht ist an keine bestimmten Orte gebunden wie die Bundesversammlung oder Verwaltungsräte globaler Unternehmen. Sie durchfließt
und verbindet sämtliche Teile der Gesellschaft. (Foucault 1983) Macht ist
kein Privileg des Staates oder einer sozialen Klasse. Sie wirkt auch als
»Mikromacht« in Familien, Schulen, Produktionsstätten, Gefängnissen
und Armeen. Und darin liegt ihre besondere Kraft: Sie ist allgegenwärtig und
prägt so die öffentliche Kontrolle und komplexe Ordnung. Die Macht ist
keine Institution, keine Struktur, keine »Mächtigkeit einiger Mächtiger«.

Gilles Deleuze und Félix Guattari (1980: 15) entwarfen für die Macht das
Denkbild des Rhizoms. Rhizome sind pflanzliche Erdsprosse. Sie wachsen oft dicht über dem Boden und weiten sich gerne wie das unterirdische
Geflecht eines Pilzes oder ein Achsensystem aus. Macht ist demnach kein
Baum mit Wurzeln, sondern eher ein verwobenes Gefüge. (A. a. O.: 10) Macht
erscheint »amorph und heterogen«, als Netz oder Kräftefeld, ohne Sub-
jekte oder Objekte. Das Rhizom hat multiple Eingänge und Ausgänge,
Risse und Schaltstellen. Ganga Jey Aratnam knüpft in seiner Fallstudie
über Glencore Xstrata (Seite 395) daran an.

Das Wirtschaftsmagazin *Bilanz* (1/2015) orientiert sich offenbar am
Verständnis von Max Weber, wenn es jeweils die Mächtigsten der Schweiz
vorstellt. Kriterien sind: erstens der Einfluss im eigenen Unternehmen;
zweitens die Wirkung auf die Politik oder Gesellschaft; drittens die Fä-

higkeit, sich gegen andere durchzusetzen. Nach dem leistungsorientier-
ten (meritokratischen) Prinzip sind wir selbst dafür zuständig, welchen
Platz wir in der Gesellschaft einnehmen. Wer fleißig ist, gelangt nach
oben. So setzen sich in der Schweiz (laut Freiburghaus 2008) neue Funktionseliten durch. Sie zeichnen sich durch besondere Fähigkeiten und spezia-
lisiertes Wissen aus: Es reiche nicht mehr, Offizier zu sein, um eine Hochschule leiten zu können. Der Weg nach oben führe über eine gute Ausbildung und eine hohe Bereitschaft zur Mobilität. Leistung zähle mehr als
Herkunft. Die Kinderstube, Studienfreunde und exklusive Clubs bleiben
aber aus unserer Sicht wichtig. Ebenso wie Machteliten (Mills 1956; Krysmanski 2004), die vornehmlich aus begüterten Kreisen stammen und soziale
Gegensätze perpetuieren.

Soziale Ungleichheiten liegen vor, wenn Mitglieder einer Gesellschaft
dauerhaft in unterschiedlichem Maße über notwendige oder begehrte
Güter verfügen. Es geht dabei um die Verteilung von Ansehen, Reichtum
und Macht. (Levy 2003: 286) Wichtig sind auch, nebst materieller Sicherheit,
der Zugang zu sozialen und kulturellen Angeboten sowie die Chancen,
ein gutes Leben zu führen. Im Vordergrund steht der Widerspruch zwischen gesellschaftlicher Produktion und privater Aneignung. Er wird
heute eher selten diskutiert. Die Wahrnehmung verlagert sich von der
vertikalen Gliederung (oben/unten) zur horizontalen. Klassenmodelle
unterschieden im 19. Jahrhunderts die Lohnabhängigen von der Bourgeoisie, die über die Produktionsmittel verfügte. Die klassentheoreti-
schen Ansätze betrachteten diese Gegensätze als Triebkräfte des sozialen
Wandels. Spätere Analysen betonten weitere Merkmale wie Ausbildung
und berufliche Qualifikationen. Max Weber (1922) sah die Lebensführung
als wichtige Ursache sozialer Ungleichheit. Soziale Schließung und Hie-
rarchisierung erschweren Außenstehenden den Zugang zu wichtigen Positionen. Theodor Geiger (1932) knüpfte daran an. Soziale Schichten prägen aus seiner Sicht soziale Mentalitäten und das Prestige mit. Alle diese
Ansätze gehen noch von vertikalen Ungleichheiten aus. Das änderte sich
in der zweiten Hälfte des 20. Jahrhunderts. Neuere Theorien sozialer Lagen und Milieus betonen die Individualisierung und das subjektive Wohl
(Lebenszufriedenheit). Horizontale soziale Differenzierungen scheinen
alte Klassengegensätze abzulösen.

Ulrich Beck charakterisierte die Individualisierung »jenseits von Stand und Klasse«. (1983) Er subjektivierte die soziale Frage und akzentuierte: erstens das Herauslösen aus herkömmlichen Sozialformen, zweitens den Verlust traditioneller Sicherheiten und drittens neue soziale Einbindungen – dank Wahlmöglichkeiten. Solche Prozesse lassen sich teilweise nachweisen. Aber sie heben soziale Klassen keineswegs auf. Dass heute auch qualifiziert Ausgebildete erwerbslos sein können, veranschaulicht nach Beck die Klassenlosigkeit sozialer Ungleichheit. Gerhard Schulze (2000) nahm diesen »Beleg« auf und hob die Bedeutung sozialer Milieus und Erlebnisgemeinschaften hervor. Er verlagert die Ursachen sozialer Ungleichheit ins Innenleben der Menschen. Die Suche nach Glück löse die Sorge um das Materielle ab. Das erlebnisorientierte Denken ersetze das produktionsdominierte. Der Alltag erscheint so als Lebensbühne und Verlängerung der inneren Perspektive. Aber Lebenswelten sind nur beschränkt wählbar. Die individuelle Sicht verdeckt Machtverhältnisse.

Pierre Bourdieu (1979, 1993a) verknüpfte vertikale und horizontale Unterschiede sowie Struktur und Kultur. Nach seinem Verständnis sozialer Räume markiert der Lebensstil den sozialen Ort der Menschen. Angehörige der Oberschicht sind eher in der Lage, einen spielerischen Umgang mit Wissen und Werten zu pflegen, als Angehörige der Unterschicht. Wer sich im Alltag wie durchsetzt, hängt von der Ausstattung mit verschiedenen Ressourcen ab. Äußere Faktoren prägen unsere Denk- und Handlungsmuster. (Bourdieu 1997a: 779) Die eigene Klassenlage ist dabei zentral. Sie determiniert uns aber nicht kausal. »Feine Unterschiede« machen sich über Titel, Kleidung, Sprache, Manieren und den Geschmack bemerkbar. Sie verweisen auf unsere Herkunft. Unser Lebensstil folgt dem sozialen Rang. Unser Habitus drückt aus, woher wir kommen. Er hält uns so im sozialen Rang gefangen.

Wie gesellschaftliche Bedingungen persönliche Lagen prägen, analysiert der britische Sozialwissenschaftler Richard G. Wilkinson (2009) in dem (mit Kate Pickett verfassten) Buch *Gleichheit ist Glück*. Die Verteilung von Einkommen beeinflusst das individuelle Wohl. Mit steigendem Einkommen sinken die gesundheitlichen Beeinträchtigungen. Der Bundesrat weist in seinem Bericht »Verteilung des Wohlstands in der Schweiz«

(27.8.2014) darauf hin, wie der Anteil der Tieflöhne seit dem Jahr 2000 anstieg. Im Jahr 2012 lagen 13,4 Prozent aller Stellen unter der Schwelle von monatlich 4343 Franken. Das Einkommen entscheidet auch mit, wer mehr oder weniger Einfluss hat, so Wilkinson (in unserem Gespräch vom 24.5.2013). Die soziale Ungleichheit erhöht nach seinen Studien ebenfalls die wirtschaftliche Instabilität.

Methodisches Vorgehen

Wir nähern uns mit unterschiedlichen methodischen Zugängen den Dynamiken der Macht an. Eine *erste* Grundlage bilden die Gespräche. Wir interviewten über 200 Personen aus: Finanzinstituten, großen wirtschaftlichen Unternehmen, wirtschaftlichen und politischen Verbänden, Politik und Verwaltung, Justiz, Militär und Polizei, Denkfabriken und Denknetzen, Gemeinwohl-Ökonomien und Stiftungen sowie Medien. Aus diesen Bereichen wählten wir je fünf Personen aus, mit denen wir uns schon in einer früheren Studie (Mäder et al. 2010) unterhielten. Uns interessierte, wie sich ihre Haltungen verändert haben. Zudem kontaktierten wir je fünf weitere Personen, die mit der jeweiligen Materie vertraut sind. Zusätzliche Gespräche kamen über Empfehlungen und zufällige Begegnungen zustande. Die Gespräche begannen meistens mit einer längeren erzählerischen Sequenz zum persönlichen Werdegang. Dann folgten fokussierte Passagen dazu, wer seinen Einfluss wie ausübt. Beim Auswerten der transkribierten Interviews ordneten wir die Aussagen einzelnen Vorabkategorien zu. Dabei interessierte vor allem das eigene Verständnis sowie das persönliche Erleben und Reflektieren von Macht. Weitere Kategorien bildeten wir anhand der transkribierten Gespräche. Wir interpretieren die Interviews zurückhaltend. Etliche Auszüge drucken wir unkommentiert ab. Lesende können sich so ein eigenes Bild machen.

»Eine besondere Art der Macht ist die Selbstbestimmung, das heißt die Freiheit, die einem gegeben wird und die man sich nimmt«, sagte mir Daniel Vasella, der ehemalige Verwaltungsratspräsident von Novartis, in einem früheren Gespräch. (29.6.2010) Und: »Leider bauen die meisten Menschen ihr eigenes inneres Gefängnis und agieren zugleich als deren Wärter, sodass sie nach einem Regelwerk handeln, welches nur in ihrer eigenen Vorstellung existiert.« Eine solche Aussage dient dem Verständnis von Macht, die Daniel Vasella überhöht und zugleich herunterspielt. Oder wenn Joseph Jimenez, der derzeitige CEO der Novartis, an deren Generalversammlung 2014 einen einzigen Satz auf Deutsch sagt und alle Aktionärinnen und Aktionäre frenetisch applaudieren, dann sagt das auch etwas darüber aus, wie sich Macht legitimiert.

Bei allen Gesprächen achteten wir auf das, was wir hörten, sahen und sonst noch bemerkten. Auch intuitiv. Was löst das Gegenüber aus? Sympathie, Befremden oder Irritation? Mit einigen Interviewten konversierten wir schriftlich weiter. Mit einzelnen über eine längere Zeit. Die verwendeten Gesprächsauszüge ließen wir autorisieren. Einzelne Interviewte begnügten sich mit geringfügigen Änderungen. Andere kürzten viele Aussagen weg oder formulierten sie stark um. Diese teilweise recht aufwendige nachträgliche Kommunikation erhellte sensible Bereiche und das Bemühen, ein bestimmtes Bild zu vermitteln. Ein Bankdirektor sprach sich für eine eidgenössische Erbschaftssteuer aus, wollte das aber nicht stehen lassen.

Eine *zweite* Grundlage unserer Arbeit bilden zahlreiche Dokumente und Medienberichte. Wir werteten sie in einzelnen Bereichen (Denkfabriken) und Themen (Steuerdebatte) auch inhalts- und diskursanalytisch aus. Im Vordergrund stand die Frage, wer Macht thematisiert und auf welche Weise dies geschieht. Bei den Medienanalysen werteten wir zudem alle Ausgaben der *Neuen Zürcher Zeitung* (NZZ) während einer zufälligen Zeitspanne (vom 20. April bis 20. Mai 2015) aus. Als weitere Dokumente nutzten wir auch Selbstpräsentationen (Homepages), Jahresberichte, statistische Berichte und Protokolle. Zudem weitere Studien, (Auto-)Biografien und Informationen, die wir aus Ämtern, Verwaltungen und dem Umfeld von Mächtigen erhielten; von einem Butler, einem Chauffeur, von Verwandten eines Bundesrats oder von einem Strafrichter (über die Selbstbereicherung von Anwälten). Einen interessanten Einblick gewähr(t)en uns auch zugesandte Brief- und Honorarkopien. Einzelne forderten uns ethisch heraus. Wie ist es möglich, Transparenz darüber herzustellen, wie das Getriebe funktioniert, ohne einzelne Personen an den Pranger zu stellen? Was tun, wenn Verwandte eines amtierenden Bundesrates einem einen langen Briefwechsel zukommen lassen, bei dem es um massive Erbstreitigkeiten geht?

Hinzu kommen als *dritte* Grundlage eigene Beobachtungen; so etwa bei Weiterbildungsveranstaltungen von Finanzinstituten, in Beratungsgremien von Unternehmen oder bei gewerblichen und gewerkschaftlichen Anlässen. Dabei achteten wir darauf, wie sich Mächtige und Machtstätten präsentieren. Als hilfreich erwiesen sich auch Einladungen zu Diskussionen bei Medien, Unternehmen, Serviceclubs und Netzwerken (HSG-Alumni, Rotary, Kiwanis usw.). Nach einer Fernsehdiskussion erzählte mir beispielsweise Headhunter Björn Johansson, wie er Benedikt Weibel, den ehemaligen CEO der Schweizerischen Bundesbahnen, einschätzt. Er halte ihn für viel fähiger als manche andere CEOs in großen Konzernen. Ein Typ wie Weibel lasse sich aber kaum entsprechend vermitteln, wenn er das falsche Parteibuch habe. Bei einem späteren Gespräch (7.2.2013) dementierte der Headhunter allerdings diese Aussage, als ich ihn öffentlich darauf ansprach. Der Verwaltungsratspräsident eines großen Unternehmens fügte hingegen, nachdem er sich mir gegenüber (10.11.2014) dezidiert über eine Bundesrätin und eine frühere Regierungsrätin geäußert hatte, gleich vorsorglich an: »Und sollten Sie das jemals verwenden, dann weiß ich von nichts.« Das sind so kleine Geschichten, in denen wir uns meistens selber erkennen. Sie erhellen auch ein wenig, wie unsere Gesellschaft funktioniert.

Wertvolle Informationen trugen zahlreiche Studierende bei. Dies im Rahmen von Vorlesungen und Seminaren zu »Geld und Macht: Die Schweiz zwischen Meritokratie und Oligarchie« (HS 2012, Universität Zürich), »Raum und Macht« (FS 2013, Universität Basel), »Wer regiert die Schweiz?« (HS 2013, Universität Basel), »Macht und Ohnmacht: biografisch erforscht« (HS 2014, Universität Basel). Die Studierenden interviewten und porträtierten ausgewählte Personen, sie berichteten von ihren Praktika bei Banken und Unternehmen, ihrer Zugbegleitung beim Orient-Express oder ihrem Babysitting bei Reichen. Mehrere Hundert Berichte liegen vor. Einzelne nahmen wir hier auf. Die Studierenden wirkten auch als Sounding Board. Wir werteten mit ihnen ab und zu anonymisierte Interviews aus.

Zum kollektiven Validieren unserer Wahrnehmungen trugen auch intensive Debatten bei. Zudem bezogen wir gezielt externe Sichtweisen ein. Wir baten beispielsweise zwei Journalisten, unsere Studie kritisch zu kommentieren. Der eine (Oliver Fahrni, Redaktor *Work)* gilt politisch als progressiv-links, der andere (Franz C. Widmer, ehemaliger Chefredaktor *Basellandschaftliche Zeitung*, bz) als konservativ-liberal. Beiden verdanken wir wertvolle Kommentare. Bei konkreten Hinweisen zitieren wir sie namentlich. Fahrni enthielt sich als Angestellter der Unia beim Kapitel Gewerkschaft, Widmer beim Kapitel Medien. Einzelne Wahrnehmungen diskutierten wir auch mit weiteren Fachleuten, zum Beispiel mit Dagobert Kuster, dem ehemaligen Geschäftsführer der Basler Volksbank, und Urs Hägeli, einst stellvertretender Direktor der UBS Schweiz.

Biografischer Ansatz

Unsere Arbeit ist biografisch orientiert. Wir diskutieren, wie sich Macht bei einzelnen Personen und Institutionen manifestiert. Das Biografische erhellt dominante Strukturen, Werte und Einstellungen. Unsere Interviews dokumentieren, wie Mächtige ihre Haltungen plausibilisieren. Die subjektiven Deutungen vermitteln ihre Sicht von Wahrheiten, Wirklichkeiten und Sinngehalten. Das hilft, sich verstehend sozialen Realitäten anzunähern. Die Macht der Mächtigen lässt sich allerdings nie wahrheitsgetreu eruieren. Wir konstruieren sie mit, auch wenn wir unsere Eindrücke kollektiv validieren und möglichst wenig Eigenes in die anderen hineinprojizieren wollen. In der Schweiz ist der Zugang zu Mächtigen relativ einfach. Das sagt auch etwas über sie und das Land aus. Auch die erhöhte Offenheit von (älteren) Personen, die schon etwas mehr Distanz zum aktuellen Geschehen haben, kam uns entgegen.

In der Regel führten wir die Gespräche im gewohnten Umfeld der Interviewten. Dabei erörterten wir auch Kontexte, in denen Mächtige so handeln, wie sie handeln. Der Wert von Erinnerungen und Deutungen ist allerdings umstritten. Sie erhellen und trügen zugleich. Wenn wir Geschichten aus dem Blickwinkel von Beteiligten rekonstruieren, ist Erlebtes subjektiv wahr und – wie jede Quelle – kritisch zu betrachten. Sichtweisen verändern sich in kommunikativen Prozessen. Je nach Interview kommen besondere Gefühle, Deutungen und Fantasien auf. Das Zusammenspiel der Beteiligten beeinflusst die Darstellung. Weitere Gegebenheiten wirken schon vor dem Gespräch. Zum Beispiel Medienberichte sowie die unterschiedlichen sozialen Milieus, in denen sich Fragende und Interviewte bewegen. Wir unterscheiden bei unseren Interviews zwischen dem Erzählten, Erlebten und der Sinngebung. (Rosenthal 1995: 130) Zudem achten wir auf Schlüsselerlebnisse und biografische Wendepunkte. (Haumann/Mäder 2008: 279) Unsere Studie beinhaltet also einen deutenden und sinnverstehenden Zugang. Eine solche Forschung gestaltet sich als kommunikativer Prozess. Sie erfordert eine Sensibilität für die eigene Wahrnehmung und die Interaktionen zwischen allen Beteiligten. Mit einzelnen Interviewten finden seit Jahren regelmäßige Treffen statt, mit andern ein häufiger Austausch per E-Mail. Die etablierten Bande helfen, nachzufragen und Sichtweisen präziser wahrzunehmen. Sie erhöhen aber auch die Gefahr, kritische Distanz zu verlieren. Umso wichtiger sind die Transparenz und das kollektive Korrektiv. Dies im Sinne eines permanenten Austauschs mit Personen, die unterschiedliche Sichtweisen einbringen. Hilfreich war für uns auch ein mehrtägiger Austausch mit Bettina Dausien, die an der Universität Wien Biografieforschung lehrt.

Die Biografieforschung ist daraufhin zu befragen, ob sie die individualistische Sicht verstärkt. Sie tut das aus unserer Sicht nicht, wenn sie die sozialen Kontexte einbezieht und danach fragt, wie sich im Individuellen das Gesellschaftliche dokumentiert. Der biografische Ansatz erlaubt jedenfalls keine Generalisierung; er ist vielmehr eine spezifische Form sozialer Annäherung, die es mit strukturellen Voraussetzungen zu verknüpfen gilt.

Pierre Bourdieu (1986: 69) warnt vor der biografischen Illusion, die der »Lebenserzählung« anhaftet. Dem Erzählen wohne in vielen Fällen die Tendenz inne, zwiespältige Lebensphasen als eine »kohärente Geschichte« darzustellen. Bourdieu wehrt sich dagegen, das Ich als das scheinbar Wirklichste der Wirklichkeiten anzuerkennen. (Bourdieu 1986: 72) Er geht (strukturalistisch) davon aus, dass es in der sozialen Welt auch Strukturen gibt, die unabhängig von den Akteuren sind. Sie beeinflussen die Individuen, die selber auf Strukturen zurückwirken. Bourdieu nimmt auch (konstruktivistisch) eine soziale Genese der Wahrnehmungs-, Denk- und Handlungsschemata an. Sie konstituieren den Habitus. Strukturen bilden die Grundlage der subjektiven Repräsentationen. Sie prägen die Zwänge der Interaktionen. Die Repräsentationen sind aber ebenfalls wichtig. Sie veranschaulichen individuelle und kollektive Alltagspraxen, die wiederum Strukturen erhalten und verändern.

Blick auf die Schweiz

Der Schriftsteller Alex Capus berichtet in seinem Buch *Mein Nachbar Urs* (2014), wie die Züge von Olten aus ohne Halt in alle Himmelsrichtungen zu wichtigen Schweizer Städten fahren. In Olten kreuzen sich zwei wichtige Verkehrsachsen. Und so sind morgens um sieben Uhr schon viele Leute auf den Perrons. Beim Gleis 2 stehen die Leute, die in Zürich bei einer Bank oder beim Fernsehen arbeiten. Sie tragen taillierte Anzüge, machen kompetente Gesichter und nehmen niemanden wahr. Beim Gleis 3 stehen die Leute, die in der Basler chemischen Industrie arbeiten. Hier sind die Dresscodes weniger streng. Und die Leute tragen Wasserflaschen mit sich, als ob sie auf eine Expedition gingen. Beim Gleis 9 stehen jene, die bei der Bundesverwaltung in Bern arbeiten. Sie tragen graue Jacketts und Mephisto-Schuhe. Und beim Gleis 12 stehen die Touristen, die nach Luzern, und die Italiener, die nach Italien fahren. Das sind allerdings keine Berufspendler. Denn in Luzern arbeitet niemand. So erzählt Alex Capus in seiner literarischen Sozialstudie von Olten und der Schweiz. Er erhellt, wie Menschen unterschiedliche kulturelle Mentalitäten repräsentieren.

Wir fragen ebenfalls, was die vielfältige Schweiz kennzeichnet. Nach ein paar Kennzahlen und sozial-strukturellen Hinweisen vergegenwärtigen wir uns das Bild, das die Sinus-Milieustudie (2013) von der Schweiz vermittelt. Darauf folgt ein Stimmungsbild aus der Gemeinde Vorderthal (SZ). 85 Prozent der Stimmenden sagten dort Ja zur »Masseneinwanderungsinitiative« (MEI). Die Gemeinde zählt 8 Prozent ausländische Personen, darunter sechs Asylbewerbende. Samuel Schlaefli besuchte die Gemeinde während seines Forschungspraktikums im Rahmen unserer Studie. Er führte zahlreiche Gespräche und typisierte zwei völlig unterschiedliche Haltungen anhand zweier Personen. Um die neoliberal konservative Haltung besser zu verstehen, fragte ich bei alt Bundesrat Christoph Blocher nach.

Was kennzeichnet also die Schweiz? Ist es die direkte Demokratie, die Neutralität, der Föderalismus, die Binnenlage, die schöne Landschaft, der Reichtum, die Stellung in der Welt, das Rote Kreuz oder was sonst? Und wann entstand die Schweiz? Beim Rütlischwur 1291, nach dem Dreißigjährigen Krieg 1648, am Wiener Kongress 1815, mit der neuen Verfassung 1848 oder mit deren Revision 1872? Wichtig ist, nebst dem Zweiten Weltkrieg, der Fall der Berliner Mauer 1989. Darauf bezieht sich eine Kernthese von uns. Das eigentlich erfreuliche Ende des Kalten Krieges markiert deutlich einen Paradigmenwechsel, der sich schon seit den späten 1970er-Jahren abzeichnete. Er führt vom politischen Liberalismus, der auf einen minimalen sozialen Ausgleich achtet, zum wirtschaftsorientierten Neoliberalismus, also einem finanzgetriebenen Kapitalismus. Dieser überlagert viele Lebensbereiche. Er ökonomisiert und kommerzialisiert sie.

Die Schweiz gehört zu den reichsten Ländern der Welt. Sie verfügt über ein Bruttoinlandprodukt (BIP) von nahezu 80 000 Franken pro Kopf (2015). Wie die kleine Schweiz groß geworden ist, beschreibt Gerhard Schwarz, der Direktor von Avenir Suisse und ehemalige Chef des NZZ-Wirtschaftsressorts. Er betont in *Wirtschaftswunder Schweiz* (Breiding/ Schwarz 2011) den Fleiß und die Innovationen. Gesellschaftliche Ungleichheiten sind nach seiner Darstellung unvermeidbare Begleiterscheinungen einer offenen und leistungsbezogenen Gesellschaft. »Reich ist die Schweiz nicht wegen des Geldes«, ergänzt Gerhard Schwarz (2013: 18) im Magazin der Bank Vontobel. Zum Geldreichtum dazu komme das immaterielle Kapital: Bildung, politische Führung, Behördenqualität und das Rechtssystem. Weiter zu erwähnen wären: der Fleiß unzähliger Migranten und Migrantinnen, günstig importierte Rohstoffe sowie das ausgeklügelte Wechselspiel zwischen Freihandel und Protektionismus, den die Schweiz immer wieder zum Schutz ihrer eigenen Produktion betrieb. Gleichwohl empfiehlt sie heute ärmeren Ländern, rigoros die Schranken zu öffnen und den Freihandel auszuweiten. Gerhard Schwarz befürwortet diese Liberalisierung, wie er in unserem Gespräch (9.2.2012) bemerkte. Wir plädieren für einen fairen Handel im Rahmen einer neuen Weltwirtschaftsordnung mit indexierten Preisen für Rohstoffe und Fertigprodukte.

Die Schweiz ist stark exportorientiert. Sie hat eine hohe Außenhandelsquote. Ihr Binnenmarkt ist relativ klein. Europäische Märkte sind für die Schweiz wichtig. Sie nehmen (je nach Quelle) rund 50 bis 60 Prozent der Exporte auf. Von dieser Bedeutung zeugen auch zahlreiche bilaterale Abkommen mit der Europäischen Union. (Oster 2011: 1) Angewiesen ist die Schweiz, nebst Absatzmärkten, vor allem auf Rohstoffe. Und der industrielle Sektor ist, trotz dem stark ausgebauten Dienstleistungssektor, immer noch recht bedeutend. (BAK Basel Economics 2011: 8) Der tertiäre Sektor beschäftigt in der Schweiz etwa drei Viertel aller Arbeitskräfte. Im Jahr 2014 waren es 76,1 Prozent. (www.bfs.admin.ch) Bedeutsam sind Handel, Gastgewerbe und vor allem Finanzdienstleistungen. Das Handelsvolumen beläuft sich auf rund zwei Drittel des BIP (2014: 64,3%). Andere Quellen geben niedrigere Anteile an. Die Schweiz importierte im Jahr 2014 Waren im (unterschiedlich veranschlagten) Wert von 179 bis 253 Milliarden Franken. Die Exporte betrugen zwischen 208 und 285 Milliarden Franken. Fast drei Fünftel gingen in die Europäische Union. Chemikalien gehören zu den wichtigsten Handelswaren, zusammen mit Arzneimitteln. Auch Maschinen und Uhren sind sehr gefragt. Zu den zentralen außereuropäischen Handelspartnern zählen die USA, China und Japan.

Die Handelsbilanz der Schweiz war allerdings im 19. und 20. Jahrhundert überwiegend negativ. Das ist vielen kaum mehr bewusst. Der Historiker Jakob Tanner erinnerte in unserem Gespräch (15.4.2015) daran. Um die Mitte der 1990er-Jahre kehrten die Vorzeichen. Und im 21. Jahrhundert setzt sich der Trend zur überschüssigen Handelsbilanz fort. Somit ist die Schweiz weit mehr als ein traditionelles Kapitalexportland mit einem großen Nettovermögen im Ausland, was Yves Wegelin in seinem Beitrag »Gut so, Herr Jordan!« (WOZ 22.1.2015) problematisierte: Die Schweiz schreibe seit Anfang der 90er-Jahre Leistungsbilanzüberschüsse. Sie exportiere also mehr Dienstleistungen und Waren ins Ausland, als sie importiere. Wenn ein Land Exportüberschüsse erziele, brauche es ein anderes Land, das weniger exportiere, als es importiere. Und um diesen Importüberschuss aufzukaufen, komme es vor, dass sich dieses Land beim Überschussland verschulde.

In der Schweiz verfügt 1 Prozent der privaten Steuerpflichtigen über mehr steuerbares Nettovermögen als die übrigen 99 Prozent. Darauf wies der *Global Wealth Report* der Credit Suisse (2010: 120) hin. In späteren Ausgaben relativierte die Bank ihre Angabe. Sie schlug nun auch die Pensionskassengelder, bei denen es sich eigentlich um aufgeschobene Löhne handelt, zu den Vermögen. Aber das Verhältnis bleibt krass; egal, ob es nun 1 oder knapp 3 Prozent sind, die mehr besitzen als der große Rest.

Wie der Reichtum zunimmt, dokumentierte das Wirtschaftsmagazin *Bilanz* im Dezember 2014. 1989 besaßen die 300 Reichsten in der Schweiz 82 Milliarden Franken, Ende 2014 bereits 589 Milliarden.

1 Prozent der Weltbevölkerung ist übrigens vom Jahr 2016 an ebenfalls reicher als die restlichen 99 Prozent. Das geht aus einer Studie von Oxfam, dem Verbund unabhängiger Hilfswerke, hervor. Die ursprünglich britische Entwicklungsorganisation präsentierte die Studie 2015 am WEF in Davos. Während des Zweiten Weltkriegs in Großbritannien gegründet, engagiert sich Oxfam in vielen Ländern für mehr soziale Gerechtigkeit. Laut Oxfam besitzen die achtzig reichsten Menschen der Welt ebenso viel wie die ärmere Hälfte der Weltbevölkerung. Das sind 3,65 Milliarden Menschen (2015). Von den zehn reichsten Griechen leben übrigens fünf in der Schweiz. *(Blick am Abend, 1.7.2015: 6)* Philip Niarchos wohnt in St. Moritz (GR). Sein Familienvermögen beträgt 10,8 Milliarden Franken. Verfügt ein Haushalt über mehr Vermögen als 4000 Dollar, dann gehört er bereits zur reicheren Hälfte der Erdbevölkerung. Die ärmere Hälfte kommt laut dem *Global Wealth Report* (Credit Suisse 2013) auf weniger als 1 Prozent der weltweiten Vermögen.

Werte und Milieus

Wie sich die Schweiz verändert (hat), analysiert die Sinus-Milieustudie von 2013. (Media Trend 2014) Ich diskutierte (am 19.6.2014) mit Christoph Müller darüber, dem Verantwortlichen des Sinus-Instituts in Heidelberg. Die Studie sondierte insbesondere die Folgen von Globalisierung, Digitalisierung und Finanz- und Wirtschaftskrise auf die Befindlichkeiten der Schweizer Bevölkerung. Die Flexibilisierung von Arbeit und Privatleben, die Erosion klassischer Familienstrukturen, die Digitalisierung des Alltags und die wachsende Wohlstandspolarisierung erscheinen in einer neu skizzierten Milieulandschaft. Wir leben nach dieser Darstellung in einem Zeitalter der Entgrenzung – das für manche Milieus ungeahnte Chancen bietet, andere dagegen überfordert und verunsichert.

Die Sinus-Milieus gruppieren Menschen, die sich in ihrer Lebensauffassung und Lebensweise sowie in ihrer sozialen Lage ähneln. Die Landkarte der Sinus-Milieus erscheint als »Kartoffelgrafik« (»Härdöpfel-Chart«). Sie zeige auf, wie die Lebenswelten und Werte auseinanderdriften: Die digitale Spaltung nimmt zu. Und die gesellschaftliche Mitte gerät unter Druck. Sie grenzt sich verstärkt gegen die soziale Unterschicht ab, die sich durch die gesellschaftliche Modernisierung noch stärker prekarisiert. Gleichzeitig nehmen die Wahlmöglichkeiten in der Gesellschaft zu. Das erhöht insbesondere die Lebensqualität der Wohlsituierten. Das eigene Leben erscheint als Projekt, das stets effizient zu managen ist. An der Spitze entsteht eine kosmopolitische Elite.

Die jungen Milieus stehen für Machen und Erleben. Zwei neue Milieus tauchen hier auf. Das Milieu der Adaptiv-Pragmatischen reagiere auf die unsicheren Lebensperspektiven mit verstärkter Anpassung: Pragmatismus und Nützlichkeitsdenken nehmen zu. Man ist leistungsbereit im Beruf und hedonistisch in der Freizeit. Anders zeigt sich das Milieu der digitalen Kosmopoliten: Diese sind experimentierfreudig, weltoffen und avantgardistisch. Grundmotive sind die Selbstverwirklichung und der Individualismus.

Laut Christoph Müller teilen Mentalität und Sprache die Schweiz in verschiedene Regionen auf: In der Deutschschweiz zählen besonders Leistung, Status und Prestige, in der Suisse romande regionale Eigenarten. Die Menschen sind offen und legen Wert auf persönliche Kontakte. Traditionelle Werte bestimmen indes die italienische Schweiz.

Zu andern Ergebnissen kommt die repräsentative Studie *Point de Suisse* (management tools research ag 29.7.2015), die wir vom Basler Seminar für Soziologie aus wissenschaftlich begleiteten. So antworten etwa die Französisch- und Italienischsprachigen bei der Frage nach dem »guten Schweizer« deutlich strenger als die Deutschsprachigen. Wer von Sozialhilfe lebt, kann in der Deutschschweiz für 65,1 Prozent der Befragten ein guter Schweizer sein, in der Romandie aber nur für 50,2 Prozent und im Tessin sogar nur für 46 Prozent. Nun, in der hier vorliegenden Arbeit betonen wir mehr sozial-strukturelle Veränderungen. Machtgefüge sind zudem komplex miteinander verknüpft und erodieren. Das macht sie schwierig fassbar. Sie zentralisieren sich aber zugleich und sind ideologisch legitimiert. Dominant sind derzeit markt- und finanzgläubige Sichtweisen. Sie prägen das gesellschaftliche Handeln und zielen darauf ab, zentrale Lebensbereiche zu ökonomisieren.

Ein Stimmungsbild

Am 9. Februar 2014 stimmte eine knappe Mehrheit der Schweizerinnen und Schweizer für die Masseneinwanderungsinitiative (MEI) der Schweizerischen Volkspartei (SVP). Die Initiative verlangt, die Zuwanderung von Ausländerinnen und Ausländern in die Schweiz zu begrenzen. Die Initiative tangiert die bilateralen Verträge zwischen der Schweiz und der Europäischen Union, die eine Personenfreizügigkeit vorsehen. Soziologe und Journalist Samuel Schlaefli (2015) wollte mehr darüber herausfinden, welche Dynamiken zu diesem Abstimmungsergebnis geführt haben. Er recherchierte im Rahmen eines Forschungspraktikums nach Einstellungen und Ängsten in der Schweizer Bevölkerung, die dem Abstimmungsresultat zugrunde lagen. Schlaefli führte seine Recherchen in der Gemeinde Vorderthal (SZ) durch. 85 Prozent der Stimmenden hatten dort Ja zur MEI gesagt. Die gut tausendköpfige Gemeinde zählt 8 Prozent ausländische Personen, darunter sechs Asylbewerbende. Zusätzlich zur Analyse der sozioökonomischen Dorfstruktur führte Schlaefli halbbiografische, leitfadengestützte Interviews mit zwei Dorfbewohnern, die sich durch unterschiedliche Biografien, entgegengesetzte Einstellungen und ein divergierendes Abstimmungsverhalten bei der MEI unterscheiden.

SVP-Gemeinderat Karl Mächler ist in Vorderthal aufgewachsen und hat sein gesamtes Leben im Wägital verbracht, wo seine Familie seit mehreren Generationen lebt. Er setzt sich für traditionelle Tugenden der Schweiz ein, zu denen für ihn Arbeitswille, Fleiß, Bescheidenheit und Rechtschaffenheit gehören. Seine konkrete Lebenswelt beschränkt sich im Wesentlichen auf das Wägital und den Kanton Schwyz, bei dem er angestellt ist. Im offenen Gespräch eröffneten sich Widersprüche zwischen persönlichem Handeln und politischer Überzeugung. Drei seien hier genannt: erstens sein persönlicher Einsatz für das Einbürgern einer Familie aus Ex-Jugoslawien im Dorf, die er für ihren Fleiß und ihre Assimilation lobt; zweitens der Verkauf von eigenem Land an einen deutschen Bauunternehmer; drittens seine eigene Anstellung beim Staat, den er für den Ausverkauf der Schweiz an die EU und eine verfehlte Sozial- und Arbeitspolitik kritisiert.

Auf der anderen Seite interviewte Samuel Schlaefli Margret Zimmermann, die Geschäftsführerin des Campingplatzes Vorderthal. Sie ist

ebenfalls im Wägital aufgewachsen, entstammt jedoch einer Zürcher In-
dustriellenfamilie. Nach ihrer obligatorischen Schulzeit zog sie zuerst
nach Zürich, dann weiter nach New York, wo sie einige Jahre arbeitete,
teils im Büro, teils als Künstlerin. Sie kehrte in die Schweiz zurück und
übernahm nach dem Tod der Mutter den Campingplatz. Sie hat zwar Bekannte in der Region, aber ihr Freundeskreis ist über den gesamten Erd-
ball verteilt. Ihr Handlungsraum ist zugleich lokal, national und global.
Margret Zimmermann kann auf viel Erfahrung im Umgang mit anderen
Kulturen zurückgreifen und war einst selbst eine »Fremde« in den USA.
Im Gegensatz zu Karl Mächler hat sie in Vorderthal »unangenehme Erfahrungen mit Ausländern« gemacht. Rumänische Fahrende brachen in
einen Campingwagen ein. Trotzdem vertritt sie das Ideal einer liberalen,
multikulturellen und weltoffenen Gesellschaft.

Samuel Schlaefli interessiert sich für die unterschiedlichen Erfahrungen und Einstellungen gegenüber Veränderungen in der Schweiz und gegenüber dem Fremden. Die beiden Interviewpartner stehen für zwei Pole,
welche die Gegensätze der Schweiz symbolisieren. Schlaefli unterscheidet
zwei Typen, einen konservativen und einen kosmopolitischen.

Beim konservativen besteht ein enger Bezug zur unmittelbaren Umgebung. Veränderungen, wie der Zuzug von Ausländern oder eine geplante Unterkunft für Asylsuchende bedrohen das heimatliche Gefühl.
Das Fremde wird dämonisiert; das Eigene und Lokale hingegen glorifi-
ziert. Zur Stärkung der eigenen Identität werden geteilte Referenzen aus
der Vergangenheit hochgehalten. Dazu gehören Gründungsmythen wie
der Nationalfeiertag oder der Rückbezug auf Freiheitskämpfe. Dadurch
wird eine symbolisch überhöhte Heimat konstruiert. Gemeinschaft hat
für Karl Mächler eine wichtige Bedeutung. Er sucht nach persönlichen
Freundschaften im überschaubaren Raum, nach geteilten Werten und
Geselligkeit. Deswegen engagiert er sich im Vorstand zahlreicher Vereine
und ist politisch aktiv.

Für Margret Zimmermann hingegen sind das Dorf und die Nation
kein ausreichender Bezugsrahmen mehr für die Identität. Wichtiger sind
ihr kulturelle Inspiration und Kontakte zu Freunden, die auf der ganzen
Welt verteilt sind. Gemeinschaft spielt bei ihr eine untergeordnete Rolle.
Ihr Bezugsrahmen ist die Stadt.

Samuel Schlaefli diagnostiziert Prozesse der »Glokalität« (Robertson 1998). Dabei verknüpfen sich Globalisierung und lokale Kultur. Die beiden Typen stehen für zwei gegenläufige Tendenzen. Sie beeinflussen sich und prägen die politische Dynamik in der Schweiz: Der Konservative sucht nach Übersichtlichkeit in der globalen »Unordnung« in einer Zeit ohne große Erzählungen. Für ihn gewinnt das Lokale an Bedeutung. Die Kosmopolitische hingegen versucht, aus der Kleinräumigkeit auszubrechen. Sie sucht nach dem Globalen, nach Kontrasten, Widersprüchen und dem Unbekannten.

Die SVP Schweiz, die Urheberin der MEI vom 9. Februar 2014, profitiert in Zeiten des rasanten Wandels vom zunehmenden Bedürfnis nach Übersichtlichkeit und Konstanz. Sie findet ihre Basis vor allem auf dem Land und zunehmend auch in der Stadtagglomeration. Es war kein Zufall, dass Christoph Blocher für den Auftakt seiner Anti-EU-Kampagne am 20. Juni 2014 die Gemeinde Vorderthal auswählte. Seine dortige Rede war darauf bedacht, das ländliche Leben als Schweizer Ideal zu stilisieren. Zu den Versprechungen der SVP gehören: Kleinräumigkeit, Gemeinschaft, Tradition, patriarchale Strukturen, Schutz vor dem Fremden, Einzigartigkeit des Heimatlandes und Einigkeit des Volkes.

Samuel Schlaefli rekurriert in seiner Studie auf Dieter Freiburghaus (NZZ 30.7.2014), der als verbindendes Element der erstarkten nationalistischen Parteien in Europa »die Furcht vor der Globalisierung, die Ablehnung der Einwanderung, die Skepsis gegenüber der EU und das Misstrauen gegen die ›Classe politique‹« erkennt. Thomas Zaugg (*Magazin* 9.5.2014) wiederum macht darauf aufmerksam, dass Überfremdungsinitiativen schon in der Vergangenheit dort am populärsten waren, wo der geringste reale Kontakt mit ausländischen Personen stattfand. Für die MEI votierten überwiegend Stimmberechtigte in ländlichen und konservativen Gegenden, die wenig Berührung mit »Fremden« haben. Die MEI verknüpfte mit der Migration Themen wie Arbeitslosigkeit, überfüllte Züge, verstopfte Straßen, Lohndruck, Kriminalität und Sozialhilfemissbrauch. Dadurch seien Freiheit, Sicherheit und der Wohlstand der Schweiz bedroht. Was scheinbar hilft, sind eine Re-Nationalisierung und Re-Lokalisierung. So weit die einfache Typisierung.

Zwischen Hodler und Hedgefonds

Jo Lang beschrieb in unserem Gespräch (6.10.2011), wie eine »national-konservative Welle« mit dem Aufschwung der SVP einhergeht. Der Historiker führte neopopulistische Strömungen unter anderem auf eine »Sehnsucht nach dem Dorf« zurück. Dahinter verberge sich eine Skepsis gegenüber einer Moderne, die immer vielfältiger, komplizierter, unübersichtlicher und unheimlicher werde. Hinter den regressiven und aggressiven Stimmungen in vielen Dörfern und Agglomerationen der Deutschschweiz stecke letztlich aber etwas höchst Modernes, betonte Lang in einem späteren Gespräch (17.4.2015); nämlich eine Existenzangst und Identitätskrise. Fazit: Nur eine Modernisierung, die das ernst nehme, vermöge die Menschen aus der Traditionsfalle zu befreien.

Der Ökonom und Publizist Oliver Fahrni lehnt indes die Zuschreibung »nationalkonservativ« für die SVP ab. Er wies in unserem Gespräch (8.6.2015) darauf hin, wie das SVP-Programm oder die »moderne Zürcher SVP« zwar die erwähnten »traditionellen Werte« propagiert, aber faktisch die neoliberale Deregulierung praktiziert. »Sie tat das in den vergangenen zehn Jahren viel aktiver als die FDP. Diesen Widerspruch zwischen Hodler und Hedgefonds hat Christoph Blocher ja schon immer verkörpert. Zum Beispiel als Verwaltungsrat der UBS oder als Konzernzerstörer der Alusuisse. Er hat, zusammen mit seinem Bankier-Freund Ebner, manche finanzkapitalistische Praktiken in der Schweiz eingeführt. Blocher wetterte auch stets gegen die EU, hielt den Bundesrat aber an, den Geschäftsverkehr mit ihr zu fördern. Bis zu einem gewissen Grade ist Hodler also nur vorgeschützte Folklore. Die Ideologie der SVP ist in diesem Sinne nicht konservativ, sondern revolutionär antiaufklärerisch, antiparlamentarisch, antidemokratisch, antiintermediär, antipolitisch oder postpolitisch. Davon zeugt auch der Wandel der Klientel, wie ihn etwa Roger Köppel von der *Weltwoche* verkörpert. Für mich stellen diese Kräfte eine ›vierte Rechte‹ dar. Wir sollten Blochers Beschimpfungen des Parlaments ernst nehmen. Bedeutend ist, was die bürgerliche Politik eigentlich noch reguliert und wie sich Besitzende dazu verhalten. Vielleicht ist der Rekurs der SVP auf Nationalismus und ›Traditionen‹, die oft eine Fiktion sind, nur ein rhetorisches Kernstück. Da die Abschottung und die Ausländerfrage das einzige politische Kapital der SVP sind, entsteht da immer wieder ein Widerspruch zu ihrem Wunsch, die große Wirtschaftspartei zu sein. Auf der äußeren Rechten ist das in allen europäischen Ländern ein Thema. Die Erben des Faschismus sind grundsätzlich eben eher korporatistisch, volksgemeinschaftlich und ›sozial‹ orientiert. Und ihr Übergang zur neoliberalen Deregulierungsideologie hat sie überall gespalten. Blocher ist beides in einer Person.«

»Macht bedeutet – Vermögen«

Um die neoliberal-konservative Haltung besser zu verstehen, fragte ich direkt beim ehemaligen Bundesrat und Nationalrat Christoph Blocher nach, der auch als Parteileader entscheidend dazu beitrug, die SVP zu einer einflussreichen Partei werden zu lassen. Christoph Blocher blickt auf eine lange Karriere im Militär, in Wirtschaft und Politik zurück. Seine Antworten (20.7.2015) ergänzen das Stimmungsbild.

Sie haben viel Erfahrung. Was freut Sie besonders, wenn Sie zurückblicken?

Wenn ich zurückblicke, freue ich mich über viele Begebenheiten im Leben, wie das bei anderen Leuten auch der Fall ist: All die schönen Erinnerungen der Kindheit, der Jugend, meine schöne Zeit auf den Bauernhöfen während meiner landwirtschaftlichen Lehre. Sogar die Schul- und Universitätsjahre können mir etwas Freude abringen. Dann natürlich die vielen gelungenen Dinge beim Aufbau und der Rettung des größten Unternehmens im Kanton Graubünden, verbunden mit all den reichen Kontakten zu vielen Ländern und Menschen auf der ganzen Welt. Auch die Tatsache, dass die etwas windige sozialistische Geisteshaltung der 60er- und 70er-Jahre – all die intellektuellen Irrwege – durch eine solide liberal-konservative Geisteshaltung langsam aus dem Weg geräumt wird, freut mich. Zusammenfassend: Ich freue mich über die Macht des Lebens.

Sie verfügen über viel Macht. Wie (konstruktiv) gehen Sie damit um? Und was bedeutet es für Sie, wenn Sie allmählich Macht abgeben müssen?

Ich hatte am Anfang meines Lebens nichts Besonderes – vor allem weder Vermögen noch familiäre Protektion. Aber ich hatte – wie jeder Mensch – Kräfte und Zeit, und die nützte ich. Auch bin ich ganz und gar ein Mann der Praxis – Industrieller, ehemaliger Nationalrat und ehemaliger Bundesrat einer sehr pragmatischen Partei, früher Regimentskommandant, pater familias – also weder ein Philosoph noch ein theoretischer Idealist. Ich bin aber sehr interessiert an der Sprache, den Wörtern und ihrer Bedeutung. Denn ich glaube, dass aus den Wörtern viel für das Verständnis des praktischen Lebens zu gewinnen ist. Also: Was heißt »Macht«?

Ein Blick in Dudens Herkunftswörterbuch ergibt, dass das Wort zusammenhängt mit »mögen« (Vergangenheit: mochte) – und nicht etwa mit »machen« – und dass die »Macht« zunächst nichts anderes bedeutet als das »Ver-mögen« – die »Möglichkeit« und die Fähigkeit –, zu sein und zu handeln. »Macht« bedeutet das, was man kann und zu dem man auch die Kraft hat, es auszuführen.

»Macht« ist offenbar etwas, was selbstverständlich *zu allem Lebendigen* gehört. Ja, man muss wohl nicht weitergehen: »Macht« hat alles, was wirklich ist. (Vgl. Blocher 1989)

Ich weiß nicht, ob ich über viel Macht verfüge. Aber ich weiß von der Gefährlichkeit der Macht – wie übrigens auch von der Gefährlichkeit des Lebens. Wie bei allem Guten lauert auch hinter der Macht der Missbrauch. Damit habe ich keine Mühe, hingegen ist Ohn-macht Unrecht.

Ich bin ein intuitiver Mensch und tue das, was mir richtig erscheint und frage stets besorgt nach der Macht – dem Ver-mögen, dies zu tun. Darum setze ich mich mit meinen Möglichkeiten dafür ein. Wenn Sie so wollen, mit meiner Macht. Fehlt mir die Macht, dann mache ich es nicht, und wenn ich keine Kraft und also keine Macht mehr habe, muss ich auch nichts mehr tun. So weit ist es jetzt noch nicht.

Sind Sie, was die Zukunft der Schweiz betrifft, eher zuversichtlich? Und was geben Sie heutigen Jugendlichen mit auf den Weg?

Ich bin für die Zukunft der Schweiz eher zuversichtlich. Die Schweiz wird in Bezug auf die Freiheit und auf die Wohlfahrt der Menschen dann eine gute Zukunft haben, wenn sie ihren Staatssäulen liberaler Rechtsstaat, direkte Demokratie, Erhaltung der Selbstbestimmung und der Neutralität treu bleibt. Trotz allen Irrwegen der leitenden Personen und zahlreicher Intellektueller in diesem Land scheint die breite Bevölkerung diesem Weg zunehmend wieder zu trauen und ihn zu gehen. Die Macht des Lebens setzt sich gegen alle Wirklichkeitsfremden durch. Diese Stärke der Schweiz ist den heutigen Jugendlichen auch mit auf den Weg zu geben, um ihnen zu zeigen, dass sie damit der Zukunft zuversichtlich entgegengehen können.

Eigene Annahmen

Nach dem Zweiten Weltkrieg dominierte in der Schweiz ein politisch liberaler Kompromiss. Er harmonisierte den Widerspruch von Kapital und Arbeit. Der angestrebte soziale Ausgleich sollte den sozialen Zusammenhalt fördern, dem Arbeitsfrieden dienen und die Konzentration von Macht beschränken. Das Einkommen der Arbeitenden stieg, sie konnten nun mehr von den Produkten kaufen, die sie herstellten. Die Ökonomie expandierte, die Produktionsfortschritte wurden geteilt. Die Gewerkschaften setzten ohne große Mühe immer bessere Gesamtarbeitsverträge durch. Die Lohnerhöhungen überstiegen zuweilen sogar die Produktivitätsgewinne. Es gab also echte Umverteilungseffekte zur Arbeit hin. Breite Bevölkerungskreise konnten in dieser Zeit ihre materielle Lebenssituation verbessern. Der soziale Fahrstuhl fuhr für viele eine Etage nach oben. Die Beatles sangen: »It's getting better all the times.« Und der Jesuitenpater Oswald von Nell-Breuning, der die christliche Soziallehre mitbegründete, betitelte seine Schrift mit *Arbeit vor Kapital* (1983). Seit Ende der 1980er-Jahre kommt indes ein anderes Verständnis stärker auf. Ein finanzgetriebener Wirtschaftsliberalismus verbreitet sich. Er nimmt rigoros an, der Markt bestimme den Wert der Arbeit. Dieses Credo überlagert hegemonial Konzepte einer »Rheinischen Marktwirtschaft«. So kommt eine neue Wirtschafts- und Marktgläubigkeit auf. Sie ist stark (angelsächsisch) neoliberal indoktriniert und legitimiert finanzgetriebene Machtballungen. Seither verstärken sich gegenläufige Tendenzen, die sozialen Errungenschaften und auch das politisch liberale Verständnis zurückzudämmen und eine Umverteilung von unten nach oben zu forcieren. Offener kommt damit auch die alte klassenkämpferische Absicht wieder zum Vorschein, die Macht der Gewerkschaften zu schwächen. Bei der englischen Premierministerin Margaret Thatcher galt sogar schon die »heilige Trilogie: Industrie deregulieren, Gewerkschaften zerschlagen, Finanzmärkte entfesseln«. Die Besitzenden gingen wie in den USA dazu über, die Produktionsgewinne mehr zu privatisieren und für sich allein zu behalten. Diese Veränderungen zeitigten fatale Folgen.

Erstens nimmt die strukturelle Erwerbslosigkeit zu. Wenn Maschinen und Computer manuelle Arbeit ersetzen, könnte das zwar eine Chance sein und uns mehr Zeit und Geld bescheren; zumal die Produktivität steigt. Es hapert aber mit der Verteilung. Und die erhöhte private Aneignung der Produktivitätsgewinne führt dazu, die Kaufkraft stagnieren zu lassen. *Zweitens* halten Teile der nominell steigenden Löhne mit den Lebenshaltungskosten nicht Schritt. Das führt (bei stagnierendem Medianwert) vor allem zu mehr erwerbstätigen Armen (Working Poor) und dazu, den Niedriglohnsektor auszuweiten. *Drittens* orientiert sich das (vornehmlich lohnfinanzierte) System der sozialen Sicherheit einseitig an der Erwerbsarbeit. Es ignoriert neue Lebenslagen. So geraten viele Alleinlebende, Alleinerziehende und Familien mit Kindern in Bedrängnis. Dies auch deshalb, weil die Schweiz laut Bundesamt für Sozialversicherungen (2014) seit dem Jahr 2004 trotz enorm steigendem gesellschaftlichem Reichtum zeitweise wieder weniger Anteile des Bruttoinlandproduktes für die soziale Sicherheit ausgibt. *Viertens* erhöht sich die soziale Kluft bei den privaten Vermögen. Und das politisch-demokratische Korrektiv ist nur beschränkt in der Lage, die soziale Polarisierung zu verhindern und wirtschaftliche Machtgefüge zu kontrollieren. Was steckt dahinter?

Ein wichtiger Faktor ist, so lautet die *erste Annahme,* der eigentlich erfreuliche Fall der Berliner Mauer (1989). Seither drängt das Kapital noch offensiver dorthin, wo es sich optimal vermehren lässt. Forcierte Deregulierung und Liberalisierung lassen die Finanzmärkte weiter expandieren. Zuvor dienten Finanzinstitute mehr der Realwirtschaft. Mittlerweile dominiert das finanzliberale Regime die Realwirtschaft. Was zählt, sind die rasche Verwertung des Geldes und hohe Profite. Dieser Trend ist zwar nicht neu. Er äußerte sich schon mit den rezessiven Einbrüchen der 1970er-Jahre, verschärfte sich aber mit dem Ende des Kalten Krieges und der Systemkonkurrenz.

Das finanzkapitalistische Verständnis verdrängt das politisch liberale. So lautet die *zweite Annahme.* Sie benennt einen Paradigmenwechsel. Er führt von der Rheinischen (sozialen) Marktwirtschaft zur angelsächsischen (neo-)liberalen Marktwirtschaft. Das finanzliberale Regime forciert die Kapitalakkumulation und rationalisiert die Produktion. Es flexibilisiert die Arbeitsbedingungen und die Löhne und erhöht die Gewinnmargen. Die Privatisierung öffentlicher Unternehmen entspricht dieser Logik. Sie beeinflusst ebenfalls die Politik. Und sie krempelt öffentlich-rechtliche Einrichtungen nach Markt- und Preismechanismen um. Das beschrieb uns auch die Wirtschaftsprofessorin Ève Chiapello aus Paris im Gespräch. (25.11.2014) Sie verfasste mit Luc Boltanski zusammen eine Studie über den neuen »Geist des Kapitalismus«. (2003) Das finanzgetriebene Regime ideologisiert die individuelle Freiheit und favorisiert eine Restrukturierung, die noch mehr Lasten auf jene abwälzt, die über keine Reserven verfügen.

Das finanzgetriebene Verständnis akzeptiert auch, so lautet unsere *dritte Annahme,* extreme Kapitalgewinne und legitimiert soziale Gegensätze sowie die einseitige Verteilung von Macht und Besitz.

Der finanzgetriebene und der real produzierende Kapitalismus lassen sich allerdings nicht mechanisch voneinander trennen, so die *vierte Annahme.* Sie bedingen sich gegenseitig. Aber machtmäßig verschob sich das Gewicht zugunsten des Finanzregimes. Und dies nicht nur bis zum Eklat der Wirtschafts- und Finanzkrise (2007/2008), sondern darüber hinaus – bis heute. Davon zeugt auch die Ökonomisierung aller Lebensbereiche. Selbst bei lokalen oder nationalen Fragen der Sozialhilfe steht das Geld im Vordergrund. Und bei globalen ist das erst recht der Fall. Das zeigen die Debatten zu den multilateralen Abkommen über internationale Dienstleistungen (wie beim Trips). Da drängt das immer stärker konzentrierte Kapital politische Verbindlichkeiten zurück. Und dies aufgrund handfester Interessen.

Ich bat den Ökonomen Oliver Fahrni, die Annahmen kritisch zu kommentieren. Er wendet sich gegen das »Credo«, als wäre das Neoliberale gedankengetrieben oder das Resultat einer Analyse: »Der Neoliberalismus, jedenfalls in seiner Chicago-Variante und in der Von-Hayek-Variante, war eine klassenkämpferische Zweckideologie. Sie zielte nicht darauf, quasi wirtschaftstheoretisch den Wert der Arbeit dem Markt zu überlassen, sondern das Kräfteverhältnis zwischen Arbeit und Kapital umzustürzen und zu brechen.« Fahrni wendet sich auch dagegen, den Finanz- und Werkplatz dual auseinanderzuhalten: «Eine KMU und eine Bank haben zwar tatsächlich meist gegenläufige Interessen. Aber: Das Geld, das die Finanzmärkte treibt, stammt aus den Extraprofiten der realen Wirtschaft und aus den unterlassenen Investitionen.« Es sei also »entkapitalisiertes Kapital«. Dazu komme, aber erst in einem zweiten Schritt, das Geld aus der neuen Geldschöpfung (»Securization«, Hebelprodukte usw.). Die Akteure des Finanzkapitalismus und des produzierenden Kapitalismus seien oft dieselben. »Manche produzierende Konzerne verfügen über so viel Kapital, dass sie mehr Devisenhändler und Finanzmarkthändler beschäftigen als Banken. Nestlé, so sagte man, sei eine Bank mit angehängter Produktion.« Aber das ist wissenschaftlich nicht aufgearbeitet, und seit etwa fünf Jahren ist die Tendenz eher wieder rückläufig. Die Theorie der getrennten Sphären sei, so Fahrni, jedenfalls Mumpitz. »2007 war für eine kurze Zeit die Meinung recht verbreitet, die Finanzmärkte seien ein Nullsummenspiel, und ihre Krise würde nicht auf die reale Ökonomie durchschlagen. Das ist durch den Gang der Dinge gründlich widerlegt. Die Finanzmärkte haben als Grundlage fast immer eine reale Produktion.«

Deshalb reden wir auch von einer Finanz- und Wirtschaftskrise. Die beiden Bereiche sind – trotz unterschiedlichen Ausrichtungen und Wachstumsdynamiken – eng miteinander verknüpft. Sie haben zudem ein politisches und gesellschaftliches Pendant, das ihnen entspricht und sie stützt. Die heute viel kritisierten »Auswüchse« bei spekulativen Geschäften basieren auf verbreiteten ideologischen Annahmen, die bestehende Gefüge und Konstellationen der Macht stützen.

Wichtige Entscheide werden auch in »Grauzonen« gefällt: von Institutionen zwischen Staat und Privatwirtschaft, einer Art »vierten Gewalt«. (Vogl 2015) Diese Macht ist weder wirtschaftlich noch politisch klar zu verorten. Sie profitiert von mangelnden Kenntnissen und rechtlichen Grundlagen sowie von intransparenten Finanzmechanismen und Anpassungsleistungen von Medien und Hochschulen.

⚜Finanzplatz Schweiz

»Vor fünf Jahren standen die Banken am Rande des Abgrunds«, stellte Daniel Weber im *NZZ-Folio* (3/2014: 5) fest. »Alle gelobten Besserung, passiert ist wenig.« Im Kontext der Finanz- und Wirtschaftskrise kündigten Banken diverse Änderungen an. Die Redaktion des *NZZ-Folio* fragte, was wirklich geschah. Und stellte fest: wenig. Roland Rasi, der frühere Direktor des Schweizerischen Bankvereins, sandte mir den Folio-Artikel zu und schrieb dazu: »Wen wundert's!« Nach seiner Einschätzung müssten die Banken »noch viel mehr über die Bücher gehen«. Wir skizzieren hier einzelne Entwicklungen und nehmen auch einen Auszug aus einem historischen Protokoll einer Sitzung der Bankiervereinigung auf.

Vertiefungen zum Finanzplatz Schweiz folgen im zweiten Teil dieses Buches. Peter Streckeisen setzt sich mit dem »Bankenstaat« auseinander (Seite 347). Er geht erstens von der staatlichen Rettung der UBS und zweitens von der Bankenaufsicht aus, die Daten von Kunden den US-Behörden zur Verfügung stellte. Daran knüpft seine Frage an, ob und inwiefern Finma und Nationalbank eine »vierte Gewalt« im Staat sind. Gian Trepp nimmt den Faden auf. Aus seiner Sicht ist die Nationalbank an einem Scheideweg. Mehr Bankenstaat oder Deregulierung? Das ist hier die Frage.

Schweizer Banken verwalten über 2000 Milliarden Franken private Vermögen von Personen, die in der Schweiz wohnen. (Credit Suisse 2013; SNB 2014) Hinzu kommt ein noch höherer Betrag von Reichen aus aller Welt. Mit einem Marktanteil von 26 Prozent und einem verwalteten Vermögen von über 2200 Milliarden Dollar ist die Schweiz der größte Offshore-Finanzplatz der Welt. (Vermögensverwaltungsstudie Swissbanking 2013) Ein Offshore-Finanzplatz ist, einfach gesagt, so etwas wie eine Steueroase mit hoher Vertraulichkeit, aber wenig Aufsicht und Regulierung. Dabei erweist sich die politische Stabilität (trotz gegenläufiger Entstaatlichung) als zentral. Weitere Aspekte sind die Verschwiegenheit und die Bereitschaft, Steuerhinterziehung und Steuerbetrug zu schützen. Die Schweizer Banken verfügten bislang über 200 Milliarden Franken unversteuerte Privatvermögen aus dem Ausland. (PwC-Studie zu Private Banking in der Schweiz 2014)

Bei den Finanzgeschäften ist die kleine Schweiz ein Imperium. Die Schweiz hat im Jahre 2013 Direktinvestitionen von 32 Milliarden Franken getätigt und nimmt mit einem Bestand von 1073 Milliarden Franken an Direktinvestitionen weltweit den siebten Platz ein. Schweizer Investoren spielen auch auf dem internationalen Markt für Hedgefonds eine zentrale Rolle. Hedgefonds verfolgen eine spekulative Anlagestrategie. Sie gehen für hohe Gewinne hohe Risiken ein. Jeder siebte Franken, der in London oder New York in Hedgefonds fließt, kommt aus der reichen Schweiz. 32 Prozent des Kapitals der fünfzig weltweit größten Hedgefonds stammt von Hedgefonds, die in der Schweiz ansässig sind. (ZHAW-Studie zur Schweizer-Hedge-Fund-Industrie) Die beiden Großbanken UBS und Credit Suisse dominieren den Sektor. Ihre Bilanzsumme übersteigt das schweizerische BIP immer noch um das Dreifache (BIP 2014: 648 Milliarden Franken; Bilanzsumme UBS: 1062 Milliarden Franken; CS: 922 Milliarden Franken; Seco 2015). Vor dem Jahr 2007 war die Diskrepanz noch viel größer. Machtmäßig bedeutend sind ebenfalls die hohen Marktanteile der größten Banken. So lautete denn auch die Begründung für die UBS-Rettung vom Oktober 2008. Ein Fall würde zu viele KMU in Mitleidenschaft ziehen.

Ob die Finanzwelt entscheidende Korrekturen einleitet, stellten mir gegenüber einzelne Vizedirektoren und weitere Kader von Schweizer Banken infrage. So etwa (am 28.2.2015) im Rahmen des Advanced Executive Program des »Swiss Finance Institute« (im Ausbildungszentrum der Credit Suisse). Mit der Kritik an spekulativen Geschäften und hohen Boni der großen Banken steige auch der Druck, den Umsatz im Kernbereich zu erhöhen. Damit verschärfe sich die Konkurrenz innerhalb der Branche. Das komme eher den Großbanken entgegen. Sie hätten mehr Möglichkeiten, mit Deregulation umzugehen. Dass alle das Eigenkapital ein wenig erhöhen müssen, weist indes auf Änderungen hin. Wie die Abschaffung des Bankgeheimnisses und die Einführung des automatischen Informationsaustausches. Das sind immerhin Schritte. Wer hätte das vor ein paar Jahren gedacht! Und wie geht es weiter?

Der Soziologe Peter Streckeisen beobachtet, wie sich in der Schweiz das verschiebt, was traditionell »der Filz« hieß. Nämlich in Richtung des aus den USA als *revolving doors* bekannten Phänomens. Damit ist ein Drehtüreffekt gemeint. Wir haben es heute demnach weniger mit einer integrierten, über verschiedene Handlungsfelder (Politik, Wirtschaft, Armee) verflochtenen, nationalen Elite zu tun, als mit einer gewissen Entkoppelung zwischen den Managern der global tätigen Konzerne und den Verantwortlichen in Politik und Verwaltung, die primär auf der nationalen Bühne agieren. *Revolving doors* ist laut Peter Streckeisen kein unproblematisches Phänomen, aber es hat weniger den Aspekt des Stallgeruchs. Der häufig verwendete Begriff »verbandelt« assoziiert mehr den »alten Filz«. Der neue Verbund ist loser, aber sehr wirkungsvoll. Konzerne haben sich durch die dezentralisierten, vernetzten neuen Führungsstrukturen ein reiches Know-how antrainiert. »Sie herrschen durch Unordnung«, ergänzte Oliver Fahrni. (8.6.2015)

Stabilität und »Neutralität«

Die Schweiz ist ein zentraler Finanzplatz. »Politische, wirtschaftliche und mentale Rahmenbedingungen« führten laut Schweizer Bankiervereinigung (SBVg 2007: 4) dazu. Zudem die geografische Lage. Die Schweiz liegt im Zentrum Europas. Hier kreuzen sich wichtige Handelsstraßen. Hier entstanden schon im Mittelalter internationale Messen. Das Geld folgte den Waren. Hinzu kam der Mangel an natürlichen Rohstoffen. Er verlangte eine frühe internationale Ausrichtung. (Zollino 2013) Der Weg zu den Nummernkonti führte über die Söldnerei und Reisläuferei.

Die Basler Staatsbank verwaltete bereits im 16. Jahrhundert Anlagevermögen für französische Könige und einzelne Städte im näheren Umkreis. (A. a. O.) Der eigentliche Aufstieg des Finanzplatzes Schweiz folgte allerdings später. Er setzte vor rund hundert Jahren ein. In den 1920er- und 30er-Jahren transferierten viele Europäerinnen und Europäer große Vermögen in die Schweiz. Sie fürchteten eine Entwertung der Währung. Im Vordergrund standen politische und wirtschaftliche Unsicherheiten.

(Gütersloh/Hieber 2010: 4) Und der Schweizer Finanzplatz galt »als sicherer Hafen in Krisenzeiten«. Vor allem wegen der politischen Stabilität und der Neutralität der Schweiz. Die verschwiegenen Banken boten gerne Hand dazu, Geld am Fiskus vorbeizuführen.

Mit der wachsenden Bedeutung des Finanzplatzes Schweiz expandierten Schweizer Banken auch in die weite Welt. Sie eröffneten in der zweiten Hälfte des 20. Jahrhunderts immer mehr Niederlassungen und Tochtergesellschaften. Dazu trug laut SBVg (2007: 5) die »liberale Grundeinstellung in Gesellschafts- und Wirtschaftsfragen einer Mehrheit der Schweizer« bei. Stark ins Gewicht fielen wohl das Bankgeheimnis und die (Zurück-)Haltung der Schweiz während des Zweiten Weltkriegs. Zudem deregulierten viele Länder ihre Devisenbestimmungen und den Kapitalverkehr. Seit Ende der 1980er-Jahre konzentrieren Finanzinstitute ihre Standorte und spezialisieren ihre Dienste. Trotz steigenden Gewinnen bauten sie viel Personal ab. Vier Großbanken schlossen sich in der Schweiz zu zwei Konzernen zusammen. Viele regionale Banken und Arbeitsplätze verschwanden.

Finanzplätze verfügen über ein dichtes Netz an Banken, Börsen, Treuhänderinnen und Treuhändern, Versicherungen und internationalen Handelsunternehmen. Wichtig sind auch Treuhandfirmen. Sie machten ihr Gewicht bei der Unternehmenssteuerreform II stark geltend. »Global Cities« sind, wie sie uns Saskia Sassen (21.8.2014) schilderte, Knotenpunkte in internationalisierten Netzwerken von Dienstleistungen. Der Finanzsektor erweist sich dabei als zentrale Kraft. Der Finanzplatz Schweiz umfasst rund 280 Banken und 220 Versicherungen. (Staatssekretariat für internationale Finanzfragen SIF 2015) Er beschäftigt rund 6 Prozent der Werktätigen in der Schweiz. Das sind über 165 000 Personen. Davon arbeiten über 100 000 bei Banken und Effektenhändlern, 25 000 bei sonstigen Anbietern von Finanzdienstleistungen und 40 000 bei Versicherungen. Zudem zählen Schweizer Banken über 100 000 Mitarbeitende bei Tochtergesellschaften und Filialen im Ausland. Im Vergleich mit der Industrie sind das insgesamt allerdings relativ wenige Arbeitsplätze.

Ursprünglich diente die Finanzwirtschaft der Finanzierung wirtschaftlicher Aktivitäten. Sie unterstützte die Produktion oder den Kauf von Gütern. Sie bot Unternehmen die Möglichkeit, in die Zukunft zu investieren. Das änderte sich mit der Globalisierung. Sie ist durch einen stärkeren Finanzmarkt gekennzeichnet, der global vernetzt ist und auf einer großen Mobilität von Kapital beruht. Neue Technologien versetzen die Kapitalmärkte in die Lage, frei von staatlichen Eingriffen zu funktionieren. Seit Ende der 1980er-Jahre ist für das Weltfinanzsystem ein neues Zeitalter angebrochen. Die Finanzsphäre erscheint als autonomes Subsystem der Ökonomie, das durch das Zusammentreffen dreier Prozesse entstanden ist. Die 3-D-Theorie von Henri Bourguinat (1992) erwähnt: erstens die Deregulierung und das Aufheben der Kontrollen über die Finanzströme; zweitens die »Disintermediation«, die es (Finanz-)Akteuren erlaubt, sich direkt mit Kreditanbietenden zu arrangieren und die intermediären Institutionen (Banken, Makler) zu umgehen; drittens die »Desegmentierung«, welche die klassischen Spezialisierungen (Banken/Börsen/Versicherungen) abschafft. Geld erhebt sich über die Kontingenzen von Zeit und Raum. Das Weltfinanzvermögen ist viermal so hoch wie das Weltbruttoinlandprodukt. Die Finanzmärkte sind immer mehr von der Realökonomie entkoppelt.

Die Schweiz positionierte sich europäisch und global schon nach dem Ersten Weltkrieg als Finanzplatz. Wichtig waren, wie uns der Historiker Jakob Tanner (am 15.4.2015) an einer Retraite im Schloss Münchenwiler ausführte, das Bankgeheimnis und das niedrige Steuerniveau. Mit der Internationalisierung baute sich die »Festung Schweiz« aus. Schweizer Unternehmen bildeten »stille Reserven«, investierten in (steuerbegünstigte) betriebliche Sozialpolitik (»goldene Fesseln«) und schützten sich seit der Zwischenkriegszeit mit Aktienvinkulierungen und Stimmrechtsaktien gegen »unfreundliche Übernahmen« (ausländischer) Investoren. Von der »Festung Schweiz« folgte dann der Schritt zum »Standort Schweiz«. So löste sich seit den 1980er-Jahren das wirtschaftlich-unternehmerische Abwehrdispositiv auf. Mit dem Shareholder-Value setzte sich die Finanzialisierung als neue Unternehmensmaxime durch. Und seit den 1990er-Jahren gehören die Internationalisierung des Führungspersonals und des Aktienbesitzes von Unternehmen zur nationalen Standortpolitik. Der Trend weist über die bestandene Stabilität und Neutralität hinaus, die von Gegenkräften umso mehr wieder heraufbeschworen werden. Diese reagieren auch darauf, wie sich Banken aus dem Kapital von Konzernen zurückziehen.

Die Eidgenössische Finanzmarktaufsicht (Finma) und die Schweizerische Nationalbank (SNB) sollten die Banken kontrollieren. Die SNB existiert seit Anfang 1907. Sie ist eine spezialgesetzliche Aktiengesellschaft des Bundesrechts. Die Aktien sind als Namenspapiere ausgestaltet und an der Börse kotiert. (SNB 2014) Die öffentliche Hand (Kantone als Aktionäre) besitzt gut die Hälfte des Aktienkapitals von 25 Millionen Franken. Es ist eingeteilt in 100 000 Namenaktien mit einem Nennwert von je 250 Franken. Die SNB betreibt als unabhängige Notenbank die Geld- und Währungspolitik der Schweiz. Die Hauptaufgabe der Nationalbank besteht (gemäß Art. 99 der Bundesverfassung) darin, eine Geld- und Währungspolitik zu führen, die dem Gesamtinteresse des Landes dient. Die SNB will die Preisstabilität gewährleisten. Sie hat eine »formelle Rechenschaftspflicht gegenüber Bundesrat, Parlament und Öffentlichkeit«. Der Gewinn geht zu einem Drittel an den Bund und zu zwei Dritteln an die Kantone. Die SNB besitzt gesetzlich das Monopol, Banknoten zu drucken und herauszugeben. Sie legt auch die Währungsreserven an. Und als Bank des Bundes berät sie die Behörden in währungs- und geldpolitischen Fragen.

Die Schweizerische Bankiervereinigung (SBVg) ist der Dachverband der Schweizer Banken, Revisionsgesellschaften und Effektenhändler. Sie wurde am 16. November 1912 gegründet. Der Hauptsitz befindet sich in Basel. Hinzu kommen Niederlassungen in Zürich und Bern. Die SBVg hat rund 350 Mitgliedinstitute und 1800 Einzelmitglieder. (SBVg 2015) Sie fördert die Rahmenbedingungen für den Finanzplatz Schweiz. Das viel gepriesene Prinzip der »Selbstregulation« hat nicht wirklich funktioniert; es wird aber kaum infrage gestellt. Zur »Selbstregulation« gehört die Praxis der Banken, die Revisionsgesellschaften auszuwählen, die zuhanden der Bankenaufsicht ihre Bücher prüfen. Und die Prüfenden und Geprüften sind wiederum zusammen in derselben Interessenvereinigung organisiert, der Schweizerischen Bankiervereinigung.

Die SGVg kümmert sich auch darum, den Nachwuchs auszubilden. So entstand das Center for Young Professionals in Banking (CYP) im Jahr 2003. Drei Jahre später kam das Swiss Finance Institute in Zürich hinzu. Es dient als Forschungs- und Ausbildungszentrum für Kader und kooperiert mit der Universität Freiburg. Ich beteiligte mich schon an mehreren

Ausbildungsgängen als Referent. Wie Kollege Peter Streckeisen eruierte, sollen die Verbindungen zu den Hochschulen dazu beitragen, die Wettbewerbsfähigkeit des Finanzplatzes zu stützen: »An der Uni Zürich existiert seit 1968 ein Institut für das Schweizerische Bankenwesen (ISB), das heute vierzehn Professuren umfasst. Im Beirat sitzen drei Bankenvertreter, ein Mitglied des SNB-Direktoriums (Thomas Jordan) und eine Person von der Beraterfirma PricewaterhouseCoopers. Natürlich erhält das Institut auch finanzielle Mittel von den Banken. Und an der Universität Lausanne (HEC) wurden die Finanzwissenschaften seit Beginn der 1990er-Jahre stark ausgebaut.« Banken nehmen ihren Einfluss recht erfolgreich wahr. Seit der jüngsten Finanz- und Wirtschaftskrise sind sie allerdings »angeschlagen«, stellt Kurt Schiltknecht (*Weltwoche* 36/2012: 16) fest. Die Finanz- und Wirtschaftskrise führte zu einem Imageverlust. Banken reagieren mit einer Werbeoffensive. Sie dürfen sich »nicht in Ketten legen lassen«, warnte Patrick Odier in der *SonntagsZeitung*. (27.4.2014: 45) Der Präsident der Bankiervereinigung wandte sich damit vor allem gegen das Ansinnen der Schweizerischen Volkspartei (SVP), das Bankgeheimnis in der Verfassung zu verankern.

»Der Finanzsektor unterwirft die Welt«, titelte indes das *Magazin 2000plus*. (44/2014: 1) Im Jahre 1913 entstand die »Internationale Bankenallianz« als Pariser Club. Die Hochfinanz diktierte der Welt öffentlich (und manchmal sogar ohne Öffentlichkeit) ihre Gesetze. Knapp hundert Jahre später erklärte Rolf Breuer, Vorstandssprecher der Deutschen Bank, den Finanzsektor zur vierten Gewalt im Staat, der die Politik auf ihre Ziele verpflichte. Und Lloyd Blankfein, Vorstandsmitglied der Investmentbank Goldman Sachs, bezeichnete sich selbst als Banker, der Gottes Werk verrichte. Der Pariser Club veranschaulicht, wie eng die staatliche und die private Macht verbunden sind. So handelt etwa bei Verhandlungen mit verschuldeten Staaten der Internationale Währungsfonds (IWF) die Grundzüge der Deals aus. Und auf dieser Grundlage regeln dann die Banken ihre Gläubigerverhältnisse mit den Staaten. Die private Hochfinanz bedient sich so staatlicher Einrichtungen. Diverse EZB-Verantwortliche und Aufsichtskader kommen direkt von Banken.

Mit »Seitenwechsel« betitelt das Wirtschaftsmagazin *Bilanz* (1/2015: 11) Informationen über personelle Veränderungen, die von den Banken zur

Finma und wieder zurück zu Finanzinstituten führen. Mit Nina Arquint verlor die Finma bereits ihr viertes Geschäftsleitungsmitglied innert eines Jahres. Die Chefin des Bereichs Strategische Grundlagen wechselte in die Versicherungsbranche. Ihr Vorgänger, Urs Zulauf, ist seit 2013 bei der Credit Suisse. Im Januar 2014 verließ der Vorgesetzte von Nina Arquint, Patrick Raaflaub, die Finma. Seit September 2014 arbeitet er bei Swiss Re, die er vorher beaufsichtigte. Yann Wermeille leitete bei der Finma bis im März 2014 die Abteilung Märkte. Heute ist er exekutives Verwaltungsratsmitglied bei zRating, einer Abspaltung vom Vermögenswalter zCapital. Eine Veränderung gab es zuvor auch im Verwaltungsrat der Finma. Die Vizepräsidentin Monica Mächler wechselte 2013 in den Verwaltungsrat der Zürich Versicherung. Ein Grund für die Abgänge sind die Löhne. Ein Geschäftsleitungsmitglied der Finma verdient zwischen 215 000 und 300 000 Franken im Jahr. Die Finanzindustrie bezahlt das Doppelte bis Dreifache. GL-Mitglieder der Finma müssen sich allerdings ein wenig gedulden. Für sie besteht nämlich eine »Cooling-off-Periode«. Allerdings ohne konkrete Vorgaben. Die Konditionen werden jeweils im Einzelfall verhandelt. Für Nina Arquint dauerte sie sechs Monate. Gerade so lange wie die Kündigungsfrist.

Wie die *SonntagsZeitung* (5.10.2014: 40) berichtet, ist die Finma gegenüber Dritten zuweilen eher unberechenbar und pingelig. Sie verhalte sich aber bei internen Kontrollen relativ locker. Ein Beispiel ist Jean-Baptiste Zufferey. Er gehörte jahrelang dem Verwaltungsrat der Finma und gleichzeitig dem Aufsichtsgremium des Schweizer Ablegers der portugiesischen Großbank Espirito an, die Konkurs machte. »Interessenkonflikte waren da programmiert«. (A.a.O.) Zufferey war Jus-Professor in Freiburg. Er leitete Ende der 1990er-Jahre die vom Bundesrat eingesetzte Kommission zur Reorganisation der Banken- und Versicherungsaufsicht. Das entspricht der heutigen Finma. Dass im Verwaltungsrat der Finma wie in der früheren Eidgenössischen Bankenkommission (EBK) Leute mit Mandaten in der Finanzbranche sitzen, ist politisch gewollt.

Interessenkonflikte gibt es bei den Banken auch intern, wie Michel Maréchal vom »Department of Economics« der Universität Zürich bemerkt. Er spricht sogar, auf der Grundlage eigener Studien, von einer »Betrugskultur« (*Tagesanzeiger* 23.11.2014). Fehlende Kontrollen verleiten dazu, auszureizen, was möglich ist. Dazu trägt auch die forcierte Konkurrenz und Gewinnoptimierung bei. Es ist noch nicht lange her, da verteidigte der damalige Privatbankier Konrad Hummler im *Managermagazin* (5/2008:164) die Steuerflucht als legitim. »Obrigkeiten kann man betrügen«, verkündete er. »Bankangestellte sollten sich mit Eid dazu verpflichten, moralische Werte einzuhalten«, mahnt indes Michel Maréchal. (*NZZ am Sonntag* 23.11.2014) Moralische Werte ändern sich allerdings je nach Kontext. So legitimiert zum Beispiel das heute dominante finanzliberale Verständnis soziale Diskrepanzen und wirtschaftliche Machtkonzentrationen recht großzügig.

»Geschäftsmodell für Steuerbetrug«

Die Schweiz stellte ihr Bankkundengeheimnis lange als Nächstenliebe dar. Das Bankgeheimnis kam 1934 zusammen mit dem Bankengesetz zustande. Dass die Verletzung des Bankgeheimnisses als Offizialdelikt festgeschrieben wurde, war sozusagen die Konzession für die Einführung einer staatlichen Bankenaufsicht. Die Regelung setzte jahrzehntelang vor allem auf Selbstregulierung. Damals stand der Schutz französischer Steuerflüchtlinge im Vordergrund. Zuvor transferierten Reiche aus Deutschland ihre Gelder auf Schweizer Bankkonti. Der finanzielle Exodus trug erheblich dazu bei, die Weimarer Republik (1918–1933) zu schwächen. Nach dem Zweiten Weltkrieg kam der Mythos auf, das Bankgeheimnis sei eingeführt worden, um jüdische Vermögen zu schützen. (Guex 2011: 4–5; 2002: 9) Und viele Politikerinnen und Politiker verteidigten das Bankgeheimnis lange. Hans-Rudolf Merz, Finanzminister von 2003 bis 2010, hielt es noch in der DOK-Sendung des Schweizer Fernsehens am 16. März 2009 für sakrosankt. Dies, kurz bevor der Bundespräsident Merz (2009) einwilligte, Bankdaten in die USA zu überweisen. Der ehemalige UBS-Banker musste später sogar den automatischen Informationsaustausch mit andern Staaten akzeptieren. Internationale Vereinbarungen zwangen die Schweiz zum Nachvollzug. Zuvor gelang es Merz allerdings noch (mit falschen Angaben), die Unternehmenssteuerreform II durchzubringen, die Milliarden von Franken der Besteuerung entzieht. Historisch interessant ist auch das Protokoll einer Sitzung vom 2. Juni 1977 der Schweizerischen Bankiervereinigung. Es zeigt, wie sich der Bundesrat gegen die

Bankeninitiative der Sozialdemokratischen Partei der Schweiz (SPS) stellte. Das ist passé. Offenbar hat sich in der Zwischenzeit doch etwas verändert.

Am 20. Mai 1984 scheiterte die Volksinitiative gegen den Missbrauch des Bankgeheimnisses und der Bankenmacht. Die Initiative wollte zwar das Bankgeheimnis in der Verfassung verankern, aber vor allem Missbräuche verhindern. Sie erhielt nur 27 Prozent Ja-Stimmen. Damals (1984) stand Niklaus Senn der Schweizerischen Bankgesellschaft (SBG) vor. Nach gewonnener Abstimmung gestand er Helmut Hubacher, dem langjährigen Nationalrat und damaligen Präsidenten der Sozialdemokratischen Partei, zwanzig Millionen Franken in die Abstimmung investiert und auf Zeit gespielt zu haben. Die Bankgesellschaft und der Bundesrat ließen bewusst sieben Jahre bis zur Abstimmung verstreichen. In den ersten Jahren hätte nämlich die Sozialdemokratie laut Meinungsumfragen gewonnen. Deshalb musste die Zeit noch etwas arbeiten, berichtete uns Helmut Hubacher. (20.5.2013) 73 Prozent stimmten dann gegen die Initiative, obwohl diese nur Missbräuche verbieten wollte. Der Fall erledigte sich nun von selbst. »Die Banken übertrieben das Bankgeheimnis als Geschäftsmodell für Steuerbetrug so, dass sie sich selber unmöglich gemacht haben«, so Helmut Hubacher. Sein Fazit: »Die Bankeninitiative war eine der erfolgreichsten Niederlagen.«

Helmut Hubacher übergab uns ein Dokument. Ein Kondukteur der SBB schickte ihm das Protokoll Nr. 4/77 der Schweizerischen Bankiervereinigung zu. Ein Verwaltungsrat der Bankiervereinigung hatte es im Zug liegen lassen. Und zwar unmittelbar nach dem Fall Chiasso, dem Bankenskandal der Schweizerischen Kreditanstalt (heute Credit Suisse). Die Kreditanstalt akquirierte professionell Steuerflüchtlinge aus Italien und bediente sie in der Filiale Chiasso. Diese Filiale beschäftigte 280 Leute. Für das Lokalgeschäft Chiasso hätte wohl ein halbes Dutzend ausgereicht. »Da fanden regelmäßig im Hotel Savoy in Mailand Akquisitionsgespräche statt. Ein Mann der Schweizerischen Kreditanstalt verkleidete sich als Gemüsehändler und transportierte das Geld von Mailand nach Chiasso – unter Tomaten, Rüebli und Kartoffeln« (Hubacher). Die Kreditanstalt spekulierte mit diesem Geld und verlor mehrere Milliarden. Die SP lancierte darauf eine Bankeninitiative.

Das Protokoll (Nr. 4/77) dokumentiert, wie die Bankiervereinigung die Bankeninitiative unterlaufen wollte. Als Direktor amtierte Markus Lusser. Er kam per 1. Januar 1981 ins Direktorium der SNB, die er von 1988 bis 1996 präsidierte. Und zwar als bislang letzter Jurist in dieser Funktion. Die verbreitete Ökonomisierung verlangt heute ein anderes Profil. Als Direktor der Nationalbank erklärte Markus Lusser gleich, er vertrete die Interessen der Banken. Und meinte damit die Privatbanken. Laut Bankiervereinigung (bzw. Protokoll) sollten die Banken freiwillig eine Sorgfaltspflicht unterzeichnen und bescheinigen, das Bankgeheimnis nicht zu missbrauchen. Das Drehbuch sah vor: »Am 7. Juni empfängt Bundesrat Chevallaz auf unsere Bitte hin das Präsidium zu einer Aussprache. Wir werden ihm die Vereinbarung Sorgfaltspflicht aus unserer Sicht vorstellen und mit ihm gleichzeitig die Regie für die Beantwortung der parlamentarischen Vorstöße zum Fall Chiasso besprechen. [...] Nach den Gesprächen mit Herrn Bundesrat Chevallaz möchten wir unser Konzept und die Vereinbarung den übrigen Bundesräten, einem größeren Kreis ausgewählter Parlamentarier sowie den schweizerischen Parteisekretariaten der bürgerlichen Parteien mit einem erläuternden Schreiben darlegen. Schließlich haben wir mit einigen interessierten Parlamentariern, die allenfalls direkt in die Debatte eingreifen könnten, persönliche Zusammenkünfte vorbereitet.« Das Dokument erhellt auch den Umgang mit den Medien und der Öffentlichkeit. Eine intensive Publizität sei zu vermeiden. »Sie wäre sogar unzweckmäßig, weil wir die guten Argumente, die wir Herrn Bundesrat Chevallaz und den uns wohlgesinnten Parlamentariern liefern, nicht vorzeitig in der Presse abnutzen dürfen.«

So viel zum Fall Chiasso und der Bankeninitiative. Inzwischen ist die SP stärker in Finanzinstitutionen eingebunden. Im Jahr 2007 skandalisierten Bürgerliche noch die Wahl eines SP-Vertreters zum Präsidenten des SNB-Bankrates. Heute danken ihm viele dafür, dass er die Aufgabe des Mindestkurses beim Schweizer Franken mitlegitimiert.

Auf- und ausgestiegen

Sie stiegen einst in der Finanzwelt auf, die sie mittlerweile aus mehr Distanz reflektieren: Roland Rasi, ehemals Generaldirektor des Schweizerischen Bankvereins, führt heute eine eigene Anwaltskanzlei und studiert

Soziologie an der Universität Basel. Paul Feuermann, ehemals Vizedirektor der UBS, promoviert in Soziologie an der Universität Basel. Und Andreas Cabalzar wechselte von der Börse zur Kanzel. Er ist heute Pfarrer in Erlenbach.

Roland C. Rasi ist ehemaliger Generaldirektor des Schweizerischen Bankvereins.»Ich bin dezidiert für die vollständige Aufhebung des Bankgeheimnisses«, erklärte er mir. (17.2.2014) »Die Schweizer Banken waren immer – und sollen es bleiben – ein tragender Pfeiler der Schweizer Volkswirtschaft. Aber nicht aufgrund fragwürdiger Geschäftspraktiken.« Roland Rasi dachte einmal anders. Sein persönlicher Weg wirft auch ein Licht auf den Wandel der Banken.

Rasi studierte Jus, erwarb das Anwaltspatent, doktorierte (1974), arbeitete als junger Anwalt auf einer Kanzlei und fragte dann seinen militärischen Vorgesetzten: »Du, kann ich einmal ein Jahr zu dir auf die Bank kommen?« Der Vorgesetzte sagte: »Ja!« Roland Rasi durfte nach Amerika, avancierte zum stellvertretenden Filialleiter der Schweizerischen Kreditanstalt in Los Angeles. Und als er zurückkam, leitete er schon bald die Filiale am Claraplatz in Basel. Dann folgte der große Sprung nach Zürich, zur Credit Suisse. Dort verantwortete er, für 2000 Leute zuständig, die Logistik im Uetlihof. 1993 wechselte Roland Rasi in die Geschäftsleitung des Schweizerischen Bankvereins und wurde Generaldirektor Schweiz. Marcel Ospel übernahm das Ausland, Rasi die Schweiz. »Das war eine tolle Zeit.« Bis sich die Lage zuspitzte. Ospel markierte den Boss. »Er tat alles, um es mir zu verunmöglichen, beim Bankverein zu bleiben.«

Bei der Schweizerischen Kreditanstalt war Roland Rasi auch CEO der Tochtergesellschaft Bank Leu. »Das war eine lebendige Zeit der Restrukturierung. Wir mussten Hunderte von Leuten entlassen, aber das ging absolut still vor sich. Es war zwar traurig für jeden Einzelnen, aber wir mussten es machen. Und es gab keine einzige Schlagzeile in den Medien.« Dann warb ihn der Bankverein ab. »Und ich war dann so unglücklich. In Basel fehlte mir die Hausmacht. Ospel nutzte das aus. Ich bekam eine Depression und entschloss mich nachher, in eine Anwaltskanzlei einzutreten. Zudem bin ich nun oft an der Uni. Und aus dieser Perspektive verfolge ich auch die Schweizer Bankenwelt – mit wachsender Sorge. Anno 75 gab es ja schon den Chiasso-Skandal von der SKA. Die Banken hätten mehr daraus lernen können.« Roland Rasi war damals Mitglied der Geschäftsleitung und verfolgte, wie mit dem aufkommenden Investmentbanking die Löhne sprunghaft anstiegen. Wer dazu noch hohe Boni kassierte, verlor bald einmal das Maß. Die Konkurrenz schaukelte die Summen hoch. Beim späteren CEO des Schweizerischen Bankvereins, Marcel Ospel, läpperten sich die Einkünfte von zwei auf zwanzig Millionen Franken im Jahr zusammen. Das war aber dann schon in UBS-Zeiten. Und alle, die zum Kader gehörten, hetzten von einer Sitzung zur andern. Da blieb kaum Zeit zum Nachdenken.

Und Sie präsidierten auch noch den FC Basel?

Ja, und die Medien belästigten mich Tag und Nacht.

Hinzu kam noch Ihre Militärkarriere?

Ja, ich war Generalstabsoberst und wollte dem Land dienen. Das klingt jetzt pathetisch, aber es ist so. Und so hatte ich die Gelegenheit, viele Leute aus unteren sozialen Schichten kennenzulernen. Da ging mir eine andere Welt auf. Ich hatte mit denen vorher keinen Kontakt.

Kommen Sie denn aus begüterten Verhältnissen?

Aus gutbürgerlichen. Mein Vater leitete eine Zürcher Treuhandgesellschaft. Und meine Mutter war Hausfrau. Also guter Mittelstand. Aber das Militär gab mir viel.

Und war auch zeitintensiv?

Ja, da war die CS sehr großzügig.

Und heute ist der militärische Dienst für die Wirtschaft kein Thema mehr?

Ja, schon fast im Gegenteil. Und das macht mich traurig. Aber das ist so ein Zeichen der Zeit.

Und damit ist auch der alte Managertyp passé?

Ja, wir arbeiteten noch ab und zu eine Nacht durch. Dann zeigte sich, wer fähig ist. Und die militärische Ausbildung ersetzte manchen MBA. Ich war auch in Stanford für so einen Schwachstrom-MBA.

Aber die Beziehungen und das Prestige helfen?

Das ist so. Das Netzwerk hilft. Jetzt treffen wir uns mit der Klasse von Stanford in Chile. Wir kamen schon in der ganzen Welt zusammen.

Und was hielt Sie so lange im Topmanagement?

Sicher auch der Drang nach Anerkennung. Aber hochzusteigen, ist ein hartes Rennen. Und dazu gehört Ehrgeiz. In der CS schafften wir allerdings Hierarchien ab. Wichtiger als der Rang war die Funktion. Einzelne gingen damals zur strenger organisierten UBS. Die guten Jungen blieben jedoch bei uns. Aber heute ist wieder alles stark hierarchisiert. Wer weiterkommen will, muss spuren. Das ist gefährlich und korrumpiert sogar ein wenig den Charakter. So gehen das Denken und die Kreativität verloren.

Die Finanzwelt faszinierte auch Paul Feuermann. Widersprüche nahm er bis zu seiner vorzeitigen Pensionierung kaum wahr. Der frühere Vizedirektor bei der UBS (ZH) lebte jahrzehntelang in dieser Branche auf, die ihn heute irritiert. Paul Feuermann promoviert derzeit am Basler Seminar für Soziologie, führt Gespräche in aller Welt und mailt mir fast täglich, was er erfährt. Am 27. Januar 2015 schrieb er mir aus Montevideo, wie die Banken »über Schulden die Menschen versklaven und eine Umverteilung von unten nach oben betreiben«. Dabei kam er auch auf Griechenland zu sprechen. »Alle Länder, inklusive die USA, zahlen doch gar nie irgendwelche Schulden zurück. Warum muss nun Griechenland 450 Millionen US-Dollar an den IMF zurückbezahlen? Die Ukraine bezahlt nicht einmal Zinsen und kriegt noch einen neuen ›Kredit‹.«

Am 29. April 2015 stellte Paul Feuermann in einem weiteren Schreiben fest, die Demokratie habe versagt, weil einige Reiche immer reicher und mächtiger werden. In der Schweiz regiere immer mehr das Geld. Das zerstöre das Land: »Die Stabilität des Landes ist so sehr auf das Geld und seine Vermehrung über Finanzblasen ausgerichtet. Große Finanzgebilde sind ein sehr großes Risiko für das kleine Land.« Paul Feuermann will den Kapitalismus radikal reformieren, nicht überwinden. Er will die Banken auf das Kerngeschäft reduzieren und den Rest (Investmentbanking) in privates Risikokapital auslagern. Zudem müssten die Bilanzen verkleinert und das Eigenkapital auf 20 Prozent der Bilanzsumme angehoben werden. Denn die Banken seien nicht nur viel zu groß, um sie in den Konkurs zu schicken (Too Big to Fail), sondern auch ganz klar »Too Big to Be Saved«.

Aus der Finanzbranche ausgestiegen ist auch Andreas Cabalzar. Er spekulierte einst mit Oswald Grübel zusammen an der Börse. Heute predigt er in der reichen Gemeinde Erlenbach. Cabalzar lud mich am 10. April 2013 zu einer öffentlichen Gesprächsrunde über die Macht des Geldes ein. Zuvor aßen wir zusammen eine Pizza. Ich durfte das Aufnahmegerät einschalten, das immer in meiner Kitteltasche steckt.

Andreas Cabalzar wechselte von der Börse zur Kanzel. Sein Vater war ein engagierter liberaler Pfarrer in der Zürcher Altstadt, sein älterer Bruder avancierte schon in jungen Jahren zum Direktor der damaligen SBG. Cabalzar eiferte früher seinem Bruder nach. Arbeitete an der Börse, spielte in der Handball-Nationalliga und wechselte nach einem Unfall zur Theologie. Heute arbeitet er als Pfarrer in Erlenbach. Eine neue Gläubigkeit ortete er bei unserem Gespräch vor allem bei jenen, die den alten Reichtum verdrängen.

Sie unterscheiden einen alten von einem neuen Reichtum?

Ja, für mich gibt es das alte reformierte Zürich, die alte FDP, die alten Zürcher Geschlechter, das alte Zürcher Geld. Auf der einen Seite waren Bescheidenheit und Demut ganz wichtig. So war zum Beispiel das Familienhaus der von Orellis nach außen ein ganz gewöhnliches Altstadthaus, aber innen voller fantastischer Kunstwerke. Du zeigst nicht, was du hast. Und gleichzeitig ist ganz klar, du hast auch einen sozialen Auftrag, und du unterstützt die Kultur. Du unterstützt auch die Wissenschaft und die Kirche. Das war die reformierte Grundhaltung: Du bist verantwortlich für das, was du glaubst, was du denkst und was du machst. Du hast Verantwortung für das gesellschaftliche Rundherum, engagierst dich auch entsprechend.

Und das hat sich verändert?

Sogar fundamental. Diese Familie und deren Haltung gibt es zwar immer noch. Aber hier in Erlenbach wohnen auch viele Gewinner der New Economy. Das sind Hedonisten. Sie halten sich nur mehr selten an das amerikanische Verständnis: Ich hab viel bekommen, also gebe ich etwas zurück. Das Motto lautet eher: Ich habe viel genommen, also gehört es mir.

Das ist also heute das neue Selbstverständnis?

Das Selbstverständnis entspricht wieder einer feudalistischen Haltung! Mir steht ein Status zu, und Institutionen, Organisationen haben mir zuzudienen. Ganz zu vergessen, dass ich mich in deren Dienst stellen würde. Das egozentrische Selbstverständnis verändert auch Leute, die einmal ganz anders einstiegen. Sie fahren neugläubig ab und entwickeln ein egomanes Selbstverständnis: Ich kann mir alles leisten, ich kaufe mir alles – mir steht alles zu, und ich bin was ich habe.

Und das ist mit einem Gefühl von Macht verbunden?

Schon. Neue Fürsten und Könige treten mit großartigem Gestus auf die gesellschaftliche Bühne – auch wenn deren Regierungszeit oft nur sehr begrenzt ist. Nicht Wissen, Kompetenz oder visionäre Kraft ist Macht, sondern Geld ist Macht. Geld regiert die Welt. D.h., die Politik muss die Dienerin der Wirtschaft sein, die Kirche hat gesellschaftliches Schmieröl zu sein. Meist wird sie aber zwecks Steueroptimierung aus dem Portefeuille gestrichen und nur noch punktuell für die (Selbst-)Inszenierungen bei den Lebensübergängen beigezogen. Die rigide Haltung ändert allerdings meist, wenn die Fürsten und Könige außer Dienst sind. Dann werden plötzlich kritischere Stimmen hörbar. D.h., solange du im Spiel bist, musst du eben mitspielen.

Soweit Andreas Cabalzar. Die erwähnten persönlichen Brüche mit der Finanzwelt weisen auf einen kleinen Exodus hin. Sie dokumentieren einen Sichtwechsel von Personen, die lange systemkonform dachten und lebten. Ähnliches zeigt sich im folgenden Beispiel, das noch mehr ganz aktuelle Veränderungen in der Bankenwelt dokumentiert.

Vom Bankdirektor zum Bankenpfarrer

Patrice J. Baumann präsidierte als Theologe die Freisinnig-Demokratische Partei (FDP) Baselland, war Vizedirektor einer Kantonalbank in der Zentralschweiz und in verantwortlicher Position bei einer traditionsreichen Privatbank und der Schweizer Niederlassung einer ausländischen Bank. Nach einer betrieblichen Umstrukturierung klopfte er im Dezember 2013 bei der Regionalen Arbeitsvermittlung (RAV) an. Er wollte eine neue Existenz als Bankenpfarrer aufbauen. Wir kamen an einer Tagung auf dem Berner Gurten miteinander ins Gespräch (13.1.2014), mailten ein paar Mal hin und her und trafen uns wieder (6.2.2014).

Baumann wächst in Liestal (BL) auf. Nach dem Abitur macht er eine IT-Ausbildung bei einer Versicherung, findet aber keinen tieferen Sinn.

Er wechselt, wie einst sein früh verstorbener Vater, zur Theologie. Im Jahr 1988 beginnt Baumann sein mehrjähriges Studium in Paris. Nach seiner Rückkehr nimmt er eine Stelle als Projektleiter in der IT-Ausbildung in der öffentlichen Verwaltung an. Theologie praktiziert er nebenher freikirchlich. Er berät nun Unternehmen und macht sich nach ein paar Jahren mit drei Kollegen selbständig. 2001 verlässt er das Unternehmen, das mittlerweile siebzig Mitarbeitende hat. Baumann lässt sich zum eidgenössisch diplomierten Finanzanalytiker und Vermögensverwalter ausbilden. Er arbeitet nun vornehmlich im Private Banking. Zuerst in einer kleineren Vermögensverwaltung. Die Firma kommt in die Medien. Die Bankenkommission droht aufgrund früherer Ereignisse mit dem Entzug der Lizenz. Baumann engagiert sich unter relativ garstigen Bedingungen dafür, die Firma wieder auf Kurs und in ruhigeres Fahrwasser zu bringen, was auch gelingt.

Nach der Flurbereinigung wechselt er zu einer traditionsreichen Privatbank. Nach einem einjährigen Gastspiel folgt er seiner Partnerin in den Kanton Schwyz. Patrice J. Baumann steigt bei einer zentralschweizerischen Kantonalbank ein und leitet dort das Private-Banking-Team. Er baut einen Zweig mit ethischen Investments auf und arbeitet intensiv mit kirchlichen Institutionen zusammen, »von denen es dort ja nicht gerade wenige hat«. Im August 2012 geht er zu einer Schweizer Niederlassung einer ausländischen Bank. Der Auslöser steht im Zusammenhang mit einem CEO-Wechsel bei der Kantonalbank. Die Trennung verlief einvernehmlich, wie es nach außen heißt.

Nach einer McKinsey-Analyse schließt allerdings kurz nach seinem Einstieg die Schweizer Niederlassung ihre Tore. Baumann gehört zu den Entlassenen. Seither ist es für ihn schwierig, im Private Banking wieder Fuß zu fassen. »Wenn Sie heute in der Kundenberatung tätig sind und sich auf eine Stelle melden, dann ist die erste Frage: Wie viele Millionen an Kundenvermögen bringen Sie im ersten Jahr rein?« Die Erwartungshaltung liegt bei rund fünfzig Millionen. Und wer die Zahlen nicht erreicht, ist schnell wieder out. Für Baumann steht die Kundenbetreuung und nicht der Umsatz im Zentrum. Im Banking ist eine Wertediskussion dringender denn je. Davon ist Baumann »felsenfest überzeugt«. Und da will er mit seinem theologischen Hintergrund und ethischen Verständnis etwas beitragen. So ist seine Idee entstanden, Bankenpfarrer zu werden. Beim RAV durchläuft er die Bewerbungsprozedere. Zudem nutzt er die Zeit, um seine Projektidee weiterzuentwickeln. So hat er sich auch an der theologischen Fakultät der Uni Zürich eingeschrieben, um eine ordentliche Ordination von der reformierten Kirche nachzuholen. Patrice J. Baumann sondiert den Bedarf nach einem Bankenpfarrer. Was halten große Unternehmen von dieser Idee, »quasi einen modernen Hofnarr zu haben«? Baumann sieht vier Aufgaben. Der Bankenpfarrer ist erstens ein Zeitschenker. Er ist zweitens Seelsorger im Unternehmen. Und drittens eben eine Art moderner Hofnarr, der den CEO oder Verwaltungsratspräsident spiegelt. Viertens ist der Bankenpfarrer ein Ethiker, der Beiräte initiiert und die Geschäftsleitung darin berät, wie ein Unternehmen über Lohnfragen hinaus mit Menschen umgeht. Baumann weiß, warum. »Auch ich habe bei früheren Arbeitgebern diverse Sachen mitgemacht, die aus heutiger Perspektive nicht okay waren.« Gut, bezüglich Bankgeheimnis und Steuerhinterziehungen habe sich schon viel geändert. Aber bei der Mentalität, da gebe es derzeit bedenkliche Rückschritte. Was letztlich wieder mehr zähle, sei der Umsatz und kurzfristige Erfolg.

Bei der Kantonalbank konnte Patrice J. Baumann einst mit Kundinnen und Kunden ethische Fragen besprechen. Wobei sich das in einem katholisch-klösterlichen Umfeld zuweilen schwierig gestaltete: »Da will zum Beispiel eine Kundin in kein Unternehmen investieren, das Anti-Baby-Pillen herstellt. Okay, das heißt: Novartis raus. Was macht die Frau aber, wenn sie Kopfschmerzen hat, was nimmt sie dann für Medikamente? Selbstverständlich etwas von Novartis.« Baumann will von Unternehmen verlangen, maximal 5 Prozent des Umsatzes mit einem zweifelhaften Produkt zu erwirtschaften. Aber das erweise sich heute als schwierig, weil sich der kommerzielle Druck verschärfe. Auch bei einer Kantonalbank. »Dort habe ich den Eindruck, dass heute der lokale, regionale Charakter und auch die soziale Dimension unter dem Druck der Gewinnmaximierung leiden.« Es gebe gewiss viele integre Leute im Banking. Sie stünden aber zerrissen im Zwiespalt quantitativer Leistungsziele. Ein goldener Käfig halte sie gefangen. Und ein Regime, das eher jene hochschwemme, für die Zahlenakrobatik über der Sozialkompetenz stehe.

Patrice J. Baumann hoffte 2008 auf ein Umdenken nach der Krise.
Heute ist er »eher ernüchtert«. Im Finanzwesen dominiere eine Ersatzre-
ligion. Sie mache Banken zu einer schier totalen Institution. Es fange
schon bei all den kleinen Zwängen an: also Hemd, Krawatte, Anzug.
Dann die Sprache. Sie sei höflich, diplomatisch, formalisiert. »Alle ticken
mehr oder weniger gleich wie das System.« Da bleibe kein Platz für queres
Denken. So entstehe eine bestimmte Mentalität. Dazu gehöre, sich zu unterwerfen. Auch den ungeschriebenen Gesetzen. »Alle müssen sich so anpassen, wie die Institution tickt.« Konkret zeigt sich das mit Golfspielen,
Einkauf in Luxusläden oder in der Auswahl der Automarke. Man wohne
nicht in Zürich-Schwamendingen, einem der vielen sozialräumlichen
Brennpunkte der Stadt. Man bewege sich in auserwählten Kreisen. Das
zähle mehr als die eigene Psychohygiene. So funktioniere das System.
»Und wenn ich mich dauernd darin bewege, dann spielt die Gehirnwä-
sche fast schon sektenhaft.« Man vergöttere das Wachstum. Der Glaube
an den Markt sei für viele ein Gottesersatz. Das sei eigentlich sehr auto-
ritär. Und es müsse immer mehr sein. »Und wessen Brot ich esse, dessen
Lied singe ich.« Wer da nicht mithalte, den spicke das System raus. Und
das Umstellen sei dann schwierig. Sozial und materiell.

Die unversteuerten Gelder will Baumann mit einer Amnestie legalisie-
ren: Schuldige müssten sich straffrei deklarieren können. Die Weißgeldstrategie des Bundes begrüßt er. Sie soll auch Einheimische daran hindern,
Geld am Fiskus vorbeizuführen. Aber da gibt es erhebliche Widerstände.
Auch bei Kantonalbanken. Bankräte sind politisch zusammengesetzte
Gremien. Da spielen persönliche Bande und Pfründe mit. »Das habe ich ja
als Banker erlebt. Die Politiker wollen ja wiedergewählt werden und Spenden erhalten. Heute spielt das etwas verborgener. Die Medien sehen in meinen Augen zu wenig, was hintendurch läuft und wie die Netzwerke funktionieren. Ich habe bewusst begonnen, Golf zu spielen, als ich beim Private
Banking einstieg. Und wenn ich mit jemandem vier Stunden golfe, dann ist
das anders als ein schnelles Mittagessen irgendwo. Diese Beziehungspflege
ist genial. Ich organisierte jeweils Turniere mit potenziellen Kunden. Da ist
man zu viert unterwegs. Ich achtete dabei darauf, die richtigen Leute zu-
sammenzubringen. Das Networking ist einfach wichtig; es öffnet Türen.
Du musst einfach parat sein und an die richtigen Anlässe gehen.«

Ex-Bankerin: »Zu wenig geldgetrieben«

Olivia Bosshart ist Gründerin von Kion, einer Veranstaltungsplattform für Zeitgeistthemen, welche innerhalb des Spannungsbogens zwischen Wirtschaft, Politik, Kultur und Gesellschaft Podiumsdiskussionen, Debatten, Referate und Gespräche konzipiert, organisiert und moderiert. Während ihres Studiums in Konstanz und des anschließenden Doktorats der Wirtschaftswissenschaften an der HSG war sie zunächst in der Telekommunikationsbranche tätig. Im Anschluss arbeitete sie mehrere Jahre in der Unternehmensberatung und anschließend im Private Banking mit Stationen bei VZ Vermögenszentrum, Merrill Lynch und Lombard Odier, bevor sie sich 2005 mit Kion selbständig machte. Ich fragte sie unter anderem, wie sich die Bankenwelt seit der Finanzkrise nach ihrer Wahrnehmung verändert. (1.7.2015)

Sie haben selbst fünf Jahre in Banken gearbeitet.
Mit besonderen Erfahrungen – als Frau?

In der Bankenwelt habe ich speziell als Frau keine anderen Erfahrungen gemacht als zuvor in der Industrie und im Consulting.

Nehmen Banken seit der Finanzkrise ethische Fragen ernster?

Soweit ich das beurteilen kann, werden ethische Fragen aufgegriffen und in der Kommunikation nach außen thematisiert. Begriffe wie Wertewandel und Paradigmenwechsel in der Banken- und Finanzwelt waren besonders unmittelbar nach der Finanzkrise häufig zu hören. Dass diese in der Branche tatsächlich eingetreten sind, sehe ich nicht, dazu setzt das System noch immer zu sehr auf materielle Anreize. Hingegen nehme ich vermehrt wahr, dass sich viele einzelne Bankmitarbeiter persönlich Gedanken über Sinn und Ethik machen.

Wie nehmen Sie die gesellschaftliche Entwicklung
der Schweiz wahr? Sind Sie zuversichtlich?

2015 ist in der Schweiz ein Wahljahr, und Europa stand Ende Juni mit Griechenland vor der ersten wirklichen Zerreißprobe – die sich auf verschiedenste Art und Weise auch auf die Schweiz auswirkt. Ganz aktuell [August/September] stehen die europäischen Länder mit der sich täglich verschlimmernden Flüchtlingskrise neben den finanziellen auch vor immensen humanitären Herausforderungen – und sind sich keineswegs einig, wie damit umzugehen ist. Und auch die Schweiz sucht, abseits des

Brennpunkts, aber in der Mitte Europas liegend, eigene Lösungen – das sage ich wertneutral ...

Aber vor diesem europäischen Hintergrund habe ich derzeit den Eindruck, dass die gesellschaftliche Entwicklung hier stärker konservativ und restaurativ tendiert. Dass infolge von Verunsicherung und Zukunftsängsten hinsichtlich der Arbeitsplätze, Altersvorsorge, Rentensicherheit, der Wachstumsaussichten für die eigene Wirtschaft, der Zuwanderung und vieler anderer Ungewissheiten die Besitzstandswahrung in den Vordergrund rückt und damit eine eher verschließende als eine sich öffnende Entwicklung einhergeht, wie sie sich zum Teil schon in der Masseneinwanderungsinitiative gezeigt hat. Zuversichtlich stimmt mich dabei aber wiederum genau die Tatsache, dass die Bevölkerung hier in der Schweiz, mehr als in jedem anderen Land, die Möglichkeit hat, an der Urne aktiv zu werden, die gesellschaftliche Entwicklung mitzubestimmen.

Was assoziieren Sie zu »Geld und Macht in der Schweiz«?

Gibt es etwas, was Ihnen besonders wichtig ist?

Meine erste Assoziation zu Geld und Macht ist generell die, dass Geld gleich Macht ist, weil »Geld« eben Macht verleiht. Mein persönlicher Eindruck ist, dass einerseits die Konzentration von Geld und Macht auf kleinem Raum – bei einem kleinen Teil der Gesellschaft – weiter zunimmt. Und dass der Wunsch nach Geld und Macht oft so handlungsbestimmend ist, dass die zuvor genannten ethischen Fragen in den Hintergrund treten. Eine nicht zu polare Verteilung von Geld und Macht halte ich aber gerade in einem föderal aufgestellten Land für sehr wichtig.

Olivia Bosshart stellte uns auch ihre Überlegungen zur Verfügung, die sie, moderierend und selbst interviewt, an der Tagung »Die Zukunft des Geldes« (28.1.2015) einbrachte. »Ich war eine begeisterte Bankerin, aber offenbar nicht geldgetrieben genug«, sagte sie. »Alles drehte sich um Gier und Angst.« An der Finanzbranche reizte sie Ende der 90er-Jahre vor allem die Entwicklung im Internet-Bereich. »Die New Economy war aus Bankensicht zunächst faszinierend mit all ihren neuen Start-ups, Ideen und Produkten, die es zu verstehen und zu bewerten galt. Firmengründungen und Firmenverkäufe sowie Börsengänge waren an der Tagesordnung. Dadurch gab es viele neue Anleger und Investoren. Die Venture-Capital- und Private-Equity-Bereiche boomten.«Für Olivia Bosshart war es allerdings beängstigend zu sehen,»wie schnell der ›irrationale Überschwang‹ – um nicht zu sagen die Überheblichkeit – um sich griff«. Merrill Lynch war seinerzeit in Zürich ein klassischer Broker. Die Entlohnung erfolgte nach einem»Carry-Forward-System«.»Das heißt, der Monatslohn war eine Buchschuld beim Arbeitgeber, die man in Form von Commissions abverdiente, was natürlich zu Interessenkonflikten gegenüber den Kunden führte. Das und die öffentlich ausgehängten Weekly Rankings waren eher Grundlage für Bauchschmerzen und schlaflose Nächte als für eine gesunde Motivation.«

Merrill Lynch bot Olivia Bosshart mit unzähligen Finanzanalysten und dem Investmentbanking in den USA die Nähe zu einem spannenden Geschehen in der New Economy. Anders erlebte sie danach ihre Arbeit bei Lombard Odier, einem Traditionshaus mit 200-jähriger Geschichte.»Mir gefiel die Ausstrahlung und Gediegenheit – ganz besonders in Genf. Das war dann eine Wohltat. Nach dem Platzen der Dotcomblase war ich von Lombard Odier, dieser Schweizer Institution, und der eindeutig weniger kurzfristig ausgerichteten Arbeitsweise der Banquiers alter Schule angetan. Und das wollte ich auch für die Kundinnen und Kunden. Allerdings bleiben auch solche Häuser nicht von Fusionen verschont. Und von denen hatte ich bereits einige erlebt. Darum wollte ich 2002 nicht Teil einer weiteren werden.«

Dass im Bankwesen so sehr die Männer dominieren, erlebte Olivia Bosshart als problemlos.»Nach meiner Matura auf einem Gymnasium mit nur 10 Prozent Mädchen, dem Jobeinstieg in der Telekom-Branche und einem Doktorat an der HSG in St. Gallen war ich an die»Männerwelt« gewöhnt. Dass das bei Merrill Lynch und Lombard Odier ähnlich war, stellte daher kein Problem für mich dar – aber sicher auch keinen Vorteil. Ich frage mich allerdings, woran es liegt, dass sich bis heute relativ wenig daran geändert hat.« Jedenfalls habe sie persönlich in beiden Häusern»unglaublich viel gelernt«. In fachlichem Bereich, aber auch über kulturelle Unterschiede und Arbeitsweisen.»Auf der menschlichen Seite fällt mir ein Ausspruch ein, von dem ich nicht mehr weiß, woher er stammt: ›It's all about greed and fear‹! Und zwar bei allen Beteiligten, nicht nur auf Bankenseite, was beim derzeitigen Banken-Bashing oft vergessen geht.«

Beim eigenen Ausstieg spielten schlaflose Nächte, Stress und berufliche Unzufriedenheit mit. »Ja, von allem ein bisschen; wobei Stress am wenigsten der Grund war. Aus dem strategischen Marketing kommend, fehlte mir die Vielfalt an Aufgabenstellungen und eine Abwechslung in den Fragestellungen. Ich empfand das Business als monothematisch und wollte ständig in Marketing- oder Strategiebelange involviert werden, für die aber andere zuständig waren.« Olivia Bosshart kam mit Ideen, die sie unbedingt anpacken und umsetzen wollte. »Doch die musste man erst beantragen, budgetieren und mit anderen Abteilungen abstimmen. Erst dann wurden sie allenfalls genehmigt. Und dabei zogen Wochen oder gar Monate ins Land. Aus heutiger Sicht war mir die Bankenwelt auch ein bisschen zu hierarchisch. Das ist nun anders.«

Seit rund zehn Jahren veranstaltet Olivia Bosshart mit ihrer Firma Kion Podiumsdiskussionen, Vortrags- und Gesprächsrunden, Lesungen und Präsentationen. Das bereite ihr viel Freude, ständig neuen Fragestellungen nachzugehen und immer wieder andere relevante Themen aus Wirtschaft, Politik und Gesellschaft aufzugreifen. »Da packt mich eine Art von Wissensdurst, der nie aufhört.« Mit jedem Anlass, Thema und Gesprächspartner lerne sie selber unglaublich viel – und erhalte so laufend neue Perspektiven. Es sei höchst motivierend, die Menschen über Themen und Inhalte anzusprechen. Materiell sei das weniger einträglich als die früheren Tätigkeiten. Aber für sie bestehe mittlerweile der größte Luxus und ein echtes Privileg darin, diese unkonventionelle Tätigkeit auszuüben. Dabei sei ihr manchmal immer noch mulmig, »so ohne Auffangnetz und doppelten Boden, ohne festen Monatslohn, Ferienanspruch und Pensionskassenbeiträge zu leben«. Aber es sei auch eine Frage der Prioritäten. Frau müsse eben wissen, was sie will. »Wenn mich heute Abend ein Thema begeistert, fange ich morgen früh damit an, die Veranstaltung dazu zu planen.« Das sind dann Themen wie »Die Zukunft des Geldes« oder »Freiheit und Verantwortung in der Wirtschaft«. Mittlerweile organisierte und moderierte Olivia Bosshart schon über 300 eigene Anlässe. Für weitere stehen brisante Themen an. Eine amerikanische Bank habe ihr einmal einen Job mit der Begründung verwehrt: »The candidate is an idealist and not money-driven enough.« Aber sie sei tatsächlich der Meinung, »dass die Menschen, die in der Finanzbranche arbeiten, neben der Gewinnmaximierung, dem Profit und ihrem Bonus auch über Immaterielles nachdenken sollten«. Jedenfalls müsse sich unbedingt etwas ändern. »Ich habe schon viele Anlässe durchgeführt über den sozialen Sinn, über persönliche Ethik und Integrität und über ›Value beyond Money‹ und darf sagen: Es gibt ihn, diesen Wert jenseits des Geldes.«

Abkehr von der Finanzgläubigkeit?

Neoliberal-konservative Regierungen gelangten anno 1979 in Großbritannien und 1981 in den USA an die Macht. Sie stärkten mit ihrer rigorosen Deregulierung der Finanzmärkte die Großbanken. Die zunächst forcierte Konkurrenz mit folgender Konzentration manövrierte soziale Elemente der Marktwirtschaft ins Abseits. Spekulative Geschäfte führten zu Finanzblasen und verschärften die Krise. Das zeichnete *Arte* am 20. Oktober 2012 in einem zweiteiligen Dokumentarfilm »Banken, Banker, Bankster – Der Tanz der Geier« nach. Margaret Thatcher und Ronald Reagan entzogen die Wirtschaft dem regulierenden Einfluss der Politik und überließen sie vornehmlich dem angeblich freien Spiel wirtschaftlicher Kräfte, bei dem sich die Stärkeren durchsetzen. Über neue Finanzinstrumente verschuldeten sich private und öffentliche Haushalte. Geschäftsbanken, Hedgefonds und Versicherungen erhöhten ihre Risiken immer mehr. Geld sollte baldmöglichst noch mehr Geld und Profite abwerfen; sei es über Immobilien, Rohstoffe oder stets komplexere Derivate. Die Bankiers erhielten so immer mehr Macht. Und sie diktierten, wie Jean-Michel Meurice und Fabricio Calvi in ihrer Filmdokumentation analysieren, auch seit der Finanz- und Wirtschaftskrise neue Rahmenbedingungen eifrig und schier omnipotent mit.

In der Schweiz rettete der Staat im Oktober 2008 die größte Bank, die UBS. Jetzt laufen Debatten, wie sich zumindest das Eigenkapital erhöhen ließe, um Risiken zu mindern. Marc Chesney, Finanzprofessor an der Universität Zürich, bekräftigt, was die großen Geschäftsbanken aus der Finanz- und Wirtschaftskrise lernen konnten. Sie wissen nun, dass einfache Steuerzahlende für ihre Fehlbeträge aufkommen. Aus seiner Sicht sind die Finanzprobleme heute größer denn je. Walter K. H. Hoffmann sieht das ähnlich. Er arbeitete fast zwanzig Jahre in leitender Funktion für eine der größten Schweizer Banken und meint, die eigentliche Krise komme erst.

Walter K. H. Hoffmann verfasste im Jahre 2003 eine Studie über die *Macht im Management. Ein Tabu wird protokolliert.* Er interviewte auch rund zwanzig hochkarätige Banker. Wir fragten ihn, ob die Finanz- und Wirtschaftskrise das Denken der Banker verändert habe. Seine Antwort lautete: »Spontan würde ich sagen, dass sich tief greifend nichts verändert hat. Auf der verbalen Ebene tun sie Buße und versuchen, den Eindruck zu erwecken, dass etwas Neues beginnt. Aber de facto habe ich das Gefühl, dass die richtig eingefleischten Banker, speziell die Investmentbanker, eigentlich nichts ändern wollen. Sie versuchen, die Krise irgendwie auszusitzen, und hoffen, dass die alten Tage wiederkommen. Die Bilanzsummen werden nach unten gefahren, und man sagt sich, diese Durststrecke werden wir überstehen. Was wir bis jetzt an Krise hatten, war ein sanftes Frühlingslüftchen. Die richtige Krise kommt erst.«

Marc Chesney ist Professor am Finanzinstitut der Zürcher Universität. Die Gewerkschaftszeitung *Work* (19.9.2014: 8–9) widmete ihm ein ganzes Dossier. Peter Streckeisen interviewte ihn. Und wir unterhielten uns schon an Podien und Tagungen (14.1.2014). Chesney analysiert, wie die Kartellmacht der Banken liberalen Grundprinzipien widerspricht. Er kritisiert die Privatisierung von Gewinnen und die Sozialisierung von Verlusten. Die neue Logik des Finanzmarktes unterläuft nach seinen Studien demokratische Prinzipien. Die Deregulierung verleiht beispielsweise den Ratingagenturen viel Macht. Die meisten Eigentümerinnen der Ratingagenturen sind Hedgefonds und große Banken, die wiederum die besten Kundinnen der Ratingagenturen sind, wie *Infosperber* (10.10.2013) zusammenfasst. Das führt zu Interessenkonflikten, die liberale Prämissen tangieren. Die »Too Big to Fail«-Finanzinstitute erhalten zudem die Möglichkeit, sich zu geringeren Kosten zu finanzieren und durch öffentliche Mittel zu subventionieren. Die Subventionen hebeln das Credo des Liberalismus aus.

Davon zeugt die Explosion der Spitzengehälter, die viel stärker steigen als die Produktivität. Feststellbar ist ein Transfer von den tiefen und mittleren zu den sehr hohen Einkommen der Finanzaristokratie. Die Politik beugt sich dem Finanzregime. Sie fördert die Spekulation der Finanz-truppe, indem sie Risiken übernimmt und auf gewöhnliche Steuerpflich-tige abwälzt. Zudem ist der Bankensektor weniger bereit, die Realwirt-schaft zu unterstützen. Die Anteile der Bilanzsumme für Kredite an Haushalte und (Nicht-Finanz-)Unternehmen sinken.

Die Analysen des sozialliberal argumentierenden Zürcher Professors Chesney sind beachtlich. Sie lassen sich in keiner linken Schublade veror-ten. Das mag die Akzeptanz und Breitenwirkung seiner Aussagen erhö-hen. »Eine gute und effiziente Bankenregulierung ist essenziell für die Finanzstabilität, wie die letzte Finanzkrise deutlich gemacht hat«, befin-det auch Andréa Maechler (*SonntagsZeitung*, 16.8.2015: 13–14), die als erste Frau seit Mitte 2015 im (Dreier-)Direktorium der Nationalbank mitwirkt. Sie ist allerdings schon sehr beeindruckt von der Bereitschaft der Banken, »tief greifende Reformen« systemkonform durchzuführen.

Was sich laut Ökonom Oliver Fahrni, ehemals stellvertretender Chef-redaktor der *Weltwoche,* geändert hat, sind zwei Dinge: »Erstens wird von Investmentbankern und anderen Akteuren ein x-faches Finanzvolumen des realen Geschäftsvolumens erzeugt (Kreditschöpfung, Derivate usw.). Auf dem Höhepunkt der Krise von 2007/2008 waren allein achtzigmal mehr CDS (Credit Default Swaps) im Umlauf, als die gesamte Obligatio-nenschuld weltweit betrug. Darum war der Auslöser der noch immer an-haltenden kapitalistischen Krise keine Immobilienkrise (›Subprime-krise‹). Diese Bezeichnungen sind Augenwischerei. Selbst wenn ein Vier-tel aller Hypokreditnehmer (was unvorstellbar ist) die Kredite nicht mehr hätte bedienen können, wären bloß wenige Banken zusammengebrochen, jedenfalls wäre keine Weltkrise entstanden. In Wahrheit handelte es sich um eine Derivatekrise. Diese Finanzprodukte, die im Kern Wetten sind, hatten von einer Minute auf die andere keine Käufer mehr, also keinen Wert. Und das ist bei einem Verhältnis von eins zu achtzig natürlich tödlich.

Machtmäßig wichtig ist, dass die Regeln des Finanzkapitalismus zu-nehmend der produzierenden Ökonomie übergestülpt werden. Das be-schleunigt die Kapitalkonzentration. In diversen Sektoren der Weltwirt-schaft teilen sich zwei bis fünf Konzerne drei Viertel des Weltmarktes. Und unter den hundert größten Wirtschaftsakteuren bilden heute die

Konzerne klar eine Mehrheit, die Staaten sind nur noch eine Minderheit. Von daher sind auch multilaterale Abkommen (wie das TTIP) relevant, die von staatlichen Akteuren ausgehandelt werden und die Möglichkeit der Staaten stark beschneiden, auf die Politik, die Wirtschaft, das Recht und ihr Territorium Einfluss zu nehmen.«

Dass sich finanzkapitalistische Prinzipien global verbreiten, hängt auch mit dem fehlenden politischen Willen zusammen, demokratische Prozesse auszuweiten. Politische, gewerkschaftliche und zivilgesellschaftliche Kooperationen fallen bei dem wachsenden Einfluss des konzentrierten Kapitals zurück. Ähnliche Entwicklungen manifestieren sich auf regionaler Ebene. Das Streben nach kurzfristigem Erfolg durchdringt alle wirtschaftlichen und gesellschaftlichen Bereiche.

Realwirtschaft: Große Unternehmen

Wie machen große Unternehmen wie Glencore, Novartis, Syngenta oder Nestlé ihre wirtschaftspolitischen Interessen geltend? »Immer weniger über Economiesuisse«, sagte uns der ehemalige Nationalrat Andreas Herczog. (23.8.2012) Heinz Karrer, der Direktor des größten Wirtschaftsverbandes, antwortet darauf. Zunächst greifen wir hier aber symbolisch ausgewählte Aktivitäten großer Unternehmen auf. Sie dokumentieren etwas von dem, wie die Unternehmen ihren Einfluss wahrnehmen. Die Schweiz hat über tausend große Unternehmen mit mehr als 250 Beschäftigten. 300 Unternehmen sind börsenkotiert. (BAK Basel 2011: 13) Weniger als 1 Prozent der Firmen zählen zusammen über eine Million Beschäftigte. Ihr Einfluss hängt wohl vom Grad der Transnationalisierung (auch in den Besitzstrukturen) und davon ab, wie sehr ein Unternehmen gesellschaftlich eingebunden ist. Im Kontext der Globalisierung entnationalisiert sich jedenfalls die Machtpolitik von immer mehr Konzernen. Glencore hat seinen Sitz in Baar (ZG) und ist deswegen ein »Schweizer Unternehmen«.

Große Unternehmen befinden sich offenbar in einer Entkoppelung zu ihrer Gesellschaft. Das zeigt sich in der Besitzstruktur und (mehr als symbolisch) auch in der Währung, in der Geschäfte getätigt werden. 2011 waren diverse Unternehmen von der Frankenhausse betroffen, inzwischen rechnen sie vermehrt in Dollar oder Euro ab. Das mindert den Handlungsbedarf vor Ort. Unternehmen, die weite Teile ihrer Mechanik in den transnationalen Raum verlegt haben, kümmern sich wohl weniger um das, was sich vor der Haustüre vollzieht. Verbände, die früher *die* Referendumsmacht des Landes repräsentierten, fallen heute mehr durch ideologische Offensiven auf. Einzelne Konzerne konzentrieren sich damit umso mehr darauf, sich selbst zu vertreten. Und dabei verleiht ihnen die globale Vernetzung auch im nationalen Kontext mehr Macht.

Staat im Staat

Glencore ist umsatzmäßig das größte Unternehmen der Schweiz. Der Weltkonzern besitzt in der Schweiz viele Freiheiten. Er ist von Beschränkungen und Kapitalvorschriften befreit, die in anderen europäischen Ländern gelten. Die Schweiz ist wenig reguliert, das Unternehmen stark zentralisiert. (NZZ 13.12.2014: 39) Im Jahre 2012 kam noch für 68 Milliarden Dollar die Xstrata dazu. Die Fusion gilt als einer der größten Wirtschaftsdeals aller Zeiten. Bei Diskussionen um Rohstoffe richtet sich das Augenmerk vornehmlich auf Glencore. Es gibt aber allein in Zug noch über 250 weitere Rohstoffunternehmen. Und in Genf wird ein Drittel des Welt-Erdöls gehandelt. Mit »Minen und Milliardengeschäften« beschäftigt sich ein ganzes NZZ-Folio. (September 2014) Die Rohstoffgeschäfte bewegen viele Bürgerinnen und Bürger. Im Säuliamt haben sich einige zusammengeschlossen; sie befassen sich mit dem, was im »Hinterland« geschieht. Zum Beispiel in Kolumbien. Bastian Nussbaumer berichtet hier exklusiv darüber. Und Ganga Jey Aratnam geht in seiner Fallstudie im zweiten Teil dieses Buches (Seite 395) darauf ein, wie Rohstoffunternehmen in der Schweiz ihren Einfluss wahrnehmen.

Glencore handelt mit Rohstoffen wie Kohle und Öl. Der Konzern besitzt Minen, Produktionsanlagen, Tanker und Lagerhäuser. Weltweit zählte das Unternehmen schon vor dem Zusammenschluss mit Xstrata über 60 000 Mitarbeitende. Heute sind es 190 000. (vgl. www.cash.ch)

Eine Gruppe besorgter Bürgerinnen und Bürger aus dem Säuliamt hielt sich vom 11. bis zum 31. Januar 2015 in Kolumbien auf. Sie recherchierten die (Arbeits-)Bedingungen in den Bergwerken von Glencore Xstrata und in den umgesiedelten Gemeinden. Die großen Minen, wie El Cerrejón oder Prodeco, zwingen die nah gelegenen Dörfer zur Umsiedlung. Die gesundheitliche Belastung ist zu groß. Die umgesiedelte Bevölkerung ist jedoch kaum mehr in der Lage, sich durch die Landwirtschaft zu finanzieren. Hauptgründe sind: fehlende Wasserversorgung, unfruchtbares Land und zu wenig Platz für die Tiere. Durch den Arbeits- und Einkommensverlust verbreitet sich eine Hilflosigkeit, die lähmend wirkt. Der Staat überlässt die Bevölkerung sich selbst. Damit erhöht sich die Abhängigkeit von privaten Konzernen. Die Umsiedlungen und illegalen Entlassungen verletzen Menschenrechte.

Bastian Nussbaumer begleitete Ivan Glasenberg und dessen Kader auf einer viertägigen Reise in Kolumbien. Für diese Reise gab es eine Vorbesprechung und zwei Nachbesprechungen mit Ivan Glasenberg am Hauptsitz von Glencore in Baar. Die Reise fand Ende März 2015 statt. Wir fragten Bastian Nussbaumer, wie machtbewusst er den einflussreichen Ivan Glasenberg wahrnahm: »Ivan Glasenberg argumentiert in einer rechtfertigenden Art. Er sucht die Auseinandersetzung und will sich erklären. Ivan Glasenberg ist überzeugt, viel Gutes zu leisten, indem er viel Geld investiert und dabei Arbeitsplätze schafft. Wenn dabei Probleme entstehen, will er diese kennen und angehen. Als Ivan Glasenberg bei der Reise auf Kolumbianer traf, die ihm dankten, zeigte er eine tiefe Freude. Sein Kader und er wirken wie eine große Familie mit großer gegenseitiger Wertschätzung. Ja, es herrscht ein freundlicher Ton. Ivan Glasenberg ist sehr auf seine Arbeit fokussiert. In den ersten Kontakten wirkte er außergewöhnlich scheu, öffnete sich dann aber und konnte durchaus herzlich sein. Von ihm erhält man keine politischen Statements. Es ist zu vermuten, dass er kein Interesse an genereller Vernetzung mit anderen Playern der Schweizer Wirtschaft hat. Seine ganze Energie steckt er in sein Unternehmen, und es fällt auf, über welche Detailkenntnisse er verfügt – immerhin führt er ein Unternehmen mit weltweit 180 000 Mitarbeitenden.«

Soweit Bastian Nussbaumer, ein engagierter Sozialdemokrat und ehemaliger Leiter sozialpädagogischer Einrichtungen. »Ich habe versucht, möglichst Distanz zu halten in meiner Beurteilung«, fügte er dann noch an. »Persönlich war ich überrascht, wie bescheiden und gewöhnlich Ivan Glasenberg auf mich wirkte. Ich kann mir auch nicht vorstellen, dass er mal ein bedeutsames Erbe für die Schweiz hinterlassen möchte. Im Moment investiert er sein Vermögen bis auf den persönlichen Bedarf in sein Unternehmen. Von daher fühlt er sich auch nicht als Milliardär.«

Glasenbergs riskanter Kurs schade Glencore, schrieb die NZZ. (13.9.2015: 33) Glasenberg wolle vorübergehend in Sambia und im Kongo Minen schließen, um den Kupferpreis in die Höhe zu treiben. Er gefährde so viele Arbeitsplätze. Das kritisiere der sambische Energieminister, der bezweifle, ob Glencore mit den Verhältnissen vor Ort wirklich vertraut sei. Dazu Glasenberg: Er wolle auch eine gewisse Anzahl Angestellte behalten. Langjährige Aktionäre wüssten, kommentiert Sebastian Bräuer von der NZZ (ebd.), wie abrupt Ivan Glasenberg Entscheidungen treffe und wie hemdsärmelig er sie umsetze.

Die Kupferförderung in Sambia veranschaulichte Res Gehringer in einem Filmbeitrag im Schweizer Fernsehen. (14.10.2012) »Wenn etwas für Europa gut ist, warum ist es dann nicht auch für Afrika gut?«, fragt Makasa Sichela, der Chefarzt eines öffentlichen Spitals. Er meinte menschenfreundliche Umweltauflagen. Diese suche man bei der Kupferhütte in Mufulira vergeblich. Die Mine in Mufulira stößt jährlich 140 000 Tonnen Schwefeldioxid aus. Das entspricht dem Zehnfachen der gesamten Schwefeldioxidemissionen der Schweiz. Das Schweizer Fernsehen drehte auch am Hauptsitz in Baar. Ein Mitarbeiter von Glencore wimmelt das Kamerateam ab.

In Sambia sagt der Direktor der nationalen Umweltbehörde, die Schadstoffbelastung sei nun »much better«. Listar Nakasula, eine Sozialarbeiterin in Mufulira, erzählt indes ruhig, wie sich die Situation verschlimmert. Der Film zeigt ferner ein teures, leeres Minenspital. Zudem das öffentliche Spital, das aus allen Nähten platzt. Viele gesundheitliche Beschwerden haben direkt mit der Umweltbelastung zu tun. Die Hälfte der Beschäftigten arbeitet bei Vertragsfirmen. Sie haben kein Anrecht, im mineneigenen Spital gratis behandelt zu werden, und müssten, wie alle Anwohnerinnen und Anwohner, eine »geringe Gebühr« von 850 Dollar bezahlen, um im Minenspital behandelt zu werden. So bleiben die Betten im hochgerüsteten Spital leer. Die Soziologiestudentin Anna Jungen berichtete in unserem Kolloquium zu »Macht und Ohnmacht« darüber und erinnerte an den kategorischen Imperativ: Eigentlich sollten wir andere so behandeln, wie wir selber behandelt werden möchten.

»Triumph am Rheinknie«

»Triumph am Rheinknie«, titelte die *Bilanz.* (4/2014: 42) Die besten Unternehmen der Schweiz kämen wieder aus Basel. An erster Stelle steht Hoffmann-La Roche mit weltweit 85 000 Mitarbeitenden (2013), an zweiter Stelle Novartis mit 135 700 Mitarbeitenden. Die Basler Chemie- und Pharmakonzerne sind wichtige Wirtschaftsakteure. Sie produzieren begehrte Produkte, stellen viele Arbeitsplätze, bezahlen Steuern und mischen sich auch politisch ein. Lange Zeit hatten sie (mit Felix Auer und Johannes Randegger) eigene Vertreter im nationalen Parlament. Das scheint heute weniger nötig und erwunscht zu sein. Die direkten Bande zur Verwaltung und Exekutive funktionieren gut. Bei den Basler Regierungsratswahlen 2012 unterstützte Novartis den SVP-Kandidaten Sebastien Frehner. (*Tageswoche, 6.7.2012*) Dieser wehrte sich im Nationalrat gegen Parallelimporte und auch dagegen, die Medikamentenpreise an die tieferen europäischen Standards anzupassen. Der Branchenverband Interpharma half ihm dabei mit einem Argumentarium. Die Handelskammer beider Basel empfahl indes alle drei bisherigen SP-Mitglieder des Regierungsrates.

Novartis verzeichnet einen Umsatz von rund sechzig Milliarden Dollar und einen Reingewinn von zehn Milliarden. Der Konzern droht immer wieder erfolgreich damit, seinen Hauptsitz von Basel ins Ausland zu verlagern. Das bestätigte mir auch Daniel Vasella in einem früheren Gespräch. (29.6.2010) Ich fragte den damaligen Verwaltungsratspräsidenten der Novartis: »Sie haben kürzlich die Frage nach dem Standort der Novartis angesprochen. Das haben wohl etliche als Drohung empfunden.« Er antwortete: »Das kann als Drohung empfunden werden, ist aber einfach eine Tatsache. Solche Entscheidungen hängen von den Rahmenbedingungen des Standortes und damit der Standortpolitik ab, nicht aber von mir. Unternehmen werden immer Standorte wählen und negative und positive Aspekte gegeneinander abwägen. Wenn sie dies nicht rational tun, gehen sie im Wettbewerb letztlich unter. Das Bewusstsein der Bevölkerung über diese Tatsache nährt gesunde Befürchtungen. Diese verhindern auch die Narrenfreiheit. Alle müssen mit Verantwortungsgefühl handeln, die Unternehmen wie auch der Staat, die Medien und die Bürger und Bürgerinnen.«

Am Produktionsstandort Nyon-Prangins spielte Novartis wiederum damit, 320 Stellen abzubauen. Der Konzern setzte so 2,5 Stunden unbezahlte Mehrarbeit pro Woche durch; zudem 7 Prozent Lohnabstriche und eine Umwandlung von 21 000 Quadratmetern Industrie- in Bauland. Das erhöhte den Mehrwert für Novartis um mindestens zwanzig Millionen Franken. Hinzu kamen ermäßigte kantonale und kommunale Steuern. Weitere Beispiele finden sich in *Raum und Macht* (Mäder et al. 2014: 202) im Zusammenhang mit dem Campus-Projekt der Novartis.

Hochschuldozent Roland Zaugg, der von 1985 bis 2005 beim Basler Baudepartement als Planer arbeitete, berichtete uns, wie es beim Campus der Novartis zur Abgabe der legendären, am Rhein gelegenen Hüninger-straße kam. »Die Regierung war so klein und machte nur noch, was die Novartis wollte«, sagte er. »Deshalb wurde die Hüningerstraße aufgege-ben, eine über tausend Jahre alte Landstraße, und man versuchte vonsei-ten der Stadt alles, um die Sache zu verharmlosen, und das gelang auch. Das ist Krämerei.«

Ich sprach auch Jürgen Brokatzky-Geiger (11.10.2011), den Leiter Human Resources von Novartis, auf Drohungen an. Als Mitglied der Geschäfts-leitung verwies er offen auf diverse Produktionsvorteile im fernasiati-schen Raum. In China wisse schon fast jeder Fünfzehnjährige, wie ein Computer funktioniere. Während unsere Jugendlichen vornehmlich an Freizeit und Taschengeld dächten. Aber China kümmert sich auch viel weniger um den Umweltschutz, den die Basler Chemie vor allem nach der Sandoz-Katastrophe vom 1. November 1986 mehr beachten wollte.

Der Publizist Martin Forter kritisiert die Novartis, Syngenta und BASF dafür, die gefährliche (Chemiemüll-)Feldrebengrube in Muttenz (BL) nur oberflächlich sanieren zu wollen und erhebliche Schäden zu ba-nalisieren: Die drei Konzerne lenken laut Forter von den Risiken für das Trinkwasser von 230 000 Menschen und von gefährlichen Substanzen ab, die Krebs verursachen, das Erbgut belasten und Embryonen im Mutter-leib schädigen können.

In unserem Gespräch (6.3.2013) bezeichnete Martin Forter die Basler Pharmaindustrie als »Fluch und Segen«. Ein Problem sei die wirtschaft-liche Monokultur der Regio Basiliensis. Die Sandoz-Katastrophe vom 1. November 1986 habe diese einseitige Abhängigkeit der Region eher noch verstärkt. Die Pharmaindustrie bezeichnet Forter als »Staat im Staat«. Da bestehe eine »erhebliche wirtschaftliche Dominanz«. Die Pharmaindustrie konnte nach seiner Wahrnehmung »ihren Einfluss seit Ende der 1980er-Jahre stärken«. Sie tue dies, indem sie die Politik geschickt einbinde. Sie dränge zum Beispiel einen Kanton dazu, eine Chemiemülldeponie zu kaufen, hieve ihre Kader in Sanierungsgremien, Verwaltungs- sowie Uni-Räte und kaschiere den eigenen Einfluss. »Früher fetzte sich der firmeneigene Nationalrat Johannes Randegger mit der grünen Maya Graf offen und heftig. Beide wussten, wer gegenüberstand.« Heute sei das Verhältnis anonymer und versteckter. Und die Politik stehe schwächer da. Das mache sie anfällig, zum Beispiel für gekonntes Lobbying, das in der Region und insbesondere im Kanton Basel-Landschaft erstaunliche Blüten treibe.

Martin Forter stellt bei der Novartis sehr direkte Kontakte zur Verwaltung und Regierung fest. Zum Beispiel zum Basler Regierungsrat und Polizeidirektor Sebastian »Baschi« Dürr, der in der pharmazeutischen Industrie als Kommunikationsberater tätig war. Dürr koordinierte die Öffentlichkeitsarbeit auch bei umstrittenen Sanierungen. Jetzt ist er Regierungsrat. Als solcher ist er vom Primat der Politik überzeugt, wie er mir auf der gemeinsamen Rückfahrt von einer BaZ-Standpunkte-Debatte über jugendliche Straftäter erklärte. (29.9.2013) Baschi Dürr bot mir freundlicherweise an, mit ihm von Zürich aus im Staatswagen zurückzufahren. Wir blieben dann im Stau stecken, verpassten beide andere Verpflichtungen in Basel, hatten aber viel Zeit fürs Gespräch.

Nebst ökonomischen Interessen stellt Martin Forter bei der Novartis eine ideologische Verhärtung fest. Heute sei in der Folge der Globalisierung eine internationale, neoliberal geschulte Generation mächtig, die selbst Teile der Grünen und der Sozialdemokratie beeindrucke, etwa in Umweltkommissionen. Da entscheide das liebe Geld oft mit, was sich durchsetze. Kritiker, wie er selbst, versuche man zu instrumentalisieren oder zu marginalisieren.

Schwierig sei die Fluktuation in den Konzernen. »Frühere Fachleute kannten den Laden von A bis Z. Sie arbeiteten vierzig Jahre im gleichen Unternehmen. Heutige Kader planen vornehmlich ihre Karriere – nach fünf Jahren sind sie oft wieder weg.« Ihnen fehle der Überblick. Sie wüssten kaum, was nebenan geschehe. Zudem verstärke die elektronische Kommunikation das Technokratische. Dies auch innerhalb eines Konzerns. Das zeige sich symbolisch im Campus der Novartis, dem abgeschotteten »Mausoleum«. Trotz kurzen Wegen würden viele nur per Mail miteinander verkehren. Direkte »Face-to-Face-Gespräche« würden selten. Das fördere die Vereinzelung und die Unübersichtlichkeit. »Das schadet den Firmen, weil die Gefahr besteht, dass die linke Hand nicht mehr weiß, was die rechte tut.«

»Auch die Verantwortlichen der Novartis schonen die Umwelt erst«, so Martin Forter, »wenn der öffentliche Druck stark ist.«

Lead im Weltmarkt

Weltweit lebt die Mehrheit der hungernden Menschen in ländlichen Regionen. Die Landwirtschaft im globalen Süden wird aber zunehmend für die Produktion von Cash Crops für die Fleischproduktion für die neuen Mittelschichten und für die Herstellung von Bioethanol verwendet. In Lateinamerika sind ganze Regionen von der Sojaindustrie dominiert.

»Fabriken ohne Dächer« boomen. Sie maximieren ihre Profite und »garantieren« existenzielle Sicherheiten. Eine entscheidende Rolle spielen multinationale Unternehmen. Ihre strategischen Kalküle sind der Öffentlichkeit ebenso wenig bekannt wie die häufigen Auseinandersetzungen vor Ort. Das zeigt sich ausgeprägt bei der Syngenta. Viele linke Kräfte in Basel waren empört, als das Basler Stadtmarketing Syngenta als Partner für die Weltausstellung 2015 in Mailand auswählte. Die Schweizer Nichtregierungsorganisation (NGO) MultiWatch setzte sich am 24./25. April 2015 an einem Symposium an der Universität Basel mit dem weltweit größten Agrochemiekonzern auseinander. Dies in Kooperation mit dem Basler Seminar für Soziologie. Der freisinnige Christoph Buser kritisierte im Landrat (BL) in einer dringlichen Interpellation, dass die Universität eine so wirtschaftskritische Veranstaltung unterstütze. Der Regierungsrat wies in der Antwort vom 16. April 2015 darauf hin, wie wichtig es an Hochschulen sei, kontroverse Debatten zuzulassen. Wir sprachen im Vorfeld des Anlasses mit dem Historiker Hans Schäppi, der den Anlass mitorganisierte und sich zeitlebens gewerkschaftlich für die Arbeitnehmenden engagierte. Seine Sicht kontrastiert jene der Syngenta, die über vielfältige Möglichkeiten verfügt, sich breitenwirksam darzustellen. Eine Lehrerin berichtete mir geradezu begeistert, wie sie und das ganze Kollegium im Rahmen ihrer Weiterbildung bei Syngenta zu Besuch waren.

Die Syngenta entstand 2000, indem Novartis ihren Agrarbereich ausgliederte und diesen mit dem Agrarbereich der AstraZeneca, der Nachfolgerin der britischen Imperial Chemical Industry, fusionierte. Dies im Kontext einer weiteren Restrukturierung der Schweizer und der internationalen Chemiekonzerne. 1996 war bereits die Novartis aus einer Fusion von Sandoz und Ciba-Geigy hervorgegangen. Novartis sollte die Herstellung von Pharma- und Agroprodukten in einer Firma vereinen. Die Synergieeffekte des Pharma- und Agrobereiches ließen jedoch auf sich warten. Die verschiedenen Sparten erwiesen sich bezüglich Forschung, Entwicklung und Vermarktung als zu unterschiedlich. Eine ähnliche Erfahrung machte die britische AstraZeneca.

Hans Schäppi, können Sie uns erklären, was hinter der Restrukturierung steckt, die zur Syngenta führte?

Eigentlich ein neoliberales Projekt. Mit der Globalisierung erhöhen transnationale Konzerne ihre Macht. Weltweite Oligopole entstehen. Sie verfügen über internationale Ketten der Wertschöpfung. Die Investitionen im Ausland steigen sprunghaft an, und der Wettbewerb um Standorte und mobile Produktionsfaktoren verschärft sich. Das Kapital zentralisiert sich. Industrielle Investitionen nehmen ab, Finanzinvestitionen zu; ebenso Akquisitionen und Fusionen. Im Fokus der Kapitalzentralisierung steht das Aneignen eines immer größeren Teils der gesamten Mehrwertmasse. Als Basis dazu dienen vielfältige Formen der Enteignung von Land, Bodenschätzen, Wasser und Wissen.

Neben Monsanto ist Syngenta das einzige Unternehmen, das sich hauptsächlich auf das Agrogeschäft konzentriert. Beide Konzerne führten den Pflanzenschutz mit dem Saatgutgeschäft zusammen, das früher kleine und mittlere sowie öffentlich-rechtliche Firmen betrieben. Heute kontrollieren vor allem Agrochemiekonzerne den globalen Saatgutmarkt. Beim kommerziellen Saatgut verfügen die drei größten Konzerne über mehr als die Hälfte des Marktes.

Das sind Monsanto, DuPont und Syngenta?

Ja, ebenfalls stark monopolisiert ist der Pflanzenschutz. Die sechs bedeutendsten Unternehmen kommen auf über drei Viertel des Weltmarktes. An erster Stelle steht die Syngenta. Ihr Anteil macht fast ein Viertel aus.

Wichtig sind dabei wohl die Patente?

Gewiss, und Syngenta ist zusammen mit Monsanto hier führend. Beim Saatgut gibt es auch das ältere System des Sortenschutzes. Dieses wurde zuungunsten der Bauern und zugunsten der Saatguthersteller verschärft und dann über die Freihandelsverträge den Ländern des globalen Südens aufgezwungen. Die Anwendung von Patentschutz für Pflanzen hat sich zusammen mit der grünen Gentechnologie entwickelt. Diese hat die Erwartungen, die 1990 an sie gestellt wurden, kaum erfüllt, ist dafür ein Argument für die Patentierung geworden. Patente dürfen ja nur auf Erfindungen angemeldet werden. Die Gentechnologie hat die Grenzen zwischen »Erfindung« und »Entdeckung« verschwimmen lassen und ist primär ein Mittel zur Förderung von Monopolrechten als Patente. Syngenta ist da voll dabei. So auch bei den sogenannten Terminator- bzw. Traitor-Patenten. Dabei geht es um die gentechnische Veränderung zu sterilen Samen; so etwa für die Resistenz gegen Krankheit. Syngenta nimmt ebenfalls den dritten Rang bei Patenten auf konventionelle Nutzpflanzen ein. Das Patent EP1587933 schützt zum Beispiel seit Ende 2011 eine konventionell gezüchtete Melone. Das Patent erfasst alle Melonen, die einen bestimmten PH-Wert, Anteil an Zitronensäure und Zucker aufweisen. Das Patent schützt aber nicht nur die Melone als Pflanze, sondern auch das Saatgut, das Fruchtfleisch und alle Verwendungen.

Und das Trips-Abkommen der WTO regelt den Schutz des geistigen Eigentums?

Der Schutz ist auch in weiteren Freihandelsverträgen prominent verankert. Weil Bäuerinnen und Bauern das Saatgut reproduzieren können, schränken Patente das Nachzüchten künstlich ein. Bei den molekularbiologischen Methoden steigen zudem die Kosten für Forschung und Entwicklung stark an.

Patente sind also zentral, um hohe Profite zu sichern?

Wichtig sind auch Saatgutverträge für die Zeit nach Ablauf der Patente. Für hohe Profite sorgen ebenfalls monopolisierte Technologien und Marktkartelle.

Hinzu kommt das gezielte Optimieren der Standorte?

Und ein weiteres Mittel ist der permanente Druck auf die Arbeitsverhältnisse. Downsizing-Programme passen beispielsweise die Personalbestände ständig nach unten an.

Pflanzenschutz und Saatgut

Syngenta startete mit 23 500 Beschäftigten und baute fusionsbedingt circa 3500 Stellen ab. Über neue Akquisitionen und Kooperationen beschäftigt der Konzern heute in neunzig Ländern rund 28 000 Personen, etwa 3000 davon in der Schweiz. Seit der Gründung konnte der Konzern seinen Umsatz fast verdoppeln. Er liegt heute über vierzehn Milliarden US-Dollar. An erster Stelle steht der Pflanzenschutz. Dann folgt das Saatgut; vor allem mit Weizen und Soja. In der Schweiz arbeiten bei Syngenta vorwiegend hoch qualifizierte Fachleute. Die Arbeitsbedingungen gelten als privilegiert. Vor zehn Jahren hatte noch knapp ein Drittel der Beschäftigten einen Kollektiv- oder Gesamtarbeitsvertrag. Heute liegt der Anteil bei einem Fünftel.»In der Schweiz sind die Arbeitsbedingungen bei Syngenta in den Grundzügen immerhin grob geregelt, und die Gewerkschaften werden akzeptiert«, relativiert Hans Schäppi. Und präzisiert:»Weltweit trifft dies überhaupt nicht zu.« In Pakistan habe der Generalsekretär der Syngenta Union seine Stelle verloren, nachdem er sich dafür engagierte, fünfzig Kontraktarbeiter regulär anzustellen. Syngenta versuchte, das rechtlich zu verhindern, führt Hans Schäppi weiter aus, verlor aber Ende 2013 vor letzter Instanz und müsse die fünfzig Betroffenen unbefristet anstellen, nicht aber Imran Ali, den Gewerkschafter.

Syngenta will mit weniger Ressourcen höhere Ernteerträge erreichen. Sie strebt, wie an einer Selbstpräsentation (8.5.2015) in der Aula der Universität Basel deklariert, mit wissenschaftlichen Erkenntnissen und einem intensiven Forschungsaufwand eine zukunftsfähige globale Nahrungssicherheit an. Das Unternehmen verfolgt aber laut Hans Schäppi eine ausgeprägte Shareholder-Politik: Was zählt, sind Umsatzwachstum, maximale Profite, hohe Dividenden und steigende Aktienkurse. Der Konzern stoße margenschwache Sparten ab. Den Schwerpunkt bilde eine hochwertige Chemie und Genetik für acht Pflanzen sowie deren genmanipulierte Variationen. Die strategische Ausrichtung orientiere sich an einer weitläufigen»Betreuung« von teurem Saatgut. Sie verspreche, über aufwendige Anbausysteme eine Maximalernte zu ermöglichen. Dies vor allem auch dank umfassendem und teurem Pflanzenschutz. Die Strategie, als »Systemanbieter« zu dienen, ziele unter anderem darauf ab, die Kontrolle über die Nahrungsmittelproduktion langfristig zu verstärken. »Syngenta versucht, mit möglichst vielen Patenten ihre Marktsegmente einzuhegen und abzusichern. Sie torpediert damit die Nahrungssouveränität«, erklärt Hans Schäppi weiter. Syngenta nutze große landwirtschaftliche Flächen sehr intensiv. Die permanente Steigerung der Erträge erfordere einen hohen Einsatz an Dünger, Pestiziden und neuen Technologien. »Das belastet die Umwelt«, führt Schäppi weiter aus. »Auch durch die Reduktion der Artenvielfalt und ausgelaugte Böden. Patente auf Pflanzen und Lebewesen führen dazu, die Nahrungsmittelproduktion zu monopolisieren. Sie bringen die Landbevölkerung in eine einseitige Abhängigkeit.«

Wegen der Vernichtung von patentiertem Saatgut, das Bäuerinnen und Bauern nicht weiterverwenden dürfen, kam es in Kolumbien zu Protesten und Aufständen. Sie dauern bis heute an und weiten sich aus. In Brasilien soll sogar, wie MultiWatch kritisiert, eine von der Syngenta angeheuerte Sicherheitsfirma einen Landarbeiter erschossen haben, der sich in der Bewegung der Landlosen engagierte. Bei der Auseinandersetzung stand ein Versuchsfeld mit gentechnisch verändertem Saatgut im Vordergrund. Syngenta weist bis heute jegliche Verantwortung zurück.

Kritiken an der Syngenta weisen ebenfalls auf das von Syngenta hergestellte und vertriebene Herbizid Paraquat hin, das laut MultiWatch zu Vergiftungen und Todesfällen bei Landarbeitenden führte: Paraquat kam vor rund fünfzig Jahren unter der Bezeichnung Gramaxone auf den Markt. Das Herbizid wird in großem Stil zur Unkrautbekämpfung eingesetzt. Es habe aber schädliche Auswirkungen auf Tiere und Menschen. Vergiftungen mit Paraquat könnten zum Tod oder zu gravierenden Erkrankungen führen, zu Nierenversagen, Leberschädigungen, zu Erblindung oder zu Krebs.

Multinationale Agrokonzerne wie die Syngenta kontrollieren heute in erheblichem Maß die globale Nahrungsmittelproduktion. Indem sie die Nahrungsmittel monopolisieren und verteuern, erhöhen sie auch die Abhängigkeit und Verschuldung der Bäuerinnen und Bauern. Zudem dient die Förderung von Soja und Zuckerrohr nicht einfach der Ernährung, sondern der Produktion von Agrotreibstoffen. Das stellt für Hans Schäppi eine weitere problematische Dimension dar.

Und was wäre die Alternative?

Wir sollten das traditionelle bäuerliche Saatgut mehr fördern und eine nachhaltige agrarökologische Produktion von Nahrungsmitteln regionaler organisieren. Der Weltagrarbericht 2008 hat gezeigt, dass die kleinbäuerliche Landwirtschaft viel mehr zur Ernährung der Menschheit beiträgt als die industrielle Produktion von Mais und Soja. Die wichtigste Maßnahme wäre sicher eine distributive Landreform zugunsten der Landlosen und Pächter. Syngenta und die Ideologen der G8 versuchen, die Frage der Ernährungssicherheit als rein technisches Problem darzustellen, das mit Saatgutsorten und Pestiziden allein gelöst werden könnte. In Ländern wie Brasilien, Argentinien und Indien braucht es aber zuallererst eine radikale Landreform.

Und was tun mit den Patenten?

Wir sollten bestehende Patente auf Saatgut oder Nutzpflanzen aufheben. Selbstverständlich, ohne neue Patente zu gewähren. Die Agrarforschung ist eine öffentliche Aufgabe. Die zunehmende Privatisierung der Forschung durch die Konzerne ist das Hauptproblem. Und genetisch modifiziertes Saatgut müsste bei allen Lebensmitteln deklariert werden. Zudem sind die bedenklichen Folgen von Herbiziden, Fungiziden und Insektiziden weiter aufzuarbeiten. Es gibt ja sehr erfolgreiche Modelle von »Open Source«, die auch im Saatgutbereich genutzt werden könnten.

Und schädliche Produkte wären einfach zu verbieten?

Insbesondere Atrazin und Paraquat. Zudem ist das Lobbying dieser hochprofitablen Riesenkonzerne zu untersuchen. Und direkte Verwicklungen in politische Repressalien sind öffentlich zu kommunizieren und je nach Befund vor Gerichten einzuklagen.

Dienen die neuen Produktionsformen nicht dem Kampf gegen Hunger?

Nahrungsmittel sind vermehrt der Spekulation unterworfen. Die Preise bleiben volatil. Und die Unterernährung ist nach wie vor weitverbreitet. Das ist auch ein Grund, weshalb der Widerstand gegen diese Art der industriellen Produktion im Agrarsektor zunimmt. Und das ist ja erfreulich. Ziel ist eine vielfältig aufgefächerte, regional organisierte und die Umwelt schonende Landwirtschaft. Diese ist eng mit dem lokalen Gewerbe zu verknüpfen. Die eigene Ernährung muss Vorrang gegenüber der exportorientierten Agroindustrie haben.

Geschäfte mit dem Wasser

Nestlé ist ein Weltkonzern. Er hat in der Schweiz seinen Geschäftssitz mit rund 11 000 Mitarbeitenden. Weltweit sind es nahezu 340 000. Der Umsatz in der Schweiz beträgt mehr als 1,5 Milliarden Franken, der gesamte Umsatz liegt bei 92 Milliarden Franken. (www.nestle.ch) Da der Schweizer Markt klein und gesättigt ist, exportiert Nestlé Schweiz etwa zwei Drittel seiner Produkte. Zu seinem Gewicht tragen auch die jährlichen Treffen im Hotel Rive-Reine in Vevey bei. Sie finden geheim hinter verschlossenen Türen statt – mit Auserwählten aus Wirtschaft, Politik und Medien. (Mäder et al. 2010: 102)

Zentral ist derzeit der Kampf um natürliche Ressourcen. Im Jahr 2012 erregte der Dokumentarfilm *Bottled Life* große Aufmerksamkeit. Urs Schnell zeigt, wie Nestlé mit Mineralwasser viel Geld macht. Nestlé übernahm vor gut zwanzig Jahren den französischen Perrier-Konzern. Seither führt Nestlé den Markt an. Heute setzt der Konzern mit abgepacktem Wasser jährlich über zehn Milliarden Franken um. Zudem versucht er, sich weltweit wichtige Wasserquellen und -reservoire zu erschließen. Und da fragt sich, wem eigentlich das Wasser gehört. Im Osten der USA wehrten sich Einheimische gegen Testbohrungen von Nestlé in einem Naturschutzgebiet. Sie argumentierten, es gehe nicht an, dass ein Konzern ihr Quellwasser gratis abpumpe und dann für hohe Geldsummen verkaufe. In südlichen Kontinenten kommen solche teuren Wasserflaschen unter der Marke Pure Life auf den Markt. Gleichzeitig trocknen viele Brunnen aus, der Grundwasserspiegel sinkt, und die Wasserversorgung verschlechtert sich für die Ansässigen.

Konflikte rund um das Wasser verschärfen sich. Auch wegen Versuchen, diese lebenswichtige Ressource zu monopolisieren und zu privatisieren. Wichtig ist der direkte Zugang zum Wasser. Er fördert die Gesundheit. Konflikte rund um das Wasser sind verbreitet und nehmen stark zu. Dies auch deshalb, weil Wasser verschmutzt und verschwendet wird. Zum Beispiel durch eine wenig nachhaltige Landwirtschaft. Umso mehr drängt Nestlé darauf, von der Schweiz aus diese begehrte Ressource zu monopolisieren. Damit setzten sich am 6. Juni 2013 in Solothurn die Ärztinnen und Ärzte für Umweltschutz an einem Forum »Medizin und Umwelt« auseinander. Sie fürchten, dass mit dem Kampf um das Wasser auch Armut und Krankheiten zunehmen. Ich nahm am Anlass teil (und erhielt für meinen Beitrag wertvolle Hinweise von Stephanie Fuchs, der Redaktorin von *Oekoskop*).

Rund 0,5 Prozent des erdweiten Wasservorkommens sind trinkbar. Der Verbrauch von Wasser ist je nach Land sehr unterschiedlich. Er hängt wesentlich vom direkten Zugang, von der wirtschaftlichen Produktionsweise und von kulturellen Gewohnheiten ab. Spannungen ums Wasser hängen weniger von der Zunahme der Bevölkerung als von den Lebensgewohnheiten eines Teils der Menschheit ab. So ist die Weltbevölkerung im 20. Jahrhundert um das Vierfache, der Verbrauch von Wasser jedoch um das Siebenfache gestiegen. Und das vor allem in Regionen mit hohem Pro-Kopf-Einkommen, die das köstliche Gut unbesonnen nutzen. Verbreitet ist die Sicht, das Wasser als wirtschaftlichen Faktor und als nationale Ressource zu betrachten. Wasser ist aber eine existenzielle Notwendigkeit und eine transnationale Ressource. Die Donau fließt durch zehn Länder, der Mekong durch sechs.

Die gemeinsame Abhängigkeit von einer Quelle verleitet bei politischen Spannungen dazu, das Wasser zu instrumentalisieren oder als Waffe einzusetzen. Da und dort veranlasst die Abhängigkeit aber auch verschiedene Regionen, intensiver miteinander zu kooperieren. Aktuell sind gegenläufige Bestrebungen feststellbar. Sie zielen darauf ab, das Wasser entweder zu kommunalisieren oder zu privatisieren. Die Europäische Kommission will mehr Wettbewerb auf dem Wassermarkt und Gemeinden dazu verpflichten, den Betrieb der Wasserversorgung europaweit auszuschreiben. Das kann dazu führen, mehr Wasserwerke über private Unternehmen zu betreiben. Dagegen wehren sich soziale Bewegungen. Ein wichtiges Zeichen setzen auch die Vereinten Nationen. Sie deklarieren den Zugang zum Wasser als Menschenrecht.

Einzelne Nahrungsmittelkonzerne definieren das Wasser hingegen lediglich als ein Bedürfnis, das sich mehr oder weniger befriedigen lasse. So verstanden, lässt sich das Wasser dann einfacher privatisieren und kommerziell instrumentalisieren. Nach dem Kampf ums Öl zeichnet sich heute vermehrt ein Kampf um das Wasser ab. Die existenziell notwendige Ressource verkommt so zum Spekulations-, Konsum- oder sogar Luxusgut. Damit erhöht sich die Gefahr neuer Ressourcenkriege. Oft findet das Gerangel aber hinter den Kulissen statt. An unzähligen Orten leiden Menschen darunter, dass ihnen der direkte Zugang zum Wasser fehlt oder entzogen wird. Zum Beispiel durch die Schweizer Reiseindustrie. Kräftige Pumpanlagen von Hotelkonzernen tragen in trockenen Zonen dazu bei, den Grundwasserspiegel zu senken. Örtliche Ziehbrunnen reichen dann kaum mehr tief genug hinab. Das trocknet Böden aus und belastet die lokale Bevölkerung. Betroffen sind vor allem jene, die ohnehin über wenige Ressourcen verfügen. Sie leiden auch besonders unter gesundheitlichen Folgen. Zumal gilt: Je tiefer die Einkommen, desto höher sind in der Regel gesundheitliche Beeinträchtigungen.

Weniger als 20 Prozent der Menschen, die hauptsächlich in westlichen Industrieländern leben, verbrauchen mehr als die Hälfte der (nur teilweise erneuerbaren) Energie. Sie tragen so erheblich zur Erwärmung der Erdoberfläche und auch zum Ansteigen des Meeresspiegels bei. Das dürfte bis im Jahr 2030 etwa 300 Millionen Menschen dazu zwingen, ihre Wohn- und Arbeitsgebiete zu verlassen. Das flutende Wasser zwingt sie zur Migration. Die Vereinten Nationen warnen seit Jahren davor. Die Fakten sind bekannt. Aber warum hapert es mit der Umsetzung? Große Unternehmen wie Nestlé sollten unseres Erachtens ein Vorbild sein. Aber mit der verschärften Konkurrenz erhöht sich auch hier die als Sachzwang verklärte Praxis, die unmittelbare Kapitalverwertung stärker zu gewichten. Aus einer Profitlogik ist das nachvollziehbar. Sie missachtet jedoch den Schutz der Umwelt und die vitalen Interessen breiter Bevölkerungskreise.

Nebst dem Zugang zum Wasser sind für die Gesundheit auch Abwässer relevant. Weltweit fließen 80 Prozent der städtischen Abwässer unbehandelt in Flüsse, Seen oder Meere. Das wirkt sich auch auf Ökosysteme aus. Zwar haben 89 Prozent der Weltbevölkerung heute Zugang zu sauberem Trinkwasser. Damit ist sogar ein Millenniumsziel der Vereinten Nationen erreicht. Doch etliche Entwicklungsregionen leiden unter Wasserproblemen. Rund 884 Millionen Menschen haben nach wie vor kein sauberes Wasser. Und verunreinigtes Trinkwasser ist weltweit eine Hauptursache für Cholera und Durchfall. Jedes Jahr sterben etwa 3,5 Millionen Menschen an den Folgen schlechter Wasserversorgung. Dies auch wegen fehlender sanitärer Anlagen. Hier sind die Millenniumsziele noch keineswegs erreicht. Geld wäre zwar genug vorhanden. Aber es fehlt am politischen Willen und an der Bereitschaft, sorgsamer mit der Umwelt umzugehen. Damit sind vornehmlich Privilegierte angesprochen. Sie könnten es sich bestens erlauben, einfacher zu leben und den Überkonsum einzuschränken. Über das individuelle Konsumverhalten hinaus geht es aber vor allem darum, die Verfügungsgewalt über das Wasser zu demokratisieren, statt zu monopolisieren.

Größter Wirtschaftsverband

Am 17. Januar 2012 nahm mit uns auch ein Vertreter von Economiesuisse an einer Tagung der Stiftung Zukunftsrat auf dem Gurten bei Bern teil. Er wirkte in einem Workshop und an einem Podiumsgespräch mit. Bis am 15. März 2012 sollten wir alle unsere Beiträge schriftlich einreichen. Sie sind mittlerweile als Buch (Stiftung Zukunftsrat 2013) erschienen. Am 1. März 2012 schrieb der Vertreter von Economiesuisse dem Geschäftsführer des Zukunftsrates:»Sehr geehrter Herr Unteregger, lieber Robert, Ich verzichte darauf, einen Beitrag zu verfassen. Bitte stellen Sie sicher, dass weder Economiesuisse noch mein Name in der Publikation oder in der Kommunikation im Zusammenhang mit dem Zukunftsrat erscheint. Ich bitte Sie, mir dies kurz so zu bestätigen. Viele Grüße.« Die Stiftung Zukunftsrat ist als offene Vereinigung bekannt. An der Tagung auf dem Gurten referierten auch Dagobert Kuster, der ehemalige Direktor der Volksbank, sowie der Finanzprofessor Marc Chesney. Was den Vertreter von Economiesuisse zum Rückzug motivierte, wollte er nicht weiter ausführen.

Economiesuisse ist der größte Dachverband der Schweizer Wirtschaft. Zu den Mitgliedern zählen rund hundert Branchenverbände, zwanzig kantonale Handelskammern sowie einige Einzelunternehmen. Economiesuisse vertritt ungefähr 100 000 Schweizer Unternehmen aus allen Branchen mit insgesamt zwei Millionen Arbeitsplätzen in der Schweiz. Sie vereint KMU, große Unternehmen, binnenmarkt- und exportorientierte. (Vgl. www.economiesuisse.ch) Der Dachverband entstand im September 2000 aus der Fusion der zwei Organisationen Vorort und Wirtschaftsförderung. Ein Hauptziel besteht darin, optimale Rahmenbedingungen für die Schweizer Wirtschaft zu schaffen. Und zwar auf der Grundlage einer marktwirtschaftlichen Ordnung. Wichtig sind »enge und regelmäßige Kontakte zu Regierung, Verwaltung und Parlament« sowie »intensives Lobbying«. Bei Volksabstimmungen liegt die Erfolgsquote über 90 Prozent, was laut eigener Medienmitteilung (30.8.12: www.economiesuisse.ch) »die Schlagkraft des Wirtschaftsdachverbandes« verdeutlicht.

»Economiesuisse fürchtet um Einfluss«, schrieb Wirtschaftsredaktor Daniel Zulauf. (BaZ, 25.10.2011: 13) Die Lobbyarbeit im Parlament werde schwieriger. Die Fragmentierung der politischen Mitte habe zu- und die Berechenbarkeit abgenommen. Auf viel Gegenwind stoße Economiesuisse zum Beispiel in der Energie- und Infrastrukturpolitik. Der ehemalige Nationalrat Andreas Herczog (SP) bestätigt das in unserem Gespräch: »Blocher sagte, die Economiesuisse sollte man sprengen. Sie sei eine Garage für unfähige Wirtschaftsleute und Politiker. Ich sehe es auch so. Ein Direktor von Economiesuisse ist längst kein achter Bundesrat mehr. Und als Bundesrätin Doris Leuthard das Departement wechselte, sagten viele, dahinter stecke die Economiesuisse. Aber der damalige Präsident, Gerold Bührer, konnte ihr einflüstern, was er wollte. Er fand kein Gehör. Als Leuthard dann den Atomausstieg ankündigte, war die Economiesuisse völlig perplex. Und bei den Abstimmungen über die Zweitwohnungen und die sechste Ferienwoche hätte die Economiesuisse wissen müssen, dass Ferien- und Arbeitszeitverkürzung in der Schweiz aktuell keine Mehrheit haben. Dazu braucht es keine Studie für Tausende von Franken. Hingegen die Zweitwohnungsinitiative war wirklich gefährlich, weil die Leute nicht mehr wollen, dass so viel gebaut wird. Und dies ließ die Economiesuisse weitgehend laufen; sie kämpfte gegen die Arbeitszeitverkürzung.« So weit Andreas Herczog. Mittlerweile hat Economiesuisse tatsächlich an Image eingebüßt. Aber der Einfluss dürfte nach wie vor sehr groß sein. Und zum Plädoyer der Bundesrätin für den Atomausstieg gibt es auch unterschiedliche Deutungen: »Wenn Leuthard nach Fukushima die Absicht gehabt hätte, den Ausstieg zu verhindern«, fragte mich ein Teilnehmer unseres Forschungskolloquiums (8.6.2015), der wenig anfällig ist für Verschwörungstheorien, »hätte sie sich dann mit Vorteil nicht genau so angestellt, wie sie das gemacht hat? Bisher ist doch die gefährliche Verlängerung der Laufzeiten das einzig tangible Resultat des sogenannten Ausstiegs.« Ganz anders äußerte sich dazu CVP-Nationalrat Markus Lehmann. Einen Tag nach der Deklaration zum Ausstieg erklärte er mir, das sei schon immer die Haltung seiner Partei gewesen.

Helmut Hubacher, der langjährige Präsident der Sozialdemokratischen Partei der Schweiz, kritisierte uns gegenüber die Mentalität von Economiesuisse, Entscheide zu kaufen. Das sei die eigentliche Denkweise: »Die Economiesuisse hieß früher Schweizerischer Handels- und Industrieverein, auch ›Vorort‹ genannt. Warum Vorort? Bis zum Zweiten Weltkrieg hatte dieser mächtigste Wirtschaftsverband direkt ein Büro im Bundeshaus. Neben dem Bundesrat und Departementschef für Wirtschaft. »Interessant ist, wie unterschiedlich Verbände agieren«, erzählte uns alt Bundesrat Moritz Leuenberger. (27.6.2013) »Bei einer Gesetzesvorlage kurz nach Amtsantritt machten beispielsweise die Gewerkschaften großen Stunk. Dann rief mich die Economiesuisse an: ›Unser Präsident lässt Ihnen ausrichten, bei Paragraf drei ist der Absatz zwei wie folgt zu ändern ...‹« Nun, das ist schon eine Weile her. Aber Economiesuisse hat weiterhin einen sehr direkten Draht zum Bundesrat. Und medial ist der Verband omnipräsent. Zusammen mit Avenir Suisse. Zwar häufen sich kritische Fragen. Aber da spielt der Versuch der SVP mit, sich gegenüber der FDP als bessere Wirtschaftspartei zu profilieren. Zudem politisiert Economiesuisse nahe an den global ausgerichteten Konzernen. Damit verschiebt sich auch die Interessenlage, was vor allem im Kontext der »Abzockerinitiative« als Machtverlust erschien. Die eidgenössische Volksinitiative gegen die Abzockerei wurde am 3. März 2013 mit 67,9 Prozent Ja-Stimmen angenommen.

Politische Entscheidungen beeinflussen

In unserer früheren Studie *Wie Reiche denken und lenken* (2010) führten wir bereits ein längeres Interview mit Heinz Karrer. Damals war er CEO bei der Axpo. Heute verfügt er über noch mehr Einfluss. Heinz Karrer wuchs in einer Mittelstandsfamilie in Winterthur auf. Nach einer KV-Lehre bei der Bankgesellschaft holte er die Matura nach und studierte dann Betriebswirtschaft an der Hochschule St. Gallen. Nebenher spielte er Handball in der Nationalliga A. Mit der Schweizer Nationalmannschaft nahm er 1984 auch an den Olympischen Spielen in Vancouver teil. Seine berufliche Karriere begann 1985 in der Sportartikelbranche. Er leitete Intersport Schweiz und avancierte zum Direktor der gesamten Holding. Ab 1995 zeichnete er für zwei Jahre bei Ringier Schweiz verantwortlich. Bei der Swisscom war Heinz Karrer von 1998 bis 2002 Mitglied der Geschäftsleitung. Nach einer Auszeit stieg er dann im Jahre 2002 beim Energiekonzern Axpo als CEO ein. In dieser Zeit tauschten wir uns ab und zu über Fragen der Nachhaltigkeit aus. VR-Mandate übernahm er bei Swissgrid, Resun, Luzerner Medien Holding und als Präsident der Kuoni AG. Wie die *NZZ am Sonntag* (13.9.2015: 37) mitteilte, sitzt Heinz Karrer nun auch noch im Verwaltungsrat einer Ringier-Tochtergesellschaft, beim Sportvermarkter Infront. Seit September 2013 präsidiert Heinz Karrer den Wirtschaftsverband Economiesuisse. In dieser Funktion äußerte er sich nun (8.6.2015) zu meinen Fragen.

Hat Economiesuisse an wirtschafts- und gesellschaftspolitischem Einfluss verloren? Und wie kommen Sie zu Ihrer Sicht?

In der Schweizer Wirtschaftspolitik spielt Economiesuisse nach wie vor eine bedeutende Rolle. Für alle Verbände, und gerade für Spitzenverbände wie Economiesuisse, ist es aber in den vergangenen Jahren schwieriger geworden, politische Entscheidungen im Sinne der Mitglieder zu beeinflussen. Noch in den 1970er- und 80er-Jahren hatte unser Verband aufgrund seiner besonderen Stellung unbestritten einen enormen Einfluss auf die Politik. Seither haben sich die Bedingungen grundlegend verändert – sowohl verbandsintern als auch -extern. Intern zeigt sich: Aufgrund der internationalen Verflechtung und fortschreitenden Differenzierung der Wirtschaft wird es immer anspruchsvoller, verschiedene Partikularinteressen im Verband zu bündeln. Auch die externe Umwelt hat sich verändert: Die Bundesverwaltung hat massiv ausgebaut, die bürgerlichen Kräfte im Parlament sind zersplittert, und neue organisierte Interessengruppen sprießen wie Pilze aus dem Boden. Daraus resultiert eine steigende Zahl politischer Akteure, was die Konsensbildung erschwert. Bürgerliche Mehrheiten im Parlament sind heute keine Selbstverständlichkeit mehr; die Politik ist unberechenbarer geworden. Schließlich haben die Polarisierung und die Medialisierung der Politik dazu geführt, dass die Kompromissfindung in der Politik zunehmend als Medienspektakel inszeniert wird. Auch Economiesuisse steht heute viel stärker im medialen Scheinwerferlicht. Für einzelne Akteure erscheint es daher attraktiver, so lange wie möglich den Dissens zu bewirtschaften, als so rasch wie möglich den Konsens zu finden. Vor dem Hintergrund dieses Strukturwandels sind die Bedingungen für die Einflussnahme auf politische Entscheidungen heute nicht mehr vergleichbar mit denjenigen vor dreißig oder vierzig Jahren. Diesen veränderten Rahmenbedingungen haben wir jedoch Rechnung getragen. Den Dialog mit Politik und Bevölkerung haben wir intensiviert, die Prozesse zur konsolidierten Meinungsbildung angepasst, die Mobilisierung von Wirtschaftsexponenten erhöht und die Kampagnenführung gestärkt.

Hat Economiesuisse im Vorfeld der Masseneinwanderungsinitiative zu einseitig mit wirtschaftlichem Eigennutz und Wachstum argumentiert?

Sicher hatten wir hier ein Akzeptanzproblem. Aber für die Annahme der Masseneinwanderungsinitiative waren verschiedene Faktoren ausschlaggebend. Einer war wohl, dass die Stimmbürgerinnen und Stimmbürger ganz allgemein den möglichen Konsequenzen für unsere Volkswirtschaft weniger Bedeutung beimaßen. Entweder weil ihnen andere Ängste oder Bedenken wichtiger waren oder weil sie uns nicht glaubten, wenn wir über mögliche negative Folgen sprachen. Wahrscheinlich taten wir dies auch zu stark aus unserer eigenen Perspektive heraus und teilweise an den Ängsten der Menschen vorbei. Wir müssen uns nun ernsthaft bemühen, das Vertrauen der Menschen in die Wirtschaft zurückzugewinnen. Denn Wirtschaft geht uns alle an, Wirtschaft sind wir alle. Wer Vertrauen will, muss bereit sein, den Dialog mit den Bürgerinnen und Bürgern zu führen – unvoreingenommen und auf Augenhöhe. Und vor allem müssen wir den Menschen wieder besser zuhören, damit wir ihre Grundhaltungen und ihre Betroffenheit kennen und verstehen und nach Antworten und Lösungen suchen können.

Muss Economiesuisse künftig mehr soziale Werte ansprechen, um Menschen zu erreichen?

Ja, ganz bestimmt. Die gesellschaftliche Akzeptanz der Wirtschaft ist nicht per se gegeben. Und: Die Beziehung zwischen Wirtschaft und Gesellschaft darf sich nicht auf den Kampfdiskurs vor Volksabstimmungen beschränken. Ein fruchtbarer Dialog muss in der Zeit zwischen den Abstimmungen stattfinden, wenn die Wirtschaft keine politischen Forderungen präsentiert, sondern über Sorgen und Ängste mit der Bevölkerung diskutiert. Wenn sie zeigen kann, was sie für die Gesellschaft leistet und was sie ihr gibt. Und was der Erfolg der Wirtschaft bedeutet: nämlich Wohlstand und soziale Sicherheit.

Denken Sie ab und zu bei Ihrer intensiven Arbeit:
Warum tue ich mir das alles an?

Nein, eigentlich nicht. Und wenn ein solcher Gedanke kurz aufflammt, dann kenne ich bereits die Antwort: weil die Aufgabe eine echte Herausforderung ist, weil sie Sinn stiftet, weil sie relevant ist für die Wirtschaftspolitik der Schweiz, weil sie wichtig ist für die Bevölkerung, weil ich von Familie und Mitstreiterinnen und Mitstreitern großartig unterstützt werde und weil mir die Aufgabe auch großen Spaß macht.

Was wünschen Sie sich von einer guten Fee für die Schweiz?

Ich wünsche mir, dass wir auch noch in zehn Jahren zu den international wettbewerbsfähigsten und innovativsten Ländern auf der Welt gehören und dass in der Schweiz alle einer Beschäftigung nachgehen können, und dies mit Freude, Begeisterung und Befriedigung. Das wünsche ich mir jedoch nicht von einer guten Fee, sondern von der Wirtschaft, der Politik und der Gesellschaft. Wir von der Wirtschaft werden nichts unversucht lassen, dass dem auch in zehn Jahren noch so ist.

Machen, was möglich ist

Esther Girsberger ist eine erfahrene Publizistin. Sie zeichnete während zwei Jahren für die Kommunikation bei der Novartis verantwortlich. Und Paul Bieri arbeitete drei Jahrzehnte lang für Shell. Ich fragte beide unabhängig voneinander, wie sie die Macht großer Unternehmen wahrnehmen.

Veränderte die Finanz- und Wirtschaftskrise das Denken
von Mächtigen?

Esther Girsberger: Die Meinung gegenüber der Wirtschaft ist schon sehr viel kritischer geworden. Aber das jahrzehntelange Primat der Wirtschaft bleibt wohl bestehen. Zunächst etwas abgeschwächt. Aber wenn sich der Finanzplatz Schweiz erholt und die EU-Krise sich gelegt hat, wird die Finanzwelt wieder auftrumpfen. Und das ärgert mich. Die Politik ist immer dann gut, wenn es die Wirtschaft nicht mehr richten kann.

Hilft Sozialkompetenz, um in der Politik oder Wirtschaft eine Führungs-position zu erlangen? Oder ist es manchmal eher umgekehrt?

Ich denke, dass tatsächlich mehrheitlich Leute in der Wirtschaft am Drücker sind, denen es an Empathie fehlt. Daniel Vasella, das kann ich aus eigener Erfahrung sagen, sprach in Sitzungen nicht von *human beings,* sondern von *performers* und *non-performers.* Die Empathie ist da eliminiert. Solchen Unternehmern begegnet man heutzutage öfter. Die persönliche Gewinnmaximierung steht im Vordergrund. Ohne Einsicht in die Wut der Bevölkerung. Auch nach der Annahme der Abzockerinitiative.

Und wie setzt ein Pharmakonzern seine Interessen durch?

Die Macht eines Pharmaunternehmens ist enorm groß in der Schweiz. Auch gegenüber der Politik. Das zeigt sich bei den Parallelimporten und Medikamentenpreisen. Da ist das Lobbying massiv und wirkungsvoll!

Auch dank Wirtschaftsverbänden?

Ich finde die Krise bei Economiesuisse bezeichnend; Economiesuisse ist völlig in den Hintergrund gerückt, denn die einzelnen Branchen – vor allem bei Großuntnehmen – sind mittlerweile im Lobbyismus sehr gewieft. Die Bankiervereinigung hat ein anderes Problem; sie redet in Kakophonie.

Sie waren selbst Kommunikationsverantwortliche bei der Novartis.

Warum so kurz? Störte Sie der Umgang mit Macht und Lobbyismus?

Ich habe sehr rasch gemerkt, keine Corporate-Frau zu sein. Mich stört es, wenn ein Mediencommuniqué zwei Wochen hin und her geschoben wird, bis es dann vielleicht rausgeht. Auch ist es in dieser Corporate World schwierig, seine eigene Meinung einzubringen, wenn der Präsident des Verwaltungsrates eigentlich alle Funktionen selber vereint, so auch die Corporate Communications.

Nach einer kaufmännischen Ausbildung arbeitete Paul Bieri von 1971 bis 2000 bei der Firma Shell. Auf Automatisation spezialisiert, leitete er viele Projekte in Raffinerien und Verladeterminals im In- und Ausland. 2001 gründete er eine eigene Beratungsfirma. Seit 2008 ist er Gemeinderat in Sissach.

Sie haben in großen Unternehmen gearbeitet. Was bewegt sich da?

Paul Bieri: Ein Manager schaut in der Regel, ob Fremdfirmen günstiger anbieten. Das führt dazu, ganze Sektoren auszulagern. Zum Beispiel an Firmen, die weniger in Sicherheit und Personal investieren. Heute werden viele Arbeiten in einem Turnus von ein bis drei Jahren ausgeschrieben. Der Preis ist dabei entscheidend und nicht die Qualität. Da wird überall gespart: am Lohn, Material usw. Und das belastet den sozialen Frieden. Es wird alles unmenschlicher. Vor allem in Großfirmen setzt sich das amerikanische System durch, bei dem nur noch die kurzfristige Gewinnmaximierung steht. Das verleitet das Management oft zu krassen Fehlurteilen.

Dann sind Sie, wenn Sie den aktuellen Wandel beurteilen,
wenig optimistisch?

Nur zum Teil. Was den wirtschaftlichen Wandel betrifft, bin ich eher pessimistisch, anderseits eröffnet dies neuen Firmen neue Perspektiven. Die Druckerpressen laufen bei den Nationalbanken auf Hochtouren. Das Ausmaß ist einmalig und enteignet die Bevölkerung. Es führt längerfristig zu Inflation und politischen Spannungen. Die Demokratie bleibt dabei oft auf der Strecke.

Wie nehmen Sie die Dynamik zwischen Staat
und Wirtschaft wahr?

Der Staat versucht immer mehr, der Wirtschaft ein gutes Umfeld zu bieten, was natürlich positiv ist. Die Unternehmenssteuern werden gesenkt. Die Kantone locken Firmen an und machen ihnen zu große Geschenke. So sinken die Steuererträge, und die Verschuldung der Kantone und Gemeinden steigt an. Eine weitere Gefahr besteht durch das ungebremste Auseinanderdriften der Lohnschere zwischen Management und Angestellten.

Machtkartelle

Kritiken an multinationalen Konzernen betreffen ihre Machtkartelle. Die Unternehmen predigen den Markt und unterlaufen ihn mit Preisabsprachen. Hinzu kommt, wie bei den Banken, die schwierige Kontrolle. Die Unternehmen führen interne Geschäfte rund um die ganze Welt. Sie transferieren, kaum durchschaubar, ihre versteckten Gewinne. Will der

Staat die Unternehmen steuerlich mehr belasten, drohen sie mit Abgang. Die Unternehmen machen, was möglich ist. Sie verfügen in der Regel über Alternativen mit niedrigen Arbeitskosten, zum Beispiel durch verschiedene Formen des Outcontracting, der Ausgliederung bestimmter Tätigkeiten in Tochter- und Fremdfirmen. Das erhöht ihre Macht.

Seit Ende der 1980er-Jahre vermochten Unternehmen über Fusionen ihre Konzentration weiter zu erhöhen. Das politische Korrektiv hielt damit keineswegs Schritt. Die demokratisch legitimierten Vereinten Nationen sehen sich zunehmend bekrittelt. Und die (inter-)nationalen Handelsorganisationen vertreten eine Freihandelsdoktrin, die den großen und technologisch gut ausgerüsteten Unternehmen am meisten nützt.

Demokratische Prozesse machen auch vor den Pforten der Wirtschaft weitgehend Halt. Debatten über Mitbestimmung und Selbstverwaltung beschränken die Partizipation vornehmlich auf äußerliche Bereiche. Soziale Fragen werden danach beurteilt, ob sie mit der Wirtschaft »kompatibel« sind. Die großen Unternehmen und Wirtschaftsverbände setzen sich beispielsweise bei den meisten Abstimmungen durch.

Mit der stark internationalen Ausrichtung der Unternehmen konzentriert und vergrößert sich deren Macht und die angelsächsisch-neoliberale Grundhaltung wird zementiert. Das entrückt die Unternehmen zunehmend von regionalen politischen Perspektiven. Die Unternehmen versuchen, ihre Steuern so weit wie möglich zu optimieren. Sie profitieren auch gerne vom Staat, der Exporte fördert, Risiken abfedert und eine gute Infrastruktur für die Ausbildung, Forschung und das persönliche Wohl garantiert. Große Unternehmen stellen gewiss auch viele Arbeitsplätze zur Verfügung. Aber wenn Glencore mit Rohstoffen spekuliert und damit auch Preise für landwirtschaftliche Güter manipuliert, dann beeinflusst das Unternehmen die Ernährungsgrundlage von Menschen, deren Hunger dazu beitragen kann, private Gewinne zu erzielen. Und wenn Novartis zu einem Staat im Staat avanciert, dann erhöht sich die einseitige Abhängigkeit einer ganzen Region vom Goodwill privater Gefüge. Und wenn Syngenta in südlichen Kontinenten die Lebensgrundlage von Bäuerinnen und Bauern zerstört, Menschenrechte verletzt und Menschen zur Migration zwingt, dann berührt das auch unsere Verantwortung. Und wenn Nestlé den weltweit wichtigsten Rohstoff, das Wasser, monopolisiert, dann erhöht das private Unternehmen auch seine Macht über uns alle.

Die globale Ausrichtung entrückt die multinationalen Konzerne den kleinräumigen Perspektiven. Umso wichtiger ist es, regionale Interessen klar zu artikulieren und faire Kooperationen zwischen allen Involvierten auszuhandeln. Vor allem auch mit der Bevölkerung in südlichen Kontinenten, die Rohstoffe und Primärgüter exportieren. Die forcierte Konkurrenz zwischen verschiedenen Standorten führt indes dazu, sich gegenseitig mit günstigen Investitionsbedingungen zu unterlaufen. Davon profitieren vornehmlich führende Konzerne, die so ihre Vormacht ausbauen. Längerfristig verlieren sie aber an Akzeptanz, wenn sie gesellschaftliche Interessen vernachlässigen. Der Wirtschaftsdachverband Economiesuisse müsste sie mehr in Pflicht nehmen.

✢ Gewerbe und Gewerkschaften

Der Schweizerische Gewerbeverband (SGV) will die kleinen und mittleren Unternehmen (KMU) vertreten. Er politisiert traditionell bürgerlich. Die SVP und FDP geben den Ton an. Die Gewerkschaften ringen um ihren Einfluss. Mit einzelnen Branchen(verbänden) arbeiten sie sozialpartnerschaftlich recht gut zusammen. Aber weshalb kooperieren der Verband und viele KMU nicht enger mit ihnen? Die Interessen der Arbeitnehmenden sind doch auch die Interessen der KMU. Wie also nimmt der Gewerbeverband welche Interessen wahr? Und was tun die Gewerkschaften?

Als kleine und mittlere Unternehmen (KMU) gelten Betriebe mit weniger als 250 Mitarbeitenden. Davon gibt es in der Schweiz über 550 000 (2013). Sie kommen insgesamt auf rund zwei Drittel der Beschäftigten. Das sind über drei Millionen Personen. Von ihnen arbeiten rund 1 300 000 in über 500 000 Betrieben mit weniger als zehn Arbeitnehmenden. (BFS 2013) Der SGV setzt sich für Selbstverantwortung, Eigentumsgarantie und einen schlanken und effizienten Staat ein. Aktuell fordert der Gewerbedirektor Hans-Ulrich Bigler, die Referendumskultur innerhalb des Gewerbeverbandes zu aktivieren. Der Verband müsse »in seiner ganzen Tätigkeit den Oppositionsmodus beherrschen und wenn nötig in diesem operieren«. (NZZ 21.4.2015: 11)

Gewerbeverband: Im Interesse der KMU?

Auf der Internetseite unterstreicht der SGV, parteipolitisch unabhängig zu sein. Der Verband wählte am 23. Mai 2012 Jean-François Rime (SVP) zum neuen Präsidenten. Rime trat die Nachfolge von Bruno Zuppiger an. Dieser musste im Dezember 2011 nach zweijähriger Amtszeit das Präsidium abgeben, nachdem die Zürcher Staatsanwaltschaft in einer Erbschaftsangelegenheit Ermittlungen gegen ihn aufgenommen hatte. Vor Zuppiger leitete der Nidwaldner FDP-Nationalrat Edi Engelberger den Verband von 2004 bis 2010. Vor seiner Wiederwahl im Jahre 2008 forderte die SVP mehr Einfluss an der Verbandsspitze. Die früheren Präsidenten stammten einmal aus den Reihen der CVP und zweimal aus den Reihen der FDP. Die SVP drohte damit, einen eigenen Verband zu gründen. So kam es zur Absprache, die Amtsdauer von Edi Engelberger auf zwei Jahre zu begrenzen und nachher einen SVP-Vertreter zu wählen. (NZZ 26.2.2008) Direktor des SGV ist Hans-Ulrich Bigler (FDP). Der Präsident muss einer bürgerlichen Partei und dem eidgenössischen Parlament angehören. Das Sagen hat derzeit der Direktor. Christian Wasserfallen, Nationalrat der Berner FDP, äußerte sich (22.6.2015) im Talk mit Roger Schawinski (SRF) dazu. Im Gespräch mit dem amtierenden Präsidenten, Jean-François Rime, sei ihm sofort klar geworden, wer unter dem Direktor nur Präsident sei. Rime war früher FDP-Mitglied und wechselte 2002 zur SVP.

Im Februar 2014 entschied sich eine knappe Mehrheit der stimmenden Schweizerinnen und Schweizer dafür, die Masseneinwanderungsinitiative (MEI) der SVP anzunehmen. Der SGV lehnte die Initiative offiziell ab. Rime wirkte jedoch im MEI-Initiativkomitee mit. Gegenüber dem Verband verpflichtete er sich, »in seiner Tätigkeit für den SGV die Interessen der KMU-Dachorganisation über jene seiner Partei zu stellen«. (*Blick* 23.5.2012) Rime sicherte zu, neutral zu bleiben und sich weder für noch gegen die Initiative auszusprechen. Rime ist Patron einer großen Sägerei und auch Präsident des Verbands Holzindustrie Schweiz. Er kandidierte schon zweimal (2010 und 2011) erfolglos für den Bundesrat. Dies steigerte seinen Bekanntheitsgrad in der deutschen Schweiz. Das half ihm vermutlich auch bei der Wahl zum Präsidenten des SGV.

Im Herbst 2012 reichte der Gewerbeverband mit 68 000 Unterschriften ein Referendum gegen das revidierte Raumplanungsgesetz ein. 50 000 Unterschriften sind in der Schweiz erforderlich, um die Stimmberechtigten über einen neuen Gesetzesbeschluss befinden zu lassen. Der SGV kritisierte die eigentumsfeindlichen Zwangsmaßnahmen, mit welchen das

Bauland noch knapper werde. Eine Rückzonung zu großer Bauzonen sei inakzeptabel. Das Parlament beschloss die Revision des Raumplanungsgesetzes als indirekten Gegenvorschlag zur Landschaftsinitiative. Im Kern geht es darum, die Baulandreserven auf den Bedarf der nächsten fünfzehn Jahre zu beschränken. Dies hat bei überdimensionierten Bauzonen eine Rückzonung zur Folge. Und zwar mit einer Entschädigung für die Besitzenden. Zudem verlangt das neue Gesetz eine Mehrwertabgabe auf Gewinne bei der Überführung von Land in Bauland. Der SGV konnte das Gesetz nicht verhindern. Er rechnete beim Lancieren mit mehr Unterstützung durch die SVP.

KMU News – so heißt die Zeitung des Gewerbeverbandes Basel-Stadt. Unsere Mitarbeiterin Magdalena Küng wertete zehn Ausgaben im Zeitraum 2014 bis 2015 aus. Der Gewerbeverband Basel-Stadt erscheint in der Selbstdarstellung als sehr direkte, unkomplizierte und kommunikationsfreudige Organisation, die alle Probleme effizient löst. Die KMU haben es schwer in dieser Welt. Wirtschaftlich und politisch. Überall lauern Bürokratie, Staat und Verwaltung. Sie erscheinen als größte Feinde des Gewerbes. Besonders schlimm sind linke Parteien und Gewerkschaften. Sie wollen offenbar keine gesunde Wirtschaft. Zudem droht eine Akademisierung der Ausbildung. Der Gewerbeverband (BS) nutzt die monatlich erscheinenden *KMU News* als politisches Sprachrohr und interne Informationsplattform. Im Vorfeld von nationalen Abstimmungen dominieren die entsprechenden Themen (Mindestlohn, Masseneinwanderung).

Bei Debatten zum starken Franken erscheinen die KMU, wie immer, als hart kämpfendes Gewerbe, das mit der staatlichen Übermacht zu ringen hat. (2/15) Der Verband ruft dazu auf, staatliche Auswüchse und Einmischungen zu melden. (10/14: 6) Er stellt sich paternalistisch als jenes Gremium dar, das die KMU gegen bürokratische Übergriffe schützt. Der administrative Mehraufwand ist auch ein zentrales Argument gegen die MEI, die mehr papierenen Aufwand für das Gewerbe bringe. (3/14: 3) Migrationspolitische und ethische Überlegungen fehlen weitgehend. Das Bashing der Linken dominiert und wiederholt sich bei vielen Themen. Auch bei der Berufslehre. Gewerkschaften favorisieren angeblich die Akademisierung (10/14: 5), was unwahr ist und Verantwortliche des VPOD und der Unia provoziert.

Zudem irritiert der Umgang mit Umweltthemen. Obwohl mehrere Ausgaben der *KMU News* einzelne Beiträge zu umweltfreundlichen Gebäudesanierungen und nachhaltigen Energien oder zur Lebensmittelverschwendung enthalten, polemisiert der Verband immer wieder gegen konkrete Auflagen zum Schutz der Umwelt. (3/14:16) So kommen die *KMU News* recht widersprüchlich daher. Etliche Beiträge sind ideologisch überhöht und populistisch akzentuiert. Das kommt allerdings auch in gewerkschaftlichen Organen vor.

Der Schweizerische Gewerbeverband ist auch ideologisch recht offensiv. Die rechtsbürgerliche Haltung der Verbandsspitzen prägt die eigenen Publikationen und wird auch über die lokalen Strukturen an die Basis vermittelt. Das Netz ist relativ fein gespannt. Das zeigt sich auch regional. Etwa in Basel-Stadt. Zum jährlichen Jahresempfang drängen regelmäßig rund tausend Kleingewerblerinnen und Kleingewerbler. Sie lassen sich hier gut verpflegen und lassen sich auch ein wenig einheizen. Etwa mit einem Zitat aus den *Schweizer Monatsheften,* dem einzigen Organ, auf das sich im Januar 2014 ein Verbandsvorsitzender positiv bezog. Und zwar, ohne die zwiespältige Vergangenheit dieser Quelle zu vermerken. Das Organ diente in den 1920er- und 1930er-Jahren als Sammelbecken für germanophile und rechtsbürgerliche Kreise. Und die Veranstaltung des Gewerbeverbandes fand unmittelbar vor der Abstimmung über die Masseneinwanderungsinitiative statt.

Auch im Januar 2015 quittierten die Anwesenden schallend lachend das inszenierte Linken-Bashing. Das sei ein Grund, weshalb er die Schweiz nur mit einem weinenden Auge verlasse, bemerkte nachher der scheidende Theaterdirektor Georges Delnon zu mir. Wir tauschten uns beim reichhaltigen, von der Basler Kantonalbank gesponserten Apéro ein wenig aus. Hinzu kam Carena Schlewitt, die Leiterin der Basler Kulturwerkstatt Kaserne. Die aufwiegelnden Reden befremdeten sie ebenfalls. Der Journalist Peter Knechtli wies mich indes darauf hin, wie sehr es dem Gewerbeverband mit dieser Veranstaltung gelinge, die eigenen Reihen zu schließen und weitere Kreise zu integrieren. Das vermisse er bei den Gewerkschaften. Beim Gewerbeverband traten auch noch drei bekannte Opernsängerinnen auf. Sie belebten die Veranstaltung, an der sonst nur Männer referierten.

Zurück zu der Frage, ob der SGV die Interessen seiner Mitglieder vertrete. Sie führt auch beim SGV zu heftigen Debatten und Austritten. In mehreren Abstimmungen sind Mitglieder in Komitees gegen den SGV angetreten, der mehr die Konzerne als die KMU vertritt.

»Wenn es uns Gewerkschaften nicht gäbe«

Am 15. April 2015 demonstrierten zwei- bis dreitausend Personen auf dem Basler Marktplatz. Der Verband des Personals öffentlicher Dienste (VPOD) rief zur friedlichen Kundgebung auf. Zusammen mit vielen weiteren Organisationen. Anlass gab das Sparpaket der baselstädtischen Regierung. Sie will die Finanzen »in den Griff kriegen« und »strukturelle Defizite vermeiden«. In ihrer Medienmitteilung vom 2. Februar 2015 begründete die Regierung das »Finanzloch« von siebzig Millionen Franken vornehmlich mit den hohen Ausfällen durch die Unternehmenssteuerreform II. Als Maßnahme schlug sie unter anderem vor, kantonale Beihilfen an Personen zu streichen, die auf Ergänzungsleistungen (EL) angewiesen sind oder keine EL beantragen können, weil ihr Einkommen knapp über diesem Anspruch liegt. Die Regierung zielte mit ihren Maßnahmen darauf ab, »dass möglichst alle einen Beitrag zur Entlastung leisten sollen«. Das Sparpaket trug der mehrheitlich rot-grünen Regierung für einmal sogar das Lob der *Basler Zeitung* (BaZ) ein. Die Zeitung tadelte hingegen die Gewerkschaft, die ihre Mitglieder gegen das Sparpaket aufwiegle. Der ehemalige VPOD-Präsident Helmut Hubacher reagierte darauf in seiner Kolumne »Gewerkschaften und die Ameisen«. (BaZ 25.4.2015: 11) »Gäbe es keine Unia-Gewerkschaft«, schrieb er, »hätten wir auf dem Bau Zustände wie im Wilden Westen.«

Auf dem Basler Marktplatz demonstrierte auch Urs Müller. Er engagierte sich lange als Schiedsrichter im Spitzenhandball. Von 2006 bis 2014 präsidierte er den VPOD Region Basel. Zudem politisierte er von 2001 bis 2016 für »Basels starke Alternative« (BastA!) im kantonalen Parlament. BastA! ging aus den ehemaligen Progressiven Organisationen (POCH, 1971–1991) hervor. In unserem Gespräch kritisierte Urs Müller, dass die bürgerliche Politik im letzten Jahrzehnt stark darauf abziele, einzelne Sektoren des Service public wirtschaftlichen Spielregeln zu unterstellen; so etwa die Industriellen Werke Basel (IWB), die Spitäler und die Basler

Verkehrsbetriebe (BVB). Zudem die Kantonalbank, bei der eine parlamentarische Oberaufsicht schon längst fällig sei. »Die Mentalität der Selbstbedienung führt dazu, sich gegenseitig Aufträge zuzuschanzen. Ein amtierender Nationalrat sitzt im Bankrat und holt sich über eine kantonseigene Firma spezielle Versicherungsaufträge. Er weiß, was marktüblich ist und wie der Hase läuft. Er hat Connections, baut ein Konstrukt auf, geht zur Kantonalbank und vermittelt dieser Aufträge, an denen er wiederum selbst verdient.« Inzwischen ist der Angesprochene aus dem Bankrat zurückgetreten. Bei den IWB sei es noch vertrackter. »Ein alt Nationalrat und Neogroßrat führte für sie eine Studie durch, die 100 000 Franken kostete. Dies zum Schutz des Trinkwassers beim Atomkraftwerk Fessenheim (im Elsass). Ein SP-Regierungsrat wollte diese Geschäfte transparent machen. Dagegen wehrte sich ein SP-Nationalrat. Er hält die Kritik des VPOD für »pingelig«. Urs Müller erhielt als VPOD-Präsident monatlich 400 Franken Spesenentschädigung. Er stellte während acht Jahren keine Rechnung für seinen Aufwand. Aber bei einzelnen Gewerkschaftern laufe es anders. »Ein Baselbieter Regierungsrat gelangte über den VPOD zu seinem Amt. Im Universitätsrat vertrat er die Regierung. Die Entschädigung steckte er privat ein.« Der erwähnte Regierungsrat verzichtete im Frühjahr 2015 auf eine weitere Kandidatur. Und die finanziellen Entschädigungen, die er während seiner Amtszeit bezog, erwiesen sich als legal. Aber Urs Müller ist wohl zu Recht davon überzeugt: »Wenn es uns Gewerkschaften nicht gäbe, läge manches noch mehr im Argen.« Wobei auch bei den Gewerkschaften nicht alles rund läuft.

Die Gewerkschaft Unia veröffentlichte Ende 2014 eine Festschrift zu ihrem zehnjährigen Jubiläum. Sie beschreibt ihren Werdegang, selbstbewusst und teilweise selbstkritisch: Die Fusionierung ist »rundum geglückt«. Die Mitglieder konnten sich bald mit der neuen Unia identifizieren. Bereits wenige Wochen nach der Fusionierung standen 15 000 Mitglieder mit den neuen Fahnen auf dem Bundesplatz. Ängste, Mitglieder zu verlieren, verflüchtigten sich. Der Trend zum Mitgliederschwund ließ sich umkehren. Seit dem Jahre 2010 verzeichnet die Unia ein Wachstum. Die Fusion machte sich auch finanziell bezahlt. Die Professionalisierung setzte Mittel frei für die beabsichtigte stärkere Gewichtung des tertiären Sektors (»Begrünung der Gewerkschaftswüste Tertiär«). Dieser ist heute

gleich gewichtet wie die Sektoren Industrie, Bau und Gewerbe. Die Unia
entstand als Antwort auf die konzentrierte Macht der Unternehmen. Zudem sollte sie den tertiären Sektor organisieren.

Wichtige Erfolge sind von der Unia unterstützte Streiks und Arbeits-
kämpfe. So etwa im Baugewerbe. Ein Beispiel ist die Frühpensionierung.
Da half ein nationaler Branchenstreik. Es ging darum, das Rentenalter
auf dem Bau auf das sechzigste Lebensjahr zu senken. Unter dem Motto
»Vierzig Jahre sind genug« legten im Jahr 2002 rund 15 000 Bauarbeitende
ihre Arbeit nieder. Das war noch zu GBI-Zeiten (Gewerkschaft für Bau
und Industrie). Inzwischen ermöglicht eine gemeinsame, sozialpartner-
schaftliche Stiftung eine frühzeitige Pensionierung mit sechzig. Über
10 000 Bauarbeitende konnten schon davon profitieren. Wir werteten das
Projekt aus. (Wyss 2013) Ein weiterer Erfolg ist der MEM-GAV mit Mindestlöhnen, der unter impliziter Androhung einer Welle von Konflikten zustande kam. Der Gesamtarbeitsvertrag gilt für 96 000 Beschäftigte und
560 Unternehmen der Maschinen-, Elektro- und Metallindustrie. Die
GAV sind für die Unia besonders bedeutend.

Im industriellen Bereich ist das Beispiel der Swissmetal in Reconvilier
(Berner Jura) interessant. Die Buntmetallfirma Swissmetal, die für die
ganze Drehteileindustrie im Jura wichtig war, sollte 2004 umstrukturiert
werden. Es hätte die Zerstörung des industriellen Know-hows und den
Verlust vieler Stellen bedeutet. Die Arbeitenden reagierten mit einem
spontanen zehntägigen Streik, den die sich gerade in Gründung befin-
dende Unia später unterstützte. Eine Mediation der Berner Regierung beendete den Ausstand. Doch 2005 beharrte der CEO auf seinen Verlage-
rungsplänen, und im Februar 2006 legte die Belegschaft die Arbeit erneut
nieder – diesmal für dreißig Tage. Im Verlauf des Streiks stieg der Hedge-
fund Laxey in das Aktienkapital ein. Eine finanzkapitalistische Aktion,
sie zielte auf Liquidation und schnellen Gewinn. Das scheiterte teilweise,
auch dank dem Streik, die Firma aber wurde weiter abgebaut und schließlich, einige Jahre später, an einen chinesischen Konzern verkauft. Die
Unia schaltete sich auch beim SBB-Konflikt in den Officine (Industrie-
werkstätten) von Bellinzona ein. Die SBB wollte 2008 im Tessin 400 Arbeitsplätze abbauen. Eine Arbeitsniederlegung, die längste seit vielen
Jahren, erreichte direkte Verhandlungen mit der SBB. Eine gemischte Ar-

beitsgruppe erarbeitete dann innert zwölf Monaten eine Alternative mit guter Zukunft für die Officine. Der erfahrene FDP-Politiker Franz Steinegger vermittelte. Die gewerkschaftlich und autonom organisierte Belegschaft brachte entscheidende Vorschläge ein. Sie kooperierte auch eng mit zivilgesellschaftlichen Gruppierungen. So entstand ein großes industrielles Projekt für das Tessin. Steinegger, der fast Bundesrat geworden wäre, drückte immer wieder seinen Respekt für die engagierte Belegschaft aus. Die Unia intervenierte auch bei Konflikten im Dienstleistungsbereich. Sie unterstützte einen Taxistreik am Flughafen Kloten, der zu einem Mindestlohn von 4000 Franken, einem dreizehnten Monatslohn sowie zu besseren Gesamtarbeitsverträgen und Krankentaggeld-Versicherungen führte.

In der *Tageswoche* (7.8.2015: 19) setzte sich Hanspeter Gysin, der selbst von 1997 bis 2007 für die Gewerkschaft GBI/Unia arbeitete und die Personalkommission präsidierte, kritisch mit der Unia auseinander. Er stellt eine »Trennung zwischen oben und unten« fest. Gewerkschaftliche Kader kämen teilweise direkt von den Hochschulen. Zudem würden die Kader Managementmethoden direkt von der Privatwirtschaft übernehmen. »Diese mögen Schmiermittel für das Funktionieren des Apparates sein, dem Gedanken der Transparenz und des demokratischen Funktionierens sind sie vollkommen entgegengesetzt.« Andere Gewerkschafterinnen und Gewerkschafter, mit denen wir ein Gruppengespräch führten, wollten ihre »Erwartungen an die Unia« anonym formulieren. Angesichts der grassierenden antigewerkschaftlichen Stimmung in den Medien vertreten sie ihre Vorbehalte lieber intern. Die kritischen Stimmen billigen den Gewerkschaften, für die sie sich engagieren, durchaus zu, im traditionellen Kerngeschäft einen relativ guten Job zu machen. Wer Mitglied der Gewerkschaft ist, kann in der Regel damit rechnen, dass er oder sie gewerkschaftliche Verteidigung in Anspruch nehmen kann. Die Gewerkschaften haben bei einigen Themen auch wichtige Referendumserfolge erzielt, etwa beim Angriff auf die zweite Säule und bei Angriffen auf die AHV. Zudem hat die Gewerkschaft mit der Frühpensionierung auf dem Bau und mit dem neuen Gesamtarbeitsvertrag der MEM-Industrie mit Mindestlöhnen soziale Fortschritte errungen.

Doch mehrere dieser Gesprächspartner formulierten höhere Erwartungen an die Gewerkschaftsarbeit. Übereinstimmend sagten sie, dass allein die Gewerkschaften die weitere Deregulierung, den Sparzwang und den Sozialabbau verhindern könnten. Die SP sei heute kein sicherer Bündnispartner mehr, das Verhältnis zwischen SP und Gewerkschaften sei distanzierter geworden. In den Gesprächen wurde deutlich, dass sich die Kritik an der Diskrepanz zwischen diesem Anspruch eines Teils der Mitglieder und der Praxis der Gewerkschaften festmachte. Die Unia, so sagten sie, vermittle kein klares Bild von ihrer Schweiz. Sie bringe zu wenig lesbare wirtschaftliche und gesellschaftliche Vorstellungen zum Ausdruck.

Aus Sicht vom Gewerkschaftskader ist dieser Anspruch zu hoch. Sie meiden diese Debatten. Sie konzentrieren sich auf das Kerngeschäft. Eine stärkere politische Rolle schließen sie aus.

Ist dies der Grund, warum die Gewerkschaften scheinbar an Einfluss verloren haben? Wirtschaftspolitisch sind sie jedenfalls deutlich weniger präsent als sozialpolitisch. Die Interviewten vermissen breite innere Debatten und eine gewisse Selbstkritik der Gewerkschaftsspitzen. Das führe dazu, wichtige Fragen zu tabuisieren. Wie zum Beispiel das Debakel der Masseneinwanderungsinitiative. Die Gewerkschaften hätten es verhindern können, wenn sie sich kraftvoller dagegengestellt und die Lage realistischer eingeschätzt hätten. Vor der Abstimmung scheiterte der SGB mit dem Versuch, verstärkte flankierende Maßnahmen zu erzwingen. Das war bei Einführung der Personenfreizügigkeit und bei der späteren Abstimmung über deren Erweiterung noch gelungen. Als fatal habe sich die Annahme einzelner Gewerkschaftskader ausgewirkt, das Volksnein sei sicher und ein knappes Abstimmungsergebnis gegen die MEI könnte der Mindestlohninitiative helfen.

Die Niederlage vom 9. Februar 2014 habe die Position der Gewerkschaft fundamental geschwächt, meinen die Kritiker. Kombiniert mit dem Versuch der Arbeitgebenden, den neoliberalen Umbau der Schweiz mit einiger Verzögerung doch noch durchzusetzen (Stichwort: bürgerlicher Schulterschluss), habe dies dazu geführt, dass die patronalen Verbände im Sommer 2015 davon ausgingen, das EU-Problem ohne Ausgleich mit den Gewerkschaften, also ohne verstärkte Schutzmaßnahmen für die Arbeitenden in der Schweiz, lösen zu können.

Hinzu kämen weitere Abstimmungsniederlagen. Sie trügen dazu bei, die Gewerkschaften in zentralen Fragen weniger ernst zu nehmen. Hier gelte es, eigene Anteile aufzudecken und eigene Analysen weiter zu fundieren. Das würde es für die Unternehmen schwerer machen, gegen die Unia Hausverbände und gelbe »Gewerkschaften« unter Kontrolle der Arbeitgebenden zu etablieren (Angestellte Schweiz in der Industrie, Novatrava auf dem Bau usw.).

Der Beschluss der Schweizerischen Nationalbank, am 15. Januar 2015 den Mindestkurs des Franken gegenüber dem Euro aufzugeben, erwies sich als mächtiger Hebel gegen die Gewerkschaft. 2011, beim vorigen Frankenschock, hatten die exportierenden Unternehmen mit der Gewerkschaft einem Bündnis für den Mindestkurs zugestimmt. 2015 sehen die Aktionärinnen und Manager im Frankenschock ein Mittel, Löhne zu senken, Arbeitszeiten zu erhöhen und zu flexibilisieren, Gesamtarbeitsverträge anzugreifen und überhaupt das soziale Rad zurückzudrehen. Im Tessin und in der Romandie setzten einige Belegschaften diesen Versuchen Widerstand entgegen.

So weit ein paar selbstkritische Äußerungen. Doch selbst die internen Kritikerinnen und Kritiker denken, dass die Fusion der GBI und des SMUV Ende 2004 ein notwendiger und geglückter Schritt gegen die neoliberale Demontage war. Sie verweisen auf die stabilisierte Mitgliedschaft der Unia. Jetzt gehe es darum, die Organisationsfähigkeit in den Betrieben zu erhöhen und die Gefahr einer Funktionärsgewerkschaft abzuwenden.

»Als Unia-Präsidentin erlebt, wie Solidarität stark macht«

Alle Jahre wieder treffen sich Verantwortliche der Gewerkschaften mit ein paar Leuten aus der Wissenschaft zu einem zweitägigen inspirierenden Austausch. Ich beteilige mich seit zehn Jahren daran. Am letzten Treffen (17./18.4.2015) sprach ich Vania Alleva auf das Buch Heavy Metall von Oliver Fahrni an, der den Weg zum neuen Gesamtarbeitsvertrag der Maschinen- und Metallindustrie nachzeichnet und im zweiten Teil des Buches (in einem langen Interview mit dem Unia-Industrieverantwortlichen Pardini) wichtige Themen wie die Rolle der Organisation als politische Kraft oder die Demokratisierung der Organisation anspricht. Das

Buch wurde von den Arbeitgebenden heftig kritisiert, weil es ein Licht auf ihre Verhandlungsstrategien (»no go«) wirft und dabei aus den Sitzungsprotokollen schöpft. Vania Alleva bezeichnete den Text »einfach als eine Sicht, keine offizielle«, die sie zur Kenntnis nehme. Das sagte sie auch der NZZ (13.6.2015: 13), die ihre »diplomatische Aussage« mit Verweis darauf kommentierte, dass es sich beim Autor von *Heavy Metall* immerhin um den damaligen stellvertretenden Chefredaktor der Gewerkschaftszeitung *Work* handle. Das macht Oliver Fahrni selbst auch auf den ersten Seiten des Buches klar, dass es sich um eine subjektive, inoffizielle, von keinem Unia-Gremium autorisierte Darstellung handelt. Die NZZ widmete Vania Alleva und der Unia fast eine ganze Seite. Sie würdigte die (am 19. Juni 2015 neu gewählte) Unia-Präsidentin recht anerkennend und respektvoll, kritisierte aber die Unia für die härtere Gangart, die sich in den 110 Arbeitskämpfen seit 2004 manifestiere. Ich fragte bei Vania Alleva nach. (20.6.2015)

Was freut Sie am meisten, wenn Sie auf zehn Jahre Unia zurückblicken?

Dass die Unia als interprofessionelle Gewerkschaft eine Erfolgsgeschichte ist. Wir haben uns als mobilisierungsfähige soziale Kraft etabliert. Dabei ist es uns gelungen, uns in den gewerkschaftlichen Hochburgen Bau, Gewerbe und Industrie zu stabilisieren, und wir haben begonnen, die gewerkschaftlichen Wüsten im privaten Dienstleistungsbereich zu begrünen. Die neoliberalen Dogmatiker wollen uns zwar seit vier Jahrzehnten weismachen: Das Leben ist ein Krieg aller gegen alle. Leider glauben heute viel zu viele Menschen an diesen Unsinn. Das Resultat davon ist Einsamkeit, Angst, Depression. Mich freut, dass die Unia zu einem lebendigen Gegenbeweis zu dieser grausamen Ideologie geworden ist: Unzählige Sympathisantinnen und Sympathisanten, Zehntausende von aktiven Mitgliedern, Tausende von engagierten Aktivistinnen und Aktivisten und auch ich selber haben in den letzten zehn Jahren dank der Unia erleben können: Solidarität ist möglich. Solidarität macht stark. In Arbeitskämpfen, bei gemeinsamen Aktionen, in offenen Diskussionen und auch einfach bei unserer täglichen Zusammenarbeit. Dafür bin ich sehr dankbar.

Was sagen Sie zur Kritik, die Gewerkschaften hätten zu wenig gegen die Masseneinwanderungsinitiative getan?

Im Nachhinein ist man zwar immer klüger, aber in diesem Fall mache ich mir denselben Vorwurf. Eine solidarische Migrationspolitik, welche das Denken in ethnischen oder nationalistischen Kategorien überwindet, ist ein zentrales Element unserer gesellschaftlichen Vision. Die Unia selber ist vielleicht die größte und vielfältigste multikulturelle Organisation der Schweiz. Bei uns engagieren sich Einheimische und Zugewanderte aus Dutzenden von Ländern zusammen und überwinden dabei immer wieder Schwierigkeiten und gegenseitige Vorurteile, vor denen auch wir nicht gefeit sind. Auch gegen die Masseneinwanderungsinitiative haben wir uns aktiv engagiert – aber eben, es hat nicht gereicht. Wir müssen jetzt alles daran setzen, dass die Volksverhetzer von der SVP nicht noch tiefere Gräben in unsere Gesellschaft reißen können.

Rechnen Sie damit, dass sich die Arbeitskonflikte in den nächsten Jahren verschärfen? Und wie begründen Sie Ihre Annahme?

Ja, damit rechne ich. Ich sehe vor allem drei Gründe. Erstens wird die Politik wichtiger Arbeitgeberverbände immer mehr durch ideologische Positionen und eine antigewerkschaftliche Herr-im-Haus-Haltung bestimmt. Ein rationaler Dialog um einen Interessenausgleich zwischen Arbeit und Kapital ist so gar nicht mehr möglich. Zweitens nimmt die soziale Ungleichheit in unserem Land zu. Und sie verfestigt sich gleichsam. Das klassische Versprechen auf sozialen Ausgleich und Aufstieg durch Bildung und harte Arbeit hat viel von seiner Glaubwürdigkeit verloren. Damit wird die Frage des kollektiven Widerstands wieder wichtiger. Und drittens zerfallen die traditionellen Bindungen der Arbeitnehmenden an »ihr« Unternehmen zusehends, wenn es keinen Patron mehr gibt, der sich um »seine« Arbeitnehmenden sorgt und sie mit Respekt behandelt, sondern nur noch Manager, die alles der Gewinnmaximierung unterordnen und keinerlei Bezug zur Sozialpartnerschaft haben. Dieses von den Managern vergiftete Klima beeinflusst die Arbeitskonflikte stark.

Welches sind Ihre wichtigsten Ziele für die Unia?

Das wichtigste Ziel für die Unia lautet: die Arbeitnehmenden dazu befähigen, gemeinsam bessere Arbeits- und Lebensbedingungen zu erkämpfen. Darin wollen wir immer besser werden – und das geht nur, wenn wir noch mehr aktive Mitglieder gewinnen, die bereit sind, sich dafür zu engagieren. Die Sozialpartnerschaft ist eines der Mittel, um dieses Ziel zu erreichen. In vielen Fällen ein sehr gutes Mittel übrigens, denn Dialog ist als Methode meistens unschlagbar, wenn es um die Vermittlung divergierender Interessen geht. Damit das funktioniert, müssen sich die Beteiligten aber als gleichwertige und unabhängige Gesprächspartner anerkennen. Gewisse Arbeitgeber brauchen da leider noch Nachhilfeunterricht. Aber davon lassen wir uns nicht entmutigen, den lassen wir ihnen gerne zukommen.

»Ich bin ein antikapitalistischer Unternehmer«

Ivo Muri führt ein Uhrenunternehmen in Sursee und verkörpert den Zwiespalt eines KMU-Unternehmers zwischen wertschöpfendem Unternehmertum und abschöpfendem Kapitalismus. 1998 gewann er den Zentralschweizer Jungunternehmer-Preis. Ivo Muri will eine Wirtschaft, in der alle Menschen ihren existenzsichernden (Arbeits-)Platz haben. »In der Primarklasse machten die einen viele Fehler im Diktat, andere konnten kaum rechnen, aber im Klassenverband waren wir stark.« Der Kapitalismus wolle keine Faulenzer, weigere sich aber, alle Tüchtigen zu beschäftigen. Und dieser Widerspruch liege, nebst dem Geld, vor allem an der Haltung. Das sehe er bei den wirtschaftlichen und politischen Eliten in der Zentralschweiz. Sie würden ihre Pfründe über Beziehungen verteidigen und sich gegenseitig Ämter zuschanzen. Laut Ivo Muri dominiert heute ein Managerkapitalismus, der ehrhaften Unternehmern in den Rücken falle. Von Gottlieb Duttweiler inspiriert, sei er selbst für einen harten, aber fairen und nicht existenzgefährdenden Wettbewerb.

Ivo Muri arbeitete als Geschäftsführer im Kirchturmunternehmen seines Vaters und gründete daraus sein eigenes Unternehmen für Zeitwirtschaft. Als wegweisend für ein unternehmerisches Neu- und Umdenken erwies sich für ihn eine Einladung von Martin Held von der Akademie Tutzing zu einer Tagung über die Bedeutung der Zeit und der Beschleunigung. Muri gründete im Jahr 2002 in Gondo ein Institut für Zeitforschung. Er wollte wissen, was der Unterschied sei zwischen der Zeit und der Uhr und warum Zeit Geld ist. Der respektlose Umgang mit der Zeit ist für ihn die logische Folge einer fehlgeleiteten (Geld-)Wirtschaft, welche durch die enge Liaison zwischen Staat und Finanzwirtschaft der realen Wirtschaft die sinnstiftende Lebensgrundlage entzieht. Die heutige Wirtschaft diene dem internationalen Kapitalismus, der dem Geld huldige und den zentralen Faktor der Erwerbsarbeit unterlaufe.

Dem zunehmenden Zentralismus setzt Muri einen konsequenten Föderalismus entgegen. Und dazu gehöre eine direkte Demokratie, in der das Volk unmittelbar – über Volksabstimmungen – die Gesetze beschließt. Diese Sicht erklärt auch die Nähe von Ivo Muri zu alt Bundes- und Nationalrat Christoph Blocher. Muri ist ebenfalls »absoluter EU-Gegner«. Er ist auch Gründungsmitglied des gewerkschaftlichen Denknetzes und unterstützt aktiv die Vollgeld-Initiative.

»Für die Linken bin ich ein ausbeuterischer Unternehmer, für die Rechten ein Kommunist«, sagt Ivo Muri. »Ich sehe mich allerdings nur als Unternehmer und Demokrat, bin zum Beispiel voll gegen den von rechter Seite betriebenen Privatisierungswahn und für die links-grüne Umweltpolitik.« Muri ist Mitglied der Zentralschweizerischen Handelskammer, beim Gewerbeverband und bei der Schweizerischen Management Gesellschaft, der Ulrich Bremi und die ganze wirtschaftliche Elite angehört. Als Ulrich Bremi 1988 die freisinnige Fraktion im Bundeshaus führte, vertrat er ein Aktienkapital von 2,65 Milliarden Franken. (Cassidy/Loser 2015: 23) Jack Bolly, der damalige Verwaltungsrat von Kuoni-Reisen, lud ihn und mich übrigens zu einem Austausch über ökologische Folgen des Tourismus in eine SAC-Hütte ein. Ein Helikopter hievte uns und ausgewählte Medienschaffende hoch, die dann (mit Ausnahme des *Tages-Anzeigers*) alle positiv über den umweltbewussten Reisekonzern berichteten.

Die Wirtschaftsverbände betrachtet Ivo Muri als »Kapitalistenverbände«, die ethische Fragen scheuten. »Da haben Manager und Funktionäre das Sagen, die knallhart sind, wenn es um persönliche Vorteile geht. Sie schalten bei größeren Offerten den Markt über verdeckte Absprachen aus.« Als ein Ständerat und späterer Bundesrat anlässlich des World Economic Forum (WEF) in Davos in ganzseitigen Inseraten dazu aufrief, mit Militärgewalt gegen Globalisierungsgegner in Davos vorzugehen, rief Ivo Muri in einem offenen Brief dazu auf, den Jugendlichen zuzuhören, statt sie zu kriminalisieren. Darauf drohten ihm bekannte Unternehmer damit, ihn wirtschaftlich zu boykottieren. Das seien gängige Mechanismen, die Zivilcourage zu unterlaufen. Und dagegen wende sich auch Philipp Gut, der stellvertretende Chefredaktor der *Weltwoche*. Daher engagiert ihn Ivo Muri immer wieder, öffentliche Veranstaltungen zu koordinieren und zu moderieren. So etwa am 18. Februar 2014 zum Thema: »Ist Armut

Diebstahl?«Dazu lud dann Philipp Gut mich als Referenten ein. Ich sagte gerne zu. Bei der öffentlichen Ausschreibung fehlte allerdings das Fragezeichen, das bei der Anfrage noch klar im Titel stand. Es hieß dann nur noch:»Armut ist Diebstahl.« So, wie René Zeyer, der ebenfalls am Streitgespräch teilnahm, sein Buch betitelte. Seit dieser Veranstaltung versucht Ivo Muri, in Sursee ein Projekt zu lancieren:»Weshalb gibt es Armut in Sursee?« Es überrascht ihn nicht, dass sich bisher niemand interessierte, sich ernsthaft mit dieser sehr konkreten Frage an einem klar definierten kleinräumigen Ort zu befassen. Die Transparenz, welche durch dieses Projekt entstünde, wäre für alle Surseer entlarvend – es würden Masken fallen.

Vom kurdischen Widerstand zum Dönerkönig

Im Herbstsemester 2014 setzten wir uns im Rahmen einer Vorlesung mit Biografieforschung auseinander. Zahlreiche Studierende belebten die Veranstaltung mit einem Porträt, das sie selbst von einer mehr oder weniger einflussreichen Person anfertigten. Mario Steinberg interviewte Zeynel Demir, den»Dönerkönig« und»Selfmade-Millionär«.

Zeynel Demir engagierte sich früher im kurdischen Widerstand und kam dann in die Schweiz. In wenigen Jahren stieg er hier zu einem der größten Gastronomieunternehmer auf. 1993 gründete er das Unternehmen Royal Döner, das heute mit 39 Millionen Schweizer Franken Jahresumsatz 60 Prozent Marktanteil an der Schweizer Döner-Kebab-Produktion vorweist. (www.royaldoener.ch) 1986 floh Demir, 28-jährig, aus der Türkei. Zuvor erlitt er in einem Gefecht mit der türkischen Armee eine Schussverletzung.

In der Schweiz wartete Zeynel Demir neun Jahre auf eine Aufenthalts- und Arbeitsbewilligung. Darüber verzweifelte er schier. Dies auch deshalb, weil ihm in der Türkei, die ihn immer noch verfolgt, eine langjährige Gefängnisstrafe droht. Demir und seine Frau lebten in dieser Zeit in einer sechzehnköpfigen Wohngemeinschaft. Dabei erwies sich der »kulinarische Kulturspagat« als sehr anregend. Mit Heidi Kaufmann, einer Mitbewohnerin, machte er sich 1993 selbständig und baute ein eigenes Geschäft auf. Heute verarbeitet Royal Döner mit täglich sechzehn Tonnen mehr Fleisch als McDonald's. Angefangen hat es mit kleinen Häppchen, die auf stets größere Nachfrage stießen. Demir hat mittlerweile eine Schweizer Identitätskarte, vergibt zinslose Darlehen zur Existenzsicherung und für neue Betriebsgründungen und engagiert sich in der alevitischen Gemeinde in Winterthur. Da fühle er sich wohler als in Clubs für reiche Leute. Er lebe einfach so weiter wie früher.

Das Geld sei für ihn kein Ziel, sondern ein Mittel, das im Jenseits ohnehin nichts zähle, erzählt Zeynel Demir weiter. Winterthur erlebt er als zweite Heimat. Die Sehnsucht nach der Türkei, in die er nicht zurückkehren darf, bleibt. »Gerne hätte ich an der Beisetzung meiner Eltern teilgenommen. Sie taten einst viel dafür, um mein Studium zu ermöglichen.« Und das versucht er jetzt seinen eigenen Kindern und andern weiterzugeben. Demir will seine Macht sozial einsetzen. Trotz Bilderbuchkarriere wirkt er eher bedrückt und wenig beseelt vom unternehmerischen Geist. Er fühlt sich ohnmächtig mächtig, drinnen und draußen. Georg Simmel beschrieb diese Ambivalenz schon in seinem »Exkurs über den Fremden« (1908); dieser sei »sozusagen der potenziell Wandernde, der, obgleich er nicht weitergezogen ist, die Gelöstheit des Kommens und Gehens nicht ganz überwunden hat«. Demir ist einer der Migrierten, die in der Schweiz wirtschaftlich reüssierten. Dass sich das einfache Wirtschaften so erfolgreich gestalten lässt, fasziniert Studierende wie Mario Steinberg.

Kathrin Pavic, die am Basler Seminar für Soziologie über den Umgang mit Vorurteilen und Diskriminierungen promovierte, kommentierte die Biografie von Zeynel Demir. Sie erscheine zunächst als klassische »Tellerwäscher«-Geschichte. Aber zum Aufstieg hätten, nebst einer widerständigen Motivation, viele Umstände beigetragen, die in anderen Beispielen fehlten. Demir ist sich dieser glücklichen Konstellation bewusst. Wie der motorisch behinderte Kleiderproduzent Ivar Niederberger? Dieser sagte mir zwar (11.2.2014), »auch etwas Glück gehabt« zu haben. Im Fernsehen aber als Aufsteiger (»Multimillionär unter Obdachlosen«) vermarktet, erweckt er immer wieder den Anschein (»Die Rolex und die Harley sind meine Diplome«), als könnten das alle schaffen. Das ist ein wenig zynisch gegenüber all jenen, die viel arbeiten und trotzdem wenig verdienen. Zum Beispiel Rojhat, der in Basel als Verkäufer tätig ist.

»Wenn du dich anpasst, hast du keine Probleme«

»Wenn du dich richtig anpasst, hast du keine Probleme«, sagt Rojhat. Er ist kurdischer Herkunft und in Basel gut integriert. Seine Biografie ist fast eine Erfolgsstory. Rojhat stammt aus einer kurdischen Randregion. In der türkischen Stadt Konya schloss er die Grundschule ab. Dann folgte er, sechzehnjährig, seinem Vater, der schon Jahre zuvor in die Schweiz emigriert war. Seine Mutter und die Geschwister kamen später nach. In Basel absolvierte Rojhat erfolgreich eine Verkaufslehre. Er arbeitet heute als Abteilungsleiter in einem Warenhaus und hat eine fünfköpfige Familie.

Rojhat freute sich auf die Schweiz. Während seiner ersten Jahre in Basel wohnte er mit seinem Vater in einem Zimmer. Rojhat sprach bald fließend Deutsch und trat 1993 eine Lehre als Verkäufer im Detailhandel an. Er musste den Hauptteil seines Lohnes für Kost, Logis und für die Unterstützung der Mutter und der Geschwister abgeben, die erst 1996 in die Schweiz nachreisten. Bevor die Familie in die Schweiz kam, musste Rojhat wegen des niedrigen Lohnes seines Vaters der Fremdenpolizei schriftlich bestätigen, er werde die Familie finanziell unterstützen.

Rojhat ist inzwischen eingebürgert. Als talentierter Basketballer fand er bald Anschluss. Im Jahr 2000 gründete er eine eigene Familie. Sein Monatslohn lag damals bei 3000 Franken. Heute liegt er, für die Abteilungsleitung in einem Warenhaus, über 5000 Franken. Nebenher arbeitet Rojhat noch als Pizzakurier. Die Arbeit besteht aus Gemüserüsten, Essenverpacken und -austragen. Wer einen Unfall baut, beteiligt sich mit einem Selbstbehalt. Und wer falsch parkiert, was in der Eile ab und zu vorkommt, bezahlt die Buße selbst. Das schmälert das Einkommen. Der Stundenlohn lag anfänglich bei sechzehn Franken. Jetzt beträgt er zwanzig Franken. Hinzu kommt noch etwas Trinkgeld. Gülbahar, seine Frau, kümmert sich um die Kinder und den Haushalt. Wenn das jüngste Kind in die Schule kommt, möchte sie, ebenfalls Verkäuferin, wieder Teilzeit in einem Warenhaus arbeiten. Rojhat fühlt sich in der Schweiz »recht wohl«. »Aber das Gefühl, fremd zu sein, das bleibt, auch wenn du schon recht gut dazugehörst«, sagte er mir. Andern gehe es auch so. Ihm hülfen der Sport und die politische Arbeit im kurdischen Verein. Ich kam beim Einkaufen mit Rojhat ins Gespräch. Später lud er mich zur Hochzeit ein. Ab und zu kommt er auch mit einer kurdischen Spezialität ins Seminar für Soziologie.

»Eigentlich hast du es gut, als Coiffeuse«

Crista K. arbeitet seit über vierzig Jahren als Coiffeuse. Sie liebt ihren Beruf, hat ein eigenes Geschäft und ein relativ hohes Einkommen. Ihr Vater war Mechaniker, ihre Mutter Hausfrau und Saaltochter. Crista K. versteht sich als Vertreterin der KMU. Die tüchtige Geschäftsfrau fühlt sich aber durch den Coiffeurmeisterverband kaum vertreten.

Crista K. zog 1969 als Erste der sechs Geschwister zu Hause aus. Sie war achtzehnjährig und schon ein Jahr lang in einer Lehre als Coiffeuse, die sie gegen den Willen ihrer Eltern angetreten hatte. Die Lehre begeisterte Crista vom ersten Tag an. »Wir arbeiteten natürlich wahnsinnig viel. Für ganz wenig Geld im ersten Lehrjahr. Und das ist so eine Ambivalenz. Du wirst ausgebeutet, bist extrem abhängig, auch vom Trinkgeld. Aber eigentlich hast du es gut.« Seit Crista K. ein eigenes Geschäft hat, nimmt sie persönlich kein Trinkgeld mehr an.

Nach der Lehre zog Crista K. ins Tessin, qualifizierte sich weiter, kam in die Stadt zurück, machte die Meisterprüfung und eröffnete ihr eigenes Geschäft, das sie nun schon über dreißig Jahre führt. Sie nimmt bewusst Lehrtöchter auf, »die es eher schwierig haben im Leben«, und sie engagiert sich im Verband dafür, die Arbeitsbedingungen in den Coiffeurgeschäften zu verbessern. Was Crista K. mühsam findet, ist die neue Art, Lehrlinge auszubilden. Da hat sich sehr viel verändert. Vieles ist heute schematisiert. »Sie müssen sich vorstellen, die haben eine Vorschrift, wie man einen Kamm halten muss.« Die Haarschnitte haben Grundschemen, die alle lernen müssen. Eine Grundtechnik, »das ist sicher gut«. Aber viel Kreativität sei weggefallen. Es gebe immer mehr Normiertes. Wobei Haareschneiden einfach lässig sei. Crista K. macht das zurzeit noch halbtags. Sie hat aus gesundheitlichen Gründen ihr Arbeitspensum reduziert. Sie hat Mühe, den Arm zu heben. Das sei eine klassische Berufskrankheit. Eine Art Tennisarm mit Muskelverkürzung und Entzündungen. Crista K. sagt: »Ich bin einfach verbraucht.« Die Belastung des Haareschneidens sei zu groß für den Arm. Andere hätten Rückenprobleme – von der Überbeanspruchung und von der immer gleichen Bewegung. Ja, das sei verbreitet. Und daraus erwachse eine Aufgabe für die Ausbildung der Lehrlinge. Crista K. achtet sehr auf die Haltung und auch auf die Schuhe, die sie tragen. »Da schaute man früher nicht darauf. Da musste man sich immer bücken.« Früher durfte man auch nicht sitzen zum Haareschneiden. Da hat sich vieles positiv verändert.

Crista K. freut sich, dass die Minimallöhne inzwischen angehoben wurden. Allerdings laufen gerade »heiße Veränderungen«. Der Minimallohn für Coiffeusen und Coiffeure liege unter 4000 Franken und entspreche etwa dem, was eine Verkäuferin in einem Warenhaus verdiene. Crista K. bezahlt möglichst viel. »Was ich mir leisten kann, das bezahle ich.« Sobald eine Mitarbeiterin viel umsetzt, erhält sie mehr Lohn. Wenn sie sechs Monate Minus macht, bekommt sie nicht weniger. »Die sollen einfach auch gut verdienen.« Aber das ist nicht üblich. Immer mehr Betriebe machen Umsatzvorgaben. »Die stellen eine Coiffeuse ein und erwarten einen monatlichen Umsatz von beispielsweise 8500 Franken. Wer diesen Umsatz nicht erreicht, wird im Pensum zurückgestuft. So werden die niedrigen Minimallöhne unterlaufen. Und der Coiffeurmeisterverband kümmere sich kaum darum. Er vernachlässige auch die Lehrlinge, die zum Teil aus schwierigen Verhältnissen kämen.

Stolz ist Crista K. darauf, dass mehrere ihrer ehemaligen Lehrlinge heute ein eigenes Geschäft führen. Es gehört zu den Prekaritäten der Branche, dass viele Lehrlinge nicht weiterbeschäftigt werden. Darum gibt es eine Unmenge von Ein-Personen-Betrieben, die ökonomisch kaum über die Runde kommen. Vom Gewerbeverband fühlt sich Crista K. nicht wirklich vertreten. Das gehe andern auch so. In der Schweiz gibt es rund 10 000 Coiffeurgeschäfte mit über 22 000 Angestellten. Der europäische Coiffeurverband attestiert der Schweiz eine gute Aus- und Weiterbildung. Der Beruf ist beliebt. Was fehlt, sind Anschlussmöglichkeiten nach der Lehre. Der Beruf ist auch anspruchsvoller geworden. Die meisten Kundinnen wollen nicht nur ihre Haare waschen, schneiden und föhnen lassen, sondern auch beraten werden. Wer diesen Beruf erlernt, muss über eine gute körperliche Konstitution verfügen. Es ist anstrengend, fast den ganzen Tag zu stehen. Und die Konkurrenz wächst. Immer mehr Geschäfte bieten ihre Dienstleistungen zu tiefen Preisen an.

»Hier im Kiosk bin ich meine eigene Herrin«

In Basel führt der direkte Weg von der Universität zur Martinskirche über den Marktplatz. In der Martinskirche feiert die Universität den Tag der Wissenschaft. Und auf dem Marktplatz stellen schon früh am Morgen Geschäftsleute ihre Stände auf. Bereits um sechs Uhr treffen sich an Werktagen elsässische Marktleute im Café Bachmann. Sie parlieren eifrig miteinander. Ihre Pause ist kurz. Erste Kundinnen und Kunden finden sich schon bald auf dem Markt ein. Sie kaufen Blumen, Früchte, Gemüse. Ich schlendere heute erst gegen zehn Uhr über den Markt und erhalte für einen Franken einen köstlichen Apfel. »Passen Sie auf«, sagt der Händler zu mir, »Sie verlieren einen Knopf an ihrem Mantel.« O je. Wie blöd. Ausgerechnet heute, am Dies academicus. Ich trage einen dunklen Mantel. Das geziemt sich so. Doch jetzt: Was tun? Ich frage im nächsten Kiosk nach Nadel und Faden. Im Sortiment führe sie das nicht, sagt mir die Verkäuferin, behändigt mir die Utensilien aber aus ihrer Handtasche. Also nähe ich den Knopf an. Und komme mit der Frau ins Gespräch. Ja, vor einem Jahr habe sie noch gut verdient. Monatlich über 4000 Franken. Dank einer Bürolehre und einer guten Stelle in der Chemie. Jetzt müsse sie sich etwas einschränken. Nach der Scheidung habe sie auch den Job gewechselt und diesen Kiosk gemietet. Und das sei »wie ein Geschenk«. Jetzt habe sie zu Hause niemand mehr, der sie kontrolliere. Und auch hier im Kiosk sei sie ihre »eigene Herrin«. Sie verdiene allerdings deutlich weniger. Bei den Zeitungen und Zigaretten seien die Gewinnmargen eben gering. Da blieben ihr am Ende des Monats gerade noch 2300 Franken netto. Trotz Öffnungszeiten von morgens sechs Uhr bis abends um halb sieben.

Nach dem Festmahl am Dies academicus ist der Marktplatz fast leer. Die meisten Stände sind schon abgebaut. So wirkt das Rathaus klobiger. Von hier gehe ich nun zum Seminar für Soziologie zurück und begegne am Spalenberg einem bekannten Wirtschaftswissenschaftler. Wir haben zusammen schon öfter über Mindestlöhne debattiert und kommen gleich wieder auf dieses Thema zu sprechen. Ich erzähle ihm von der Kioskverkäuferin. Schon einer seiner vielen Nebenverdienste übersteigt ihr Einkommen bei Weitem. Ja, der Markt spiele halt so, sagt er. »Der Markt zeigt uns, wie viel die Arbeit wert ist. Und das recht objektiv. Darüber darf sich niemand beklagen. Schon gar nicht diese Verkäuferin. Sie hat ja ihren Job selber gewählt.« Wobei gerade in diesem Bereich der vielgepriesene Markt besonders schlecht spielt. Die Lieferanten der Waren bestimmen die Preise oligopolistisch mit. Die Abnehmenden sitzen am kleineren Hebel. Sie werden knappgehalten. Unabhängige Kioske sind in der Minderheit. Sie müssen sich nach der Decke strecken. Ihre Selbstständigkeit ist trügerisch. Die einseitige Abhängigkeit und die niedrigen Margen führen sogar öfter dazu, sich zu verschulden. Dieser Mechanismus spielt im Kleinen wie im Großen.

Nach dem Zweiten Weltkrieg hielten politisch Liberale den Wert der Arbeit hoch. Sie postulierten sogar ein ausgewogenes Verhältnis zum Kapital. Wie die christliche Soziallehre auf der Grundlage der päpstlichen Enzyklika von 1931. Heute ist das anders. Finanzgetriebene Liberale schieben den Markt vor. Seit mehr als zwei Jahrzehnten steigen die höheren verfügbaren Einkommen tendenziell stärker als die tiefen und mittleren. Statt umgekehrt. Ganz nach dem Motto: Wer hat, dem wird gegeben. Dass ein hoch bezahlter Wirtschaftsordinarius oder ein mit Boni überschütteter CEO eines großen Unternehmens das okay findet, erstaunt kaum. Aber wie kommen auch etliche Schreiner- oder Schlossermeister dazu, ähnlich zu denken? Als Patron haben sie die Verantwortung über einen ganzen (Klein-)Betrieb. Sie benötigen Aufträge und Kredite. Die Abhängigkeit von größeren Unternehmen und Banken mag zumindest vordergründig zum Schulterschluss mit wirtschaftlich Mächtigen beitragen. Vielleicht schürt auch eine gewisse Identifikation mit Mächtigen die Illusion, auch zu ihnen zu gehören oder selbst einen weiteren Aufstieg schaffen zu können. Demgegenüber wäre das Eingeständnis, dass etwas nicht stimmt, ein Appell an sich selbst, etwas zu verändern. Und wenn das schwierig erscheint oder bei früheren Versuchen gescheitert ist, dann hilft die Annahme, alles sei okay. Sie entlastet einen von der mühsamen Herausforderung, einen weiteren widerständigen Versuch zu wagen.

»Dass alles so bleibt, wie es ist«

In meiner Kitteltasche steckt immer ein Buch. Jetzt ist es gerade ein »Büchlein«, eine Reportage von Erwin Koch mit dem Titel *Caterina*. Sie erschien kürzlich im Weissgrund-Verlag. Das ist eigentlich kein wirklicher Verlag, sondern ein Zürcher Unternehmen, das Kommunikationsprojekte lanciert. Ein Absolvent unseres Seminars für Soziologie arbeitet dort. Vermutlich erhielt ich *Caterina* deshalb kostenlos zugestellt. Caterina ist gebürtige Italienerin und 44 Jahre jung. Sie lebt seit ihrer Geburt in Uster und arbeitet bei einer Sozialfirma als Reinigungsfachfrau. »Putzen ist eine Kunst, die nicht jeder kann«, sagt sie am Samstag früh auf dem Weg zur Arbeit, der über Dübendorf nach Brüttisellen führt. Caterina musste das zweifache Umsteigen üben. Heute zeigt sie dem Autor der Geschichte, der sie begleitet, wo es langgeht. Der promovierte Jurist Erwin Koch ist ein renommierter Publizist. Caterina nimmt wahr, wie er auf ihrem T-Shirt »putzundglanz« liest. Mit ihm tauchen wir in ihre Gedankenwelt ein. Und über sie erfahren wir, was er alles wissen will, was sie antwortet und sonst noch denkt. Das ist Alltagssoziologie. Hier dokumentiert sich szenisch viel Gesellschaftliches. Anfänglich schämte sich Caterina, in der blauen Arbeitskleidung unterwegs zu sein. Mittlerweile ist sie stolz darauf, eine »Putzfrau« zu sein. So nennt sie sich selbst. Sie kommt seit Jahren immer rechtzeitig zur Arbeit. Das ist ihr wichtig. Wie das Lob fürs gründliche Putzen und der Lohn. Caterina arbeitet 60 Prozent und verdient monatlich 2600 Franken. Sie reinigt mit ihrer Kollegin Sanije zusammen ein halbes Unternehmen. Wenn sie sieht, wie jemand telefoniert, stellt sie den Staubsauger ab. Dann nimmt sie einen Lappen und poliert die Türklinke. Manchmal bekommt sie einen anerkennenden Blick. Aber kaum jemand grüßt sie mit ihrem Namen. Das ist auch an der Uni und im Seminar für Soziologie so. Wer weiß schon, wie das Reinigungspersonal heißt. Und was wünscht sich Caterina von einer guten Fee? »Einen Ferrari«, sagt sie spontan und schmunzelt. »Aber wenn ich ehrlich bin, dann möchte ich zuallererst, dass alles so bleibt, wie es ist.«

»Ein Butler, der auch noch Soziologie studiert«

Martin Rohmeder kommt aus dem Wallis und studiert Soziologie. Nach der Matura besuchte er zuerst die Hotelfachschule, sechs Monate lang in den USA und sechs Monate in Brig. Dann absolvierte er in England eine Ausbildung zum Butler. Sie dauerte, abgesehen vom praktischen Teil, nur sechs Wochen und kostete 15 000 Franken. Die meisten Kollegen arbeiteten schon: in privaten Haushalten, auf Jachten oder sonst wo. Während der exklusiven Butlerausbildung lernte Rohmeder, wie man Könige anspricht und den Good-Morning-Drink serviert. Er musste auch tatsächlich mit einem Champagnerglas auf dem Kopf herumlaufen.

Was er später wirklich brauchen konnte, das war, wie man als Butler die Reisekoffer packt. Das ist eine spezielle Kunst. Man muss immer Seidenpapier zwischen die Kleider legen. Und die Hemden faltet man nur unten, damit es keine Knicke gibt. Mit der Schulklasse besuchten sie auch Villen von Reichen und Mächtigen. Das faszinierte Rohmeder. Auch soziologisch. Mit Blick für feine Unterschiede. »Das ist eine Klassengesellschaft«, sagt er. »Obwohl sie nicht immer Spitzenweine trinkt. Sie hat eine eigene Sprache. Gerade in England. Das ist ein besonderes Vokabular. Auch für die vielen Verhaltenscodes. Diese sind in England strenger als in den USA. In den USA ist alles lockerer. Da ist der Butler ein Buddy.«

Martin Rohmeder half seine eigene Herkunft. »Sonst wäre es schwierig gewesen.« Er hatte schon einen Bezug zum Reiten und Polospielen. Und im Orient-Express »heimelten« ihn die alten Wagen an. Da nahm er in Kauf, kaum drei Stunden schlafen zu können, ohne die Uniform auszuziehen. Allzeit bereit, wenn es läutete. »Du darfst nie *Nein* sagen.« Das gehört sich nicht. Trotz misslichen Arbeitsbedingungen. Gleichwohl schätzte Martin Rohmeder seinen Dienst im Orient-Express. Er war stolz darauf, für achtzehn Gäste oder fast 40 000 Franken verantwortlich zu sein. Ja, eine Übernachtung kostete 2000 Euro: in einer Doppelkabine ohne Klimaanlage und Dusche, aber mit viel Nostalgie und Stil. Martin Rohmeder gab sein Bestes. Das zahlte sich aus. Private Aufträge folgten: mit weniger kolonialen Arbeitsverträgen, die oft *out of territory* sind. Wie beim Orient-Express.

Mit Reisen nach Istanbul, »für die Ölscheichs horrende Summen bezahlen«. Viele Butler sind auch auf Luxusdampfern schlecht gehalten. Das erhöht die Spannungen untereinander. Oft geht es ums Trinkgeld. Bei Engagements in privaten Hauhalten stellen sich andere Probleme. Da musste Martin Rohmeder auch therapeutische Aufgaben für einen Sohn übernehmen. Und dreckige Psychowäsche säubern. »Da musst du gut zu dir selber schauen. Sonst machst du ein Burn-out.«

Um sich von diesen anstrengenden Diensten zu erholen, arbeitete Martin Rohmeder auch drei Jahre bei Easyjet. Jetzt schließt er sein Studium ab. Das eröffnet ihm neue Möglichkeiten. Er will wieder ganz in den Luxus. Immer bereit, das zu tun, was zu tun ist. Am liebsten viersprachig. Da kommen seine Fähigkeiten noch mehr zur Geltung. Er ist gefragt. Auf Jachten verdient er genug, um sich nach einem Trip von sechs Wochen oder drei Monaten gleich viel Ferien erlauben zu können.»Aber während der Arbeit musst du fit und voll präsent sein.« Wer länger als zwei Tage krank ist, muss gehen. Als Intellektueller genießt Rohmeder eine spezielle Anerkennung. Anders als die Butler aus den Philippinen. Sie müssen in den Häfen an Bord bleiben.»Das Schiff ist für sie wie ein Gefängnis. Da leben sie auf engem Raum. Das macht es schwierig, sich zu erholen.« Sich immer wieder zu regenerieren, ist Martin Rohmeder wichtiger, als reich zu werden.

Im Studium lernte er das Einfache und Genügsame schätzen. Dass Mächtige zufriedener als andere seien, versteht er nicht. Sein Eindruck ist ein anderer.»Sie leben im Ghetto. Manchmal ganz gewöhnlich und gelangweilt. Teure Kleider machen nicht glücklich. Aber die Kontraste sind schon spannend. Sie ziehen mich irgendwie an.«

Wie W. M., der Chauffeur einer Limousine. Er bot seine Dienste in Zürich und der Ostschweiz an. Und zeichnete täglich auf, was er erlebte. Neu hat er einen exklusiven Vertrag. Daher bat er mich, die vielen Mails, die er mir aus freien Stücken schickte, wieder zu löschen. Er diene nun nur noch einem einzigen Reichen (28.9.2014) und tue dies»in eigener Regie«. Ohne Gewerbe oder Gewerkschaften. Für diese sei er ohnehin ein zu kleiner Fisch. Bauern würden mit Subventionen überschüttet. Aber er nicht. Ich bin gespannt, wie sich sein neues freies Unternehmertum entwickelt. Was seine Kritik an der Bauernlobby betrifft, unterstützt ihn wenigstens die Ständerätin Anita Fetz. Auf ihrem Wahlplakat heißt es:»Fit für den Hosenlupf mit der Bauernlobby.« In unserem Gespräch (31.8.2015) präzisierte sie: «Mich nerven nicht die Bauern, sondern die Funktionäre, die sich aus dem Steuertopf bedienen.« Gewerbetreibende könnten davon nur träumen.

⊹ Interessen, Lobbying und Verwaltung

Hans Tschäni beschrieb in seinem Buch *Wer regiert die Schweiz?* (1983) die Politik und Verwaltung als verlängerten Arm der Wirtschaft. Alt Bundesrat Moritz Leuenberger hält dieser Praxis das wünschenswerte Primat der Politik entgegen, »und zwar deswegen, weil es demokratisch abgesichert ist im Gegensatz zur Wirtschaft«, sagte er uns. (27.6.2013) Auch die beiden baselstädtischen Regierungsräte Baschi Dürr von der FDP (29.9.2013) und Hans-Peter Wessels von der SP (29.8.2013) gehen vom Primat der Politik aus. Und sie sind sogar davon überzeugt, dass es funktioniert. Der langjährige Kantonsbaumeister Fritz Schumacher akzentuiert das anders. Er erklärte uns (17.3.2014), wie viel Macht sich in der Verwaltung konzentriert. Sie verfügt über viel Wissen und weiß auch, wann sie welches Dossier zur Sprache bringen muss. Auch der ehemalige Basler Polizeikommandant, Markus Mohler, berichtete mir (27.5.2014), wie er sich zuweilen gegenüber der Exekutive durchsetzen konnte. Oft habe nur die Verwaltung den Überblick über all die Sachgeschäfte. Und über die Vernehmlassungen, ergänzte Bundesrat Alain Berset. *(NZZ am Sonntag, 29.6.2014: 8)*

Er bekräftigte diesen Befund in unserem Gespräch mit der SP-Fraktion des Bundesparlaments. (2.12.2014) Allerdings lassen sich Verwaltung und Politik nur unklar voneinander trennen. Sie sind eng miteinander verknüpft. Auch mit der Wirtschaft. Und mit den öffentlich-rechtlichen Betrieben sowieso. Roger de Weck, der Generaldirektor der Schweizerischen Radio- und Fernsehgesellschaft, vertrat indes in unserem Gespräch (19.1.2010) die These, dass die Politik seit der Finanz- und Wirtschaftskrise wieder an Terrain zulegt.

Hans Tschäni beschrieb also, wie erfolgreich die Wirtschaft gegenüber der Politik lobbyierte. Hier interessiert, wie das heute funktioniert.
Die NZZ thematisierte das im April/Mai 2015 mehrmals. So etwa am
Beispiel der Berner FDP-Nationalrätin Christa Markwalder sowie der
Energiepolitik. Christa Markwalder geriet Anfang Mai in die Schlagzeilen, weil sie Vorstöße einreichte, die eine PR-Agentur im Auftrag eines
»undurchsichtigen kasachischen Politikers« erstellte. (NZZ 6.5.2015: 1) Die
sogenannte Kasachstan-Affäre führte zu ausgedehnter Kritik am Einfluss, den Lobbyisten auf das politische System der Schweiz ausüben.
Thomas Minder plant eine Volksinitiative, um künftig »Lobbyisten aus
dem Bundeshaus zu verbannen« (NZZ 13.5.2015: 1). Weiter kritisierte die NZZ
die unscharfen Grenzen zwischen Lobbys und Milizpolitik: »Zumindest
auf Bundesebene sind heute die meisten Milizparlamentarier selbst Lobbyisten – dafür gibt es Pöstchen in Verbänden, Verwaltungs- und Bei-
räten, ein ›Reisli‹ oder andere Annehmlichkeiten. Dass man sich in der
Grauzone der Korruption verlieren kann, liegt auf der Hand.« (NZZ
16.5.2015: 21)

Wer vertritt wen (oder was)?

»Eine Leistungsgesellschaft namens Schweiz« titelte die BaZ. (14.7.2012: 2)
Erik Ebneter versuchte nachzuweisen, dass »die Mehrheit der Entschei-
dungsträger in diesem Land aus Nicht-Akademiker-Familien stammt«.
Konkret: »Vier Personen entstammen der Oberschicht, zehn dem oberen
Mittelstand, 24 dem Mittelstand, zwei dem unteren Mittelstand und fünf
der Arbeiterschicht.« Die BaZ untersuchte »50 Persönlichkeiten der
Schweizer Politik und Wirtschaft – und woher sie stammen«; unter ihnen
Bundesräte, Partei- und Fraktionschefs der Bundesratsparteien, CEOs
der SMI-Firmen, Chefs der bundesnahen Betriebe sowie ausgesuchte
Chefredaktoren. Der Elitenforscher Michael Hartmann (2007) zeigte indes, wie in Europa nebst den wirtschaftlichen Eliten auch die politischen
Eliten überwiegend (und seit dreißig Jahren wieder zunehmend) aus materiell gehobenen Schichten kommen. Hans Kissling (2008) kritisierte
denn auch in unserem Gespräch (8.10.2013), dass in der viel gepriesenen meritokratischen Gesellschaft die Leistung oft weniger zähle als die Herkunft. So würden sich bestehende Machteliten und soziale Ungleichhei-

ten ständig reproduzieren. Das bestätige auch ein Blick auf die Entwicklung der Vermögensverteilung.

Wer im Parlament politisiert, ist finanziell gut gestellt und kommt mit allen Entschädigungen auf ein zusätzliches Einkommen von 134 000 im Nationalrat und bis zu 150 000 Franken im Ständerat. (Faktenblatt »Bezüge der Ratsmitglieder«, www.parlament.ch) Für Einzelne ist das ein Zubrot. Die FDP-Nationalrätin Gabi Huber vertrat zu Beginn der Legislatur 2011–2015 Mandate mit Umsätzen von 825 Millionen Franken. CVP-Nationalrat und Versicherungsbroker Markus Lehmann, Inhaber von LCB Lehmann Consulting, kam auf 437,5 Millionen bis 541 Millionen (www.monetas. ch/htm/708/de/Politikerdaten), Fulvio Pelli, der Anwalt aus Sorengo (TI), auf 488 Millionen Franken (Barmettler 2011) – und das waren keineswegs die Schwergewichte. Huber gehörte dem Verwaltungsrat der Pfandbriefzentrale der schweizerischen Kantonalbanken an. Lehmann wirkte über zehn Jahre im Bankrat der Basler Kantonalbank, Pelli präsidierte die Tessiner Kantonalbank und war im Verwaltungsrat der Mobiliar. Laut Barmettler nahm die Zahl der Firmenvertreterinnen und -vertreter im Parlament in den letzten Jahren ständig ab. Vom Jahr 2002 an seien die im Parlament versammelten VR-Mandate von 652 auf 551 gesunken. Mehrere Prominente, die mit großen Konzernen liiert sind, verließen inzwischen das Parlament. Vreni Spoerry, Georg Stucky und Felix Gutzwiller sowie Christoph Blocher und Peter Spuhler als Besitzer.

»Unternehmer in die Politik«, postuliert die Economiesuisse. (BaZ 22.6.2015: 5) Der Verband der Unternehmen will mit einer Kampagne das Milizparlament stärken. Die Unternehmen sollten sich wieder mehr Gehör verschaffen. Laut Economiesuisse meiden die Unternehmer politische Ämter in Bern. Dem widerspricht Andrea Pilotti. Der Politikwissenschaftler an der Uni Lausanne weist darauf hin, wie sich zumindest die Zahl der eindeutigen KMU- und Gewerbe-Vertretungen in den letzten dreißig Jahren von 16 auf 36 Sitze mehr als verdoppelte.

Tschäni beschrieb, wie die großen Konzerne direkt vertreten waren. Viele scheinen inzwischen das Parlament als relativ bedeutungslos zu betrachten. Darauf reagiert die Economiesuisse. Obwohl die wirtschaftlichen Interessen im Parlament nach wie vor übermäßig vertreten sind. Das zeigt sich bei Fragen der Bankenregulierung, der Verwässerung des

Ausstiegs aus der Kernenergie oder Reformen der Unternehmenssteuern, bei denen der Treuhandverband forsch interveniert. Neu stehen weitere Angriffe auf die soziale Sicherung und das Lohngefüge an. Dies im Kontext der wirtschaftlichen EU-Integration. Da könnte eine unmittelbare Vertretung schon helfen, den Einfluss der Wirtschaft zu stärken und bestehende Ausgleichsmechanismen zurückzudrängen. Zudem reagiert die Forderung nach mehr wirtschaftlicher Präsenz im Parlament und »Volksnähe« auch auf die symbolisch überhöhte Minder-Abstimmung. Hinzu kommen der Zusammenschluss von SMUV, GBI und weiteren Gewerkschaften zur Unia sowie Umverteilungsaktivitäten zivilgesellschaftlicher und christlicher Kreise. Sie reichen weit ins bürgerliche Milieu hinein. Da sehen sich Teile des Kapitals schon genötigt, auf die neue Kapitalismuskritik zu reagieren.

Wie der ehemalige St. Galler CVP-Ständerat Eugen David in der *Aargauer Zeitung* beschreibt (Fischer, 3.2.2011), ist die politische Kontaktarbeit für Unternehmen sehr wichtig. Nebst den Lobbyisten, die sich im Bundeshaus tummeln, würden »Parlamentarier direkt von Public-Affairs-Abteilungen angestellt«. Das sei problematisch, sobald der Job als Parlamentarier mehr als Delegierter des Arbeitgebers denn als Volksvertreter gesehen werde. David war selbst fünfzehn Jahre lang Verwaltungsratspräsident der Krankenkasse Helsana. Fischer (2011) listete die Interessenbindungen der Parlamentarierinnen und Parlamentarier auf. Unser Mitarbeiter Hugo Hanbury hat die Angaben ergänzt. Wir greifen einzelne exemplarisch auf. Sie beziehen sich auf die Legislatur 2011–2015.

Christa Markwalder: Die Berner FDP-Nationalrätin ist Head of Governmental and Industrial Affairs beim Versicherungs- und Finanzdienstleistungsunternehmen Zurich. Sie hat Interessenbindungen unter anderem zum Ausschuss Campaigning des Schweizerischen Versicherungsverbandes (SVV) und zur Bitmedia (Schweiz) AG. Edith Graf-Litscher: Nach dem Tod des Solothurner SP-Ständerats Ernst Leuenberger hat die Thurgauer SP-Nationalrätin dessen Stelle als Gewerkschaftssekretärin bei der Gewerkschaft des Verkehrspersonals (SEV) übernommen – womit der Verband weiter im Parlament vertreten ist. Außerdem hat sie Interessenbindungen zu Glasfasernetz Schweiz, zur Symova Sammelstiftung BVG, zu Swiss Cyber Experts und zu Asut, dem Schweizerischen

Verband der Telekommunikation. Peter Bieri: Der Zuger CVP-Ständerat amtet als Präsident von Litra, dem Informationsdienst für den öffentlichen Verkehr. Er hat Interessenbindungen unter anderem zur Viasuisse AG, zur Systransis AG, zur Interessengemeinschaft Glasfasernetz Schweiz und zum Sachplan geologische Tiefenlager (Uvek). Alex Kuprecht: Der Schwyzer SVP-Ständerat und frühere Generalagent ist jetzt Relation Manager bei der Basler Versicherung. Seine Interessenbindungen liegen unter anderem bei der Lakers Sport AG und der Pulita Putzteam GmbH. Martin Landolt: Der BDP-Präsident und Nationalrat aus Glarus engagierte sich bis 2013 als Direktionsmitglied für die UBS. Werner Luginbühl: Der BDP-Ständerat aus Bern ist Leiter Public Affairs bei der Mobiliar; außerdem bestehen bei ihm Interessenbindungen mit dem Ausschuss Campaigning des Schweizerischen Versicherungsverbandes (SVV), dem Wirtschaftsverband Swisscleantech (Politischer Beirat), dem Club Politique de Berne, dem Handels- und Industrieverein (HIV) des Kantons Bern, dem Verband der Arbeitgeber Region Bern (VAB), der Volkswirtschaftlichen Gesellschaft (VWG) und dem Stiftungsforum Schweiz. Gabi Huber: Die Urner FDP-Nationalrätin ist Rechtsanwältin, Notarin und Mediatorin des Schweizerischen Anwaltsverbands. Sie hat unter anderem Interessenbindungen zur Wirtschaftsprüfungsgesellschaft PricewaterhouseCoopers AG, zur Großbank UBS Switzerland AG, zur Mobiliar und zur Stiftung Ombudsman der Privatversicherung und der Suva. Thomas Matter: Der SVP-Nationalrat und Unternehmer, Banker und Mitinitiant des Clubs am Rennweg, hat unter anderem Interessenbindungen zu den Beteiligungsgesellschaften beziehungsweise Holdings Gaydoul Group und Matter Group, zur MG Real Estate, die in Immobilien investiert, und zu den Interessengemeinschaften IG Schweizer Unternehmer gegen wirtschaftsfeindliche Initiativen und IG JA zum Schutz der Privatsphäre, die sich gegen die Aufhebung des Bankkundengeheimnisses wehrt. Martin Schmid: Der FDP-Ständerat aus Graubünden ist Rechtsanwalt und unterhält Interessenbindungen unter anderem zum Institut für Finanzwirtschaft und Finanzrecht (IFF) der Universität St. Gallen, zu Swissgas (Schweizerische Aktiengesellschaft für Erdgas), zu Economiesuisse, zur UBS Clean Energy Infrastructure Switzerland AG; er ist Mitinhaber der Kanzlei Kunz Schmid Rechtsanwälte und Notare AG in Chur. So weit einzelne Hinweise, die sich weiter ergänzen ließen.

»Die Unabhängigen sind mittlerweile sehr dünn gesät in diesem Parlament«, kritisierte der (2014 verstorbene) Glarner SVP-Ständerat This Jenny. (*Aargauer Zeitung* 3.2.2011) Es sei stoßend und unsensibel, solche »durchsichtigen« Mandate und Stellen anzunehmen. Aber leider könnten viele offenbar den Verlockungen des schnellen Geldes nicht widerstehen: »Keiner von denen soll mir erzählen, er vertrete noch die eigene Meinung.« Wie im Bericht kommentiert, wird unter diesen Voraussetzungen für den Vorteil des Unternehmens und nicht fürs Volkswohl politisiert. »Es ist verwerflich und demokratieschädigend, solche Jobs anzunehmen, vor allem, wenn man bereits gewählt ist«, erklärt der Schwyzer SP-Nationalrat Andy Tschümperlin. Von seinem zurückgetretenen Luzerner Rats- und Parteikollegen Hans Widmer übernahm Tschümperlin einen Vorstoß, der zur Lösung des Problems ein Berufsparlament fordert.

Laut Florian Frey (srf.tv 21.6.2011) sitzen die National- und Ständeräte in insgesamt über 2000 Verwaltungsräten, Stiftungen und anderen Gremien. Deshalb fragt er sich: »Politisieren die Parlamentarier nun im Wählerinteresse oder im Sinne der Branchen?« Verflechtungen zwischen Interessenvertretungen und politischen Geschäften existieren in fast allen Bereichen: von der Energie- und Finanzpolitik bis zu Umweltfragen. Ausgeprägt sind die Interessenbindungen in der Gesundheitspolitik. Und da fragt er sich: »Können sich Parlamentarier beispielsweise ernsthaft für tiefere Krankenkassenprämien einsetzen, wenn sie gleichzeitig im Verwaltungsrat einer großen Krankenkasse sitzen?« Nach Frey pflegten (Juni 2011) in der nationalrätlichen Kommission für soziale Sicherheit und Gesundheit 11 der 26 Mitglieder aktive Verbindungen zu Ärzteschaften, Krankenkassen, Interessengemeinschaften oder Stiftungen im Gesundheitswesen. In der gleichen Kommission des Ständerats fand man sogar bei 9 von 13 Mitgliedern entsprechende Interessenbindungen. Hinzu kommen dann direkte Eingriffe der Versicherer und vorformulierte Vorstöße von Economiesuisse.

Hier, wiederum aus der alten Legislatur (von 2011), eine von Hugo Hanbury (Stand 2015) ergänzte Zusammenstellung der Mitglieder der Kommission für soziale Sicherheit und Gesundheit mit einer oder mehreren in diesem Kontext nennenswerten Interessenverbindungen. Nationalrat Jürg Stahl (SVP ZH): Groupe Mutuel; Nationalrat Ignazio Cassis (FDP TI): ehemals FMH, Public Health; Ständerat Felix Gutzwiller (FDP ZH): Sanitas, ehemals Mediclinic Hirslanden-Gruppe; Nationalrätin Silvia Schenker (SP BS): ehemals Schweizerische Gesundheitsligen-Konferenz; Nationalrat Roland Borer (SVP SO): Groupe Mutuel; Nationalrätin Ruth Humbel Näf (CVP AG): Santésuisse. (Frey 2011)

In der Zwischenzeit hat sich einiges geändert. Viele Verbindungen zwischen den Mitgliedern der Kommission und Gruppierungen aus dem Gesundheitswesen existieren nicht mehr, so etwa die von Ignazio Cassis mit der FMH und mit Public Health, von Felix Gutzwiller mit Mediclinic und der Hirslanden-Gruppe und von Silvia Schenker mit der Schweizerischen Gesundheitsligen-Konferenz. Viele Interessenverbindungen sind hingegen dazugekommen: Nationalrat Jürg Stahl (SVP ZH): Arbeitsgruppe Gesundheitswesen – Vereinigung Pharmafirmen in der Schweiz (Vips); Nationalrat Ignazio Cassis (FDP TI): IG biomedizinische Forschung und Innovation, Swiss Health Forum, Cades, Equam Stiftung, Fairmed, Radix, Curafutura, Curaviva, Forum Managed Care (FMC), Comitato per una Svizzera senza morbillo; Ständerat Felix Gutzwiller (FDP ZH): Axa Versicherungen AG, Swiss Re, Empiris, Sanitas Krankenversicherung, Symphasis, Krebsliga des Kantons Zürich, Arbeitsgruppe Gesundheitswesen – Vereinigung Pharmafirmen in der Schweiz (Vips), Schweizerisches Tropen- und Public-Health-Institut; Nationalrätin Silvia Schenker (SP BS): Universitätsspital Basel, Stiftung für das Oekumenische Zentrum der Psychiatrischen Universitätsklinik Basel, Iamaneh Schweiz; Nationalrätin Ruth Humbel Näf (CVP AG): Concordia Schweizerische Kranken- und Unfallversicherung AG, Klinik Villa im Park, RehaClinic AG, IG biomedizinische Forschung und Innovation, Schweizerische Stiftung für Klinische Krebsforschung, Stiftung Alterszentrum Lindenhof, Stiftung Schweizerische Akademie für Chiropraktik, Stiftung Vita Parcours, Theraplus, Stiftung für Therapiebegleitung, Schweizerische Diabetes-Gesellschaft (SDG), IG Seltene Krankheiten.

Andere Kommissionsmitglieder mit nennenswerten Interessenbindungen im Gesundheitsbereich sind: Nationalrat Lorenz Hess (BDP BE): Visana Services AG, IG biomedizinische Forschung und Innovation (eine

Auftraggeberin von Interpharma), Spitex Verband Schweiz, Medizinische Fakultät der Universität Bern; Nationalrat Bruno Pezzatti (FDP ZG): IG biomedizinische Forschung und Innovation, Gen Suisse – Schweizerische Stiftung für eine verantwortungsvolle Gentechnik, Connecta – Integration geistig Behinderter im Arbeitsmarkt, Groupe Mutuel; Ständerat Roland Eberle (SVP TG): Groupe Mutuel, Spital Thurgau AG, IG biomedizinische Forschung und Innovation. Manche Kommissionsmitglieder von 2011 sind nicht mehr in der Kommission: Hans Altherr, Bruno Frick, Eugen David, Claude Ruey und Philipp Stähelin.

Schaut man die Kommission als Ganzes an, so wird ersichtlich, dass heute 24 ihrer 25 Mitglieder aus dem Nationalrat und 12 von 13 ihrer Mitglieder aus dem Ständerat Interessenbindungen zu Ärzteschaften, Krankenkassen, Interessengemeinschaften oder Stiftungen im Gesundheitswesen haben – eine deutliche Zunahme seit 2011. Auffällig ist, dass die Krankenkasse Groupe Mutuel Interessenbindungen zu 6 der 38 Kommissionsmitglieder hat. Andere Krankenversicherungen, die eine Verbindung zur Kommission haben, sind Visana, die CSS und die Basler Versicherungen. Eine weitere auffällige Interessenbindung ist die zur IG biomedizinische Forschung und Innovation, eine Auftraggeberin von Interpharma. 9 der 25 Nationalratsmitglieder und eines der 13 Ständeratsmitglieder der Kommission beziehungsweise 10 der 38 Kommissionsmitglieder besitzen eine Interessenbindung mit dieser Interessengemeinschaft. Zudem fällt auf, dass die Hälfte der 10 Kommissionsmitglieder mit einer Interessenbindung zu dieser Interessengemeinschaft auch eine Interessenbindung mit einer Krankenkasse haben haben. (www.parlament. ch/d; http://lobbywatch.ch/de/daten/organisation)

Die Mandate der Politikerinnen und Politiker beeinflussen die parlamentarische Arbeit direkt. Davon ist die ehemalige Nationalrätin Katharina Prelicz-Huber (Grüne) überzeugt. (5.3.2013) Ein Beispiel sind die Medikamentenpreise. Zunächst schien es möglich, die Preise zu senken. Dann kippte das Geschäft. Dank bienenfleißigen Krankenkassen. Und der Pharmaindustrie. Das kritisiert auch die Zürcher SP-Regierungsrätin Jacqueline Fehr. (1.5.2015) Hinter dem Willen der Wählerinnen und Wähler verbergen sich oft finanzstarke Interessen. Für Transparency International Schweiz (TI) ist das Vertreten von Interessen in einer Demokratie durchaus zulässig, sofern es transparent geschieht. (Frey 2011) Aber wie kann sich ein Parlament für strengere Regeln für den Finanzmarkt aussprechen, wenn dessen Mitglieder so zahlreich und so eng mit Finanzinstituten liiert sind?

Wirtschaft und Politik

Einschätzungen dazu, wie wirksam wirtschaftliche Interessengruppen die Politik beeinflussen, wollten wir auch von aktuellen und ehemaligen Mitgliedern der Bundesversammlung erfahren.

Nach einer gemeinsamen Debatte über »Feindbild Großverdiener – Ausdruck einer Neidkultur?« (BaZ-Standpunkte 17.2.2013) chauffierte mich Nationalrat Ruedi Noser noch zum Bahnhof. Er berichtete, wie er, aus einfachen Verhältnissen im Glarnerland stammend, als Legastheniker nach der Mechanikerlehre die Berufsmatur schaffte, Elektrotechnik studierte und ein eigenes Unternehmen gründete. Mittlerweile zählt die Noser Group 550 Mitarbeitende. Der Umsatz liegt bei über achtzig Millionen Franken. Und der Haupteigentümer begnügt sich mittlerweile mit einem Sitz im Verwaltungsrat. Nach zwölf Jahren im Nationalrat will sich Ruedi Noser (FDP) noch mehr auf die Politik konzentrieren: als Ständerat und allenfalls auch als Bundesrat, der derzeit »nur aus Technokraten« bestehe und »wieder profilierte, starke Persönlichkeiten« (NZZ am Sonntag 12.4.2015) benötige. Noser galt bislang als einer der größten Unternehmer im Bundesparlament. Ob er sein Gewicht erhöht, wenn er noch mehr auf die Politik setzt? Er versucht es jedenfalls und deutet damit an, wie bedeutend die aktive Politik und Netzwerke auch für renommierte Wirtschaftsleute sind. Ruedi Noser leitete die nationalrätliche Wirtschaftskommission und präsidiert den IT-Branchenverband. Er sitzt im Vorstand des Wirtschaftsdachverbands Economiesuisse und ist Mitglied im noblen Zürcher Club Baur au Lac sowie bei der Bewegung succèSuisse, die sich für die Verteidigung und Stärkung des Erfolgsmodells Schweiz einsetzt. (A.a.O.) Als Bub engagierte er sich (mit dem Übernamen »Geier«) bei den Pfadfindern.

Am 22. Mai 2015 diskutierten wir zusammen darüber, was der ehemalige Zürcher Verwaltungsbeamte Hans Kissling initiierte, nämlich die Einführung einer nationalen Erbschaftssteuer. Noser hielt, zusammen mit Bundesrätin Eveline Widmer-Schlumpf, gegen diesen Vorschlag des früheren Leiters des kantonalen Statistischen Amtes. Er stützte sich dabei auf Unterlagen des Bundesamtes für Statistik und veranschaulichte damit, wie auch die Verwaltung kein monolithischer Block ist. Ruedi Noser argumentierte dezidiert aus Sicht der Wirtschaft. Er rekurrierte immer wieder auf die Erfahrungen der eigenen Firma. Er vertritt die Wirtschaft ebenso wie die Politik.

Kontakte mit Interessengruppen

Martina Staub sprach im Rahmen unserer Vorlesung »Macht und Herrschaft« (HS 2012, Universität Zürich) mit dem damaligen Nationalrat Christoph Mörgeli (SVP) über Interessenbindungen. Christoph Mörgeli, 1960 geboren, ist seit 1976 politisch bei der SVP engagiert, saß von 1999 bis 2015 im Nationalrat und ist seit 2003 Programmchef der SVP Schweiz. Seit 2004 ist er auch im Vorstand der Aktion für eine unabhängige und neutrale Schweiz (AUNS) aktiv. Leitend sei für ihn zunächst das Parteiprogramm, antwortete er. Und zwar ohne Stimmzwang. Das sei auch durch die Bundesverfassung verboten. Bei anderen Parteien sei der Einfluss der Partei auf die einzelnen Politiker viel größer. Er selbst sei im Allgemeinen lobbyresistent. Er habe jedenfalls nicht sehr viele Kontakte mit Interessengruppen. Bestimmte Politiker würden direkt von Banken oder Versicherungen entlohnt. Wie das früher bei Christa Markwalder (Zürich Versicherung) oder bei Martin Landolt (UBS) der Fall war.

Während einer Session nähmen viele Lobbyisten in der Wandelhalle des Bundeshauses jede Gelegenheit wahr, Politiker anzusprechen. Und das ließen sich Einzelne gerne gefallen.

Ja, es gebe schon gewisse Personen, die recht anfällig und finanziell von ihrem Mandat abhängig seien. Ebenso von Medienberichten. Aber Journalisten sollten nicht politisieren. Sie sollten beschreiben, was ist, ohne Wertungen vorzunehmen. Christoph Mörgeli schreibt wöchentlich eine Kolumne in der *Weltwoche.*

Maja Ingold kam 1948 zur Welt, wuchs in Winterthur auf, war lange als Mutter und Lehrerin tätig. Von 1997 bis 2002 politisierte sie im Großen Gemeinderat Winterthur, von 2002 bis 2010 präsidierte sie als Stadträtin in der Exekutive das Sozialdepartement. Seit 2010 ist sie Nationalrätin der

EVP. Am 16. Oktober 2012 diskutierten wir im Rahmen einer Vorlesung mit ihr über ihre Erfahrungen mit Lobbygruppen. Sie bestätigte weitgehend, was Victor Parma und Oswald Sigg (2011: 103) zum Beispiel über die Gruppe Handel und Industrie schrieben. Die Mehrheit der Mitglieder des Parlaments gehören ihr an. Der Unternehmer und ehemalige SVP-Nationalrat Peter Spuhler präsidierte sie lange. Die Gruppe fehle im Register der Parlamentsdienste. Sie umgehe die gesetzliche Meldepflicht des Parlaments. Jedes Jahr finde ein ausgiebiges Treffen mit dem Wirtschaftsverband Economiesuisse statt, der dazu einlädt und das Essen bezahlt. Der Verband stelle auch allen Mitgliedern der Gruppe zehn Tage vor der Session zu jedem Geschäft ausführliche Unterlagen zur Verfügung, die sehr informativ seien, aber wie Instruktionen daherkämen. Jedenfalls achte der Verband sehr darauf, wer dann wie abstimme. Das sei irgendwie befremdlich und doch wirksam, stellte Maja Ingold fest.

Ein »echter Arbeiter«

Viele Mitglieder der Bundesversammlung haben direkte Interessenbindungen. Sie sind auch offen für Anliegen diverser Lobbys. Das gehört zum Geschäft. Wie das Geld, das mit im »Spiel« ist. Die Transparenz ist ungenügend. Und nicht nur das: Einmal politisierte im Nationalrat auch ein echter Arbeiter mit. Paul Wagner aus Zunzgen. Ein »rechter Sozialdemokrat«, hieß es. Er stimmte ab und zu mit den Bürgerlichen und werkte in der Basler Eisenmöbelfabrik in Zunzgen. »Zuerst muss die ›Stängelibiegi‹ ja das Geld verdienen, bevor sie dir einen Lohn bezahlen kann«, sagte er mir, als ich ihm als Bub während der Schulferien an der Werkbank behilflich sein durfte. Er war ein liebenswürdiger Mensch. Er wollte auch im Parlament nicht nur die Arbeiter, sondern das ganze Volk vertreten.

Das beanspruchte übrigens auch der langjährige Nationalrat Christian Miesch für sich. Mit ihm pflückte ich früher ab und zu Kirschen. Er kommt, wie ich, aus einfachen Verhältnissen. So erlebe ich ihn auch als »Giel«: einfach und bescheiden. Umso mehr staunte ich später, als er zunächst für die FDP und dann für die SVP politisierte. In einem Polit-Ranking (vom 9.9.2015: 2) rangierte Miesch mit plus 9,5 sogar klar an oberster Stelle. Die BaZ teilte regionale Politikerinnen und Politiker in ein Links-

Rechts-Schema ein. Es führte von minus zehn (ganz links) zu plus zehn (ganz rechts).

Als »Berufs-Exoten« bezeichnete *20Minuten* (20.2.2015: 8) die wenigen Parlamentsmitglieder der Frühjahrssession 2015 mit atypischen Berufen. Darunter Alois Gmür (CVP, SZ), ein Bierbrauer. 68,4 Prozent der Mitglieder des Bundesparlaments haben eine akademische Ausbildung. Von ihnen studierten 66 Prozent Rechtswissenschaften. Nach den Anwältinnen und Anwälten (49 Personen) sind die Unternehmerinnen und Unternehmer (43) die zweithäufigste Berufsgattung. Stolz wies indes Corrado Pardini bei unserem gemeinsamen Engagement am Bieler Unia-Kongress (24.4.2015) darauf hin, ein gelernter Maschinenschlosser zu sein. Er kam als Arbeiter zur Gewerkschaft. Und er hat auch diverse Mandate, worauf Bürgerliche gerne hinweisen, allerdings nur funktionsgebundene. Offenbar wäre es nötig, die Interessenbindungen weiter zu differenzieren. Biografisch und politisch interessant ist, dass auch FDP-Präsident Müller ein gelernter Handwerker (Gipser) ist, wie er mir gegenüber im Gespräch betonte. (11.2.2014)

»Die Verwaltung ist besser geworden«

Von der hohen Wertschätzung der Bundesverwaltung zeugen die Löhne. Roger de Weck (Generaldirektor SRG) verdiente im Jahr 2014 offiziell 560 411 Franken. (NZZ, 2.7.2015: 11) Mehr erhielten Andreas Meyer (CEO SBB), nämlich 1,072 Millionen Franken, Urs Breitmeier (Geschäftsführer des Rüstungskonzerns Ruag) verdiente 874 400 Franken, Susanne Ruoff (Konzernleiterin der Post) 824 585 Franken und Ulrich Fricker (Geschäftsleiter der Suva) 631 544 Franken. Sie alle vermochten sich gegenüber dem Vorjahr deutlich zu steigern.

Wie bedeutend die Verwaltung ist, führte uns alt Nationalrat Andreas Herczog (SP, ehemals POCH) am Beispiel der vielversprechend eingeleiteten, aber inzwischen stockenden Energiewende aus, die ohne entscheidende Impulse aus der Verwaltung kaum initiiert worden wäre. Die Verwaltung ist nach seiner Einschätzung ein wichtiges Korrektiv gegenüber der Politik. In ihr steckt Substanz und Kontinuität. Das sei gerade in einer Zeit wichtig, in der sich in der Politik eine neoliberale Beliebigkeit verbreite, die eher haltlose Charaktere nach oben schwemme. Andreas Herczog wechselte einst von den Progressiven Organisationen der Schweiz (POCH) zur Sozialdemokratie, für die er lange im Nationalrat saß. Als Jugendlicher politisierte er im Baselbieter Jugendparlament. Heute arbeitet er wieder als Architekt. Wir stellten ihm ein paar Fragen zur Macht der Verwaltung und dazu, wer welche Interessenvertretungen wie wirksam vertritt.

Hans Tschäni beschreibt in seinem Buch Wer regiert die Schweiz?, *wie die Wirtschaft die Politik instrumentalisiert. Haben Sie das auch so erlebt?*

Ich bin der Ansicht, dass man als Nationalrat viel Spielraum hat. Wenn man das Glück hat, mit guten Leuten zusammenzuarbeiten, kann man viel erreichen. Man muss einfach die Spielregeln in Bern kennen und beherrschen. Was wir in Bundesbern erreichten, ist zum Beispiel die Förderung und Finanzierung des öffentlichen Verkehrs und die leistungsabhängige Schwerverkehrsabgabe. Und das geschah, indem man Interessen so organisierte, dass man Mehrheiten für gute und plausible Projekte hinkriegte.

Auch regional?

Ja, mit Blick für das Wesentliche. Aber das fehlt heute einigen Politikern. Zum Beispiel in Zürich. Da werden Dinge wichtig, die gar nicht so wichtig sind, wie etwa spezielle Kunst im öffentlichen Raum oder ein Hafenkran an der Limmat. Es ist nicht so, dass nur das Geld regiert. Wir haben nun seit zwanzig Jahren eine links-grüne Regierung, die es irgendwie nicht schafft, für günstigeren Wohnraum zu sorgen. Wenn du in der Exekutive bist, sollte es nicht allzu problematisch sein, solche Anliegen durchzusetzen oder zumindest durchsetzen zu wollen. Das sind politische Fehler, die haben nichts mit dem Diktat des Kapitalismus zu tun.

Wechseln wir von Zürich auf die nationale Ebene. Laut Roger de Weck herrschte von 1989 bis 2009 ein recht schrankenloser Kapitalismus vor. Aber jetzt komme das politische Korrektiv nach der Finanzkrise wieder mehr zum Tragen. Sehen Sie das auch so?

Wie werden heutige Politikerinnen oder Politiker sozialisiert? Wenn ich an meine Zeit zurückdenke: Wir hatten in Zürich einen Freisinn mit Rüegg, Bremi, Spoerry. Die waren alle führende Wirtschaftsvertreter, aber die hatten einen Konnex zur Schweiz, zur Politik. Franz Steinegger etwa, der ehemalige Präsident der FDP, ist ein typischer Fall, mit ihm konnte man etwas abmachen und diskutieren: Wie sieht es aus in deiner Fraktion, bringst du das durch? Oder auch mit der CVP, damals noch mit Pascal Couchepin. Das ist heute viel weniger möglich, etwa mit dem aktuellen Chef der CVP kann man praktisch keine Abmachungen treffen. Dadurch hat sich der Einfluss der Wirtschaft fast noch vergrößert. Und zwar entgegen der Annahme von de Weck.

Der Neoliberalismus führte dazu, dass viele nur noch individualistisch funktionieren; jeder und jede schaut lediglich für sich, die Gesellschaft spielt keine Rolle. Das führt dazu, dass man keinen Respekt mehr hat vor öffentlichen Einrichtungen, vor dem öffentlichen Raum. Frühere Großbank-Verwaltungsratspräsidenten und CEOs kassierten auch ab. Allerdings in deutlich geringerem Ausmaß. Sie hatten aber gleichzeitig einen Bezug zur Schweizer Politik. Die heutigen Chefs, die den Marsch der Wirtschaft bestimmen, haben mit der Schweizer Politik hingegen gar nichts zu tun. Und die Politiker, die angeblich die Wirtschaft vertreten, kennen die Wirtschaft nicht.

Die aktuellen Parlamentarierinnen und Parlamentarier des Zürcher Freisinns sind keine typischen Wirtschaftsvertreter. Das wäre früher undenkbar gewesen. So entfernen sich Wirtschaft und Politik voneinander. Zudem globalisiert sich die Wirtschaft. Und die Politik hält nicht mit. Diese kantonalisiert oder regionalisiert sich eher. Damit wird die Entfremdung noch größer.

Was mich in Bern am meisten erschreckt: Jeder agiert vorwiegend regionalistisch, auch der Nationalrat. Verkehrspolitische Fragen werden regionalistisch betrachtet. Ein Lega-Vertreter schlug etwa einmal vor, das Tessin, analog zum Samnaun in der nordöstlichsten Ecke Graubündens, als zollfreies Gebiet zu behandeln. Größere Projekte wie Neat oder FinöV [Bau und Finanzierung von Infrastrukturvorhaben des öffentlichen Verkehrs] hätten es heute schwieriger, verwirklicht zu werden. Die politische Durchsetzungskraft fehlt.

Um den Filz aufzuzeigen, muss ich über Blocher sprechen. Ich kenne ihn seit über dreißig Jahren, er machte ein Zweitstudium an der Uni und stieg dann bei der Ems-Chemie ein. Sein Thema in Zürich war immer, dass er ein Außenseiter war. Er war dann aber der Einzige, der es sich finanziell leisten konnte, gegen den herrschenden (freisinnigen) Filz anzutreten. Bei der EWR-Abstimmung war er noch im Verwaltungsrat der damaligen SBG (heute UBS). Nach dem Nein zum EWR dann nicht mehr.

Ja, da wäre es spannend, weiter darüber zu sinnieren, wie Blocher seinen Machtkampf in der UBS verlor oder Grübel seine Nähe zur SVP deutlich macht. Aber wie kommt Doris Leuthard denn dazu, eine Energiewende zu signalisieren, wenn sie doch selber mit den Betreibern von Atomkraftwerken so verbunden ist?

Sie hat einfach gute Leute im Departement. Und sie hat auch ihre Position geändert. Moritz Leuenberger hat zusammen mit seinem Generalsekretär Hans Werder enorm gute Leute in das mittlere und obere Kader gebracht, die kritische Positionen vertreten. Sie lassen die Forschungen in die Entscheidungsfindung einfließen. Das gibt der Verwaltung viel Gewicht.

Und wie wichtig sind die Denkfabrik Avenir Suisse und der Wirtschaftsverband Economiesuisse?

Ich war mal an einer Tagung von Avenir Suisse und Economiesuisse zum Thema Regulierung. Die Tagungsverantwortlichen hatten wenig Ahnung von den gesetzlichen Grundlagen, die damals schon existierten. Ich fand das unglaublich, aber typisch. Ich halte den Einfluss von Avenir Suisse und Economiesuisse für wenig relevant.

Unsere Demokratie lässt sich demnach nicht beeinflussen von diesen Kräften?

Doch, indirekt schon.

Es gibt auch Banken, die Pharmaindustrie und Krankenkassen…

Genau. Bei der damaligen Swissair merkte man, dass gewisse Leute nur noch in die eigenen Taschen wirtschafteten. Das ist auch bei den Banken ein Thema, die gewiss einen starken indirekten Einfluss ausüben. Dass man der UBS Milliarden zuschob, war ein politischer Entscheid, zeugt aber auch vom Einfluss gewisser Banken auf die Politik. Es war übrigens am selben Tag, als Gerold Bührer, der damalige Direktor von Economiesuisse, in der *Weltwoche* schrieb, unsere Banken würden nie Hilfe benötigen. Der wirtschaftliche Einfluss zeigt sich auch in der Gesundheitspolitik, er ist aber nicht einfach visualisierbar. Und das macht den Einfluss heimlicher und gefährlicher. Die offenkundige Macht existiert heute wenig mehr im Parlament. Trotz den bekannten zahlreichen Verwaltungsratsmandaten. Heute kommt jemand in den Nationalrat oder Ständerat, weil er Sportler oder vielfach präsent in den Medien war. Das schwächt die eigentliche Politik. Dafür ist die Verwaltung viel besser geworden.

Kontinuität und Substanz

Oswald Sigg arbeitete ein Vierteljahrhundert in der Bundesverwaltung; die letzten Jahre als Vizebundeskanzler. In dieser Eigenschaft nahm er an den Sitzungen des Bundesrates teil und kommunizierte dessen Beschlüsse. Wir fragten ihn nach dem Gewicht der Verwaltung. Sie verfügt laut Sigg über viel Wissen, Erfahrung und mit dem Bundesrat über einen prominenten Verwaltungsrat. Wichtig seien aber vor allem das von wirtschaftlichen Lobbys geprägte Parlament und der Souverän: »Sie haben mehr zu sagen als die Verwaltung.« Oswald Sigg und ich treffen uns derzeit immer wieder an Veranstaltungen zum Grundeinkommen. Wir nahmen uns aber auch mehrmals Zeit, um über seine Erfahrungen in der Verwaltung zu sprechen.

Wie sind Sie eigentlich zu Ihrer zentralen Position in der Verwaltung gekommen?

Ganz einfach: über die Soziologie. Sie war der Grund, weshalb ich 1974 im Bundeshaus angestellt wurde. Meine damalige Frau war Architektin. Da kam die Baukrise in den 70er-Jahren. Und so musste ich – nebst meiner Dissertation über Volksinitiativen – unser Einkommen erhöhen. Ich nahm den Berner *Bund* zur Hand und fand ein Stelleninserat des Eidgenössischen Justiz- und Polizeidepartements. Sie suchten einen Juristen für den Dienst für Beschwerden an den Bundesrat. Da brachte ich in meinem Bewerbungsschreiben die Begründung ein, es brauche in der Verwaltung mehr Leute mit gesundem Menschenverstand, also mehr Soziologen statt Juristen. Ein paar Tage später rief mich der Vizedirektor der Eidgenössischen Justizabteilung an. Er sagte mir, sie hätten mit Interesse meine Bewerbung gelesen und, da Bundesrat Kurt Furgler an einem Juristen festhalte, mein Dossier einen Stock tiefer in die Bundeskanzlei weitergereicht. Zwei Tage später meldete sich der damalige Vizekanzler Walter Buser bei mir: Ich könne bei ihnen arbeiten, sagte er. So einfach kam man ins Bundeshaus.

Da öffnete sich eine neue Welt? Und: Mussten Sie sich stark anpassen,
um aufzusteigen?

Ich musste schon Eigenartiges in Kauf nehmen. Bundesrat Furgler
etwa wollte chilenische Flüchtlinge unter keinen Umständen empfangen.
Also standen sie jede Woche in meinem Büro, und schließlich konnte ich
ihnen – inoffiziell und privat – helfen. Niklaus Meienberg wandte sich
einmal telefonisch an mich, um Zutritt zum Neujahrsempfang des ihm
wohlbekannten Bundespräsidenten Furgler zu erhalten. Das war eine geheime Aktion. Oder zum Beispiel, als ich von der Bundeskanzlei ins Finanzdepartement in den Bernerhof zu Bundesrat Willi Ritschard wechselte. Er beschäftigte sich damals in seinen drei letzten Amts- und Le-
bensjahren vor allem mit seinen Reden, den öffentlichen Auftritten. Er
saß die ganze Zeit hinter seiner Hermes Baby und tippte schwitzend. Ritschard kam ja, eigentlich strafversetzt, vom Energie- ins Finanzdepartement. Der Bundesrat beschloss den Wechsel und gewährte ihm einen
persönlichen Mitarbeiter und einen Pressechef. Ich verfasste dann unge-
fragt ein Konzept zur Kommunikation für das Eidgenössische Finanzdepartement. Aber das interessierte Ritschard nicht. Er sagte mir: »Du
musst keine Konzepte schreiben. Du musst nur jeden Tag mindestens
einmal, besser zweimal ins Journalistenzimmer gehen und mit den Journalisten ›echli ploudere‹. Die sehen es manchmal viel besser, was wir machen sollten. Und dann erzählst du mir das.« Und siehe da, die Medienschaffenden honorierten meine häufigen Besuche. Ich galt dann als offener und zugänglicher Informationsbeauftragter. Wir diskutierten auch
informell über die Politik des Finanzdepartements. Und niemand miss-
brauchte das.

Wäre das heute noch möglich?

Kaum. Heute sind einige Kommunikationsberater nur privatrechtlich angestellte PR-Agenten. Wir Informationschefs unterstanden noch,
zumindest bis Ende der 1990er-Jahre, dem Beamtengesetz. Und da gab es
einen Artikel, der sinngemäß hieß: Der Beamte, die Beamtin hat alles zu
tun, was die Interessen des Bundes fördert. Und alles zu verhindern, was
diesen Interessen entgegensteht. Diese Anforderung ist im geltenden
Bundespersonalgesetz nicht mehr vorhanden. Willi Ritschard sagte uns
immer: Wir sind nicht für die Verwaltung da, wir arbeiten für den Bürger,

die Bürgerin. Diese Mentalität ist heute völlig verloren gegangen. Die PR-Angestellten sagen: Wir arbeiten nicht für den Bundesrat, wir verkaufen unsere Departementschefin.

Worin besteht denn die Macht der Verwaltung?

Die Macht liegt nicht bei der Verwaltung. Was die Verwaltung für sich in Anspruch nehmen kann, ist Wissen und Erfahrung. Das ist beides in hohem Maß vorhanden. Aber es kommt darauf an, wie die Departemente vom Bundesrat geführt werden. Sie werden heute wie Unternehmen geführt. Und der Bundesrat ist der eigentliche Verwaltungsrat. Zentral ist aber letztlich immer noch das Volk.

Aber Sie regierten gleichwohl mit?

Wissen und Erfahrung der Verwaltung fließen in die Vorlagen von Bundesrat und Parlament ein. Die Volksabstimmungen sind dann aber die neuralgischen Schwellen im Entscheidungsprozess. Es kommt immer sehr stark darauf an, wie diese Vorlagen vorbereitet und kommuniziert werden. Und diese Arbeiten liegen letztlich in der Verantwortung des Bundesrats.

Und da gibt es dann schon erhebliche Einflussmöglichkeiten?

Ja, und nein! Das zeigt etwa die Abstimmung zur Unternehmenssteuerreform II. Da machte die Finanzverwaltung dem Bundesrat einen Vorschlag, den der Bundesrat akzeptierte. Er gab der Bundeskanzlei den Auftrag, die Erläuterungen für die Abstimmung vorzubereiten. Und als wir uns an die redaktionelle Arbeit machten, waren natürlich die Steuerausfälle ein großes Thema. Wir fragten nach, ob die Zahlen wirklich stimmten. Die Finanzverwaltung beharrte darauf. Und erst viel zu spät erfuhren wir, dass einige Angaben nicht aus der Verwaltung, sondern direkt von Economiesuisse kamen. Aber dazu brauchte es ja auch einen Beamten, der mitspielte.

Als verlängerter Arm der Wirtschaft?

Es ist schwierig, dieses Bild zu verifizieren, weil die Vorgänge meistens intransparent sind. Beim Eidgenössischen Departement für Verteidigung, Bevölkerungsschutz und Sport (VBS), das ja ein großer Auftraggeber für die Wirtschaft ist, erlebte ich ab und zu Korruption à la Suisse, also auf einem relativ tiefen Niveau. Dort gab es so kleine Versuche mit Einladungen für Generäle samt Gattinnen in ein Fünf-Sterne-Hotel.

Aber die größte Einflussnahme der Wirtschaft in Bern, im Bundeshaus, geschieht nicht über die Verwaltung oder den Bundesrat, sondern im Parlament. In der Wandelhalle sehen Sie ja lauter bekannte Berater- und Expertinnen-Gesichter. Mit Ausnahme der Journalisten und Beamten sind das alles Lobbyisten.

Also neue Lobbys? Und was ist mit den alten Konzernen?

Ja, lange galt im Bundesstaat das Primat der Politik. Heute gibt es immer mehr Autoritäten, die außerhalb des Staates agieren. Zudem alte Konzerne wie Nestlé. Der Staat Schweiz selber stört sie kaum mehr in ihrem globalen Handeln. Wenn wir die Wasserpolitik anschauen, gebärden sie sich fast als Alleinherrscher. Das gilt in erster Linie auch für die Finanzwirtschaft. Sie agiert über dem Bundesrat und über dem Parlament! Der Bund war gerade gut genug dafür, die größte Bank zu retten. Und wo stehen wir jetzt? Es scheint, dass die Krise die Finanzwirtschaft beflügelt hat. Der Hochfrequenzhandel mit Fremdwährungen und Derivaten erzielt gigantische Umsätze und Gewinne. Von der Spekulation in den Rohstoffmärkten reden wir gar nicht. Die Finanzwirtschaft ist außer Rand und Band geraten. Gleichzeitig geht die Realwirtschaft zurück. Die Produktivitäts- und Effizienzsteigerung wird mit dem Ersatz des Menschen durch Automaten und Roboter erzielt. Von dieser Strategie ist auch das, was man früher den Service public nannte, betroffen. Die Postschalter und Poststellen werden geschlossen. Dafür sollen die Pakete künftig mit Drohnen spediert werden. Dieser Irrsinn hat System. Jedesmal, wenn ich im Berner Bahnhof eine Reise nach Paris oder Berlin buche, sagt mir die freundliche Dame am Schalter, es würde mich billiger zu stehen kommen, wenn ich die Reise nicht bei ihr, sondern bequem zu Hause am Computer bestellen würde. Sie lächelt dabei, weil ich ihr schon einmal gestanden habe, dass ich sie niemals mit dem Computer betrügen würde.

Wie gehen Sie persönlich damit um, wenn sich das System so verändert, in dem Sie sich lange engagierten?

Als politischer Bürger habe ich große Probleme mit unserer direkten Demokratie. Wir müssen das Bundesgesetz über die politischen Rechte total sanieren. Warum? Die direkte Demokratie ist ein politisches Kulturdenkmal wie das Bundeshaus. Sie stammt aus derselben Zeit: dem Ende des vorletzten Jahrhunderts. 1891 kam die Volksinitiative in die

Bundesverfassung. Erst achtzig Jahre später wurden wir eine wirkliche direkte Demokratie: als die Frauen Bürgerinnen wurden. Trotzdem spielte die Volksinitiative eine wichtige Rolle in der Entwicklung unserer politischen Kultur. Der Nationalratsproporz, das Staatsvertragsreferendum und der Beitritt zur Uno sind einige Beispiele dafür. Aber diese direkte Demokratie hat man strukturell im vorletzten Jahrhundert belassen. Eigentlich seit der Wende von 1989 läuft sie aus dem Ruder. Wir sind auf dem Weg zu einer Scheindemokratie. Das wichtigste Element ist nicht mehr der politische Diskurs, sondern das Geld. Es kommt darauf an, wie viel Geld ein politischer Akteur in seine Wahl, in einen Abstimmungskampf oder in die Lancierung einer Initiative investieren kann, um damit Erfolg zu haben. Das ist zutiefst undemokratisch. Mit genügend Geld kann man auch und gerade Initiativen lancieren, welche die Grundrechte tangieren, Völkerrecht verletzen oder die Menschenrechte unbeachtet lassen. Von der Bundesversammlung werden sie trotzdem nicht für ungültig erklärt. Dem Parlament fehlt es an politischem Mut und an Zivilcourage. Diese Auffassungen habe ich im Bundeshaus meistens noch hinter den Säulen zur Sprache gebracht. Jetzt kann ich sie wenigstens offen vertreten. Ich lanciere auch wieder Volksinitiativen mit – aller guten Dinge sind drei. Nach der Schulkoordinationsinitiative Ende der 60er-Jahre und dem Volksbegehren für ein bedingungsloses Grundeinkommen – die Volksabstimmung sollte 2016 stattfinden – helfe ich jetzt mit, eine Volksinitiative zur Besteuerung der Finanzwirtschaft zu lancieren.

Sollte denn das Recht auf Initiativen kleinen Gruppen
vorbehalten bleiben?

Ja, ich bin dafür, den großen Parteien die Volksinitiativen zu untersagen. Sie sollen die Politik im Parlament und im Bundesrat mit ihren Vertreterinnen und Vertretern mitgestalten. Die Initiativen sind aber einfach zum Wahlmarketinginstrument vor allem der großen Parteien verkommen. Und große Parteien verfügen über viel mehr Geld dank einer noch immer ungeregelten und anonymen Finanzierung als kleine Bürgerinitiativen.

Und wie nimmt die Verwaltung ihren Einfluss
bei der Umsetzung von Initiativen wahr?

Die Verwaltung hätte in Bezug auf die Ausführungsgesetzgebung für eine angenommene Volksinitiative natürlich viel zu sagen. Allerdings wird sie heute oft von den Initianten in der Praxis ungebührlich eingeschränkt durch restriktive Ausführungsbestimmungen oder sogar durch eine nachgeschobene sogenannte Durchsetzungsinitiative – wie im Fall der Ausschaffung krimineller Ausländer. Die Zwängerei mit einer Durchsetzungsinitiative ist nur ein neuer bösartiger Furunkel im kranken politischen System.

»Gespräch unter vier Augen«

Helmut Hubacher präsidierte die Sozialdemokratische Partei der Schweiz von 1975 an während fünfzehn Jahren. Er engagierte sich auch im kantonalen und nationalen Parlament. Wir fragten auch ihn, wie er die Einflussnahme auf Politik und Verwaltung wahrnehme.

»Natürlich ist Politik Interessenpolitik, niemand vertritt keine Interessen«, sagte uns Helmut Hubacher. »Es gibt keine neutralen Politiker, die keine Interessen vertreten. Aber die sollen offengelegt sein.« Bei uns beeinflusse jedenfalls die Wirtschaft die Politik stark. Das zeige sich auch bei der Revision des Obligationenrechts, der Verfassung der Unternehmen und Aktiengesellschaften. »Diese Revision dauerte 33 Jahre. In der Schweiz wird ja, wenn so ein Gesetz revidiert wird, eine Expertenkommission eingesetzt. Die macht Vorschläge für den Bundesrat. Bei der ersten Expertenkommission schlug Bundesrichter Tschopp offensichtlich radikale Änderungen vor. Nach zwei, drei Jahren Hin und Her wurde diese Kommission abserviert und eine zweite eingesetzt. Sie präsentierte immer noch zu radikale Vorschläge. Eine dritte Expertenkommission legte dann eine sanftere Variante vor. Diese gelangte, nachdem das Huhn schon zwei-, dreimal gerupft worden war, in die parlamentarische Kommission. Insgesamt dauerte es 33 Jahre, bis eine OR-Revision zustande kam, die der Wirtschaft einigermaßen genehm war.«

Helmut Hubacher nannte noch ein weiteres Beispiel, die Suva. Sie hat zwei Millionen Versicherte und wurde im Herbst 2012 hundert Jahre alt. Bei der Gründung wurden in der Industrie die Arbeitenden obligatorisch gegen Unfall und Berufskrankheiten versichert. Heute ist dieser Sektor nicht mehr so groß. Er vereint nur noch eine Million Werktätige. Viel mehr sind inzwischen im Dienstleistungsbereich tätig, bei den Banken, Versicherungen, im Spital, in den Schulen. Bundesrat Pascal Couchepin wollte als Sozialminister die Suva zugunsten der Privatversicherungen schwächen. »Der freisinnige Präsident Franz Steinegger betrachtete sie hingegen als eine staatliche Institution, die genossenschaftlich verwaltet und von den Sozialpartnern geführt wird. Das waren, als Pascal Couche-pin seinen Angriff startete: erstens der freisinnige Baumeisterverbands-präsident Werner Messmer, zweitens Johann Schneider-Ammann, heute Bundesrat, damals Präsident der Maschinen-, Elektro- und Metallindus-trie, und drittens Paul Rechsteiner, der Präsident des Gewerkschaftsbun-des. Sie verteidigten die Suva gegen Pascal Couchepin und dessen Hinter-leute. Der freisinnige Werner Messmer vom Baumeisterverband wurde dann auf Druck der Privatversicherer aus der zuständigen Nationalrats-kommission entfernt. Seine Partei erhielt die Weisung: ›Wenn ihr diesen Messmer nicht endlich auswechselt, wird das die Parteikasse zu spüren bekommen. Das berichtete Messmer selber so.‹«

Sie waren 34 Jahre lang Nationalrat, wollten aber
das Parlament nie präsidieren.

Ja, ich bin lieber SP-Parteipräsident geblieben. Da hatte ich mehr Ge-staltungsmöglichkeiten. Ich nehme als Beispiel den Rücktritt der Bun-desrätin Elisabeth Kopp. Das war im Januar 1989. Nebenbei bemerkt: Wäre Frau Kopp ein Mann gewesen, hätte sie nicht zurücktreten müssen. Da rief mich morgens um sieben Uhr Frank A. Meyer vom *SonntagsBlick* an und sagte, dieser Rücktritt sei eigentlich eine Bagatelle. Es gebe aber die Möglichkeit, mit einer parlamentarischen Untersuchungskommis-sion (PUK) die Dunkelkammer der Bundespolizei zu beleuchten. Meyer sprach zuvor schon mit Fraktionspräsident Ulrich Bremi von der FDP und mit dem recht vernünftigen SVP-Vertreter Ulrich Zimmerli. Ich lud dann als Präsident der SP die vier Präsidenten der Bundesratsparteien ein und schlug ihnen vor, eine parlamentarische Untersuchungskommission durchzusetzen. So lief das Drehbuch. Und am gleichen Tag empfahl ich dann um dreizehn Uhr, Moritz Leuenberger mit dem Präsidium der PUK zu betrauen. Bremi musste als betroffener Fraktionspräsident alles ak-

zeptieren. Zimmerli war einverstanden. Einzig die CVP-Präsidentin, Eva
Segmüller, wollte lieber einen Präsidenten aus der eigenen Partei. Sie
hatte aber keinen konkreten Vorschlag. Und so bildeten wir die PUK.
Moritz Leuenberger stellte dann zwei juristische »Jagdhunde« für die
Kommission ein. Alexander Tschäppät, der heutige Stadtpräsident von
Bern, und Niklaus Oberholzer, Bundesrichter seit 2012. Im November
1989 trat dann diese PUK mit dem Fichenskandal an die Öffentlichkeit.
Sie deckte auf, wie die Bundesanwaltschaft 900 000 Leute in diesem
Lande observierte, auf Karteikarten registrierte und fichierte. Als Partei-
präsident kannst du so etwas arrangieren. Da hast du eine gewisse Macht,
so etwas zu inszenieren.

Sie agierten in dieser Sache also recht eigenwillig, ohne
vorher die Geschäftsleitung einzubeziehen?
Wir haben in der SP und in der Politik allgemein eher viel zu große
Gremien. Der Parteivorstand zählte 134 Mitglieder, die Geschäftsleitung
15: Da kannst du nicht für alles eine Sitzung einberufen. Im eigentlichen
»Politbüro« konnten wir uns zu fünft über Telefonkonferenzen absprechen. Und hie und da musst du auch nicht nur Programme schreiben,
sondern auch Entscheidungen fällen. Die Partei legitimierte die PUK
nachträglich. Und davon ging ich auch aus. Und die PUK deckte dann fast
eine Million Fichen auf. Wer sich kritisch zur Atomenergie äußerte,
wurde bereits als halber Verbrecher registriert.

Und in Kaiseraugst verteidigten zunächst ein sozialdemokratischer
Bundesrat und ein Aargauer Regierungsrat das Atomkraftwerk?
Ja, als die Besetzung am 1. April 1975 begann und die Atomlobby die
Bagger auffahren ließ, da teilte unser Energieminister Willi Ritschard anfänglich die Meinung des Gesamtbundesrates. Er betrachtete die Volks-
bewegung als Rechtsbruch und eine Attacke gegen den Rechtsstaat. Wir
merkten, das läuft nicht gut mit unserem Energie- und Verkehrsminister.
Eine Fünferdelegation ging zu ihm: Darunter Andreas Gerwig und Richard Bäumlin, ein Berner Professor, und Sascha Euler, ebenfalls Nationalrat. Ritschard weigerte sich zunächst, Gerwig und Bäumlin zu empfangen, weil sie seine Kaiseraugst-Zurückhaltung öffentlich kritisiert hatten. Wir entgegneten jedoch: Genosse Bundesrat, du bestimmst nicht,
wer die Delegation der Partei ist. Wenn du uns nicht empfängst, machen

wir eine Pressekonferenz und teilen mit, unser Genosse Bundesrat sei nicht imstande, mit uns zu reden. Dann durften wir ins Büro, und er sagte uns eine Stunde lang zornig alle Schande. Dann erklärte ich: So Willi, es reicht jetzt. Da stand er auf, nahm eine Beige Akten, knallte sie auf den Tisch und sagte: Was soll ich machen? Kurt Furgler und Rudolf Gnägi wollen die Armee einsetzen. Wir sagten: Willi, entweder hast du mit deinen sechs Kollegen im Bundesrat – zu denen auch der sozialdemokratische Atomfan Pierre Graber gehörte – Krach oder mit uns und einer ganzen Region. Daraufhin erklärte Willi Ritschard seine Bereitschaft, mit den Besetzern zu verhandeln. Mit diesem Brief gingen wir dann freudig an die Vollversammlung, hatten aber alle Mühe, die Besetzer zu überzeugen. Etliche fürchteten, die SP unterwandere die revolutionäre Aktion. Wir erzielten jedoch eine knappe Mehrheit. 1987 bat mich Christoph Blocher um ein vertrauliches Gespräch unter vier Augen. Er erklärte mir, politisch müsse man Kaiseraugst abschreiben. Deshalb sollten die vier Bundesratsparteien gemeinsam eine Motion einreichen, auf »Kaiseraugst« zu verzichten. Wir von der SP, erwiderte ich, hätten dieses AKW mitsamt der Atomenergie überhaupt schon am Parteitag 1978 beerdigt. Er müsse diese Motion mit den beiden anderen Parteien lancieren. Blocher setzte sich dann bei der CVP und FDP dafür ein. Entscheidend waren wohl die Banken. Sie sperrten die Kredite. Zudem saß Blocher selbst im Verwaltungsrat der Bauherrschaft, der Motor-Columbus. Sie realisierten auch, wie einfach es war, Atomstrom aus Frankreich zu importieren.

Und das Beispiel veranschaulicht auch die Macht eines Parteipräsidenten.

Das stimmt. Und ich spielte gegenüber Blocher fair. Es wäre eine absolute Sensation gewesen, einem Journalisten zu stecken, Blocher wolle Kaiseraugst beerdigen. Es muss aber möglich sein, auch mit dem größten Gegner gewisse Dinge vertraulich zu behandeln. Vertrauen gegen Vertrauen, sonst hört Politik überhaupt auf. Und wir haben ja in der Schweiz ein wirklich einmaliges System. Bei uns sind Freund und Feind im Bundesrat.

Warum wurden Sie nicht selbst Bundesrat?

Wenn du das Präsidium der SP annimmst, kannst du nicht Bundesrat werden. Ich nehme jetzt ein Beispiel, wie man Bundesrat wird: Flavio Cotti war Staatsrat im Tessin. Die haben eine Amtsdauerbeschränkung von zwölf Jahren. Er musste 1983 als Staatsrat zurücktreten, kam in den Nationalrat, wurde zufällig, weil der Job frei geworden war, CVP-Präsident und vollbrachte vier Jahre lang parlamentarisch eigentlich keine Leistung. Aber es gibt kein National- und kein Ständeratsmitglied, das nicht einmal in diesen vier Jahren von Cotti zum Essen eingeladen worden wäre. Er bereitete vier Jahre lang seine Bundesratswahl vor und wusste: Nachdem 1973 Nello Celio zurücktrat, ist es 1987 wieder Zeit für einen Tessiner. Aber als SP-Präsident kannst du keine Stimmen sammeln bei den Bürgerlichen. Der SP-Präsident ist eine Konfliktfigur. Ungewöhnlich ist, dass ich in den 34 Amtsjahren nie Nationalratspräsident wurde. 1983 hätte ich von der Fraktion her das Amt altershalber annehmen sollen. Aber ich hätte dann das Parteipräsidium abgeben müssen, und das Ratspräsidium war kein Amt für mich. Ich bin kein Politiker, der für alle akzeptabel ist. Und was bedeutet es schon, der sogenannt höchste Schweizer zu sein. Wer weiß schon, wer vor drei Jahren Nationalratspräsident war!

»Nach den Fichen kam die Geldwäscherei«

Moritz Leuenberger ist Sozialdemokrat und ehemaliger Bundesrat. Er gehörte fünfzehn Jahre lang der Landesregierung an. Zuvor leitete er als Nationalrat nach der Fichenaffäre die parlamentarische Untersuchungskommission. Ich bin mit ihm in der Groupe de réflexion von Greenpeace und interviewte ihn zusammen mit Esther Girsberger (27.6.2013). Wir fragten auch ihn, wie er den Einfluss und die Eigenständigkeit der Politik wahrnehme.

Können Sie uns zunächst etwas dazu sagen, wie Sie zu Macht gelangten?

Eigentlich führte ich ein durchschnittliches Politikerleben. Ich war beruflich Rechtsanwalt, politisch Mitglied in einer Partei, dann deren Präsident in der Stadt Zürich, Gemeinderat und dann Nationalrat. Das sind so Stufen, die ein gewöhnlicher Bundesrat bei uns durchschreitet. Die Medien haben diese Durchschnittlichkeit auch hinreichend festgehalten.

Und Sie betreiben jetzt ein wenig Understatement. Als ob es so einfach wäre, Bundesrätin oder Bundesrat zu werden.

Ich konnte dasjenige politische Amt in der Schweiz bekleiden, das sicher als das höchste in unserer politischen Hierarchie gilt. Aber ich wollte

lange in keine Regierung und fühlte mich innerlich als Oppositionstyp.
Das änderte sich, als ich PUK-Präsident war und die Kulmination meiner
politischen Kritik erlebte. Ich geißelte den Bundesrat, den Bundesanwalt,
den Fichenstaat und merkte, dass ich mich damit nicht begnügen wollte.
Ich wollte auch selber Verantwortung übernehmen. So reifte in mir der
Sprung in die Exekutive.

Und vor der PUK war noch 1968. Ein Jahr später traten Sie in die SP ein.

Das ist so. Ich bin ein 68er, weil ich in dieser Zeit jung war und mich
selber politisch formte. Hingegen gibt es für mich nicht die 68er. Die Bewegung war dermaßen breit. Im politischen Studentenausschuss saß
auch Christoph Blocher, und niemand sagt, er sei ein 68er, obwohl er
auch in dieser Zeit politisiert wurde. Ich ging 1969 in eine staatstragende
Partei, die Sozialdemokratische Partei. Das betrachteten alle meine Kollegen als furchtbaren Verrat. Ich galt damit als »Bünzli«. Einer dieser Kollegen landete dann bei der Economiesuisse, ein anderer ist Großunternehmer in Argentinien.

Sie exponierten sich nach 1968 als Anwalt und Politiker. Sie verteidigten
die AG Dritte Welt, die dem Nestlé-Konzern vorwarf, Babys zu töten. Sie
deckten die Fichenaffäre auf. Was haben Sie für ein Bild von der Schweiz?

Ich war damals relativ stolz darauf, dass wir hier etwas Gravierendes
gefunden hatten – diese Fichen. Hinzu kam noch die Geldwäscherei in
der Schweiz. Es ist wohl kein Zufall, dass die PUK ihre Entdeckungen in
dem Jahr machte, in dem nachher auch die Berliner Mauer fiel. Folgen des
Kalten Krieges kamen da und dort zum Vorschein, nachdem er den Höhepunkt überschritten hatte. Vorher wäre das kaum möglich gewesen.
Die Geschichte half mit, Verdecktes ans Tageslicht zu bringen. Die Leistung von mir bestand dann vor allem darin, dass der PUK-Bericht ein-
stimmig verabschiedet wurde. Mit den Stimmen der SVP. Das war wichtig. Ohne Enthaltung. Diese konsensuale Leistung verlieh dem Bericht
mehr Gewicht. Und der Weltenlauf begünstigte sie.

Wie brachten Sie denn diese Einstimmigkeit zustande?

Durch integrative Arbeit. Wie nachher im Bundesrat. Durch das An-
fordern und Zulassen von Kritik. Dann kommen Vorbehalte rechtzeitig
auf den Tisch, und man kann sie besser angehen. So bringen sich auch
alle mehr ein. Zudem tagten wir nicht im Bundeshaus. Wir mieden wäh-

rend der Meinungsbildung jeden Kontakt zu den Medien. Das brachte Geschlossenheit und Ruhe.

Konsens ist also etwas, was oft erstritten werden muss?

Ja, und wenn ich aus einer Minderheitsposition operiere und eine Mehrheit erhalte, dann darf ich nicht wie ein Tennisstar oder ein Fußballer den Freudentaumel zeigen.

Und umgekehrt, wie sind Sie damit umgegangen, wenn andere obsiegten und Sie den Konsens mittragen mussten?

Es gab zwei Phasen in meiner Bundesratszeit. In der anfänglichen Phase ertrug ich das sehr gut. Das waren auch faire Diskussionen. Manchmal konnte mich die andere Seite auch überzeugen. Und zum Teil musste ich einfach sagen: »Ja, das ist jetzt halt so; die Mehrheit denkt hier anders.« Ich war überhaupt nicht gram deswegen. Am Schluss meiner Bundesratszeit, in einer anderen Zusammensetzung, litt ich aber. Ich brachte viele Vorschläge ein, eine würdige, stufenweise Aufhebung des Bankengeheimnisses und den automatischen Informationsaustausch. Das war mit viel Arbeit verbunden, perlte am damaligen Finanzminister aber einfach ab. Es hatte keinen Sinn. Und so litt ich am Schluss darunter, nach außen für Beschlüsse verantwortlich und mitschuldig zu sein, gegen die ich mich engagierte.

Und warum am Schluss: Weil einfach nach fünfzehn Jahren das Maß voll war oder weil Sie dünnhäutiger geworden waren?

Die personelle Zusammensetzung des Bundesrates hatte sich geändert.

Und wie groß ist denn die Macht eines Bundesrates?

Der Bundesrat ist das höchste politische Gremium in unserem Lande. Verfassungsrechtlich ist zwar das Nationalratspräsidium höher angesiedelt, weil es theoretisch das Parlament auflösen könnte. Aber faktisch ist das niemals mit der Regierung zu vergleichen, die aber auch stark kontrolliert ist. Zunächst spielt schon einmal die Kontrolle des Kollegiums, das ja kein Präsidialsystem ist. Und dann kommen das Parlament und die Stimmbürger, die wiederum von Lobbyisten beeinflusst sind. Der Bundesrat ist eine Art Kollegialpräsidium zu siebt. Aber auch ein US-Präsident hat keine Allmacht: Obama möchte zum Beispiel Guantanamo abschaffen, aber es gelingt ihm nicht.

Und bei uns? Gelingt es da wirtschaftlichen Kreisen auch, die Politik
zu Entscheidungen zu nötigen. Zum Beispiel bei der Rettung
der UBS? Wenn die Wirtschaft in Bedrängnis ist, spielt sie den Ball
dann gerne der Politik zu, um danach wieder aufzutrumpfen?

Ja, das sind knallharte Eigeninteressen. Und ohne jeden Gemeinsinn, wie die Banker in Irland bewiesen, die schamlos sieben Milliarden Schulden dem Staat überschrieben. Das bezahlen dann die Steuerpflichtigen.

Die Swissair wollten Sie zunächst »grounden« lassen. Im Sinne von:
Macht euren Mist alleine. Aber dann änderten Sie Ihre Meinung und
wollten sie doch mithilfe der Politik retten.

Da habe ich umgedacht. Beim Grounding zeigten sich die Folgen für die Allgemeinheit plötzlich drastisch Es musste eine neue Fluggesellschaft aufgebaut werden, und das war eine Aufgabe der Politik. Die Wirtschaft ringt natürlich um ihre eigenen Freiheiten, sie fühlt sich ohnehin immer beengt. Das taten auch die damalige Swissair und die UBS, bevor sie sich selber in Schwierigkeiten brachten. Wenn sie sich dann aber an den Staat wenden, müsste das Primat der Politik gelten, denn sie ist demokratisch abgesichert, im Gegensatz zur Wirtschaft. Wenn der Staat sich also für eine neue Fluggesellschaft engagiert oder eine UBS retten muss, weil sie zu groß ist, um zu fallen, müsste die öffentliche Hand auch Bedingungen setzen. Das wurde bei der UBS verpasst.

Macht denn die Demokratie vor den Pforten der Wirtschaft halt?

Das ist eine Frage der Macht. Die globalisierte Wirtschaft ist mächtiger als nationale Politik. Während des Kalten Krieges musste sich der Kapitalismus gegenüber dem Kommunismus auch moralisch beweisen. Mit dem Fall des Eisernen Vorhanges fiel die Notwendigkeit, als Kapitalist moralisch zu bestehen. Mit der Globalisierung kam es dann zu einer absoluten Maßlosigkeit. Alle hechelten dem Mammon hinterher. Die Politik hielt mit der Globalisierung nicht Schritt. Sukzessive versucht sie es nun. Etwa im Rahmen der Europäischen Union. Oder über Finanzabkommen, die weltweit gelten sollen. Die Vorstellung, die Schweiz könne ihr Schicksal, und da gehört eben die wirtschaftliche Entwicklung dazu, ganz allein bestimmen, ist trügerisch. Wir sind immer abhängig von der ganzen Welt. Der Tatsache, dass es Kriege um Wasser und Völkerwanderungen gibt, können wir uns nicht entziehen. Da können wir noch so viele Initiativen starten und annehmen. Die Wirklichkeit der Welt überrollt uns.

Nach Roger de Weck konzentrierte die Wirtschaft ihren Einfluss zwischen 1989 und 2009; aber seit der Finanzkrise verstärke sich das politische Korrektiv. Was sagen Sie dazu?

Ich selber kann das weniger mit Zahlen oder Diagrammen belegen. Ich sehe aber auch eine Dynamik: Damals im Bericht der PUK hielten wir fest, dass in unserem Land Militär, Politik und Wirtschaft traditionell stark verwoben seien. Das habe Vorteile, berge aber auch viele Gefahren; nämlich, dass das Gefüge zum Filz verkomme. Heute sind diese Gewebe stärker entflochten, aber daraus entstehen neue Gefahren.

Nämlich?

Die Wirtschaftsvertreter sind kaum mehr in der Politik. Viele Manager, die bei uns arbeiten, werden aus den USA oder von sonst wo eingeflogen. Ihre Kinder gehen in Privatschulen, damit sie kein Schweizerdeutsch hören. Der Manager weiß: Nach fünf Jahren gehe ich sowieso wieder weiter. All das führte zu einer Entkoppelung zwischen Politik und Wirtschaft. Ich habe viele Manager kennengelernt, die wussten nicht, was ein Bundesrat ist. Auch Economiesuisse hat sich in den letzten Jahren von der Politik entfremdet. Die politische Bodenhaftung scheint verloren gegangen. Ich muss mich aber auch selber in die Kritik nehmen. Durch die Liberalisierung von Post, SBB und Swisscom wurde die Politik entmachtet, und die neuen Manager und Verwaltungsräte haben sich von der Politik entfernt. Die politischen und wirtschaftlichen Entwicklungen veranlassten alle Parteien zu Liberalisierungen. Zuständig war ausgerechnet ich. Und vielleicht ist das jetzt ein Beispiel für die Machtlosigkeit eines Bundesrates.

Wirtschaft globalisiert, Politik kantonalisiert

»Die Wirtschaft ist globalisiert und die Politik kantonalisiert«, stellt Andreas Herczog fest. Christoph Blocher beschreibt er als einzigen Wirtschaftsvertreter in der Politik, »der es sich finanziell leisten konnte, gegen diesen Filz auch anzutreten«. Den Einfluss vieler Verbände hält er für irrelevant: Die Macht der Wirtschaft im Parlament ist zurückgegangen. Es gibt sie so nicht mehr. Die Verwaltung ist hingegen viel besser als damals. Im Gegensatz zur Politik. Heute kommt jemand auf die Nationalratsliste oder Ständeratsliste, weil er Sportler oder in den Medien war.

Laut Oswald Sigg verfügt die Verwaltung über hohe Kompetenzen. Mit dem unternehmerischen Geist verbreitet sich auch ein Verständnis, das den Dienst an den Bürgerinnen und Bürgern zuweilen in den Hintergrund verbannt. Das macht die Verwaltung und Politik gegenüber starken Lobbys anfälliger. Die Globalisierung und fehlende Regulierungen ermöglichen es großen Unternehmen, politische Auflagen zu umgehen. Die weltweit gewichtigste Institution ist kaum mehr die Uno, sondern die G20. Sie integriert die größten Industrieunternehmer und ist, so Sigg, »das eigentliche Exekutivorgan der Wirtschaftsregierung«. Damit schwindet auch das Primat der Politik.

Im Gegensatz zu Roger de Weck sieht Oswald Sigg derzeit kein Erstarken politisch demokratischer Kräfte. Die Finanzwelt und große Konzerne dominierten das Geschehen. Beispiele dafür erwähnt auch alt Bundesrat Moritz Leuenberger. Er vertritt hingegen die Sicht, dass die Politik aus der Finanz- und Wirtschaftskrise ihre Lehren ziehe und wieder vehementer dafür eintrete, das demokratische Korrektiv zu stärken. Ob's gelingt, diskutiert auch Helmut Hubacher, der langjährige Präsident der Sozialdemokratischen Partei der Schweiz. Helmut Hubacher erinnert an die umfassenden Privatisierungsabsichten, die neoliberale Kreise im angelsächsischen Sinn anno 1995 in einem *Weißbuch* auch für die Schweiz andachten. Und diese Absichten hätten sich so dann doch nicht verwirklichen lassen. Und das spreche doch für die Eigenständigkeit der Schweiz.

Die Schweiz ist jedoch im internationalen Vergleich schon recht stark dereguliert, vom Arbeits- bis zum Finanzmarkt. Das zeigt auch ein Blick auf die Europäische Union. Hier erinnern derzeit zwei Schwerpunktländer, Deutschland und Frankreich, daran, was die Vorteile eines mehr »Rheinischen Kapitalismus« sind, der für die Wirtschaft klar politisch verbindliche Rahmenbedingungen formuliert. Dahinter steckt die Einschätzung, dass es gefährlich wird, wenn sich die soziale Brisanz weiter verschärft. Die Zunahme sozialer Gegensätze bringt Millionen von Erwerbslosen mit sich. Damit erhöht sich auch das Potenzial von politischen Spannungen; das Aufkommen rechtspopulistischer Kräfte zeugt davon.

⊹ Justiz, Polizei und Militär

Die richterliche Gewalt ist, nebst der legislativen und exekutiven, die dritte Macht im Staate. Sie entscheidet bei Rechtsstreitigkeiten in strafrechtlichen oder zivilrechtlichen Fällen sowie bei Klagen von Privatpersonen gegen eine staatliche Behörde. In der Schweiz nehmen diese dritte Gewalt auf Bundesebene das Bundesgericht und weitere Gerichte des Bundes wahr. Dazu gehören das Bundesverwaltungsgericht, das Bundesstrafgericht und das Bundespatentgericht. Auf regionaler Ebene sind es die kantonalen Gerichte.

»Seit 2004 hat die Meldestelle für Geldwäscherei knapp 10 000 Verdachtsmeldungen an die Strafverfolger weitergeleitet. In 440 Fällen kam es zu einem Urteil: mit 416 Schuldsprüchen. Die tiefe Verurteilungsrate liegt unter anderem darin begründet, dass ›Geldwäscherei und Fälle von Terrorismusfinanzierung sehr oft einen Auslandbezug haben‹. Die Schweizer Bundesanwaltschaft ist in solchen Fällen auf die Kooperation der ausländischen Behörden angewiesen.« (NZZ 29.4.2015: 9) Und das ist schwierig. Der wirtschaftlichen Globalität steht eine rechtliche Territorialität gegenüber. Mehr dazu weiter unten im Gespräch mit dem ehemaligen (Bundes-)Staatsanwalt Adrian Ettwein.

Auf Bundesebene gehört in der Schweiz die Polizei zum Justizdepartement. Das Militär ist in einem eigenen Departement organisiert, zusammen mit dem Bevölkerungsschutz und dem Sport. Kantonal sind die drei Bereiche oft zusammen in einem Departement, im Kanton Appenzell explizit im Justiz-, Polizei- und Militärdepartement, in Basel-Stadt im Justiz- und Sicherheitsdepartement. Die Polizei muss die innere, das Militär die äußere Sicherheit gewähren.

Nach dem Zweiten Weltkrieg galt das Militär als zentrale Machtelite – nebst, mit und in der Wirtschaft und der Politik. Unternehmen drängten darauf, Kader mit hohem militärischem Grad zu haben. Offiziere schienen für Führungsaufgaben prädestiniert zu sein. Das ist heute anders. Zwar hofft der von uns interviewte Brigadier Daniel Lätsch, Kommandant der Generalstabsschulen, auf eine (selektive) Rückkehr zur alten Tradition (S. 163). Und Heinz Karrer, der Präsident von Economiesuisse, pflichtet bei. Aber es gibt kaum konkrete Anzeichen dafür, dass sich diese Hoffnungen erfüllen werden. Auch in der Politik spielt der militärische Grad keine große Rolle mehr. Gleichwohl sind im Parlament noch etliche höhere Militärs vertreten. Und einzelne von ihnen erwarten ein Comeback von Verantwortlichen der Wirtschaft im Militär. Sie argumentieren mit dem internationalen Konfliktpotenzial. Neue Kriege dienen ebenfalls dazu, wieder mehr militärische Aufrüstung zu legitimieren. Dabei halten gerade auch jene finanzliberalen Kreise das staatliche Gewaltmonopol hoch, die sonst öffentlich-rechtliche Einrichtungen privatisieren wollen. Das mag als Widerspruch erscheinen. Aber selbstverständlich wollen neoliberale Kreise keineswegs den Staat abschaffen, sondern ihn noch besser kontrollieren und auf jene Funktionen reduzieren, die vor allem ihnen dienen.

Durch die personalisierte Medienberichterstattung verstärkt, erhält die derzeitige Justizministerin Simonetta Sommaruga viel Macht zugeschrieben. Das ist für dieses Amt nicht ganz neu. Und hängt auch mit der Migrationsfrage zusammen. Alt Bundesrätin Elisabeth Kopp stand einst ebenfalls diesem Departement vor. Sie relativierte mir gegenüber (29.6.2015) diese Macht. Da meistens mehrere Departemente in ein konkretes Geschäft involviert seien, würden sie sich oft gegenseitig kontrollieren und zuweilen auch blockieren. Die Universität Zürich veröffentlichte übrigens 2011 eine Studie, die den »demokratischen Grad« der Länder zu eruieren versuchte. Die Schweiz kam dabei hinter Deutschland auf den sechzehnten Platz. Als Grund für diese schlechte Platzierung nennt die Studie eben die politische Abhängigkeit der richterlichen Gewalt. In anderen Ländern beruft die Judikative oder die Exekutive die Richterinnen und Richter, die allenfalls durch die Legislative zu bestätigen sind. Sie werden meistens auf lange Zeit gewählt und können so eigenständiger entscheiden. In der Schweiz hingegen ernennt das Parlament die Richterinnen und Richter auf vier Jahre und bestimmt auch die Höhe der Löhne. So besteht die kontrovers beurteilte Möglichkeit einer relativ kurzfristigen Abwahl. Die einen betrachten diese als demokratische Chance; andere sehen darin eine Gefahr, das Recht von politischen Strömungen abhängig zu machen. (Universität Zürich 2011–2014)

In unserem Gespräch äußerte sich alt Bundesrätin Elisabeth Kopp auch zur Frage, ob das Demokratieprinzip über dem Rechtsstaatsprinzip stehe. Zu den Grundpfeilern des Rechtsstaates gehöre selbstverständlich eine unabhängige Justiz. Art. 30 Abs. 1 unserer Bundesverfassung halte denn auch ausdrücklich den Anspruch auf ein unabhängiges Gericht fest. Richterinnen und Richter müssten demnach auf allen politischen Ebenen logischerweise auf irgendeine Weise gewählt oder ernannt werden:»Wie den Bundesrat wählt die Vereinigte Bundesversammlung auch die obersten Richter«, führte Elisabeth Kopp weiter aus. Und:»Dabei gilt der Parteienproporz. Die maßgebenden politischen Kräfte sollen vertreten sein. Die Landessprachen ebenfalls. Dies zumindest im Sinne eines Gewohnheitsrechts. Unsere Regierung ist so im Volk viel besser verankert. Und für die Wahl der Bundesrichter ist, im Gegensatz zur Wahl des Bundesrates, sogar ausdrücklich in der Verfassung – Art. 188 Abs. 4 – festgehalten, dass die Landessprachen vertreten sein müssen. Angeklagte müssen sich in ihrer Muttersprache verteidigen können. Das ist für ein Verfahren vor dem Bundesgericht besonders wichtig.

In den USA ernennt der Präsident die Richter des Supreme Court, die dann durch den Senat in ihr Amt berufen werden; dort bleiben sie faktisch auf Lebenszeit. In Deutschland werden die Verfassungsrichter immerhin auf zwölf Jahre fest gewählt. Das ist wichtig. In der Schweiz sind hervorragende Persönlichkeiten nicht wählbar, wenn sie, wie die meisten Schweizerinnen und Schweizer, keiner Partei angehören. Zudem müssen die Richter des Bundesgerichts alle sechs Jahre durch die Vereinigte Bundesversammlung bestätigt werden. Sie sind also von einer politischen Instanz abhängig. Die Schweiz ist meines Wissens das einzige Land, in dem sich Richter wiederwählen lassen müssen. Das berührt die richterliche Unabhängigkeit. Ich halte das für rechtsstaatlich bedenklich.

Wenn nämlich der politische Mainstream in eine bestimmte Richtung geht, dann kann sich das auch auf die Haltung der Richterinnen und

Richter auswirken. Oder umgekehrt, wenn ein Richter aneckt, weil er eine andere Haltung vertritt, erhält er je nachdem einen Denkzettel verpasst. Selbstverständlich müssen öffentliche Diskussionen über richterliche Entscheide möglich sein. Aber mit der Drohung einer Abwahl hört die Gemütlichkeit auf. Da wird zulasten des Rechtsstaats dem Demokratieprinzip der Vorzug gegeben. Da bräuchte es aus meiner Sicht eine Gesetzesänderung. Aber das Parlament müsste diese beschließen. Und keine Behörde gibt gern eine Kompetenz preis. Da ist noch viel Überzeugungsarbeit zu leisten. Wenn wir fundamentale Rechtsgrundsätze wie die Unabhängigkeit der Richterinnen und Richter ernst nehmen, stärken wir längerfristig auch die Demokratie. Die Rechtsstaatlichkeit und unsere Souveränität sind für unseren Kleinstaat sehr bedeutend. Gerade auch mit Blick auf die gegenwärtige außenpolitische Situation.« So weit alt Bundesrätin Elisabeth Kopp. Sie diskutierte (14.10.2015) diese Fragen auch in unserem Kolloquium »Zur Soziologie des Alltags« mit 300 Studierenden. Dabei verdeutlichte sich, wie gerade die Unabhängigkeit der Richterinnen und Richter auch ein zentrales Prinzip der Demokratie ist.

Bundes- und Staatsanwaltschaft

Das Parlament wählt in der Schweiz auch den Bundesanwalt. Er verantwortet die strafrechtlichen Ermittlungen, um Straftaten aufzuklären. Die Bundesanwaltschaft führt in den Strafverfahren die Anklage. Und sie ist auch Vollzugsbehörde für die internationale Rechtshilfe. Die Aufsicht über die Bundesanwaltschaft ist im Bundesgesetz verankert.

In der dafür zuständigen Behörde wirkt, nebst einem Bundesrichter, auch der frühere Zuger Justiz- und Polizeidirektor Hanspeter Uster mit. Er vertrat die Sozialistisch-Grüne Alternative von 1990 bis 2006 in der Regierung. Im Jahr 2001 erlag er beinahe einem Attentat. Heute betätigt er sich wieder als Rechtsanwalt und engagiert sich unter anderem in der Ausbildung von Polizeikader.

Adrian Ettwein arbeitete während über dreizehn Jahren als Staatsanwalt für die Bundesanwaltschaft. Im September 2015 gab er seine Tätigkeit auf. Er verspürte Lust, etwas Neues auszuprobieren, wollte sich rechtlich vermehrt für ökologische Fragen engagieren. Ettwein hat an der HSG St. Gallen Jurisprudenz studiert und verfügt über das Anwaltspatent des

Kantons St. Gallen. Während acht Jahren präsidierte er auch die Arbeitsgruppe Wirtschaftskriminalität (vormals Comeco) der SSK (Schweizerische Staatsanwälte-Konferenz). In dieser Arbeitsgruppe treffen sich kantonale Wirtschaftsstaatsanwälte mehrmals im Jahr, um sich fachlich aus-
zutauschen. Seine Weiterbildung an der Fachhochschule Nordwestschweiz
im Bereich Umwelttechnik und -management schließt er zurzeit mit einer Masterarbeit ab. Uns interessierte vor allem, wie die Bundesanwaltschaft in der Lage ist, international tätige Konzerne zu kontrollieren. Das
Gespräch mit Ettwein fand (am 17.6.2015) noch während seiner Amtszeit
statt. Zur Bundesanwaltschaft kann er sich nicht äußern. Er gibt ausschließlich seine persönliche Meinung kund, die sich nicht mit derjenigen der Bundesanwaltschaft decken muss.

Wenn Sie, Herr Ettwein, als Staatsanwalt des Bundes einen international
tätigen Konzern überprüfen müssen, kommen Sie dann an die relevanten
Daten heran?

Die Strafverfolgung wird nur aktiv, wenn der konkrete Verdacht besteht, dass ein Straftatbestand begangen worden ist. Im Rahmen eines
Strafverfahrens können die Strafverfolger unter bestimmten Voraussetzungen bei international tätigen Konzernen Beweise erheben oder gegen
ein Unternehmen auf der Basis von Art. 102 des Strafgesetzbuchs ein
Strafverfahren eröffnen. Tatsache ist aber, dass die Wirtschaft zu einem
großen Teil globalisiert tätig ist. Soweit in diesem Bereich kriminell
agiert wird, funktioniert das ebenfalls globalisiert. Demgegenüber haben
sich die Strafverfolger an das Territorialitätsprinzip zu halten. Das heißt,
die Staatsanwälte können grundsätzlich nur in ihrem eigenen Land tätig
werden. Wollen sie Abklärungen im Ausland tätigen, müssen sie beim
entsprechenden Land via Rechtshilfe die Durchführung der notwendigen Abklärungen beantragen. Solche Rechtshilfeverfahren sind sehr for-
mell. Ob eine Antwort vom entsprechenden Land kommt und wenn ja,
welche, hängt von den dortigen Gegebenheiten, der Kultur und dem politischen System ab.

Weiter gilt, dass viele relevante Informationen in einer globalisierten
Wirtschaft nicht mehr – wie im Krimi am Fernseher – auf einem Stück
Papier geschrieben stehen, sondern nur digital vorhanden sind. In einem
Strafverfahren stellt sich die Frage, wo genau sich diese digitalen Infor-

mationen, also die Daten, befinden, die man auf Beweise durchsuchen möchte. Diese Daten können in der Schweiz oder im Ausland sein. Es ist sogar möglich, dass kein Mensch weiß, wo sie sich gerade befinden. Daten können in einer »Cloud« abgelegt sein, in der automatisch generiert wird, wo und damit in welchem Land Speicherplatz für diese Information zur Verfügung steht. Die Informationen sind aus Optimierungsgründen permanent unterwegs und befinden sich bei einer Anfrage bereits wieder in einem anderen Land. Mit formellen Rechtshilfeersuchen hinkt man diesen technischen Entwicklungen hinterher. In einem wirtschaftskriminellen Umfeld ist es zudem auch höchst wahrscheinlich, dass für die Datenbearbeitung und -speicherung bewusst ein Server in einem Land benutzt wird, welches dafür bekannt ist, dass es kaum oder gar keine Rechtshilfe leistet.

In diesem Umfeld stellt sich die Frage, wie der Staatsanwalt die Daten korrekt erheben kann. Hier befinden wir uns in einem völlig neuen Gebiet, das sich in den letzten Jahren in den Strafuntersuchungen aufgetan hat. Dazu gibt es weder in einem Gesetz klare Regeln, noch hat ein Gericht in der Schweiz bisher darüber entschieden. Es gibt mehrere offene Fragen: Muss der Staatsanwalt ein Rechtshilfeersuchen an das Land schicken, in dem der Server liegt? Was macht der Staatsanwalt, wenn gar nicht bekannt ist, wo sich die Daten befinden? Darf der Staatsanwalt vom Konzernsitz aus diese Daten forensisch sichern lassen, auch wenn sie sich nicht in der Schweiz befinden oder man überhaupt nicht weiß, wo sie gerade sind?

Werden die Daten nämlich nicht korrekt erhoben, sind sie vor Gericht nicht verwertbar. Darüber wird in Zukunft zwischen Staatsanwalt und Verteidiger viel gestritten. Der Staatsanwalt muss laufend über das Vorgehen der Datenerhebung entscheiden, und er geht damit je nachdem ein Risiko ein. Die Verteidigung wird einwenden, die Daten seien nicht korrekt erhoben worden. Es wird jedoch Jahre dauern, bis ein Gericht beziehungsweise schließlich das Bundesgericht über solche Rechtsfragen und Risiken endgültig entschieden hat. Und so lange hängt neben dem Beschuldigten und weiteren Betroffenen auch der Staatsanwalt in der Schwebe.

*Das heißt, mit der Globalisierung ist es deutlich schwieriger geworden, an
relevante Daten heranzukommen und Unternehmen zu kontrollieren?*

Richtig! Globalisierung und Digitalisierung haben völlig neue Dimensionen in die Strafverfolgung gebracht. Mit der Digitalisierung werden Zeit, Raum und Hierarchien durchbrochen. Das ist eine große Herausforderung für die Strafverfolgung. Noch ist nicht überall restlos geklärt, wie damit umzugehen ist. Wirtschaftskriminelle können sich in der Zwischenzeit einen Vorsprung erarbeiten. Auf staatlicher Seite erfordert der Umgang damit hoch spezialisierte Fachleute, die ihren Preis haben. Schaue ich zudem als langjähriger Präsident der Comeco in die Runde der Wirtschaftsstaatsanwälte in der Schweiz, so kann ich mit aller Deutlichkeit festhalten, dass die Schweiz für komplexe Wirtschaftsverfahren von den Ressourcen her gesehen immer noch unterdotiert ist.

*Die Strafverfolgung ist also schwieriger geworden. Und wie sieht es mit
der Selbstkontrolle der Unternehmen aus? Hat sich diese verbessert?*

Ich weiß es nicht. Das schönste Papier über ethisches und moralisches Verhalten eines Unternehmens hat nur eine Relevanz, wenn es von den eigenen Mitarbeitenden umgesetzt wird. Es darf also nicht auf Löhne, Boni, Geschäftsabschlüsse oder Umsätze ankommen. Das ist in der Wirtschaft weltweit jedoch ein Hauptthema. Manche Leute sind stark geldorientiert und nehmen das Risiko auf sich, Abschlüsse krimineller Art zu forcieren, damit sie mehr verdienen. Das Risiko, entdeckt zu werden – mit allen entsprechenden internen und externen Konsequenzen –, wägen sie dabei ab. Dabei ist es keineswegs zwingend, dass die Unternehmensleitung davon weiß. Die Leitung setzt aber die Parameter.

*Bedeutet das, dass das Strapazieren der Konkurrenz auch Missbräuche
fördert?*

Die Konkurrenz zwischen Unternehmen und zwischen Ländern, das ist schon ein Thema. Sie verleitet naturgemäß dazu, die Grenzen davon auszureizen, was in einer freien Wirtschaft möglich ist. Dass es da schwarze Schafe gibt, ist völlig klar. Sie machen eine Risikoabwägung, wie wahrscheinlich es ist, entdeckt zu werden. Sie beziehen ebenfalls in ihre Abwägungen mit ein – falls sie entdeckt werden –, ob es überhaupt zu einer Anklage kommt und wenn ja, ob das Gericht dann auch einen Schuldspruch fällen wird. Der Weg dahin ist sehr lang.

Große Unternehmen haben auch gute Anwältinnen und Anwälte.
Macht das die Kooperation einfacher oder schwieriger? Lassen sich so
eher heikle Geschäfte kaschieren?

Wenn große Unternehmen in irgendeiner Art in eine Strafuntersu-
chung involviert sind, werden häufig große Anwaltskanzleien mit sehr
erfahrenen Rechtsanwälten mandatiert. Das kann das Prozedere aus
Sicht des Staatsanwaltes komplizieren. Es steht in so einem Fall unter
Umständen einem einzigen Staatsanwalt eine größere Anzahl von Anwälten gegenüber.

Und dann geht es primär nicht mehr darum, die Wahrheit zu finden?

Was ist die Wahrheit? Ein Anwalt vertritt primär seinen Mandanten
und nicht den Rechtsstaat. Er muss mit legalen Mitteln alles unternehmen, was seinem Auftraggeber dient, sonst hat er ein Haftungsproblem.
Dabei geht es auch um sehr viel Geld und um den Ruf eines Unternehmens. Als Folge davon ist heute die Konfrontation viel häufiger geworden.
Die Verteidiger treten heute öfter viel aggressiver auf als noch vor fünf bis
zehn Jahren. Bewusst wird auf den »Mann«, also den Staatsanwalt, gespielt. Es können je nach Fall auch Medien und Politiker aktiviert werden,
sodass der Staatsanwalt noch einer weiteren »Front« gegenübersteht.
Schuldeingeständnisse gibt es im Bereich der Wirtschaftskriminalität
praktisch nicht. Wenn ein Verteidiger überzeugt ist, dass man seinem Mandanten etwas nicht genügend beweisen kann, obwohl sein Mandant ein Vergehen begangen hat, dann setzt er auf die Strategie der Konfrontation. Ist
die Beweislast erdrückend, wechselt der Verteidiger zur Kooperation. Für
diese Strategien wird er von seinem Mandanten ja auch honoriert. Hinzu
kommt aus meiner Sicht auch die Entwicklung von einer materiellen zu einer formellen Wahrheit. Dafür steht auch die neue Strafprozessordnung.

Kann es sein, dass solche berechnenden Verhaltensweisen eher zunehmen?

Ja, ganz klar. Das ist eine kulturelle Entwicklung. Treu und Glauben
sowie Anstand nehmen eher ab. Wer rücksichtslos und frech ist und den
längeren Atem hat, setzt sich heute eher durch. Gute PR gehört auch dazu.

Wie sehen Sie die künftige Entwicklung in der Schweiz
bezüglich der Wirtschaftskriminalität?

In den letzten zehn Jahren ist viel geschehen, um die Wirtschaftskriminalität zu bekämpfen. Wir sind heute aufseiten der Strafverfolgungs-

behörden besser aufgestellt als vor zehn Jahren. Aber das reicht nicht. Auch, weil gewisse Geldtransfers neu über andere Wege laufen oder gar nicht existieren, weil Geldgeschäfte als Kompensationsgeschäfte via irgendwelche Broker irgendwo auf der Welt laufen. Da sind die Ermittlungen extrem schwierig geworden.

Auf kantonaler Ebene scheint die Sachlage etwas weniger kompliziert zu sein. Alfredo Fabbri, der oberste Staatsanwalt von Basel-Stadt, erläuterte das im Gespräch mit mir (21.5.2015) und Domenico Scala, der bei der Fifa das Wahlprozedere für das Präsidium leitete. Alfredo Fabbri wies zunächst auf die Schwierigkeit der Staatsanwaltschaft hin, Aufklärungen vorzunehmen, an denen die involvierten Parteien kein Interesse hätten. Danach führte er auf meine Nachfrage weiter aus, die Staatsanwaltschaft könne nur im Rahmen eines formellen Verfahrens – also beim Vorliegen eines Tatverdachts – von Banken »etwas in Erfahrung bringen«. Das heißt, erst nach der Eröffnung der polizeilichen Ermittlungen bzw. der staatsanwaltschaftlichen Untersuchung sei es der Staatsanwaltschaft, basierend auf der StPO, möglich, Handlungen gegenüber Banken durchzuführen, um von diesen etwas zu erfahren.

Bezogen auf Banken, gebe es mannigfache Möglichkeiten, und diese würden je nach Konstellation variieren: Denkbar sei, dass ein Bankkunde als Täter einer Straftat infrage komme und seine Kontobeziehungen von Interesse sei: In solchen Fällen erlasse die Staatsanwaltschaft eine sogenannte Editionsverfügung, in welcher sie die Bank auffordere, ihr detaillierte Auskünfte über das entsprechende Konto zu geben. Dabei gehe es also um die Klärung von Fragen wie wirtschaftliche Berechtigung an den Vermögenswerten, Bezugsberechtigung und so weiter. Oder es gehe um die Herausgabe einer detaillierten Transaktionsliste des Kontos, aus welcher ersichtlich werde, wer wann welchen Betrag ein- oder auszahlte. Die Banken könnten die Edition nicht unter Berufung auf das Bankgeheimnis verweigern, da dieses im Strafverfahren keinen Vorrang genieße. Sie seien aber aus vertraglicher Bindung zum Kunden gleichzeitig verpflichtet, diesem von der Verfügung Kenntnis zu geben. Es sei denn, und das wäre die Ausnahme, die Staatsanwaltschaft erlasse ein Mitteilungsverbot, um diese Information – vorerst – zu verhindern. Die Staatsanwaltschaft erlasse also diese Editionsverfügungen, sie setze sie nicht unmittelbar durch, indem eine Delegation zur Bank gehe und dort direkt etwas beschlagnahme. Diese Praxis sei bestens bewährt, die Banken lieferten die Dokumente relativ schnell. Dem Ergreifen von Rechtsmitteln gegen solche Editionsverfügungen sei sehr selten Erfolg beschieden. Auch denkbar seien Vermögenssperren zwecks Sicherung der betroffenen Vermögenswerte im Strafverfahren: In diesen Fällen sei es Ziel, die Vermögenswerte dem Täter wegzunehmen und, sofern sie aus Vermögensdelikten stammen, den Geschädigten zurückzuerstatten. Dazu bedürfe es eines eigenständigen Einziehungsverfahrens.

Falls der Bankkunde Opfer sei, so gelte es zu unterschieden: »Ist die Täterschaft nicht in der Bank zu suchen, also beispielsweise in Fällen von Phishing, dann leistet die Bank auf Verfügung hin wertvolle Mitarbeit bei den Ermittlungen der meist aus dem Ausland agierenden Täterschaft, indem sie uns zum Beispiel Mails zur Verfügung stellt, welche den gefälschten Auftrag beinhalten, oder Kontakt mit dem ausländischen Bankinstitut aufnimmt, zugunsten dessen der Deliktsbetrag verschoben wurde. Dadurch wird oftmals die Auszahlung noch rechtzeitig verhindert. Eine solche schnelle Vorgehensweise ist dem Justizweg verwehrt, muss doch erst ein internationales Rechtshilfeersuchen gestellt werden, dessen Bearbeitung sich oftmals verzögert mit dem Resultat, dass der Deliktsbetrag für immer zusammen mit der meist unbekannten, da mit gefälschten Dokumenten agierenden Täterschaft, weg ist.«

Falls der Täter in der Bank zu suchen sei, führte Fabbri weiter aus, sei die Stellung der Bank heikel: Die Bank als solche könnte nämlich, sollte das Verbrechen keiner bestimmten natürlichen Person nachweisbar sein, möglicherweise zur strafrechtlichen Verantwortung gezogen werden. Als »beschuldigter Person« stünden der Bank indes die diesbezüglichen Rechte zu, insbesondere müsse sie dann nicht mehr mit den Strafverfolgungsbehörden kooperieren. Hingegen riskiere sie dann natürlich, dass die von der Staatsanwaltschaft benötigten Informationen direkt mittels Hausdurchsuchung und Beschlagnahme erhoben würden.

Recht und Politik

»Wir wollen keine fremden Richter.« Dieser Ausspruch ist in politischen Debatten oft zu hören. Dies auch im Sinne von: Wir wollen Schweizer Recht, kein EU-Recht. Und schon gar kein amerikanisches Recht. Eine Verfassungsinitiative der SVP, die sogenannte Selbstbestimmungsinitiative, will nun den Vorrang des Schweizer Rechts vor internationalen Vereinbarungen regeln. Ich interviewte dazu den Rechtswissenschaftler Jörg Paul Müller. Er studierte Rechtswissenschaften an den Universitäten Genf und Bern und schloss seinen Master of Law an der Harvard Law School ab. 1964 promovierte er mit einer Arbeit über die Grundrechte der Verfassung und den Persönlichkeitsschutz des Privatrechts. 1971 habilitierte er über den Vertrauensschutz im Völkerrecht. An der Universität Bern lehrte er dann als Ordinarius für Öffentliches Recht und Rechtsphilosophie. An den Universitäten Freiburg, Basel, St. Gallen und an der ETH Zürich engagierte er sich als Lehrbeauftragter für Verfassungsrecht, Staatstheorie und politische Ethik. Von 1976 bis 1983 wirkte Jörg Paul Müller auch nebenamtlich als Richter des Schweizerischen Bundesgerichts. Zudem präsidierte er die Unabhängige Beschwerdeinstanz für Radio und Fernsehen (UBI). Mit Luzius Wildhaber zusammen erhielt Müller 1999 den Marcel-Benoist-Preis.

*Jörg Paul Müller, wie schätzen Sie die Selbstbestimmungs-
initiative der SVP ein?*
Eine Annahme der Initiative würde die Glaubwürdigkeit der Schweiz als internationaler Vertragspartner ganz allgemein erheblich schwächen. Denken Sie nur an die Bestimmung, wonach in der Schweiz nur noch solche internationalen Abkommen verbindlich wären, die dem Referendum unterstehen. Das unausgesprochene Hauptmotiv der Initianten ist die Ablehnung der Rechtsprechung des Europäischen Gerichtshofs für Menschenrechte. Besonders einige Entscheide im Bereich des Migrationswesens werden als unerlaubte Einmischung in die schweizerische Ausländergesetzgebung empfunden. Dabei geht vergessen, in wie vielen Fällen der Gerichtshof in Straßburg zu heute völlig unbestrittenen Weiterbildungen der Schweizer Rechtsordnung etwa im Bereich des Prozessrechts oder der persönlichen Freiheit (Haftrecht, Anstaltseinweisung) beigetragen hat. Eine Annahme der Initiative würde zu krassen Konflikten mit

der Menschenrechtskonvention führen, was letztlich die Ablösung der Schweiz vom europäischen Menschenrechtsschutz bedeuten würde. Dies wäre nicht nur eine Schwächung des europäischen Menschenrechtsschutzes, sondern es wäre für die Schweiz selbst ein ganz besonderer Verlust. In der Schweiz besteht auf Bundesebene – im Gegensatz zu den klassischen Anforderungen an einen ausgebauten Rechtsstaat – keine Verfassungsgerichtsbarkeit. Auch gegen tief greifende Menschenrechtsverletzungen besteht kein Schutz innerhalb der Schweiz, wenn der Bundesgesetzgeber solche anordnet. Heute bleibt einer verletzten Person nur die Anrufung des Menschenrechtsgerichtshofs in Straßburg. Dieser erfüllt damit – sozusagen stellvertretend – eine wichtige, für einen Rechtsstaat unerlässliche Funktion.

Für etliche sogenannt »einfache Leute« scheint diese Initiative eine gewisse Plausibilität zu haben. Können Sie das nachvollziehen? Und was sagen Sie, wenn Sie am Stammtisch hören: »Wir wollen doch keine fremden Richter!«?

Die Initianten haben mit einem gewissen Erfolg suggeriert, die Schweiz sei durch fremde Richter bedroht. Davon kann man reden, wenn ein Land von fremder Herrschaft besetzt wird und das Recht des Besetzers durch seine Gerichte durchgesetzt wird. Von solcher Fremdherrschaft kann bei der Menschrechtskonvention keine Rede sein. 47 europäische Staaten haben beschlossen, ein Minimum des Menschenrechtsschutzes in allen Staaten sicherzustellen, und zwar nicht nur durch feierliche und unverbindliche Erklärungen, sondern durch ein gemeinsames, von staatlichen Weisungen unabhängiges Gericht, an das sich alle Menschen wenden können, die sich in ihren Rechten verletzt glauben. Das Gericht ist ein gemeinsames Gericht der beteiligten Staaten, und in allen Fällen, in denen die Schweiz betroffen ist, wirkt der von der Schweiz gestellte Richter oder die Richterin mit.

Ist für Sie die Europäische Menschenrechtskonvention über alle Zweifel erhaben? Stehen Sie vorbehaltlos hinter der Rechtsprechung des Europäischen Gerichtshofes?

Die Europäische Menschenrechtskonvention hat zur Aufgabe, die Achtung der wichtigsten Menschenrechte so, wie sie sich nach den Gräueln der Weltkriege und der totalitären Regime im 20. Jahrhundert herausgebildet haben und anerkannt wurden, in ganz Europa sicherzustellen und damit ein Bollwerk gegen neue totalitäre Entwicklungen in Europa zu errichten. Die Konvention ist, geschichtlich gesehen, primär eine Antwort auf die furchtbare Willkürherrschaft in den Nachbarstaaten in den Zeiten von Faschismus und Nationalsozialismus. Für die Schweiz ist die Abwehr neuer totalitärer Herrschaft ein existenzielles Anliegen. Die Konvention ist ein Faktor der Friedenssicherung in Europa nach der jahrhundealten Kriegstradition unter den europäischen Staaten. Einzelne umstrittene Entscheide des Gerichtshofs, die nicht durch einen hinreichenden Konsens in der europäischen Öffentlichkeit getragen sind, vermögen niemals das Vertragswerk als Ganzes zu diskreditieren. Unter den Hunderten von Entscheiden ist mir kein einziger Fall bekannt, bei dem man sagen könnte, es liege ein krasses Fehlurteil vor oder einem Menschen sei deutlich Unrecht zugefügt worden. Anderseits ist wichtig, dass die Urteile aus Straßburg nicht unkritisch hingenommen werden; es braucht eine Auseinandersetzung auch in der Öffentlichkeit, damit problematische Urteile korrigiert und wichtige weitere Impulse für die Rechtsprechung aus der demokratischen Gesellschaft vermittelt werden können. Die Konvention selber wird ständig weiterentwickelt, etwa durch Zusatzprotokolle, an denen die Schweiz mitwirkt und die sie anerkennen (ratifizieren) muss, damit sie für die Schweiz wirksam werden.

Sehen Sie Möglichkeiten, wie die Schweiz aktiv an der weiteren Ausgestaltung des europäischen Menschenrechtsschutzes mitwirken kann?

Ich sehe drei wichtige Mitwirkungsmöglichkeiten: Erstens ist bei der Auswahl der Richter, die wir für den Gerichtshof vorschlagen, größte Sorgfalt geboten und ebenso bei der Wahl anderer Richter, bei der die Schweiz innerhalb des Europarates mitwirkt. Von der Qualität der Richter hängt zu einem großen Teil die Qualität der Rechtsprechung ab. Die Wahlverfahren müssten viel transparenter werden und breiter abgestützt sein. Dadurch würde den Schweizer Richtern auch ein stärkerer Rückhalt in der öffentlichen Meinung der Schweiz gegeben. Zweitens ist das Bundesgericht sozusagen Dialogpartner des Straßburger Gerichts. Es hat sich ständig mit der europäischen Rechtsprechung auseinanderzusetzen. Es kann der Straßburger Praxis Impulse verleihen. Es muss bei der Umsetzung von Urteilen des europäischen Gerichtshofs kluge Lösungen zur

Vermittlung der Anforderungen aus Straßburg und der Schweizer Rechtstradition finden. Drittens könnte die Schweiz ihre Mitarbeit in der parlamentarischen Versammlung des Europarats intensivieren; die Schweizer Mitglieder dieses Gremiums müssten stärker kommunizieren, welche Ziele sie verfolgen, und damit die Öffentlichkeit mehr in dieses tragende Organ der Menschenrechtskonvention einbinden. Die Schweizer Parlamentarier, die in der parlamentarischen Versammlung mitwirken, müssten stärker über ihre Arbeit berichten und Rechenschaft ablegen.

Militär: Alt-neue Kaderschmiede?

Von gut 67 Milliarden Franken gab der Bund im Jahr 2015 rund vier Milliarden für die Armee aus. Gegenüber den beiden Vorjahren nahmen die Ausgaben leicht zu und die Diensttage auf knapp sechs Millionen ab. Sie verteilen sich auf 137 710 effektiv Aktive. Der Bestand ist etwas höher, liegt aber mittlerweile unter 200 000 Personen. Es ist nicht lange her, da waren es doppelt so viele. Sechs von zehn potenziellen Rekruten erhalten heute den Stempel: »diensttauglich«. Früher war das auch für die Stellensuche und für die Karriere relevant. Viele der führenden Politiker und Wirtschaftsleute hatten auch einen höheren militärischen Rang. Heute ist das kaum mehr der Fall. Aber immerhin haben noch 10 von 46 Mitgliedern des Ständerates (Stand: Mai 2015) einen höheren militärischen Rang, das heißt mindestens einen Offiziersgrad.

Laut der Studie »Sicherheit 2015« der Militärakademie an der ETH Zürich und des Center for Security Studies, ETH Zürich, die das VBS am 29. Mai 2015 publizierte, soll das Militär bei den jüngeren Männern zwischen dem zwanzigsten und dreißigsten Lebensjahr wieder an Bedeutung gewinnen. Dies im Kontext von Kriegen und sozialen Unruhen in der Ukraine, im Irak, in Syrien, im Kongo und anderswo. Hinzu kommen weltweite soziale Ungleichgewichte, die den eigenen Wohlstand infrage stellen, sowie persönliche Ungewissheiten oder gar Abstiegserfahrungen. Sie verstärken den Ruf nach Ruhe und Sicherheit. Auch bezüglich der Polizei. Da fordern, nebst Rechtsbürgerlichen, auch einzelne Grüne, wie der Baselbieter Regierungsrat Isaac Reber, erhöhte Kontingente. Bei den Exekutiven ist allerdings das Polizeidepartement wenig begehrt. Das Ressort Finanzen ist beliebter. Es erlaubt offenbar mehr Einfluss.

Die NZZ berichtete vom 20.4. bis 20.5.2015 vornehmlich über die Armeereform und die finanziellen Verhältnisse der Armee. Das Budget soll im Rahmen der Weiterentwicklung der Armee (WEA) gesetzlich verankert und gegen Sparmaßnahmen geschützt werden. (NZZ 20.5.2015: 11) Das Verteidigungsministerium will auch neue Kampfflugzeuge beschaffen. Die Nationalrätin Chantal Galladé (SP, ZH) plädiert für ein neues Sicherheitskonzept für den Luftraum. Dieses müsse auf einer intensivierten Kooperation mit umliegenden Ländern aufbauen. (NZZ 16.5.2015: 11)

Auch ein Bericht über den hundertsten Großen Preis der Stadt Zürich hat einen militärischen Hintergrund. Früher absolvierten die Söhne gut betuchter Zürcher Familien ihren Militärdienst bei der Kavallerie, »sie testeten Schnelligkeit wie Ausdauer ihrer Vierbeiner im sportlichen Wettkampf. Das war der Nährboden, auf dem die Zürcher Pferderennen und der Große Preis der Stadt Zürich entstanden«. Seit 1973 findet das Rennen auf der Pferderennbahn in Dielsdorf statt. Mit dem Wechsel zu einer permanenten Anlage wurde die Professionalisierung der Reiter begünstigt: »An die Stelle von Offizieren und Herrenreitern, den späteren Amateuren, rückten zusehends die Profis.« (NZZ 2.5.2015: 48)

Die Armee galt einst als Kaderschmiede. Dies ist heute weniger der Fall. Aber die Armee unternimmt nun Anstrengungen, ihren Einfluss zurückzugewinnen. »Die Führungsausbildung in der Schweizer Armee wurde in den letzten Jahren optimiert, Bedürfnisse der Wirtschaft wurden berücksichtigt«, stellt der Schweizerische Versicherungsverband (2010) fest. Anstelle von Macht ist mehr von vorbildlicher Führung die Rede. Das zeigt sich auch in einem Teilprojekt, das Studierende im Rahmen unserer Studie durchführten. Matthias Buser, Milena Lie Kovatsch und Petra Dokic setzten sich mit dem Einfluss und dem Wandel des Militärs auseinander. Sie interviewten mehrere Kader. Dabei verlagerte sich der Fokus immer mehr auf Führungsfragen.

Die Studierenden interessierten sich für den Einfluss und die Macht der Schweizer Armee auf Wirtschaft und Gesellschaft. Sie fragten: Hat die Armee als Kaderschmiede der Wirtschaft ausgedient, oder steht ihr ein Comeback bevor? Konkret untersuchten sie die Bedeutung eines Offiziersranges für eine Karriere in der Privatwirtschaft. Sie wollten erfahren, ob die militärischen Führungseigenschaften heute noch dem Anforderungsprofil einer privatwirtschaftlichen Laufbahn entsprechen. Die Studierenden führten hierzu vier explorative Interviews mit Führungspersonen auf vergleichbaren Hierarchiestufen. Eine Person kam dabei aus dem Berufsmilitär, zwei aus dem Milizmilitär und wiederum eine nur aus der Wirtschaft.

Was das hierarchische Verständnis betrifft, weisen die Interviews auf Diskrepanzen zwischen Postuliertem und Gelebtem hin. C. D. setzt beispielsweise militärische Führung mit »knallharter Führung« gleich. Befehl und Gehorsam seien nach wie vor ein wichtiger Bestandteil militärischer Führung. Diese Haltung könnte eine Ursache der negativen Resonanz des militärischen Führungsstils in der Privatwirtschaft sein. So sind nach G. H. militärische Hierarchie und Führung eher als Gegensätze zu betrachten. Die starke Formalisierung militärischer Abläufe sowie das Prinzip von Befehl und Gehorsam kämen aus der Krisenfallorientierung des Militärs. Das stellt deren Wert für die privatwirtschaftliche Kaderschmiede infrage.

Wichtige Führungseigenschaften im Militär sind also eine strukturierte Arbeitsweise, die Lagebeurteilung, das Zeitmanagement, Organisationsfähigkeit sowie das strategische Denken. A. B., C. D. und E. F. zufolge lassen sich diese Kompetenzen durchaus auf die Privatwirtschaft übertragen. Dies insbesondere aufgrund zunehmender Stresssituationen in privatwirtschaftlichen Betrieben. G. H. bestätigt das. E. F. betont jedoch, dass sich militärische Führungskompetenzen in der Privatwirtschaft eher negativ auswirken, da doch zunehmend ein kreativer Führungsstil gefragt sei. Ob eine strukturierte Arbeitsweise von Vorteil ist, hängt offenbar von der Unternehmenskultur ab. In Unternehmen, die sich nicht an kreativen Führungskompetenzen orientieren, sind militärische Führungsstile also nach wie vor gefragt. Eine ähnliche Beurteilung ergibt sich in Bezug auf persönliche Eigenschaften. Ein erhöhter Durchhaltewillen, Eigendisziplin, Engagement und Verlässlichkeit sind sowohl im Militär als auch in der Privatwirtschaft gefragt; ebenso eine schnelle und strukturierte Entscheidungsfindung. Im militärischen Führungsstil untervertreten ist das Coaching von Mitarbeitern. Verantwortung und Vorbildfunktion sind indes gefragte Führungseigenschaften im Militär und in der Privatwirtschaft. Unklar erscheint, wie sich eine militärische

Führung auf die Motivation, Kommunikation und den Teamgeist auswirkt. Dass sich Teile der militärischen und privatwirtschaftlichen Führung aufeinander zubewegen, mag sein. Die einen suchen mehr Offenheit,
die andern mehr Strenge. Das passt gut zueinander. Was erstaunt, ist die
Intensität dieser Debatte. So sind auch die Studierenden aus freien Stücken darauf gestoßen. Im Rahmen unserer Studie interessieren weiter vor
allem der Bedeutungswandel des Militärs und die Frage, ob die Werte-
debatte den Bedeutungsverlust kompensieren soll.

»Gehorsam ist noch keine Loyalität«

Brigadier Daniel Lätsch ist als Kommandant der Generalstabsschule für
die Ausbildung der militärischen Führungselite zuständig. Er engagiert
sich auch im Stiftungsrat von Swisspeace für den Frieden. Wir kennen
uns von dieser gemeinsamen Tätigkeit. Und er hofft, dass militärische
Werte wieder mehr zum Tragen kommen (Gespräch vom 13.6.2013).

*Wie sind Sie persönlich zum Militär und zur Macht gekommen? Sie waren
ja einmal Assistent am Historischen Seminar der Universität Zürich.*

Ich meine schon, dass der Werdegang fast jedes Berufsoffiziers eigentlich eine Frage der Sozialisation ist. Ich bin in einer Familie aufgewachsen
im Zürcher Oberland, in einem Dorf mit damals noch unter 10 000 Ein-
wohnern. Ich sage das deshalb, weil die meisten Berufsoffiziere aus Dörfern kommen und nicht aus Großstädten. Das hat wahrscheinlich mit der
Wertehaltung zu tun in diesen Dörfern: Man kennt sich noch. Man hat
eine andere Bindung zu Gesellschaft und Staat. Das ist die eine Seite. Die
zweite Seite: Mein Vater war Lehrer. Ich erlebte ihn als eine außerordent-
lich engagierte Persönlichkeit, die sich für Geschichte, für die Gesellschaft,
aber auch für die Natur interessierte und uns das auch weitergab. Er lehrte
uns, Verantwortung zu übernehmen, und präsidierte auch die Fürsorgebe-
hörde. So kamen häufig Leute zu uns nach Hause, um über ihre schwierige
Situation zu sprechen. Das erfüllte uns mit einer gewissen Betroffenheit.

Werte, ländliche Herkunft, soziales Engagement …

Ja. Die dritte Seite: Mein Vater war auch Offizier und am Schluss
Oberstleutnant. Er stammte aus einer Arbeiterfamilie und gehörte dann
zum Bildungsbürgertum. Er machte als Lehrer aber keine Karriere. Die
Karriere als Offizier hatte für ihn eine soziale Funktion. Das ist für viele

Offiziere so. Sie rekrutieren sich nicht primär aus der sozialen Oberschicht, sondern aus der Mittelschicht und erleben damit einen sozialen
Aufstieg. Mein Vater vermittelte uns das durchaus positiv, und das führte
auch bei mir in der Rekrutenschule dazu, dass ich schon einmal im vor-
deren Glied stand, als es um die Wahl zum Unteroffizier ging. Hinzu kam
das positive Diensterlebnis. Die Kameradschaft ist schon entscheidend.
Zudem hatte ich als Zugführer ein wirkliches Vorbild, den heutigen CEO
der PKZ, Olivier Burger, den Sie jeweils in der Modebroschüre auf der
ersten Seite sehen. Er motivierte mich zusätzlich, Leutnant zu werden.
Und als Hauptmann und Kommandant einer Kompanie kam ich dann
mit verschiedensten Leuten zusammen, die alle ein gemeinsames Ziel
hatten. Das beglückte mich sehr. Parallel dazu studierte ich Geschichte
und erhielt so eine tiefere Einsicht in Machttheorien, aber auch in kriege-
rische Ereignisse. Unter der glatten Oberfläche der Gesellschaft liegt offensichtlich eine Schicht, die jederzeit durchbrechen kann. Ich gebe drei
Beispiele: 1991, beim Ausbruch des Golfkrieges, waren auch in Schweizer
Warenhäusern innerhalb von Stunden die Gestelle mit den Grundversor-
gungsmitteln leergeräumt. Durch Sie und mich. Wenn sich eine Krise abzeichnet, dann kommen die Urinstinkte wieder hervor. Ein zweites Beispiel: Wenn Sie vor dem Balkankrieg nach Jugoslawien gereist wären, hätten Sie gesagt: Die Serben und Bosniaken, das sind absolut zivilisierte
Leute. Sarajevo ist eine multikulturelle Stadt, in der verschiedenste Kulturen problemlos miteinander leben. Innerhalb von wenigen Wochen
brach das ganze Staatsgefüge, aber auch der ganze soziale Frieden auseinander. Man brachte sich zu Zehntausenden gegenseitig auf brutalste Art
um. Und ein drittes Beispiel: Wir gehen heute davon aus, dass die westliche Welt nicht in der Lage ist, untereinander einen Krieg zu führen, weil
wir wirtschaftlich derart miteinander vernetzt sind. Aber haben Sie ge-
wusst, dass Europa vor dem Ersten Weltkrieg wirtschaftlich noch stärker
vernetzt war als um 1980? Trotzdem ist es 1914 zum Krieg gekommen.

Sie betonen die Bedeutung von Werten. Sind diese im Militär stärker
präsent als in der Wirtschaft?

Davon bin ich sehr stark überzeugt. Sie können in einer Firma relativ
rasch verschiedene Hierarchiestufen direkt überspringen und weit oben
einsteigen. Das können Sie bei uns nicht: Wenn Sie in der Armee sind,

dann müssen Sie alle Stufen durchlaufen. Und Werte sind wirklich wichtig. Es geht beispielsweise um Befehl und Gehorsam, aber auch um Respekt denjenigen gegenüber, die wir führen. Um Fürsorge für die Truppe und um Kameradschaft.

Und das sind Werte, die Sie bei den Topbankern weniger sehen?

Wenn Sie die Strategien von Firmen durchlesen, dann können Sie diese mehr oder weniger austauschen. Die sind praktisch überall gleich. Da geht es um Regeln der Zusammenarbeit. Aber wir müssen einen Schritt weiter gehen. Es geht bei uns mehr um Werte wie Loyalität. Und zwar von unten nach oben und von oben nach unten. Gehorsam allein ist noch keine Loyalität. Loyalität gilt gegenüber der Sache, gegenüber Vorgesetzten und gegenüber unseren Nachbarn. Wir können nur zum Erfolg kommen, wenn wir mit unseren Nachbarn erfolgreich zusammenarbeiten. In der Wirtschaft stehen zweckgebundene Ziele im Vordergrund. Im Militär geht es primär um das Vertrauen. Wenn Sie mein Unterstellter sind, dann haben wir eine ganz persönliche Beziehung, und es geht nur, wenn Sie mir vertrauen können. In der Bank müssen Sie vor allem Kennzahlen erfüllen. Da hört es mit dem Vertrauen relativ schnell auf.

Wenn Sie im Militär aufsteigen wollen, brauchen Sie dann nicht auch mehr Ellbogen als soziale Kompetenzen?

Sie brauchen einen gesunden Ehrgeiz. Wie überall, wenn Sie nach oben wollen. Aber »die Ellbögeler« bremsen wir rasch. Wenn jemand Sterne will, muss er viele Assessments durchlaufen.

Hans-Jürgen Wirth nimmt in seiner Habilitation über »Narzissmus und Macht« an, es schwemme oft eher Leute mit wenig sozialen Kompetenzen nach oben.

In der Politik brauchen Sie ja weder eine Eintrittsprüfung noch eine Ausbildung. Das geht in der Armee nicht. Sie brauchen die entsprechende Bildung. Natürlich spreche ich von meiner Erfahrung als Direktor der Militärakademie sozusagen pro domo. Aber die heutige Berufsoffiziersausbildung, zusammen mit der ETH, ist vorbildlich und hervorragend. Auch bezüglich der Werte.

Heißt das, dass im Militär auch die Kontrolle beim Umgang mit Macht besser spielt?

Ja, auf jeden Fall. Einerseits gilt das Primat der Politik. Andererseits wollen und können wir uns keine negativen Schlagzeilen erlauben. Die Medien gestalten ja das Bild von der Armee stark mit.

Die Stärke des Löwen liegt darin, haben Sie einmal gesagt, dass man daran glaubt.

Als Brigadekommandant führte ich circa 12 000 eingeteilte Männer, die viel stärker waren als ich. Da beruht meine Macht insbesondere darauf, dass sie daran glauben. Der Soziologe Max Weber beschrieb ja die Bedeutung des Charismatischen. Das ist wohl heute noch gültig.

Max Weber verstand Macht auch als die Chance und Fähigkeit, seinen Willen gegen Widerstreben durchzusetzen.

Ja, und diejenigen, die heute in den Dienst einrücken, tun das hoffentlich nicht mit leuchtenden Augen, sondern einfach mit Pflichtbewusstsein, mit Verantwortung. Die Soldaten mit den leuchtenden Augen sind mir etwas verdächtig. Machtausübung in der Armee funktioniert also nicht über die Sterne (Gradabzeichen eines Generals), sondern indem die Kader überzeugen. Fachlich und persönlich. Sonst geht das nicht. Wenn die Führung schlecht ist, dann kommt der Widerstand. Und dann häufen sich Strafen. Und Sie können Leute vor Militärgericht bringen, aber das wird Ihnen nicht helfen. Militärische Chefs brauchen soziale Kompetenz, damit die Leute an sie glauben.

Früher war die militärische Karriere von Banken und in der Industrie gefragt. Haben die Unternehmen heute kein Interesse mehr daran?

Insbesondere bei globalisierten Unternehmungen ist der Druck aus der Chefetage groß, dass die Leute präsent sind. Es wird erwartet, dass Sie 24 Stunden Ihr Telefon abnehmen. Wenn Sie längere Abwesenheiten haben wegen Militärdienst, dann ist das ein Nachteil. Das ist zweifellos so. Aber was die Werte betrifft, da haben wir von der Wirtschaft gerade seit der Bankenkrise klare Signale, dass sie wieder verstärkt daran interessiert sind, Offiziere in ihren Leitungsgremien zu haben. Einerseits wegen der systematischen Führungsausbildung, andererseits auch wegen der Wertehaltung der Offiziere. Ich durfte letzthin mit dem Chef der Armee bei der obersten Führung der Roche vorbeigehen. Hier ist ein klares Commitment vorhanden, dass sie wieder vermehrt nicht nur Offiziere, sondern Generalstabsoffiziere in ihren Reihen haben möchten. Es gibt also eine gewisse Kehrtwende. Vor allem für das obere Kader. Beim mittleren Kader bleibt es schwierig. Wenn Sie Jahresziele erfüllen müssen und Ihr Mitarbeiter als Quartiermeister gerade im Militär ist, dann haben Sie ein Problem. Beim oberen Kader gibt es auch eine neue Sensibilität in Bezug auf die Herkunft. Die Anzahl schweizerischer CEOs nimmt wieder stark zu. Sie haben mehr Bezug zur hiesigen Gesellschaft und zur spezifischen Machtbalance in der Schweiz. Ein Brady Dougan versteht vieles in diesem Land nicht.

Sie sehen Anzeichen eine Abkehr von der neoliberalen Phase?

Ich denke schon, dass die neoliberale Phase ihre Spuren hinterlassen hat. Aber ich stelle mit Genugtuung fest, dass sie heute wieder stärker zurückgeht. Die Universität St. Gallen ist heute so weit, dass sie unsere Führungsausbildung anerkennt als Anteil an der Managementausbildung und das mit ECTS-Punkten bewertet. Natürlich, wenn Sie börsenkotiert sind, wenn Sie vierteljährlich Ihren Abschluss präsentieren müssen, dann sind Sie getaktet auf kurzfristige Erfolge. Dann führt es tatsächlich dazu, dass die Werte leiden. Aber die meisten Betriebe sind ja nicht börsenkotiert.

Und wenn die Wirtschaft ihre Macht konzentriert, dann braucht es wieder ein stärkeres politisches Korrektiv?

Dieser Auffassung bin ich in hohem Maß. Aber ich glaube auch, dass in Banken und in den großen Firmen eine Kehrtwende begonnen hat. Was Brady Dougan verdient, hat nichts mit Werten zu tun. So viel kann man gar nicht verdienen. Und da ist es entscheidend, dass die Politik wieder aktiver wird und Einfluss nimmt. Das kriminelle Verhalten von Geldinstituten kann sonst den sozialen Frieden infrage stellen. Hier braucht es mit politischen Machtmitteln ein klares Korrektiv. Das Primat der Politik gilt für mich uneingeschränkt. Am Schluss ist es ja so in der Politik, dass die Mehrheit entscheidet. Demzufolge hat das zu gelten. In Bezug auf die Armee gilt es ohnehin, unbedingt, zwingend. Sonst führt es zu Militarismus. Und das wäre eine Katastrophe. Und da habe ich auch ein gewisses Vertrauen in das Volk. Natürlich gibt es Einflussversuche. Zum Beispiel, indem viel Geld in Abstimmungskampagnen investiert wird. Am Schluss zählen aber doch die Argumente. So viel Vertrauen habe ich in das Schweizer Volk.

Ex-Polizeikommandant: »Ich sagte der Regierung – ohne mich«

Markus Mohler leitete die Basler Polizei von Oktober 1979 bis Mai 2001. Den einen galt er als Hardliner, den andern als zu intellektuell. Damals der Liberalen Partei angehörend, überwarf er sich mit seinem letzten Vorgesetzten, dem freisinnigen Regierungsrat Jörg Schild. Das hatte allerdings nichts mit der Parteizugehörigkeit zu tun, sondern mit dem Einstehen für den liberalen Rechtsstaat.

Am 16. Juni 2014 trafen wir uns im Seminar für Soziologie zu einem ausführlichen Gespräch. Jedenfalls überschritt der ehemalige Polizeikommandant die Parkzeit und nahm so eine Buße in Kauf. Diese fiel allerdings nicht so hoch aus wie die Buße, die sein früherer Mitarbeiter erhielt, als wir zusammen nach einer »Club«-Sendung (SRF) um Mitternacht von Zürich nach Basel fuhren. Da wurde Major M., der später für die SVP kandidierte, wegen übersetzter Geschwindigkeit mit einer höheren Summe gebüßt. Er fürchtete schon, seinen Fahrausweis abgeben zu müssen. So demokratisch funktioniert die Schweiz. Wenn ein Polizeikommandant oder Polizeimajor die Regeln missachtet, ist er gegenüber einem gewöhnlichen Polizeibeamten machtlos.

Markus Mohler studierte Jura, promovierte, absolvierte dann ein Volontariat bei der Staatsanwaltschaft und beim Strafgericht. Danach engagierte ihn der Erste Staatsanwalt. Eigentlich wollte Markus Mohler, der einfach und bescheiden aufwuchs, nur ein ganz normales Anwaltspatent machen und möglichst rasch von den Eltern finanziell unabhängig werden, das heißt ihnen nicht mehr zur Last fallen. Deshalb nahm er auch die Stelle bei der Staatsanwaltschaft an. Trotz gewissen Zweifeln am System. Weil ihm damals in Basel aber alles etwas eng vorkam, plante er einen Auslandsaufenthalt in den USA. 1970 absolvierte er unter anderem (als erster Schweizer und zweiter Europäer) die FBI National Academy, einen Kurs von drei Monaten, der jährlich für Nicht-FBI-Angehörige angeboten wurde. Daneben machte er kurze Praktika bei Polizeidiensten verschiedener Städte. »Vom strafrechtlichen Verständnis her, das dort herrschte, war es aus europäischer Sicht allerdings eher dubios, von der polizeirechtlichen Willkür her sogar sehr dubios.« Zurück in der Schweiz, blieb er noch neun Jahre Staatsanwalt und bewarb sich dann, 37-jährig, auf Anfrage und Empfehlung hin als Polizeikommandant. Er wurde auch gewählt und blieb fast 22 Jahre lang. Mit dem Wechsel zur Kantonspolizei wurde er seinerzeit militärisch in den Sicherheitsdienst der Armee umgeteilt; diese Laufbahn beendete er als Oberst im Führungsstab der Armee. Ende 2000/Anfang 2001 kam es zum Streit mit dem Vorsteher des Justiz- und Sicherheitsdepartements. Dazu Mohler:

»Wir sollten an einem Samstag, 24. Dezember, in der Innenstadt eine Kurdendemonstration à tout prix verhindern, selbst mit Tränengas, falls unumgänglich. Ich sagte dem Regierungsrat: ohne mich. Das sei rechtlich so nicht haltbar, es käme zu einer Verurteilung spätestens durch das Bundesgericht. Das führte zum Knall, und ich ging ein halbes Jahr vorzeitig in Pension.« Drei Wochen später stand Mohler schon für die Direktion für Entwicklungszusammenarbeit (Deza) des EDA in Moçambique im Einsatz als Berater für Justiz- und Polizeireformen. Diverse Projekte folgten im Balkan. Zudem ein Lehrauftrag an der Universität Basel für Sicherheits- und Polizeirecht. Dies auf Anfrage von Ständerat und Rechtsprofessor René Rhinow. Einen weiteren Lehrauftrag nahm Markus Mohler an der Hochschule St. Gallen an. Bis zu seinem siebzigsten Lebensjahr. »Und jetzt genieße ich die völlige Unabhängigkeit.« Als ihn früher die Liberalen als Regierungsrat portieren wollten, lehnte er eine Kandidatur ab. »Ich wäre ein schlechter Regierungsrat gewesen, weil ich sage, was ich denke. Das passt weder zur Partei noch zur Regierung.« Der Liberalen Partei blieb er aber erhalten. Zumindest solange er in Basel wohnte.

Zunächst sprachen Markus Mohler und ich über eine »Erklärung der Muttenzerkurve«. Das sind die besonders engagierten Fans des Fußballclubs Basel. Markus Mohler nimmt die Erklärung anerkennend wahr. Was ihn dabei aber stört, ist die Verniedlichung der Pyrogefahr. Zudem eine gewisse Faszination für Gewalt. Mohler interessiert, was dahintersteckt. Wie bei »unserer gesellschaftlichen Schizophrenie«. Kann man hedonistisch zuschauen, wie die Gewalt in Fernsehprogrammen in großen Mengen zelebriert wird. Wird Gewalt real angewendet, wird sie von den gleichen Fernsehkonsumenten aber entschieden abgelehnt, »man« ist entsetzt. Fernsehprogramme seien jedoch, ganz abgesehen von den Nachrichtensendungen, voller Gewalt, offenkundig, um damit ein weitverbreitetes Bedürfnis zu stillen. Sogar an Weihnachten vor Mitternacht. Was ist an der Darstellung brutaler Gewalt zur Unterhaltung denn so anziehend?«»Gibt es vielleicht heute ein größeres ›Gewaltbedürfnis‹ als nach dem Zweiten Weltkrieg, als die Gewalt so grauenhaft flächendeckend bei uns beobachtbar war? Ich nehme jedenfalls nicht an, dass die Flüchtlinge aus Syrien oder Irak ein Bedürfnis für Gewaltdarstellungen zur Unterhaltung haben.«

Beim Fußball spiele wohl die Gruppendynamik mit. Gewisse Enthemmungen ließen sich in einer Gruppe öfter feststellen. Und der Masseneffekt wirke halt auch bei Fanmärschen zum Stadion. »Für mich stellt sich da die Frage: Wie gehen wir mit diesen Exzessen um? Und den schlechten Vorbildern? Messi verdient 24 Millionen Euro im Jahr. Das ist für mich ebenso undiskutabel wie die hohen Boni der Banker oder anderer Industrieführer, die ja Angestellte sind und nicht Unternehmer, die das gesamte Risiko selber tragen. Weshalb werden solch exorbitante Saläre etwa bei Fußballern als quasi selbstverständlich akzeptiert, sogar bestaunt, bei Wirtschaftsführern aber verurteilt?«

Nach unserem längeren, hier nur angedeuteten Gespräch über Hintergründe der Gewalt fragte ich Markus Mohler noch, wie er die Macht der Verwaltung wahrnehme.

Der Einfluss der Verwaltung habe in den letzten Jahren wohl aufgrund der steigenden Gesetzesflut zugenommen, sagte er. Aber er habe sich gleichwohl mehrmals gegen die Regierung und die Politik durchgesetzt; wobei gerade sein Beispiel zeigt, wie eng diese Bereiche miteinander verknüpft sind. Markus Mohler berichtete von einer Häuserbesetzung an der Bärenfelsenstraße. Langjährige Mieterinnen und Mieter erhielten die Kündigung, nachdem ein Spekulant die Liegenschaft erworben hatte. Der Vorsteher des Polizeidepartements wies Markus Mohler aufgrund eines Exmissionsbefehls des Zivilgerichts an, die Liegenschaft trotz einem völlig widersprüchlichen Sachverhalt und damit dem Fehlen einer genügenden rechtlichen Grundlage räumen zu lassen. Mohler weigerte sich, dies zu tun. Bis ihn ein Beschluss des gesamten Regierungsrates dazu zwang. Er verhandelte dann mit den Besetzern, erklärte ihnen, dass sie nach Auffassung der Polizei eigentlich im Recht seien und die Sache weiterziehen könnten. Das taten sie dann. Sie zogen zunächst unter Beobachtung der Polizei friedlich aus und gelangten bis ans Bundesgericht, das ihnen recht gab.

Ein weiteres Beispiel war der Streik in der Zentralwäscherei. Die Regierung befahl dem Polizeikommandanten, den Streik aufzulösen. Für ihn kam das überhaupt nicht infrage. Das sei eine rein zivilrechtliche Auseinandersetzung, auch wenn der Staat Eigentümer des Betriebs sei. Die Regierung beharrte auf ihrem Befehl. Da bat Markus Mohler den bekannten (jüngst verstorbenen) Rechtsprofessor Frank Vischer, damals u. a. ein Experte für Arbeitsrecht, in die Einsatzzentrale, zusammen mit dem Departementsvorsteher. Vischer erklärte dann dem Regierungsrat, die Polizei dürfe bei so einem gewöhnlichen Streik keinesfalls eingreifen. Und das galt dann. Auch als der Roche-Konzern einmal die Polizei zur Entfernung von Streikposten, die Angestellte nicht am Eintreten hinderten, beanspruchen wollte. Markus Mohler konnte das verhindern. Die eigenen Rechtskenntnisse halfen dabei dem promovierten Juristen. Mit ihrem kumulierten Wissen könne die Verwaltung gegenüber einer zuweilen die Rechtslage zu wenig genau beachtenden Regierung relativ viel durchsetzen und steuern. Mohler kommt über die Frage der Rechtsstaatlichkeit auch »auf den Fall von Professor Mörgeli« an der Universität Zürich zu sprechen. Da habe ein Staatsanwalt, ebenfalls SVP-Mitglied wie der Nationalrat, eine Hausdurchsuchung bei einer Professorin verordnet, die von ihm völlig unverhältnismäßig vollzogen worden sei. Eigentlich müsste man jetzt ein Strafverfahren gegen den Staatsanwalt wegen Verdachts auf Amtsmissbrauch einleiten. Was der Staatsanwalt da angeordnet habe, erinnere mehr an Methoden in einem anderen Land denn an den Rechtsstaat Schweiz. Erhebliche Mängel gebe es in rechtsstaatlicher Hinsicht auch beim Entwurf zum neuen Nachrichtendienstgesetz (mittlerweile vom Parlament teilweise etwas gemildert). Aber es erweise sich als schwierig, Staatsrechtlerinnen und Staatsrechtler dafür zu finden, sich in dieser Sache zu engagieren. Kritische Stellungnahmen in Einzelfällen könnten negative Auswirkungen haben, werde oft befürchtet. Oder rein akademische Publikationen hätten den Vorrang. Dazu befürchte er, dass an den Universitäten mit dem eng geführten Bologna-System die umfassende staatsrechtlich-rechtsstaatliche Bildung zu kurz komme. Das permanente Optimieren einer pragmatischen Studieneffizienz hindere die Studierenden daran, für den Rechtsstaat unverzichtbares Wissen zu vertiefen.

Fatal sei zudem die neue Strafprozessordnung. Sie erhöhe die Machtkonzentration bei der Staatsanwaltschaft. Quasi als Kompensation werde ihr durch überzogene Teilnahmerechte der Parteien die Aufklärungsarbeit erschwert. Die Staatsanwaltschaft ist gleichzeitig Untersuchungsbehörde und Anklagebehörde als Strafbefehlsinstanz (statt eines Strafgerichts). Und zwar für alles, was im Strafverfahren bis zu einer bestimmten maximalen Strafdrohung erledigt werden könne. Das seien über 95 Prozent aller Straffälle. Die frühere Aufgaben- und Gewaltentrennung sei besser gewesen: Zunächst kam die neutrale Untersuchung, dann folgte der Entscheid, ob es zu einer Anklage komme oder nicht. Jedenfalls hatte dann ein unabhängiges, zuvor mit dem Fall nicht befasstes Gericht darüber zu entscheiden. Das sei alles »effizient weggepuscht« worden. Immer mehr komme es zu einer »unreflektierten Übernahme des amerikanischen Systems« bis zum uns eigentlich völlig fremden *plea bargaining,* das heißt zum Aushandeln einer Strafe, dem europäischen Legalitäts- und Gleichbehandlungsprinzip völlig fremd.

Es mache auch den Anschein, dass Verantwortung und Kontrolle in der Politik teilweise offenbar nur beschränkt wahrgenommen werde, wie die in letzter Zeit bekannt gewordenen Korruptionsfälle zeigen. Transparency International taxiere die Schweiz jedenfalls punkto Korruptionsfreiheit möglicherweise etwas zu gut, wofür auch die Intransparenz bei der Finanzierung der politischen Parteien ebenso wie von Abstimmungs- und Wahlkampagnen spricht. »Dabei geht es aber«, so Mohler, »um den politischen Unwillen, für transparente und dem Rechtsstaat gerecht werdende Verhältnisse zu sorgen. Und immer mehr überträgt sodann die Politik als vermeintliche Sparanstrengungen eindeutig hoheitliche Aufgaben (samt Zwangsmaßnahmen) an private Organisationen – eine Durchbrechung des staatlichen Gewaltmonopols als ein Kernelement des Rechtsstaates. Das juristische rechtsstaatliche Gewissen scheint stiller zu werden.«

Strafrichter: »Ich muss das aufdecken«

Wirtschaftsanwälte kümmern sich um juristische Vermittlungen bei Übernahmen, Firmendeals, Konkursen und Vertragsstreitigkeiten. Ihr Geschäft ist im Prinzip konjunkturresistent: In der Hochkonjunktur (bis 2008 und seit 2012) geht es um Übernahmen und Fusionen, in der Krise um Konkurse, Restrukturierungen, Rekapitalisierungen oder Schadensersatz. Hinzu kommt das Abwickeln von bedeutenden Nachlässen, sogenannte Willensvollstreckungen.

Das Begleiten von Fusionen gehört zu den wichtigen Tätigkeiten. Sie sind lukrativ. Wie Konkurse auch. Für die eigenen Honorare reicht die Konkursmasse. Ein jährliches Einkommen von zwei Millionen Franken ist realistisch. Hoch im Kurs sind beispielsweise Mergers & Acquisitions (M&A) und internationales Bankenrecht. Stundensätze zwischen 600 und 1000 Schweizer Franken sind Usus. Anwältinnen und Anwälte mit weniger Prestige verrechnen in Basel etwa 300 Franken pro Stunde, ein Pflichtverteidiger vor dem Strafgericht erhält 200 Franken.

Hohe Anforderungen an die Flexibilität können sich vor allem große Kanzleien leisten. Und davon gibt es in der Schweiz eher wenige. So sitzen oft dieselben Anwältinnen und Anwälte am Tisch. Etwa bei großen Fusionen. Wer diese Marktnische gut bewirtschaftet und hohe Gewinne ermöglicht, erhält noch mehr Mandate. Außenstehende kommen in dieses Business kaum rein. In der Regel sind für die Kanzleien bis zur Hälfte der Mandanten im M&A-Geschäft Stammkunden. Trotzdem herrscht unter den begehrten Wirtschaftsanwälten der Schweiz nur wenig Konkurrenz. Relevanter ist die Konkurrenz aus dem Ausland. Vor allem von angelsächsischen Kanzleien. Schweizer Multis setzen vermehrt auf weltweit agierende Firmen aus Britannien und den USA, die stärker hierarchisiert sind. (*Handelszeitung 19.5.2011*) Die Schweiz orientiert sich zunehmend an ihnen. Sie diszipliniert auch die Ausbildungen an den Universitäten. Topnoten sind Voraussetzung, um Stipendien zu erhalten. Hinzu kommen laut Headhunter Björn Johansson persönliche Merkmale. Dazu gehören Forschheit und Verschwiegenheit.

Ein im Wirtschaftsmagazin *Bilanz* topgesetzter Anwalt behandelte selbstverständlich diskret, mit welchem seiner Kunden er bei unserem Mittagessen telefonierte. Er erzählte bloß, was diesem gerade passierte.

Autofahrend schrieb er eine SMS und kollidierte mit einem andern Auto. O Schreck. Was tun? Das wollte der Kunde von seinem Anwalt wissen. Die Antwort lautete: Lassen Sie das Handy verschwinden, bevor die Polizei kommt. »Aber warum empfehlen Sie ihm nicht einfach, sich zu entschuldigen?«, fragte ich nach. Da schaute mich der Anwalt lange an und sagte: »Entschuldigen Sie bitte, Herr Mäder, aber Sie sind jetzt auch schon in vorgerücktem Alter und unterrichten immer noch an einer Universität; aber so naiv wie Sie kann man einfach nicht sein. Schließlich geht es hier um einen Kunden von mir.« So weit der Anwalt. Und dies im Beisein eines weiteren Kunden, der dem Verwaltungsrat eines großen Schweizer Konzerns vorsteht und amüsiert weghörte. Wirtschaftsanwälte sitzen übrigens ebenfalls in Verwaltungsräten. Die einen sagen, das fördere das Vertrauen und die Bande zur Klientel; andere witzeln, so ließen sich lukrative Konflikte besser verlängern. Große Unternehmen sind jedenfalls bereits bestens mit rechtlichem Know-how ausgerüstet. Das schreckt ab. Und gegen Großbanken wie die UBS und CS prozessieren in Rechtsstreitigkeiten ohnehin nur wenige, weil die Großbanken die Großkanzleien mit Aufträgen versorgen.

Die geforderte Flexibilität der großen Wirtschaftskanzleien hat jedoch den Nachteil, dass die oft beachtlichen Kosten für Infrastruktur, repräsentative Standorte und die notwendigen Mitarbeitenden auch bei harzigem Mandatseingang anfallen. Hier kommen dann die Willensvollstreckungen als willkommenes Gegengift ins Spiel. Sie sind – zumindest waren sie es bis vor ganz kurzer Zeit – eine begehrte Pfründe für angesehene Anwälte und Anwältinnen, die sich dort ohne großen Aufwand und ohne Termindruck sechsstellige Honorare zuhalten konnten.

Alex von Sinner, dessen Familie aus dem Berner Patriziat kommt und der seit vielen Jahren als nebenamtlicher Strafrichter in Basel tätig ist, erzählte mir dazu folgende Geschichte (15.9.2015): Nach dem Tod seines Vaters habe der von diesem eingesetzte Willensvollstrecker erklärt, er dürfte, gestützt auf den Basler Notariatstarif, für seine Tätigkeit als Willensvollstrecker 1 bis 3 Prozent des Nachlasses als Honorar behalten. Aufgrund der langen Geschäftsbeziehungen zum verstorbenen Vater begnüge er sich jedoch mit lediglich einem halben Prozent. Alex von Sinner staunte, denn dieser Willensvollstrecker war kein Notar, und auch ein halbes Prozent hätte ein beachtliches Honorar für eine doch recht übersichtliche Aufgabe ergeben. Deshalb fragte Alex von Sinner beim Erbschaftsamt an, wie viel ein Willensvollstrecker als Honorar nehmen dürfe. Die Auskunft lautete: 1 bis 3 Prozent der Nachlassaktiven. Und da das Gegenüber am Telefon offenbar in der irrigen Meinung war, der Anrufer habe eben gerade ein solches Mandat erhalten, war als Unterton mitzuhören: Greifen Sie ruhig zu, wenn Sie eine solche Gelegenheit erhalten. Daraufhin rief er bei seiner langjährigen Bank an und erkundigte sich, was es die Erben kosten würde, wenn er sie im Testament als Willensvollstrecker einsetzen würde. Die Antwort lautete: nach Aufwand derzeit 250 Franken pro Stunde. Auf sein Erstaunen hin, dass er bisher ganz anderes gehört habe, wurde ihm mitgeteilt, dass erst kürzlich ein Entscheid des Bundesgerichts ergangen sei, das Willensvollstreckerhonorare als Prozentbeträge des Nachlasses faktisch untersage (BGE 129 I 330). Nun begann er zu recherchieren und entdeckte, dass das Bundesgericht bereits 1952 in einem Entscheid festgehalten hatte, Willensvollstreckerhonorare seien in erster Linie aufgrund der tatsächlich erbrachten Leistung und nicht nach dem Wert des Nachlasses zu berechnen.

Davon völlig unbeeindruckt, verlangten aber diverse renommierte Anwälte in Basel weiterhin einen Prozentsatz des Nachlasses als Honorar. Dies belegen Rechnungen, deren Kopien uns vorliegen. So hat beispielsweise ein in Basel höchst anerkannter und auch als Politiker und Kirchenmann sehr geachteter Anwalt und Notar (»für im Wesentlichen das Verteilen eines vorwiegend aus Wertschriften bestehenden Nachlasses unter eine Handvoll Erben«) ein Honorar von inklusive Mehrwertsteuer 964 275 Franken verrechnet. Wenn man weiß, dass es in solchen Fällen zumeist die Bank ist, die die Hauptarbeit bei der Verteilung der Wertschriften gratis oder gegen ein geringes Entgelt erledigt, dann leuchtet sofort ein, dass solche Mandate bestens dazu geeignet sind, die hohen Fixkosten von eleganten Wirtschaftskanzleien oder die politischen und karitativen Nebentätigkeiten einzelner Anwälte querzusubventionieren. Für Anwälte mit guten Kontakten zur vermögenden Basler Oberschicht, zum sogenannten Daig, waren solche Mandate deshalb oft ein wesentlicher Pfeiler ihres Geschäftsmodells. Auch diesbezüglich witzelt man in der Branche und spricht von der »vierten Säule der Anwälte und Notare«.

Nach dem Tod von Lucius Burckhardt anerbot der eine Anwalt seine Dienste aktiv auch der (seither ebenfalls verstorbenen) Witwe Annemarie Burckhardt. Sie wusste aber von dessen Praxis und lehnte dankend ab, wie sie mir vor laufender Kamera schmunzelnd erklärte. Ein anderer Anwalt und Notar, der sonst viel Gutes für unsere Universität tut, entnahm einem anderen Nachlass 600 000 als Honorar und begründete dies auf Nachfrage einer an diesem Nachlass beteiligten und mit Alex von Sinner gut bekannten Person hin damit, dass dies der Basler Notariatstarif so vorsehe. Alex von Sinner reichte gegen beide Strafanzeigen und Aufsichtsbeschwerden bei den Aufsichtsorganen über die Basler Anwälte und über die Basler Notare ein.

Der Präsident der Aufsichtskommission über die Anwältinnen und Anwälte machte es sich einfach und erklärte, dass seine Kommission für solche Beschwerden nicht zuständig sei. Ein Wiedererwägungsgesuch, das hartnäckig an der Zuständigkeit dieser Aufsichtskommission auch bei Willensvollstreckungen festhielt, erhielt zur irritierenden Antwort, dass der Präsident der Kommission – ex officio immer der jeweils höchste Richter des Kantons Basel-Stadt – mit seinem abschlägigen Entscheid nicht etwa eine offizielle Verfügung erlassen, sondern lediglich seine Privatmeinung kundgetan habe. Die Kommission sei sehr wohl zuständig, nur sei an der beanzeigten Sache halt einfach nichts dran. Zufällig gehörten gerade zu jener Zeit beide Anwälte, von denen eben die Rede war, dieser Aufsichtskommission als zwei von insgesamt fünf ordentlichen Mitgliedern an. Und genauso zufällig ist der damalige Präsident dieser Kommission mit der Schwester der Schwägerin des einen verheiratet, weshalb man auch auf privater Ebene Kontakt pflegte. Selbstverständlich haben die beiden Anwälte nicht an den abschlägigen Entscheiden in eigener Sache mitgewirkt. Der Präsident der Kommission hingegen sah offensichtlich keinen Grund, in den Ausstand zu treten.

Nun, die stets weitergezogenen rechtlichen Verfahren füllen inzwischen Bände. Und zum Teil dauern sie noch an. Erfolg war ihnen bisher keiner beschieden. Dies mit oft seltsamen Rechtfertigungen, die mein Vertrauen ins Recht keineswegs stärken. Da stellt, um stellvertretend für viele nur ein einziges Beispiel zu nennen, eine Rekurskammer des Strafgerichtes unter Beteiligung des damaligen vorsitzenden Strafgerichtspräsidenten, mit dem ich über den Panathlon-Club kollegial verbunden bin, fest, das Bundesgericht habe in seinem Entscheid von 1952 die Verrechnung eines sogenannten Wertzuschlages, eines Prozentbetrages der Nachlassaktiven, der zum Aufwandshonorar dazugerechnet wird, explizit zugelassen (Entscheid vom 18. Oktober 2009 zu Rekurs 52/2009, S. 10). In Tat und Wahrheit hatte das Bundesgericht jedoch ausgeführt: »Mit Recht hat die Vorinstanz die Anwendung des vom Kläger Dr. S. angerufenen Anwaltstarifs mit dem dort vorgesehenen Wertzuschlag von maximal 2 % abgelehnt. Der Tarifansatz hat keinerlei Gesetzeskraft und kann keine haben, da es sich dabei höchstens um kantonales Recht handeln könnte, während hier ausschließlich eidgenössisches Recht maßgebend ist (BGE 78 II 123 E.2).«

Dasselbe gilt übrigens auch in Bezug auf den Basler Notariatstarif, den der Basler Regierungsrat Ende 2009 im Zusammenhang mit Alex von Sinners Aktivitäten endlich um die mehr als fragwürdigen 1 bis 3 Prozent der entsprechenden Aktiven für Erbschaftsverwaltungen, Erbteilungen und Erbschaftsliquidationen bereinigt hat. Denn auf diese Tarifpositionen hatten sich die Willensvollstrecker im Zusammenhang mit ihren exorbitanten Honoraren immer wieder, laut Sinner, auf irreführende und gesetzeswidrige Weise berufen. So hat es volle 57 Jahre gedauert, bis die als Willensvollstrecker tätigen Basler Notare die in vielen Fällen völlig unwissenden Erben nicht mehr mit dem Verweis auf den Basler Notariatstarif wohl rechtswidrig, aber weitgehend ungehindert ausnehmen können.

Warum hat dies so lange gedauert, und wie kommt es, dass eine Rekurskammer des Strafgerichts, die damals mit drei Doktoren der Jurisprudenz und einer studierten Juristin besetzt war, eine Begründung des Bundesgerichtes unter der Hand in ihr veritables Gegenteil verdreht, um einen geachteten Basler Anwalt, Notar und Politiker zu schützen? Könnte es daran liegen, dass die Justiz eine zu große Nähe zu den entsprechenden Interessenvertretern pflegt und diese die Aufsicht über ihre eigene Tätigkeit zu stark mitprägen können? Oder liegt es daran, dass es sich hier um das Fehlverhalten und die Gier der eigenen Gruppe, der man sozial verbunden ist, handelt, während man es sich ansonsten gewohnt ist, das Fehlverhalten der anderen, wie zum Beispiel der kleinen Betrügerinnen und Betrüger, zu verfolgen?

Für Alex von Sinner ist es oft nur sehr schwer erträglich, am Strafgericht als Richter im Einsatz zu sein und mitzubekommen, mit welchem zuweilen übermäßigen Eifer die Strafverfolgungsbehörden vergleichsweise kleine Kriminelle verfolgen, und zugleich zu wissen, dass dieselben Leute bei Honoratioren der Gesellschaft, die über Jahre hinweg Millionen von Franken in Form von wohl rechtswidrigen Willensvollstreckerhonoraren an den unwissenden Erben vorbei auf die Seite geschafft haben, beide Augen zugedrückt haben.

»Entweder gehe ich das an und ziehe das bis zum Ende durch«, sagt er deshalb, »oder ich lege mein Amt als Strafrichter nieder. Ein Problem ist, dass die Staatsanwaltschaft in Basel eine nahezu unbeschränkte Macht hat und so gut wie keiner ernst zu nehmenden Kontrolle untersteht. Letztlich bestimmt sie, wo das Strafrecht greifen soll und wo nicht. Was sie nicht vors Strafgericht bringt, wird von diesem auch nicht beurteilt. Da gibt es klar einen großen Ermessensspielraum und eine Praxis: Die Kleinen hängt man und einige Große, in Basel gut Vernetzte, lässt man laufen. Unser Rechtssystem hat gewiss viele Vorteile, doch es gibt Leute, die sind sozusagen immun, weil sie zu viel Macht haben. Es ist wohl mein aristokratischer Affekt, der sagt: Liebe Leute, so kann man allgemein nicht mit Menschen umgehen. Aber ich zumindest kann mich wehren und euch das zeigen. Ich will nicht irrewerden. Es hat mit Selbstachtung zu tun.«

So weit die Geschichte von Strafrichter Alex von Sinner. Seine Sicht ist wichtig und erhellt bestehende Machtgefüge. Dies unabhängig vom Ausgang der gerichtlichen Verfahren.

Dort setzen sich wohl wieder seine prominenten Kontrahenten durch, die oft auf öffentlichem Parkett glänzen und gewiss viel Verdienstvolles leisten. Im Gespräch sind beide scharfsinnig, freundlich zugewandt und interessant. Aber die Honorarfrage ist für mich auch eine ethische. Ich stelle sie hier parteilich. Wohl wissend, dass sich andere Anwälte bei Fusionen und Liquidationen viel mehr bereichern und weniger Gutes tun, wie mir der Ende September 2015 ausgeschiedene (Bundes-)Staatsanwalt Adrian Ettwein (17.6.2015) darlegte.

⊹Zivilgesellschaft, soziale Ökonomie und Stiftungen

Was ist solidarische Ökonomie? Wie verhält sie sich in Bezug auf zivilgesellschaftliche Konzeptionen? Sind Ideen einer sozialen Ökonomie vorstellbar, ohne den Wert Solidarität mit zu berücksichtigen? Und ist eine solidarische Ökonomie immer auch eine soziale? Wir rekurrieren zunächst in einem theoretischen Exkurs auf eine alte Gesellschaftstheorie von Antonio Gramsci (1891–1937). Dieser vertritt eine umfassende Konzeption der Zivilgesellschaft, die wir, adaptiert, mit heutigen Umsetzungsversuchen verknüpfen.

Eine Ökonomie, die sich am Gemeinwohl orientiert, will keine privaten Profite maximieren. Sie versteht sich als soziale Wirtschaft. Der Politikwissenschaftler Christian Felber, der als Lektor an der Wirtschaftsuniversität in Wien unterrichtet, vertritt eine konkrete Konzeption einer Gemeinwohl-Ökonomie. Wir diskutierten mit ihm darüber und fragen nach der Bedeutung dieses Ansatzes.

Für das Gemeinwohl engagieren sich auch gemeinnützige Stiftungen. Dabei interessiert, wie sie Einfluss nehmen. Ist es sinnvoll, viel Geld am Fiskus vorbeizuführen, um damit Gutes zu tun? Und: Was wäre die Schweiz ohne Stiftungen? Die Schweiz zählt zu den Ländern mit den meisten gemeinnützigen Stiftungen in Europa: »Rund 13 000 Stiftungen verwalten geschätzte 70 Milliarden Franken.« (NZZ, 22.4.2015: 25) Ihre Zahl nahm im Jahr 2014 weiter zu.

Zivilgesellschaftliche Option

»Vereine sind die DNA der Schweiz«, so betitelt der Journalist Hubert Mooser in der *Basler Zeitung* (BaZ 19.10.13) das Interview mit dem Parteichef der Christlichdemokratischen Volkspartei (CVP), Christophe Darbellay. Dieser ist in nicht weniger als fünfzig Vereinen Mitglied, wobei das Spektrum von Sport, Musik, Jugend, Gastronomie über Politik bis hin zur Altenpflege reicht. Darbellay sieht in seinen vielzähligen Mitgliedschaften durchaus eine Ursache für seinen politischen Erfolg, da die Aktivitäten auf gemeinsamen Interessen, Werten und Zielen beruhen. Zumindest im Kanton Wallis gehe deshalb keine politische Karriere am Vereinsleben vorbei.

Was bedeutet der Vergleich von Vereinen mit dem Erbgut einer Nation? Der italienische Theoretiker Antonio Gramsci sieht Vereine als Orte zivilgesellschaftlicher Konsensbildung. Diese Konsensbildung ermöglicht einen Herrschaftsmodus, der nicht primär auf Zwang, sondern auf Zustimmung bzw. Hegemonie basiert. Unsere Mitarbeiterin Saskia Jaeggi (2015: 155) setzte sich mit dieser Herrschaftsform auseinander. Wir nehmen hier, stark verkürzt und als theoretischer Exkurs, einzelne Elemente auf. Sie führen (am Schluss des folgenden Kapitels) auf Christophe Darbellay zurück.

Karl Marx sah den Staat als modernes Produkt, das die Vorherrschaft des Bürgertums garantiert und einen eher repressiven Charakter hat. Antonio Gramsci entwickelte, von Mussolini eingekerkert, in seinen *Gefängnisheften* ein umfassenderes Verständnis des Staates. Er unterscheidet zwischen politischer Gesellschaft und Zivilgesellschaft. Die Zivilgesellschaft umfasst jene Bereiche, die zunächst außerhalb der Ökonomie und des Staates stehen. Dazu gehören Familien, Vereine, Kirchen, Schulen, Universitäten, Thinktanks, Medien und Parteien. Unter politischer Gesellschaft versteht Gramsci die Gesamtheit der staatlichen Strukturen, zu denen die Justiz, das Militär und die politischen Institutionen zählen. Die politische Gesellschaft und die Zivilgesellschaft machen zusammen den integralen Staat aus. »Staat = politische Gesellschaft + Zivilgesellschaft, das heißt Hegemonie, gepanzert mit Zwang.« (Gramsci 2012, H. 6: 783)

Wie also können die Interessen einer Gruppe hegemonial werden, sodass sie über die einzelne Gruppe hinaus Zustimmung erhalten? Hegemoniale Herrschaft erlangt eine Gruppe erst, wenn sie wirklich führend und in der Lage ist, mittels zivilgesellschaftlicher »Hegemonieapparate« wie Bildungseinrichtungen und Medien ihre Interessen auch zu Interessen anderer Gruppen zu machen und als allgemeine Interessen darzustellen. (Gramsci 2012, H. 1: 101) Führung ist für Gramsci also nicht einfach die politische, sondern auch intellektuelle und moralische Führung, und nur beides zusammen kann zu hegemonialer Herrschaft führen. (Laclau/Mouffe 1991: 102) Hegemoniale Kämpfe finden folglich auf ideologischem Terrain statt, wobei Gramsci unter Ideologie eine Art Weltauffassung versteht, die sich aus unterschiedlichen philosophischen Ansichten zusammensetzt, sich im Alltagsbewusstsein der Menschen ablagert, ihr Handeln anleitet und eben dazu führen kann, dass sie sich »freiwillig selbst unterwerfen«.

In zivilgesellschaftlichen Hegemoniebereichen konkurrieren die vielfältigen Philosophien ideologisch miteinander. Die Zivilgesellschaft ist wie ein Boden, auf dem ein widerständiger Samen sprießen kann, sofern ihn andere Pflanzen nicht gänzlich überschatten. Dies bedeutet, dass eine gewisse Kompromissbereitschaft vorausgesetzt wird. Die Anliegen der subalternen Gruppen werden durch Zugeständnisse von der herrschenden Gruppe (zum Beispiel bei Sozialversicherungen) absorbiert und innerhalb der eigenen Rahmenbedingungen transformiert, um weiterhin führend zu bleiben. (Gramsci 2012, H. 1: 101) Demnach bedarf Führung paradoxerweise einer permanenten Veränderung, um Kontinuität sicherzustellen. Der zivilgesellschaftliche Konsens äußert sich auf politischer Ebene durch die Gesetzgebung, das Agenda-Setting oder durch Narrationen, was wiederum dazu beiträgt, diese Ideologien zivilgesellschaftlich zu reproduzieren. Die politische Gesellschaft schützt dominierende zivilgesellschaftliche Ideologien durch formaljuristischen Zwang. (Gramsci 2012, H. 6: 783)

Die Zivilgesellschaft ist quasi die Basis der Herrschaft. Die Hegemonie ist erlangt, wenn die Menschen mehrheitlich von einer Weltauffassung überzeugt sind und sich im praktischen Leben von der Definitionsmacht anderer leiten lassen. Verliert eine herrschende Gruppe die ideologische Führung, kommt es auch zum allmählichen Verlust von Herrschaft. Gramscis Vorstellungen hinsichtlich eines integralen Staats unterschei-

den sich also vom klassischen Bild eines scheinbar absoluten und errati-
schen Marxismus. »Für Gramsci *ergreift* eine Klasse nicht die *Staatsmacht,*
sondern *wird Staat*«. (Laclau/Mouffe 1991: 10) Durch diese Verwandlung einer
Klasse in Staat etabliert sich ein *historischer Block,* der die grundlegende
Hegemonie der Gesellschaft während einer gewissen Zeitspanne kennzeichnet.

Die Ideologien der herrschenden Gruppe werden in den zivilgesellschaftlichen Hegemonieapparaten vermittelt. Bei dieser Vermittlung spielt
die Funktion des *organischen Intellektuellen* eine wichtige Rolle. Nach
Gramsci sind alle Menschen Intellektuelle, »aber nicht alle Menschen
haben in der Gesellschaft die Funktion von Intellektuellen« (Gramsci 2012, H.
13: 1500). Diese Funktion besteht darin, Menschen(massen) zu organisieren.
Organisch deswegen, da die entsprechende Gruppe selbst ihre Intellektuellen ausbildet. Ihr Verhältnis ist also ein unmittelbares, das heißt, die »ele-
mentaren Leidenschaften des Volkes« können nachgefühlt werden, denn
»nur dann ist die Beziehung eine der Repräsentanz« (a. a. O.: 1490). Intellektuelle vermitteln zum Beispiel über Medien die Ideologien der herrschenden Gruppe und organisieren so das Alltagsbewusstsein der Bevölkerung
mit. Gramsci unterscheidet die organischen Intellektuellen von den *traditionellen Intellektuellen,* die quasi wie »Kirchenmänner« historische
Überbleibsel einer früheren herrschenden Gruppe darstellen. Die jeweilige
herrschende Gruppe will möglichst viele organische Intellektuelle ausbilden.

Das Wesen einer Partei definiert Gramsci nicht aus deren Selbstverständnis oder Parteiprogramm, sondern in Hinsicht darauf, wie die Partei mit der sozialen Klasse, die sie vertritt, verbunden ist. Gramsci sieht
die Partei als Nomenklatur einer Klasse. Von einer bestimmten Klasse
abhängig, erneuert und reorganisiert sich die Partei fortwährend. (Gramsci
1967) Gelingt es ihr nicht, sich an die Entwicklung der gesellschaftlichen
Kräfteverhältnisse anzupassen, löst sie sich mehr oder weniger auf.
(Gramsci 2012, H. 13: 1577) In seiner Betrachtung des Risorgimento, also der
Entstehung des italienischen Nationalstaates im 19. Jahrhundert, unterscheidet Gramsci zwei Hauptströmungen. Einerseits die Moderati um
Italiens ersten Ministerpräsidenten, den Grafen Camillo di Cavour: Sie
gaben sich mit der konstitutionellen Monarchie zufrieden. Ihnen gegen-

über stand der Partito d'Azione italiano mit Giuseppe Mazzini und Giuseppe Garibaldi, der eine demokratische Republik anstrebte.

Gramsci kritisiert die linke Aktionspartei, weil sie es versäumt hat, die Anliegen der Volksmassen, vor allem der Bauern und Bäuerinnen, in ihr Regierungsprogramm zu integrieren; ganz anders die dominierenden, eher liberal-konservativen Moderati, die organisch mit den oberen Klassen verbunden waren. Deren Vertreter waren organische Intellektuelle, die selbst der Oberklasse angehörten. Sie waren Großgrundbesitzer, Betriebsleiter und politische Organisatoren in einer Person. Diese organische Verbundenheit übte eine hohe spontane Anziehungskraft auf Intellektuelle anderer Klassen aus. Die Moderati, so Gramsci, hätten als »Avantgarde der Oberklassen« auch die Aktionspartei dominiert und gelenkt, auch indem sie die bekannteren Intellektuellen »absorbierten«.

Vereine als »Erbgut der Gesellschaft«

Nach Gramscis Theorie könnten Vereine sowie alle weiteren zivilgesellschaftlichen Bereiche tatsächlich als »Erbgut« der Gesellschaft angesehen werden. Das »Erbgut« macht jedoch andauernd Mutationen durch, vermittelt durch »organische Intellektuelle«, die dazu beitragen, dass sich der gesamte Organismus auch weiterentwickelt, damit alles so bleibt, wie es ist, respektive sich an den bestehenden Herrschaftsverhältnissen nichts verändert.

Und damit kommt die Soziologin Saskia Jaeggi auf Christophe Darbellay zurück. Er lässt sich als organischer Intellektueller bezeichnen. Er hat durch seine Funktion als Parteichef die Möglichkeit, Massen zu organisieren und seine Weltauffassung in der Bevölkerung zu verbreiten, so etwa durch mediale Kanäle sowie sein Engagement in Vereinen. In dem erwähnten BaZ-Interview hebt er hervor, wie wichtig gemeinsame Ziele und Werte sind. Das deutet auf den Aspekt der Verbundenheit der Partei mit »ihrer« sozialen Klasse hin. Die soziale Klasse, die er und seine Partei vertreten, könnte das »Kleinbürgertum« sein. Dagegen scheint die liberalkonservative Partei auch die grundlegenden Interessen der Wirtschaft zu vertreten. Diese könnte die CVP und die ihr entsprechende Klasse als verbündete Gruppe und Zielobjekt der Hegemonie betrachten. Um als verbündete Klasse oder organischer Intellektueller zu gelten, müssen auch entsprechende Verbindungen zur herrschenden Gruppe bestehen. Christophe Darbellay ist beispielsweise durch seine Präsidentschaft der Interessengemeinschaft IG Mineralwasser, zu welcher auch der Großkonzern Nestlé gehört, mit der herrschenden Gruppe verbunden. So kann er die ökonomischen Ideologien in den Vereinen verbreiten, die Mitglieder von seiner Ansicht überzeugen und zur Hegemonie beitragen.

In der heutigen Schweiz lassen sich, wie Saskia Jaeggi feststellt, Gramscis Grundelemente kaum mehr als klar abgrenzbare Klassen eruieren. Das gilt ebenfalls für seine Vorstellung, dass vornehmlich die gesellschaftlichen Hauptgruppen den Kern der Hegemonie bilden. So ist beispielsweise eine Umweltbewegung nicht einfach dem Proletariat oder der Bourgeoisie zuzuordnen. Es ließe sich aber gerade am Beispiel der Grünliberalen zeigen, wie Umweltschutz sich »organisch« der Hegemonie des Marktes unterordnet.

Gramsci hilft übrigens auch, unsere direkte Demokratie zu verstehen, in der das Stimmvolk immer wieder ökonomische Ideologien und den zivilgesellschaftlichen Konsens legitimiert. Die Vorstellung eines integralen Staates verdeutlicht zudem, wie die zivile und politische Gesellschaft zusammengehören.

Soziale Ökonomie

In Genf weist die Sozial- und Solidarökonomie 35 200 Arbeitsplätze aus. Sie beschäftigt 11 Prozent aller Arbeitnehmenden des Kantons. (Genfer Kammer der Sozialen und Solidarischen Wirtschaft, APRÈS-GE 2015) »Dieser Sektor ist also weit davon entfernt, ein marginales Phänomen zu sein«, sagt Hector Schmassmann, Mitarbeiter am Basler Seminar für Soziologie. Er fasste die Genfer Publikation zusammen. Wir greifen daraus, stark verkürzt, einzelne Aspekte auf.

»Le lien plutôt que le bien«, dieser Ausspruch kennzeichnet die Sozial- und Solidarökonomie. Das heißt: Priorität hat die gesellschaftliche Seite des Lebens, nicht die materialistische. Solidarität bedeutet Kooperation unter Gleichberechtigten. Sie kontrastiert die Marktbeziehung, die sich an Angebot und Nachfrage, Kauf und Verkauf orientiert. Die Sozial- und Solidarökonomie geht auf humanitäre Vereinigungen des 19. Jahrhunderts zurück. Diese engagierten sich für eine demokratische Gesellschaft, die sich auch wirtschaftlich am Prinzip der Gegenseitigkeit orientiert:

über Vereine, Genossenschaften, fairen Austausch und Handel. Seit der Wirtschafts- und Finanzkrise von 2008 nehmen frei gewählte Zusammenschlüsse zu. Und das weit über die Landesgrenzen hinaus, wobei sehr unterschiedlich festgelegt ist, was alles dazugehört. Das verunmöglicht präzise Aussagen. Die konkreten Angaben weisen also nur auf Trends hin. In Europa zählt die Sozial- und Solidarökonomie etwa fünfzehn Millionen Arbeitnehmende. Die rot-grüne Koalition von Staatspräsident François Hollande in Frankreich initiierte ein Gesetz, um den gemeinwirtschaftlichen Sektor zu stärken. Dazu gehören eine vereinfachte Finanzierung und ein Recht der Arbeitnehmenden, marode Betriebe genossenschaftlich weiterzuführen. Frankreich zählt in diesem Sektor bereits 200 000 Unternehmen. Einbezogen sind alternative Banken und Versicherungen sowie Genossenschaften. Die nicht gewinnorientierten Unternehmen beschäftigen 2,3 Millionen Arbeitnehmende. Das sind 10 Prozent aller Erwerbstätigen. Das (Hamon-)Gesetz »für eine soziale und solidarische Ökonomie« vom 31. Juli 2014 spricht allen Organisationen mit assoziativen und genossenschaftlichen Strukturen den »Status sozialer Nützlichkeit« zu. Auch Handelsgesellschaften kommen infrage, wenn sie zehn Kriterien erfüllen. Sie müssen unter anderem Gewinne begrenzen und in das eigene Unternehmen reinvestieren, die Lohnabstände verringern, nicht kotierte Aktien abgeben, die Mitbestimmung und die partizipative Governance ausweiten. (Frémeaux 2011).

Gemeinwohl-Ökonomie

Im Herbstsemester 2013 führten wir eine Vorlesung zum Thema »Macht und Herrschaft: Wer regiert die Schweiz?« durch. Christian Felber stellte an einer Veranstaltung seinen Ansatz der Gemeinwohl-Ökonomie vor. Christian Felber ist, wie ihn Simon Mugier würdigt, ein wichtiger Begründer der Gemeinwohl-Ökonomie (GWÖ). Felber tritt oft in den Medien auf. Sein Hauptwerk, *Die Gemeinwohl-Ökonomie. Das Wirtschaftsmodell der Zukunft* (2010) ist ein Bestseller. Seit 2008 unterrichtet er an der Wirtschaftsuniversität in Wien. Früher engagierte er sich in der globalisierungskritischen Bewegung Attac. Simon Mugier ist wissenschaftlicher Mitarbeiter am Seminar für Soziologie und befasst sich im Rahmen seiner Dissertation zum Wirtschaftswachstum vertiefend mit der Gemeinwohl-Ökonomie. Wir greifen seine Auseinandersetzung mit Christian Felber kurz auf.

Der ursprüngliche Zweck der Wirtschaft liegt in der Produktion lebensdienlicher Güter, die das Gemeinwohl fördern. Heute ist die Produktion für das Gemeinwohl zu einem bloßen Mittel zum Geldverdienen degradiert. Das forcierte kapitalistische Wachstum zerstört die Umwelt und erhöht soziale Ungleichheiten. Das Gewinnstreben und die Konkurrenz dominieren. Christian Felber (2013) will indes »neue Werte für die Wirtschaft« und den Anreizrahmen umpolen (Felber 2012: 35). Er will das Gemeinwohlstreben und die Kooperation unterstützen und Verhaltensweisen belohnen, die dem Gemeinwohl dienen.

Heute ist erfolgreich, wer Geld verdient. Der Erfolg bemisst sich am Mittel, statt am Zweck, wie das die GWÖ anstrebt und auch messen will. Aber wie? Felber geht von einem möglichen Wertekonsens aus. Die Teilnehmenden einigen sich im Rahmen eines Wirtschaftskonvents basisdemokratisch darauf. Sie legen fest, was dem Gemeinwohl dient. Der Konvent erarbeitet eine Matrix. Er legt tabellarisch fest, welche »Berührungsgruppen« (Vertikale: Mitarbeitende, Konsumierende) welche Gemeinwohlwerte (Horizontale: Solidarität, soziale Gerechtigkeit, ökologische Nachhaltigkeit) erbringen. Dort, wo sich die Berührungsgruppen mit den Gemeinwohlwerten schneiden, werden die gemeinwohldienlichen Verhaltensweisen benannt. Schneidet sich zum Beispiel der Wert soziale Gerechtigkeit mit der Berührungsgruppe Mitarbeitende, kann als Verhaltensorientierung etwa gerechte Verteilung des Einkommens gelten. Auf dieser Grundlage lässt sich für jedes Unternehmen eine Gemeinwohlbilanz erstellen. Je höher die Gerechtigkeit bei der Einkommensverteilung ausfällt, desto besser wird das Unternehmen bewertet. Das Punktesystem erlaubt, jedes Unternehmen nach seiner Gemeinwohlrelevanz zu bewerten.

Damit Unternehmen Gemeinwohlpunkte sammeln, sind laut Felber materielle Anreize nötig. Er schlägt günstige Kredite, Steuererleichterungen und eine werbedienliche Sichtbarkeit vor. Die Idee stößt, wie ein Blick auf die GWÖ-Webseite zeigt, auf beachtliches Echo. Die Bewegung zählt über 6000 private Unterstützende und rund 1800 Unternehmen. 300 »Pionier«-Unternehmen erstellten bereits eine Gemeinwohlbilanz. (Felber 2012: 190) Und fünfzehn Staaten erklärten, die GWÖ stärker integrieren zu wollen. Mit der Umsetzung hapert es jedoch. So fehlt auch noch die in Österreich längst geplante »Demokratische Bank«, die (nur) GWÖ-Projekte finanziert und den Zins an der Gemeinwohlbilanz orientiert.

Felbers Konzeption der GWÖ erhält viel Zustimmung. Die sozialistische Linke kritisiert hingegen Felbers (nur vermeintlich?) marktwirtschaftlichen Ansatz, der selbsterklärt jenseits klassenkämpferischen Jargons und ohne direkte politische Verteilungskämpfe gesellschaftliche Transformationen anstrebt. (Vgl. z.B. Zeller 2013) Simon Mugier fragt: Ist es sinnvoll, mit ökonomischen Anreizen die Unternehmen zu besserem Handeln animieren zu wollen? Bleibt das nicht ein zahnloses Bemühen, das sogar noch die kritisierte ökonomische Logik reproduziert und somit dazu beiträgt, dass alles beim kapitalistischen Alten bleibt? Und er verweist auf die Gefahr, die ideelle Tragweite von Christian Felbers Projekt zu unterschätzen und zu verkennen, dass darin mehr »Sozialismus« stecke. Dies aus zwei Gründen: Erstens ist es, wie Mugier weiter darlegt, das Ziel der GWÖ, sozial und ökonomisch dermaßen relevant zu werden, dass jene Unternehmen, die sich nicht gemeinwohlkonform verhalten, keine Überlebenschance mehr haben. Zweitens hat das GWÖ-Projekt nebst dem Anreiz- auch ein Regelsystem, das vorsieht, Kredite zu einem öffentlichen Gut zu machen und die Finanzmärkte zu schließen. Das bedeutet, dass es keine Fonds mehr für die Vermögensverwaltung, keine Börsen, keine Dividenden, Investmentbanken, Derivate, Kreditverbriefungen und Fusionen mehr gibt. Damit sind laut Felber »die wichtigsten ›Spieltische‹ des globalen Finanzkasinos, der globale Finanzmarkt, geschlossen«. (Felber 2011: 70 ff.) Werden die von Felber vorgeschlagenen Postulate umgesetzt, bleibt vom Kapitalismus nicht mehr viel übrig, folgert Mugier. Die Frage, ob sich die GWÖ mit der Marktwirtschaft vereinbaren lasse, bezeichnet Felber selber als »knifflig«. (Felber 2010: 144) Im folgenden Interview erklärt er wiederum, Ziel sei es, den Kapitalismus zu überwinden.

Simon Mugier betont in Felbers Konzeption die Spannung zwischen Anreiz- und Regelsystem. Je nach Akzentuierung erscheint der Ansatz als mehr oder weniger kompatibel mit der Marktwirtschaft. Für Felber ist das demokratische Prozedere wichtig, das letztlich über die Ausprägung befindet. Ob das Anreizsystem die intrinsische Motivation unterlaufe, ist eine weitere Frage, die der Philosoph Michael Sandel in seinem Buch *Was man für Geld nicht kaufen kann* (2012) weiter diskutiert. Er zeigt mit vielen Beispielen, wie materielle Anreize den Gemeinsinn verdrängen und korrumpieren können. Mit Bezug auf die Tugendethik von Aristoteles verweist Sandel aber auch auf die Notwendigkeit politischer Erziehung hin, wie sie in der GWÖ eben über Belohnung vorgesehen ist. Dazu äußert sich auch Peter Ulrich in seiner »Integrativen Wirtschaftsethik«: »Wird die Bereitschaft der ›Normalbürger‹ zur moralischen Selbstbegrenzung entmutigt durch die regelmäßige Erfahrung, dass man als ›anständiger‹ Mensch meistens der Dumme ist, während sich ›clevere‹ Ichlinge schamlos bereichern, so breitet sich in der Gesellschaft bald eine allgemeine Mentalität der moralischen Skrupellosigkeit aus.« (Ulrich 2010: 99) Simon Mugier folgert: »Die Gemeinwohl-Ökonomie birgt, so gesehen, das Potenzial, mit der Umpolung des Anreizrahmens dieser Tendenz zur inneren Korruption entgegenzuwirken und tatsächlich andere Werte zu fördern. Im Zentrum der Felber'schen Gemeinwohl-Ökonomie steht die Abschaffung der Konkurrenz im heute praktizierten marktwirtschaftlichen System. Als Mittel dienen dabei Anreize, die kooperatives, solidarisches und nachhaltiges Handeln belohnen. Ohne Konkurrenz ist es für Felber sogar möglich, den in der Ökonomie wirkenden Wachstumszwang zu beseitigen. (Felber 2011: 55) Die Regeln der Gemeinwohl-Ökonomie sind zudem darauf angelegt, die Macht des Kapitals einzudämmen und demokratische Teilhabe zu fördern. Noch ist das Ganze eine Utopie, wenngleich die (bisher) wachsende GWÖ-Bewegung der Sache eine gewisse Bodenhaftung verleiht.«

Selber bestimmen

Christian Felber kam einmal ins Seminar für Soziologie, um uns seine Vision einer Gemeinwohl-Ökonomie vorzustellen. Wir nehmen hier Auszüge aus unserem Gespräch (vom 7.11.2013) auf.

Sie nehmen an, dass sich Gerechtigkeit immer mehr verabschiedet.
Wie kommen Sie dazu?

Zunächst ganz banal: Die ökonomische und die politische Ungleichheit wachsen parallel. Grund dafür ist, dass immer mächtigere wirtschaftliche Eliten ihre Interessen strukturell durchsetzen, mit einer dreifachen Strategie: erstens mit einer Ideologie, die in der Wirtschaftswissenschaft erzeugt, in die Biologie projiziert und von dort als Biologismus rückimportiert wird. Allem voran die Behauptung, dass der Mensch von Natur aus egoistisch und auf Konkurrenz programmiert sei. Obwohl das empirisch nie belegt wurde, ist das in vielen Köpfen tief verankert wie ein Naturgesetz. Das zweite ist eine Illusion, der die klassische Ökonomie aufsitzt: Sie glaubt immer noch, dass die unternehmerische Freiheit und das regellose Verfolgen des Eigeninteresses von selbst zum Gemeinwohl führe, Adam Smiths »unsichtbare Hand« lässt grüßen. Die Praxis der globalisierten Ökonomie beweist tendenziell das Gegenteil. Selbstverständlich gibt es private Unternehmen, die sinnvolle Arbeitsplätze schaffen, die Umwelt schonen und sich demokratiekonform verhalten: die umfassend das Gemeinwohl fördern. Aber sie erleiden in der gegenwärtigen Wirtschaftsordnung Wettbewerbsnachteile, weil sie preislich höher liegen als die unethische Konkurrenz. Nicht zuletzt deshalb wünschen 80 bis 90 Prozent der Menschen in Deutschland und Österreich eine neue Wirtschaftsordnung. Das nützt aber wenig, denn die dritte Strategie ist die Unterwanderung und Instrumentalisierung des Rechtsstaates. Die Eliten schreiben wichtige Gesetze, Regierungen und Parlamente verabschieden sie: Postdemokratie oder Plutokratie.

Sie streben einen dritten Weg an, um kapitalistische Strukturen zu überwinden?

Ja, ich verwende den Begriff für eine postdualistische Wirtschaftsordnung jenseits von Kommunismus (Sozialismus und Absolutstellung von Kollektiveigentum) und Kapitalismus (Individualismus und Absolutstellung von Privateigentum). Der Kern der Gemeinwohl-Ökonomie sagt: Lassen wir die Extreme hinter uns und bestimmen wir die Wirtschaftsordnung von morgen demokratisch, zum Beispiel: Ja zu Markt und Staat, zur Vielfalt an Eigentumsformen. Ja zum Privateigentum, aber mit Grenzen und Bedingungen. Ja zu Geld und Gewinn, aber nur als Mittel. Vor allem ist uns ein ergebnisoffener Prozess wichtig: So ist etwa das bedingungslose Grundeinkommen kein Bestandteil der Gemeinwohl-Ökonomie. Aber wir sind offen: Die Bevölkerung soll entscheiden, wie sie eine Gemeinwohl-Ökonomie konkret ausgestalten will.

Was ist dabei zentral?

Die Klärung der Werte, Ziele und Mittel des Wirtschaftens. Derzeit werden Ziele und Mittel verwechselt. Die Vermehrung des Geldes ist zum

Ziel geworden und wird überall gemessen – Finanzrendite, Finanzgewinn, BIP –, obwohl es nur das Mittel sein sollte. Das verfassungsmäßige Ziel des Wirtschaftens, das Gemeinwohl, wird auf keiner Ebene gemessen. Wir haben eine Gemeinwohl-Bilanz für Unternehmen entwickelt, die bereits von 250 Betrieben erstellt wurde. Sie misst, wie sehr Unternehmen die Verfassungswerte Menschenwürde, Solidarität, Nachhaltigkeit, Gerechtigkeit und Demokratie leben. Anstelle des BIP schlagen wir ein Gemeinwohl-Produkt vor, das sich aus den zwanzig wichtigsten Zutaten für Lebensqualität zusammensetzt. Für Investitionen sind wir dabei, eine Gemeinwohl-Prüfung zu entwickeln. Die Ergebnisse sollten über die Vergabe von Krediten entscheiden. Das Ergebnis der Gemeinwohl-Bilanz soll über die Wettbewerbsfähigkeit von Unternehmen entscheiden.

Wie kann das erreicht werden?

Wir haben kommunale Wirtschaftskonvente konzeptioniert, über die zunächst die Wirtschaftsordnung und später die Verfassung vom Souverän geschrieben werden soll. Über einen Zeitraum von einem Jahr könnten sich die freien Bürgerinnen und Bürger dezentral versammeln und die zwanzig Schlüsselfragen der Wirtschafts- oder Geldordnung diskutieren und vorentscheiden. Danach entsenden sie Delegierte in den Bundeswirtschaftskonvent, der – aus den dezentralen Vorarbeiten – die finalen Varianten formuliert. Diese werden vom gesamten Souverän »systemisch konsensiert«: Diejenige Variante, die den geringsten Widerstand hervorruft, geht in die Verfassung ein.

Haben Sie vor, sich als Partei zu konstituieren?

Nein, wir verstehen uns als soziale Bewegung. Parteien behindern die Demokratie eher, weil sie eine Konkurrenzdynamik auslösen und zur Machtkonservierung neigen. Wir arbeiten überparteilich, transkonfessionell und international. Die Gemeinwohlorientierung der Wirtschaft ist eine ähnlich universale Grundlage wie die Menschenrechte, die nicht einer Partei zugeordnet werden sollte.

Braucht es für diese Reformen nicht andere Tugenden als heute?

Im Herzen der Gemeinwohl-Ökonomie liegt die menschliche Entwicklung. Wir schlagen neue Inhalte für die Schule vor: erstens Gefühlskunde, damit wir überhaupt wahrnehmen, was wir fühlen, und das auch angstfrei artikulieren lernen. In der Kommunikationskunde geht es darum, mit dem Herzen zu sprechen und zu hören, aber auch das geschlechtsspezifische Gesprächsverhalten zu überwinden. In der Wertekunde werden zum Beispiel Kooperation und Konkurrenz reflektiert und die Folgen bewusst gemacht. Die Demokratiekunde füllt die formale Demokratie mit lebendiger Substanz, sie lehrt konsensorientierte Prozesse gemeinsamer Entscheidungsfindung. Fünf und sechs sind die Sensibilisierung des eigenen Körpers und das Erfahren der Natur. So werden die Menschen sensibler, ganzheitlicher und auch psychologisch autonomer. Wir wissen besser, wer wir sind und was wir brauchen – so kommt die Menschheit eher los vom sinnlosen Streben nach Macht und Erfolg.

So viel zur Gemeinwohl-Ökonomie von Christian Felber. Es wäre interessant, zu erfahren, ob der moderne Kapitalismus einfach Nischen zulässt, die das Kapital kaum interessieren. Recht-auf-Stadt-Bewegungen thematisieren das. Wir gehen in unserer Studie *Urbane Widerständigkeit* (Bürgin et al. 2015) darauf ein. Und was ist mit dem einst zentralen Thema der Selbstverwaltung als eigentlicher Motor einer anderen Ökonomie? Was ist mit kollektiven Finanzierungen, Crowdfunding, was mit Mikrokrediten? Philip Mader (2015), Mitarbeiter am Seminar, setzt sich intensiv damit auseinander. Und was ist mit der Vernetzung tatsächlich kooperativ geführter Betriebe, was mit Tauschsystemen? Wie funktionieren Betriebe konkret, die den Gewinn allen Mitarbeitenden zukommen lassen? Wie gehen sie mit Widersprüchen, die hegemonial kapitalistische Rahmenbedingungen mit sich bringen, um? Lassen diese überhaupt eine wirklich andere Ökonomie zu? Antonio Negri stößt diese Debatte in seinem Buch *Empire* (2002) im Kapitel *Exodus* an. Vielleicht interessiert sie bald wieder mehr Menschen.

Gemeinnützige Stiftungen

Stiftungen unterstützen nach ihrem Selbstverständnis das Gemeinwohl und zivilgesellschaftliche Perspektiven. Sie sind in der Schweiz recht bedeutend. Hier existieren 13 000 gemeinnützige Stiftungen. (NZZ, 22.4.2015: 25) Sie verstehen sich als Teil einer philanthropischen Konzeption. Dabei fragt sich, wie wohltätig gemeinnützige Stiftungen sind. »Ohne Stiftung gäbe es zum Beispiel das Palliativzentrum Hildegard Hospiz nicht«, sagte

mir Henri Gassler. (16.9.2015) Er ist hauptberuflich Direktor des Stiftungs-
rates. Bei unserem letzten Gespräch verantwortete er noch das Personal-
management bei Endress + Hauser. Inzwischen schied er aus der Geschäftsleitung dieses Unternehmens aus, das er heute ganz anders beurteilt als in
unserer früheren Studie *Wie Reiche denken und lenken* (Mäder et al. 2010).

70 000 Stiftungsrätinnen und -räte verwalten ein Vermögen von fünfzig bis achtzig Milliarden Franken. Das sind pro Kopf mehr Gelder als in
der Stiftungshochburg USA. (NZZ 13.4.2010 a) Spenden liegen im Trend. Das
alte, verschwiegene Mäzenatentum weicht offenbar dem publikumswirk-
samen Geben. Neue Praktiken überlagern, was den alten (Basler) Reichtum kennzeichnet. »Me git – aber me sait nyt« (Man gibt, aber sagt nichts).
So lautet das Motto, das keineswegs passé ist, aber etwas in den Hintergrund rückt. Wohltätigkeit sucht auch in der Schweiz zunehmend das
Scheinwerferlicht. Ein Beispiel ist Heinrich Gebert. Er verkaufte 1997,
wohl bemerkt, sein Sanitärtechnikunternehmen Geberit AG für 1,5 Milliarden Franken und finanzierte damit die Gebert Rüf Stiftung. Sie ist,
mit 220 Millionen Franken ausgestattet, die größte Wissenschaftsstif-
tung der Schweiz. Mit dieser Ausstattung lassen sich Akzente setzen.

Die Herrschenden brauchen laut dem Politologen Georg von Schnurbein keine Philanthropen, um an der Macht zu bleiben. Professor Schnurbein leitet das Center for Philanthropy Studies (CEPS) an der Universität
Basel, das unter anderem von der Gebert Rüf Stiftung finanziert wird. Der
Geschäftsführer der Stiftung sitzt auch im Advisory Board des CEPS. Zusammen mit der Geschäftsführerin der Stiftung Mercator Schweiz und
dem Direktor der Christoph Merian Stiftung. Die Öffentlichkeit unterstützt die Stiftungen indirekt mit Steuererleichterungen. Sie kann aber
inhaltlich kaum Einfluss nehmen. Wer eine Stiftung finanziell ausstattet,
bestimmt deren Ausrichtung. Dabei kommt die ältere Generation stärker
zum Zug. Die über 65-Jährigen besitzen derzeit über die Hälfte der privaten Vermögenswerte in der Schweiz. Zählen wir Liegenschaften, Pensi-
onskassen- und Vorsorgegelder dazu, sind das mehr als 2000 Milliarden
Franken. Gut 1000 Milliarden gehen in den nächsten zwanzig Jahren an
die nächste Generation über. Davon dürfte auch ein beachtlicher Teil in
Stiftungen fließen. Anfang 2014 stimmte der Basler Universitätsrat einer
strukturellen Professur zum Stiftungswesen zu.

Die Stiftung ist eine der ältesten Organisationsformen. (Purtschert et al. 2003) In der Antike würdigte die Philosophie die Gründung von Stiftungen als Philanthropie. (von Schnurbein/Bethmann 2010) Später etablierten sich Stiftungen als karitative kirchliche Einrichtungen. Im Mittelalter kamen weitere Stiftungen hinzu, die sich am weltlichen Recht orientierten. In der Schweiz erlangten Stiftungen erst in der zweiten Hälfte des 20. Jahrhunderts eine gesellschaftlich bedeutende Rolle. (Allgäuer 2008) Über 50 Prozent aller Stiftungen entstanden in der Schweiz nach 1993. Über 12 000 gemeinnützige Stiftungen geben heute jährlich etwa zwei Milliarden Franken aus. Wie Stiftungen ihren Einfluss geltend machen, ist wenig untersucht. Die Universität Basel will das nun angehen. Allerdings von Stiftungen gefördert. Das weckt Skepsis. Eine Stiftung lud mich und eine kleine Forschungsgruppe zu einer dreitägigen Besprechung nach Brüssel ein. Die Anfrage lautete, für über eine Million Euro »the Culture of Giving« zu untersuchen. Das bereits angedachte Design war darauf angelegt, die vorbildliche Praxis der Stiftungen zu bestätigen. Das kam für uns wissenschaftsethisch nicht infrage. Forschen heißt entdecken. In aller (Ergebnis-)Offenheit und mit kritischer Distanz auf alle Seiten.

Zur Gründung einer Stiftung bedarf es laut dem schweizerischen Zivilgesetzbuch Art. 80 »der Widmung eines Vermögens für einen besonderen Zweck«. Bedeutend für die Definition einer Stiftung sind somit das Vermögen, der Zweck und die Widmung. Die Mindestsumme des Vermögens muss zum Zeitpunkt der Gründung 50 000 Franken betragen. Stiftungen sind als personifizierte Zweckvermögen zu verstehen. (Sprecher 2006: 135) Das schweizerische Stiftungsrecht (ZGB Art. 80–89bis) wurde 2006 revidiert und noch stärker liberalisiert. Die Gründung einer Stiftung kann durch eine öffentliche Urkunde oder durch ein Testament erfolgen. In der Schweiz ist zwischen öffentlich-rechtlichen und privatrechtlichen Stiftungen zu unterscheiden. Letztere gliedern sich weiter in gemeinnützige Stiftungen, Familienstiftungen, kirchliche Stiftungen, Personalvorsorgestiftungen und Unternehmensstiftungen. Wir konzentrieren uns auf gemeinnützige Stiftungen, die zu 90 Prozent von Privatpersonen gegründet wurden. (von Schnurbein 2009)

Die Begründerinnen und Begründer einer Stiftung sind wichtig. Wer schenken will, muss zunächst nehmen. Stiftende verfügen in der Regel über viel ökonomisches, kulturelles und soziales Kapital. Sie nehmen »sehr oft verantwortungsvolle, hierarchisch höher gestellte Funktionen [wahr]« (Helmig/Hunziker 2007: 9). Die Gründung einer Stiftung setzt eine gewisse Machtposition im sozialen Raum voraus, die durch die Stiftungsgründung gefestigt und erweitert wird. Zudem bieten Stiftungen die Möglichkeit, eigene Wertvorstellungen und Ideale auch über den eigenen Tod hinaus zu verbreiten. Das Fördern verleiht den Stiftenden die (von Michel Foucault beschriebene) Macht, Handlungen anderer zu lenken. (Adloff 2011)

Der Zürcher Financier Daniel Aegerter verkörpert eine neue Generation reicher Wohltätiger in der Schweiz, so David Vonplon in seinem Beitrag »Der gute Spekulant«. (*Tages-Anzeiger* 26.10.2010) Er versucht, die Spendenindustrie mit Prinzipien der Risikokapitalbranche umzukrempeln. Und stellt dafür die Hälfte seines Vermögens von rund einer halben Milliarde Franken zur Verfügung. Aber die Investition muss sich lohnen, der Return on Investment muss stimmen. Gute Projekte sollen nach seiner Auffassung rentieren. Geld erhält, wer bestimmte Auflagen erfüllt. »Viele wohlhabende Menschen interessieren sich für Philanthropie«, bestätigt die NZZ. (20.5.2012: 33) »Vermehrt sehen sie ihr Engagement als Investition an, die eine Rendite bringen soll.« So habe auch die UBS die Zeichen der Zeit erkannt und einen entsprechenden Fonds eingerichtet.

Heutige Stiftende handeln eher nutzenorientiert. Die Stiftung dient der persönlichen Sinnfindung und dem guten Ruf. (Allgäuer 2008) Und die Gesetzesrevision des Stiftungsrechtes erlaubt seit 2006 einen um 20 Prozent höheren Steuerabzug. Sie lässt nun auch Zuwendungen an »bloß teilweise steuerbefreite Einrichtungen als steuerlich zulässige Abzüge« (Sprecher 2006: 168) gelten.

»Macht ist bei uns neutral«

Christoph Merian gründete 1889 die Christoph Merian Stiftung (CMS). Er gehörte zum Basler »Daig« und legte den Stiftungszweck testamentarisch fest. Die Stiftung soll Not lindern und das Wohl der Menschen fördern. (Labhart 2011) Ihre Schwerpunkte sind erstens die Natur, Landwirtschaft und Umwelt, zweitens das Soziale und die Stadtentwicklung sowie drittens die Kultur. Die Stiftung wird zuweilen als Schattenbürokratie und externe Verwaltung von Basel-Stadt bezeichnet. Ihr jährlicher Reingewinn beträgt elf Millionen Schweizer Franken. Ich sprach mit dem Historiker Robert Labhart. (11.6.2013) Er verfasste ein Buch über die CMS, das die CMS finanzierte. Labhart politisierte früher bei den Progressiven Organisationen. Nach seiner Wahrnehmung sind bei der CMS eher linksliberale Haltungen tonangebend. Eine solche Stiftung wie die CMS könne relativ rasch etwas initiieren, sagt Labhart, während andere Projekte, die in die parlamentarischen Betriebe hineinkämen, oft kleingemahlen würden.

Ob die CMS mit ihrer Stadtgestaltung demokratische Prozesse unterlaufe, wollte Ursina Conzelmann im Rahmen unserer Vorlesung »Macht und Herrschaft« (im HS 2013 an der Universität Basel) von der CMS wissen. Stiftungen seien per se undemokratisch und allein dem Stifterwillen verpflichtet, antwortete ein Kommunikationsbeauftragter der CMS. Der Stifter trenne sich zwar von seinem Vermögen, aber er definiere allein, auf welchen Gebieten sich die Stiftung engagiere. Die CMS halte sich jedenfalls stark an das Testament des Stiftungsgründers. Sie beschränke ihre Aktivität auf die vorgegebenen Bereiche, bekräftigte ein Familienvertreter in der Stiftung gegenüber den Studierenden Jeremias Kläui und Simon Montfort (2013), die ihn im Rahmen unserer Vorlesung interviewten.

Umstritten ist das Verhältnis von Stiftung und Staat. Jede gemeinnützige Stiftung beansprucht einen privaten Gestaltungswillen, den sie im öffentlichen Raum geltend macht. Sie setzt steuerbefreite Gelder nicht unbedingt dort ein, wo sie besonders nötig wären. Zudem entziehen sich Entscheide einer direkten demokratischen Kontrolle Andererseits sind Stiftungen gerade deshalb wichtig, weil sie relativ unabhängig und autonom agieren können. Das verleiht ihnen ein Innovations- und Wirkungspotenzial.

Der Dachverband gemeinnütziger Stiftungen der Schweiz lud am 7. November 2013 zum Schweizer Stiftungstag ein. »Stiftungen: kreativ und engagiert für die Gesellschaft«, lautete das Thema. Ich sprach in meinem Beitrag an, was auch die NZZ (27.11.2014: 17) thematisierte: die schwierige Kontrolle der Stiftungen. Bei der Eidgenössischen Stiftungsaufsicht müssen rund ein Dutzend Personen mehrere Tausend gemeinnützige Stiftungen kontrollieren und sich dabei auf das Formale konzentrieren. Sie haben kaum Kapazitäten, um die Herkunft zweifelhaften Geldes zu eruieren. Eine Mäzenin berichtete mir, wie ein Teil ihres wohltätig eingesetzten Vermögens aus beschlagnahmten jüdischen Geldern stammt. Und die Sarasin-Erbin Christine Cerletti-Sarasin erzählte mir (Mäder et al. 2010: 260) offen, lieber mehr Geld an Stiftungen denn an den Staat zu überweisen, dem sie schon genug bezahle.

Kritiken an Stiftungen beziehen sich auch auf teilweise hohe eigene Löhne, Honorare und Spesen. »Rega-Stiftungsräte beziehen fast 300 000 Franken im Jahr«, titelte die *Berner Zeitung.* (www.bernerzeitung.ch 3.11.2012) Seit 2001 stieg die gesamte Entschädigung für das sechzehnköpfige Gremium von 57 000 auf 280 000 Franken. Und die *Basler Zeitung* (27.8.2014) bezeichnete den Verwaltungsrat der Stiftungsaufsicht beider Basel als »Das Kabinett der Abzocker«. Fünf Mitglieder kämen zusammen auf jährlich 126 000 Franken. Ob das so zutrifft? Jedenfalls deuten die Schlagzeilen auf eine erhöhte Sensibilität hin.

Die Denkfabrik Avenir Suisse schlägt in einer Studie (Müller-Jentsch 2014) vor, das Stiftungswesen stärker zu regulieren. (NZZ, 1.10.2014) Zum Beispiel mit einer Ausschüttungsquote. Wie in den USA. Dort verlangt das Gesetz, jährlich mindestens 5 Prozent des Vermögens im Sinne des Stiftungszweckes einzusetzen. Avenir Suisse fordert auch eine griffigere Stiftungsaufsicht. Zudem soll das Bundesamt für Statistik mehr Daten erheben und ein nationales Stiftungsregister einrichten. Dies mit dem Ziel, die Transparenz zu fördern. Die USA veröffentlichen sogar die Gehälter der Stiftungsverantwortlichen. Das erschreckt die Swiss Foundations. Ebenso Georg von Schnurbein vom Center for Philanthropy Studies der Basler Universität. Sie lehnen die Vorschläge von Avenir Suisse weitgehend ab. Einverstanden sind sie indes mit dem Postulat, die Fusionsmöglichkeiten von Stiftungen zu liberalisieren. 85 Prozent der Stiftungen haben ein Vermögen unter fünf Millionen Franken und 80 Prozent keine bezahlten Mitarbeitenden.

Stiftungen tun gewiss viel Gutes. Sie können da und dort den Sozialstaat ergänzen, aber in keiner Weise ersetzen. Die soziale Existenzsicherung darf nie vom Goodwill einzelner Reicher abhängen. Dafür ist die gesamte Gesellschaft verantwortlich. Wichtiger als das individuelle Mäzenatentum ist der strukturelle soziale Ausgleich. Wenn Kapitalgewinne besteuert werden, hat die öffentliche Hand mehr Mittel, um die soziale Sicherheit zu garantieren.

⚜ Denknetze
und Netzwerke

Netzwerke gelten als soziales Kapital. Sie bringen Nachfrage, Unterstützung und Einfluss. Sie reichen vom Kirchenchor über den Fußballverein zu den Ehemaligen der Harvard Business School. Gewerbetreibende, die Mitglieder im Rotary Club sind, erhalten so Aufträge vermittelt. Das veranlasst einzelne Mitglieder, mehr Geselligkeit in Kauf zu nehmen, als ihnen manchmal lieb ist. Die Netzwerke dienen zudem dazu, verbindende Haltungen zu festigen und weiterzukommunizieren.

Antonio Gramsci verstand unter Hegemonie einen Herrschaftsmodus, der nicht primär auf Zwang, sondern auf Zustimmung (Konsens) beruht (vgl. Seite 179). Gramsci orientierte sich daran, wie Haltungen herrschender Gruppen bis zur Basis durchsickern. Damit eine Gruppe die Herrschaft erlangen kann, muss sie ihre Ideologie auch im kollektiven Denken anderer Gruppen integrieren, bis sie das Handeln der Menschen im Alltag steuern kann. Wenn ihr dies gelingt, wird sie führend. Dann bestimmt sie hegemonial die aktuelle Gesellschaft. Wichtig ist beispielsweise das Agenda-Setting (vgl. Nonhoff 2006: 144 f.), das Avenir Suisse laut ihrem früheren Stiftungsratspräsidenten Rolf Soiron »sehr erfolgreich praktiziert« (23.7.2013). Weitere Netzwerke führen von der Mont Pelerin Society (MPS) über das World Economic Forum (WEF) zum Swiss Economic Forum (SEF) und zum Kloster Einsiedeln. Avenir Suisse ist in der Schweiz prominent und in den Medien sehr präsent. Wirtschaftliche Unternehmen geben viel Geld dafür aus, um eigene Prämissen möglichst zu bestätigen. Dabei fragt sich, wem damit gedient ist. Einzelne Studienergebnisse von Avenir Suisse weichen immerhin von Positionen der Economiesuisse ab. Nach dem *Global Go To Think Thank Index Report* liegt die Schweiz mit ihren 71 Denkfabriken an fünfzehnter Stelle in der Länderrangliste. Allerdings umfasst dieser Report eine große Breite an Thinktanks. Er zählt Universitätsinstitute, Menschenrechtsorganisationen, das WEF sowie Forschungszentren privater Organisationen dazu. Christoph Brunner (2014) unterscheidet zwischen akademischen und advokatorischen Thinktanks, zu denen er Avenir Suisse und das Denknetz zählt.

Über die Mont Pelerin Society hinaus

»Im Jahre 2007, als die Finanzkrise wie eine Flutwelle über uns hereinbrach und sich die Welt wieder vermehrt die Frage stellte, wie es überhaupt so weit kommen konnte, erhielt das historische Interesse an den Ursprüngen des Neoliberalismus einen wissenschaftlichen Aufschwung«, schreibt Saskia Jaeggi. (2014) Ihre Rekonstruktion neoliberaler Entwicklungspfade führt in die Westschweiz zum Fuß des Pilgerbergs Mont Pèlerin, wo sich die Geburtsstätte der Mont Pelerin Society (MPS) befindet. (Vgl. Gane 2012: 777) Wir greifen hier einzelne Auszüge und deren theoretische Verknüpfung mit Antonio Gramsci auf.

Die Mont Pelerin Society (MPS) blieb bis in die 1980er-Jahre in der Öffentlichkeit weitgehend unsichtbar. Sie unterstützte einen folgenreichen Denkwandel in den Wirtschaftswissenschaften und der »Währungspolitik«. Dieser führte in den 1970er-Jahren zu flexiblen Wechselkursen und einem freien Kapitalverkehr. (Vgl. Schmelzer 2010: 16) Um Währungen im engeren Sinne handelte es sich also nicht, sondern um das Entfesseln der Finanzmärkte, die nach von Hayek und Friedman selbstregulierend sein sollten. Im Vordergrund stand das Einhegen oder sogar Abschaffen der Bretton-Woods-Institutionen, die auf Keynes zurückgingen, und des Goldstandards. Die frei floatenden Währungen waren mehr eine Folge der Intention, die Finanzmärkte auszuweiten. Die MPS agiert im Verborgenen. Sie scheint daher schwierig zu fassen zu sein. Saskia Jaeggi definiert sie als einen Thinktank, der vor allem andere Thinktanks beeinflusst. Daher rücken wir die MPS hier ins Zentrum. Sie wird auch als »transnationale Weltanschauungsgemeinschaft«, »internationales Elitenetzwerk« oder »Netzwerk konzeptiver neoliberaler Intellektueller mit einer minimalen institutionellen Kernstruktur« charakterisiert. (Har-

tung 2010: 94–95) Laut eigener Homepage (www.montpelerin.org) ist die MPS
eine Vereinigung, deren Mitglieder die gemeinsame Ansicht teilen, dass
die zentralen Werte der Gesellschaft, Freiheit und Menschenwürde, bedroht sind. Die MPS wendet sich gegen totalitäre ideologische Bewegungen, die das Privateigentum und die Marktwirtschaft ablehnen. Eine Gefahr sieht sie auch in »zunehmender staatlicher Regulierung«. Im Kern
bekämpfte die Gesellschaft die keynesianische Wirtschaftspolitik, die
sich nach 1945 durchgesetzt hatte. Schon 1943, mitten im Zweiten Weltkrieg, definierten westliche Staatsmänner die Nachkriegsordnung als bipolar. Der Kampf gegen den Kommunismus bekam Priorität, bevor Berlin gefallen war. Die bürgerliche Politik tendierte zu einem (sozialdemokratisch vermittelten) sozialen Kompromiss. Davon zeugen auch das
Nachkriegsprogramm der deutschen FDP oder das Ahlener Programm
der CDU von 1947, das heute in der SPD schier als linksabweichlerisch
gelten würde. Die Gruppe um von Hayek bekämpfte diese Ausrichtung.
Und die westlichen Alliierten reaktivierten »Persönlichkeiten«, die sich
zuvor mit dem Naziregime recht gut arrangiert hatten.

Der Ökonom Friedrich August von Hayek gründete die MPS im Jahre
1947. Er hegte die Absicht, sein neoliberales Gedankengut wirkmächtig zu
verbreiten. »Wir müssen eine Armee von Kämpfern für die Freiheit heranziehen und trainieren. Wenn wir trotz einer überwältigenden uns entgegenstehenden öffentlichen Meinung daran arbeiten, diese Meinung zu
formen und zu führen, ist unser Fall keineswegs hoffnungslos.« (von Hayek
1947, zit. nach Schmelzer 2010: 16) Rund vierzig Teilnehmende kamen an der ersten Konferenz am Fuß des Mont Pèlerin zusammen. Unter ihnen befanden sich die späteren Wirtschafts-Nobelpreisträger Milton Friedman,
Maurice Allais und George J. Stigler. Die Treffen finden seither in aller
Welt statt. (Hartung 2010: 91) Ohne Medien. Was zur Sprache kommt, ist »off
the record«. Die MPS wollte möglichst unsichtbar bleiben und unterschiedliche wirtschaftswissenschaftliche Schulen vernetzen. Im Vordergrund standen die Österreichische Schule (Ludwig von Mises), die Chicagoer Schule (Milton Friedman) und der Freiburger Ordoliberalismus
(Walter Eucken). Sie sollten ein einheitlicheres Denksystem etablieren.
Dies im Sinne eines flexiblen Wechselkurses und eines freien Kapitalverkehrs. (Vgl. Schmelzer 2010: 124)

Einer der heutigen Direktoren der MPS ist der Schweizer Publizist Gerhard Schwarz. Er amtet als Direktor der Denkfabrik Avenir Suisse. Früher leitete er das Ressort Wirtschaft der *Neuen Zürcher Zeitung*. Ursprünglich kommt er aus der christlichen Soziallehre und der Freiburger Schule. Davon ist seit Langem nur noch wenig zu spüren. Er hält es mehr mit dem angelsächsischen Neoliberalismus, und das war auch schon in seiner NZZ-Zeit so. Mir gegenüber argumentierte Gerhard Schwarz (9.2.2012), wie viel Wert die Arbeit habe, das bestimme der Markt. Im Film *Let's Make Money* (Wagenhofer 2008) würdigte er den enormen Einfluss der MPS-Mitglieder auf die Regierungen von Ronald Reagan und Margaret Thatcher. Hayek selbst (1956 zit. nach Plehwe/Walpen 1999: 7) legte Wert auf institutionelle und mediale Kanäle, um seine Ideen zu verbreiten. Schmelzer (2010: 129–140) dokumentiert, wie die MPS eine neoliberale »Währungspolitik« vor allem über Zielgruppen, Konferenzen, Personen und Institutionen etablierte.

Die MPS richtet ihre Aktivitäten stark auf die wirtschaftswissenschaftliche Gemeinschaft, auf Zentralbankiers, Vertreter der Finanz- und Realwirtschaft, auf Politiker und Intellektuelle aus. Sie stellt durch eine Vielzahl von Publikationen, Diskussionen und mediale Auftritte eine Öffentlichkeit her. Dabei helfen ein komplexes Netzwerk von Ökonominnen und Ökonomen und das Abhalten von Konferenzen. Wichtig sind im Prozess der Hegemonialisierung zunächst die MPS-Mitglieder selbst. Sie qualifizieren sich an Konferenzen und Debatten und bieten sich immer mehr als Fachpersonen einer breiten Öffentlichkeit und als Berater von einflussreichen Personen an. Milton Friedman beriet die amerikanischen Präsidenten Nixon, Reagan, Bush sowie den chilenischen Diktator Pinochet. Als institutionelle Kanäle gelten Institute und Universitäten, Thinktanks und Fachzeitschriften.

Im Jahre 1971 verkündete Präsident Nixon, den Goldstandard zugunsten eines floatenden Dollars aufzuheben. Das führte mit dazu, dass die Kontrollen des Kapitalverkehrs rasant abgebaut wurden und die internationalen Finanzmärkte expandierten. (A. a. O.: 206) Die MPS spielte hier mit. Sie trieb diese Entwicklung an. Darauf weist der Film *Let's Make Money* hin. Er veranschaulicht, wie diese Entwicklungen geplant wurden. »Gramsci hätte dies vermutlich als eine Art neoliberalen Stellungskrieg bezeichnet, welcher die Herrschaft durch die allmähliche Etablierung neoliberaler Ideologien innerhalb zivilgesellschaftlicher Hegemonialapparate und schließlich innerhalb der politischen Gesellschaft eroberte«, folgt Saskia Jaeggi. (2014) Die MPS zählt etwa 500 Mitglieder. Sie verfügt über ein Netzwerk von über siebzig Denkfabriken. Die Treffen finden nach wie vor hinter verschlossenen Türen statt. Im Jahr 2014 fand das General Meeting der MPS in Hongkong statt. Laut der *Süddeutschen Zeitung* (17.5.2010) erhält die MPS derzeit ihre Unterstützung vornehmlich von finanzstarken Lobbygruppen aus den USA. Dazu gehört das amerikanische Cato Institute, das von seinen Geldgebern dafür bezahlt wird, jegliche Klimapolitik zu verunglimpfen. Ein Vertreter des Cato Institute wirkt auch im Präsidium der MPS mit.

Vom WEF zum SEF

Seit bald einem halben Jahrhundert findet in Davos das World Economic Forum (WEF) statt. Das WEF ist eine »gemeinnützige Stiftung« mit Sitz in Cologny im Kanton Genf. Im Vordergrund steht das jährliche Treffen in Davos (Graubünden). Da kommt zusammen, wer in Wirtschaft, Politik oder den Medien Rang und Namen hat bzw. über Macht verfügt. Die über 2500 Gäste diskutieren über globale Fragen. Sie schließen zudem viele Geschäfte ab. Klaus Schwab gründete das Forum 1971. 2015 fand das 45. Treffen statt. Mit Koryphäen aus aller Welt. Das WEF, das auch eigene Forschungsberichte erstellt, gilt wie die Mont Pelerin Society, als Denkfabrik und Netzwerk.

Im Schatten des WEF entstand in den letzten Jahren auch das Swiss Economic Forum. Es tagte 2015 zum neunten Mal – in Interlaken. Es dient dazu, den Austausch zu fördern und neue Ideen zu lancieren beziehungsweise im kollektiven Denken zu verankern.

2006 eröffnete das WEF auch regionale Büros in Beijing (China) und in New York (USA). Das Forum bezeichnet sich als unparteiisch. Es hat Beobachterstatus beim Wirtschafts- und Sozialrat der Vereinten Nationen. Die Stiftungsaufsicht liegt beim schweizerischen Bundesrat. Das Forum will, wie es erklärt, den Zustand der Welt verbessern. Es wird von rund tausend (Mitglieds-)Unternehmen finanziert. Das sind vornehmlich globale Unternehmen mit Jahresumsätzen von mehr als fünf Milliarden US-Dollar. Die Basisgebühr beträgt 42 500 Schweizer Franken pro anno. Hinzu kommen 18 000 Franken für eine Teilnahme am Jahrestreffen. Industrielle und strategische Partner bezahlen zwischen 250 000 und 500 000 Schweizer Franken. In Davos treffen sich jeweils die Vorsitzenden der Mitgliedsorganisationen sowie geladene Persönlichkeiten aus Wirtschaft und Politik. Hinzu kommen weitere Gäste von Nichtregierungs- und religiösen Organisationen sowie Medienschaffende. Bei den Verhandlungen geht es um internationalen Handel, soziale Konflikte und Gegensätze sowie Umweltprobleme.

»Der neue globale Kontext« stand beim 45. Jahrestreffen vom 21. bis 24. Januar 2015 im Zentrum. Konkret ging es um »Krise und Zusammenarbeit«, »Wachstum und Stabilität«, »Erneuerung und Industrie« sowie »Gesellschaft und Sicherheit«. Für die örtliche Sicherheit waren, von Luftstreitkräften unterstützt, mehr Polizisten und Militärs im Einsatz als Gäste. Die Anreise der Teilnehmenden erfolgte unter Aufbietung von 1700 Privatjets. Der Ausstoß an CO_2-Treibhausgas betrug 2500 Tonnen. Zur Prominenz zählten die Chefin des Internationalen Währungsfonds (IWF), Christine Lagarde, sowie vierzig Spitzenpolitiker und -politikerinnen, darunter der italienische Ministerpräsident Matteo Renzi, die deutsche Bundeskanzlerin Angela Merkel und der französische Staatspräsident François Hollande. Der »Sozialist« aus Paris plädierte dafür, »mutig« zu beseitigen, was das Wachstum und die Beschäftigung hemme. Vorrangig gelte es, das Wirtschaftswachstum innerhalb der Europäischen Union zu steigern. So weit der Tenor. Aufsehen erregte die unabhängige Nichtregierungsorganisation Oxfam. Sie problematisierte das zunehmende Auseinanderdriften der Einkommen und Vermögen. Und zwar auf der Grundlage einer eigenen, vom WEF geförderten Recherche, nach der 1 Prozent der Weltbevölkerung mehr Vermögen besitzt als der große Rest. Der Multimilliardär George Soros verwies auf seine großzügigen Gaben. Das WEF ist als Plattform etabliert. Es dokumentiert den Schulterschluss mächtiger Kräfte aus Wirtschaft und Politik. Einzelne Nichtregierungsorganisationen dynamisieren das Geschehen. Die dichte Präsenz mächtiger Personen erlaubt viele Geschäfte. Zahlreiche Partys scheinen den Anlass noch attraktiver zu machen, der stark global ausgerichtet ist, aber auch die weiterhin große Bedeutung nationaler Mächte demonstriert. Die intensivierte Kooperation mindert wohl die Gefahr alter Grenzkriege. Sie ignoriert aber weltweite soziale Gegensätze, die ein erhebliches Spannungspotenzial, Bürgerkriege und viel Leid mit sich bringen.

Das Swiss Economic Forum (SEF) avanciert allmählich zur führenden Wirtschaftskonferenz der Schweiz. Das SEF will vor allem den Austausch und die Vernetzungen zwischen verantwortlichen Unternehmern fördern. Es bezieht auch prominent die Politik und Medien ein. Zudem setzt sich das SEF für Jungunternehmen ein. Der wichtigste Anlass des SEF ist die jährliche Wirtschaftskonferenz. Daran nehmen jeweils rund 1350 CEOs und 120 Medienvertretende teil. Das Augenmerk gilt vor allem der Vergabe des Swiss Economic Award, den jeweils drei Jungunternehmen erhalten.

Die beiden CEOs Stefan Linder und Peter Stähli gründeten das SEF. Die Geschichte begann im Kleinen: Stefan Linder und Peter Stähli gehörten 1993 zu den Organisatoren des Forums der Jungen Wirtschaft in Thun. Dieses entstand nach dem Konkurs der Spar- und Leihkasse Thun, um der Thuner Wirtschaft neue Impulse zu verleihen. Das Forum entwickelte sich in den darauffolgenden Jahren zu einem überregionalen Wirtschaftstreffen. 1998 kam es dann zur Gründung des SEF. Alt Bundesrat Adolf Ogi präsidiert den Advisory Board, in dem nebst Wirtschaftsleuten (Carolina Müller-Möhl, Barbara Rigassi, Peter Urs Naef) auch die Politik (durch die SP-Ständerätin Pascale Bruderer) vertreten ist. Mit dabei sind Radio- und Fernsehdirektor Roger de Weck sowie Thomas Held, der ehemalige Direktor von Avenir Suisse, und David Bosshart, der CEO des Gottlieb Duttweiler Instituts. Die Wirtschaft ist stärker im Steering Commitee vertreten. Zum Beispiel durch den Unternehmer Peter Spuhler, der bis 2012 auch als SVP-Nationalrat politisierte.

Das SEF ist vornehmlich auf die Schweiz fokussiert. »Simplify. Das Meistern von Komplexität« lautete das Konferenzthema vom 4./5. Juni 2015. Bundespräsidentin Simonetta Sommaruga eröffnete das Symposium. Sie würdigte den Wert der selektiven Entschleunigung und akzentuierte das »Simplify« etwas anders, als dies die beiden CEOs des Forums taten. Sie monierten zu viele Informationen, Angebote, Interaktionen, Gesetze, Vorschriften und Reportings. Die Komplexität steige ins Unermessliche. Immer höhere Leistungsanforderungen müssten in immer kürzerer Zeit von immer weniger Personen erfüllt werden. Wer langfristig erfolgreich sein wolle, müsse sich auf das Wesentliche konzentrieren, seine zentralen Erfolgsfaktoren kennen und die vorhandene Komplexität meistern. Einfachheit werde zum neuen Erfolgsfaktor im Unternehmen. So lautete die Botschaft. Ohne vertiefende Analyse.

Ein Panel befasste sich mit dem Thema:»Glück oder Geld? Was die Generation Y wirklich will«, die zwischen 1980 und 1995 zur Welt kam. Laut Hans-Peter Nehmer, Mediensprecher der Allianz Versicherungen, sind die damals Geborenen heute gut ausgebildet, luxusverwöhnt und etwas selbstverliebt:»Sie erweisen sich als anspruchsvolle Mitarbeiterinnen und Mitarbeiter.« Die Leistungsgesellschaft sei ihnen suspekt. Selbstverwirklichung stehe für viele an erster Stelle.»Sie fordern für sich Freiheit, Flexibilität und flache Hierarchien.« Für viele Unternehmen sei die Generation Y deshalb ein Albtraum, für andere hingegen ein Vorbote einer neuen Arbeitswelt. Im Zentrum dieser Debatte standen dann die Fragen: Müssen Unternehmen den hohen Ansprüchen der Generation Y gerecht werden? Was bedeutet der Einzug der Generation Y für ältere Mitarbeitende und den Zusammenhalt im Unternehmen? Sind die Jungen noch willens und fähig, im Team ambitionierte Ziele zu erreichen? Darüber diskutierten an diesem SEF-Anlass, nebst mir, Iouri Podladtchikov (Snowboarder), Christa Rigozzi (Moderatorin und Unternehmerin), Petra Jenner (ehemals Microsoft Schweiz) und Severin Moser (CEO Allianz Suisse). Wichtig schien vor allem auch der Unterhaltungswert zu sein.

Hans-Peter Nehmer, Mediensprecher der Allianz, engagierte sich als Mitorganisator, Promoter und Moderator am Swiss Economic Forum. Ich fragte ihn nach der Bedeutung des SEF. Das Swiss Economic Forum hat sich nach seiner Einschätzung über die Jahre als bedeutendster Wirtschaftsanlass der Schweiz etabliert.»An keinem anderen Schweizer Wirtschaftsanlass tauschen sich wie hier während zwei Tagen nationale und internationale Entscheidungsträger zu aktuellen wirtschaftlichen, technologischen und gesellschaftlichen Themen aus«, antwortete er.»Nebst der Kontaktpflege kann der Austausch im Idealfall auch dazu dienen, wichtige Erkenntnisse in das eigene Unternehmen zu tragen und umzusetzen. Beide Aspekte erachte ich als bedeutende Mittel, wenn es darum geht, die Schweizer Wirtschaft im globalen Kontext fit und langfristig konkurrenzfähig zu halten.« Allianz Suisse unterstütze das Swiss Economic Forum aus verschiedenen Gründen, führte Nehmer weiter aus: »Wir versichern zurzeit über 100 000 KMU. Am bedeutendsten Schweizer Wirtschaftsanlass können wir die guten Kundenbeziehungen pflegen und uns mit einer großen Zahl interessanter Persönlichkeiten austauschen. Als gut in der Schweiz verankertes Unternehmen ist es uns wichtig, auch auf diesem Weg möglichst direkte Rückmeldungen zu erhalten und im Dialog zu sein.«

Was heißt das konkret? »Mit der neu lancierten Initiative SEF4KMU unterstützen wir die KMU beispielsweise im Risikomanagement bis hin zur Versicherung. Und nicht zuletzt im Rahmen der Breakout-Sessions beweist Allianz Suisse immer wieder, dass wir den Nerv der Zeit und der Schweizer Unternehmer treffen.« Dabei helfe es, »erfolgreich und über längere Zeit mit einer bestimmten Zielgruppe zu kommunizieren«. So ließen sich Glaubwürdigkeit und Vertrauen herstellen. Und: »Das lässt sich nur erreichen, wenn Wahrheit und Transparenz wesentliche Werte darstellen für die Kommunikation. Vereinfacht gesagt, muss stimmen, was kommuniziert wird. Nur so kann eine beständige Beziehung entstehen. Das gilt selbstverständlich nicht nur im geschäftlichen, sondern auch privaten Rahmen.«

So weit Stimmen, die den Tenor des Swiss Economic Forum andeuten. Einerseits wird Kommunikation hochgehalten, eventmäßig kultiviert und mit mehr oder weniger exklusiven Referierenden garniert. Die ehemalige Miss Schweiz oder ein Spitzensnowboarder suggerieren von der Form her etwas Unkonventionelles. Was sich inhaltlich durchzieht, ist das Bashing staatlicher Regulierungen. Patrik Müller, Chefredaktor der *Schweiz am Sonntag* und Mitinitiant des Symposiums, bilanzierte: »Wirtschaft gegen Politik«. (*Schweiz am Sonntag*, 6.6.2015: 17) Als Beispiel diente ihm UBS-Chef Sergio Ermotti. Er wetterte gegen die Gesetzesflut und propagierte einen schlanken Staat. Tausend KMU-Vertreterinnen und -vertreter applaudierten frenetisch. Müller interpretierte das als Zeichen für den Schulterschluss zwischen Finanz- und Werkplatz. Der alte Graben sei bereinigt. Jetzt gehe es gegen die Politik los. Auch besonnene Wirtschaftsführer, die sich kaum mehr in die »Arena« wagten, würden sich wieder in die Politik einmischen. Und das sei gut so.

Mehr (Selbst-)Kritik und fundierte Analysen könnten aus meiner Sicht die Wirtschaft weiterbringen. So betrügt sie sich selbst. Aber für Wirtschaftskreise scheint die Rechnung gleichwohl aufzugehen. Solche Anlässe fördern den Korpsgeist. Gerade, weil das Gesellige so stark gewichtet ist. Darauf wies mich am 14. August 2015 Martin Senn anlässlich seiner Doktorprüfung an der Philosophisch-Historischen Fakultät hin. Er legte am Beispiel der schweizerischen Migrationspolitik dar, wie gemeinsame Nachtessen und Ausflüge rund um Konferenzen erheblich dazu beitrugen, trotz gegensätzlichen Haltungen immer wieder Kompromisse zwischen Wirtschaft, Politik und Verwaltung zu schmieden.

Liberale Wirtschaftsordnung und solide Sozialpartnerschaft

Nach unserem öffentlichen Gespräch (am Swiss Economic Forum vom 4. Juni 2015 in Interlaken) ließ sich Severin Moser, CEO der Allianz, gerne auf weitere Fragen von mir ein. Moser leitet die Allianz seit Anfang 2014. Er gehörte schon 2007 bis 2010 der Geschäftsleitung an, wechselte dann als Vorstandsvorsitzender zur Allianz Versicherungs-AG und leitete das Sachversicherungsgeschäft in Deutschland. Bevor Severin Moser zur Allianz kam, gehörte er der Konzernleitung der Winterthur-Gruppe an. Sein Studium schloss er an der HSG St. Gallen ab. Als Zehnkämpfer vertrat Moser 1988 die Schweiz an den Olympischen Spielen. Als Schweizer Meister im Stabhochspringen wollte er auch im Beruf hoch hinaus. Und da half der Sport tüchtig mit. Mental und beziehungsmäßig. Im Sport sind laut Severin Moser vor allem Leistung und Durchhaltewillen gefragt. Auch gilt es, Hürden als Herausforderung zu nehmen. So verkörpert Moser selbst einen Managertyp, der Tradition und Moderne verknüpft: in der Grundhaltung eher konservativ, aber vom Habitus her zurückhaltend offen. So charakterisiert seine Sicht das Swiss Economic Forum wohl recht treffend.

Führt die Finanzkrise dazu, dass wirtschaftliche Opinionleader heute sozialer denken?

Diese Frage impliziert, dass Opinionleader davor nicht sozial gedacht hätten. Das ist aus meiner Sicht nicht der Fall. Der Wohlstand der Schweiz basiert vor allem auf einer leistungsfähigen Wirtschaft, einem hohem Bildungsniveau und einem austarierten Gesellschaftsgefüge. An diesen Parametern hat sich nichts geändert. Die Schweiz zählt auch in der Finanzkrise zu den wettbewerbsfähigsten Ländern der Welt und hat eine hohe Beschäftigungs- und eine niedrige Arbeitslosenquote – das sind wesentliche soziale Errungenschaften.

Wie beurteilen Sie im Schweizer Finanzbereich das Verhältnis
zwischen staatlicher Regulierung und wirtschaftlicher Liberalisierung?

Gerade die Finanzkrise hat ja gezeigt, dass eine umsichtige Regulierung im Finanzbereich notwendig ist und Vertrauen zu den handelnden Akteuren stärken kann. Aus diesem Grund sind wir ein starker Befürworter des Swiss Solvency Test (SST), der meiner Meinung nach wegweisend ist und weiterentwickelt werden muss. Allerdings hemmen uns die immer stärkeren regulatorischen Eingriffe und die damit verbundenen gestiegenen Komplexitäten vermehrt in unserer Geschäftstätigkeit. Zudem muss die zunehmende Regulierung auch unter Kosten-Nutzen-Aspekten betrachtet werden. Deshalb ist es wichtig, dass die staatlichen Eingriffe in die Märkte einfacher werden, damit unsere Wettbewerbsfähigkeit nicht aufs Spiel gesetzt wird.

Wer viel Geld hat, kann in der Regel seine Interessen
besser durchsetzen. Stört Sie das?

Diese Einschätzung teile ich nicht. Gerade in der Schweiz sind alle Interessengruppen – auch die Konsumenten – gut organisiert und können sich in die öffentliche Diskussion einbringen. Das sehen wir auch in der Versicherungswirtschaft: Dem Schweizerischen Versicherungsverband (SVV) beispielsweise sind fast achtzig Erst- und Rückversicherer mit über 50 000 Beschäftigten angeschlossen – ob national oder international tätig, ob klein oder groß. Ich jedenfalls erinnere mich an viele lebendige Diskussionen innerhalb des Verbandes, in denen bei wichtigen politischen Fragestellungen gemeinsame Lösungsansätze erarbeitet wurden – ganz unabhängig von der Finanzkraft eines einzelnen Versicherungsunternehmens.

Wenn Sie den Werdegang der Schweiz betrachten:
Was freut und was bekümmert Sie besonders?

Grundsätzlich steht die Schweiz wirtschaftlich auf einem sehr soliden Fundament. Sie ist offen, innovativ, die Bevölkerung verfügt über einen hohen Ausbildungsstand und ist leistungsbereit. Wir haben eine liberale

Wirtschaftsordnung und eine gut funktionierende Sozialpartnerschaft. Nicht von ungefähr ist die Schweiz als politisch stabiles, freies und unabhängiges Land wettbewerbsfähig wie kaum ein anderes Land auf dieser Welt. Aber auf diesen Erfolgen kann und darf die Schweiz sich natürlich nicht ausruhen, denn der Wind bläst uns angesichts der internationalen Konkurrenz immer stärker entgegen. Gerade bei schwierigen Themen wie zum Beispiel der Zukunft der Altersvorsorge, der Zuwanderung oder dem demografischen Wandel ist die Entscheidungsgeschwindigkeit nicht hoch genug, und wir zeigen ein bisschen die Tendenz zu Bequemlichkeit und Selbstzufriedenheit. Als ich noch in Deutschland war, wurde ich oft darauf angesprochen, dass es hierzulande viele politische Initiativen gibt, die den Wirtschaftsstandort schwächen und ihn für Firmen und Besucher unattraktiver machen. Das lässt sich nicht von der Hand weisen. Hinzu kommt der massiv überbewertete Schweizer Franken, der vielen Ländern in der Krise als sicherer Hafen dient. Für die Schweiz wird es darauf ankommen, auch unter diesen veränderten Rahmenbedingungen innovativ und flexibel und damit wettbewerbsfähig zu bleiben. Ich bin jedenfalls zuversichtlich, dass uns dies aufgrund unserer Stärken auch künftig gelingen wird.

Abtei benötigt Finanzgenies

Der Abt des Kloster Einsiedelns, Urban Federer, ist ein CEO, der für Gotteslohn arbeitet. Er hat kein eigenes Geld, aber 60 Mitbrüder, 220 Angestellte, 340 Klosterschüler und 2140 Hektar Land. Das entspricht 3000 Fußballfeldern. Der Abt ist auch für die Kellnerei, den Pferdestall, mehrere Werkstätten und die gesamten Finanzen hauptverantwortlich. Das ist eine große Last. Er fühlt sich aber frei, sagte er im Gespräch mit Gabi Schwegler. (*Sonntags-Blick* 12.10.2014) Und Freiheit kann man nicht kaufen. Frei macht ihn sein Ordenskleid. So wie Musliminnen der Schleier befreit. Zum geregelten Alltag des Abts gehört auch Zeit für Lektüre. Das empfindet er als Luxus. Ebenso die stillen Zeiten – zum Beten und Nachdenken. »Wo gibt es das sonst!« Sein Vorgänger, Abt Martin Werlen, schätzte das auch. Bis Ende 2013.

Im Kloster Einsiedeln leben die Mönche relativ einfach. Zu Beginn des 21. Jahrhunderts standen jedoch größere Ausbau-, Renovations- und Prestigeprojekte an. Die Abtei benötigte Finanzgenies für teure Ausbau-

und Renovationsprojekte. Der damalige junge Abt Martin Werlen suchte und fand einen hochkarätigen Beirat. Das half mit, schon bald einmal dreißig Millionen Franken aufzutreiben, um die Klosterkirche und weitere Gebäude zu renovieren. Am 14. April 2006 berichtete die Katholische Internationale Presseagentur (kipa), Novartischef Daniel Vasella berate nun das Kloster Einsiedeln. Zusammen mit vierzehn weiteren Koryphäen aus Politik und Wirtschaft, wie beispielweise Roche-Konzernchef Franz Humer. Der Beirat sollte auch helfen, das Millionendefizit der Klosterschule zu beseitigen und Investitionen in das Stiftsarchiv zu tätigen. Der Beirat engagiere sich persönlich und bleibe deshalb geheim. Einzelne Namen wie Rainer E. Gut, der früher einmal die Credit Suisse und Nestlé präsidierte, sickerten dann gleichwohl durch. Ich unterhielt mich dazu mehrmals mit Urs Breitenstein, der ebenfalls dem Beirat des Klosters Einsiedeln angehörte.

Urs Breitenstein leitete jahrelang den Basler Schwabe Verlag. Er wechselte vom Altphilologen zum Unternehmer und engagierte sich ehrenamtlich in unzähligen Gremien für Bibliotheken, Kinderbücher in Ruanda, Buchmessen, Papiermühlen, für die Freiwillige Akademische Gesellschaft und für das Kloster Einsiedeln. Da wirkte er im Beirat mit. Zusammen mit Konrad Bächinger (LGT Liechtenstein), Ernst Buschor (HSG, Regierungsrat ZH), Bruno Gehrig (Swiss Life), Rainer E. Gut (Credit Suisse, Nestlé), Klaus Jacobs (Jacobs Holding, Adecco), Daniel Vasella (Novartis) und anderen. Abt Martin Werlen berief Urs Breitenstein vielleicht auch als Akt der Wiedergutmachung. Denn vierzig Jahre zuvor hatte das Kloster Einsiedeln den Gymnasiasten Breitenstein von einem Tag auf den anderen auf die Straße gestellt. Und das zu Unrecht. Denn der Klosterzögling verbrachte mit zwei Kollegen nur eine Aufwärmrunde lang im Dorfrestaurant, bevor sie die nächtliche Arbeit am Eisfeld aufnehmen sollten. Alle drei flogen sofort von der Schule. Für den Schüler folgte nun die große Freiheit an der Kantonsschule Aarau. Die Beatles sangen »Let it be«, die Stones »Let's spend the night together«. Aber sein strenggläubiger Vater verzweifelte schier über den Rausschmiss. Er führte ein kleines Geschäft in Bettwil, der höchstgelegenen Aargauer Gemeinde, die sich zum Leidwesen von Urs Breitenstein so engstirnig dagegen gewehrt hat, Asylbewerbende aufzunehmen.

Der Beirat des Klosters Einsiedelns tagte nur ein- bis zweimal jährlich. Die Sitzungen begannen um 17 Uhr. Kurz zuvor fuhren auf dem Vorplatz mehrere Mercedes vor. Chauffeure hielten den Aussteigenden die Türen auf, händigten ihnen die Mappen mit den Unterlagen aus und warteten dann, bis der Beirat auch das obligate Nachtessen im ehrwürdigen Klostersaal beendet hatte. Das Kloster Einsiedeln ist der größte private Waldbesitzer in der Schweiz. Es führt einen weithin bekannten Pferdestall, der, vom Beirat fachlich unterstützt, für 4,2 Millionen saniert wurde. Dies entsprach auch den Vorstellungen des McKinsey-Teams, das Daniel Vasella dem Kloster für zwei Wochen zur Verfügung stellte. Die Beratungsfirma half dem Kloster, eine neue Strategie zu erarbeiten. Der Jahresumsatz des Klosters liegt immerhin bei rund 25 Millionen Franken. Vasella begründete seinen Einsatz mit der historischen Bedeutung des Wallfahrtsortes, der jährlich rund eine Million Pilgerinnen und Pilger anziehe. Vasella selbst hatte in seiner Jugendzeit das katholische Collège Saint Michel in Fribourg besucht. Als er im Jahre 2007 als Abzocker in die Schlagzeilen kam, stand ihm bald einmal der Einsiedler Abt zur Seite. (*Tages-Anzeiger*, 20.2.2007) Die politisch unbedeutende Katholische Volkspartei KVP kritisierte in einem Communiqué diese Allianz. Sie widerspreche der katholischen Soziallehre; ebenso wie die monopolistische Generika-Politik von Novartis mit ihren misslichen Auswirkungen in der Dritten Welt. Auch Roche-Chef Franz Humer, der 16,7 Millionen Franken verdiene, sei als Wirtschaftsberater des Abtes ungeeignet. Humer und Vasella könnten für Jugendliche kein Vorbild sein. Urs Breitenstein, der selbst der CVP-Tradition verbunden ist, aber nie Parteipolitik betrieb, hält indes Vasella und Humer für großzügige Wirtschaftskapitäne. Sie beide benötigten auch ihre hohen Löhne nicht für sich, sondern stünden im internationalen Wettbewerb. »Was mir sehr wehtut«, sagt er, »dass wir in Basel die ererbte Großzügigkeit im Denken fast gänzlich verloren haben. Heute kandidiert man als Regierungsrat für die FDP mit dem Slogan ›Sicherheit‹. Als ob noch hundert Polizisten mehr die Kulturstadt beleben könnten.«

Der Beirat des Kloster Einsiedelns ist ein Netzwerk unter vielen Netzwerken. Sein Fokus richtet sich auf die Schweiz. In der Studie *Wie Reiche denken und lenken* (2010: 103) stellten wir Clubs und Netzwerke vor und konzentrierten uns auf das Rive-Reine-Treffen, das der Nestlé-Konzern jährlich organisiert und lange geheim hielt. Nun gibt es auch einen Versuch, von Crans-Montana aus eine humane Welt mit Schweizer Bergen zu gestalten. Im März 2015 organisierte das Crans Montana Forum sogar ein Gipfeltreffen in der besetzten Westsahara. Die Exilregierung der Saharauis protestierte zusammen mit der Afrikanischen Union gegen dieses eurozentrische Treffen. Crans-Montana ist allerdings offiziell (seit 2006) nicht mehr das Domizil des Forums, das auch keine Zuwendungen mehr vom Kanton Wallis erhalte, wohl aber Besuche von alt Bundesrat Pascal Couchepin, der als »treuer Freund« gerne gesehen ist, wie die WOZ (12.2.2015: 4) berichtete.

Prämissen einer Denkfabrik

»Unabhängig – aber nicht neutral« lautet das Motto der privatwirtschaftlich geförderten Stiftung Avenir Suisse. Die Stiftung versteht sich als Thinktank, der sich im Spannungsfeld von Wissenschaft, Politik, Wirtschaft und Öffentlichkeit positioniert. Milan Büttner und Stephan Graf (2013) setzten sich in ihrem Forschungspraktikum im Rahmen unserer Studie mit dem Selbstverständnis von Avenir Suisse auseinander. Teile dieser Arbeit sind hier zusammengefasst.

Die Stiftung Avenir Suisse ist Ausdruck einer Gesellschaft, die zunehmend auf wissenschaftliches Wissen rekurriert, um Lösungsvorschläge für gesellschaftliche Probleme zu skizzieren und zu legitimieren. Diese Gesellschaft wird in der soziologischen Literatur gerne als »Wissensgesellschaft« bezeichnet. Sie hat in den letzten Jahrzehnten zahlreiche Organisationen der Wissensproduktion hervorgebracht, die der gestiegenen Nachfrage der Politik nach wissenschaftlichem Wissen nachkommen. Diese Organisationen tummeln sich auf einem Markt des Wissens und nehmen unterschiedliche Formen an. Die Wissensproduktion beschränkt sich längst nicht mehr auf staatliche Forschungsinstitute, die an Universitäten angeschlossen sind. Es treten immer mehr private Organisationen als Wissensproduzenten auf. Avenir Suisse ist eine solche Organisation. Sie ordnet sich ein in die Kategorie privatrechtlich organisierter und privat finanzierter Akteure, die sich als Advokaten einer bestimmten Weltsicht in den wissenschaftlichen, politischen und öffentlichen Diskurs einbringen. (Vgl. Steffen/Linder 2006; Thunert 1999; Weaver 1989) Denn Avenir Suisse bezeichnet sich hinsichtlich der Erarbeitung und Lancierung von Projekten zwar als »unabhängig«, aber genauso als »nicht neutral«. Die Stiftung nimmt dezidiert eine marktwirtschaftliche Perspektive ein und orientiert sich an einem liberalen Welt- und Gesellschaftsbild. Probleme sollen nicht vom Staat, sondern durch die Eigeninitiative und Eigenverantwortung von Individuen oder Gruppen gelöst werden, für die der Staat lediglich die passenden Rahmenbedingungen zur Verfügung zu stellen hat. Mit dieser Positionierung betreibt Avenir Suisse eine Politisierung des Wissens. Sie verwischt »Grenzen zwischen wissenschaftlich verlässlichem und politisch interessiertem Wissen« (Weingart/Lentsch 2008: 249). Die Ziele von Avenir Suisse ähneln jenen, die Pierre Bourdieu (2010: 119) dem politischen Handeln zuschreibt. Avenir Suisse geht es darum, »Repräsentationen der sozialen Welt (mental, verbal, grafisch, dramatisch) zu schaffen und durchzusetzen, mit denen die Vorstellungen der sozialen Akteure und damit die soziale Welt selbst beeinflusst werden können«.

Avenir Suisse wurde 1999 mit dem Ziel gegründet, grundlegende wirtschafts- und gesellschaftspolitische Fragen frühzeitig und unter Anwendung der vorhandenen wissenschaftlichen Erkenntnisse praxisnah zu erörtern, Handlungsalternativen auszuarbeiten und deren Vor- und Nachteile profiliert aufzuzeigen. Die Denkfabrik sollte dazu beitragen, die Effizienz staatlichen Handelns mithilfe marktwirtschaftlicher Konzepte zu verbessern. Dabei geht es darum, ein Wissen zu produzieren, das hilft, gute Bedingungen für eine erfolgreiche Marktwirtschaft zu schaffen. Konkret soll der Thinktank in unterschiedlichen Feldern »feststellen, wo die optimale Grenze zwischen Staat und Markt liegt, wo und in welchem Maße in den Markt eingegriffen werden soll und wie der Markt gesichert werden kann«. Heute sieht sich Avenir Suisse als »think tank for economic and social issues« – als Forschungsinstitut, welches sowohl um die Sicherung wirtschaftlicher Prosperität als auch um das Fördern des gesellschaftlichen Allgemeinwohls bemüht ist. Die Stiftung wird von rund zwanzig privaten Förderern und hundert Firmen unterstützt. Sie arbeitet mit einem Jahresbudget von fünf Millionen Franken. Die Organe von Avenir Suisse gliedern sich in einen Stiftungsrat, einen Leitungsausschuss, einen Nominationsausschuss, eine Programmkommission und eine Finanzkommission, deren Mitglieder hohe Positionen in der Wirtschaft und Wissenschaft einnehmen. Die »Kommunikations- und Projektarbeit« (Avenir Suisse 2012: 71) obliegt dem Direktor und den Projektleitern. Interne Kontroversen entstehen ab und zu, weil einzelne fördernde Konzerne die unmittelbare Nützlichkeit für ihre eigenen Interessen erhöhen möchten.

Der Thinktank Avenir Suisse ist ein organisiertes Kollektiv, das wissenschaftlich erscheinende Expertisen produziert und kommuniziert. Dies geschieht im Spannungsfeld der Systeme Wissenschaft, Politik, Massenmedien und Wirtschaft. Und zwar mit dem politischen Ziel, die gesellschaftlichen Bedingungen einer freien Marktwirtschaft zu fördern, in der die Individuen für ihren Erfolg selbst verantwortlich sind. Avenir Suisse verortet sich in einem »Diskursnetzwerk« (Plehwe/Walpen 1999: 205), das eine kapitalistische Gesellschaftsform propagiert und sich am freien Markt, einem schmalen und gleichwohl ordnungsstarken Staat, unangefochtenem Privateigentum an Produktionsmitteln und an privatwirtschaftlichem Unternehmenswettbewerb (a.a.O.: 206) orientiert.

Die Stiftung beteiligt sich an Prozessen »der Sinnvermittlung und Sinnstrukturierung« (Junge 2008: 14) und weitet damit das Feld des Politischen aus. Sie produziert Wissen und drückt eine Ordnung aus, die (performativ) Wirklichkeit schafft, Handlungsfelder eröffnet und Vorgaben einer guten Praxis und Lebensführung impliziert. (Kocyba 2004: 304) Die Online-Beiträge, Diskussionspapiere, Bücher, Zeitungsartikel, Veranstaltungen und weiteren Aktivitäten von Avenir Suisse beschreiben Wirklichkeiten, die sie selbst mit hervorbringen. Welche Form des Wissens zirkuliert in diesen Formaten aus der Sicht der Akteure bei Avenir Suisse? Und wie legitimiert?

Um diesen Fragen nachzugehen, führten Milan Büttner und Stephan Graf (2013) zwei qualitative (Experten-)Interviews (Bogner/Menz 2002: 37 f.) durch. Diese hatten darüber hinaus das Ziel, die operative Tätigkeit von Avenir Suisse zu eruieren und eine Außen- sowie Innenperspektive zu rekonstruieren. Als Interviewpartner wählten sie Daniele Ganser, ehemaliger Mitarbeiter von Avenir Suisse, sowie Patrik Schellenbauer, der seit 2009 bei Avenir Suisse als Projektleiter tätig ist. Milan Büttner und Stephan Graf werteten die halbstrukturierten, teilweise narrativen Interviews nahe am Text aus. Der Akteurssicht sollte möglichst viel Platz eingeräumt werden. (Meuser/Nagel 2009: 476; Nonhoff 2006) Anhand dreier wiederkehrender Themen ließen sich die Äußerungen strukturieren: Netzwerk, Legitimationsstrategien und Wissenstransfer.

Zum Netzwerk: »Avenir Suisse war für mich wirklich ein Senkrechtstart. Ich habe Menschen kennengelernt und nachher mit denen weiter zusammengearbeitet, mit denen ich vorher keinen Kontakt hatte«, sagt Daniele Ganser. Er betrachtet Avenir Suisse als gut organisiertes Netzwerk, in dem sich gleichgesinnte Akteure versammeln. In diesem Netzwerk gilt Loyalität gegenüber den Interessen von Avenir Suisse und dem »liberalen Welt- und Gesellschaftsbild«.

Patrik Schellenbauer stellt eine liberale Grundhaltung als Voraussetzung dar, um bei Avenir Suisse tätig zu sein. Aber selbstverständlich gebe es verschiedene Spielarten und Facetten des Liberalismus, über die intern diskutiert, manchmal auch gestritten wird. Avenir Suisse ist nach seinem Verständnis aber weder radikal marktliberal noch staatsfeindlich. Er betont die Notwendigkeit einer liberalen Ausrichtung in einer Zeit zunehmender Regulierung und Staatsgläubigkeit.

Daniele Ganser hingegen erachtet die Interessen von Avenir Suisse als partikular. Die Forderung nach einem »freien Markt« spiegle das Interesse der Geldgeber wider, die möglichst viel Handlungsspielraum in ihrer Geschäftspraxis anstreben. »Das ist ein legitimes, aber partikulares Interesse.« Ganser betrachtet den freien Markt als ein Konstrukt, das der unternehmerischen Macht dient, die Avenir Suisse unterstützt. »Die liberale Haltung ist: Der Markt regelt es. Aber das ist auch nur auf den ersten Blick so. Der Markt ist durchsetzt von Schutzzöllen und Absprachen. Der freie Markt ist oft: Wir lassen es so, wie es ist, wir sind jetzt gerade mächtig, jetzt ist gut.« Die Wahl zwischen einer Politik der staatlichen Marktregulierung und der eines unregulierten Kapitalismus sei letztlich also die Wahl zwischen verschiedenen Formen des Protektionismus und der Zwänge: »Jeder versucht, seine Position abzusichern, aber freier Markt heißt am Ende, dass eine kleine Firma Konkurs geht und eine große Bank gerettet wird, das ist der freie Markt.«

Daniele Ganser charakterisiert Avenir Suisse als »Interessengemeinschaft«, in welcher der Direktor eine starke, inhaltlich regulierende Funktion wahrnimmt. Ganser konstatiert:»Also es geht wirklich um die Schweizer Wirtschaft und ums Wachstum der Schweizer Wirtschaft. Ende. Und dann hätte man als Mitarbeiter gerne mal ein bisschen mehr gemacht, also zum Beispiel zum nachhaltigen Wachstum und nicht nur zum Wachstum, und dann sagt der Direktor Nein.« Die Ziele und Grundhaltungen der »Glaubensgemeinschaft« stünden also zeitweise über der inhaltlichen Forschungsfreiheit der Mitarbeitenden. Für Ganser ist damit klar, dass der vermeintliche Wahrheitsgehalt einer Aussage die Zustimmung für eigene Forschungsvorhaben nicht allein garantiert. Hinzu kommt die Vereinbarkeit mit den Interessen der jeweiligen Institution und ihren tonangebenden Vorsitzenden. Die inhaltliche Richtungsvorgabe bei Avenir Suisse war für ihn stark spürbar. Was Daniele Ganser als Gehorsam gegenüber dem Direktor empfand, versteht Patrik Schellenbauer als Vertrauensbeziehung zwischen dem Direktor und den wissenschaftlichen Mitarbeitenden. Die liberale Grundhaltung werde aus eigenem Antrieb und nicht auf Anfrage oder Kontrolle des Direktors hin verfolgt.

Daniele Ganser verknüpft die »liberale Grundhaltung« mit freiem Markt, »Wettbewerb, Wachstum, Wohlstand, Reichtum« und begreift sie gleichwohl als ein Partikularinteresse. Patrik Schellenbauer hingegen ordnet seine liberale Haltung als eine mögliche »liberale Weltanschauung« in einem breiten Spektrum solcher Haltungen ein. Er wehrt sich an mehreren Stellen gegen eine undifferenzierte Wahrnehmung:»Es ist nicht so, dass wir einfach undifferenziert immer nur mehr Markt verlangen. Das wäre eine völlig verkürzte Sicht. Jeder gescheite Ökonom weiß, dass es Fälle gibt, wo es Sinn macht, die Märkte zu regulieren – oder sogar Sachen dem Staat zu übertragen.« Sinn machen bedeutet weitgehend, wenn etwas gesamtwirtschaftlich effizient ist und den Kuchen vergrößert. Patrik Schellenbauer verknüpft seine Haltung mit einem Universalinteresse: Er betrachtet die Menschen als freiwillige Marktteilnehmende, die durch ihre rational kalkulierten Entscheide das Angebot und die Nachfrage mitbestimmen wollen. Aus seiner Sicht sind die von ihm angestrebten Rahmenbedingungen dem Allgemeinwohl dienlich. Die Annahme lautet: Der Mensch ist ein rational abwägendes, zur freien Entscheidung fähiges, mündiges Individuum. Und Avenir Suisse hilft ihm dabei.

Avenir Suisse legitimiert ihr produziertes Wissen auf zweifache Weise. Einerseits berufen sich die Interviewpartner von Milan Büttner und Stephan Graf auf wissenschaftliche Methoden. Für Patrik Schellenbauer ist die Wissenschaftlichkeit ein formal festgelegtes und nach außen präsentiertes Organisationsziel, das durch die Wahl der adäquaten Methode und den Bezug auf wissenschaftliches Wissen erreicht werden kann. Gemäß Daniele Ganser werden nachvollziehbare Argumentationsweisen nötig, um das eigene, ideologisch gefärbt Wissen als wahr zu präsentieren. Quantitative Daten gelten als besonders legitim. Daniele Ganser bemerkt: »Es sind immer Facts, Facts, Facts. Und das aufgereiht an einer ideologischen Ausrichtung.« Zum Verhältnis von Theorie und Empirie sagt er: »Man nimmt die statistischen Daten – denn an denen kann gar niemand zweifeln, dass es die gibt –, und dann gießt man die in eine Grafik, die man selber macht, und einen Begleittext, den man auch selber macht – so funktioniert ein Thinktank.« Die empirischen Daten erscheinen so als objektives Abbild der Realität und dienen aus seiner Sicht als Material, um die eigene Argumentation attraktiv zu visualisieren und zu untermauern.

Die Arbeitsteilung hat, wie Milan Büttner und Stephan Graf feststellen, nebst materiellen Interessen auch symbolische Gründe. Die Zusammenarbeit mit Fachleuten, deren Sicht nicht vollumfänglich jener von Avenir Suisse entspricht, lässt sich als Verpflichtung gegenüber der Wahrheit präsentieren. Die Fachleute werden als »Wissenschaftler mit hohen Standards« dargestellt, deren primäres Ziel die Wahrheitsfindung – und weniger das politische Interesse – zu sein scheint. Sie bilden mit den an sie übertragenen empirischen Datenanalysen aus der Sicht von Schellenbauer letztlich die Realität weitgehend objektiv ab, denn »die Empirie kann man vielleicht schon ein bisschen von der Werthaltung und von der politischen Ausrichtung trennen«. »So entsteht bei Avenir Suisse die Nähe zu wissenschaftlichen Standards«, folgern Milan Büttner und Stephan Graf.

Patrik Schellenbauer sieht die starke Wahrnehmung von Avenir Suisse darin begründet, dass sich die Forscher an den Universitäten immer weniger zu praktischer Wirtschaftspolitik der Schweiz äußern, weil sie im globalen akademischen Wettbewerb bestehen müssen. »Unsere Aufgabe kann es nicht sein, dass Dutzende von Leuten im stillen Kämmerlein Daten analysieren. Wir wollen allgemein verständlich publizieren, wie wir die Welt anhand unserer Resultate sehen. In der direkten Demokratie müssen wir dafür eine breite Öffentlichkeit erreichen.

Patrik Schellenbauer stellt die Interessen von Avenir Suisse als weitgehend universal dar und präzisiert: »Sie können als privates Unternehmen nicht kommen und sagen, ich zahle euch 50 000 oder 100 000 Franken und will dafür diese Studie. Wir machen keine Auftragsstudien oder Unternehmensberatung, damit würden wir unsere Unabhängigkeit und damit letztlich unser Renommee gefährden.« Schellenbauer räumt zwar ein, dass die Förderer bei der Themenwahl einen Einfluss haben können. Der Stiftungsrat bestimme allerdings höchstens »die ganz großen Linien. Die konkrete Agenda setzt sich der Thinktank selbst.« Die Programmkommission sei bei der inhaltlichen Einflussnahme das weit wichtigere Gremium: »Die stellen quasi einerseits eben die Wissenschaftlichkeit von diesen Projekten sicher. Die meisten von ihnen sind Professoren. Sie sichern die wissenschaftliche Qualität der Studien.«

Für Schellenbauer ist eine Einflussnahme dann gerechtfertigt, wenn sie von wissenschaftlichen Experten ausgeht, deren Wissenschaftlichkeit durch hoch angesehene Bildungszertifikate sichergestellt ist. Zur Partei FDP. Die Liberalen bestehe wohl eine Nähe, aber es gebe keine Abhängigkeit: »Wir sind auch nicht von der FDP bezahlt, und wir sind auch nicht der Thinktank der FDP. Aber wahrscheinlich von der Denkart her am ehesten noch dort. Aber – wir reden genauso mit Politikern anderer Couleur.« In Abgrenzung zu anderen Organisationen, wie dem Schweizer Unternehmerverband Economiesuisse, seien die Resultate der Wissensproduktion von Avenir Suisse unvorhersehbar. Es gebe immer wieder Situationen, in denen liberale Standpunkte von Avenir Suisse den Interessen von Branchen und Unternehmen zuwiderlaufen. Dies untermauere die Unabhängigkeit von Avenir Suisse.

Sowohl für Daniele Ganser als auch für Patrik Schellenbauer ist der Anspruch von Avenir Suisse, wissenschaftliche Wahrheiten zu verbreiten, durch den Bezug auf empirische Daten gerechtfertigt. Schließlich diene das Wissen nicht allein (und auch nicht immer) den Interessen der Kapitalgeber, sondern vorwiegend der Durchsetzung der »liberalen Prinzipien« von Avenir Suisse.

Daniele Ganser und Patrik Schellenbauer positionieren Avenir Suisse an der Schnittstelle von Wissenschaft und Politik. Sie sprechen dem Wissenstransfer eine zentrale Rolle zu. Avenir Suisse sei aber keine Lobbyorganisation, die in der Wandelhalle des Bundeshauses auf die laufende Gesetzgebung Einfluss zu nehmen versucht, betont Schellenbauer. Für die Geldgeber der Stiftung seien die langfristige Ausrichtung der Themen und der Transfer von Wissen zu den Entscheidungsträgern zentral. »Schließlich haben wir private Förderer, und die wollen natürlich sehen, dass etwas von diesen liberalen Ideen irgendwo in der Politik ankommt. Einfach als nette Schreiber in der Zeitung würden wir nicht privat finanziert werden.« Aus diesem Grund richtet Avenir Suisse das von ihr generierte Wissen nicht nur an die Politik, sondern auch an die Öffentlichkeit. Dies unterscheidet sie von einer rein akademischen Forschung und verleiht ihr einen populären Touch. Die Resonanz in der Öffentlichkeit wird von der Stiftung selbst systematisch überprüft. Daniele Ganser schreibt ihr einen hohen Grad an Professionalität zu. Beim Wissenstransfer gehe es allerdings immer auch darum, politischen Einfluss auszuüben.

»Mit ihrem Leitspruch ›Unabhängig – aber nicht neutral‹ möchte Avenir Suisse deutlich machen, dass sie Wissen nach wissenschaftlichen Standards produziert und im Hinblick auf ein langfristiges politisches Ziel verbreitet«, stellen Milan Büttner und Stephan Graf fest. Das politische Ziel ist die kulturelle Verankerung eines »klassischen liberalen Welt- und Gesellschaftsbildes«.

Ich diskutierte mit Patrik Schellenbauer (18.9.2015) und mit Daniele Ganser (19.9.2015) über den vorliegenden Text. Daniele Ganser ließ ihn so stehen. Patrik Schellenbauer kommentierte: »Die Analyse erweckt zumindest den Eindruck, dass Avenir Suisse die objektive Evidenz der Universitäten benutzt, um seine ideologische Weltanschauung (den Liberalismus) als wissenschaftlich zu verkaufen. Diese Darstellung verschweigt, dass es keine wertfreie Wissenschaft gibt, auch an den Universitäten nicht. Akademische Forschung geschieht nicht in einem wertneutralen Umfeld, denn auch sie wird letztlich von Menschen betrieben. Die Wertung betrifft die Wahl des Forschungsobjektes, die Art der Hypothesenbildung, das Testen der Hypothesen und erst recht die Interpretation der Ergebnisse. Sozialwissenschaften (und dazu zählt auch die Ökonomie) sind letztlich immer politisch. Avenir Suisse macht transparent, welche Werte und Weltanschauung sie vertritt. Dies ist bei akademischer Forschung nicht der Fall, gegenüber der Öffentlichkeit muss sie sich als ›objektiv‹ darstellen, da sie öffentlich finanziert ist.«

Wie Avenir Suisse den Mittelstand konstruiert

Unübersichtlich, unscharf, ausdifferenziert, individualisiert, heterogen: In den Augen von Patrik Schellenbauer, einem Ökonomen des Thinktanks Avenir Suisse, verblasst der Mittelstand als »allgemeine Kategorie«. Gleichwohl steht der Mittelstand im Zentrum einer aktuellen Diskussion. (BFS 2013a; Longchamp et al. 2013; Longchamp/Bucher/Tschöpe 2010, Oesch/Schärrer 2010; Peters 2012) Schellenbauer selbst steuert mit einem Kollegen von Avenir Suisse den Sammelband *Der strapazierte Mittelstand. Zwischen Ambition, Anspruch und Ernüchterung* (Schellenbauer/Müller-Jentsch 2012) zur Mittelstandsdiskussion bei. Im Rahmen unserer Studie unternahm Michael Mülli eine Rekonstruktion der Figur des Mittelstandes in den Texten des Sammelbandes von Avenir Suisse. (Mülli 2014) Wir greifen hier einzelne Aspekte auf.

Der Thinktank Avenir Suisse beansprucht mit seiner Publikation, nicht nur »eine ökonomische, sondern ebenso eine soziologische Studie« mit »empirischen Analysen« des Mittelstandes vorzunehmen. (Schwarz 2012: 7) Obwohl Autorinnen und Autoren des Bandes diesen wissenschaftlichen Anspruch anmelden, finden sich im Buch viele unbelegte und empirisch ungedeckte Behauptungen. So ist etwa die Rede von »Wesensmerkmalen« und »Grunddispositionen« des Mittelstands, dem einerseits besondere moralische Eigenschaften, andererseits »Unbehagen«, »Missmut« und ein Hang zu »Abstiegsängsten und Statussorgen« zugeschrieben werden (Müller-Jentsch 2012; Schwarz 2012). Über weite Strecken ist Avenir Suisse bemüht, durch Zuschreibung von moralischen Qualitäten und bestimmten Funktionen zum Wohle der Gesamtgesellschaft einen einheitlichen Mittelstand zu konstruieren. Dieter Freiburghaus' Darstellung etwa repräsentiert den Idealtypus des geschäftstüchtigen Patrons, der als solcher auch den Staat trägt. Während Corinna Heye und Sarah Fuchs (2012) in ihrem Artikel noch von drei unterschiedlichen Milieus des Mittelstandes ausgehen, fallen die dort unterschiedenen Wertorientierungen bei Freiburghaus wieder zu einem einheitlichen »Bürgertypus« zusammen. Im selben Buch wird also einerseits Heterogenität, andererseits Homogenität der Wertorientierung des Mittelstandes geltend gemacht.

Ausgeprägt ist die Metaphorik, mit welcher Avenir Suisse den Mittelstand auf bestimmte Funktionen zugunsten der Gesamtgesellschaft festzulegen versucht: »Die Schweiz«, schreibt Gerhard Schwarz (2012: 5), verstehe den Mittelstand »fast etwas mythisch überhöht« als »tragende Säule, deren wirtschaftliche Kraft und Robustheit auch politisch stabilisierend« (Schwarz 2012: 8) wirke und dem Gemeinwohl diene. Damit greift Schwarz auf die Vorstellung des Mittelstandes als Träger des Staates und des Fortschritts zurück. (Tanner 2009) Allerdings relativiert Schwarz die Tragfähigkeit dieser Säule auch gleich wieder: Nicht der Mittelstand an sich, sondern die durch soziale Ungleichheit provozierte Aufstiegsaspiration sei der eigentliche Motor der Schweiz. Gleichwohl bleibt die Figur des Mittelstandes als Motor, Treiber und Lokomotive von Gesamtgesellschaft, Wirtschaft und Politik weiter prominent. (James 2012; Müller-Jentsch 2012) Daniel Müller-Jentsch (2012) macht ein weiteres Bild stark: Er rekurriert auf eine Schutz- und Pufferfunktion des Mittelstandes für Politik, Wirtschaft und Gesellschaft. Damit verbindet er die Vorstellung eines Mittelstandes mit gesellschaftlichem Ausgleich und Entpolarisierung. Der Mittelstand bürgt in dieser Perspektive dafür, die Klassenfrage und Verteilungskämpfe zu entschärfen.

Michael Mülli diskutiert auch, wie Avenir Suisse versucht, den Mittelstand sozialstatistisch zu definieren. Obwohl der Thinktank in seiner Publikation die Heterogenität und Unschärfe des Mittelstandes betont, legt Avenir Suisse das Einkommen als einzige Variable zur Messung des Mittelstandes fest. Zur Begründung dieser Beschränkung gibt Müller-Jentsch lediglich an, die Verteilung der Einkommen korreliere stark mit Bildung, sozialem Status und anderen sozioökonomischen Eigenschaften. Im Buch selbst kritisieren Heye und Fuchs (2012: 213 ff.) eine alleinige Konzentration auf Einkommen, denn die unterschiedlichen Lebensentwürfe, beruflichen Stellungen und Ausbildungsgrade etwa blieben auf diese Weise unberücksichtigt. Der Mittelstand, so Heye und Fuchs, lasse sich nicht durch Einkommenslinien abgrenzen. Warum bleiben die Autorinnen und Autoren von Avenir Suisse trotz methodischer Reflexion dabei, den Mittelstand allein durch die Einkommen zu operationalisieren? Die Antwort auf diese Frage ist, so Michael Müllis These, in der von Avenir Suisse vertretenen Theorie des Marktes zu suchen. Diese geht von freien Präferenzen und Entscheidungen von Wirtschaftssubjekten aus, welche sich in der Einkommensverteilung abbilden. Die von Avenir Suisse diagnostizierte Heterogenität der ökonomischen Entscheidungen wird im Kontinuum der Einkommensverteilung homogenisiert.

Wie legt Avenir Suisse den Mittelstand innerhalb der Einkommensverteilung fest? Avenir Suisse grenzt den Mittelstand von einer Ober- und einer Unterschicht ab. Diese Unterscheidungen ergeben sich allerdings nicht aus der Einkommensverteilung selbst, weil es dort gerade keine qualitative Grenze gibt. Es liegt ein rein quantitatives Kontinuum vor. Als Orientierungspunkte bieten sich stattdessen das Dezimalsystem und ein Denken in Symmetrien an. So kommt die semantische Grenzziehung zwischen Mittelstand und Ober- bzw. Unterschicht dort zu liegen, wo die statistischen Grenzziehungen zwischen Quintilen bzw. Mediananteilen erfolgt. Wie das Bundesamt für Statistik (BFS) (2013: 7) erläutert, werden Mittelstandsdefinitionen aus der Einkommensverteilung selbst abgeleitet, wobei der Mittelstand einkommensmäßig nicht zu bescheiden und anteilsmäßig nicht zu umfassend ausfallen soll: Die Mediananteile würden idealerweise so gewählt, dass die untere Grenze deutlich über den gängigen Armutsgrenzen liegt. Anschließend kommt ein Denken in Symmetrien zum Tragen: Am anderen Ende der Verteilung wird eine einkommensstarke Gruppe abgegrenzt, die sich anteilsmäßig nicht zu stark von der einkommensschwachen unterscheidet. Dabei sollten die mittleren Einkommensgruppen in der Mehrheit sein, das heißt über die Hälfte der Bevölkerung umfassen

Was bedeutet dies alles nun für die Mittelstandsdiskussion? Erstens wird die semantische Grenzziehung zwischen dem Mittelstand und dem Rest der Gesellschaft durch die statistischen Einteilungen objektiviert. Zweitens zeigt sich aber auch, dass überhaupt keine absoluten Kriterien zur Definition des Mittelstandes vorliegen. Vielmehr wird der Mittelstand »relativ zur Ober- und Unterschicht definiert« (Müller-Jentsch 2012: 15). Der Mittelstand erweist sich als abgeleitete Größe. Wie aber kann etwas Abgeleitetes (Mittelstand) zugleich Träger von etwas sein, wovon es selber abgeleitet ist (restliche Gesellschaft)? Im Fazit reflektiert Schellenbauer (2012: 256) die Schwächen des Begriffs des Mittelstandes. Der Autor von Avenir Suisse zieht aus den von ihm selber diagnostizierten Unschärfen dann aber nicht den Schluss, mit dem Mittelstand könne nicht argumentiert werden.

Eine weitere Definition der Mittelschicht gibt Müller-Jentsch (2012: 16) als »alle Haushalte, die ihren Unterhalt selbständig bestreiten, aber nicht vermögend sind«. Neben dem Verweis auf die Einkommensverteilung erfolgt hier ein zweiter Verweis auf die Vermögensverteilung. Der Mittelstand ließe sich also auch über die Höhe der Vermögenswerte pro Haushalt definieren. Trotz seiner Feststellung, neben dem Einkommen sei »das Vermögen entscheidend für die wirtschaftliche Situation der Mittelschicht«, fährt Müller-Jentsch (2012: 42) aber mit Erläuterungen anhand der Einkommensverteilung fort. Vielleicht tut er das, weil sich ihm ein ernsthaftes Problem für die Festlegung des Mittelstandes stellt: Gemäß den Steuerdaten der gesamtschweizerischen Vermögensstatistik verfügen fast 60 Prozent der Steuerpflichtigen über gar kein Reinvermögen oder lediglich eines von unter 50 000 Schweizer Franken. Müller-Jentsch gibt zu: »So gesehen, wäre die Mittelschicht bei einer Definition über das Vermögen deutlich kleiner als bei der Einkommensverteilung.« (Müller-Jentsch 2012: 43) Der naheliegende statistische Einbezug der Vermögen würde also die Mittelstandskonstruktion gefährden. Wie reagiert Avenir Suisse darauf? Der Thinktank lässt die Fragen der Vermögensakkumulation und -verteilung fallen und führt den Mittelstand auf die Einkommensfrage eng. Hier zeigt sich, dass die Konstruktion des Mittelstandes nicht ohne strategische Entscheidungen zustande kommt.

Die funktionalen und moralischen Qualitäten des Mittelstandes werden auch im Hauptargument des Buches an bestimmte Positionen in der Einkommensverteilung gekoppelt. Dieses Hauptargument besagt, es gehe dem Mittelstand im historischen und internationalen Vergleich sehr gut, jedoch werde er durch den Steuer- und Sozialstaat strapaziert, was den Motor von Wirtschaft und Gesellschaft erlahmen lasse. In diesem Sinn argumentieren Monika Bütler und Christian Marti (2012), der mittlere und der obere Mittelstand bezahle, was an die Unterschicht und den unteren Mittelstand weitergereicht werde. Mit der Aussicht auf Enteignung gehe der Anreiz verlustig, mehr Einkommen erzielen zu wollen. Der Aufstiegswille des unteren Mittelstandes würde dann erlahmen. Das Problem für Avenir Suisse ist nicht die Ungleichverteilung von Einkommen und Vermögen, sondern gerade die Umverteilung, welche den Ausgleich zum Ziel hat. (Schellenbauer 2012: 264) Wird dagegen versucht, Einkommensungleichheit auszugleichen, falle der Anreiz zum sozialen Aufstieg weg. Dadurch erlahme der Motor der Ungleichheit. Wenn also Politik Ungleichheit glättet, dann gefährde sie den Motor des Mittelstandes – und setze Letzteren existentiellen Strapazen aus. Als eigentlicher Motor des Mittelstandes erweist sich in der Logik von Avenir Suisse dann auch die soziale Ungleichheit, welche Aufstiegsaspirationen auslöse. Der Mittelstand agiert für Avenir Suisse also nicht unabhängig, sondern abhängig, sein Antrieb ist nicht primär, sondern bloß sekundär.

Die selbst ernannte Expertenposition von Avenir Suisse behauptet nicht nur einen Wissensvorsprung gegenüber den Angehörigen des Mittelstandes, sondern auch gegenüber der Politik und der Verwaltung. Mit sich selber ist Avenir Suisse hingegen großzügig: Sie weiß, dass die erlahmende Wirkung der Umverteilung von der Steuer- und Sozialpolitik und der Verwaltung nicht erkannt werden kann. Ebenso behauptet der Thinktank zu wissen, dass sich Umverteilung mit Sicherheit erlahmend auswirkt. Als einzig wissende Instanz erscheint Avenir Suisse selber. Avenir Suisse nimmt die Sprecherposition des Experten ein, die dem Mittelstand erklärt, woher sein Unbehagen wirklich kommt. Aus der Sicht von Avenir Suisse hat der Mittelstand nämlich das Problem, dass er nicht recht weiß, warum er Ängste hat: Die dem Mittelstand zugeschriebenen Ängste interpretiert der Thinktank im Sinne seiner eigenen Angst vor dem Staat. Dies scheint eher das Gegenteil des Unterfangens einer »Versachlichung einer oft emotional geführten Debatte« zum Mittelstand zu sein, wie dies Schwarz (2012) als Ziel von Avenir Suisse ausgibt.

Christoph Brunner (2014) untersuchte übrigens die Medienpräsenz von drei unterschiedlichen Thinktanks in der Schweiz: von Avenir Suisse, dem Denknetz der Gewerkschaften und vom Gottlieb Duttweiler Institut (GDI). Dies im Vorfeld der Abstimmung über die Masseneinwanderungsinitiative vom 9. Februar 2014. Christoph Brunner beobachtete über eine Argus-Studie, wie oft diese Thinktanks zwischen dem 13. Januar und dem

16. Februar 2014 in der gesamten Schweizer Presse sowie in den wichtigsten Online-Medien und den Nachrichtenagenturen SDA und AWP genannt wurden. Im Zeitraum der Medienanalyse zwischen dem 13. Januar und dem 16. Februar 2014 erwähnte die Schweizer Presse bei ihrer Berichterstattung über die Masseneinwanderungsinitiative lediglich Avenir Suisse. Denknetz und GDI fanden keine Nennung. Mit 35 Nennungen erzielte Avenir Suisse eine starke Medienpräsenz. »Am politischen Meinungsbildungsprozess sind die drei untersuchten Stiftungen sehr unterschiedlich vertreten, wobei Avenir Suisse eindeutig das mediale Geschehen dominiert«, folgert Christoph Brunner.

Beat Ringger, der Geschäftsführer des Denknetzes, äußerte sich (6.7.2015) auf unsere Anfrage wie folgt dazu: »Das Denknetz hält sich in der Auseinandersetzung um tagespolitische Fragen in der Regel zurück – nicht aus Rücksichtnahme, sondern um eine zu große Verwicklung in die Tagespolitik zu vermeiden. Dies würde uns zu sehr in taktische Fragen hineinziehen, unsere Ressourcen zu stark beanspruchen und unsere Stellung als übergreifende linke Plattform erschweren. Deshalb fassen wir in der Regel auch keine Abstimmungsparolen. Im Falle der ME-Initiative haben wir uns vor der Abstimmung nicht verlauten lassen. Nach der Abstimmung hingegen haben wir aus dem Denknetz-Umfeld umgehend einen linken Diskussionsprozess mitinitiiert. Dies aus der Überzeugung, dass die überraschende Annahme der ME-Initiative grundsätzliche Fragen aufwirft und das politische Koordinatensystem nachhaltig zu verschieben droht. Allerdings haben wir uns dabei nicht direkt an die Medien gewandt. Man kann also nicht sagen, wir seien übergangen worden. In der WOZ (20.3.2014) erschien in diesem Kontext ein Interview. Eine Empfehlung des SGB zuhanden des Denknetzes gab es nicht und hat es noch nie gegeben. Wir würden dies auch zurückweisen. Das Denknetz arbeitet in eigener Verantwortung, unsere Unabhängigkeit ist uns sehr wichtig.«

Wer bestimmt, was geforscht wird?

Seit den 1990er-Jahren wandeln sich die Hochschulen in der Schweiz zu Unternehmen, die sich stärker am Markt und Wettbewerb orientieren. Das beschreibt Tom Philipps (2015) in seiner Seminararbeit im Rahmen unserer Studie. Und von Marcel Hänggi nahmen wir in unsere Reihe »Macht« die Untersuchung *Cui bono. Wer bestimmt, was geforscht wird?* (2013) auf. Er kritisiert, wie zwiespältig motiviert Unternehmen private Lehrstühle finanzieren und die Forschung teilweise instrumentalisieren. Die Universitäten und Fachhochschulen sind zwar in der Schweiz keine Kaderschmieden für private Unternehmen. Aber das (Selbst-)Verständnis wandelt sich.

An Hochschulen sind zunehmend Dienstleistungen für Wirtschaft und Gesellschaft gefragt. Private Mittel gewinnen an Bedeutung. Wer mehr private Gelder anwirbt, erhält auch mehr Bundesgelder. Laut Bundesamt für Statistik betrugen die vom Privatsektor im Jahr 2010 finanzierten Forschungsmandate an Schweizer Universitäten 1045 Millionen Franken. (Hänggi 2013: 42 ff.) Die Zuwendungen des Privatsektors nahmen von 470 Millionen Franken (1995) auf 1190 Millionen Franken (2012) zu. Der Anteil am Gesamtbudget machte allerdings nur 4 Prozent aus. Spitzenreiterin ist die Universität St. Gallen mit 43 Prozent Drittmitteln. ETH und EPFL kommen auf 10 Prozent bzw. 9 Prozent. Klare Richtlinien sind nötig, damit die Kooperation mit der privaten Wirtschaft die demokratische Freiheit der Forschung und Lehre nicht unterläuft.

Die Universität Basel kooperiert eng mit der ansässigen Pharmaindustrie, die ebenfalls im Universitätsrat vertreten ist. Georg von Schnurbein begrüßt die privaten Mittel. Sie ließen sich über mehrere Jahre halten, Staatsgelder seien an Budgets geknüpft, die oft schon am Ende des Jahres erfüllt sein müssten. Wichtig sei die Transparenz. Das sagte auch der kürzlich verstorbene Gottfried Schatz, ehemaliger Ordinarius für Biochemie und Leiter des Biozentrums der Universität Basel. Die Hauptaufgabe der Universitäten sei es, über Dinge zu forschen, die für privatwirtschaftliche Unternehmen kaum interessant seien. Die Universitäten müssten dabei langfristig denken. Privates Geld sei hingegen flexibler und mit weniger Auflagen verbunden. An der Universität dürfe es aber keine kurzfristige Zweckforschung geben. Die Unabhängigkeit der Forschung hänge von vier Faktoren ab: Sie dürfe erstens nicht streng zweckgebunden sein, müsse zweitens alle Finanzierungen offenlegen, drittens langfristige Unterstützungen gewähren und viertens alle Studienergebnisse frei zugänglich machen.

Marcel Hänggi publizierte die Studie *Cui bono. Wer bestimmt, was ge-forscht wird?* (2013) Wir interviewten ihn am 29. Oktober 2012 in unserem »Forschungskolloquium«. Die beiden Studierenden Attila Kis und Nils Krauer referierten nachher, was bei ihnen hängen blieb. Zusammenge-fasst: Wenn eine Tabakfirma wie Philip Morris die gesundheitliche Schä-digung von Passivrauchern erforschen lässt, verspricht sie sich möglichst verwertbare Ergebnisse. Sie wählt daher Forschende aus, die für ein »beidseitiges Entgegenkommen« offen sind. Dennoch will Hänggi keinen Generalverdacht schüren. Er rät, zu differenzieren. Als positives Beispiel führt er das Unternehmen Mobiliar an, das eine Versicherung gegen die Folgen des Klimawandels plante. Hier bestehe kein Bestreben, materielle Profite damit zu erzielen. Hier lägen unternehmerische und wissen-schaftliche Interessen nahe beisammen. Die »Ökonomisierung« der Hochschule illustrierte Hänggi mit einem Werbeclip der ETH Lausanne, die als modernes, cleveres und cooles Unternehmen daherkommt. Wich-tig sind ihm klare Verträge, die den privatwirtschaftlichen Einfluss be-grenzen. Als Beispiel dient Hänggi ein Vorschlag des Entwicklungsbiolo-gen Ueli Grossniklaus. Ein Vertrag mit der Pharmaindustrie sieht bei ei-nem neuen Medikament vor, die Patentrechte kostenlos an Drittwelt-länder abzugeben.

Hänggi sprach auch die Nebentätigkeit von Hochschuldsozierenden an. Als Beispiel diente ihm Patrick Aebischer, der Präsident der ETH Lau-sanne. Er sitzt im Verwaltungsrat der Lonza Group und der Nestlé Health Science und hat mit Amazentis auch ein eigenes biotechnologisches Start-up-Unternehmen. Laut Eidgenössischer Finanzkommission üben etwa 2500 Professorinnen und Professoren mehr oder weniger lukrative Nebentätigkeiten aus. An der Universität Zürich seien es ein Drittel der Dozierenden, in St. Gallen die Hälfte. Zu ihnen gehört etwa Johannes Rüegg-Stürm. Er präsidiert den Verwaltungsrat der Raiffeisenbank. Das beschert ihm zusätzliche 473 200 Franken. (*Schweiz am Sonntag*, 3.5.2015: 8) Neu müssen an der Universität Basel Nebenjobs deklariert werden. »Geheim bleiben weiterhin berufliche Nebentätigkeiten wie Beratungsmandate so-wie die Höhe der Einkünfte, moniert der Journalist Leif Simonsen (*Schweiz am Sonntag*, 12.7.2015: 51) Als Nebentätigkeiten gelten hier Leistungen, die im Wesentlichen persönlich und im eigenen Namen für Dritte erbracht werden. Dazu gehören etwa Beratungsmandate, Expertisen bzw. Gutachten, Verwaltungsratsmandate, aber auch Lehraufträge an anderen Hochschulen. Bewilligungspflichtige Nebentätigkeiten sind Verwaltungsratsmandate; Nebentätigkeiten, sofern sie im Jahresdurchschnitt einzeln oder in der Summe mehr als 20 Prozent der jährlichen universitären Normalarbeitszeit beanspruchen. Hinzu kommen öffentliche Ämter. Frühere Vorstöße, solche Einkünfte zu deklarieren oder sogar in einen gemeinsamen Topf für die Nachwuchsförderung fließen zu lassen, scheiterten. Die Leitung argumentierte, die Universität sei an Nebenbeschäftigungen von Dozierenden interessiert und stelle dafür auch gerne Infrastruktur zur Verfügung.

Ich selbst wirkte sechs Jahre (bis Ende 2014) im Nachhaltigkeitsbeirat der Axpo mit. Das öffentlich-rechtliche Unternehmen bezahlte 10 000 Franken pro Sitzung. Die Sitzungsdauer betrug maximal drei Stunden – zwei- bis dreimal im Jahr. Diese Einnahmen flossen direkt auf ein Konto für Unterbeschäftigte. Andere Dozierende halten das wohl ähnlich. Eine entsprechende Regelung fehlt jedoch. Sie wäre dringlich. Ein Professorentitel ist symbolisches Kapital und verhilft zu überhöhten Einnahmen. Das Gemeinwesen finanziert die Uni und soll vom Nutzen profitieren. Aber dann entfallen wichtige individuelle Anreize, lautet ein Einwand. Wissenschaft lebt jedoch von der Neugier. Finanzielle Boni unterlaufen diese Motivation und damit auch die Qualität.

Andere Dozierende sehen das aber ganz anders. »Wir haben immer mehr Mühe, gute Leute zu bekommen, weil sich die Bedingungen gegenüber dem Konkurrenzmarkt Privatwirtschaft, aber auch gegenüber dem Staat, ständig verschlechtern«, entgegnete mir ein geschätzter Kollege aus der Juristischen Fakultät (25.8.2015). Das neue Einreihungssystem habe die Situation schon massiv verschärft, nunmehr noch mit einer Hebelwirkung, weil die Pensionskasse ebenfalls deutlich unter dem staatlichen Niveau modifiziert werde. Neben den Unsicherheiten der Planung einer akademischen Karriere komme somit auch hinzu, dass die Universität gegenüber anderen Märkten schlicht nicht mehr konkurrenzfähig sei. Mit vergleichbarem Einsatz und der entsprechenden Qualität lasse sich in der Privatwirtschaft einfach mehr verdienen, weshalb von vornherein nur noch intrinsisch Motivierte an die Universität kämen.

Mit einem andern Kollegen der Wirtschaftswissenschaftlichen Fakultät debattierte ich (15.9.2014) im Rahmen einer Reform der Weiterbildung. Dabei verhandelten wir auch die Honorare für Referierende. Er plädierte für einen Tagesansatz von 4000 Franken, ich für die Hälfte als obere Grenze. Darauf entgegnete der Professor, mit nur 2000 bis 3000 Franken sei es einfach nicht mehr möglich, gute Leute an die Universität zu holen. Dank hoher Bezahlung könne er in seinem bestehenden Kursangebot lauter Spitzenleute verpflichten. Ich kenne allerdings viele gut qualifizierte Leute, die auch für ein tieferes Entgelt bereit sind, an der Universität zu unterrichten.

Der Zufall wollte es, dass mich am selben Tag Daniela Kuhn kontaktierte, eine ehemalige Redaktorin des *Tages-Anzeigers,* die mittlerweile als freie Journalistin für die NZZ und andere Medien arbeitet. Sie besuchte gerade diese Weiterbildung mit den Koryphäen und beklagte»die fehlende Professionalität«. Ob zu Recht, bleibe dahin gestellt.

Zum Einfluss der Medien

Am Freitagabend strahlt das Schweizer Fernsehen jeweils die Polit-Debatte »Arena« aus. Der Moderator ist laut *SonntagsBlick* (12.4.2015: 1) »der mächtigste Mann im Wahljahr«. Jonas Projer, so gewürdigt, sieht das selbst anders. »Da geht es nicht um Macht«, sagte er mir. (22.5.2015) Seine Aufgabe bestehe darin, vorsichtig zwischen den unterschiedlichen Interessen seiner Gäste abzuwägen. Aber wer wählt die Gäste und Themen aus? Der Moderator ist da stark beteiligt. Von Belang ist auch, wem er wann das Wort erteilt und welche Fragen er stellt. Der SVP-Parteipräsident Toni Brunner wetterte in der Sendung vom 27. Juni 2015 eifrig und lange gegen den Service public. Er fiel vor allem der grünen Nationalrätin Regula Rytz immer wieder ungehindert ins Wort. Sie blieb gelassen. Und wirkte so vielleicht stärker, als wenn sie vom Moderator in Schutz genommen worden wäre. Aber dies zu tun oder zu unterlassen, gehört zu seiner Macht. »Die Macht des Wortes ist gewaltig«, hielt ein Student in seinem Bericht über ein Praktikum bei einer Zeitung fest. »Mit der Auswahl der Zitate konnte ich ganz schön beeinflussen, wie etwas rüber kam.« Ja, ein einziges Wort kann den Akzent entscheidend verschieben. »Wir sollten mehr Geld für den Kaffee bezahlen«, sagte ich in einem Interview. Und autorisierte das Zitat so. In der Zeitung stand dann: laut Mäder sollte man *noch* mehr Geld für den Kaffee bezahlen.

Medien galten einst als vierte Gewalt im Staat. Sind sie das? Bundesrätin Eveline Widmer-Schlumpf befürchtet, Medien könnten unsere Demokratie aushebeln. Das stellte sie im Buch fest, das Esther Girsberger (2012) über »die Unbeirrbare« schrieb.

»Wie haben Sie als Medienminister die Medien gebraucht?« Das fragten Esther Girsberger und ich in einem gemeinsamen Gespräch (27.6.2013) alt Bundesrat Moritz Leuenberger. »Sehr viel«, lautete seine Antwort. »Ein Politiker ohne Medien ist kein Politiker. Ein Politiker muss, um sein politisches Anliegen überhaupt verbreiten zu können, seinen Platz in den Medien erobern. Er muss, damit er gehört wird, zuerst gesehen werden. Ein vorher ungekannter Nationalratskandidat ließ sich nackt vor einem Polizeiauto fotografieren und wurde prompt gewählt. Der *SonntagsBlick* brachte in meiner politischen Anfangszeit eine ganze Seite, wie ich kochte. Das half mir. Heute graut mir vor solchen Dingen. Aber ich habe gut reden, denn heute bin ich ja bekannt. Zu 90 Prozent verarbeiten die Medien ja einfach, was wir sagen und machen. Und zum Teil erklären sie vieles sogar besser, als wir es selber tun. Es gab ja Beschlüsse des Bundesrates – nicht aus meinem Departement –, die waren so komplex, dass ich mir gar keine Zeit nahm, sie zu verstehen. Ich konnte mir mit den Zusammenfassungen in den Medien helfen.«

Eine besondere Bedeutung kommt Medien im Vorfeld von Wahlen und Abstimmungen zu. Am 14. Juni 2015 stimmten die Schweizer Stimmbürgerinnen und Stimmbürger zum Beispiel über die Änderung des Bundesgesetzes über Radio und Fernsehen ab. Das neue Gesetz, das äußerst knapp angenommen wurde, will die geräteabhängige Abgabe durch eine generelle Gebühr ersetzen. Astrid Motz und Kathrin Pavic analysierten im Rahmen unserer Studie alle Ausgaben der *Neuen Zürcher Zeitung* vom 20.4.2015 bis 20.5.2015 zum Thema »Geld und Macht«. Sie dokumentierten dabei auch, wie sich die NZZ bei dieser Abstimmung bemühte, verschiedene Stimmen zu Wort kommen zu lassen. Und das ist wichtig. Denn (Print-)Medien prägen das Bewusstsein der Bevölkerung stark mit. In der Schweiz gibt es 67 Zeitungsexemplare auf 100 Einwohner. Durchschnittlich lesen wir täglich während zwanzig Minuten eine Zeitung. Dabei orientieren sich viele Lesende an einem der regionalen Monopole.

Ökonomisiert und monopolisiert

Medien sind Teil des politischen Systems der Schweiz. Sie haben eine wichtige Informations-, Bildungs- und Kontrollfunktion. Sie üben auch »symbolische Gewalt« (Bourdieu 1997b) aus und beeinflussen gesellschaftliche Strukturen und Prozesse. Ein Medium ist keine »unbeteiligte technische Apparatur ohne Wille und Ziel« (Eichenberger 1991: 19), sondern ein Organ der Zivilgesellschaft. Es schafft (idealerweise) eine demokratische Öffentlichkeit und fördert den Austausch unterschiedlicher Argumente. Allerdings stehen die Medien unter zunehmendem Ökonomisierungsdruck, stellt Florian Vock fest. Er setzte sich im Rahmen unserer Studie mit der Medienlandschaft auseinander. Er wertete vorliegende Untersuchungen aus und führte eigene Interviews mit Fachleuten. Er fragte, unter welchen Bedingungen heute publizistische Tätigkeiten stattfinden. Wir greifen hier ein paar Aspekte auf.

Der im Frühjahr 2015 verstorbene Medienforscher Kurt Imhof definierte drei Funktionen der Öffentlichkeit. Erstens stellt Öffentlichkeit einen gesellschaftlichen Entdeckungszusammenhang her. Zweitens legitimiert und kontrolliert sie politische Tätigkeiten und Organe. Drittens kommt ihr eine integrative und demokratische Funktion zu. In einer funktionierenden Öffentlichkeit nehmen sich Bürgerinnen und Bürger als Mitglieder einer Gesellschaft wahr, die gemeinsame Anliegen demokratisch regelt. Von Medien verlangt die Öffentlichkeit: substanzielle Kenntnisse, Offenheit und die Ehrlichkeit, Relevantes möglichst wahrheitsgetreu zu publizieren. (Friedrichsen/Gertler 2011: 23) Die Macht der Medien rührt von ihrer Stellung in der Öffentlichkeit, die sie selbst mit herstellen.

Die Schweizer Medienlandschaft hat sich seit den 1980er-Jahren stark verändert. Heute orientiert sich journalistische Arbeit weniger religiös oder parteipolitisch. Im Vordergrund steht die Information. Die selbstdefinierte Neutralität will eine breitere Bevölkerung ansprechen. Massenmedien messen ihren Erfolg mehr kommerziell denn publizistisch. (Cueni 2012) Medien sind heute Teil einer unternehmerischen Produktepalette, die gewinnbringend sein und in Konkurrenz zu anderen Produkten bestehen muss.

Um Zeitungen ökonomisch interessant zu halten, ist die Auflage wichtig. Je höher sie ist, desto mehr sinken die relativen Fixkosten. Das motiviert Zusammenschlüsse. Zunehmend investieren Medienunternehmen auch in andere Branchen, zum Beispiel in den Verkauf von Eventtickets. Zudem weichen sie ergänzend in den Boulevardbereich aus. (Jarren 2013) Dabei ist es schwierig zu erkennen, wie die Investoren die Arbeit der

Redaktionen prägen. (Friedrichsen/Gertler 2011) Große Schweizer Medienkonzerne halten unzählige Beteiligungen an Druckereien, Regionalzeitungen, Online-Portalen, Agenturen, Fernsehproduktionsfirmen, Immobilien und weiteren Aktiengesellschaften. (Media Trend 2014) Die Interessen des Unternehmens sind intransparent. Die drei Konzerne Tamedia, Ringier und die NZZ-Gruppe dominieren den nationalen Markt. Die Konkurrenz unter ihnen erhöht die journalistische Vielfalt kaum. (Imhof 2013a) Die zunehmende Ökonomisierung orientiert sich an einem nivellierten Publikumsgeschmack. Damit nähern sich auch die inhaltlichen Ausrichtungen an. Grundlegend kontroverse Debatten sind selten. (Moser 2013) Feststellbar ist längst eine »Uniformisierung des Angebots«. (Bourdieu 2010: 296)

Die Diversifizierung der Medienunternehmen lockt auch branchenfremdes Kapital an, das seinen Einfluss über Medien erhöht. Hinzu kommen Sparmaßnahmen. Sie prägen den Alltag der Redaktionen, die mehr Nachrichten zu bewältigen haben. Das gefährdet den seriösen Informationsjournalismus. (Cueni 2012) Medienschaffende müssen in weniger Zeit mehr produzieren. Eine industrialisierte Nachrichtenproduktion überlagert und verdrängt den Informationsjournalismus. (Moser 2013) Der Anspruch steigt, stets verfügbar zu sein. Und die Löhne sinken tendenziell. Ein Gesamtarbeitsvertrag für die Branche fehlt. Einige Journalistinnen und Journalisten wechseln im mittleren Alter in die PR-Branche. Da sind die Löhne höher. Damit gehen erfahrene Journalistinnen und Journalisten verloren. (Imhof 2013a) Auch, weil im wichtiger werdenden Online-Journalismus die Schnelligkeit mehr zählt als die Qualität. Aber dadurch erlangt die unternehmerische Kommunikation mehr Macht im Herstellen von Öffentlichkeit. (Cueni 2012)

Medien dienen spezifischen Interessen von kapitalstarken Auftraggebenden. (Hoffmann/Steiner 2006) Wobei sich auch staatliche Einrichtungen stark um ihren medialen Ruf kümmern. Sie können erhebliche Mittel für die stark ausgebaute und professionalisierte Kommunikation einsetzen und dabei das Label »offiziell« verwenden. Das hilft, eine Monopolstellung zu festigen. Sonst gilt: Je höher der publizistische Rang, desto stärker wirken Marktänderungen und die Ökonomisierung. Angepasster Journalismus ist gefragt. Redaktionen lassen sich selbst mehr oder weniger unter Druck setzen. (Prantl 2013/infosperber.ch) Die Medienlandschaft unterteilt sich. Die einen bieten Schlagzeilen, andere mehr analytische und kritische Beiträge.

Es gibt Verlage, die den Gewinn höher bewerten als die publizistische Qualität. Und umgekehrt. Etliche Medien(schaffende) leisten nach wie vor einen wertvollen Beitrag zur fundierten und differenzierten Meinungsbildung. In der Schweiz besteht auch kein Monopol eines einzigen Unternehmens. Zudem ist die Vielfalt von Portalen und Online-Zeitungen recht beachtlich. Aber die skizzierte Ökonomisierung und die Monopolisierung der Medien sind wirkungsmächtig. Sie unterlaufen demokratische Prozesse. Die ökonomische Logik, die Idee der Verwertbarkeit und die warenförmige Vorstellung journalistischer Arbeit gewinnen gegenüber medienethischen Werten an Bedeutung. Staatliche Auflagen versuchen, die zentralen Funktionen der Medien zu erhalten. (Friedrichsen/Gertler 2011: 18/109) Hinzu kommen eigene Anstrengungen der Verleger, der Medienunternehmen und der Medienschaffenden. Die Medien sind einerseits Wirtschaftsgut, andererseits gesellschaftlich-politisches Kulturgut. Da gelte es, eine Balance zu finden, bilanziert der Berliner Medienkenner Ernst Elitz: »Eigentum verpflichtet – auch zum Erhalt und zur Förderung der politischen Kultur.« (A. a. O.: 70)

Wichtig ist also, welche politischen Positionen heute die Medien einnehmen und wie sehr »die jüngere Journaille« in Einklang mit den Besitzenden SVP-lastig und neoliberal agiert. Wichtig ist auch die beschriebene ökonomische Konzentration. De facto bestehen durchaus Monopole. In Bern arbeitet kaum ein Blatt außerhalb des TA-Konzerns. Hinzu kommt die Vermengung von PR und Journalismus. Sie findet bereits Eingang in die Ausbildungen. Zudem treten Verlage stärker mit politischen Weisungen auf. Oliver Fahrni, einst stellvertretender Chefredaktor der alten *Weltwoche,* hält (8.6.2015) Medien, und das sei kein geringes Paradox, heute für die mächtigsten Vektoren der Zerstörung einer demokratischen Öffentlichkeit: durch fehlende Qualität, das Universalkriterium Attraktivität, durch die Erregungspegel, den kalten Affekt in Gratismedien, durch fehlende Tiefe, Narrationen und Interessenaufklärung. Die Funktion der Medien habe sich in eine Konsumbegleitung und in die Zementierung von Mainstream und hegemonialen Ansichten verkehrt. »Und da

234 | Ueli Mäder

reden wir erst von den klassischen Medien«, so Fahrni. Kurt Imhof wollte die These von der Zerstörung der Öffentlichkeit durch Medien kritisch befragen. Er ist nicht mehr dazu gekommen.

Und warum verfügen die SP und Gewerkschaften über keine größeren Medien mehr? Und was unternimmt die Mediengewerkschaft Syndicom als ständische Interessenverwalterin? Welche inhaltlichen Auseinandersetzungen trägt sie über die eigene Berufsausübung in die Gesellschaft? Die Gewerkschaften, SP und Grüne stecken jedes Jahr viel Geld in eigene (Hochglanz-)Publikationen. Aber eine kritische Tageszeitung fehlt. Bewusst? Mit welcher Begründung? Abgesehen von der *Wochenzeitung* (WOZ) sind kritische Medien rar, die sich den Arbeitnehmenden sowie den zivilgesellschaftlichen Einrichtungen und sozialen Bewegungen verpflichtet fühlen.

Beispiel: Reichtums- und Steuerdiskurs

Volk und Stände lehnten in einer Volksabstimmung vom 28. November 2010 die Volksinitiative »Für faire Steuern. Stopp dem Missbrauch beim Steuerwettbewerb« oder kurz »Steuergerechtigkeits-Initiative« der Sozialdemokratischen Partei der Schweiz (SP) ab. Die Initiative forderte eine materielle Steuerharmonisierung durch die Einführung von Mindestgrenzsteuersätzen auf hohen Einkommen und Vermögen. Die Initiative wollte den Steuerwettbewerb eindämmen, dem interkantonalen Werben um die Steuerpflichtigen mit sehr hohen Einkommen und Vermögen einen Riegel schieben und eine Mindestbesteuerung einführen (SP 2010). Michael Mülli und Florian Vock (2014) untersuchten im Rahmen unserer Studie, welches Wissen über Reichtum und den Steuerwettbewerb die Presse im Vorfeld der Volksabstimmung vermittelte. Sie fragten, wie Journalistinnen und Journalisten großer Schweizer Tageszeitungen über die Steuergerechtigkeits-Initiative berichteten. Wir greifen hier zentrale Aspekte auf.

Den Datenkorpus bilden rund dreißig Schlüsseldokumente aus den drei großen Schweizer Tageszeitungen *Neue Zürcher Zeitung* (NZZ), *Tages-Anzeiger* (TA) und *Basler Zeitung* (BaZ). Der Zeitraum der Datenerhebung beschränkt sich auf das Vorfeld der Volksabstimmung (vom 1. Oktober bis am 28. November 2010).

Eine unwidersprochen bleibende Selbstverständlichkeit des journalistischen Steuerdiskurses ist die Souveränität der Kantone bei der Ausgestaltung ihrer Steuersysteme, der fiskalpolitische Föderalismus. Gemäß NZZ gilt die *Steuersouveränität* der Kantone als »Grundpfeiler des erfolgreichen schweizerischen Föderalismus«. (NZZ 1.10.2010: 15) Die Steuergerechtigkeits-Initiative würde die Souveränität der Kantone gefährden oder verunmöglichen. Während die kantonale Souveränität in Steuerfragen als Ausdruck von Freiheit gilt, drohe der »Steuervogt« (NZZ 23.10.2010: 25) diesen Föderalismus zu zerstören: Die SP »will den eidgenössischen Steuervogt ins Feld schicken – gegen Abzocker, gegen Superreiche, gegen die Kantone«. Und was, fragt die NZZ, würde Wilhelm Tell zum sozialdemokratischen Steuervogt sagen? »Er würde Nein stimmen«. (NZZ 23.10.2010: 25) Die NZZ suggeriert mit diesem Vergleich, die Steuerhoheit der Kantone habe eine sehr lange Geschichte, die zeitlich hinter die Gründung des Bundesstaats zurückreiche. Wer die bewährte Steuersouveränität der Kantone zum Gegenstand steuerpolitischer Auseinandersetzung macht, rüttelt aus dieser Sicht an den Grundfesten der Eidgenossenschaft. Steuerwettbewerb und Föderalismus stehen auch in der BaZ in engem Bezug zueinander. Für die BaZ bildet der Steuerwettbewerb »den Kern des schweizerischen Föderalismus«. (BaZ 13.11.2010: 2) Wie NZZ und BaZ hält auch der TA den fiskalpolitischen Föderalismus hoch. Die Mischung aus Steuersouveränität und »direkter Demokratie« sorge für »vernünftige Steuern bei guten staatlichen Leistungen«. (TA 19.11.2010: 5)

Die kantonale Steuersouveränität ist mit dem *Steuerwettbewerb* eng verknüpft. Aus Sicht der NZZ hat der Steuerwettbewerb nur Vorteile. Die NZZ fragt nicht, ob weniger Steuereinnahmen der Kantone für deren Leistungen in Bereichen wie Bildung oder Sozialwesen Einschnitte bedeuten könnten. Die NZZ will vornehmlich die Expansion der kantonalen Verwaltung und Behörden verhindern. Sie geht dabei von einem konstitutiven Expansionsdrang dieser Institutionen aus, den es durch Steuerwettbewerb einzuschränken gelte. Der Steuerwettbewerb zwinge die Kantone, stattdessen nach neuen finanziellen Einsparungsmöglichkeiten zu suchen. »Standortvorteile« (NZZ 23.10.2010: 25) für wirtschaftliche Akteure bedeute, die Kantone können so vermehrt Reiche anlocken, welche dann das gesamte Steueraufkommen vergrößerten. Langfristig betrachtet, bringe die Steuersenkung also Mehreinnahmen. Steuerwettbewerb und fiskalpolitischer Föderalismus sind für die NZZ zentrale Elemente des »Erfolgsmodells Schweiz« (NZZ 13.11.2010: 27), das die Steuergerechtigkeits-Initiative der SP gefährde.

Der Steuerwettbewerb kennt im aktuellen Steuerdiskurs drei Gegenspieler: den Etatismus, den Zentralismus und den Sozialismus. Für die NZZ geht es »um eine ideologische Weichenstellung«. (NZZ 23.10.2010: 25) Sie verknüpft das Gegenüberstellen von Föderalismus und Steuerwettbewerb auf der einen und Etatismus, Zentralismus und Sozialismus auf der anderen Seite mit einer bestimmten Konstruktion *schweizerischer Identität:* Die Schweizerinnen und Schweizer seien sich gewohnt, ihr Schicksal selber zu bestimmen. Falls die Steuergerechtigkeits-Initiative angenommen würde, käme ein unaufhaltsamer Zentralisierungsprozess ins Rollen, der diese Selbstbestimmung zerstöre. Die Stimmberechtigten sieht die NZZ daher vor die Wahl gestellt, das »prächtige Haus« namens Schweiz zu erhalten oder mutwillig abzubrennen. Die NZZ assoziiert die Schweiz mit Wohneigentum und Leistungsbereitschaft, die durch Missgunst, Etatismus und Sozialismus bedroht werden. Mindestgrenzsteuersätze würden die schweizerische Identität dammbruchartig schwächen.

Die SP-Initiative trägt mit der Gerechtigkeit einen Aspekt im Titel, den die Medien allerdings selten thematisieren. Nur der TA bezieht sich ausgiebig darauf. Die BaZ und die NZZ entpolitisieren die Frage der Gerechtigkeit. Sie erklären diese einerseits zur »Ansichtssache«. Und andererseits deuten sie die Frage um, indem sie auf den großen Anteil der Steuern hinweisen, der von den höchsten Einkommen und Vermögen kommt. Das journalistische Wissen der NZZ bewertet den Steuerwettbewerb ausschließlich positiv. Die BaZ und der TA lassen mehr Kritik zu. So fragt der TA (19.11.2010: 5) etwa, wer den Preis für Steuersenkungen bei hohen Einkommen und Vermögen bezahlen muss. Der TA problematisiert Auswirkungen auf den Wohnungsmarkt, die Mietpreise und die Verdrängung durch den Steuerwettbewerb. Ein tiefes Steuerniveau sei »kein Wert an sich«, räumt auch die BaZ (28.10.2010: 5) ein: Wenn ein Gemeinwesen über zu wenig Steuereinnahmen verfüge, könnten Bildungs-, Sozial- und Gesundheitsinfrastrukturen kaum aufrechterhalten werden. Die BaZ stellt Steuereinnahmen als relevante Finanzquelle für das Gemeinwesen dar. Sie nimmt auch Kritiken an den Steuersenkungen auf.

»Reiche haben es schwer.« So titeln Michael Mülli und Florian Vock ein Hauptkapitel. Sie beziehen sich dabei auf die Tendenz der NZZ, meritokratisch und mechanistisch zu argumentieren. Reiche hätten viel gearbeitet und es dank ihrem Fleiß zu Reichtum gebracht. Höhere Steuern würden dazu führen, dass niemand mehr zur Leistung motiviert sei. Denn bei zu hoher Besteuerung lohne sich Leistung nicht mehr, für ehemals »Leistungswillige« werde es attraktiver, »sich zu vergnügen, statt zu arbeiten, und zu konsumieren, statt zu sparen«. (NZZ 13.11.2010: 27) Die NZZ sieht das protestantische Ethos von Arbeit und Sparsamkeit in Gefahr. Sie betont, wie die BaZ, die vielen Verpflichtungen, die Reiche bereits übernähmen. Da Reiche als Leistungs- und Lastenträger bereits doppelt belastet seien, wäre eine höhere Steuerbelastung ungerecht.

Die BaZ weiß: Es ist der Neid der großen Mehrheit auf die Reichen, welche diese »Minderheit« jagt und zu Abgaben zwingt. (BaZ 7.10.2010: 2) Reiche erscheinen in der Berichterstattung der BaZ als schutzbedürftige, bedrohte Minderheit. Der »Mittelstand« bleibt hier als produktiver Faktor für Wohlstand weitgehend ausgeklammert. Sonst gerne bemüht, erscheint er hier als Jäger und Neider der Reichen.

Der Steuerdiskurs operiert im Rahmen eines naturalisierenden Menschenbildes, das der finanziellen Anreizlogik entspricht. Dieses eindimensionale Menschenbild zeigt sich bei der Konstruktion von Reichen ähnlich wie beim Wettbewerbsargument. Die Gesellschaft kommt als homogenes Ensemble individueller Wettbewerbseinheiten daher. Steuerpolitik soll sich primär an dieser Variante des Homo oeconomicus orientieren. Der Vorwurf des Neids unterstellt der Initiative eine nicht-rationale Haltung. Wer gegen die Initiative optiert, gilt als rational, wer dafür votiert als neidisch und irrational.

»Wider die politische Korrektheit«

»Wer hat die Macht in Bern?«, fragte SVP-Nationalrat Luzi Stamm im Jahr 2000 in seinem gleichnamigen Buch und folgerte: Es sind die Medien. Genauer: Die Macht liegt nicht bei den Medienschaffenden selber. Sie wird »mit Hilfe der Medien ausgeübt«. (Stamm 2000: VIII) Redaktionen verfügen mit dem Agenda-Setting über ein wichtiges Machtmittel. Der »Politmedienkuchen« (René Rhinow) setzt sich aus den Eliten der Politik und Medien zusammen. Sie bilden eine symbiotische Seilschaft: Die einen bringen Informationen, die anderen den Zugang zur Öffentlichkeit. Im Wettlauf um Einfluss setzen einzelne Medien auf eine Repolitisierung ihrer Inhalte. Diese Strategie ist besonders bei der *Weltwoche* und der *Basler Zeitung* zu beobachten. (Mensch 2012: 206) Der Soziologe Markus Kocher setzte sich im Rahmen unserer Studie damit auseinander. Wir greifen aus seinem ausführlichen Bericht einzelne Gesichtspunkte auf. Markus Kocher arbeitete früher selbst als Journalist für die *Basler Zeitung*.

Die *Basler Zeitung* verfolgt ein klar politisches Ziel. Die Eigentümer sprechen von einer Mission. Im Juli 2013 bestätigte Tito Tettamanti, Mehrheitsaktionär der MedienVielfalt Holding (MVH): »Wir wollen eine Allianz unterstreichen zwischen Leuten, die ein ähnliches Ziel haben, nämlich eine Weltanschauungszeitung, die inhaltlich profiliert, liberal und marktfreundlich ist.« Kurz zuvor wurde bekannt, dass der umtriebige Financier seinem Businesspartner Christoph Blocher, der schon lange die Fäden im Hintergrund zog, 20 Prozent seiner BaZ-Aktien abgetreten hatte.

Die großen Schweizer Parteien kontrollierten 1931 nahezu den gesamten Schweizer Blätterwald, die FDP zu 51, die CVP zu 21 und die SP zu 10 Prozent. 1967 hatten sich die Gewichte etwas verschoben. Damals konnte die FDP noch auf 41 Prozent der Presse zählen, die CVP auf 35 Prozent und die SP auf 8 Prozent. Die SVP bzw. die Bauern-, Gewerbe- und Bürgerpartei (BGB) bewegte sich jeweils im unteren einstelligen Bereich. Zuletzt waren es noch das *Neue Bülacher Tagblatt* und die *Neue Berner Zeitung*. Letztere fusionierte 1973 mit dem *Emmenthaler Blatt* zur *Berner Zeitung*. Sie verschwand damit aus dem Einflussbereich der SVP. Überhaupt lösten sich in den 1970er-Jahren die Zeitungen zusehends von den Parteien, nahmen unternehmerische Züge an und begannen mit der Ausbildung eigener Medienstrategien. (Blum 2010) Die SVP und ihr nahestehende Kreise vermissten eine eigene Tageszeitung. Erst mit dem Verkauf der Basler Zeitung Medien (BZM) an den Investor Tito Tettamanti sowie an den BZM-Verlagsanwalt Martin Wagner im Jahre 2010 eroberten sie endlich eine Plattform, von der aus sich im Tagesrhythmus rechtskonservative und »politisch unkorrekte« Positionen verkünden ließen. Im Spätsommer 2010 nahm Markus Somm als neuer Chefredaktor seinen Dienst auf. Er leitete sogleich einen personellen Umbau der Redaktion ein. Im Herbst verlegte die Basler Zeitung Holding (wie die BZM neu hieß) ihren Sitz nach Zug. Zudem wurde bekannt, dass Christoph Blocher mit seiner Beratungsfirma Robinvest ein Mandat übernommen hatte. Schritt für Schritt rückte die BaZ Holding in SVP-Nähe.

Das Engagement von Tettamanti und Blocher bei der *Basler Zeitung* ist von anderer Art, als man das von Großkonzernen wie Tamedia oder der NZZ-Gruppe kennt. Diese verfolgen mit der kontinuierlichen Aneignung neuer Titel eine aggressive Wachstumsstrategie. Die MedienVielfalt Holding eint ein anderes Ziel. Einige der reichsten Männer der Schweiz spannen zusammen. Sie kaufen ein finanziell schlingerndes Blatt, trennen nach und nach die weniger rentablen Bereiche ab, sodass am Ende nur noch die »nackte« Zeitung übrig bleibt. Die Strategie hat einen vertrauten Namen: Medienvielfalt. Die MedienVielfalt Holding geriert sich als Bollwerk gegen die zunehmende Macht von Medienkonzernen und verspricht: einen offenen Wettstreit der Ideen, die Suche nach der Wahrheit anstelle des Verkündens vorgefasster Meinungen. Allerdings geht es den neuen Besitzenden der BaZ mehr um ein weltanschaulich-politisches Projekt denn um Meinungsvielfalt. Da müssen teilweise sogar ökonomische Interessen zurückstehen.

Das Projekt stützt sich auf ein dichtes Geflecht sozialer Beziehungen. Die Involvierten stammen aus Unternehmen, rechtsbürgerlichen Parteien, andern Medien und Denkfabriken. Besonders einflussreich ist das von Robert Nef gegründete Liberale Institut (LI). Es will eine »intellektuelle und humanistische Tradition der macht-, staats- und zentralismusskeptischen Freiheitsidee« beleben. Das Liberale Institut führt, gemäß eigenen Angaben, fundierte Analysen durch, hauptsächlich zu Themen wie wirtschaftliche Freiheit, Privatautonomie oder politische Vielfalt. Es betreut eine Reihe von Kompetenzzentren und produziert Studien, Papers und Referate, die sich den Ideen neoliberaler Konstrukteure wie Milton Friedman oder Friedrich August von Hayek verpflichtet fühlen. Die Denkfabrik organisiert auch Tagungen. Und sie verleiht einmal im Jahr den »Röpke-Preis für Zivilgesellschaft«. Bemerkenswert ist auch die publizistische Nähe zum *Schweizer Monat* (vormals *Schweizer Monatshefte*). Diverse Artikel, die in der *Basler Zeitung* erschienen, entstammen ursprünglich diesem Blatt. Es war in den 1920er-Jahren von einer starken Germanophilie geprägt. Der Historiker Thomas Huonker wies in unserem Gespräch auf die »zwiespältige Tradition« der *Monatshefte* hin, die durch die BaZ eine Aufwertung erfahren. Die Zeitschrift erreicht mit einer Auflage von durchschnittlich 4000 Exemplaren eher ein Spezialpublikum. Die BaZ dient jedoch als Vehikel, um das Credo des *Schweizer Monats* zu popularisieren. Das Blatt ist eine Art Experimentierfeld für den großen Auftritt vor einem Publikum, das sich erst noch an gewisse »politisch unkorrekte« Gedankengänge gewöhnen muss.

Die Formel »politisch korrekt« verunglimpft seit den 1990er-Jahren den Versuch, diskriminierende Äußerungen zu vermeiden. Die neue Rechte traf mit dem Begriff einen Nerv der Zeit. Was den Menschen fehle, sei der Mut, etwas anderes zu denken als die bequeme und nette Mehrheitsmeinung. Die Political Correctness ist für die Akteure der Medien-Vielfalt Holding Ausdruck eines sich schleichend vollziehenden Sozialismus, der sich über die Sprache im Denken festsetzt und von dort in andere Bereiche ausstrahlt. Das Ideal der Gleichheit, heißt es, finde einen pervertierten Niederschlag in den ausgeklügelten Einrichtungen des Sozialstaats. Der ethisch begründete Wunsch, den augenscheinlich Benachteiligten zu helfen, führe über die Nivellierung der Unterschiede zu einer Diktatur der Gleichen. Für Christoph Blocher und Tito Tettamanti ist der Sozialismus längst noch nicht aus der Welt geschaffen. Er wirke einfach modifizierter in etwas bekömmlicherer Form weiter. (Blocher 2000) Der Sozialstaat gehört zu den am heftigsten attackierten Einrichtungen. Der staatliche Paternalismus bevormunde die Individuen. Er schaffe Abhängigkeiten, um seine Existenz zu sichern. (BaZ 15.3.2011) So kritisiert auch Gerhard Schwarz, der Direktor von Avenir Suisse, die »perfide Rechtfertigungsstrategie«, die erzwungene Umverteilung als Solidarität und Gleichmacherei als soziale Gerechtigkeit darstelle. (Schwarz 2012) So würden die Kosten im Sozialwesen explodieren, private Initiativen verschwinden und der gesellschaftliche Zusammenhalt zerbrechen.

Norbert Bolz (2011) bringt die Kritik an der Policital Correctness auf den Punkt: Sie führt zu einer Herrschaft der Gleichen. Abweichende Meinungen fehlen. Wie in vielen Äußerungen von Christoph Blocher und Tito Tettamanti schwingt auch bei Norbert Bolz das Bedauern mit, dass der moderne Mensch ein angepasster Feigling sei, der sich keiner Gefahr mehr aussetze, paralysiert von der Angst des Scheiterns. Außergewöhnliche Persönlichkeiten, die die Menschheit voranbringen, sind unter den herrschenden Bedingungen selten. Ein beinahe nietzscheanisches Menschenbild greift Raum. Die Bewunderung gilt einem Menschen mit Größe und Charisma, der sich über den herrschenden Diskurs hinwegsetzt und neue Wege beschreitet. Dieses Menschenbild entspricht einem Weltbild, das sich von der historisch einmaligen Phase des verbreiteten Wohlstands, in dem sich die westliche Welt demokratisch befriedet, nicht täuschen lässt. Denn der Wettbewerb und der Kampf um Ressourcen gehören zum Überleben. Neoliberale kennen dieses vermeintliche Naturgesetz. Sie schufen die ökonomischen Bedingungen, auf dessen Grundlage es sich immer wieder bestätigt. (Bourdieu 1998: 121)

Der US-amerikanische konservative Intellektuelle George Gilder stellte bereits in seinem Buch *Reichtum und Armut* fest: »Innerhalb der Universitäten und Ratsversammlungen, der Regierungsämter und Kirchen, in denen schemenhaft die Überzeugungen einer Epoche entstehen, finden die unleugbaren Errungenschaften des freien Unternehmertums weniger Anklang als die unerfüllten Versprechungen des Sozialismus.« (Gilder 1981: 11) Im Einklang damit warnte Christoph Blocher zwanzig Jahre später: »Trotz der offensichtlich negativen Folgen ist unser Land in den letzten zwanzig Jahren immer mehr vom Weg der Freiheit abgekommen und wandelt auf zunehmend sozialistischen Pfaden.« (Blocher 2000: 5) Unter den erleichterten Bedingungen staatlicher Bevormundung schwinde insbesondere der Pioniergeist, ebenso die Risikobereitschaft. Der sich in sozialer Wohlfahrt ausruhende Bürger raffe sich zu keiner Eigenleistung mehr auf.

Das neoliberale Projekt ist als eine mächtige Gegenbewegung in Teilen von Staat, Wirtschaft und Wissenschaft angekommen. Der Soziologe Loïc Wacquant sieht als dessen Träger eine »neue global herrschende Klasse« (Wacquant 2009: 309). Und für Bourdieu besteht der Neoliberalismus in »der planmäßigen Zerstörung der Kollektive« (Bourdieu 1998: 121). Als tragende Säule erweist sich das Streben nach Eigennutz. (Ptak 2008: 60) Der postulierte Individualismus geschieht in »Demut vor den unpersönlichen und anonymen sozialen Prozessen« (von Hayek 1948: 25). Analog dazu verfolgen Christoph Blocher und Tito Tettamanti mit ihrer Medienstrategie die Mission einer neoliberalen Ordnung. Sie benötigen dazu Funktionseliten, die, selbst aufgestiegen, in Politik, Wirtschaft, Verwaltung und über besondere Stiftungen die Privatisierung (auch des Bildungswesens) mitbetreiben. Konzern- und Finanzeliten kümmern sich um das Kapital, politische Eliten unterstützen dessen optimale Verwertung. (Krysmanski 2004) Markus Kocher sieht die Aneignung der *Basler Zeitung* in diesem Kontext. Sie dient dazu, die neoliberale Transformation ideologisch zu legitimieren. Ich sprach Tito Tettamanti an der Basler Buchmesse 2014 darauf an. Er bestätigte die Sicht und fragte einfach zurück: »Was ist daran falsch?«

Selbstverständnis: »Öffentlichkeit herstellen«

Nathalie von Rotz (2012) machte im Rahmen unserer Studie ein Forschungspraktikum. Sie interessierte sich zunächst am Beispiel der *Basler Zeitung* und der *TagesWoche* dafür, inwiefern die finanziellen Mittel einer Redaktion die journalistische Tätigkeit der Recherche beeinflussen. Dann fragte sie weiter, in welcher Funktion sich die Journalistinnen und Journalisten innerhalb der Gesellschaft sehen. Sie führte acht halbstrukturierte Leitfadeninterviews mit den beiden Chefredaktoren, mit einem ehemaligen Ressortleiter, sechs Journalistinnen und Journalisten und einem Medienexperten. Zur Vorbereitung führte sie ein Pilot-Interview mit einem Journalisten der *Weltwoche,* den sie einst als Lehrer schätzte. Als theoretische Grundlage diente Niklas Luhmann (2004). Er beschrieb, wie die Medien das politische Handeln beeinflussen, aber zu wenig als eigene Macht wahrgenommen werden, obwohl sie erstens über Nachrichten viel Öffentlichkeit herstellen, zweitens permanent Dialoge initiieren, drittens eigene Wirklichkeit konstruieren, viertens politische Aktivitäten analysieren und fünftens den Zeitgeist sowie sechstens das politische Bewusstsein ideologisch mitproduzieren.

Die *Basler Zeitung* (BaZ) hat mehr finanzielle Ressourcen für Recherchen als die *TagesWoche,* bei der das Personal knappgehalten und ein Zwölfstundentag üblich ist. »Das zieht Einzelkämpfer an«, sagt Philipp Loser (zu Nathalie von Rotz), worunter das Team leide. Allerdings sei, so

Renato Beck, die inhaltliche Gestaltungsfreiheit größer; zumal auch die Hierarchien viel flacher seien. »Und wir haben genügend Zeit«, ergänzt Chefredaktor Remo Leupin, um alle Geschichten fertig zu schreiben.« Laut Markus Somm, Chefredaktor der BaZ, besteht die Tendenz, den Einfluss der Medien zu überschätzen. Der Medienjournalist Christian Mensch weist indes darauf hin, wie sich das Vermitteln von Information steuern lässt. Umso mehr müsse die journalistische Tätigkeit darauf angelegt sein, realen Sachverhalten auf die Spur zu kommen und öffentliche Diskurse sowie demokratische Prozesse zu fördern. Dabei ist es nach Philippe Cueni, dem langjährigen Sekretär der Mediengewerkschaft, zentral, eine Kontroll- und Qualitätssicherung der Medien zu betreiben, die durchaus eine Art vierte Gewalt im Staat sein könnten.

Vierte Gewalt im Staat?

Die *Weltwoche* deckte im Dezember 2011 auf, dass der SVP-Bundesratskandidat Bruno Zuppiger fremdes Erbkapital veruntreut hatte. Dabei ging es um Unregelmäßigkeiten bei einer Erbschaft, die Zuppiger vollstrecken sollte. Eine verstorbene Angestellte seiner Firma wollte ihr Geld nach ihrem Tod an zwei gemeinnützige Organisationen spenden. Zuppiger soll aber, wie die *Weltwoche* (7.12.2011) kurz vor der Bundesratswahl aufdeckte, die Auszahlung verzögert und ein zu hohes Honorar verlangt haben. Zuppiger soll sogar einen Teil des Nachlasses auf ein eigenes Konto ausbezahlt haben. Erst nachdem die beiden gemeinnützigen Organisationen gegen Zuppiger Klage eingereicht hatten, bezahlte er den Betrag in Höhe von einer Viertelmillion Franken zurück. Die Geschichte kam nun in allen Medien, und Zuppiger musste seine Kandidatur für einen Sitz im Bundesrat auf Druck der Öffentlichkeit zurückziehen. Er trat auch als Präsident des Gewerbeverbandes sowie als Nationalrat zurück. Das Beispiel zeigt laut der Soziologiestudentin Sarah Kehrli, wie Medien politische Entscheidungen beeinflussen können. Sie setzte sich im Rahmen unserer Studie mit dem Fall Zuppiger auseinander. Sie fragte auch, was passiert wäre, wenn diese Information nicht an die Öffentlichkeit gelangt wäre. Womöglich wäre Zuppiger jetzt Bundesrat. Interessant ist ferner, dass die *Weltwoche* als SVP-nahe Wochenzeitschrift den Fall aufdeckte und einen SVP-Politiker zu Fall brachte.

Ob Medien eine vierte, demokratische Gewalt im Staat sind und welche Bedeutung das Geld in den Medien hat, darüber sprach ich mit Roger Blum. Roger Blum, früher selbst Journalist, arbeitete lange als Professor für Medienwissenschaft an der Universität Bern. Er veröffentlichte Studien dazu, wie sich die Medienlandschaft verändert, und ist weiterhin publizistisch tätig. (7.9.2015)

Was kennzeichnet die Medienlandschaft Schweiz?

Die Schweiz ist nicht speziell. Es gibt eine weltweite Entwicklung in der Angebotsvielfalt, zumindest in den Industrieländern. Die Vielfalt der Veranstalter hat aber abgenommen, wenige große Konzerne beherrschen die Medienlandschaft. Die Meinungsvielfalt erstreckte sich vor fünfzig oder sechzig Jahren von weit links bis sehr rechts. Heute gibt es zwar noch die *Wochenzeitung* WOZ oder die *Weltwoche* an den beiden Flügeln, aber die Masse der Medien stehen alle politisch sehr nahe beieinander. Und doch gibt es noch ein vielfältiges Angebot. Wobei der politische Diskurs in den Kantonen schon leidet. In der Hälfte der Kantone (Uri, Schwyz, Obwalden, Nidwalden, Zug, Glarus, Freiburg, Schaffhausen, beide Appenzell, Thurgau, Wallis, Jura) gibt es je Sprache nur noch eine Tageszeitung. Das führt dann zur Monopolberichterstattung ohne starke Gegenmeinungen. Zwar gibt es überall Blogs und Social Media, aber sie prägen den öffentlichen Diskurs nicht ausreichend.

Wie steht es um die Medien als vierte Gewalt im Staat?

Medien sind keine Gewalt, sondern eine Macht, da sie nicht institutionell gesichert sind. Medien haben aber generell viel Macht. Mit ihrer Selektionsmacht entscheiden sie, worüber nicht berichtet wird. Mit ihrer Thematisierungsmacht entscheiden sie, welche Themen groß gemacht oder heruntergespielt werden. Mit ihrer Skandalisierungsmacht stilisieren sie bestimmte Vorgänge zum Skandal hoch, was Forschungen des Mainzer Kommunikationswissenschaftlers Hans Mathias Kepplinger sehr schön belegen. Erweist sich eine beschuldigte Person als unschuldig, berichten die Medien kaum mehr darüber.

Sind Medien gleichwohl ein demokratisches Korrektiv?

Das ist die alte Vorstellung der amerikanischen Gründungsväter. Der amerikanische Präsident Jefferson sagte einst: »Wäre es an mir zu entscheiden, ob wir eine Regierung ohne Zeitungen oder Zeitungen ohne eine Regierung haben sollten, würde ich keinen Moment zögern, das Letztere vorzuziehen.« Ein demokratischer Staat benötigt den öffentlichen Diskurs der Medien. Diese Kontrolle spielt heute durchaus. Allerdings decken in der Schweiz die Medien nur selten große Affären auf. Die Arbeit leisten meistens parlamentarische Untersuchungskommissionen. Die Medien selbst sind zu brav. Die politischen Journalisten in der Schweiz stellen oft staatspolitische Überlegungen über journalistische und hinterfragen bloß einzelne Aktionen kritisch, nicht aber das System an sich.

Wieso tun sie es nicht?

Weil sie tief überzeugte Konkordanz-Anhänger und Direktdemokraten sind.

Und wie wichtig ist die Verflechtung von konzentrierter Medienmacht und politischer Macht?

Momentan haben wir sechs große Medienkonzerne in der Schweiz: SRG, Tamedia, Ringier, NZZ-Gruppe, AZ-Medien und Somedia. Wir haben keine Garantie, dass es nie zur Verflechtung zwischen Medienmacht und politischer Macht kommt. Es ist einfach noch nicht im großen Stil passiert. Zwar ging Roger Köppel *(Weltwoche)* in die Politik. Aber die großen Medienunternehmen hielten sich raus. Michael Ringier wollte nie, Peter Wanner hat es versucht und ist gescheitert. Auch bei Tamedia gab es das nie.

Ist denn, wer Medien dominiert, wirklich eher selten politisch motiviert?

Unterschiedlich. Der Ringier-Konzern ist durch Frank A. Meyer schon immer mit einer sozialdemokratischen und europafreundlichen Position vernetzt worden. Doch auch die Boulevardzeitung *Blick* hatte ihre rechtspopulistischen Phasen. Bei Tamedia sieht man kaum Versuche des Unternehmens, politische Positionen durchzusetzen. Es sei denn, es handle sich um eigene Interessen, zum Beispiel gegen Werbeverbote. Aber sonst werden politische Positionen publizistisch ausgetragen; mit einer Blattlinie, die leicht links der Mitte liegt und die mehr oder weniger konsequent vertreten wird. Bei der NZZ ist die FDP-Nähe sowieso klar.

Und die SVP ist bei der BaZ engagiert?

Blocher träumt schon lange von einer eigenen, konservativen Tageszeitung. Mit der *Basler Zeitung* hat er nun schon mal einen Brückenkopf errichtet. BaZ und *Weltwoche* sind verlängerte Arme des Blocherismus, aber Blocher hat es gar nicht so wahnsinnig nötig. Er ist mit seinem Geld so mächtig, dass das nur noch ein Sahnehäubchen ist.

Welche Perspektiven sehen Sie für die Medienlandschaft?

Ich fände es gut, wenn jede Region mindestens zwei starke und politisch unterschiedlich ausgerichtete Medien in jedem Bereich hätte. Das Ergebnis wäre ein echter publizistischer Wettbewerb. Mein zweites Postulat: Der Journalismus sollte absolut hochkarätig sein. Das fehlt, weil nicht alle Journalisten eine gründliche Ausbildung haben. Kein Kommunikationsstudent kann Anwalt werden, aber jeder Jurist kann journalistisch tätig sein. Redaktionelle Verantwortung verlangt nach breiter journalistischer Ausbildung. Dazu gehören journalistische Ethik, Medienrecht und Methodik. Zudem ein aufklärerisches Ideal.

Was hat Sie persönlich dazu getrieben, viel Einfluss und Macht
zu erlangen?

Es ist das Bedürfnis, mich politisch einzubringen. Es ist auch klar, dass man als Journalist beim *Tages-Anzeiger* mit Prognosen und Analysen durchaus Einfluss nehmen kann. Interessant sind auch die Kontakte, die sich daraus ergeben haben. Als Elisabeth Kopp vor dem Rücktritt stand, rief Franz Steinegger einen Inland-Kollegen beim *Tages-Anzeiger* an und bat ihn um eine Einschätzung der Situation. Ein anderer FDP-Parlamentarier rief mich an. Wenn du in einer öffentlichkeitswirksamen Position bist, erwarten viele Akteure kluge Hinweise.

Haben Sie erlebt, dass man versuchte, Sie zu vereinnahmen
oder gar zu bestechen?

Bestechung nie. Aber es gab permanente Kritik am *Tages-Anzeiger* aus dem Zürcher Freisinn, auch immer Umarmungsversuche. Auf der subtilen Ebene wurde viel versucht. Man realisiert, wie sehr Politiker auf Medien angewiesen sind.

Was half Ihnen, dabei Ihre Unabhängigkeit zu wahren?

Intellektuelle Redlichkeit. Sie beinhaltet das Bestreben, gerecht zu bleiben. Es ging mir ums kritische Spiegeln. Aber so, dass sich alle wiedererkennen konnten. Wichtig ist auch das gegenseitige Checken und Kontrollieren. Nach dem Urteil des Bundesgerichts gegen Elisabeth Kopp kommentierte ich, dass das jedem Bundesrat passieren könnte. Kaspar

Villiger kritisierte mich dafür direkt. Dass man sich nicht kaufen lässt, versuchen Medien mit unterschiedlichen Regeln zu vermeiden. Der *Tages-Anzeiger* ließ sich beispielsweise nie von Tourismusveranstaltern einladen, weil man dann geneigt ist, positiv zu berichten. Die Versuche, auf Medienschaffende Einfluss zu nehmen, sind vielfältig.

Wie nehmen Sie den Einfluss eines Chefredaktors wie Markus Somm wahr?

Somm halte ich für sehr intelligent, aber er redet manchmal auch Stuss. Er ist ein verklärter Jünger von Blocher und dessen publizistischer Erfüllungsgehilfe, auch wenn er immer im Namen des Liberalismus auftritt und sich zu einer rechts ausschwenkenden FDP bekennt. Für Somm und Köppel ist Blocher der Maßstab für fast alles, dabei ist er in Wirklichkeit das Verderben der Schweiz.

Medienvielfalt: »Von Monopolen noch ziemlich weit entfernt«

Martin Beglinger ist 55 Jahre alt und seit März 2015 Redaktor der neuen vierteljährlichen Zeitschrift *NZZ Geschichte*. Er studierte an der Uni Zürich Geschichte und Politologie, arbeitete lange als Redaktor des *Magazins (Tages-Anzeiger)* und ist oft recherchierend unterwegs. Je mehr der schnelle »Rezyklierjournalismus« überhandnimmt, umso wichtiger sind für ihn die Erfahrung vor Ort und das Gespräch mit den Leuten. Hier ein Auszug aus unserem Gespräch. (22.1.2013)

Wie mächtig sind die Medien?

Die Kurzantwort wäre: Es kommt drauf an. Es gibt natürlich Situationen, wo Medien oder einzelne Medien tatsächlich sehr mächtig sein und etwas ins Rollen bringen können; aber insgesamt ist die Macht sehr relativ. Und sie bröckelt zunehmend. Zwei Beispiele: Der Fall Philipp Hildebrand. Da kam zunächst die *Weltwoche,* die massive Anschuldigungen erhob, worauf Philipp Hildebrand zurücktreten musste. Ohne diese mediale und natürlich auch politische Intervention wäre Philipp Hildebrand heute vermutlich noch Nationalbankpräsident, also hatten die Medien in diesem Fall einen großen Einfluss. Das zweite Beispiel: Die EWR-Abstimmung 1992. Es gab eine einzige Zeitung, die damals gegen den EWR Stellung genommen hat: die *Schaffhauser Nachrichten.* Die andern Medien waren mehr oder weniger flächendeckend pro EWR. Das Stimmvolk hielt sich trotzdem nicht daran. Die Leute nicken offensichtlich nicht einfach ab, was die Medien portieren und in ihren Kommentaren empfehlen. Die Meinungsbildung passiert viel differenzierter. Wenn alle Medien in die gleiche Richtung schreiben, laufen die Leute nicht einfach wie Schafe hinterher – zum Glück.

Wie wirkt sich die Monopolisierung der Medien aus?

Man muss diese Frage differenzieren. Die Verlagsebene unterscheidet sich von der redaktionellen. Auf der Verlagsebene geht es mit sehr harten Bandagen zu und her. Es gab immer wieder Versuche der großen Verlage, also Tamedia, Ringier und NZZ, die kleinen Verlage aus dem Geschäft zu drücken. In vielen Fällen haben die Großen die Kleinen aus dem Geschäft verdrängt. Doch es gibt auch andere Beispiele: Peter Wanner ist mit seinen AZ Medien selbständig geblieben und sogar gewachsen, genauso wie Hanspeter Lebrument, der Verleger der *Südostschweiz,* obwohl die Zürcher Verlage gerade im Aargau sicher gerne wildern würden, wenn sie die Gelegenheit dazu hätten. Als Journalist und auch als Bürger bin ich froh um möglichst viele unabhängige und wirtschaftlich gesunde Verlagshäuser, weil dies im Interesse der Medienvielfalt liegt. Wenn Verlage defizitär sind, sinkt die journalistische Freiheit meistens rasch. Im redaktionellen Bereich muss ich hingegen mit einem weitverbreiteten Vorurteil aufräumen, was den sogenannten Konzernjournalismus betrifft. Wenn ich als Tamedia-Journalist angesprochen werde, dann wird damit suggeriert: Sie gehören doch zu diesem Verlag, der den *Tages-Anzeiger* und die *Sonntags-Zeitung* und weitere Medien publiziert, die sich alle untereinander absprechen. Das Redaktionsleben ist aber viel chaotischer. Da wird von außen viel Sinn gestiftet, wo oft keiner ist. Im Normalfall gibt es keine Absprachen, sondern oft bittere Konkurrenz unter den einzelnen Redaktionen im gleichen Haus. Der *Tages-Anzeiger* und die *SonntagsZeitung* hatten jahrelang Brandmauern zwischen den beiden Redaktionen aufgebaut. Das ändert sich nun mit dem finanziellen Druck. Die Journalisten müssen aus Spargründen stärker miteinander zusammenarbeiten. Das bedeutet, dass die gleichen Leute für mehrere Titel gleichzeitig arbeiten, weil das billiger ist. Das geht dann tatsächlich in Richtung Konzernjournalismus und ist eine betrübliche Sache. Aber dahinter stecken keine politischen Motive, sondern das liegt am Spardruck der Verlage.

Laut Bundesrätin Eveline Widmer-Schlumpf unterläuft die Konzentration der Medien demokratische Prozesse. Sehen Sie das auch so?

Die Konzentration ist sicher problematisch, aber ich würde das auch nicht dramatisieren. Man darf nicht vergessen, dass die traditionellen Medien längst nicht mehr die einzigen Informationskanäle für die Bürgerinnen und Bürger sind. Demokratische Meinungsbildung funktioniert über viele Kanäle.

Aber verfügen die Monopole nicht über ein beachtliches Potenzial, Einfluss zu nehmen?

Theoretisch ja. Aber von Monopolen sind wir noch ziemlich weit entfernt. Es gibt jedoch den Skandaljournalismus. Das ist eine Spezialvariante des Konzernjournalismus. Und da zeigt sich ein Rudelverhalten in meiner Branche, das ich gelegentlich bedenklich finde. Wenn irgendwo ein Skandal oder ein angeblicher Skandal auftaucht, dann reagieren viele Medien, die ja alle unter starkem kommerziellem Druck leiden, immer häufiger gleichförmig. Alle treiben dann die Skandalisierungsspirale weiter, anstatt zu fragen, ob eine Geschichte wirklich stimmt oder ob man etwas nicht auch ganz anders sehen kann. Wir haben zu viel Gleichförmigkeit, zu viel Herdentrieb. Ein krasses Beispiel ist, wie der deutsche Bundespräsident Christian Wulff wegen einer Bagatelle aus dem Amt gedrängt wurde. Hier ist der mediale Einfluss offensichtlich vollkommen überbordet. Es gab kein Korrektiv dazu. Auch in der Schweiz gibt es Beispiele dazu, etwa der Fall des Bündner Regierungsrates Peter Aliesch, der 2001 extrem unter Beschuss kam wegen der sogenannten Pelzmantelaffäre. Da schrieben mehr oder weniger alle in dieselbe Richtung, und man musste als Leser den Eindruck bekommen, dieser Mann sei nun der Inbegriff eines korrupten Politikers. Doch es kam nie zu einer Anklage, geschweige denn zu einer Verurteilung.

Und wie bewerten Sie die Blogs?

Auch die vielen Blogs und überhaupt die ganze Online-Szene tragen zur Meinungsvielfalt bei, was ich grundsätzlich gut finde. Zugleich unterspülen sie die alte Deutungshoheit der Print-Journalisten, soweit es eine solche überhaupt noch gibt. Dann gibt es noch die Online-Foren, und da fällt mir immer wieder die zum Teil riesige Meinungsdiskrepanz zur redaktionellen Kommentierung auf. Zum Beispiel bei der Masseneinwanderungsinitiative finden Sie in den Online-Foren beim *Tages-Anzeiger,* *Blick* oder bei *20 Minuten* eine Zustimmung von etwa 90 Prozent. Es sind überwiegend Männer, die da schreiben. Vielleicht sind es immer die gleichen zwei- bis dreitausend, die sich da Luft verschaffen. Das ist relativ schwierig einzuschätzen, aber ein gewisses Korrektiv gibt es schon.

Sind in der Schweiz die Medien weniger ideologisch als in den USA?

Das kann ich nur schwer beurteilen. Was mir in den USA auffällt, ist die wachsende Zahl von branchenfremden Investoren, die Medienbesitzer werden. Es gibt zum Beispiel Carlos Slim, den mexikanischen Telefonmilliardär, der bei der *New York Times* das Sagen hat. Oder Amazon-Gründer Jeff Bezos bei der *Washington Post*. Das finde ich schwierig. Die meisten Schweizer Blätter nehme ich nicht als ideologiegetrieben wahr. Vor dreißig, vierzig Jahren war der Unterschied von *Tages-Anzeiger* und NZZ in jeder Hinsicht wesentlich größer als heute. Die beiden Zeitungen haben sich nach meiner Einschätzung eher angenähert. Beide sind unter finanziellem Druck und müssen, wenn sie erfolgreich sein wollen, vor allem die Mitte gewinnen. Wie die meisten Volksparteien. In der Mitte ist der große Markt. Ideologisch klar profiliert hat sich in den letzten Jahren einzig die *Weltwoche,* aber ihre Leserschaft ist dadurch um mehr als die Hälfte eingebrochen. Das ist das, was der *Tages-Anzeiger* und die NZZ auf keinen Fall wollen. Vor dreißig Jahren war es auch undenkbar, dass ein Journalist vom *Tages-Anzeiger* zur NZZ ging oder umgekehrt. Das war wie katholisch und reformiert und ein Wechsel unvorstellbar. Mittlerweile kommt das regelmäßig vor. Die großen Tageszeitungen können es sich gar nicht leisten, sich ideologisch scharf zu profilieren. Sonst verlieren sie sofort an Auflage.

Wie groß ist die Medienvielfalt noch in der Schweiz?

Erstaunlich groß. Man darf sich allerdings auch nicht in die Tasche lügen. Wenn Sie den *Bund* nehmen: Der war eine eigene Zeitung, doch heute steht *Bund* drauf, und es ist mit Ausnahme des Lokalen *Tages-Anzeiger* drin, was ganz einfach daran liegt, dass der Tamedia-Verlag den *Bund* gekauft hat. Und jetzt expandiert Tamedia weiter in die Westschweiz. Aus der Sicht des Unternehmens kann ich das gut verstehen, wenn Tamedia die Edipresse kauft. Als Bürger finde ich es problematischer. Aber was ist denn mit diesen Romands los? Dort gibt es doch viele vermögende Leute. Warum sind die unwillig, eine Zeitung oder einen Zeitungsverlag zu unterhalten? Das habe ich übrigens auch in Basel nie verstanden mit dieser ganzen Kritik an Blocher und der *Basler Zeitung*. In Basel gibt es zwar jede Menge Leute, die diese Zeitung aus der Portokasse finanzieren könnten, aber offenbar interessiert es sie nicht. Oder sie sind zu geizig, um sich eine eigene Zeitung zu leisten. So wurde dann halt die BaZ – von einer Basler Verlegerfamilie – erst an den Tessiner Financier Tettamanti und dann ausgerechnet an Blocher verkauft. Selber schuld!, kann ich da den Baslern nur sagen.

Wie groß ist bei Medien die Einflussnahme der Verwaltungsräte?

In meiner journalistischen Arbeit spüre ich direkt keinen Einfluss der Verwaltungsräte. Der Einfluss geschieht indirekt, über die Wahl der Chefredaktionen und die Festlegung der finanziellen Ressourcen.

Und wie sehen Sie den Einfluss der Gratiszeitungen?

Das ist sehr ambivalent. Einerseits sind sie gerade für Tamedia zu zentralen Einnahmequellen des Verlages geworden, anderseits graben sie den abonnierten Bezahlzeitungen das Wasser ab. Und sie impfen den Lesern das Gefühl ein, alle Information sei gratis. Es gibt ja die optimistische These, dass die jungen Leser der Gratiszeitungen irgendwann genug von diesen haben und dann auf Bezahlangebote umschwenken. Doch dazu fehlt mir leider der Glaube. Wenn das so weitergeht, werden wir in zwanzig Jahren vielleicht noch zwei, drei Tageszeitungen mit einem umfassenden Angebot haben, und der Rest ist tot. Das ist das Problem.

Sind heute fundierte Recherchen in den Medien die Ausnahme?

Es gibt sie immer noch und wird sie auch weiter geben. Doch selbst bei den größeren Zeitungen ist der redaktionelle Druck massiv gestiegen, weil weniger Leute mehr Inhalt in kürzerer Zeit produzieren müssen. Das heizt den schnellen und oberflächlichen Rezyklierjournalismus an, der im Netz abschreibt und ungeprüft weiterverbreitet. Die Fehleranfälligkeit steigt, die Inhalte werden oberflächlicher. Es gibt auf den Redaktionen auch immer weniger Fachleute mit profunden Dossierkenntnissen und langjähriger Erfahrung in bestimmten Bereichen. Solche Voraussetzungen sind kaum gut für viele eigenständige, fundierte Recherchen.

»Zensur passiert mehr im Feinstofflichen«

Ich habe dem Journalisten Philipp Loser (5.12.2013) ungefähr die gleichen Fragen gestellt wie Martin Beglinger. Loser ist inzwischen beim *Tages-Anzeiger* bzw. bei Tamedia. Beim Interview arbeitete er noch, von der BaZ her kommend, für die *TagesWoche*. Markus Somm gestand mir, den Abgang von Philipp Loser zu bedauern, obwohl er ein Linker sei. Darauf angesprochen, erwidert Loser: »Leute wie Markus Somm, die nützen einem auch selber, weil man seinen Intellekt an jemandem schärfen kann, der weit entfernt ist von einem selbst. Ich habe relativ viel gelernt von ihm.« Seine journalistische Laufbahn begann Philipp Loser bei der *Sissacher Volksstimme*. An der Universität Basel studierte er Geschichte. 2015 veröffentlichte er zusammen mit Alan Cassidy das Buch *Der Fall FDP. Eine Partei verliert ihr Land*.

Medien sind für Philipp Loser dazu da, Öffentlichkeit herzustellen, wo Öffentlichkeit fehlt. Und das gelinge leider nur beschränkt. Wie das möglich sei, expliziert er am Beispiel der Erklärung von Bern. Die Entwicklungsorganisation veröffentlichte ein Buch über den Rohstoffhandel, das eine riesige Debatte auslöste. Einen solchen Widerhall wünschte sich Loser auch von fundierten Recherchen der Medien. Aber das sei eine Wunschvorstellung. Wie die Hoffnung darauf, dass die Medien eine vierte, demokratische Gewalt im Staat sein könnten. Die Monopolisierung der Medien problematisiert Loser am Beispiel einer Themen- und sogar Meinungshoheit von Massenblättern wie *20 Minuten* oder *Blick am Abend*. Zudem am Beispiel der Aargauer Medien. Es sei schon bedenklich, wenn so gut wie alle Medien in einem Kanton einer einzelnen Person gehörten. Das zeige sich ansatzweise auch bei einer *TagesWoche,* die finanziell auf Gedeih und Verderb von Beatrice Oeri abhängig sei; diese halte sich zwar inhaltlich raus, aber ihr Umfeld mische sich schon ein. Künftig komme es wohl noch mehr vor, dass Medien von Mäzenen finanziert würden oder sich noch häufiger marktwirtschaftlich orientieren müssten. Umso mehr brauche es Gegenstimmen, Zeitungen wie die *Wochenzeitung* WOZ, die eine andere Öffentlichkeit abbilden.

Bei der BaZ habe ihm nie jemand gesagt, er müsse etwas Bestimmtes schreiben. Das passiere mehr im Feinstofflichen. Auch im eigenen Kopf. »Du übernimmst gewisse Erwartungen und zensurierst dich selber.« Und das passiere noch mehr, wenn sich die vorhandene Vielfalt einschränke. Zum Beispiel bei einer Fusion der beiden Berner Zeitungen, die beide der Tamedia gehören. Und weil Medien immer mehr Profitunternehmen seien, käme der Personalpolitik und der Unterhaltung künftig noch mehr Gewicht zu.

»Was hat ein Chefredaktor schon für einen Einfluss?«

Esther Girsberger führt heute ein eigenes Unternehmen für Kommunikation. Als Journalistin begann sie bei der *Neuen Zürcher Zeitung*. Sie leitete auch die Redaktion des *Tages-Anzeigers*. In unseren Gesprächen äußerte sie sich dazu, wie Medien ihren Einfluss ausüben. (27.6.2013)

Die Folgen des eigenen Tuns sollten sich, wie Esther Girsberger betont, verantwortungsbewusste Medienleute immer wieder vor Augen halten. Denn Medien seien durchaus mächtig gegenüber Einzelnen. Institutionell und politisch weniger. Da werde die Macht der Medien oft überschätzt. Das zeige auch die Abzockerinitiative. Von fast allen Medien abgelehnt, habe sie gleichwohl reüssiert. Und ein politisch denkender Verleger wie Peter Wanner, dem nicht nur die AZ-Medien gehören, halte sich mit seiner persönlichen Meinung bewusst zurück. So Esther Girsberger, die selbst im publizistischen Beirat der AZ-Medien sitzt. Als ehemalige Chefredaktorin des *Tages-Anzeigers* ist sie auch überzeugt, dass Inserateboykotte, wie sie früher der Autoimporteur Emil Frey gegenüber Tamedia praktizierte, heute kaum mehr wirkungsvoll wären. Heute sei die Macht der Inserierenden gegenüber jener der Lobbyierenden sehr klein. Dass es aber von der Bevölkerung her nicht mehr Gegenmacht gibt, wundert Esther Girsberger. Als Beispiele dienen ihr despektierliche Artikel über die Basler Regierungsrätin Eva Herzog sowie über Bundesrätin Eveline Widmer-Schlumpf und andere Frauen in der Exekutive, die wenig Proteste auslösten.

Als Chefredaktorin des Tages-Anzeigers hatten Sie viel Macht?

Nein. Was hat ein Chefredaktor schon für einen Einfluss? Auch geniale Kommentare von Roger de Weck oder Res Strehle haben einen relativ bescheidenen Impact. Gut, man kann seinen Einfluss geltend machen, wie man die Redaktion führt, welche Leute man wählt, und man führt eine der wichtigsten Zeitungen der Schweiz. Aber die effektive Macht ist nicht wirklich so groß.

Sie haben kürzlich beim Verein für Medienvielfalt referiert.
Was haben Sie denen berichtet?

Das hat mich etwas geschockt. Ich erklärte, was gegen den Mainstream ist, sei nicht alles per se gut. Urs Paul Engeler von der *Weltwoche* widersprach. Ich sprach auch über die Medienausbildung, die sich insofern angleicht, indem die meisten Lehrgänge zum Beispiel in den Fachhochschulen das Gleiche lehren. Es bräuchte mehr Journalistenschulen wie diejenige von Ringier. Den jungen Medienleuten fehlt es mehrheitlich an intellektuellen Ecken und Kanten, sie kritisieren zwar gerne, aber mit viel zu wenig Hintergrund. Dann sprach ich noch über die Rolle des Verlegers, der sich heute kaum um Medienvielfalt und damit Meinungsvielfalt kümmert, sondern vornehmlich um die Rendite. Die Marketingabteilungen dominieren immer mehr, was man schreiben soll. Die Eigenwilligkeit und die eigene Überzeugung kommen zu kurz. Geschockt war ich vor allem, dass die im Saal Anwesenden so indifferent auf die Ausführungen reagierten, und wenn sie reagierten, dann mehrheitlich rechtsbürgerlich: die alte Leier, dass alle Medien ja links unterwandert seien. Was nun wahrlich nicht stimmt!

Was motiviert Medienleute, Ressentiments zu bedienen?

Vielleicht hat es mit mangelndem Selbstvertrauen zu tun. Zudem mit einem Umfeld, das einem dafür auf die Schultern klopft. Aber so erhalten sie keine wirkliche Anerkennung. So entstehen keine tragenden Freundschaften. Und was nützen einem dann Tausende von Mails, die einem sagen, wie gut man sei.

Beunruhigt Sie die Monopolisierung der Schweizer Medienlandschaft?

Wir haben mit Tamedia, NZZ und Ringier ein paar große Konzerne. Aber das allein macht mir keine Sorge. Das lässt nach wie vor eine Meinungs- und Medienvielfalt zu. Was mich mehr beunruhigt, sind mangelnde Ressourcen. Das führt zu einer Meinungsbildung, die nicht mehr auf Wissen basiert, sondern von den Marketingabteilungen initiiert wird. Die schielen auf das, was Erfolg bringt. Und so kommt es zu einer Angleichung der Medien. Auch weil die Zeit fehlt, etwas Eigenes zu entwickeln. Da wäre es auch spannend, institutionelle Macht fundiert zu recherchieren, statt sich oberflächlich auf einzelne Personen zu fokussieren.

⚜ Frauen und Macht

»Man stelle sich vor, die 154 kantonalen Regierungsrätinnen und Regierungsräte träfen sich zum Tanz«, schreibt der *SonntagsBlick*. (14.4.2015: 20) »Die Veranstaltung dürfte rasch ins Peinliche kippen: 38 Frauen stünden 116 Männer gegenüber.« Frauen stellen 45,2 Prozent der SPS-Vertretungen, bei der FDP sind es 26,8 Prozent. Alle andern Parteien liegen (mit Ausnahme der BDP) unter dem Durchschnitt von 24,7. Den niedrigsten Anteil hat nicht etwa die SVP (14,3 Prozent), sondern die CVP mit 10,3 Prozent. Bei der BDP sind die Hälfte Frauen. Das sind insgesamt deren zwei. In der Wirtschaft ist es noch krasser. Männer dominieren zentrale Bereiche. Das Swiss Finance Institute lud mich ein, am 28. Februar 2015 im Advanced Executive Program mitzuwirken. Im Ausbildungszentrum der Credit Suisse in Bocken bei Horgen nahmen nebst achtzehn Männern auch zwei Frauen teil. Der Schillingreport (2015) nimmt allerdings an, der Frauenanteil in den Verwaltungsräten liege im Jahr 2020 bereits bei 30 Prozent. Ihr Anteil hat sich von 13 (2013) auf 15 Prozent (2014) erhöht.

Cynthia Rudin wertete im Rahmen unserer Studie die Schillingreports weiter aus. In den Geschäftsleitungen der hundert größten Schweizer Firmen sind nur 6 Prozent Frauen. Im Verwaltungsrat der Credit Suisse sind zwei der dreizehn Verwaltungsratsmitglieder Frauen, bei der UBS sind es drei von dreizehn. Die gleiche Verteilung besteht bei SRF Radio und Fernsehen. Im Verwaltungsrat und im Verwaltungsratsausschuss der Bankiervereinigung ist unter den 29 Mitgliedern keine Frau zu finden. Noch seltener lassen sich Verwaltungsratspräsidentinnen ausmachen. In der Schweiz ist derzeit lediglich Nayla Hayek (Swatch) als Verwaltungsratspräsidentin tätig. Das Ungleichgewicht zeigt sich ebenfalls in der Vermögensverteilung. Unter den hundert reichsten Schweizerinnen und Schweizern befinden sich nur fünf Frauen. Ebenso gering ist der Frauenanteil in den Wirtschaftsverbänden. In der Politik ist der Frauenanteil mit 30 Prozent höher. Fast doppelt so hoch ist der Frauenanteil an den Hochschulen, aber nur bei den Studierenden. Bei den Professorinnen liegt die Quote bei 18 Prozent. Offensichtlich bestehen strukturelle Ungleichheiten und Widersprüche, was die Chancengleichheit der Geschlechter betrifft. Cynthia Rudin ortet einen wichtigen Grund in strukturellen Benachteiligungen und schlechten Rahmenbedingungen – wie fehlende Betreuungsplätze für Kinder, fehlende Akzeptanz von Teilzeitstellen. Das führt oft zu einem (temporären) Berufsausstieg von Frauen, der nicht frei gewählt ist. Weiter nennt sie die fehlende Akzeptanz durch Männer. Wobei auch Frauen keineswegs immer darauf erpicht sind, andere Frauen zu fördern.

Einflussreich

Astrid Motz und Kathrin Pavic analysierten im Rahmen unserer Studie alle Ausgaben der *Neuen Zürcher Zeitung* vom 20.4.2015 bis 20.5.2015 zum Thema »Geld und Macht«. Bezüglich »Frauen und Macht« dominierte Ende April ein Thema: die Nominationen für die kommenden Nationalratswahlen. Zwei Artikel und ein Kommentar widmen sich der Kandidatur von Magdalena Martullo-Blocher, die für die SVP in Graubünden in den Wahlkampf steigt. Martullo-Blocher wird als eine »emanzipierte Mutter« und erfolgreiche Unternehmerin präsentiert. (NZZ 21.4.2015: 9) Sie lebe »ein Familienbild, das von ihrer Partei nicht gefördert wird«, und könne vielleicht dazu beitragen, »dass die SVP ihr angestaubtes Familienbild wenigstens partiell retouchiere«. Auf Frauensolidarität könne Martullo-Blocher aber kaum zählen, »weil sie Blochers Tochter ist«. (21.4.2015: 17) Ein Bericht geht auf die Nominationen der SP ein. (30.4.2015: 17) Die SP-Listen haben die höchsten Frauenanteile. Die NZZ thematisierte auch den Ruf nach einer »weichen« Frauenquote (22.4.2015: 23) in Verwaltungsräten. Der Arbeitgeberverband schlägt in einer Broschüre 400 Frauen für künftige Verwaltungsratssitze vor. 200 der Porträtierten üben allerdings bereits ein VR-Mandat aus. Laut Headhunterin Doris Aebi entkräften diese Porträts das Argument, es gebe zu wenig qualifizierte Frauen. Clivia Koch, Präsidentin der Wirtschaftsfrauen Schweiz, hält die Liste für unfair »gegenüber allen anderen fähigen Frauen, die darin nicht erschienen«. Was fördert und behindert den Einfluss von Frauen? Das fragte ich drei Frauen aus der Wirtschaft, Politik und Wissenschaft.

»Will ich das wirklich?«

Kathrin Amacker ist heute 53 Jahre alt. Sie scheint von Natur aus eine Kämpferin zu sein. Als internationale Kunstturnerin lief sie bei ihren zahlreichen Wettkämpfen meistens am Balken zur Höchstform auf. Auch, weil sie »einfach die Nerven behielt«. Das erwies sich als wichtig. Ebenfalls auf ihrem beruflichen Weg. Am liebsten hätte Kathrin Amacker Medizin studiert. Sie entschied sich aber für die Pharmazie. Und zwar ganz einfach – wegen der Familienplanung. Das Medizinstudium schien kaum mit ihrem Kinderwunsch vereinbar. Und die Karriere war ihr nicht so wichtig. Sie promovierte auch erst auf Drängen eines Oberassistenten. Bei Stellenangeboten zögerte sie oft länger und fragte sich: Will ich das wirklich? Meistens nahm sie die Herausforderungen dann doch an. So etwa bei der Ciba-Geigy. Dort stieg sie stetig auf. In dieser Zeit gebar sie auch ihre drei Kinder und stieß allmählich an ihre Grenzen. Ihr Mann unterstützte sie und spielt laut Kathrin Amacker klar die wichtigere Rolle in der Familie und im Haushalt. Zumal bei Kathrin Amacker noch ein politisches Amt hinzukam. Lange parteilos, kandidierte sie für die CVP in den Nationalrat und wurde gewählt. Ihren anspruchsvollen Job bei der Novartis behielt sie weiterhin. Hinzu kamen noch 21 Mandate. 2010 gab sie ihren Sitz im Nationalrat auf. Sie entschied sich für die Wirtschaft. Bei Swisscom avancierte Kathrin Amacker zur Kommunikationschefin und zum Mitglied der Konzernleitung. Von einer Restrukturierung direkt betroffen, wechselte sie später zur SBB. Als Leiterin der Kommunikation und Public Affairs wirkt sie auch hier in der Geschäftsleitung mit. Wir tauschen uns ab und zu im Panathlon-Club (ehemaliger Leistungssportlerinnen und -sportler) aus.

Sie haben sich als Frau im Sport, in der Politik und in der Wirtschaft durchgesetzt. Ist es nach Ihrer Erfahrung für Frauen schwieriger, in Machtpositionen zu gelangen? Und was hilft Frauen, sich durchzusetzen?

In der Gesellschaft sind Frauen in Machtpositionen grundsätzlich nicht vorgesehen. Übernehmen sie dennoch solche, fällt das auf und ist außergewöhnlich und kommentierungswürdig. Die Sozialisation von Mädchen und jungen Frauen lehrt diese implizit, eine zudienende und harmonisierende Rolle einzunehmen. Wer als Frau also eine Machtposition anstrebt, trifft auf unausgesprochene Hindernisse, die zu überwinden besondere Energie erfordert. Scheitert ein solches Unterfangen, sind die Gründe schnell auf das Geschlecht reduziert. Was hilft? Selbstbewusstsein, Risikofreudigkeit, eine gewisse Unbekümmertheit und Spaß an dem, was man tut. Der beste Ansatz, Frauen in Machtpositionen zu bringen, ist, ihnen Gelegenheiten zu geben. Es also einfach tun: Das Wasser ist manchmal kalt, aber die meisten schwimmen darin trotzdem ziemlich gut.

Hans-Jürgen Wirth kommt in seiner Habilitation zum Thema »Narzissmus und Macht« zum Ergebnis, dass es in der Wirtschaft und in der Politik oft Menschen »nach oben schwemmt«, die über eher wenig Sozialkompetenz verfügen. Wie beurteilen Sie diesen Befund?

Es kommen sicher eher Menschen nach oben, die sich durch Mut, Hartnäckigkeit und Führungsstärke auszeichnen. Dennoch geht es heute fast nicht mehr ohne Sozialkompetenz. Gute Angestellte sind Selbstunternehmer geworden, denn es gibt keine Lebensstellen mehr. Und sie wissen meistens, dass sie Mangelware sind, entsprechend haben sich die Unternehmen um sie zu bemühen. Wer als Vorgesetzter nicht lernt, zu motivieren, zuzuhören und wertzuschätzen, hat heute einen schweren Stand.

Wie nehmen Sie das Verhältnis von Wirtschaft und Politik wahr? Wer hat mehr zu sagen? Und was halten Sie von der Annahme von Roger de Weck, dass die Politik seit der Finanz- und Wirtschaftskrise wieder an Gewicht gewinnt?

Mit der Globalisierung der Wirtschaft hat eine Marginalisierung der Politik stattgefunden. Gar mancher Manager mit kontinentumspannender Führungsverantwortung empfand es eine Zeit lang als unnötig, sich auf das Niveau eines lokalen Regierungsrats herunterzulassen. Die Finanzkrise 2008 hat hier die Verhältnisse wieder zurechtgerückt. Die Politik hat wieder den Stellenwert, der ihr zukommen muss, um die Balance in einer Gesellschaft zu gewährleisten. Heute hat die Politik die Zügel sichtbar und auch meistens wirkungsvoll in der Hand, um unguten Exzessen den Riegel zu schieben.

»Massiv untervertreten«

Yvonne Feri ist ausgebildete Kauffrau und Politikerin. Sie präsidiert die SP Frauen Schweiz. Seit 2011 engagiert sie sich auch im Nationalrat und zudem als Gemeinderätin in Wettingen (seit 2006). Yvonne Feri setzt sich besonders für Bildungs- und Berufschancen für junge Menschen ein. Ich fragte sie ebenfalls, was Frauen darin unterstützt oder behindert, mehr Einfluss zu nehmen.

»Auffallend ist«, so Yvonne Feri, »dass auch in der Schweiz in den Führungsetagen der Wirtschaft und Politik nach wie vor die Frauen massiv untervertreten sind. Dabei stellt sich für mich die zwingende Frage: Warum teilen die Männer ihre Machtpositionen nicht mit Frauen? Und dies, obwohl Studien aufzeigen, dass der Gewinn im finanziellen und sozialen Bereich steigt, sobald gemischte Teams an der Spitze stehen. Der Machtanspruch der Männer zeigt sich auch dahingehend, dass Frauen seltener als Referentinnen auftreten, in Medien weniger Rede- und Schreibzeit erhalten und generell in der Öffentlichkeit seltener als Führungspersonen dargestellt und wahrgenommen werden. Und wenn dann Frauen in einer Runde sind, spielt das Verhältnis der Anzahl Männer/Frauen eine große Rolle, ob eine Frau wirklich wahrgenommen und gehört wird oder eben nicht. Fehlende Netzwerke, mangelnde Anstrengungen, kaum Sensibilität, zu unvollständige Kinderbetreuungsstrukturen und vieles mehr führen zu diesem leidigen Umstand der Untervertretung von Frauen. Macht zu teilen und loszulassen, scheint schwierig zu sein.«

»Wachsende Sensibilisierung«

Stefanie Schälin forscht und lehrt an der Universität Basel. Sie promoviert bei den Gender Studies und verknüpft die zentralen Bereiche Macht und Geschlecht. Sie führte viele Interviews mit Managerinnen und mit Frauen von Managern.

Sie befassen sich in Ihrer Dissertation mit Managerinnen. Ist es für Frauen schwieriger, in der Wirtschaft aufzusteigen als zum Beispiel in der Wissenschaft oder in der Politik?

Wie derzeit zu beobachten ist, gelingt es einer kleinen Gruppe von Frauen zunehmend, in hohe Führungspositionen in der Wirtschaft aufzusteigen. Im Vergleich zu Politik und Wissenschaft ist dies aber immer noch ein kleiner Prozentsatz. Ein Grund dafür ist sicherlich, dass erst seit Kurzem ernsthaft über eine verpflichtende Frauenquote für die Wirtschaftswelt diskutiert wird – jedenfalls in der Schweiz. Interessanterweise reagierte der Arbeitgeberverband auf diese Diskussionen mit einer eigenen Publikation, in welcher er 400 potenzielle Verwaltungsrätinnen vorstellt und sich zugleich gegen eine Quotenregelung stark macht. Ich denke, nicht zuletzt durch die wachsende Sensibilisierung wird es in den nächsten Jahren zu einigen Veränderungen im Umgang mit Frauen in der Wirtschaft kommen.

Nehmen Managerinnen ihre Macht anders wahr als Männer?

Frauen beschreiben im Gegensatz zu Männern meist ein ambivalentes Verhältnis zu Macht. Einerseits verfügen meine Interviewpartnerinnen über viel Macht. Dieses »Machtvoll-Sein« wird als etwas Positives bewertet. Zugleich ist ihnen aber durchaus bewusst, dass sie durch die Einnahme einer Machtposition auch gegen gesellschaftliche Rollenerwartungen an Frauen verstoßen. Die damit einhergehenden Widersprüchlichkeiten werden oftmals als etwas beschrieben, was viel Kraft und Energie braucht.

Unterstützen Frauen in Führungspositionen andere Frauen mehr?

Die von mir bisher interviewten Frauen erzählen alle von einer Art der Solidarität gegenüber anderen Frauen im Berufsumfeld. Dies kann von einer wohlwollenden Gesprächskultur bis hin zur gezielten Förderung von (jüngeren) Frauen reichen. Das sogenannte «Queen-Bee-Syndrom» (Frauen in einem männlich dominierten Umfeld profitieren von diesem Sonderstatus und betrachten andere Frauen als Konkurrenz) ist mir bisher in den Interviews nicht begegnet.

Welches sind für Sie die wichtigsten Erkenntnisse zu Macht und Geschlecht? Und auf welche Referenzen beziehen Sie sich?

Bisher wurde in der Forschung das Geschlechterverhältnis häufig als ein Machtverhältnis (überspitzt formuliert: Männer als Täter und Frauen als Opfer) thematisiert. Ich versuche, eine etwas andere Perspektive einzunehmen, indem ich ganz dezidiert danach frage, welche Rolle (machtvolle) Frauen in der Herstellung und Aufrechterhaltung von Macht- oder gar Herrschaftssystemen spielen. Zum Beispiel wird in den Interviews immer wieder deutlich, inwiefern diese Frauen aus der schweizerischen

Wirtschaft auch eine soziale Klasse darstellen. So finden soziale Distinktionen gegenüber anderen Gesellschaftsschichten statt oder auch eine Selbstbestätigung als (weibliche) Elite-Angehörige.

Feine Unterschiede

Jacqueline Gähler ist als Frau in der Geschäftsleitung der Volvo Halbeisen AG engagiert und auch Mitglied im Rotary Club. Dort kamen wir anlässlich eines Vortrags (10.3.2015) ins Gespräch. »Meistens ist es nicht schwieriger, sich als Frau in einer Männerdomäne zu behaupten«, sagt sie. »Nach meiner Ansicht kommt es immer auf die Kompetenz der Personen an. Das ist maßgebend, nicht das Geschlecht.« Und da sie schon in allen Abteilungen tätig war, könne sie auch mit ihrer Erfahrung und ihrem Wissen punkten. Aber als Frau habe sie durchaus auch Vorteile, nicht nur Nachteile. Und der Rotary Club sei für sie einfach eine sehr angenehme Abwechslung. Da treffe sie sich immer wieder gerne mit Menschen aus ganz anderen beruflichen Richtungen. »Als Mutter und Geschäftsfrau ist alles eine Organisationssache«, so Jacqueline Gähler. »Für mich lohnt sich das zeitliche Engagement auf jeden Fall.«

In einem andern Rotary Club, in dem Frauen ebenfalls zugelassen sind, traf ich schon, für mich überraschend, eine ambitionierte Forscherin und Universitätsprofessorin. Ich fragte sie, wie sie das alles zeitlich unter einen Hut bringe. Sie meinte, das sei schon ein großes Problem – mit diesen vielen gesellschaftlichen Anlässen im Rotary Club. Aber das müsse sie einfach auf sich nehmen. Wichtig sei schließlich die berufliche und beziehungsmäßige Vernetzung. Und da helfe ihr der Rotary Club sehr.

Frauen verrichten heute, im Vergleich zu früheren fordistischen Verhältnissen, zunehmend Lohnarbeit. Sie nehmen teilweise auch höhere Positionen ein. Das Modell des sogenannten »Familienernährers« gerät ins Wanken. Rahel Locher (2012) fragte in ihrem Forschungspraktikum im Rahmen unserer Studie, wie das dominante ökonomische Denken die Dynamik von Macht und Geschlecht beeinflusst. Sie führte drei halbstrukturierte Leitfadeninterviews; das erste mit der führenden Person eines Logistikunternehmens, das zweite mit dem Leiter eines selbständigen Beratungsunternehmens und das dritte mit einer Person, welche eine Leitungsfunktion im Immobilienmanagement einer großen Bank innehat. Rahel Locher analysierte die Interviews, indem sie die qualitative Inhaltsanalyse mit der Diskursanalyse kombinierte. Theoretisch wählte sie einen marxistisch-feministischen Zugang.

Die Analyse der Interviews zeigt anschaulich, dass die gegenwärtigen ökonomischen Verhältnisse von den Interviewpartnern als natürlich angesehen werden. Wer eine Führungsposition will, muss die ökonomischen Regeln und Normen respektieren. Diese sind internalisiert und mit Belohnungen gefestigt. Wachstum und Konkurrenz gelten als natürliche Gegebenheiten. Gefördert wird vornehmlich, was den Ertrag steigert. »Das schulden wir den Kunden«, sagt der interviewte Immobilienmanager einer großen Bank. Für ihn sind das »die Investoren, nicht die Mieter«. Er hat unzählige Verwaltungsratsmandate und kritisiert »die Grausamkeit der Finanzwelt« und »die vielen negativen Auswirkungen der wirtschaftlichen Ordnung«. Als Funktionsträger fühlt er sich aber beruflich dieser Ordnung verpflichtet, die sich hoffentlich mit *responsible leadership* vermenschlichen lasse.

Alle drei Männer, die Rahel Locher interviewte, sind in einer Machtposition. Sie haben viel Einfluss auf andere. Zugleich sind sie selbst ökonomischen Anforderungen und Machtverhältnissen unterworfen. Ihre Entscheidungsfreiheit ist eingeschränkt. Alle drei Interviewten assoziieren Macht eher negativ. Sie beschreiben sich selbst weder als mächtig, noch verbinden sie Reichtum mit Macht. Ihre Position führen sie auf persönliche Charakterstärke zurück.

Alle thematisieren von sich aus die Geschlechterverhältnisse kaum. Sie führen die ungleiche Aufteilung der Lohnarbeit und der Hausarbeit unter den Geschlechtern zum einen auf die gesellschaftlichen Rahmenbedingungen und zum andern auf die individuellen Entscheidungen von Frauen zurück. Zudem erwähnen sie die Schwierigkeit der familienexternen Kinderbetreuung. Die externe Betreuung erfordert einen hohen Organisationsaufwand und beträchtliche finanzielle Mittel. Alle drei Interviewten bestätigen auch, wie mit der Anforderung, die ganze Zeit erreichbar zu sein, die Arbeit zusehends ins Privatleben dringt.

Wozu Karrieren gut sind

Seit 1981 ist die Gleichstellung von Mann und Frau in der Bundesverfassung verankert. (BV 1999; EKF 2009) Das Gleichstellungsgesetz (GlG) vom 1. Juli 1996 soll die tatsächliche Gleichstellung von Mann und Frau im Erwerbsleben gewährleisten. Es dient als Instrument für eine unbürokratische Vorgehensweise gegen Diskriminierung im Arbeitsleben. (GlG 1995) Melanie Gabriel (2015) hat sich im Forschungspraktikum im Rahmen unserer Studie mit mehreren Frauen in Führungspositionen getroffen. Wir greifen einzelne Eindrücke und Ergebnisse aus ihren Gesprächen auf.

Im Jahr 2014 sind über 50 Prozent aller Studienabgänger in der Schweiz weiblich. (BFS 2014) Und zum ersten Mal in der Schweizer Geschichte sagen Männer wie Frauen zu gleichen Anteilen aus, in naher Zukunft eine verantwortungsvolle Position anzustreben. (Edding/Clausen 2014) Zudem weisen diverse Studien (Credit Suisse 2012) nach, wie gemischtgeschlechtliche Führungsgremien eine bessere Performance vorweisen als reine Frauen- oder Männerteams. Gleichwohl zeigen Statistiken ein düsteres Bild auf, was Frauen in Spitzenpositionen betrifft. Die Kategorie von Führungsfrauen, die gleichzeitig auch Mütter sind, steht mit 1,5 Prozent der untersuchten Frauen da. (Schillingreport 2015)

Wie lassen sich die geringen Anteile von Frauen in Führungspositionen erklären? Carsten Wippermann (2010) verweist auf die bekannte gläserne Decke, die Frauen den Weg an die Spitze verunmöglicht. Die Frauen bleiben spätestens auf der Ebene des mittleren Managements »hängen«. Hindernisse für den Aufstieg sind fehlende Fremdbetreuungsmöglichkeiten, die unfaire Besteuerung von Doppelverdienern mit Kindern, keine egalitäre Rollenteilungen in Familien- und Hausarbeit bei Paaren mit gleichen Arbeitspensen sowie Stereotypisierungen hinsichtlich fehlender Eignung von Frauen in Führungspositionen. Die Familie bringt die Machtfrage zwischen den Geschlechtern weiterhin mit hoher Brisanz aufs Tapet – insbesondere wenn Kinder da sind. Im Folgenden interessieren die Frauen, die trotz Kindern an der Führungsspitze sind. Mélanie Gabriel führte mit neun solchen Frauen halbstrukturierte Leitfadeninterviews. Sie fokussierte dabei vor allem auf strukturelle, gesellschaftliche und persönliche Bedingungen, welche die Karrieren- und Familienplanung beeinflussten. Besonderes Augenmerk legte sie auf Betreuungsmodelle, alltägliche Schwierigkeiten und Veränderungswünsche.

Die Mehrheit der interviewten Frauen gibt an, ihre Karriere nicht bewusst geplant zu haben. Alle betonen das Bedürfnis nach spannenden und erfüllenden Aufgaben. Zudem den Willen, die Fäden selber in den Händen zu halten und etwas zu bewegen. Für alle kam es nie infrage, aufgrund der Kinder ihren Job aufzugeben. Die Mehrheit machte nach der jeweiligen Geburt einen Mutterschaftsurlaub von drei bis zwölf Monaten; danach kehrten alle wieder zum Job zurück.

Externe Kinderbetreuung ist für alle Interviewten von hoher Relevanz. Die Betreuungsmodelle bestehen aus einer Kombination von Kinderkrippen, Tagesmüttern, Au-pair-Mädchen, Homeoffice und der Mithilfe von Partnern. Wichtig sind auch Großmütter. Die Kinderbetreuung benötigt mehr als bloß öffentliche Angebote. Zentral ist weiter die Nähe von Wohnort und Arbeitsplatz.

Vorurteile gegenüber Müttern in Führungspositionen stellen, wie die interviewten Frauen erwähnen, eine besonders große Schwierigkeit dar. Vor allem am Anfang der Karriere bestünden wesentlich mehr Nachteile für Frauen als für Männer. Frauen müssten auch mehr leisten für eine Beförderung. Das korrespondiert mit diversen Studien. Gleiches Verhalten von Männern und Frauen wird unterschiedlich bewertet. Erfolg und Beliebtheit werden bei Männern eher positiv, bei Frauen negativ bewertet. (Sandberg 2013) Zudem stehen Frauen in Führungspositionen aufgrund ihrer geringen Anzahl unter besonderer medialer Beobachtung.

Vorurteile und Diskriminierungen sind laut den interviewten Frauen besonders stark, wenn ein Kind zur Welt kommt. Oft werde auch unausgesprochen angenommen, dass Frauen mit Kindern Führungspositionen sowieso ablehnen würden. Stellen wie die Leitung eines Ressorts würden Müttern unter Umständen gar nicht erst angeboten. In vielen Fällen bestehe verdeckte Kritik. Und Kinder von Führungsfrauen würden besonders genau beobachtet. Gehe mit dem Kind etwas schief, komme das Thema der Rabenmutter sofort auf. Es werde sogar unterstellt, Frauen in Führungspositionen hätten ihre Kinder zu wenig gern. Harsche Kritik komme öfter von anderen Frauen. Das geht so weit, dass mindestens eine Interviewte ihre Identität als Mutter am Arbeitsplatz verheimlichte.

Die Interviewpartnerinnen betonen: Jede Frau muss selber entscheiden, ob sie Kinder will und wie viele Stellenprozente sie übernehmen kann. Gleichzeitig Karriere zu machen und eine perfekte Mutter zu sein, ist unmöglich. Auch im privaten Umfeld braucht es eine Veränderung in der Einstellung. Wichtig ist es, Frauen in ihrer Entscheidung, (k)eine Lohnarbeit zu verrichten, zu unterstützen. Hilfreich sind ein Partner oder eine Partnerin, die einen zu Hause entlasten. Zudem braucht es mehr Tagesschulen und ein Umdenken. Eine Karriere muss auch später beginnen können, damit mehr Frauen in einflussreiche Positionen gelangen. Ein Vorteil ist, wenn Töchter ihre Mütter als eigenständig erleben.

»Frauen sind zu anständig«

Esther Girsberger kommt aus einer arbeitsamen Anwaltsfamilie. Ihre Mutter ist schon weit über achtzig Jahre alt und füllt immer noch Dutzende von Steuererklärungen aus. Sie vermittelt bei schwierigen Erbschaftsteilungen und freut sich, wenn am Schluss alle Verkrachten wieder zufrieden sind und sich über den letzten Rappen einigen konnten, erzählte mir Esther Girsberger. (8.6.2013) Wir sind beide im Stiftungsrat von Swisspeace.

Der legendäre Werner Weber, ehemaliger Feuilletonchef der NZZ und Professor für Germanistik an der Universität Zürich, prägte Esther Girsberger. Sie interessierte sich schon früh für Publizistik. Er empfahl ihr aber dringlich, zuerst eine Grundlagendisziplin zu studieren. So entschied sie sich für Jura und würde das wieder tun. Nicht nur, weil man dort logisches Denken lernt, sondern auch, weil man mit ethischen Fragen konfrontiert wird und sich der Frage stellen muss, was gerecht ist. Esther Girsberger leistete auch Militärdienst und empfand das als überaus wertvoll. Ihren beiden Söhnen, der eine noch in der Volksschule, der andere im Gymnasium, will sie soziale Werte vermitteln. Aber nicht moralisch abstrakt, sondern handlungsorientiert: Im gemeinsamen Gespräch über die Folgen alltäglichen Verhaltens. Das sei auch für Medienschaffende wichtig, sagt Esther Girsberger (Seite 253). Über Eveline Widmer-Schlumpf verfasste Esther Girsberger ein stimmiges Porträt. (2012) Eine weitere Studie widmete sie Frauen, die abgewählt wurden. (2004)

Esther Girsberger, Sie verfassten ein Buch über Frauen,
die abgewählt wurden. Ihr Fazit?

Frauen machen zu wenig Politik. Sie arbeiten viel. Sie haben ein Sachgeschäft, das sie behandeln, und sie wollen eine Lösung herbeiführen. Sie lobbyieren nicht; sie sitzen im Büro und überlegen. Frauen sind manchmal zu zurückhaltend. Sie sind zu anständig. Sie wollen niemanden bloßstellen. Sie sagen nicht, das lag nicht in meinem Machtgefüge, da war ein anderes Departement zuständig. Das ist sehr nobel, aber das ist die falsche Kommunikation. Frauen werden allerdings auch ständig und strenger beobachtet. Und äußere Attribute und Zuschreibungen fallen dann sehr viel stärker negativ in die Waagschale, als dies bei Männern der Fall ist. Männer sind der Normalfall, Frauen die Ausnahme. Frauen werden anders qualifiziert als Männer. Wenn eine Frau eine klare Meinung äußert, dann ist sie stur, der Mann hingegen meinungsfest. Wenn eine Frau ihre Meinung ändert, ist sie wankelmütig, der Mann flexibel und vorausschauend.

Wie kamen Sie selbst zu Einfluss und Macht?

Also das ist wirklich sehr beeinflusst durch meine Erziehung. Ich wuchs auf mit zwei Brüdern und mit zwei berufstätigen Eltern. Mein Vater war Anwalt, meine Mutter ebenfalls. Und ich wurde immer gleich behandelt wie meine Brüder. Es war klar: Die Tochter studiert etwas Rechtes, wählt einen guten Beruf. Das Vorbild war meine Mutter, die als selbstständige Anwältin arbeitete. Die Matur war für mich etwas Selbstverständliches. Und wenn man mit zwei Brüdern aufwächst, muss man sich behaupten. Dann kommt man auch zu einem Selbstvertrauen im Normalfall.

Sie erlangten Ihr Selbstvertrauen quasi
von Kindsbeinen an?

Ja, das Elternhaus war entscheidend. Und charakterbildend. Der Wille zur Gestaltungsfreiheit. Ich sog ihn mit der Muttermilch auf.

Und spielte Ihr Geschlecht eine Rolle?

Es stand nicht im Vordergrund. Ich wurde zu Hause gleich behandelt wie meine Brüder. Ich empfand es in meiner Jugend nie als Nachteil, ein Mädchen zu sein.

Sie konnten später – wie Ihre Mutter – die Familien-
und Erwerbsarbeit miteinander vereinbaren?

Ich machte zuerst meine klassische Karriere, hatte meine Führungspositionen, einen Namen und wurde erst dann Mutter. Daher bin ich immer sehr vorsichtig, ob dies so problemlos zu machen ist. Gerade in der
Schweiz. Ich war ungebunden, hatte keinen Mann, keine Kinder – diese
Frage stellte sich gar nicht.

Was motivierte Sie zu Ihrer Karriere?

Das kommt ein bisschen darauf an, was man unter Karriere versteht.
Und hängt auch mit der Herkunft zusammen. Ich studierte, ging ein Jahr
ins Ausland, schrieb meine Dissertation. Das war in unserer Familie alles
selbstverständlich. Man schreibt in unserer Familie eine Dissertation.

Und zu welchem Thema verfassten Sie
Ihre Dissertation?

Das Thema lautete: »Der nachträgliche Rechtsvorschlag im Schweizerischen Schuldbetreibungs- und Konkursrecht«. Garantiert ohne Plagiat
(lacht). Aber ich betrachtete das nicht als Karriere. Nachher arbeitete ich
zuerst als juristische Sekretärin bei der Volkswirtschaftsdirektion und
ging dann zur NZZ. Dort begann meine journalistische Karriere.

Stellte sich hier ein Karrierebewusstsein ein –
mit der Position, etwas bewirken zu können?

Nein, überhaupt nicht. Ich hatte kein solches Bewusstsein. Und auch
keine institutionalisierte Macht. Es entsprach mehr meiner Erziehung,
etwas leisten und aus meinen Fähigkeiten etwas machen zu wollen. Aber
quasi diese Gesellschaft zu beeinflussen, das kam wirklich erst mit der
Zeit, und zwar spät.

Mit den Positionen, die kamen?

Ja, sie kamen, aber ganz normal. Bei der NZZ fing ich als Volontärin
an und wurde dann als Korrespondentin für die italienische Schweiz ins
Tessin geschickt. Man könnte sagen, das war Wahnsinn. Ich war da noch
keine dreißig Jahre alt! Doch ich empfand dies überhaupt nicht als Machtposition. Ich hatte einfach einen Abschluss in Italienisch und kulturelles
Interesse. Und der damalige Chefredaktor war sehr italienisch orientiert
und fand, die soll mal ins Tessin. Dort lud eine private Bank den NZZ-
Korrespondenten zu einem Austausch ein. Acht Männer befanden sich

dann in einem gediegenen Raum, schauten mich an und fragten irgendwann einmal, wo der Korrespondent sei.

Und als Sie später beim Tages-Anzeiger in die Chefredaktion kamen, da hatten Sie eine zentrale Machtposition?

Roger de Weck holte mich als stellvertretende Chefredaktorin. Er wollte eine Frau für die Inland-Politik. Diese Kombination war selten. Ich war damals Inlandchefin beim *Bund,* und da lag es auf der Hand. Es gab wirklich nur wenige Frauen mit einer Schlüsselposition im Journalismus. Dass ich zusagte, hatte wahrscheinlich schon etwas mit Machtbewusstsein zu tun. Politik interessierte mich. Und Einfluss zu nehmen, ebenfalls. Darum nahm ich an. Aber Chefredaktorin wollte ich definitiv nicht werden. Ich sagte, es sei zu früh, ich hätte zu wenig Erfahrung und ich sei keine Edelfeder. Aber der Verleger Connix sagte mir dann, wenn du es jetzt nicht machst, wirst du es nie. Das beeinflusste mich dann schon.

Ein Mann hätte weniger Zweifel gehabt?

Ich hatte wirklich meine Zweifel, traute mir aber schon zu, gut mit Leuten umzugehen. Auch mit der damals eher linken Redaktion, die ja nicht meiner bürgerlichen Herkunft entsprach.

Sie gaben diese Position nach zwei Jahren wieder auf und verloren auch Macht?

Vielleicht war dies wirklich frauenspezifisch. Ich wollte mich in der Geschäftsleitung, der ich als Chefredaktorin angehörte, nicht verleugnen, konnte aber nicht wirklich guten Gewissens Ja sagen zu diesem *TV3* und zu andern Entscheiden. Da kann ein Mann eher sagen, das gehöre halt zum Job. Aber ich konnte mich einfach nicht so verbeugen. Das konnte ich nicht!

Sie verfassten auch ein Buch über eine erfolgreiche Politikerin, über Bundesrätin Eveline Widmer-Schlumpf. Über wie viel Macht verfügt so eine Bundesrätin?

Von den sieben Bundesrätinnen und -räten ist Eveline Widmer-Schlumpf sicher die machtvollste; aber das hat damit zu tun, dass sie das Finanzdepartement führt. Es gibt kein Departement, das bei allen Geschäften so involviert ist wie das Finanzdepartement. Rein systemisch hat sie eine große Macht. Sie hat aber auch tatsächlich eine große Macht, weil sie ihr Business versteht. Sie hat sich sehr schnell eingearbeitet und etwas daraus gemacht. Das macht sie heute noch. Im positiven Sinn ist sie eine absolute Expertin; negativ ausgedrückt, ist sie einfach eine akribische Sachbearbeiterin. Sie arbeitet viel, ist permanent am Ball, lotet sachlich aus, was möglich ist. Zum Beispiel die Abgeltungssteuer. Aber ihre Macht relativiert sich auch. Denn sie bringt kein Geschäft durch, wenn sie keine Mehrheit des Bundesrates hat.

Sind Sie selbst gelassener, seit Sie weniger im Zentrum sind?

Absolut! Ich kann viel mehr das tun, was mir Spaß macht oder mir wichtig ist. Ganz klar! Ich war lange im Vorstand von Exit tätig, doch als ich stellvertretende Chefredaktorin wurde, musste ich das leider aufgeben.

»Gut war nie gut genug«

Regula Ruetz ist Direktorin von Metrobasel, einem Thinktank. Sie ist ausgezeichnet vernetzt und versteht es, wichtige und interessante Persönlichkeiten aus Wirtschaft und Politik für ihre Anliegen zu gewinnen. Ich führte mit ihr mehrere Gespräche (zuletzt am 7.5.2013).

Regula Ruetz wuchs auf dem Bruderholz auf. Als Tochter einer Arztfamilie. Die Eltern ließen sich scheiden, als sie zwölfjährig war. Sie empfand das als »ziemlich hart – damals«, bestand dann die Matura, begann ein Studium. Ein Bruder wurde Pfarrer, der andere wanderte nach Italien aus. Regula Ruetz fühlte sich in ihrer Jugend sehr unter Druck. Die Brüder wurden ihr vorgezogen. »Aus dir wird nichts«, sagte die Mutter mit Blick auf die ihrer Meinung nach strebsameren Brüder. Sie reagierte trotzig. Sie entwickelte ihren Ehrgeiz zunächst im Sport. Und reüssierte im Segeln. Auch international. Als sie in der Maturaklasse schwanger wurde, drohte ihr an der staatlichen Schule der Ausschluss. Aber der Rektor setzte sich für sie ein, und der Regierungsrat willigte ein, dass sie als erste schwangere Frau in Basel-Stadt das Gymnasium beenden konnte. Sie gebar ihren ältesten Sohn zwei Wochen vor der mündlichen Reifeprüfung, welche sie dann zusammen mit der Klasse ablegte. Als junge Mutter begann sie mit dem Jurastudium. Anderthalbjährig, wurde ihr ältester Sohn vom Vater, dem Manager eines bekannten Bau- und Immobilienunternehmens, entführt; erst zwölf Jahre später wurde er im Ausland wieder gefunden. Diese Erfahrung war sehr schmerzlich. In den Jahren darauf gebar Regula Ruetz noch drei weitere Kinder und integrierte zusätzlich vier Stiefkinder in ihre Familie, nebst Studium und hundert Prozent beruflicher Tätigkeit. Diese Mehrfachbelastung war hart und forderte viel Kraft, die sie bei ihren Kindern auftankte.

Nach einigen Jahren in leitender Stellung in Unternehmen der Bau- und Werbebranche und nach ihrer Ausbildung zur Kommunikationsberaterin gründete sie eine eigene Firma, eine Agentur für strategische Kommunikation. Sie fühlte sich privilegiert, eine Familie und einen interessanten Job zu haben und sich ein »Kindermädchen« leisten zu können, das auch kochte und im Haushalt mithalf. Als ihre Tochter, die Jüngste, aus der Schule kam und zu studieren begann, entschloss sie sich, an der Hochschule St. Gallen berufsbegleitend noch ein Intensivstudium in Kommunikation und Management abzuschließen. Hinzu kam noch ein Lehrgang an der Universität Freiburg und ein Abschluss an der damaligen Höheren Wirtschaftsschule (HWZ). Später unterrichtete sie selbst Politische Kommunikation an der Fachhochschule (FHNW).

Zu kämpfen, das prägt die Lebensgeschichte von Regula Ruetz. Als wichtigen Antrieb beschreibt sie die frühe Verletzung ihres Rechtsempfindens. »Der Drang nach Gerechtigkeit spielte dabei eine große Rolle.« Obwohl in einer Akademikerfamilie aufgewachsen, musste Regula Ruetz schon früh lernen, sich durchzusetzen. Bereits mit vierzehn Jahren arbeitete sie neben der Schule in einem Architekturbüro und trieb Sport. Ihre Brüder waren angepasst und strebsam. Sie hatte mit fünfzehn einen Freund. Das war eine Katastrophe und ziemte sich nicht für ein gutes Elternhaus. Als »etwas ungeliebte Tochter meiner Mutter wollte ich einfach immer beweisen, dass ich auch etwas konnte«. Aber bei mir war gut nie gut genug. »Vielleicht auch darum diese drei Studiengänge.« Sie wuchs am Widerstand und realisierte, wie viel wichtiger es ist, sich selbst respektieren zu können, als die Akzeptanz der andern zu erstreben.

Nebst ihrer eigenen Agentur engagierte sich Regula Ruetz als Präsidentin des Schweizerischen Public-Relations-Verbandes pr suisse für das duale Bildungssystem. Und auch in der Freisinnig-Demokratischen Partei Basel-Stadt in der Geschäftsleitung und als Präsidentin der FDP-Frauen. Mehr Eigenverantwortung, das entspreche ihrem persönlichen Credo. Um diese wahrnehmen zu können, brauche es aber auch entsprechende Rahmenbedingungen. Deshalb setzte sie sich für Tagesbetreuung und Kinderkrippen für erwerbstätige Mütter ein. Und im Vorstand von Sun 21 für umweltfreundliche Technologien. Seit über fünfzehn Jahren ist sie Präsidentin des regionalen PR-Berufsverbands NPRG. Hinzu kommen zwei Präsidien in Verwaltungsräten von Basler Unternehmen. Über die Anfrage des Ökonomen Christoph Koellreuter kam Regula Ruetz zu Metrobasel, zunächst über Aufträge und beratend, dann wurde sie zur Direktorin gewählt. In dieser Funktion ist sie für umfassende Studien sowie deren Bekanntmachung zuständig. Damit will sie Impulse für die erfolgreiche Entwicklung der trinationalen Metropolitanregion Basel geben. Und eine breite Bevölkerung über die anstehenden Herausforderungen für Wirtschaft und Gesellschaft informieren, aber auch für mögliche Lösungsvorschläge sensibilisieren.

Regula Ruetz findet es stoßend, wenn Macht wichtiger ist als das Erreichen der gesteckten Ziele. So, wie früher der militärische Grad. Diese Disposition hieve oft die falschen Personen in Chefpositionen. Aber da ändere sich mit der stärkeren Präsenz von Frauen derzeit viel. »Ich bin keine Frauenrechtlerin, aber Frauen denken anders und gehen anders mit Macht um. Pragmatischer, sachlicher, sozialer. Frauen ziehen Kinder groß. Für sie zählt, was jemand konkret einbringt und in der Sache erreicht.« Es stimme sie zuversichtlich, dass die Jüngeren weniger auf Macht erpicht seien als vielmehr darauf, positiv Einfluss zu nehmen und etwas bewegen zu können. Einfluss habe für sie viel mit Glaubwürdigkeit und Vertrauen zu tun. Um sich gegen das Machtdenken durchzusetzen, dazu brauche es viel Durchsetzungsvermögen, einen langen Schnauf und eine dicke Haut. Jetzt stehe nach der Finanz- und Wirtschaftskrise wieder vermehrt ethisches, sinnvolles und längerfristiges Denken im Zentrum. Es bleibe zu hoffen, dass dieser Trend anhalte.

»Macht abgeben« – erste Bundesrätin

Elisabeth Iklé kam 1936 in Zürich zur Welt. Sie wuchs mit zwei Schwestern auf. Ihre beiden Eltern stammten aus Textilindustriellen-Familien. In ihrer Jugend war sie begeisterte Pfadfinderin und Eiskunstläuferin. Im Alter von dreizehn Jahren nahm sie erstmals als Eiskunstläuferin an den Schweizer Juniorenmeisterschaften teil. Nach dem Abitur leistete sie Militärdienst als Sanitätsfahrerin. Dann begann Elisabeth Iklé Jura zu studieren. Sie unterbrach das Studium für zwei Jahre und engagierte sich für die studentische Ungarnhilfe. Als erste Frau ihrer Fakultät schloss sie dann an der Universität Zürich ihr Studium mit »summa cum laude« ab. Danach half sie, inzwischen verheiratet, ihrem Mann Hans W. Kopp beim Aufbau seiner Anwaltspraxis. 1970 wurde Elisabeth Kopp in den Gemeinderat von Zumikon gewählt, den sie bald präsidierte. Auf der Liste der Zürcher FDP folgte 1979 die Wahl in den Nationalrat. 1984 avancierte Elisabeth Kopp zur Vizepräsidentin der FDP. Im gleichen Jahr bereits als Kandidatin für den Bundesrat nominiert, kritisierten Medien die Geschäftspraktiken ihres Mannes. Als erste Bundesrätin setzte sich Elisabeth Kopp für die Gleichberechtigung von Frauen, für Umweltfragen und eine offene Migrationspolitik ein.

1988 bat sie ihren Mann, aus dem Verwaltungsrat einer Firma auszutreten, über die Gerüchte wegen Geldwäscherei im Umlauf waren. In ihrem Departement wurde damals auf ihre Initiative an einer Strafnorm gegen Geldwäscherei gearbeitet. Ihr Mann beruhigte sie, er war überzeugt, dass die Firma untadelig sei, was sich auch bestätigte. Er hatte sich bereits vorbehalten, jederzeit zurückzutreten im Hinblick auf die Tätigkeit seiner Frau. Auf ihre Bitte trat er gleichentags zurück. Elisabeth Kopp wurde der Verletzung des Amtsgeheimnisses verdächtigt und angeklagt. Im Januar 1989 trat sie zurück. Das Bundesgericht sprach sie frei.

Heute verbringt Elisabeth Kopp viel Zeit mit Vorträgen, Beiträgen in Medien und freiwilligen sozialen Tätigkeiten. Als ich die ehemalige Bundesrätin (am 29.6.2015) besuchte, lagen gleich mehrere Arbeiten von Maturandinnen auf ihrem Tisch, die sie begleitete. Sie sagte auch gleich zu, in eine Vorlesung zu kommen und sich Fragen von Studierenden zu stellen. Hier ein Auszug aus unserem Gespräch.

Sie erlangten früh wichtige Positionen, standen relativ alleine da und spurten vor, was heute in der Politik selbstverständlicher ist. Bei den wirtschaftlichen Kaderstellen und auch an Hochschulen dominieren allerdings immer noch die Männer. Überrascht Sie das? Und wo sehen Sie Ansätze, dies zu ändern?

Nein, das überrascht mich nicht. Die politischen Parteien sind auf die Frauenstimmen angewiesen. Sie haben ein Interesse, wenn auch in unterschiedlichem Maß, die Frauen, und sei es nur als Aushängeschilder, in hohe Positionen zu wählen. Bei der SP haben die Frauen in der Regel die bessere Ausbildung. Die meisten gut ausgebildeten Frauen würden gerne Familie und Beruf verbinden. Bis anhin haben nur vereinzelte Unternehmen und die öffentliche Hand auch die nötigen Rahmenbedingungen dafür geschaffen. Zwar ist der Frauenanteil in den Verwaltungsräten der größten Schweizer Unternehmen im Jahre 2014 von 13 auf 15 Prozent gestiegen, doch in den Geschäftsleitungen beträgt er lediglich 6 Prozent. Und das seit Jahren. Eine Ausnahme war schon vor Jahren die Raiffeisenbank unter Pierin Vincenz. Er führte flexible Arbeitszeiten und Teilzeitarbeit auch in höheren Lohnklassen ein. Und das mit dem Resultat, weniger Stellenwechsel zu haben, was ja auch Kosten spart. Zudem erwiesen sich Mitarbeitende umso motivierter. Das trug dann auch zu besseren Geschäftsergebnissen bei.

In meiner Gemeinde führten wir übrigens schon in den 70er-Jahren eine Kinderkrippe und einen Kinderhort ein, wo man die Kinder die ganze Woche oder auch tageweise betreuen lassen kann. Dies erhöhte die Zufriedenheit der Frauen und verbesserte die soziale Integration der Kinder. Und zwar von Akademikerinnen bis zum ausländischen Hausdienstpersonal. Wenn der Bundesrat nun bei berufstätigen Frauen die Löhne getrennt besteuern will, so ist das zwar eine Idee. Aber ich ärgere mich, dass man erst heute auf diese Idee kommt. Nämlich als Folge der Annahme der Masseneinwanderungsinitiative. Es kommt mir vor, als behandle man Frauen als Manipuliermasse. Dabei gab es schon vor über dreißig Jahren Studien, die belegten, dass Firmen mit Frauen in Kaderstellen bessere Resultate erarbeiten; und das nicht, weil die Frauen einfach alles gleich gut tun können wie Männer, sondern weil sie aufgrund ihres anderen Erfahrungsbereichs Dinge manchmal anders sehen und damit auch andere Prioritäten setzen. Und selbstverständlich müssen die Frauen für gleichwertige Arbeit den gleichen Lohn erhalten: Ich wundere mich schon lange, dass Firmen, die die Lohngleichheit eingeführt haben, das nicht propagandistisch nutzen, zum Beispiel mit *equal pay* wie früher mit *fair trade*.

Seit einigen Jahren verfügen Sie über deutlich weniger Einfluss als früher.
Ist das schwierig? Wie gehen Sie damit um?
Einfluss bedeutet mir nicht um des Prestiges willen etwas, sondern

weil ich damit Anliegen voranbringen und meistens auch durchsetzen konnte, die mir am Herzen lagen: Das waren vor allem drei Bereiche: Umweltschutz, Gleichstellung der Frauen und Rechtsstaatlichkeit. Aber es gibt in einem Leben auch anderes, was ebenso wichtig ist wie Macht und Einfluss, zum Beispiel Liebe, Hilfe und Fürsorge für andere Menschen, Schutz der Natur und, last but not least, Einsatz für Gerechtigkeit. Werden diese verletzt, greife ich auch heute noch zwar nicht zur Feder, aber zum Laptop.

Wie erleben Sie die Entwicklung der Schweiz in den letzten Jahren? Was freut Sie besonders, was nicht?

Jetzt wächst eine Generation heran, die den Zweiten Weltkrieg nur noch als Geschichte kennt und allzu viel als selbstverständlich nimmt. Not fördert den Gemeinschaftssinn, Wohlstand bewirkt oft das Gegenteil. Es stimmt mich nachdenklich, wenn zum Beispiel Kandidaten für eine Gemeinderatskandidatur per Inserat gesucht werden müssen.

Die ständig länger werdende Lebensdauer, die ja an sich erfreulich ist, stellt die AHV vor gewaltige Probleme. Die AHV hat im vergangenen Jahr mehr Geld ausgegeben als eingenommen. Da genügt die Erhöhung des Rentenalters der Frauen um ein Jahr nicht. Entweder muss das Rentenalter erhöht oder es müssen die Renten gekürzt werden. Insbesondere Letzteres ist weder wünschbar noch politisch durchsetzbar. Das Problem muss dringend an die Hand genommen werden. Politiker müssen auch den Mut haben, unpopuläre Ideen zu vertreten. Mit steigender Lebenserwartung steigen auch die Gesundheitskosten. Bereits jetzt ein Problem, das noch wachsen wird. Die BDP hat, dem Beispiel von Dänemark folgend, den Vorschlag einer automatischen Verknüpfung von Rentenalter und Lebenserwartung gemacht.

Erfreulich war für mich das Einführen von Katalysatoren. Ich entdeckte die positive Wirkung in Japan und schrieb dann einen Artikel in der NZZ. Im Sinne von: Ökologie und Ökonomie schließen sich nicht aus. Dann zogen die Automobilimporteure über mich her, wie man es sich nicht vorstellen kann: Unflätig mit dem Unterton, was verstehen Frauen schon von Automotoren. Daraufhin ging ich nach Biel ins Auto-Technikum, um mich besser zu informieren. In der nächsten Session luden die Automobilimporteure die Mitglieder meiner Fraktion zu einem Nachtessen und anschließend zu einem Vortrag ein. Nur ich bekam keine Einladung. Ein empörter Kollege reklamierte beim Sekretariat der Autoimporteure und brachte mir eine Einladung. Ich verbrachte einen für mich vergnüglichen Abend, da ich das Konzept der Automobilimporteure mit meiner Anwesenheit durchkreuzte. Es braucht manchmal sehr viel, aber man muss einfach dranbleiben. Da war ich unterdessen im Bundesrat. Dort gab es auch Widerstand. Die Schweiz könne so etwas nicht im Alleingang machen. Ich setzte durch, dass die Schweiz eine internationale Konferenz einberief. Auch dort stieß ich auf Widerstand, bis ich am Ende meinen Antrag durchbrachte. Die Schweiz wurde zum ersten Land in Europa, das Katalysatoren und bleifreies Benzin einführte.

Wie zuversichtlich sind Sie für die nähere Zukunft?

Freuen tut mich nebst dem Genannten die tiefe Arbeitslosigkeit. Freuen tut mich der Wohlstand. Wir haben ein hervorragendes duales Bildungssystem, das die Amerikaner nun übernehmen wollen. Wir haben ein teures, aber gutes Gesundheitswesen. Das stimmt mich alles zuversichtlich. Vor allem ist dies erstaunlich, weil die Schweiz außer Wasser keine Rohstoffe hat. Die Schweiz war früher ein Auswanderungsland. Der Kanton Glarus hat den Auswanderern noch Geld gegeben. Wissen Sie zum Beispiel, woher der Name Tilsiter kommt? Das war eine Gruppe Glarner, die in den Osten auswanderten in die Stadt Tilsit und dort Käse produzierten mit großem Erfolg. Dann kamen sie zurück in die Schweiz und hatten damit auch Erfolg. Die Schweizer, wenn sie Wohlstand haben wollten, mussten arbeiten oder erfinden. Die Schweiz hat pro Kopf am meisten Patentanmeldungen weltweit.

Was mir Sorgen macht, ist eine zunehmende soziale Kluft in der Gesellschaft. Ursache sind unter anderem die in der Höhe nicht nachvollziehbaren Gehälter einiger Manager. Not fördert den Gemeinsinn, Überfluss kann ihn zerstören.

Gendersensible Analyse

Die Soziologin Brigitte Liebig präsidierte das Programm des Schweizer Nationalfonds zur Gleichstellung der Geschlechter. Am 30. April 2015 referierte sie an der Universität Basel über die Marginalisierung der Vaterschaft. Wir sprachen mit ihr auch über ihre noch unveröffentlichte Habilitation zum Geschlechterwissen von Organisationen. Sarah Schilliger fasste einzelne Kapitel zusammen. Brigitte Liebig stellt fest, wie sich im Arbeitsmarkt trotz Förderprogrammen nach wie vor eine hochgradige Geschlechtersegregation zeigt. Und zwar bezüglich Einkommen, Aufstiegschancen und Arbeitsvolumen. Gewisse berufliche Tätigkeiten werden weiterhin mit »Weiblichkeit« assoziiert und hierarchisiert, während die oberen Führungsetagen hauptsächlich Männern vorbehalten bleiben. Die geschlechtsspezifische Arbeitsteilung zeigt sich auch im Privaten. Liebig untersuchte Strukturen und vor allem Kulturen von Organisationen. Sie fragte, welche Auffassungen von Geschlecht dominieren.

Liebig kritisiert die Geschlechterblindheit konventioneller Organisationstheorien. Sie skizziert den Wandel, der von deterministischen Erklärungen hin zu einem »kulturellen Paradigma« führt, bei dem die Eigendynamik von Organisationen interessiert. Liebig unterscheidet zwischen »funktionalistischen« und »interpretativen« Ansätzen: Die *funktionalistischen* verstehen Geschlechterverhältnisse als instrumentelle Arrangements. Sie betonen die Ordnung. Ungleichheits- und Machtverhältnisse finden wenig Beachtung. Interpretative Ansätze sind hingegen offen für Widersprüche, kulturelle Divergenzen und Wandel. Sie lassen Konflikte zu und betrachten die kulturelle Verfasstheit als Folge alltäglicher Verhandlungen. Interpretative Ansätze fragen nach Symbolen, Diskursen, Praktiken und Orientierungen, die Wirklichkeiten sozial herstellen. Poststrukturalistische Strömungen konzentrieren sich dabei auf soziale Sinnwelten. Eine gendersensible Analyse fördert emanzipatorische Geschlechterverhältnisse.

Brigitte Liebig analysierte auch Unternehmensleitbilder. Sie identifizierte unterschiedliche Deutungen von Gleichstellung: Der Wertediskurs betrachtet die Gleichstellung als eine Frage abstrakter, moralischer Grundwerte. Der Entwicklungsdiskurs stellt die betrieblichen Bedingungen bezüglich Karriere in den Mittelpunkt. Der Leistungsdiskurs wertet die Gleichstellung als produktive Ressource und Wettbewerbsvorteil. Der Verantwortungsdiskurs verbindet die betriebliche Innen- und Außenwelt. Er will Familie und Beruf miteinander vereinbaren. Dabei zeigt sich, wie vor allem jene Unternehmen die Gleichstellung angehen, in denen Frauen im Topmanagement sind. Liebig unterscheidet ferner vier Typen betrieblicher Geschlechterkulturen: Der »männliche Traditionalismus« betrachtet Maßnahmen der Gleichstellung als mühsamen Mehraufwand. Im »betrieblichen Kollektivismus« sind weibliche Führungskräfte stärker vertreten und im Sinne einer »Mittäterschaft« zugelassen. Der »normative Individualismus« weicht traditionell hierarchische Strukturen auf. Er strebt eine »kollegiale« Atmosphäre an. Diese Kultur fußt auf einem autonomen, selbstverantwortlichen Menschenbild. Die Doppelbelastung berufstätiger Frauen erscheint als Frage des individuellen Leistungswillens. Die Kultur des »pragmatischen Utilitarismus« identifiziert Liebig vor allem in Dienstleistungsunternehmen, die Fragen der Gleichstellung pragmatisch angehen: Frauen fördern den Erfolg des Unternehmens. Sie kennen die Bedürfnisse der weiblichen Kundschaft besser. Daran lässt sich laut Liebig emanzipatorisch anknüpfen. Wobei gerade Krisen viele Rückschritte mit sich bringen. Ernüchternd sind auch Analysen am »Arbeitsplatz Hochschule«. Hier erweisen sich »Work-Life-Balance« und Zeitautonomie oft als Mythos. Zumal die Entgrenzung von Arbeit und Leben als selbstverständlich gilt.

Liebig fordert, Männer mehr in die Erziehungs- und Betreuungsaufgaben einzubeziehen. Wichtig sind entsprechende Schritte in der Personal- und Organisationsentwicklung. Zudem positive Bilder »aktiver Väter«. Dazu gehört auch eine gesellschaftliche Abkehr von hegemonialer Männlichkeit und Macht.

⊹ Ansätze und Perspektiven

Wirtschaft und Politik sind keine einheitlichen, voneinander isolierten Systeme, werden aber oft so dargestellt. Mit klarer Priorität für die Wirtschaft, nach der sich die Politik zu richten habe. Die Fabrik und das Unternehmen erscheinen dann als eigener Bereich, der sich gesellschaftlichen und demokratischen Ansprüchen entzieht. Politik und Wirtschaft lassen sich jedoch nicht voneinander trennen. Sie sind eng miteinander verknüpft. Sie durchdringen sich gegenseitig. Das klingt etwas banal, ist aber zentral, wenn wir Dynamiken der Macht besser verstehen wollen. Die Komplexität der Macht schließt einzelne, klar erkennbare Zentren keineswegs aus. Macht hat ein Gesicht, ein Profil. Konturen der Macht lassen sich skizzieren. Macht hat Strukturen und Kulturen.

Nach dem Zweiten Weltkrieg führte der Kompromiss zwischen Sozialstaat und sozialer Marktwirtschaft zu einem sozialen Ausgleich. Breite Bevölkerungskreise verbesserten ihre materielle Ausstattung. Soziale Ungleichheiten verringerten sich vorübergehend bei den verfügbaren Einkommen und sogar bei den Vermögen. Mit den rezessiven Einbrüchen der 1970er-Jahre und vor allem dem finanzgetriebenen Umschwung der 1980er-Jahre veränderte sich das Regime von einem real- zu einem mehr finanzkapitalistischen System. Seither verschärfen sich soziale Gegensätze. Seither konzentriert sich auch der Einfluss mächtiger Unternehmen und Finanzinstitute. Demokratische Prozesse sind nur beschränkt in der Lage, Ballungen der Macht und soziale Polarisierungen zu begrenzen. Der Globalisierungsschub nach dem eigentlich erfreulichen Fall der Berliner Mauer (1989) stärkte wirtschaftlich Mächtige und schwächte demokratische Kontrollen und Alternativen. Der einseitige Machtzuwachs treibt die Schweiz auseinander, nicht der »Röstigraben«.

Das realkapitalistische Regime postulierte Vollbeschäftigung und soziale Sicherheit, das finanzkapitalistische einen schlankeren Staat und eine erhöhte Konkurrenz. Anstelle von Regierungen begannen nun Notenbanken zu dirigieren. Das monetaristische Verständnis überlagerte das keynesianische. Stabile Rohstoffpreise und Wechselkurse wichen wechselhaften. Der Wiener Wirtschaftswissenschafter Stephan Schulmeister (2010: 44) plädiert für eine andere Entwicklung. Anstelle der finanzgetriebenen Marktwirtschaft postuliert er eine sozial regulierte. Als gesellschaftspolitische Ziele formuliert er die Chancengleichheit, die individuelle Entfaltung und den sozialen Zusammenhalt. Sie sollten die Maxime, nach der alle ihr Glück selber schmieden, wieder vergessen lassen. Kooperative Wachstumsstrategien sollten in einem New Deal (wie seinerzeit in den USA und teilweise der Marshallplan in Europa nach dem Zweiten Weltkrieg) die Deregulierung der Finanzmärkte ersetzen. Unternehmen und Gewerkschaften sollten mehr kooperieren und die Konflikte harmonisieren.

So weit politisch liberale Ansätze. Sie kontrastieren die finanzliberalen. Wir postulieren, alle Lebens- und Wirtschaftsbereiche zu demokratisieren. Dies mit dem Ziel, das dominante kapitalistische Prinzip möglichst friedlich zu überwinden, das die Konkurrenz und das wirtschaftliche Wachstum auf Kosten von Mensch und Natur forciert.

Die Schweiz ist (k)eine Insel

Die Schweiz ist reich. Sie zählt mehr Millionäre als jedes andere Land der Erde. (BCG perspectives 2015) Das ist für Beat Gygi »ein Zeichen für wirtschaftliche Gesundheit« *(Die Weltwoche 26/2015: 16)*. Von tausend Haushalten kommen 135 auf ein Nettovermögen von über einer Million Dollar. Insgesamt sind es 343 000 Haushalte, in Kanada 331 000. Die Schweiz rangiert nach den USA, Japan, Deutschland, China, Großbritannien (550 000) und Frankreich (494 000) an siebter Stelle. Sie ist also eine reiche Insel. Wie ein paar andere Länder auch. Wobei der Reichtum in der Schweiz einseitiger verteilt ist. Davon zeugen die 300 Reichsten, die ihren Reichtum von 82 (1989) auf 589 Milliarden Franken (2014) erhöhten. *(Bilanz*

24/2014: 34) Weniger als 3 Prozent der privaten Steuerpflichtigen verfügen in der Schweiz über mehr steuerbares Nettovermögen als die restlichen 97 Prozent. In den umliegenden Ländern ist das Kapital etwas ausgewogener verteilt. Zentral ist der Paradigmenwechsel von 1989. Seither überlagert ein finanzkapitalistisches Verständnis das politisch liberale, das Kapital und Arbeit noch als gleichwertig erachtete. Inzwischen scheint der Markt den Wert der Arbeit zu bestimmen. Da kommt eine neue Gläubigkeit auf. Soziale Gegensätze scheinen die gesellschaftliche Entwicklung positiv zu dynamisieren. Und die Ökonomisierung durchdringt zentrale Lebensbereiche. Auch bei sozialen Fragen stehen mehr die Finanzen im Vordergrund als die Menschen. So gewinnt das Geld an Macht: erstens über das enorme Ausmaß, zweitens über die Konzentration und einseitige Verteilung, drittens über die neoliberale Ideologie und viertens über die Ökonomisierung. »Mut zum Aufbruch«, lautete 1995 eine wirtschaftsliberale Offensive. Prominente Wirtschaftsleute lancierten sie. Wir fragen, was daraus geworden ist und was die Annahme der Masseneinwanderungsinitiative für die weitere Entwicklung bedeutet. Sie führt wohl dazu, das Inseldasein etwas zu verstärken. Aber die Schweiz ist vielfältig mit der Welt verbunden. Und soziale und ökologische Bewegungen lassen auf eine Allianz der Vernunft hoffen.

»In der Schweiz gibt es mehr Widerständigkeit und Zivilcourage, als oft angenommen«, erklärte uns der erfahrene Politiker Helmut Hubacher. (20.5.2013) Als Beispiel dient ihm »die weitverbreitete Ablehnung« der Broschüre *Mut zum Aufbruch* (1995), die allerdings auch breite Unterstützung fand: Immerhin stand ein Patronatskomitee mit neunzehn Schwergewichten aus der Wirtschaft dahinter. Erster Unterzeichner war Josef Ackermann, der spätere Vorsitzende der Deutschen Bank. Die Autoren orientierten sich an Margaret Thatcher und Ronald Reagan. Sie wollten die Schweiz deregulieren, neoliberalisieren, privatisieren. So die Post, Bahn, Swisscom, Schulen, Spitäler, Radio und Fernsehen. Sie wollten die progressiven Steuern durch eine Mehrwertsteuer ersetzen und den Service public abbauen. »Und da sind wir«, sagt Helmut Hubacher, »mit einem blauen Auge davongekommen.« Die Abbruch-GmbH habe nur beschränkt reüssiert. Zusammengefasst: Die SBB sind eine Aktiengesellschaft, aber der Bund besitzt 100 Prozent des Aktienkapitals. Er kontrolliert auch weiterhin die Post und die Swisscom. Einzelne Spitäler und Verkehrsbetriebe sind zwar ausgelagert, aber nicht privatisiert.

Erfolgreich war die Lobby bei den Steuern. Beim Abbau unterbieten sich die Kantone gegenseitig. Obwalden düst an allen rechts vorbei. Ich sprach Regierungsrat Peter Hegglin (Zug) (22.5.2015) darauf an. Er betrachtet die forcierte Konkurrenz als Präsident der kantonalen Finanzdirektorinnen und Finanzdirektoren als unproblematisch und dynamisierend. St. Gallen hat 550 Millionen Franken Steuern eingebüßt und schreibt rote Zahlen. Jetzt kommt das dritte Sparpaket. Und die Bevölkerung muss das Defizit berappen. »Aber ich bin schon zufrieden«, resümiert Helmut Hubacher, »weil diese neoliberale Attacke nicht so erfolgreich ist wie die Kampfansage. Die AHV wurde 1931 abgelehnt und erst viel später angenommen. Wir brauchen Zeit.« Das ist ein schwacher Trost. Und was ist aus den sozialen Utopien der 1968er-Bewegung geworden? »Sie haben viel Freiheitliches in unsere Gesellschaft gebracht, sind aber leider etwas in Vergessenheit geraten«, sagte mir der Uhrenunternehmer Jean-Claude Biver. (12.6.2015) Und erklärte das schon öffentlich in der Aula der Universität Basel (am 22.1.2013). Und Rudolf K. Sprüngli, Mitglied des Verwaltungsrates des Schokoladeunternehmens Lindt & Sprüngli, sagte mir (19.4.2012): »Eigentlich wäre ich gerne ein 68er geblieben wie Sie. Aber ich musste unternehmerische Verantwortung übernehmen und mich an ein Wirtschaftsregime gewöhnen, das gar nicht so freiheitlich ist.«

Das erste *Weißbuch* erschien bereits 1991 im Zürcher Orell Füssli Verlag. Peter Moser, Ökonom an der HSG St. Gallen, hatte es verfasst. Als Herausgeber zeichnete Heinz Hauser, Professor für Volkswirtschaftslehre. Die Max Schmidheiny-Stiftung finanzierte das Buch, und mächtige Wirtschaftsleute unterzeichneten es: Stephan Schmidheiny, Fritz Leutwiler, Nicolas Hayek, Robert Holzach, Alexander Krauer und Helmut Maucher. Der Ökonom Markus Schneider, damals Redaktor bei der *Weltwoche,* beschrieb die Unterzeichner in seinem späteren *Weißbuch 2004* als »Kartellbrüder« (2003: 8): »Hinter diesem ›ordnungspolitischen Programm‹ stand ausgerechnet eine Familie, die dank vielfältiger Kartelle und Monopole vom Zement- bis zum Kioskmarkt reich geworden war. Dann ein Kopräsident der ABB, der größten Profiteurin der staatlichen Exportrisikogarantie. Sogar die unterzeichnenden Bankiers und Versi-

cherungsmanager waren damals, 1991, noch sprichwörtliche Kartellbrüder.« 1995 lancierten David de Pury, Heinz Hauser und Beat Schmid dann
einen neuen Versuch. Das Buch erschien wiederum beim Zürcher Verlag
Orell Füssli unter dem Titel *Mut zum Aufbruch*. Das Schweizer Fernsehen
stellte die »wirtschaftspolitische Agenda für die Schweiz« in der »Arena«-
Sendung vom 15. Dezember 1995 zur Diskussion. Die eingeladenen Wirtschaftsführer glänzten durch Abwesenheit. Daher verließen auch SP-Parteipräsident Peter Bodenmann und seine Entourage die Sendung, nachdem Bodenmann ein kurzes Statement abgegeben hatte: »Diese Thesen
sind eine Provokation auf mehreren Ebenen. Wir sind mit den besten
Leuten der SP und der Gewerkschaften hierhergekommen und haben erwartet, mit den Industrie-Aristokraten und Milliardären eine Diskussion
zu führen.« Gekommen sei aber niemand. »Wir verlassen das Studio!«

»Inzwischen ist David de Pury gestorben, und manche seiner Kollegen,
die sich gerne in die ›ordnungspolitische Debatte‹ einmischten, erlebten
seither ihr persönliches Grounding. Angefangen mit Thomas Schmidheiny
über Mario Corti bis zu Lukas Mühlemann, Chef der Credit Suisse.« Und
doch hat sich deren Denken stark durchgesetzt, wie Peter Streckeisen in
seiner Fallstudie über die Ökonomisierung veranschaulicht (Seite 449).

Der Ökonom Markus Schneider teilt zentrale Anliegen der von ihm
Kritisierten. Er will differenzierter argumentieren und den Staat nicht
einfach demontieren. Seine Haltung bezeichnete er mir gegenüber als sozialliberal. Die Schweiz werde weder rigoros dereguliert noch kaputtge-
spart. Darauf wies mich auch der Sozialdemokrat und ehemalige Nationalrat Ruedi Strahm (27.6.2015) hin. Die duale Ausbildung mit den vielen
Berufslehren und die sozialen Systeme mit den Krankenkassenprämien
sind für ihn wichtige Gründe, weshalb »die sozialen Gegensätze bei uns
nicht aus dem Ruder laufen«. Gerade die soziale Sicherung, moniert indes
Schneider, werde weiter ausgebaut und unterlaufe das Prinzip: Leistung
lohnt sich. Deshalb kritisiert er auch die Existenz von erwerbstätigen Armen (Working Poor), die viel arbeiten und wenig verdienen. Um deren
Lage zu veranschaulichen, stellte er mir anno 1991 als Redaktor der *Weltwoche* zwei ganze Heftseiten zur Verfügung. Schneider plädiert für wirtschaftliches Wachstum und dafür, die oberen Einkommen mit einer Flat
Tax zu schonen. Ältere Menschen sollten länger arbeiten und die Sozial-

hilfe stark gekürzt und stigmatisiert werden. »Damit sie weniger attraktiv ist.« Einfach zu erheben und »sogar aus erzliberaler Sicht dringend nötig« wäre eine effiziente Erbschaftssteuer. Schneider (2003: 134) will diese anstelle einer Vermögenssteuer einführen. Seine Vorschläge knüpfen an die alten »Weißbücher« an. Sie liegen im Kurs, wie aktuelle Debatten zeigen; auch zu Reformen der Unternehmenssteuern. Sie zielen darauf ab, private Gewinne zu steigern und soziale Kosten auf die öffentliche Hand abzuwälzen. Die Stimmbevölkerung lehnte zwar eine Herabsetzung des Umwandlungssatzes bei den Renten ab. Sie wollte aber weder einen Mindest- noch einen Maximallohn oder eine nationale Erbschaftssteuer (14.6.2015) einführen. Und die Ausgaben für die Sozialversicherungen stiegen seit dem letzten *Weißbuch 2004* wohl in absoluten Zahlen, sanken jedoch relativ zum Bruttoinlandprodukt von 22,5 Prozent (2004) auf 20,3 Prozent (2011). (BSV 2013/14)

Ein wichtiges (wirtschafts-)politisches Zeichen setzte der Urnengang vom 8. Februar 2014. Da stimmte eine knappe Mehrheit dafür, die »Masseneinwanderung« zu begrenzen. Das Ergebnis scheint die Schweiz in zwei Hälften zu teilen. Der Initiantin (SVP) standen in dieser Frage sämtliche andere Parteien entgegen; auch die bürgerlichen, die sonst oft die SVP unterstützen. Gegen die Initiative wandte sich, nebst Economiesuisse, auch der Gewerbeverband, deren Präsident, SVP-Nationalrat Jean-François Rime, allerdings selbst im Initiativkomitee mitwirkte. Die Freisinnige Partei und die Economiesuisse argumentierten vorwiegend mit dem wirtschaftlichen Nutzen der Einwanderung. Die SVP machte ebenfalls wirtschaftliche Gründe geltend, akzentuierte aber politische Argumente etwas stärker. Das kam bei Teilen der Bevölkerung an. Vielleicht im Sinne einer leisen Trotzhaltung: Eigenständigkeit ist uns wichtiger als wirtschaftlicher Erfolg. Jedenfalls erscheint die Schweiz so als gespalten. Die Mehrheit der Stimmenden nahm offenbar eine Kündigung der bilateralen Verträge mit der Europäischen Union in Kauf. Das deutet zumindest auf eine gewisse Bereitschaft zu einem Inseldasein hin. Als Binnenland ohne Rohstoffe ist und bleibt die Schweiz aber auf Gedeih und Verderb mit Europa und der Welt verbunden.

Herzstück aller internationalen Eingliederungen der Schweiz ist Art. 54 der Bundesverfassung, welcher dem Bund die Zuständigkeit in auswärtigen Angelegenheiten überträgt. Der Bund wird mit diesem Artikel dazu verpflichtet, sich einzusetzen »für die Wahrung der Unabhängigkeit der Schweiz und für ihre Wohlfahrt« und beizutragen »zur Linderung von Not und Armut in der Welt, zur Achtung der Menschenrechte und zur Förderung der Demokratie, zu einem friedlichen Zusammenleben der Völker sowie zur Erhaltung der natürlichen Lebensgrundlagen«. (Vgl. Schefer/Rhinow 2009: 700 f.) Seit 2002 ist die Schweiz sogar offiziell Mitglied der Uno. Die Schweiz ist auch in der OECD, der Efta und der WTO vertreten. Vielfältige Verträge bestehen nach wie vor mit Europa. Die Schweiz sichert sich weltweit mit über dreißig Freihandelsabkommen mit Staaten in Europa, Nord- und Südafrika und Asien (sowie über das Efta-Abkommen mit dem Mercosur) hindernisfreie Handelsmöglichkeiten. Täglich exportiert die Schweiz Waren und Dienstleistungen im Wert von 530 Millionen Franken. Derzeit verhandelt die Schweiz mit den USA, Australien, der EU und weiteren Staaten auch über ein Abkommen, welches Privatunternehmen ermöglichen würde, weitere öffentliche Dienstleistungen zu übernehmen (Tisa). Gegen diese weitere Marktliberalisierung wehren sich vor allem grüne und linke Politikerinnen und Politiker. Das Ansinnen deutet aber an, wie vernetzt die Schweiz ist.

Die Rechtswissenschaftlerin Astrid Epiney und der Politologe Dieter Freiburghaus verfassten ein Buch zu den *Beziehungen Schweiz – EU* (2010). Zwar seien die Nachteile des Bilateralismus nicht geringer geworden, schreiben sie, doch die einzige wirkliche Alternative dazu – der Beitritt – habe an Attraktivität eingebüßt. Die EU sei in schlechter Verfassung, der Schweiz dagegen gehe es, zumindest wirtschaftlich, gut. Fazit: »Die Unternehmen sehen weniger Gründe denn je, die verbleibende wirtschaftspolitische Selbstständigkeit der Schweiz aufzugeben.« (A. a. O.: 7)

Seit Annahme der Masseneinwanderungsinitiative (8.2.2014) sind die Beziehungen der Schweiz zur EU noch labiler. Offen ist, in welche Richtung sie sich weiterentwickeln und wie souverän die Schweiz ist. Wie viel Brüssel findet sich in Bern? Was diktiert die EU der Schweiz wirklich? Veronika Henschel (2013) skizzierte dazu im Rahmen meiner Vorlesung »Wer regiert die Schweiz?« ein Gedankenexperiment. Im ersten Szenario kündigt die Schweiz alle bilateralen Verträge mit der EU. Im zweiten Szenario tritt die Schweiz der EU bei.

Wenn die Schweiz die bilateralen Verträge mit der EU kündigt, können die Grundwerte der Schweiz, Souveränität, Neutralität und direkte Demokratie, wohl weiterbestehen. Unklar ist jedoch, ob die Schweiz eine so attraktive Handelspartnerin bleibt. Isolation tangiert Offenheit, Toleranz und Flexibilität. Die Schweiz muss nun viel Energie in die Außenpolitik stecken, um Einzelabkommen auszuhandeln. 70 Prozent des derzeitigen Außenhandels der Schweiz konzentrieren sich auf die EU. Mit erheblichen Einbußen ist zu rechnen. Dies insbesondere auch bei den Arbeitskräften. Zudem in der Bildung, Forschung und Kultur. Diese Bereiche leben ebenfalls stark vom Austausch. Derzeit übernimmt die Schweiz viele Gesetze von der EU. Davon »befreit«, müsste sie sich weiterhin an universelle Regeln halten, wenn sie international kooperieren will.

Tritt die Schweiz der EU bei, verliert sie ihre Grundwerte, sagen EU-Kritikerinnen und Kritiker. Ähnlich argumentierten auch EWR-Gegner vor der Abstimmung anno 1992. Sie alle sehen vor allem die Neutralität bedroht. Im Gedankenexperiment hält Veronika Henschel die Neutralität weiter hoch; allerdings etwas umdefiniert und aktiver konzipiert: nicht als Abseits, sondern als Mitgestaltung friedlicher Prozesse. Und zwar auf der Grundlage geteilter Werte wie Souveränität, Solidarität und Humanität. Der erhöhten europäischen Mitbestimmung stehen allerdings Einbußen bei eigenen politischen Entscheiden gegenüber. Wirtschaftlich profitiert die Schweiz vom direkten Zugang zum Binnenmarkt. Als Nettozahlerin muss sie auch Geld in die Hand nehmen. Aber der Zugewinn ist wesentlich höher, wie das Beispiel Österreich zeigt. Vor allem blühen Forschung und Bildung auf. Und der kulturelle Austausch verbindet. Rechtliche Anpassungen sind unabdingbar. Bei der Umsetzung sind die einzelnen Mitgliedstaaten aber weitgehend frei.

Die Schweiz ist eng verbunden mit der EU und übernimmt schon heute viele Regelungen von ihr, kommentiert Veronika Henschel die beiden Szenarien. Es findet ein autonomer Nachvollzug statt, den keineswegs Brüssel vorschreibt. Die Schweiz nimmt diesen mehr aus Eigeninteresse vor denn aus Zwang. Das relativiert den direkten Einfluss von Brüssel. Die Isolation erhöht den politischen Aufwand und wirtschaftliche Kosten. Sie verhindert eine Dynamik mit komplementären Vorteilen für alle Beteiligten. »Das größte Problem ist wahrscheinlich unser Verhältnis zur EU und zur übrigen Welt«, sagte uns Helmut Hubacher dazu. »Die größte Partei ist geistig im Reduit, die SVP. Sie begnügt sich mit Fahnenschwingen und Kuhglocken. Das ist ihre Welt und nicht die globale. Die Wirtschaft ist längstens globalisiert und die Politik irgendwie isoliert. Ich habe die Zeit erlebt im Nationalrat, als Bürgerliche erklärten, die beste Außenpolitik sei keine Außenpolitik. Wir seien neutral und dürften uns nicht einmischen. Da haben wir einen Nachholbedarf.« Publizist Oliver Fahrni *(Work)* fragt dazu: »Haben wir wirklich ein EU-Problem?« Und antwortet: »Ich glaube keine Sekunde daran. Wir haben ein Problem mit der Verfasstheit der Schweiz.« Die Masseneinwanderungsinitiative sei vorwiegend ein innenpolitisches Problem.

Dem »nationalistisch-rechtskonservativen Lager« (SVP) scheint ein neoliberales gegenüberzustehen, das die FDP verkörpert. Die SVP bietet eine große Projektionsfläche mit ihrer nationalistischen Seite. Aber im Kern ist sie ultra-neoliberal. Sie geht da zuweilen sogar weiter als die FDP. Zum Beispiel in der Privatisierungsfrage. So stehen FDP und SVP in Konkurrenz beim Ausformulieren einer neoliberalen Politik. Sie stehen auch in Konkurrenz um die Gunst der Konzerne. Die beiden »Lager« überlappen sich aber. Sie haben gemeinsame Schnittflächen. Das verkörpern die Chefredaktoren der *Weltwoche* (Roger Köppel) und der *Basler Zeitung* (Markus Somm). Der eine politisiert bei der SVP, der andere bei der FDP. Beide stimmen jedoch in den meisten wirtschafts- und sozialpolitischen Fragen weitgehend überein. Sie drücken einen neoliberal-konservativen Trend aus, der, unterschiedlich akzentuiert, viele weitere Fürsprechende hat. Fließend ist der Übergang zum mehr links-freisinnigen oder sozialliberalen Lager, das Felix Gutzwiller oder Markus Schneider markieren. Gerhard Schwarz, der Direktor von Avenir Suisse, gehört vielleicht auch dazu. Er kommt aus der Tradition der christlichen Soziallehre, an die er gelegentlich erinnert. Das amüsiert und irritiert einzelne seiner Mitarbeitenden. Sie erleben ihren Vorgesetzten als neoliberal-gläubig. Andere halten, was die Gesinnung des ehemaligen NZZ-Wirtschaftsredaktors betrifft, den christlich-sozialen Bezug für durchaus stimmig. Einzelne von ihnen wünschten sich sogar, dieser Akzent käme bei ihm (wieder) etwas stärker zum Vorschein. Dieser Ansicht neigt zum Beispiel der Wirtschaftsvertreter Rolf Soiron zu, der, wie er mir berichtete (23.7.2013), die päpstlichen Sozialenzykliken von 1891 und 1931 nicht nur als Historiker kennt. Rolf Soiron präsidierte bis 2014 den Stiftungsrat der Denkfabrik Avenir Suisse und engagierte sich früher mehrere Jahre für die CVP im Basler Kantonsparlament. Für ihn ist die Verbundenheit mit der christlichen Soziallehre wichtig. Er hofft sogar auf eine neue Allianz der Vernunft, die sich über einen ethischen Grundkonsens und über ökologische Anliegen konstituiert. Und mit diesen Beispielen sei die Bandbreite liberalen Denkens nur angedeutet. Sie reicht von einer national-konservativen, über eine angelsächsisch-neoliberale zu einer politisch, sozial- und christlich-liberalen Sicht.

Unterschiedliche Haltungen und Schattierungen finden sich auch bei sozialdemokratischen und grünen Haltungen. Wobei in diesen beiden »Lagern« teilweise noch eigenständige sozialistische Bestrebungen existieren. Der junge Aargauer Nationalrat Cédric Wermuth gehört wohl (noch) dazu. Er hatte in seiner Rede am 1. Mai 2015 in Rheinfelden keine Mühe, das Wort »sozialistisch« in den Mund zu nehmen und sich selbst auch so zu bezeichnen. Er sprach sogar in Wir-Form. Damit konnten sich nicht alle Anwesenden identifizieren. »Aber die Griechen sind, trotz ihrer Regierung, auch nicht alle links«, erklärte Rudolf Strahm im »Club« des Schweizer Fernsehens vom 7. Juli 2015. Er selbst zählt mittlerweile in zentralen Fragen zum »rechten Flügel« der Sozialdemokratie, deren Berner Sektion er lange im Nationalrat vertrat. Diese Zuordnung kommt vom Mitverfassen des »links-liberalen Gurten-Manifestes« (2001) und von einzelnen dezidierten Stellungnahmen zur Migrations-, Bildungs- und Sozialpolitik. Bei entwicklungs- und finanzpolitischen Fragen rückt Ruedi Strahm aber immer noch klar ins Zentrum. Und das zeigt, wie heikel gängige Verortungen sind. Bei Umweltfragen überlappen sich beispielsweise oft grüne Haltungen mit konservativ bewahrenden.

Otto Buess, der langjährige Vorsteher der Landwirtschaftsschule in Sissach, engagierte sich für die Bauern-, Gewerbe- und Bürgerpartei und demonstrierte mit uns gegen das Atomkraftwerk in Kaiseraugst. Ivo Muri, der antikapitalistische Unternehmer aus Sursee, unterstützt das gewerkschaftliche Denknetz und die Vollgeld-Initiative. Er kämpft aber immer wieder Seite an Seite mit Christoph Blocher. Jetzt gerade gegen die EU. Und bei Fragen zur Migrationspolitik oder zu den bilateralen Abkommen überschneiden sich auch modern-liberale und sozialdemokratische Sichtweisen. Der Staatsanwalt Adrian Ettwein (bis Ende September 2015) hält die alte Links-rechts-Optik (in unserem Gespräch vom 17.6.2015) für völlig überholt. Und es gibt Positionen, die sich nach keinem solchen Schema verorten lassen. Tendenziell vertritt die politische Rechte aber schon das Kapital und die Linke die Arbeit. Wobei gerade das entschiedene Eintreten für den Werkplatz Schweiz zuweilen auch recht nationalistisch und unsolidarisch sein kann. Nicht nur gegenüber südlichen Ländern. Zur Waffenausfuhrverbots-Initiative beschloss der Schweizerische Gewerkschaftsbund die Stimmfreigabe! Sozialphilosoph Jürgen Habermas (1985) beschrieb in seinem Aufsatz und Buch *Neue Unübersichtlichkeit* gemeinsame Schnittmengen politischer Akteurinnen und Akteure. Kommunikative Strukturen erhöhen die Chancen, Debatten zu fundieren und soziale und ökologische Anliegen breiter abzustützen.

Finanzielle Transaktionen besteuern

Die Politik trägt durch ihre Passivität direkt dazu bei, spekulative Systeme zu fördern. Das kritisieren Claudia Honegger, Sighard Neckel und Chantal Magnin in ihrer Studie über die *Strukturierte Verantwortungslosigkeit* (2010). Durchsetzungsfähige Vorschläge kämen noch am ehesten von den Notenbanken. Dringlich seien internationale Regulierungen. Doch da herrschen vornehmlich Absichtserklärungen vor. So sollten beispielsweise längst die Boni »gedeckelt«, das Eigenkapital der Banken erhöht und der Druck auf die Steueroasen massiv erhöht werden. Aber konkrete Schritte lassen auf sich warten oder kommen hauptsächlich auf äußeren Druck zustande. Konkret ausgebaut wurde indes der Internationale Währungsfonds, der vor Staatsinterventionismus und neuem Protektionismus warnt. Er will selbst möglichst ungehindert intervenieren.

Claudia Honegger, Sighard Neckel und Chantal Magnin fragen am Schluss ihrer Studie (2010), ob nach der Krise (schon wieder) vor der Krise sei. Wobei sich schon die Frage stellt, ob wir nach der Krise stehen oder mittendrin. Oder sind etwa die Euro- und Franken-Krise keine Fortsetzung der Krise, die im Sommer 2007 begann? Honegger, Neckel und Magnin verweisen jedenfalls auf das Gewinnstreben der Banken und den Zwang, Kapital in mehr Kapital zu verwandeln. Das (Finanz-)Kapital orientiert sich dabei nicht primär an menschlichen Bedürfnissen, sondern am Ziel optimaler Verwertung. Vordringlich wäre es indes aus gewerkschaftlicher Sicht, den Industrie- und Werkplatz Schweiz zu stärken und allenfalls Vorkehrungen gegen eine Überbewertung des Schweizer Frankens gegenüber dem Euro vorzunehmen. Mindestlöhne, Reallohnsteigerungen und Arbeitszeitverkürzungen könnten ein Kostendumping vermeiden. Zudem wären Steuerprivilegien und das Bankgeheimnis ganz aufzuheben und Unternehmen stärker zu besteuern. So weit Forderungen, die nebst den Gewerkschaften hauptsächlich die Sozialdemokratie und die Grünen einbringen.

Die Orientierung am Werkplatz ist eine Alternative zu jener am Finanzplatz. Aber beide Bereiche bleiben miteinander verknüpft. Indem wir die Arbeit oder das Kapital stärker akzentuieren, markieren wir zumindest einen feinen Unterschied. Christlichsoziale und politisch liberale Kräfte strebten lange ein ausgewogenes Verhältnis zwischen diesen beiden Bereichen an. Heute dominiert, mehr oder weniger eingeschränkt, die finanzgetriebene Marktgläubigkeit. Je nach Abhängigkeit durchdringt sie, stärker oder schwächer, auch den Staat und den Souverän. Wenn die Schweiz so sehr auf ihre größte Bank, die UBS, angewiesen ist, dann prägt die Abhängigkeit das Stimmverhalten des Souveräns. Das zeigt sich auch bei andern Monopolen. Basel-Stadt scheint auf Gedeih und Verderb von der Pharmaindustrie abhängig zu sein. Dieses vorherrschende Bewusstsein prägt das Verhalten breiter Bevölkerungskreise. Zudem deutet das Beispiel an, wie vereinfachend der Gegensatz Finanz- und Werkplatz ist. Wir müssen schon präzisieren, welchen Werk- oder Finanzplatz wir meinen. Es genügt also nicht, den Werkplatz zu postulieren. Wenn wir die Rohstoffe unterbezahlt aus südlichen Ländern importieren, dann korrumpieren wir auch unseren hehren Werkplatz.

Über die Ausrichtung der Schweizer Wirtschaft gibt es allerdings recht unterschiedliche Vorstellungen zwischen Vertretungen der Industrie und Banken. Etliche Neoliberale verfolgen das Ziel einer Desindustrialisierung. Sie zielen damit auch darauf ab, Gewerkschaften und kooperative Arbeitsformen zu schwächen. Wichtig ist ein vielfältiger, ökosozialer Werkplatz. Zudem eine Verständigung über ein Mindestmaß, das dieser Sektor am Bruttoinlandprodukt beibehalten sollte. Heikel sind auch Monoindustrien, die, wie in Basel, sehr einseitige Abhängigkeiten mit sich bringen.

Ein wenig »Rückenwind für strengere Großbankregeln« (NZZ, 6.12.2014: 25) kommt seit Ende 2014 von der moderat argumentierenden »Expertengruppe Brunetti«. Vom Bundesrat eingesetzt, verlangt das Gremium strengere Kapitalvorgaben für Großbanken, die offenbar diese Forderung akzeptieren. Dabei geht es vor allem darum, eigene Mittel zu erhöhen. Konkrete Vorgaben fehlen allerdings. Das schürt Zweifel. Dies auch deshalb, weil sich bisherige Kontrollen in zentralen Bereichen als schwierig erwiesen. Zwar erhob die Eidgenössische Finanzmarktaufsicht (Finma) schon »schwere Vorwürfe an die UBS« (NZZ, 13.11.2014: 25). So etwa wegen massiven Manipulationen im Devisenhandel. Die UBS musste deshalb sogar einen Teil ihres letztjährigen Gewinnes an die Finma überweisen. Diese Strafe erweckt den Eindruck einer funktionierenden Kontrolle. Sie überraschte auch Insider, weil die bisherige Praxis relativ large war und die Finma eng mit der UBS liiert ist. Etliche Banker halten die Nähe wegen des erforderlichen Know-hows für unabdingbar. Andere kritisieren die fehlende Distanz.

Erhöhte Anforderungen an die Eigenmittel regte die frühere bundesrätliche Kommission »Too Big to Fail« schon im Herbst 2010 an. Das gewerkschaftlich orientierte Denknetz begrüßte in einer Medienmitteilung (vom 4.10.2010) diese Forderung, kritisierte aber die zu lange Umsetzungsdauer von acht Jahren. Das Denknetz postuliert, den Zahlungsverkehr und die Lohnkonti baldmöglichst in einen Service public (zum Beispiel die Postfinance) zu überführen, einen erheblichen Teil der Gewinne aus dem Finanzmarkt steuerlich abzuschöpfen und die Boni ebenfalls als Gewinne zu taxieren. Schritte in diese Richtung schlägt auch die Sozialdemokratische Partei der Schweiz vor.

Am 17. Juni 2013 präsentierte die SP Schweiz ihre Vorschläge, den Finanzplatz Schweiz zu reformieren. Im Vordergrund stehen die Abkoppelung und das Trennbankensysten. Wenn drei Banken fast zwei Drittel des Marktes bestimmen, besteht eine einseitige Abhängigkeit. Der Staat muss sich davor schützen, weitere Verluste großzügig zu übernehmen. »Wer die Bankgewinne macht, soll auch das Risiko tragen«, sagte Oliver Fahrni in unserem Gespräch (vom 10.4.2015). Als neue Chance für Geschäftsbanken beurteilt er die Absicht, ein »Trennbankensystem« einzuführen. Gemeint ist ein Aufbrechen der Universalbanken. Die neuen Geschäftsbanken betreiben das Spar-, Kredit-, Hypogeschäft sowie die Kommerz- und Vermögensverwaltung. Sie dürfen kein Investmentbanking ausüben, aber im Ausland tätig sein und Primäremissionen für die KMU und Schuldverschreibungen für die öffentliche Hand auflegen. Das fördert die Bande zu den KMU und treibt diese bei der Geld- und Kapitalbeschaffung weniger in die Fänge von Investmentbanken.

In den 1980er-Jahren wollte die SP mit ihrer Bankeninitiative die Kontrolle der Banken erhöhen. Die überwiegende Mehrheit der Abstimmenden lehnte den moderaten Vorschlag ab. Inzwischen kam das Bankgeheimnis weitgehend zu Fall. Und ein automatischer Informationsaustausch setzt sich durch. Marc Chesney, Finanzprofessor an der Universität Zürich, fordert das schon lange und skizziert weitere Vorstellungen. Auch in Gesprächen mit uns und vielen Publikationen (InfoSperber 10.10.2013). Zusammengefasst: Um die explosiven Märkte etwas zu entschärfen und mehr Sicherheit zu erlangen, ist nicht nur das Eigenkapital der Banken (auf 20 bis 30 Prozent) zu erhöhen. Die Finanzprodukte sollten, bevor sie auf den Markt kommen, zertifiziert werden, so, wie dies bei anderen Produkten der Fall ist, wie zum Beispiel im Industrie-, Nahrungs- und Pharmasektor. Die Behörden, die Banken und Finanzaktivitäten kontrollieren, sollten für die Vergabe solcher Zertifikate verantwortlich sein. Das Verbreiten »giftiger Produkte« würde als Delikt behandelt und begrenzt. Derivative Produkte sollten zudem über organisierte Börsen mit zentraler Clearingstelle gehandelt werden. Sie sind transparent zu registrieren und wirksam zu kontrollieren. Das gilt auch für Aktivitäten von Hedgefunds oder von Private-Equity-Fonds.

Wer Boni erhält, sollte auch bei Verfehlungen in die Pflicht genommen werden, so Chesney. Sonst erhöhen Aktienoptionen und hohe Abfindungen weiterhin den Anreiz, Risiken einzugehen. Diese dürfen auch nicht länger auf die Steuerpflichtigen abgewälzt werden. Die Kontrolle der Risiken ist zu verstärken. Wichtig sind vor allem Transaktionssteuern. Bei der kontrovers diskutierten Quote von 0,1 Prozent kann es sich nur um ein Minimum handeln. Die Banken dürfen nicht länger als Investment- und Geschäftsbanken auftreten. Hier gilt es, eine klare Trennung vorzunehmen. Zudem ist die Größe der Banken zu begrenzen. Ratingagenturen sind öffentlich zu kontrollieren. Dabei geht es aus unserer Sicht nicht darum, die Finanzwelt zu bürokratisieren, sondern endlich mehr zu demokratisieren. Und das gilt ebenso für die sogenannte Realwirtschaft. Ein großes Manko besteht darin, dass die Demokratisierung der Gesellschaft weitgehend vor den Pforten der Wirtschaft halt macht. Da ist großer Handlungsbedarf. Über Lohnfragen hinaus sind konkrete Formen der Mitbestimmung und Teilhabe stärker zu thematisieren und zu realisieren. Bevor wir weiter darauf eingehen, noch ein Wort zu einer aktuellen Initiative, die in der Schweiz zu reden gibt.

Vollgeld-Initiative: »Das Gemeinwohl stärken«

Unser Mitarbeiter Simon Mugier beschäftigt sich in seiner Dissertation damit, wie das Wirtschaftswachstum die ökologische, soziale und ökonomische Nachhaltigkeit bedroht, und fragt: Was wäre, wenn das Wachstum ausbliebe? Käme es dann zu einer bedrohlichen Rezession? Die Vollgeld-Initiative (www.vollgeld-initiative.ch, 6.7.2015) bezieht sich darauf. Wir fassen Mugiers Überlegungen zusammen.

Die Vollgeld-Initiative geht auf Überlegungen des US-Ökonomen Irving Fisher (1867–1947) zurück. Er plädierte in den 1930er-Jahren im Kontext der Weltwirtschaftskrise dafür, Buchgeld oder Giralgeld, also Geld, das private Geschäftsbanken in Form von Krediten ihren Kunden (Firmen, Staat, Private) zur Verfügung stellt, zu 100 Prozent mit Bargeld bzw. Zentralbankgeld zu hinterlegen. (Fisher 1936) Diese Maßnahme sollte das Finanzsystem stabilisieren und »Bank Runs« vermeiden. Die Banken hätten dann genügend Mittel, selbst wenn viele gleichzeitig ihr Geld abheben wollten. Joseph Huber entwickelte die Idee weiter. (Huber 2011) Er plädiert dafür, ein Vollgeldsystem einzuführen und das heutige Buchgeld gesetzlich als Zahlungsmittel anzuerkennen. Der Mechanismus ist im Prinzip einfach. Geld wird heute durch Kredite geschöpft. Jede Kreditvergabe durch Geschäftsbanken an Kunden (Staaten, Firmen, Haushalte) entspricht einer Geldschöpfung, jede Kreditrückzahlung einer Geldmengenreduktion. Weitere Mechanismen (zum Beispiel Zinsen, Eigenkapitalschwankungen der Banken) tragen zur Veränderung der Geldmenge bei. Huber spricht bei der heute üblichen Geldordnung von einem System der »fraktionalen Reserve« (Huber 2011: 54). Dies deshalb, weil die Geschäftsbanken bei der Kreditvergabe eine Mindestreserve bei der Zentralbank halten müssen. Die Mindestreserve erscheint dabei aber als eine eher wenig genutzte Möglichkeit der Zentralbanken, die Geldmenge zu steuern. Die Geschäftsbanken müssen nur einen Prozentsatz des von ihnen neu geschöpften Geldes auf einem Konto der Zentralbank halten. Darüber hinaus dürfen sie die Vergabe von Krediten selbständig gestalten. Die »Macht« zur Geldschöpfung wird immer größer, je mehr die Menschen mit Buchgeld bezahlen können. Bezahlen mit Buchgeld ist heute dank neuen Informationstechnologien und Kommunikationsnetzen zur häufigsten Form der Geldtransaktion geworden.

In der Willkür bzw. Macht der Geschäftsbanken sehen die Befürwortenden einer Vollgeldreform diverse Probleme. Sie ließen sich durch eine Rückgabe der Geldschöpfungsgewalt an die Zentral- bzw. Nationalbank lösen. Simon Mugier erläutert die wichtigsten Probleme.

Im Zentrum steht die Finanzmarktstabilität. Geschäftsbanken verhalten sich normalerweise prozyklisch. Wenn sich die Märkte aufheizen und viel Geld spekulativ investiert wird, »spielen« die Banken stets mit. Sie stützten die Spekulation mit günstigen Krediten. Sie taten dies mit fremdem Kapital. Paul Mackay, ehemaliger Aufsichtsratsvorsitzender der GLS Bank, spricht von einer »Inflation im Vermögensbereich«, die durch ein Überangebot an Finanzkapital ermöglicht wird. (Mackay 2011: 67 ff.) Durch Spekulation entstehen Finanzblasen, die platzen und zu Verwerfungen auf den Märkten führen können. Die Folgen zeigten sich in den vergangenen Jahren drastisch. Auf den Vertrauensverlust folgte die Vernichtung von Buchwerten, quasi fiktivem Geld. Zudem erhöhten die Kontraktionen den Preis von Krediten. Das brachte für realwirtschaftliche Unternehmen erhebliche (Refinanzierungs-)Probleme. Und Kundinnen und Kunden verloren durch den Zusammenbruch von Finanzinstituten viel Geld. So wurden laut Simon Mugier Finanzkrisen zu Wirtschaftskrisen. Sie gefährden die Stabilität der gesamten Wirtschaft.

Hans Christoph Binswanger (2013) beschreibt, wie die Ökonomie heute einem Wachstumszwang und Wachstumsdrang unterliegt. Die Wirtschaft muss wachsen, um funktionsfähig zu bleiben. Dazu ist periodisch auch die Geldmenge zu erhöhen. Das Wachstum fordert die soziale und ökologische Nachhaltigkeit heraus. Der *Wachstumsdrang* torpediert sie. Er will das Wachstum maximieren. Binswanger (2011: 54) unterstützt die Vollgeldreform. Er sieht die Nachhaltigkeit auch ohne Spekulation vor allem durch das realwirtschaftliche Wachstum gefährdet. Je mehr Geld die Geschäftsbanken in Form von Fremdkapital bereitstellen, desto mehr erhöhen sich realwirtschaftliche Investitionen. Die Vollgeldreform könnte seiner Auffassung nach dieses Wachstum drosseln.

Die Initiative schlägt vor, in der Bundesverfassung den Art. 99.3 wie folgt zu formulieren: »Der Bund allein schafft Münzen, Banknoten und Buchgeld als gesetzliche Zahlungsmittel.« Damit verändert sich die Rolle der Schweizerischen Nationalbank. Geschäftsbanken schöpfen kein Geld mehr. Sie sind nur noch Zwischenhändlerinnen. Die Nationalbank bestimmt die Geldmenge, die nur sie in Umlauf bringt. Sie könnte zum Beispiel das nötige Vollgeld schöpfen und dem Staat oder den Bürgerinnen und Bürgern gratis zur Verfügung stellen. Die Geldschöpfung würde so nicht mehr durch Kredite besorgt, sondern durch die Nationalbank. Sie könnte die Geldmenge im Interesse des Gesamtwohls steuern und die Spekulation verhindern, die entsteht, wenn zu viel Geld in Umlauf ist. Die Nationalbank könnte auch die ökologische Nachhaltigkeit befördern. Geldschöpfungsgewinne (Seigniorage) kämen neu über die Nationalbank dem Bund und den Kantonen zugute.

In seiner Bewertung der Initiative spricht Simon Mugier zwei Probleme an: Er fragt erstens, wie sich die Initiative umsetzen lässt, und zweitens, was dabei schwierig sein könnte. Eine Vollgeldreform wäre kompliziert. Die Idee widerspricht vorherrschenden neoklassischen Lehrmeinungen. Sie fällt auch etwas zwischen Stuhl und Bank, da sie nur partiell mit keynesianischen oder marxistischen Sichtweisen korrespondiert. Hinzu kommt die angedachte Rolle der Nationalbank, die auch alternative Banken weiter in den Schatten stellen könnte. Christoph Binswanger erläuterte im Gespräch mit Simon Mugier (vom 28.5.2015) auch, dass die Attraktivität des in Vollgeld transformierten Schweizer Frankens international zunehmen würde. Dies deshalb, weil Vollgeld sicheres Geld ist, dass nicht verloren gehen kann. Die Kapitalflucht in den Schweizer Franken könnte so stark zunehmen. Die Nationalbank ergreift heute schon Maßnahmen, um die Währung zu schwächen (Negativzinsen, Devisenkäufe).

Sie müsste diese Maßnahmen wohl intensivieren. Trotz der Umsetzungsprobleme und den möglichen negativen Folgen erachtet Simon Mugier die Vollgeldreform als eine große Chance, schwerwiegende Probleme der modernen Wirtschaft zu lösen. Dass die Thematik kompliziert und die Initiative deshalb schwierig zu verstehen ist, spricht aus seiner Sicht nicht gegen, sondern für die Initiative. Sie trägt so zur Bewusstseinsbildung bei und erhöht die Chance auf mehr Gemeinwohl und Nachhaltigkeit in Wirtschaft und Gesellschaft. Diese Nachhaltigkeit müsste die »nicht ganz ausgereifte« Initiative allerdings mehr präzisieren, kritisiert der Ökonom Mathias Binswanger. (WOZ, 6.8.2015: 6)

»Weil diese Iniatitive eine Diskussion in Gang setzt, die dringend notwendig ist, scheint sie mir unterstützenswert«, schrieb mir Dagobert Kuster (8.7.2014), der frühere Direktor der Basler Volksbank, zur Vollgeld-Initiative. Später reichte er mir einen Vortrag nach, den er in seinem Basler Rotary Club (10.8.2015) dazu hielt. Seine erste These lautete: »Die Banken sind Hybride. Sie sind weder privatwirtschaftlich dem Markt ausgesetzt noch einer demokratischen, staatlichen Kontrolle verpflichtet. Weil der Markt weiß, dass der Staat im Notfall einspringt, funktioniert die Selbstregulierung der Märkte nicht.« Die zweite These: »Die Bewegungen in der Finanzwirtschaft sind längst nicht mehr durch realwirtschaftliche Vorgänge gedeckt. Von 1990 bis 2010 hat sich die gesamte Wertschöpfung der realen Wirtschaft verdreifacht, die Finanzwirtschaft verhundertfacht.« Und die siebte These: »Die zockenden Banker und gierigen Manager sind nicht Ursache, sondern Wirkung eines untauglichen Geldsystem. Es war die Politik, die zugelassen hat, dass die Deregulierung jedes vernünftige Maß überschritten hat.«

Wirtschaft demokratisieren

Kritiken an hohen Boni sind wichtig, allerdings auch ein wenig trügerisch. Auf führende Manager fokussiert, lenken sie von jenen ab, die Unternehmen besitzen und dank »Aktionärsdemokratie« ihre Dividenden weiter erhöhen. Fraglich ist, ob sich bei moderner Führung zum Beispiel mehr Macht von den Besitzenden zum Management verlagert. Gewiss, etliche Führende erhalten nach wie vor extrem hohe Löhne und Boni. Aber legt das Management wirklich an Macht zu? Auch weil Fusionen von Unternehmen die Macht anonymisieren und neue Unsicherheiten die Anforderungen an die Führung erhöhen? Von Führungen ist gerade in Zeiten der Ungewissheit viel Bereitschaft gefragt, hart durchzugreifen. Dies zugunsten hoher Gewinne und Dividenden. Sie werden von einem Management erwartet, das eigentlich aus Angestellten besteht. Viele Führende zählen jedoch selbst zu den Reichen. Sie sind über eigene Aktien und vielfältige Privilegien mit den Besitzenden der Unternehmen verflochten. Der gehobene Lebensstil verbindet. Ebenfalls die Treffen in Verbänden und Clubs. Medial stehen viele Führende zwar im Rampenlicht. Das verstärkt den Eindruck einer Verlagerung der Macht. Die Besitzenden akzeptieren allenfalls neue Formen der Kooperation und Partizipation. Vor allem dann, wenn diese kaschieren, wie Geld regiert. Aber sie lassen sich durch keine noch so clevere Führung verdrängen. Entscheidend ist daher, ob es in der gesamten Wirtschaft gelingt, die Besitzverhältnisse und Mitbestimmung zu demokratisieren. Der Soziologe Alex Demirović befasst sich seit Jahren mit der Demokratisierung der Wirtschaft. Er lehrt an den Universitäten Basel, Berlin und Frankfurt am Main. Wir fragten ihn (am 22.6.2015), was für ihn Wirtschaftsdemokratie beinhaltet und wie sie sich verwirklichen lässt.

Wirtschaftsdemokratie ist ein hohes Wort. Was verstehen Sie darunter?

Es stimmt, Wirtschaftsdemokratie ist wie Demokratie ein Hochwertbegriff, obwohl nicht in gleicher Weise verbreitet. Das gängige Verständnis begrenzt Demokratie auf die parlamentarisch-repräsentativen Praktiken – allenfalls erweitert um Direktwahlen und Volksentscheide, die aber an diesem Verständnis nichts grundsätzlich ändern. Anders ist dies im Fall der Wirtschaftsdemokratie. Denn hier werden die demokratischen Entscheidungsrechte auf den Bereich der Wirtschaft ausgedehnt. Das widerspricht bewusst und ausdrücklich der liberalen Tradition, die die Verfügungsgewalt über die Produktionsmittel dem Eigentumsvorbehalt unterstellt. Dabei wird angenommen, Produktionsmittel, Industriegüter oder Dienstleistungen, Wissen und Techniken seien einfach nur das Ergebnis der Arbeit und die Leistung von Einzelnen, die nach Gesichtspunkten ihres Nutzens handeln. Das ist ein grundsätzliches Missverständnis. Denn immer werden ja gesellschaftliche Ressourcen genutzt – in der Form von Arbeitskraft von Menschen oder von Wissen, die die Form von Unternehmen, Geld oder beruflichen Kompetenzen annehmen. Aber wenn die gesellschaftlich zur Verfügung stehende Arbeitszeit auf eine bestimmte Weise eingesetzt wird, kann sie nicht für anderes verwendet werden. Die Bindung der einer Gesellschaft zur Verfügung stehenden Ressourcen an ein Unternehmen oder an von diesem angebotene Produkte bestimmt also am Ende das Leben aller. Daraus entsteht für die einen Macht und für die anderen Ohnmacht. Dies gefährdet das demokratische Recht aller. Denn Demokratie besagt ja, dass die von Entscheidungen Betroffenen auch an diesen Entscheidungen beteiligt sein müssen. Das gilt aber für viele Bereiche unseres Lebens nicht. Auf Produkte, Dienstleistungen oder die Art, wie wir arbeiten, haben wir wenig und nur indirekt Einfluss – sei es als Wählerinnen und Wähler, die eine Partei nicht wählen, oder als Konsumentinnen und Konsumenten, die ein Produkt nicht kaufen. Das ist zu wenig. Denn vieles kann auf diese Weise nicht verhindert werden. Aber mehr noch, es kann nicht positiv gestaltet werden.

Welches ist denn für Sie theoretisch und konzeptionell eine zentrale Referenz?

Die Diskussion über Wirtschaftsdemokratie hat eine lange Tradition, zu der viele auf interessante Weise beigetragen haben. Für mich finden sich Ansätze bei Karl Marx, dann in der Rätebewegung, Genossenschafts- und Gewerkschaftsbewegung, in den Debatten über Selbstverwaltung im früheren Jugoslawien, die auch heute noch dort eine erstaunliche Wertschätzung genießen, in den Wirtschaftsreformüberlegungen des Prager Frühlings, neuerdings in Ansätzen der solidarischen Ökonomie oder einer Aktualisierung des rätedemokratischen Gedankens beim französischen Ökonomen Michel Albert.

Wo sehen Sie in der Schweiz konkrete Ansätze?
Lässt sich das Ausmaß annäherungsweise schätzen?

Es gibt zahlreiche Genossenschaften, ebenso Projekte der solidarischen Ökonomie. In der Politik wird von einigen Strömungen die Frage der Wirtschaftsdemokratie aufgeworfen. Das stößt in kleinen Teilen der Öffentlichkeit auf Interesse, soweit ich das beobachten kann. Wie verbreitet das ist und wie tief verankert, das kann ich nicht beurteilen. Insgesamt kommt es mir doch so vor, als sei der Neoliberalismus, also ein hohes Maß an ökonomischer Rücksichtslosigkeit, in der Schweiz ziemlich verbreitet.

Was ist zu tun, damit Wirtschaftsdemokratie
in der Schweiz mehr zum Tragen kommt?

Die Probleme der Schweizer Wirtschaft sind offensichtlich. Die Unsicherheit über die weitere Entwicklung lässt sich jeden Tag im Wirtschaftsteil der NZZ nachlesen. Das Mittel des Volksentscheids gibt zwar manche Möglichkeit. Aber es zeigt sich auch, welche Schwierigkeit diese Form demokratischen Entscheidens mit sich bringt. Es führt zu Entscheidungen aus der Distanz über die Wirtschaft, nicht aus und in der Wirtschaft: also Fragen der Erbschaftssteuer, des Mieterschutzes, der Zuwanderung. Anstatt diese Fragen sachlich und kompetent und differenziert zu erörtern, werden globale rechtliche Entscheidungen über den Rahmen wirtschaftlichen Handelns getroffen, in dem dann alle weiterhin ihren privaten Nutzen verfolgen. Deswegen besteht bei den Stimmbürgerinnen und Stimmbürgern offensichtlich die Angst, Entscheidungen könnten die ohnehin schon schwierige Situation verschlechtern. Demokratische Entscheidungen über die Frage der Mietentwicklung sind problematisch, wenn sie nicht auch mit Mitwirkungsrechten bei Fragen des Wohnungsbaus und der Kontrolle über Land verbunden sind. Demokratische Entscheidungen über die Zugangsregelungen über den Arbeitsmarkt sind problematisch, wenn sie keinen Einfluss auf die Konkurrenz unter den Lohnabhängigen ausüben können. Dafür bedürfte es einer umfassenderen demokratischen Beteiligung, die auch über Investitionen, über die Pfadentwicklung einer Ökonomie entscheidet: also auch über die Frage des Kredits, die Ziele der Nationalbank oder die Lehre an den Hochschulen, die auch systematisch die Instrumente der Wirtschaftsdemokratie fördern müsste. Parteien und Gewerkschaften, Zeitungen und Fernsehen müssten solche Fragen des kollektiven Entscheidens ins Zentrum der öffentlichen Diskussion stellen. Wenn über Wirtschaft in den Medien berichtet wird, dann ja so gut wie nie aus der Sicht derer, die arbeiten, die aber häufig die Märkte, die Produkte und den Bedarf sehr gut oder sogar besser kennen als die Manager. Aber es ist ja eben so: Über wesentliche Aspekte unseres Lebens führen wir paradoxerweise keine demokratische Diskussion.

»Konkrete Utopie«

Die Sozialdemokratische Partei der Schweiz verfasste eine Wirtschafts-
broschüre. (2014) Im Vordergrund steht die Wirtschaftsdemokratie. Die
SPS verdeutlicht, was aus ihrer Sicht sinnvoll wäre. Grundlage war die Tagung zum Thema »Wirtschaftsdemokratie – eine ›konkrete Utopie‹ mit
Zukunft?« (4./5.7.2013) Wir fassen zentrale Aspekte zusammen.

In der Schweiz öffnet sich die Lohnschere in einzelnen Bereichen weiter. Neoliberale stellen die Entwicklung als notwendige Folge einer erfolgreichen Politik und Wirtschaft dar. Sie beschreiben die Lohnschere
als Anreiz für mehr Leistung. Das Geld fließt von unten nach oben, was
zu hohen Verschuldungen führt. Die Wirtschaft strebt seit Jahren eine
Profitmaximierung an. Sie tut dies oft ohne Rücksicht auf Verluste. Sozialleistungen, Renten und Löhne werden gekürzt. Solche Kürzungen verhalfen aber noch keinem angeschlagenen Land zu neuem Aufschwung.
Das ist (historisch) bekannt. Davon geht die SP aus. So beschreibt sie die
heutige Situation.

Wirtschaftsdemokratie verlangt demgegenüber eine Demokratisierung der Demokratie. Durch mehr Mitspracherecht der Bevölkerung auf
verschiedenen Ebenen möchte die SP eine sozial und ökologisch nachhaltige Zukunft erreichen. Besonders wichtig sind konkrete Handlungs-
spielräume. Zudem das Motto: für alle, statt für wenige. Das erfordert ein
Rück- und Umverteilen des Geldes. Das Geld muss wieder nach unten
fließen. Sonst bleiben die großen Ungleichheiten bestehen. Als konkrete
Utopien erwähnt die SP das Umverteilen des Bodens. Danach soll der Boden künftig ein öffentliches und kein privates Gut sein. Möglich wären,
um das zu erreichen: ein Verkaufsstopp von öffentlichem Grundeigen-
tum, Vorkaufsrechte für die öffentliche Hand oder mehr Gründungen
von gewerkschaftlichen Stiftungen. Es könnte auch ein Obernutzungs-
recht der öffentlichen Hand erteilt werden. Das würde bedeuten, dass Private keinen Boden mehr besitzen würden, sondern nur noch ein Zwi-
schennutzungsrecht hätten. Man könnte zudem das Genossenschafts-
recht ändern und mehr Genossenschaftsdemokratie ermöglichen.

Was den Finanzmarkt betrifft, sollten die Banken nur noch ihre
ursprüngliche Aufgabe der Kreditvermittlung übernehmen. Denkbar
wäre auch eine Transaktionssteuer. Zentral sind globale Regelungen, die

möglichst einfach sind, wenig einschränken und allen Vorteile bringen. Die internationalen Rohstoffmärkte müssen koordiniert und kontrolliert werden. Zentral ist die Mitbestimmung: mit Modellen für die KMU und für die Großkonzerne. Über die betriebliche Ebene hinaus sind auch die internationalen Handels- und politischen Beziehungen zu demokratisieren.

Konzerne gesetzlich verpflichten

Konzerne wie Glencore, Nestlé, Novartis oder Syngenta haben ihren Hauptsitz in der Schweiz. Von ihren Headquarters aus steuern sie zahlreiche Betriebe in aller Welt. Über siebzig (Entwicklungs-)Organisationen lancierten eine Konzernverantwortungs-Initiative (2015). Sie verlangen, dass Konzerne von Gesetzes wegen zu einer Sorgfalt verpflichtet werden, die weltweit gilt, die Menschenrechte anerkennt und die Rechte der Arbeitnehmenden schützt. (http://konzern-initiative.ch, 2015) Die Initiative fordert von den Firmen, den Schutz von Menschenrechten und der Umwelt verbindlich in sämtliche Geschäftsabläufe einzubauen. Diese Sorgfaltsprüfungspflicht gilt auch für die Auslandtätigkeiten von Schweizer Unternehmen. Für weniger Zugeständnisse an Reiche und mehr (Wirtschafts-)Demokratie setzen sich auch weitere Initiativen ein.

In Zürich formierte sich 1990 die Alternative Liste. Sie engagiert sich für Grundrechte und günstigen Wohnraum, gegen steuerliche Privilegien und Missbräuche durch das staatliche Gewaltmonopol. (*NZZ am Sonntag*, 29.6.2014: 9) Im Gründungsjahr zog sie bereits in den Gemeinderat ein, 2006 bildete sie eine Fraktion, und seit 2013 ist sie mit Richard Wolff im Stadtrat vertreten, der, 2014 wiedergewählt, der Polizei vorsteht. Die Erfolgsgeschichte zeigt, wie auch kleine Gruppierungen durchaus Gewicht erlangen und Einfluss nehmen können. Die Alternative Liste lancierte beispielsweise eine eidgenössische Initiative zur Abschaffung der Pauschalsteuer. Die Stimmberechtigten lehnten diese Initiative, die viel Aufsehen erregte, Ende 2014 ab. Um über eine Änderung der Verfassung abzustimmen, sind in der Schweiz mindestens 100 000 Unterschriften erforderlich. Die Pauschalbesteuerung sieht vor, ausländische Personen, die in der Schweiz leben, nach deren Wohnaufwand (statt nach dem Vermögen oder Einkommen) zu besteuern. Das bedeutet eine erhebliche steuerliche Vergünstigung. Sie soll dazu beitragen, Reiche anzulocken. Einzelne Kantone schafften die Pauschalbesteuerung bereits ab.

Mehr Wirtschaftsdemokratie strebt die Stiftung Zukunftsrat in der Schweiz an. Über 200 Privatpersonen gründeten die gemeinnützige Stiftung anno 1997. Sie initiiert und fördert Zukunftsräte. In mehreren kantonalen Verfassungsräten und kantonalen Parlamenten finden sich diese bereits erörtert (VD, FR, ZH, BS, BE, GR). Ein gemeinwohlorientiertes Projekt gibt es in Luzern. Der Verein für ein solidarökonomisches Luzern (solecol) hat eine Vision: die Bildung einer solidarökonomischen Gemeinschaft, deren zentraler Wert die soziale und ökologisch nachhaltige Existenzsicherung aller Menschen der Gesellschaft ist. »In der solidarischen Ökonomie werden in kooperativer Form lokale Potenziale mit lokalem Bedarf verknüpft, wobei die Solidarität eine große Rolle spielt und das Kapital eine dienende Funktion zugunsten der Gemeinschaft einnimmt, weil bei der Regionalentwicklung durch alternative Wirtschafsstrukturen der Fokus auf den Menschen selbst liegt.« (Müller-Plantenberg 2009)

Im politischen System der Schweiz haben nicht-eingebürgerte Ausländerinnen und Ausländer nur geringe Möglichkeiten, politisch zu partizipieren. (Vgl. SWI swissinfo.ch; Rothenbühler/Ehrler/Kissau 2012: 44–46) Um die politische Partizipation zu fördern, organisiert das »Forum für die Integration von Migrantinnen und Migranten« (FIMM) Parlamentssessionen von und für Personen mit Migrationshintergrund. In der Region Basel und dem Kanton Waadt wurden bereits mehrere Sessionen abgehalten. In Zukunft sollen sie auch auf Bundesebene stattfinden. (Müller/Plantenberg 2009) Eine Gruppe von »eingebürgerten Politikerinnen und Politikern« hat sich zur »Stimme der gewählten MigrantInnen für alle« zusammengeschlossen. Im Oktober 2015 schaffte die Basler Grossrätin Sibel Arslan (BastA!/Grüne) den Sprung in den Nationalrat. Soweit einzelne Ansätze.

Abkehr von der (Markt-)Gläubigkeit

Der Kapitalismus hat religiösen Charakter. Diese These vertreten zwei Wirtschaftsethiker: Ulrich Thielemann in seinem Buch *System Error* (2009) und Christoph Fleischmann in *Gewinn in alle Ewigkeit* (2010). Thielemann kritisiert die Marktgläubigkeit ökonomischer Theorien. Das Dogma der Effizienz- und Profitsteigerung überlagert die menschliche

Vernunft. Es übersieht, wie der Druck auf Löhne und Arbeitskräfte nicht nur Wohlstand generiert, sondern auch zerstört. Der Wettbewerb schafft systematisch Gewinner und Verlierer. Er widerspricht dem »Wohlstand für alle« (a.a.O., S.50). Thielemann plädiert dafür, den Markt zu begrenzen. Er will einen Kapitalismus mit vernünftigem Maß. Wie sich der Kapitalismus zum irrationalen Glaubenssystem wandelte, beschrieb bereits Walter Benjamin. Christoph Fleischmann knüpft daran an: Die Finanzkrise erschütterte die Gläubigkeit an die unsichtbare Hand des freien Marktes. (Thielemann 2009:13) Sogar Alan Greenspan glaubt an keinen freien Markt mehr. (*NZZ am Sonntag* 26.10.2008) Ein zentrales religiöses Element sieht Fleischmann im Glauben an das Wachstum. 25 Prozent Rendite versprach Joe Ackermann für die Deutsche Bank. (Fleischmann 2010:10) Rational ist dies nicht mehr begründbar. Eher offenbart sich hier modernes Raubrittertum, welches den partikularen Interessen der Finanzeliten dient. Und mit dem Wachstum steht ein weiteres religiöses Element in Verbindung: die Verschuldung. Der Kapitalismus ist die erste Religion, welche nicht einen entsühnenden, sondern einen verschuldenden Kultus pflegt. (Fleischmann 2010:13) Er fordert die Verschuldung. Was als Ausweg aus finanziellen Krisen in Betracht gezogen wird, trägt zur weiteren Verschuldung bei. Die kapitalistische Gläubigkeit will die Probleme mit jenen Mitteln lösen, die sie verursachen. Thielemann will die Märkte beschränken. Fleischmann geht einen Schritt weiter. Er postuliert eine Umverteilung der Vermögen und eine Vergenossenschaftlichung der Wirtschaft. (A.a.O., S.246)

Medienvielfalt kultivieren

Die Medien tragen entscheidend dazu bei, Öffentlichkeit herzustellen. Sie vermitteln uns täglich interessante Informationen und beeinflussen Diskurse. Wie sie das tun, ist entscheidend. Medien können Macht kontrastieren oder wegdefinieren. Sie können demokratische oder autoritäre Tendenzen fördern. In der Schweiz monopolisieren sich die Medien. Wichtig wäre, die Vielfalt und Eigenständigkeit zu kultivieren.

Mit Kurt Imhof (1956–2015) verließ eine markante Persönlichkeit die Schweizer Öffentlichkeit. Der Professor für Publizistikwissenschaft und Soziologie hatte Substanz und Konturen. Er konnte auch über sich selbst lachen. Seine Kritik an den Medien war dadurch motiviert, dass ihm die Qualität und Vielfalt der Medien am Herzen lag. Medien sollten präzise und aufdeckend informieren, zum eigenen Denken anregen und ein kritisches Korrektiv zu Wirtschaft, Gesellschaft und Politik sein. Im dicken *Jahrbuch Qualität der Medien* analysierte und reflektierte Imhof alle Jahre wieder die Entwicklungen. Harsch kritisierte er Tendenzen der Personalisierung und Ökonomisierung.

Kurt Imhof betrachtete Medienereignisse als zentrale Indikatoren für den sozialen Wandel. Sie dokumentieren, was sich gesellschaftlich tut. Und zwar in doppeltem Sinne. Medien konstruieren die Ereignisse mit, die sie beschreiben. Und wie sie das tun, oberflächlich oder geistreich, sagt viel über öffentliche Diskurse und Befindlichkeiten aus. Das vermittelte Imhof auch angehenden Journalistinnen und Journalisten als Kursleiter und Dozent am Schweizerischen Medien-Ausbildungs-Zentrum (MAZ) in Luzern, das heute Schweizer Journalistenschule heißt.

Kurt Imhof erwähnte immer wieder zwei Zäsuren: 1968 und 1989. 1968 öffneten sich Horizonte. Dies im Sinne einer erweiterten Aufklärung: Sei realistisch und denke das Unmögliche! Imhof nahm diese freiheitliche Tradition auf. Und 1989? Da brach die Berliner Mauer auf. Und mit ihr der West-Ost-Gegensatz. Der Kalte Krieg schien beendet zu sein. Was für ein hoffnungsvolles Ereignis. Die Rüstungsausgaben sanken. Allerdings nur für kurze Zeit. Kurt Imhof wies im September 2007 am Basler Kongress der Schweizerischen Gesellschaft für Soziologie eindrücklich auf neue ideologische Kriegsgefahren und hegemoniale Ansprüche hin. Die Aktualität gibt ihm leider recht. Und wie reagieren Medien darauf? Mit der Zäsur von 1989 setzte sich Imhof auch in seinem Buch *Triumph und Elend des Neoliberalismus* (2005) auseinander. Das Kapital drängt seither offensiver dorthin, wo es sich optimal verwerten lässt. Ein finanzliberales Verständnis überlagert das politisch liberale, das mehr Wert auf ein ausgewogenes Verhältnis zwischen Kapital und Arbeit und auf einen sozialen Ausgleich legte. Und die Ökonomisierung der Medien tangiert auch die Unabhängigkeit.

Kurt Imhof starb am 1. März 2015. Die *Basler Zeitung* veröffentlichte zwei Tage später einen Nachruf von mir. Das irritierte einen ehemaligen Diplomaten und einen ehemaligen Chefredaktor eines anderen Mediums.

Sie erkundigten sich beide, wie es möglich war, diesen Artikel in die BaZ »reinzuschmuggeln«. Ganz einfach. Der Chefredaktor der BaZ fragte mich am späteren Sonntagabend von sich aus an. Und der zuständige Abschlussredaktor änderte keinen Buchstaben. Die Welt ist widersprüchlich. Zum Glück.

Digitalisierung regulieren: »Big Brother is watching you«

Die digitale Welt boomt. Die Information technisiert sich. Das ist für die Print-Medien ein Problem. Sie geraten ins Hintertreffen. Investitionen verlagern sich in den Bereich neuer Medien, die aktueller sind und immer mehr Kundinnen und Kunden anziehen. Einerseits ist die Digitalisierung faszinierend. Sie berührt aber auch unsere Privatsphäre und Sicherheit. Wie können wir uns schützen?

Wir leben in einer »Risikogesellschaft«. Der Soziologe Ulrich Beck beschrieb sie anno 1986, gleich nach Tschernobyl. Er rückte Umweltprobleme in den Vordergrund. Inzwischen kommen neue Technologien der Information hinzu. Sie tangieren freiheitliche Grundwerte. Ein wirksamer Datenschutz fehlt. Gerade beim Internet. »Selber schuld«, heißt es, wenn jemand naiv eigene Daten preisgibt. Wer informiert ist, handelt selbstverantwortlich. Für gewöhnliche Sterbliche ist das allerdings schwierig. Denn die Technologien werden immer ausgeklügelter. Und damit ist es je länger, desto aufwendiger, sich über alle Raffinessen zu informieren.

Wenn Recht und Sicherheit fehlen, ist Selbstschutz als Notwehr angesagt. Unternehmen wälzen den Selbstschutz gerne ab. Statt alles selbst zu übernehmen, sollten wir sie mehr in die Pflicht nehmen. Zusammen mit dem »Väterchen Staat«. Er soll sich um uns kümmern. Aber wie? Wer fichierte in der Schweiz bis 1989 fast eine Million unbescholtene Bürgerinnen und Bürger? Das geschah quasi amtlich, jedenfalls nicht von selbst. Der vermeintliche Schutz geriet zur Bedrohung. Das darf nie mehr passieren! Aber wie lässt sich die Gefahr bannen? Im Kontext von »Big Data« und »Post Privacy«. Da lauert die Fremdbestimmung auch im trügerischen Selbstschutz, der uns überfordert. Er suggeriert als mutig postulierte Notwehr etwas, was wir nicht wirklich einlösen können. Also bleibt: *laissez faire?* Auch als Mittel gegen die »Sicherheitssucht«, die laut Zygmunt Bauman (2013) in der »flüchtigen Moderne« (*liquid modernity*) immer mehr aufkommt? Das scheint halt so zu sein – im »Zeitalter des Postpanoptikums«.

Praxen der Überwachung prägen unser Alltagsleben. Sie wandeln sich so, wie sich die Welt ändert. Alles fließt. Auch unsere Identitäten haben keinen inneren wahren Kern. Sie lassen mehr Ambivalenzen zu. Und das hat gewiss Vorteile. Trotz der Gefahr, etwas beliebig abzudriften. Falsche Gewissheiten sind keine Alternative. Enge soziale Kontrollen kennzeichneten die frühere (Zwangs-)Geborgenheit. Die Individualisierung half, ein wenig auszubrechen. In sachlich distanzierte soziale Bande. Die Anonymität der Städte erschien als Paradies. Aber in der erstrebten Coolness ist es mittlerweile fast zu cool geworden. Daraus resultiert eine Bereitschaft, wieder verbindlichere soziale Beziehungen einzugehen. Und zwar nicht aus Angst oder Not. Und schon gar nicht von oben verordnet. Nein, aus freien Stücken. Vielleicht gelingt uns das immer besser. So weit eine zuversichtliche Perspektive! Sie beinhaltet eine andere Form des Selbstschutzes: durch soziale Verbundenheit. So sind wir wenigstens nicht alleine machtlos.

Heute ist es je länger, desto weniger die Nachbarschaft, die uns permanent beobachtet. Sie ist vielerorts gleichgültiger geworden, fast schon desinteressiert. Und die gesellschaftliche Überwachung hat sich verflüchtigt. Sie ist kaum mehr sichtbar. Abgesehen von den schier omnipräsenten Kameras, die uns signalisieren: aufgepasst! Sobald wir eine Kamera erspähen, sind wir gefordert, uns möglichst anständig und sozial zu verhalten. Ist keine da, dann können wir uns gehen lassen. Aber mit den Kameras geht viel verloren. Sie gefährden die intrinsische Motivation, ein gutes Leben zu führen. Sie leidet, wenn die Überwachung omnipräsent ist.

Hinter dem Kontrollwahn steckt ein Menschenbild, das in ein altes behavioristisches Verständnis zurückfällt. »Reiz – Reaktion« hieß das frühere Muster. Es konditionierte Menschen mit negativer Sanktion darauf, sich anzupassen. »Die Strafe folgt auf dem Fuße«, hieß es. Oder: »Gott straft sofort.« Die schwarze Pädagogik wich dann kognitiven Prinzipien. Menschen sind schließlich soziale Wesen. Wenn wir zur Welt kommen, sind andere schon da. Das ist vielleicht unsere erste narzisstische Verletzung, lässt uns aber die Vorteile der Kooperation erkennen.

Und diese orientierte sich zunehmend statt an Defiziten an Kompetenzen. Daran lässt sich doch anknüpfen. So öffnen sich Horizonte.

Aber heute gibt es immer mehr Kameras, die uns überwachen. Sie dienen vornehmlich der negativen Sanktion. Hinzu kommen dann positive Stimuli. Kreditpunkte belohnen Studierende, wenn sie ein Buch lesen. Die Anreize verstärken, pragmatisch und schier utilitaristisch, einen funktionalistischen Input-Output-Mechanismus, der ständig kontrolliert, was er manipuliert. Inzwischen findet die Kontrolle je länger, desto mehr verborgen statt. Wir wissen gar nicht, wer alles hinter dem Monitoring und hinter dem steckt, was es sonst noch alles gibt: vom Tracking über das Targeting zum systematischen Analysieren und Klassifizieren mehr oder weniger heimlich erhobener Daten.

Forschende versuchen, die neuen Technologien sowie die Vorschriften zu beschreiben. Dabei gilt es, sie auch zu verstehen und mögliche Folgen zu antizipieren. Ja, was bedeuten die riesigen, rasch anwachsenden Datensammlungen für unsere hochgehaltene Selbstbestimmung? Verschärfen sie soziale Gegensätze und Ungleichheiten? Wie lassen sie sich mit sozialer Gerechtigkeit, Menschenwürde und Demokratie vereinbaren?

Laut Gilles Deleuze (1993) wächst die Überwachung in »Kontrollgesellschaften« nicht baumartig, also vertikal und geordnet. Sie breitet sich vielmehr wie ein unterirdisches Gewächs aus. Das »Überwachungsdispositiv« erfasst den menschlichen Körper als Datensatz. Es schafft damit ein mobiles »digitales Double«. Und die Überwachung grassiert offenbar gerade in Gesellschaften, die besonders fragmentiert und von Auflösung betroffen sind. Das deutet darauf hin, wie wichtig es ist, das Erforschen des Datenschutzes breit anzulegen und erweiterte, auch historische Kontexte einzubeziehen. Die neue Gläubigkeit setzt einerseits auf rigorose Deregulierung und andererseits auf übergriffige Kontrolle. Das sind zwei Seiten derselben Medaille.

Die 1968er-Bewegung wandte sich zunächst entschieden »gegen staatliche Kontrolle bis unter die Bettdecke«. Im Kontext der wirtschaftlichen Konzentration nahm sie dann den Staat als demokratisches Korrektiv oft mehr in Schutz, als ihr lieb war. Und heute unterscheiden viele, wie Pierre Bourdieu, zwischen der linken (sozialen) und der rechten (finanzgetriebenen und gleichzeitig repressiven) Hand des Staates. Nach diesem Ansatz gilt es, das Verhältnis von Freiheit und Sicherheit immer wieder neu auszuhandeln. Das gilt auch für die Subsidiarität und Solidarität. Im Sinne einer Gratwanderung. Zu viel Regelung bevormundet die Einzelnen, zu wenig verunsichert sie und disponiert dazu, externe und autoritäre Kontrollen zu akzeptieren.

Was tun wir also gegen Tendenzen, die unsere Handlungsräume und Freiheiten einschränken? Mit restriktiven Regeln lässt sich der Schutz ebenso wenig verbessern wie mit abgewälzter Selbstorganisation. Wichtig sind zivilgesellschaftliche Bündnisse, die das staatliche Gewaltmonopol und die privaten Unternehmen in die Pflicht nehmen und sich kollektiv dagegen wehren, sich vereinnahmen zu lassen. Das ist allerdings leichter gesagt als getan. Denn Globalisierung und Digitalisierung ermöglichen es großen Playern, Daten irgendwohin zu verschieben. Da rechtlich das Territorialprinzip gilt, müsste die kleine Schweiz dann zum Beispiel dem großen Amerika ein Rechtshilfegesuch einreichen und danach lange warten. Auch, weil der Teufel bekanntlich im Detail steckt. Statt sich permanent in Geduld zu üben, geht es also auch darum, sich international über den Datenschutz zu verständigen. Hoffentlich bietet die Schweiz bald wieder initiativer ihre guten Dienste an.

Sozialer Ausgleich

Die Schweiz befindet sich inmitten von Europa. Und Europa ist, wie jeder Kontinent, vielfältig: wirtschaftlich, politisch, sozial, kulturell. Trotz Euro und Europäischer Union (EU) bestehen erhebliche Diskrepanzen zwischen den einzelnen Staaten, die noch nie so nahe und friedlich beisammenstanden wie heute. Und das trotz erheblichen sozialen Problemen. Wie groß das Gefälle der Kaufkraft innerhalb der EU ist, zeigt das Ranking des »Europäischen Statistischen Berichtes« (Eurostat 2014). Luxemburg ist reich, Bulgarien arm. Und Italien und Irland halten sich in der Mitte. Der tatsächliche Individualverbrauch liegt in Luxemburg etwa 35 Prozent über dem EU-Durchschnitt. Gleich danach folgen mit ungefähr je 20 Prozent Deutschland und Österreich. In Bulgarien liegt der Wert bei der Hälfte des Durchschnitts. Somit haben die Menschen in Bulgarien deutlich weniger Geld zur Verfügung. Gemeinsam ist vielen Ländern, dass sie Banken retten und mit ihrer Verschuldung helfen, private

Vermögen anzuhäufen. Die einseitige Bereicherung rührt auch von den hohen Gewinnen großer Unternehmen. Sie erhöhen die Preise, halten die niedrigen Löhne tief und profitieren von günstigen Steuern und von einer Politik, die sich oft schwach gegenüber Starken und stark gegenüber sogenannt Schwachen verhält.

Ein Comeback der Reichen stellte die Boston Consulting Group bereits in ihrer Studie über den globalen Wohlstand (BCG 2015) fest. Im Jahr 2013 stiegen die Vermögen von privaten Anlegenden (in Bargeld, Aktien, Wertpapieren und Fonds) um 14,6 Prozent auf ein Total von 152 Billionen US-Dollar. Im Vorjahr betrug das Wachstum 8,7 Prozent. Als reichste Region erwies sich die nordamerikanische. Sie steigerte ihre privaten Vermögen auf 50,3 Billionen. Das entspricht etwa einem Drittel des Weltvermögens. Auf dem zweiten Platz folgt die Europäische Union mit 40,6 Billionen US-Dollar. Das weltweite Vermögen dürfte schon bald 200 Billionen US-Dollar betragen. Und zwar mit höchsten Konzentrationen im asiatischen Raum.

Die Vereinigten Staaten haben, was die Steigerungsquote privater Anlagen anbelangt, Europa überholt. Das weist der *Global Wealth Report* (BCG 2015) aus. In Nordamerika stieg der Wert privater Anlagen um 15,6 Prozent auf 5,3 Billionen Dollar. Westeuropa legte um weniger als 5 Prozent zu, Europa um 5,2 Prozent. Zusammen kommen Nordamerika und Westeuropa auf knapp 60 Prozent der weltweiten Vermögen. Dieser Betrag ist doppelt so hoch wie die gesamte wirtschaftliche Leistung (BSP), die innerhalb eines Jahres weltweit erfasst wird. Allein Nordamerika ist so reich wie Afrika, der Nahe Osten und Lateinamerika zusammen. In Europa stehen Großbritannien mit 7,9 Billionen Dollar und Deutschland mit 7,4 Billionen Dollar an oberster Stelle. »Sie haben die Krise der Vorjahre nutzen können, um Marktanteile zu gewinnen und die Vermögen zu mehren«, schreibt Arno Balzer (2012: 3), der frühere Chefredaktor des deutschen *Managermagazin.*

Der »Europäische Statistische Bericht« (Eurostat 2015) weist auch die Verschuldung der Länder in Anteilen am Bruttoinlandprodukt (BIP) aus. Im Jahre 2014 kommen Österreich, Großbritannien und Frankreich auf je über 80 Prozent. In Italien sind es schon 127,9 Prozent, in Griechenland 174,9 Prozent, in Schweden 38,6 Prozent. Durch die Finanz- und Wirtschaftskrise haben sich viele Staaten in den Jahren 2009 und 2010 verschuldet wie nie zuvor (seit dem Zweiten Weltkrieg). Ohne Darlehen der EU stünden, nebst Griechenland, auch Irland oder Portugal zahlungsunfähig da. Sogar in Deutschland stiegen die Schulden in einem Jahr um 10 Prozent. Wobei Deutschland selbst, zusammen mit dem Internationalen Währungsfonds, ein hartes Schuldenregime durchsetzt, das andere Länder entmündigt, mit Sparauflagen bis zur Rezession treibt und dafür hohe Zinsen verlangt. Werner Vontobel beschreibt diesen Mechanismus unter dem Titel »Griechen retten Deutsche« (*SonntagsBlick* 2011: 32).

Anders funktionierte das Londoner Schuldenabkommen von 1953, das die Schulden von Deutschland einfach halbierte und so das viel gepriesene »Wirtschaftswunder« initiierte. Heute treibt die Schuldenpolitik Millionen von Menschen in die Armut. Nach dem Bericht »Statistics on income and living conditions by degree of urbanisation« (Eurostat 2013) leben fast 120 Millionen Menschen in der EU armutsgefährdet. Dazu zählen alle Personen, deren verfügbares Einkommen unter der nationalen Schwelle der Armutsgefährdung liegt. In Bulgarien sind es besonders viele, in den Niederlanden eher wenig. Und Deutschland befindet sich knapp unter dem EU-Schnitt von 16,5 Prozent.

Bringt mehr Reichtum auch automatisch mehr Wohlstand für alle? In seinem Essay *Retten uns die Reichen?* veranschaulicht der Soziologe Zygmunt Bauman (2015) eine sehr einfache These: »Der Reichtum, der am oberen Ende der Gesellschaft gehortet wird, hat es ganz offensichtlich versäumt, nach unten durchzusickern und den Wohlstand von uns anderen zu mehren oder zu bewirken, dass wir uns sicherer fühlen, dass wir hinsichtlich unserer eigenen Zukunft und der unserer Kinder optimistischer sind oder uns glücklicher fühlen.« (A. a. O.: 13) Seit der »Krise« haben die reichsten Menschen nicht nur ihre Rolle gefestigt, die angeblich darin besteht, das materielle (soziale, psychologische, moralische) Wohlbefinden zu steigern, sondern – mithilfe zynischer und moralisch zweifelhafter ökonomischer Entscheidungen – dazu beigetragen, dass »die ›Mittelschicht‹ auf den Status des ›Prekariats‹ degradiert wird« (a. a. O.: 19). Zudem haben sie Milliarden von Dollar in den geheimen Kammern der Finanzspekulation verheizt, und für die »Verluste« aus diesen Spekulationsgeschäften haben in der Regel die Schwächsten der Gesellschaft aufzukommen. Wie ist es möglich, dass die Mehrheit der Menschen, die kaum als »Volk« auftritt, sich mit solchen gesellschaftlichen Widerwärtigkeiten und Leiden abfindet? Bauman bietet dafür verschiedene Erklärungen an, die überzeugendste scheint ihm diejenige zu sein, die den Fortbestand von »Grundannahmen der Ungerechtigkeit« sicherstellt. Diese beruhen auf »unausgesprochenen (impliziten) Voraussetzungen, die gemeinhin als ›offensichtlich‹ gelten« (a.a.O.: 45). Gemeint sind damit folgende Annahmen: *erstens* sei ein wirtschaftliches Wachstum »die einzige Möglichkeit, um die Probleme, die das menschliche Zusammenleben notwendigerweise hervorbringt, anzugehen und eventuell zu lösen«, *zweitens* sei eine »fortwährende Steigerung des Konsums, genauer gesagt, ein beschleunigter Kreislauf neuartiger Konsumgüter [...] vielleicht die einzige, auf jeden Fall die effektivste Weise, um das menschliche Streben nach Glück einzulösen«, *drittens* sei soziale Ungleichheit »naturgegeben« und als Motor gesellschaftlicher Entwicklung notwendig, *viertens* sei »Konkurrenz die notwendige und hinreichende Bedingung für soziale Gerechtigkeit«. (A.a.O.: 46) Bauman will diese verhängnisvollen Mythen entzaubern. Wichtig ist, dass der Schritt von der Theorie zur Praxis folgt.

In der kleinen Schweiz sind die Wege zwischen Wirtschaft und Politik kurz. Groß ist hingegen die soziale Kluft bei den Vermögen und teilweise auch bei den verfügbaren Einkommen. Die Konzentration der Vermögen oligarchisiert die Schweiz. Sie tangiert auch demokratische Prozesse. Erhebliche Mittel fließen in Abstimmungen, Interessenverbände, Medien und zu bürgerlichen Parteien. Die Hoffnung, dass die Finanz- und Wirtschaftskrise die Bereitschaft zum Umdenken fördert, erfüllt sich kaum. Geraten Großbanken in Schwierigkeiten, dann verlangen sie mehr Staat, sonst weniger. Spannungen bestehen auch zu Teilen der sogenannten Realwirtschaft. Aber die Bande bleiben eng. Auch zur (Außen-)Politik, die bei globalen Kooperationen gefragt ist. Das Kapital ist ein wirkungsvoller Machtfaktor, ohne demokratisch legitimiert zu sein. Es reproduziert sich scheinbar selbst und instrumentalisiert Teile der Politik.

Das Streben nach Macht äußert sich im Versuch, mit dem wirtschaftlichen Kapital auch den politischen und gesellschaftlichen Einfluss zu erhöhen. Das gelingt auch deshalb, weil sich die politische Macht oft schwach gegenüber wirtschaftlich Starken und stark gegenüber »sozial

Schwachen« verhält. So verschärft sich die soziale Brisanz weiter. Aber das dynamisiere doch die Entwicklung, erklärte mir Daniel Vasella, der langjährige Verwaltungsratspräsident von Novartis. Andere Mächtige äußerten sich Ende Januar 2015 am Weltwirtschaftsforum in Davon etwas moderater. Sie befürchten, mit den sozialen Gegensätzen könnte auch der Arbeitsfrieden zerbrechen. Einzelne Reiche hoffen darauf, dass die Finanz- und Wirtschaftskrise zu einem Umdenken und dazu führt, das gesellschaftliche Korrektiv gegenüber kommerziellen Interessen zu stärken. Die meisten Reichen lehnen jedoch politisch motivierte Regulierungen ab. Sie favorisieren private Zuwendungen und wohltätige Stiftungen. Diese sind allerdings von sehr beschränkter Reichweite. Sie können sozialstaatliche Leistungen allenfalls ergänzen, aber nicht ersetzen. Die Existenzsicherung und der soziale Ausgleich sind gesellschaftlich zu gewährleisten. Sie dürfen nicht vom Goodwill der Reichen abhängen.

Laut dem Sparprogramm der baselstädtischen Regierung mit rotgrüner Mehrheit vom Frühjahr 2015 sollten »möglichst alle einen Beitrag zur Entlastung leisten«. Auch ältere Menschen, die auf kantonale Beihilfen angewiesen sind. Bei ihnen wollte die Regierung ebenfalls den Rotstift ansetzen. Das ist für Betroffene, die in ihrem Leben viel arbeiteten und wenig verdienten, wie eine zusätzliche Strafe. Zwei Tage vor dem 1. Mai 2015 drückte mir Frau R. S. an einer Veranstaltung der Pro Senectute einen langen Brief in die Hand. »Ich war alleinerziehend, seit meine Söhne drei und sieben Jahre alt waren«, schreibt sie. »Da ich nie viel verdiente (am Anfang mit Heimarbeit, immer ohne Sozialhilfe), mussten wir sehr einfach leben. Jetzt bin ich leider von Ergänzungsleistungen abhängig, erhalte monatlich 436 Franken und komme so auf insgesamt 2708 Franken. Meine Miete in einem 42-jährigen Block beträgt 1352 Franken.« Die Ergänzungsleistungen reichen kaum, gestiegene (Neben-)Kosten abzudecken und die Enkelkinder zu einem Ausflug einzuladen. Nun, gesicherte finanzielle Verhältnisse fördern das psychische Wohl der Menschen. Das weist das Bundesamt für Gesundheit seit Jahren aus. Umgekehrt gilt: Je tiefer die Einkommen, desto höher sind die gesundheitlichen Beeinträchtigungen. Und Krankheiten bringen viel persönliches Leid und zudem erhöhte gesellschaftliche Kosten mit sich. Wer bei knapp bemittelten Menschen sparen will, egal, was es kostet, spart nicht. Im Gegenteil.

Vordringlich gilt es, die unteren Einkommen anzuheben. So lassen sich über Konsumausgaben auch Arbeitsplätze schaffen. Aber die Beihilfen sind primär aus anderen Erwägungen wichtig, nicht weil sie auch noch finanziell rentieren. Einer Gesellschaft geht es gut, wenn es möglichst allen gut geht. Warum also diese Sparmaßnahmen ablehnen? Ganz einfach: weil der Mensch ein Mensch ist! Das genügt. Hinzu kommen (sozial-)politische Gründe. Sie weisen über Basel hinaus. Nach der Sozialhilfe nehmen rechtsbürgerliche Parteien jedoch bereits die Ergänzungsleistungen ins Visier, die für AHV- und IV-Beziehende so wichtig sind. Statt diese Leistungen endlich auf Familien mit Kindern auszuweiten, setzt die Basler Regierung mit ihrem Sparpaket ein gefährliches Signal in die andere Richtung. Und sie verletzt dabei die Würde und Persönlichkeit der Menschen, die etwas anderes verdienen. Darauf wies am 15. April 2015 auch die Gewerkschaft VPOD hin. Sie protestierte mit andern Organisationen zusammen gegen die Sparmaßnahmen. Etwa 2500 Personen beteiligten sich an einer Kundgebung auf dem Basler Marktplatz. Und am 25. Mai 2015 beschloss eine Mehrheit des Großen Rates, auf den Vorschlag der Regierung, die kantonalen Beihilfen zu kürzen, gar nicht erst einzutreten.

Soziale Sicherheit ausbauen

Hans-Peter Tschudi (1913–2002) gilt (zusammen mit dem früheren Bundesrat Walther Stampfli) als Vater der AHV. »Ich stütze mich nicht gerne auf linke Soziologen ab«, flüsterte er mir bei unserer letzten Begegnung ins Ohr. Das war im Januar 2000 beim multikulturellen Bärenmahl in der Basler Kaserne. Beim steilen Aufstieg zum Rednerpult nahm er kurz meine Schulter zu Hilfe. Der ehemalige Bundesrat referierte noch einmal über Solidarität. Hier im Kleinbasel, wo sein Vater, ein Sozialist aus einer alten Glarner Familie, einst »Arbeiterkinder« unterrichtet hatte. Hans-Peter Tschudi standen nur drei Minuten zur Verfügung. Das reichte ihm, um mehrere Hundert Gäste mit markigen Worten zu berühren. Einer Gesellschaft geht es gut, wenn es allen gut geht. Egal, ob jung oder alt. So lautete seine Botschaft. Gut zwei Jahre später starb er – kurz vor seinem Neunzigsten Geburtstag.

Hans-Peter Tschudi kam 1913 in Basel zur Welt. Hier besuchte er das Humanistische Gymnasium, studierte Rechtswissenschaften, trat 1936 der Sozialdemokratischen Partei bei, arbeitete ab 1938 als Gewerbeinspektor, engagierte sich ab 1943 in der Gewerkschaft des Öffentlichen Dienstes (VPOD) und ab 1944 als Großrat der SP wie sein Vater. 1952 erhielt Hans-Peter Tschudi an der Universität Basel ein Extraordinariat für Arbeits- und Sozialversicherungsrecht. 1953 folgte die Wahl zum Regierungsrat, 1956 zum Ständerat, 1959 zum Bundesrat. Die SP schlug zwar Walther Bringolf vor. Die Bundesversammlung wählte jedoch den gemäßigten Tschudi.

Mit der Wahl von Hans-Peter Tschudi hatte die SP erstmals zwei Vertreter im Bundesrat. Tschudi leitete das Departement des Innern (EDI). Er förderte (mit der 5. bis 8. Revision) den erheblichen Ausbau der 1947 eingeführten AHV. Das trug ihm den Ruf ein, Vater der AHV zu sein. Hans-Peter Tschudi setzte sich auch dafür ein, Ergänzungsleistungen (1965) einzuführen, das Dreisäulenprinzip zu etablieren (1972) und die Renten an die Lohn- und Preisentwicklung anzupassen. Sein Bemühen, ein (Teil-)Obligatorium in der Krankenversicherung durchzusetzen, scheiterte. Aber der Bundesrat reüssierte sonst mit all seinen über 150 gründlich vorbereiteten Anträgen im Parlament. Hans-Peter Tschudi pflegte einen sehr speditiven Arbeitsstil. Er gestaltete das EDI als zentrales Departement der Bundesverwaltung entscheidend mit. In den Jahren 1965 und 1970 amtete er auch als Bundespräsident.

Auf dem Ausflug des Bundesrates vom 7. Juli 1970 hob der sonst eher etwas ungelenke Bundespräsident sogar sportlich ab. Er flankte über ein Holzgatter, das alle andern, mehrheitlich leger gekleidet, umgingen. Sozialdemokrat Tschudi trug ein weißes Hemd mit Krawatte. Zudem einen stilvollen Hut. Hans-Peter Tschudi stammt aus dem alten Glarner Adel. Er wirkte standesbewusst, einfach und bescheiden und nutzte auch gerne die öffentlichen Verkehrsmittel.

1973 trat Hans-Peter Tschudi aus dem Bundesrat zurück. Er arbeitete nun wieder als Professor an den Universitäten Basel und Bern, präsidierte während vieler Jahre den Stiftungsrat der Pro Senectute Schweiz (1966–1992) und gehörte dem Internationalen Komitee vom Roten Kreuz an (1974–1983). 1988 gewährte er mir in seiner Stube ein langes Interview. Dies im Rahmen einer Studie zum *Aufbruch im Alter* (1988). Seine Frau Irma, Pharmazeutin und Medizinerin, servierte uns in wundersam verziertem Keramikgeschirr einen Tee. Ja, es ist nie zu spät, etwas Neues anzufangen, sagte er sinngemäß. Man macht zwar viel für die Alten, weiß aber mit ihnen wenig anzufangen. Eine politische Haltung verlange Beharrlichkeit. Zudem geistige Beweglichkeit und die Bereitschaft, Kompromisse auszuhandeln. Hans-Peter Tschudi hielt sich an seine Grundsätze. Er erreichte sozial- und bildungspolitisch viel. Die Sozialdemokratie, und nicht nur sie, hat ihm zu danken und vor allem das Erbe zu verteidigen, das er mitbegründete: das System der sozialen Sicherheit.

Garantiertes Grundeinkommen für alle?

In der Schweiz kam im Jahr 2014 eine Volksinitiative für ein garantiertes Grundeinkommen zustande. Über 100 000 Bürgerinnen und Bürger hatten die Initiative unterzeichnet. Was sieht sie vor?

Seit Anfang der 1990er-Jahre debattieren politisch Alternative in der Schweiz bereits über Varianten eines garantierten Mindesteinkommens (GME). Eine erste Variante will allen Erwachsenen monatlich einen festen Geldbetrag zukommen lassen. Sie bevorteilt jene, die das Geld gar nicht benötigen. So lautet ein gängiger Einwand. Eine zweite Variante plädiert dafür, eine negative Einkommenssteuer einzuführen. Diese nimmt, über die Steuererklärung erhoben, eine Umverteilung von höheren zu tieferen Einkommen vor. Das ist einfach und unbürokratisch. Aber auch gefährlich. Nämlich dann, wenn das GME mit einem tiefen Ansatz die erkämpfte soziale Sicherheit unterläuft.

Eine dritte Variante schlägt deshalb vor, die bestehenden Ergänzungsleistungen (zur AHV/IV) auf alle Haushalte mit zu wenig Einkommen auszuweiten. Diese EL-Variante steht eher bei sozialdemokratischen und christlichsozialen Kreisen im Vordergrund. Hinzu kommt eine vierte Variante: das bedingungslose Grundeinkommen. Sie soll allen Personen einen Grundbetrag zusichern und die Kosten (laut Initiative) eher über die Mehrwertsteuer abgelten. Dafür setzen sich mehr libertäre und grüne Kreise ein. Zudem einzelne (Neo-)Liberale. Linke wollen das GME lieber über progressive Steuern finanzieren. Oder sie lehnen das GME ab, weil es – mit Ausnahme der EL-Variante – die soziale Sicherheit aufweichen könnte. Bürgerliche befürchten hingegen die steigenden Kosten und sinkende Arbeitsmoral.

Die EL-Variante ist leicht realisierbar. Und über progressive Steuern finanzierbar. Geld ist genug vorhanden. Der EL-Ansatz liegt rund 500 Franken über dem Existenzminimum. So ließen sich viele Kosten sparen. Gerade auch im Gesundheitsbereich. Trotz immens gestiegenem Reichtum gibt die Schweiz seit dem Jahr 2005 tendenziell weniger Anteile ihres Bruttoinlandproduktes für die soziale Sicherheit aus. Das weist das Bundesamt für Sozialversicherung (2013/2014) deutlich aus. Die soziale Sicherheit trägt sich selbst. Populistische Debatten heben indes die früheren roten Zahlen der IV hervor und unterschlagen den gesamten Überschuss. Sie vernachlässigen auch, wie die Renten rentieren und über Konsumausgaben im Gesundheitsbereich, in der Pflege und in anderen Sektoren viel Arbeit schaffen. In einer Zeit, in der moderne Technologien menschliche Arbeitskraft ersetzen und Millionen von Jugendlichen auf den Arbeitsmarkt drängen.

Viele Menschen strengen sich enorm an, um eine Arbeit zu finden. Sie suchen Verantwortung und soziale Anerkennung. Die Erwerbsarbeit dürfte ihren hohen Stellenwert also weiterhin behalten. Ein GME könnte zudem dazu führen, wenig attraktive Arbeiten besser zu entlohnen und zu verteilen. Allerdings könnten dann Unternehmen die Leistungsschwachen einfach entlassen. Diese Gefahr besteht. Für die berufliche und soziale Integration sind deshalb weitere Anstrengungen nötig. Zum Beispiel eine gute Erstausbildung für alle. Und unbürokratische Unterstützung. Wer in eine Krise gerät und über keine finanziellen Reserven verfügt, soll nicht zuerst mühsam nachweisen müssen, Hilfe zu benötigen. Hilfe bekommt, wer Hilfe braucht. Der Rechtsanspruch trägt auch dazu bei, Menschen weniger zu stigmatisieren.

Das GME erweitert persönliche Entscheidungsmöglichkeiten. Es entlastet von einem Anpassungsdruck, der dazu führt, dass sich sozial Benachteiligte gegenseitig aufreiben, statt sich miteinander zu solidarisieren. Soziale Risiken werden auf die ganze Gesellschaft verteilt. Die Rückendeckung unterstützt die Individuen dabei, selbst Verantwortung zu übernehmen. Sie ermöglicht es, Kräfte gezielt und konstruktiv einzusetzen. Somit relativiert das GME die einseitige Erwerbsorientierung, die soziale Fertigkeiten verkümmern lässt. Es vermindert psychosomatische Erkrankungen. Wer Freiräume hat, leidet weniger. Das GME entlastet auch die Sozialhilfe. Aufwendige Abklärungen über die Anspruchsbe-rechtigung entfallen. Geld lässt sich so weniger als Machtmittel einsetzen. Aber das GME müsste zumindest existenzsichernd sein.

Unter heutigen Bedingungen lassen sich mit einem Grundeinkom-men aber auch die (Miet-)Preise erhöhen und die Löhne senken. Das ist heikel. Der Staat muss dann die Differenz übernehmen. Ohne dass Wirt-schaft und Gesellschaft weiter demokratisiert werden, ist ein GME von beschränkter Reichweite. Damit Menschen möglichst selbst ihre Exis-tenz sichern können, sind vor allem auch die unteren Einkommen anzu-heben, der soziale Ausgleich zu fördern und ein Recht auf sinnvolle Ar-beit einzuführen. Die Debatten über das GME dynamisieren nun immer-hin die festgezurrten Reformen der sozialen Sicherung. Das ist wertvoll. Auch weil sie subversiv die Frage aufwerfen, was eigentlich wichtig ist im Leben. Im September 2015 beschloss der Nationalrat mit überwiegendem Mehr, der Stimmbevölkerung die Initiative zur Ablehnung zu empfehlen.

Internationale Solidarität

Die Globalisierung hat eine lange Geschichte. Einen wichtigen Schub er-lebte sie anno 1989 mit dem Fall der Berliner Mauer. Seither verstärkt sich ein einseitig wirtschaftlich geprägter Globalismus. Demgegenüber knüpft eine Konzeption der Globalität an die Vorstellung einer internati-onalen Solidarität an. Sie orientiert sich an einer gerechteren Weltwirt-schaft und einer demokratischen Weltgesellschaft mit starken zivilgesell-schaftlichen Bewegungen und Einrichtungen.

Der Welthandel und die forcierten Finanzströme sind zentrumsori-entiert. Sie klammern weite Teile der Bevölkerung aus. Während die Preise für industriell gefertigte Güter tendenziell steigen, sinken – im Vergleich – jene für Rohstoffe und Primärgüter. Weil sich die Austausch-bedingungen in vielen Bereichen verschlechtern, erzielen viele südliche Regionen mit mehr Exporten weniger Erlöse. Neu auflebende Theorien der Modernisierung plädieren für geballte Investitionen in Wachstums-zentren. Sie nehmen an, dass der daraus folgende Wohlstand allmählich ins »Hinterland« sickere. Doch der erhoffte Effekt lässt auf sich warten. Mehrere Milliarden Menschen leben weitgehend rechtlos unter dem Existenzminimum. Und die wirtschaftliche Macht konzentriert sich. Ein paar Hundert Unternehmen kontrollieren zwei Drittel des weltweiten Handels. Ihr Umsatz übersteigt die Hälfte des weltweiten Sozialprodukts. Wenn das so weitergeht, kann es gefährlich werden. Die Zentralisierung der Wirtschaft berührt politische Grundlagen wie das Territorialprinzip mit festen Grenzen, das Souveränitätsprinzip mit dem staatlichen Gewaltmonopol und das Legalitätsprinzip mit geltenden Verträgen. Das Aufweichen sozialer Verbindlichkeiten erhöht die Verunsicherung und den Ruf nach einer starken Hand, die für Ordnung sorgen soll. Rasche Veränderungen und komplexe gesellschaftliche Strukturen verlocken dazu, Halt in Vereinfachungen zu suchen. Mit dem einseitig wirtschaftlich geprägten Globalismus formieren sich so neue fundamentalistische Strömungen.

Das Credo der Modernisierung plädiert dafür, regionale Märkte rigoros zu öffnen und die Entwicklungsregionen in den kapitalistischen Weltmarkt zu integrieren. Wenn Ungleiches gleich behandelt wird, bleibt es jedoch ungleich. Die Austauschbedingungen (Terms of Trade) polarisieren so Arm und Reich. Aber das muss nicht sein. Seit den frühen 1970er-Jahren versuchen einzelne Regionen des Südens, den Weltmarkt selektiv zu nutzen. Gemeinsam wollen sie die Bedingungen des wirtschaftlichen Austauschs mitbestimmen. Sie fächern ihre Produktion auf und konzentrieren sich darauf, die eigenen Produktivkräfte zu entfalten. Konzepte einer sozialen Globalität plädieren für eine gerechtere Weltwirtschaftsordnung. Sie schlagen vor, die Preise für Rohstoffe an jene für industriell gefertigte Güter anzupassen. Die Hälfte des Mehrerlöses würde ihnen ausreichen, ihre existenziellen Bedürfnisse zu befriedigen. Stabile Abnahmequoten könnten helfen, die Abhängigkeit von einzelnen Exportgütern zu mindern. Diese Vorschläge gehen davon aus, dass wirtschaftlicher Austausch ein demokratisches Regulativ braucht. Sie zielen emanzipatorisch darauf ab, die Kooperation staatlicher, religiöser und zivilgesellschaftlicher Institutionen zu stärken. Der Schulterschluss soll den sozialen Zusammenhalt global festigen und ein autoritäres 21. Jahrhundert verhindern.

Der wirtschaftliche Globalismus stärkt nationalistische und populistische Kräfte. Trendig wäre es, dem finanzgetriebenen Mainstream zu folgen. Die Konzeption der Globalität hält hingegen die internationale

Solidarität hoch. Sie will den interkulturellen und interreligiösen Austausch sowie den sozialen Ausgleich fördern. Verbindliche Vereinbarungen im Sinne fairer Preise tragen dazu bei. Die Schweiz könnte sich für einen gerechteren Handel und dafür engagieren, weltweit die politischen Strukturen zu demokratisieren, die Menschenrechte sowie die zivilgesellschaftlichen Einrichtungen und Bewegungen zu stärken.

Die Welt braucht keine Weltregierung, aber globale Verbindlichkeiten. Ein Ort, wo diese ausgehandelt werden, ist die Uno. Sie ist demokratisch legitimiert, aber relativ schwach. Zudem so organisiert, dass der Sicherheitsrat immer wieder hilfreiche Handlungen blockiert. Grund dafür ist das Vetorecht, das wenige Großmächte in der Uno haben. Das sind die USA, Großbritannien, Frankreich, China und Russland. Andreas Zumach verfasste ein Buch mit dem Titel *Globales Chaos – machtlose UNO* (2015). Wir luden ihn im Vorfeld der Publikation zu einem Gespräch ein. (11.3.2013) Seine Einschätzung ist ernüchternd und differenziert. Zum einen beschreibt Zumach die Uno als kompliziert und wenig handlungsfähig. Zum andern attestiert er ihr, viele Konflikte verhindert oder deeskaliert zu haben. Hilfreich intervenierte sie beispielsweise im langjährigen Konflikt zwischen dem Irak und Iran. Das liegt allerdings schon bald drei Jahrzehnte zurück. Ein Problem ist, dass die Uno über wenig Mittel verfügt. Das hängt insbesondere damit zusammen, dass Länder wie die USA stärker auf militärische Bündnisse setzen und in eigener Regie agieren. Das zeigt sich auch bei jüngeren Konflikten. So etwa in der Ukraine. Oder in Syrien. Da musste die Uno im Jahr 2014 sogar Lebensmittellieferungen einstellen, weil Ressourcen fehlten und Mitgliedstaaten ihre Zahlungen immer wieder von politischen Zugeständnissen abhängig machen wollen. Und das ist fatal. Angesichts der riesigen Probleme, die derzeit das Weltgeschehen prägen. Sie verlangen auch, allerorten zivilgesellschaftliche Ansätze zu stärken.

Zivilgesellschaft

Die Zivilgesellschaft (Mäder 2003: 366) zeichnet sich durch einen offenen Charakter und klar säkularisierte Grundlagen der Politik aus. Konfliktbereitschaft und Konfliktfähigkeit sind zentral. Sie manifestieren sich in gesellschaftlichen Protesten und sozialen Bewegungen, die eine Autonomie gegenüber staatlichen Einrichtungen postulieren. Die Zivilgesellschaft hat verschiedene Stränge. Ältere Staatstheorien thematisierten die Frage der Civil Society bereits im 17. Jahrhundert. John Locke leitete damals gesellschaftliche Institutionen und Integrationsformen aus den Bedürfnissen der Individuen ab. In der zweiten Hälfte des 20. Jahrhunderts engagierte sich im ehemaligen Ostblock die Bürgerinnen- und Rechtsbewegung dafür, die Zivilgesellschaft zu stärken. Soziale Bewegungen setzten sich während der 70er-Jahre auch in westlichen Industrieländern vermehrt für den Schutz ziviler Einrichtungen ein. Heute beeinflusst die Frage nach dem Rückzug des Staates die Debatten über die Zivilgesellschaft. Die Reaktivierung des Zivilen soll gesellschaftliche Aufgaben neu verteilen, den sozialen Zusammenhalt festigen und Konflikte mit zivilen Mitteln bewältigen. Die Zivilgesellschaft läuft allerdings Gefahr, einen Abbau sozialstaatlicher Leistungen zu kompensieren und unfreiwillig zu legitimieren.

Die Zivilgesellschaft steht in einer langen Tradition der Solidarität. Sie geht zunächst von Einzelnen, Familien, sozialen Bewegungen, Genossenschaften, Gewerkschaften, politischen und kirchlichen Organisationen aus. Im Vordergrund stehen selbst organisierte Aktivitäten, die sich idealtypisch weitgehend außerhalb der Staats- und Marktsphäre bewegen. Die Unterscheidung von ziviler Gesellschaft und Staat gilt als ursprüngliches Kennzeichen der Moderne. Der Soziologe Anthony Giddens (1997: 187) kritisiert diese Trennung. Seiner Auffassung nach ist »die Zivilgesellschaft nie bloß eine Reihe von Einrichtungen außerhalb des Staates gewesen«. Der Staat ist jedenfalls kein Selbstzweck. Er umfasst zahlreiche gesellschaftliche Institutionen und nimmt auch über die Unterstützung ziviler Einrichtungen Funktionen wahr, die unmittelbar von erheblichem öffentlichem Interesse sind. Die zivilgesellschaftlichen Einrichtungen sind ein wichtiges Instrument einer umfassenden demokratischen Bewegung. Sie machen Probleme öffentlich sichtbar, ziehen Mächtige zur Verantwortung und weiten die direktdemokratische Entscheidungsfindung aus.

⚜ Und jetzt?

Der Neoliberalismus sei bald am Ende, mutmaßte Stephan Schulmeister in seinen publizierten *Wiener Vorlesungen* (2010). Vermutlich muss sich der langjährige Mitarbeiter am Österreichischen Institut für Wirtschaftsforschung (WIFO) noch ein wenig gedulden. Die epidemische Ausbreitung der Losung »Lassen Sie Ihr Geld arbeiten« verursachte nach seiner Einschätzung die größte Wirtschaftskrise seit den 1930er-Jahren. Die Staaten federten dann den Einbruch ab. Damit erhöhten sich Haushaltsdefizite. Und die Eliten plädierten dafür, den Gürtel enger zu schnallen. Damit sei die nächste Krise vorprogrammiert. Als Alternative schlägt er einen New Deal vor. Weltwirtschaftlich mit einem gemeinsamen Globo als Währung.

Ein erster Schritt wären stabile Kurse zwischen den vier Hauptwährungen (Dollar, Euro, Renminbi und Yen). Dann kämen stabile Rohstoffpreise und Realzinsen für internationale Schulden hinzu. Zudem eine Finanztransaktionssteuer und verbindliche soziale und ökologische Standards. In Europa gehörten bereits eine Mindestsicherung für alle und eine bessere Verteilung der Lebensarbeit dazu. Zudem erhöhte Investitionen in ein innovatives, entökonomisiertes und sozial durchlässiges Bildungssystem. Ferner eine Umweltpolitik auf der Grundlage erneuerbarer Energien. Hinzu käme ein Ausbau des Service public, der sozialen Infrastruktur, einer erschwinglichen Gesundheitsversorgung und des kommunalen Wohnungsbaus. Der Wettbewerb konzentriert sich nach dieser Konzeption auf die Qualität der Leistungen und Produkte, nicht auf das Optimieren von Gewinnen. Der Finanzkapitalismus transformiert sich in eine ökologische und soziale Marktwirtschaft, in der die Realwirtschaft im Vordergrund steht.

Im Januar 2015 rief Schulmeister, Autor des Buches *Mitten in der großen Krise* (2010), zusammen mit der Attac-Ökonomin Alexandra Strickner und über 300 europäischen Intellektuellen dazu auf, die sozialistische Syriza-Bewegung in Griechenland zu unterstützen. (derstandard.at 5.1.2015) Seine Vorschläge sind immerhin politisch liberal orientiert. Daran lässt sich anknüpfen. Mit der Option eines guten Lebens für alle. Um die soziale Teilhabe zu verbreitern, sind die wirtschaftlichen Aktivitäten zu demokratisieren und ist der soziale Ausgleich zu fördern. Das erfordert die Bereitschaft und den Mut, systemische Widersprüche anzugehen und aus der Wachstums- und Konkurrenzlogik auszubrechen.

Zusammengefasst

Wir greifen hier aus allen elf Kapiteln ausgewählte Aspekte auf, die für uns wesentlich sind.

Schweiz (1). Selbst fast ohne Rohstoffe, treibt die Schweiz Handel mit der ganzen Welt. Sie tut dies mit Überschüssen. Die Exporte übersteigen die Importe. Die Schweiz industrialisierte sich früh. Und tätigte auch früh Finanzgeschäfte. Als politisch relativ sicherer Hafen hortete die Schweiz viel Geld und stellte es, für gute Zinsen, aller Welt zur Verfügung. Das Bankgeheimnis machte die Schweiz attraktiv. Und existiert heute so nicht mehr. Auf äußeren Druck hin. Die Europäische Union erwartet von der Schweiz mehr Kooperation. Wirtschaftlich und politisch. Und da zeigt sich eine Diskrepanz. Rechtspopulistische Kräfte tendieren zu mehr Abschottung, wirtschaftsliberale zu mehr Öffnung. Der politischen Abwehrhaltung scheint eine wirtschaftliche Offenheit gegenüberzustehen. Aber beide Haltungen orientieren sich an einem ausgeprägten Eigennutz. Wir plädieren für eine soziale Schweiz, die sich auch global für gerechte und faire Verhältnisse engagiert. Die Schweiz ist sehr reich. Der Reichtum ist aber sehr einseitig verteilt. Ein Ausgleich drängt sich auf. Regional und global. Aus sozialen und demokratischen Gründen. Das Geld durchdringt die Wirtschaft, Politik und Gesellschaft, die eng miteinander verknüpft sind. Einzelne Banken und Unternehmen verfügen über viel wirtschaftlichen Einfluss und über politische Netzwerke und Macht. Der Drang, Kapital optimal zu verwerten, ökonomisiert und kolonialisiert unsere Lebenswelten.

Finanzplatz (2). Der Finanzplatz dominiert den Werkplatz. Dazu trugen die politische Stabilität und die Bereitschaft bei, viel Geld am Fiskus vorbeizuführen. Seit dem eigentlich erfreulichen Fall der Berliner Mauer (1989) verstärkt, überlagert eine finanzkapitalistische Getriebenheit die politisch liberale Haltung. Sie reicht über den Eklat der Finanz- und Wirtschaftskrise (2008/09) hinaus. Die rigorose Marktgläubigkeit bringt ein Gefühl einer neuen Omnipotenz mit sich. Sie legitimiert hohe Boni und die exklusive Selbstbereicherung. Ohne staatliche Interventionen hätten sich große Finanzinstitute kaum weiter behaupten können. Inzwischen hat sich das Kapital weiter globalisiert. Demokratische Kontrollen sind unter diesen Umständen schwierig. Staaten versuchen, ihre Schulden über Sparprogramme abzubauen. Diese belasten kleine Unternehmen und die einfache Bevölkerung, die umso mehr von Krediten öffentlich sanierter Finanzinstitute abhängig sind. Das schränkt eigene Entscheidungsräume ein. Die Lage erscheint unübersichtlich. (Vogl 2015) Die Verunsicherung verleitet manchmal dazu, Sichtweisen zu simplifizieren, statt zu differenzieren. Wir plädieren dafür, den Faktor Arbeit gegenüber dem Kapital zu stärken. Das impliziert einen Umbau von der Finanz- zur Realwirtschaft. Zudem sind beide Bereiche zu demokratisieren und dazu zu verpflichten, die Erlöse zu sozialisieren, statt weiter zu privatisieren.

Realwirtschaft, große Unternehmen und Economiesuisse (3). Prozesse der Globalisierung weiten den Einflussbereich großer Unternehmen aus. Die Politik hält damit kaum Schritt. Konzerne preisen den Markt, den sie immer wieder kartellmäßig unterlaufen. Ihre Größe festigt ihr Gewicht gegenüber demokratischen Regulierungen. Über Drohungen, abzuwandern, erreichen sie immer wieder Zugeständnisse bezüglich Steuern und Preisen. Aber die Unternehmen sind auch an politischer Stabilität interessiert, um selbst flexibler agieren zu können. So sind sie immer wieder bereit, gegenseitige Verbindlichkeiten auszuhandeln. Eine gute soziale Infrastruktur und eine funktionierende Gesellschaft tragen dazu bei, qualifizierte Arbeitskräfte zu rekrutieren und den Absatz für eigene Produkte zu verbreitern. Die Economiesuisse will dazu beitragen, die Rahmenbedingungen zu verbessern. Sie vertritt dabei vornehmlich privatwirtschaftliche Interessen.

Gewerbe(verband), KMU und Gewerkschaften (4). Der Gewerbeverband ist auf nationaler Ebene rechtsbürgerlich dominiert. Er kooperiert eng mit großen Unternehmen und Finanzinstituten. Kleinen und mittleren Unternehmen bietet er Dienstleistungen an. Das erhöht die Akzeptanz einer polarisierenden Ausrichtung, die in zahlreichen Schriften populistisch daherkommt. Die KMU sind jedoch auf kleinräumige Strukturen angewiesen. Ihr Interesse besteht darin, sich regional gut zu verankern. Dazu könnte auch eine engere Kooperation mit gewerkschaftlichen Einrichtungen hilfreich sein. Diese sind durch den Paradigmenwechsel von der real- zur finanzwirtschaftlichen Sicht stark in die Defensive gedrängt worden. Aber damit ist niemandem gedient. »Eine starke Wirtschaft benötigt ein starkes politisches Korrektiv«, sagte mir Alexander Krauer, der frühere Verwaltungsratspräsident der Novartis. Wer meint, mit schwachen Kontrollen den Schutz von Arbeitnehmenden umgehen zu können, unterläuft auch das, was eine humane Gesellschaft zusammenhält. Dass große Unternehmen in den letzten Jahren wieder mehr Hand für Gesamtarbeitsverträge boten, rührt allerdings kaum von dieser Erkenntnis. Im Vordergrund steht wohl mehr das Interesse, die Gewerkschaften stärker bei den bilateralen Verträgen einzubinden.

Interessen und Lobbying (5). Früher galten der National- und Ständerat als verlängerter Arm der Privatwirtschaft. Mehrere große Unternehmen politisierten über eigene Leute in den Parlamenten. Heute ist das weniger, aber immer noch der Fall. Das Lobbying scheint den direkten Einsitz abzulösen. Augenfällig sind die vielen privaten Interessenvertretungen im Bundeshaus. Aber diese Vielzahl von Lobbyierenden ist von beschränkter Reichweite. Und der direkte Einfluss spielt weiter. Vor allem über politische Netzwerke und persönliche Beziehungen. Zum Beispiel beim Golfspiel. Damit ist die durchaus legitime Einflussnahme weniger ersichtlich, aber nicht minder wirksam. Zuweilen genügt ein kurzer Anruf. Dank guter Bande. Dazu tragen die gemeinsame Vorliebe für Oldtimer, die Jagd in Namibia oder das Fischen in Alaska bei. Zwei Bankdirektoren erzählten mir von ihren minutiös und aufwendig angelegten Listen, wer mit wem zur Schule oder zu den Pfadfindern gegangen ist. Das hilft. Beide wissen, wen sie wann und wo auf welchen Bundesrat ansetzen müssen. Diese Praxis ist bekannt. Sie spielt nicht nur bei Finanzinstituten und privatwirtschaftlichen Unternehmen.

Justiz, Militär, Polizei (6). Die Unabhängigkeit der Justiz ist ein wichtiges und gefährdetes Anliegen. Angriffe auf Menschenrechte und internationale Vereinbarungen berufen sich auf einen (meist eigenmächtig interpretierten) »Volkswillen«. Die Globalisierung und Digitalisierung erschweren die Kontrolle wirtschaftlicher Unternehmen. Umso mehr erhöht sich der Ruf nach einer rigiden Ordnung vor Ort. Davon profitieren autoritäre und populistische Kräfte. Sie erhalten Auftrieb. Das fordert das demokratische Gewaltmonopol heraus, das neu zu definieren ist. Soziale Bewegungen wandten sich nach 1968 gegen staatliche Kontrollen. Unter den neuen Vorzeichen nehmen sie diese manchmal mehr in Schutz, als ihnen lieb ist. Gegenüber der Privatisierung der Gewalt fordern sie zumindest halbherzig mehr rechtsstaatliche Regulierung. Da besteht ein hoher Bedarf, differenzierte Sichtweisen zu entwickeln. Der Zwiespalt zeigt sich auch beim Militär, das in den letzten Jahren stark an Bedeutung verloren hat. Inzwischen halten nicht nur der Erste Basler Staatsanwalt, Oberst Alfredo Fabbri, oder Brigadier Daniel Lätsch ein Comeback für realistisch. Zumal kantonale Polizeikräfte kaum in der Lage sind, zum Beispiel die Cyberkriminalität wirksam zu bekämpfen, geschweige denn zu verhindern. Aber was tun wir, wenn rechtsstaatliche Einrichtungen ausgehöhlt werden? Entstaatlichung, Privatisierung und Kommerzialisierung (auch von Gewalt) sind eng miteinander verknüpft. Die postulierte Demokratisierung könnte auch hier einen Schritt weiterhelfen. Sie ist aber auf rechtliche Verbindlichkeiten angewiesen, die derzeit populistisch gefährdet sind.

Denkfabriken und Netzwerke (7). Denkfabriken können das gesellschaftliche Wissen unterstützen. Sie halten auch vermehrt Einzug in der Schweiz. Dies vornehmlich im Sinne ihrer wirtschaftsliberalen Tradition. Daran knüpft Avenir Suisse an. Sie verpflichtet sich klar dieser Sicht. Im Stiftungsrat sitzen bekannte Wirtschaftsvertreter wie Axel A. Weber (UBS). Sie haben ein Mitspracherecht, wenn es um die inhaltlichen Prioritäten geht. Erarbeitete Studien blieben auch schon in der Schublade, da die Ergebnisse nicht passten. So wie das bei der staatlichen Verwaltung oder sozialkritischen Stiftungen zuweilen auch geschieht. Aber was hat eine Wirtschaft davon, wenn sie wunschgemäß geschönte Studienergebnisse erhält? Das ist Selbstbetrug. Interessant ist, dass Avenir Suisse in einzelnen Stellungnahmen durchaus von den Vorstellungen einer Economiesuisse oder andern wirtschaftlichen Kreisen abweicht. Ein Beispiel ist ihre Haltung zur Reform des Stiftungswesens.

Gemeinwohl, Stiftungen, zivilgesellschaftliche Option (8). Stiftungen tun viel Gutes. Sie sind aber teilweise auch darauf ausgerichtet, Geld am Fiskus vorbeizuführen. Zudem lassen sie in wichtigen Bereichen ihr Geld sehr gezielt spielen. Zum Beispiel im Wohnungswesen oder in der Stadtentwicklung. Eigene Interventionen können darauf angelegt sein, partizipative Prozesse auszuweiten oder zu unterlaufen. Die zivilgesellschaftliche Option reicht jedenfalls weit über Stiftungen hinaus. Sie umfasst mehr basisdemokratische Bewegungen, die sich auch global vernetzen und mit staatlichen Institutionen kooperieren. Zivilgesellschaftlich motiviert sind auch neue Formen einer sozialen Ökonomie und Selbstorganisation. Etwa durch kleine Genossenschaften, die sich am Gemeinwohl orientieren.

Medien und Digitalisierung (9). Medien kommt ein großer Einfluss zu. Sie können ihn so oder anders wahrnehmen. Sie galten einst als vierte demokratische Macht im Staat. Heute verstärken sich Prozesse der Ökonomisierung und Monopolisierung. Zwar besteht eine beachtliche Vielfalt der Medienlandschaft, aber der kommerzielle Druck erhöht die Gefahr, sich näher am Mainstream und an dem zu orientieren, was gerade gefragt ist. Hinzu kommt die Digitalisierung. Sie boomt und globalisiert sich. Mit steigender Datenflut sinkt aber der Schutz. Daher stellt sich die Frage, was hilft, eine Sicherheit zu konstituieren, die sich nicht selber als große (Kontroll-)Gefahr erweist und nicht darauf hinausläuft, die Freiheit und private Sphäre Einzelner aufzugeben. Zunächst gilt es, sich mehr zu informieren und grenzüberschreitend zu kooperieren. Das ist nicht viel. Aber mehr zu versprechen, wäre auch trügerisch.

Frauen (10). Vor gut vierzig Jahren erhielten in der Schweiz auch die Frauen das Stimm- und Wahlrecht auf nationaler Ebene. Seither hat sich einiges verändert. An den Hochschulen studieren zum Beispiel viel mehr Frauen als früher. Bei den Dozierenden sind sie allerdings weiterhin viel rarer. In der Politik haben die Frauen zugelegt, mehr als in den Chefetagen der Wirtschaft; aber die Männer dominieren nach wie vor. Die gläserne Decke hindert viele Frauen am Aufstieg und daran, mehr Einfluss auszuüben. Viele Männer tragen aktiv dazu bei. Frauen ebenfalls. Sie stützen patriarchale und paternalistische Verhältnisse. Zum Beispiel, wenn sie selbst in einer führenden Position sind; dann halten sie zuweilen potenzielle Rivalinnen ebenfalls fern. Dieser Befund spricht allerdings keineswegs dagegen, endlich mehr Frauen in verantwortliche Positionen zu hieven. Er weist aber darauf hin, dass der Genderaspekt nur einer im komplexen Gefüge der Macht ist, bei der klassenbezogene Verortungen weiterhin bedeutend sind.

Ansätze und Perspektiven (11). Nach dem Zweiten Weltkrieg verbreitete sich lange ein realkapitalistisches Verständnis. Kapital und Arbeit galten als gleichwertig. Dies entsprach dem politisch liberalen Verständnis. Ebenso der christlichen Soziallehre. Das änderte sich schon mit den rezessiven Einbrüchen der 1970er-Jahre. Zudem mit Ronald Reagan in den USA und Margaret Thatcher in Großbritannien. Sie setzten als Politiker ein mehr finanzwirtschaftliches Verständnis durch, das dann als angelsächsischer Neoliberalismus auch allmählich in der Schweiz mehr Fuß fasste. Vor allem nach dem Fall der Berliner Mauer. Seither kommt die Macht des Geldes mehr zur Geltung. Aber dagegen regt sich Widerstand. Mit vielfältigen Versuchen, die soziale und menschliche Teilhabe in allen wirtschaftlichen, politischen, gesellschaftlichen und lebensweltlichen Bereichen auszuweiten.

Wie politisch darf eine Studie sein?

Bei unserem Diskurs zu Geld, Einfluss und sozialer Ungleichheit thematisieren wir die Verteilung von Ansehen, Wohlstand und Macht. Wir setzen uns damit auch, praxisorientiert, mit sozialen Gegensätzen auseinander. Dabei kommen normative Ziele mehr oder weniger deutlich zum Vorschein. Diese geraten jedoch zunehmend in Kritik, subjektiv gefärbt zu sein, da sie von nicht hinterfragbaren Grundannahmen und Werten (Menschenrechte, Menschenwürde, Identität und Integrität) ausgehen. Wir teilen das Anliegen, soziale Realitäten möglichst stimmig zu erfassen. Es wendet sich dagegen, soziale Fragen zu instrumentalisieren. Das ist wichtig. Aber aufgepasst, die markierte Distanz zum Normativen stärkt oft unbemerkt herrschaftslegitimierende Ideologien. Was dem Mainstream entspricht, erscheint bereits als objektiviert. Wenn das Bundesamt für Statistik erwerbstätige Arme restriktiv definiert (und einen Anstellungsgrad von 90 Prozent pro Haushalt voraussetzt), dann übergeht es viele andere Working Poor und banalisiert damit soziale Ungleichheiten. Obwohl offiziell legitimiert, sind solche Aussagen gleichwohl normativ. Die postulierte Wertefreiheit verdeckt zuweilen herrschende Verhältnisse. Wir akzeptieren daher, dass Normativität unabdingbar zum wissenschaftlichen Arbeiten gehört. Aus unserer Sicht gilt es, eigene Prämissen möglichst transparent darzulegen und normative Überhöhungen zu vermindern. (Mäder/Schmassmann 2014)

Der Soziologe Charles Wright Mills (1959) plädierte für eine Wissenschaft, die zu politischen Aktionen inspiriert. Sie sollte, der menschlichen Würde verpflichtet, analytische Strenge mit schöpferischer Freiheit verbinden und erforschen, wie sich in persönlichen Erfahrungen gesellschaftliche Veränderungen dokumentieren. Mills regte dazu an, eine »gute Politik« auf der Basis von wissenschaftlichem Wissen zu betreiben. Er forderte Intellektuelle dazu auf, ihre Kenntnis sozialer Probleme und Ungleichheiten öffentlich einzubringen. Wichtig ist seine Analyse der Machteliten. Sie kontrastiert eine heute vorherrschende Sicht, die in den Machtträgern vornehmlich Funktionseliten sieht und diesen attestiert, sich primär über Leistung zu definieren.

Spannungen zwischen Wissenschaft und Politik sind unabdingbar. Ein Widerstreit zwischen Haltungen und Interessen prägt sie. Politik vollzieht sich heute im Kontext eines akademischen Konformismus, der sich relativ stark an marktgängigen, finanzgetriebenen Sichtweisen orientiert. Politisch liberale Prämissen, die ein ausgewogenes Verhältnis zwischen Kapital und Arbeit postulierten, scheinen »überholt« zu sein. Medien und Politik fordern die Wissenschaft heute häufig dazu auf, sich an öffentlichen Diskursen zu beteiligen. Gefragt sind inhaltliche Kompetenzen und Stellungnahmen zu aktuellen Themen. Das ist durchaus erfreulich, aber zuweilen vordergründig (und schier utilitaristisch) angelegt. Die wachsende Forderung nach verwertbarem Fachwissen zwingt die Wissenschaft jedenfalls dazu, ihre Rolle in der Öffentlichkeit neu zu überdenken. Wenn der Nachweis ihrer Nützlichkeit so stark interessiert, sind Überlegungen zu forschungsethischen und methodologischen Grundlagen umso wichtiger. Dies auch zur Theorie und Praxis des sozialen Engagements. Implizite Annahmen sind transparent zu machen. Das ist gerade beim Erforschen von Machtfragen und sozialen Ungleichheiten wichtig, die emotional stark berühren und in öffentlichen Diskursen entweder abwehrend banalisiert oder moralisch hochstilisiert werden. Der Anspruch einer kritischen Analyse besteht darin, normative Prägungen möglichst zu erhellen.

Bei der vorliegenden Auseinandersetzung mit Machtfragen spielt wohl meine persönliche sozialistische Grundhaltung mit. Sie äußert sich etwa in der Vorstellung eines weitgehenden sozialen Ausgleichs. Als Soziologe interessiert mich aber vor allem, wie Gesellschaft funktioniert. Und da versuche ich, mich sozialen Realitäten möglichst stimmig anzunähern. Forschen heißt entdecken. Forschung lebt von der Offenheit. Mit kritischer Distanz auf alle Seiten. Nur so bleibt sie interessant.

Wissenschaftliche Untersuchungen helfen, soziale Probleme zu bewältigen. Dieses Bestreben impliziert – bei empirischen wie bei theoretischen Studien – normative Vorstellungen. Sie bestimmen mit, wie Probleme und Lösungen definiert werden. Je nach Definition weichen die Analysen erheblich voneinander ab. Dahinter verbergen sich unterschiedliche Interessen und Werte. Auch Machtansprüche, die begriffliche und gesellschaftliche Konzepte prägen. Begriffe sind weder Wahrheiten noch bloße Instrumente, um sich sozialen Realitäten anzunähern. Sie beinhalten vielmehr Festlegungen. Wie wir Begriffe fassen, ist immer auch eine Frage der Definitionsmacht. Das zeigt sich in Machtanalysen sehr deutlich.

Die Akzeptanz sozialer Gefälle beruht etwa auf der Hoffnung von Menschen, sie könnten eines Tages selbst zu Einfluss und Macht kommen. Reichtum gilt ihnen als erstrebenswert. So ist die Vorstellung verbreitet, dass alle ihr eigenes Glück schmieden und aufsteigen können, wenn sie sich genug Mühe geben. Diese Sicht rechtfertigt soziale Gegensätze und festigt sie. Wie jene Kritik, die den Sozialstaat bezichtigt, Menschen bloß abhängig zu machen. Sie fördert ebenfalls die Akzeptanz der Ungleichheit und behindert eine Umverteilung, welche die Lebensbedingungen breiter Bevölkerungskreise verbessern könnte. Daher ist stets zu fragen, wer soziale Unterschiede wie diskutiert und legitimiert.

Seit der zweiten Hälfte des 20. Jahrhunderts verschieben sich in Debatten zu sozialen Fragen die Akzente von strukturellen Bedingungen zu individuellen Kalkülen und situativen Sichtweisen. Eine kritische Sozialwissenschaft fokussiert hingegen strukturelle Voraussetzungen gängiger Praktiken, die soziale Ungleichheiten vornehmlich mit paternalistischen Konzepten einer Umverteilung angehen. Sie wehrt sich dagegen, sozial Benachteiligte oder Ohnmächtige zu bloßen Hilfeempfangenden zu degradieren. Denn eine solche Politik bestätigt das bestehende Gefüge. Sie zementiert soziale Ungleichheit und bevormundet Abhängige, statt die zugrunde liegenden Verhältnisse zu ändern, um ungerechte Folgen zu beheben. Machtkritische Analysen tragen hoffentlich dazu bei, demokratische Teilhabe und emanzipatorisches Engagement zu stärken. Dies auf der Grundlage fundierter Gesellschaftstheorien. Die normative Orientierung verlangt einen (selbst-)reflexiven Umgang mit (eigenen) Annahmen, Interessen und Projektionen. Der verstehende Zugang qualifiziert die konkrete Praxis und macht diese noch interessanter. Macht- und Herrschaftsverhältnisse sind weder naturgegeben noch Schicksal. Sie lassen sich verändern.

Kein Sozialpopulismus – ein Lehrstück

Der Regisseur Volker Lösch inszenierte am Basler Theater *Biedermann und die Brandstifter*. Die Aufführung sei »eine Beleidigung des Volkswillens«, schrieb der BaZ-Redaktor Aaron Agnolazza, der SVP-Mitglied ist. Mit seinem Beitrag »Bühne frei für einen Brandstifter« (BaZ 5.3.2014) reagierte er auf eine Polarisierung, die er und seine Zeitung öfter selbst betreiben. Spannend ist die Frage, was es bringt, mit einem linken Populismus auf einen rechten zu reagieren.

Regisseur Volker Lösch kam schon Monate vor der Aufführung (27.2.2014) zu mir ins Seminar für Soziologie. Mit vielen Fragen über die Schweiz. Einer Mitarbeiterin, Sina Stingelin, anerbot er, die Inszenierung teilnehmend zu beobachten und »aktuelle schweizerische Bezüge« einzubringen. Sie nahm das gerne wahr. Nach der Abstimmung über die Masseneinwanderungsinitiative der SVP schrieb Volker Lösch in einem offenen Brief an die Bevölkerung: »Wacht auf!« Und: »Warum habt ihr nicht angeprangert, dass ein Milliardär Millionen in die Ja-Kampagne gepumpt hat?«

Viele fühlten sich angesprochen und betroffen. Der Journalist Aaron Agnolazza kritisierte nach der Aufführung im Theater, Lösch missbrauche das »denkwürdige Abstimmungsergebnis« (vom 9.2.2014). Der »deutsche Regisseur« sei sich auch nicht zu schade, beinahe die gesamte Belegschaft des hoch subventionierten Theaters Basel zu instrumentalisieren und anlässlich der Premiere seiner Aufführung von Max Frischs *Biedermann und die Brandstifter* am Schluss des Stücks auf die Bühne zu kommen, um eine »Erklärung zur Abstimmung vom 9. Februar« zu verlesen. Nämlich: »Wir als Mitarbeiterinnen und Mitarbeiter des Theaters Basel sind entsetzt über das Ja vom 9. Februar 2014 und wollen das so nicht stehen lassen. Wir lehnen jede Form von Rassismus entschieden ab und sprechen uns hiermit für eine weltoffene, tolerante und humanistische Schweiz aus.« Der Journalist fragte weiter: »Sind also 50,3 Prozent der Schweizerinnen und Schweizer Rassisten, weil sie wieder selber über die Zuwanderung bestimmen wollen?« Unschwer lasse sich erkennen, wie die Stellungnahme der Theaterleute dies implizieren soll. Und diese Denkhaltung zeige sich eben auch in Löschs Inszenierung von *Biedermann und die Brandstifter:* Er entstelle das Drama von Max Frisch zu einem Stück gegen vermeintliche Fremdenfeindlichkeit, in dem die Biedermänner die eigentlichen Brandstifter seien. Lösch deute sein »Lehrstück ohne Lehre« noch weiter ins Absurde um. Frischs *Biedermann und die Brandstifter* müsse als Statement gegen die Masseneinwanderungsinitiative herhalten. Damit missachte Volker Lösch in krasser Weise den Volkswillen und zeige sein wahres Gesicht, nämlich das eines Antidemokraten, dem eine Lektion im »Einmaleins der direkten Demokratie« gut anstehen würde, die der Journalist dann gleich selbst erteilt: »Volker Lösch kommt mit Deutschland aus einem Land, das auf seinem Weg zur Demokratie einen Sonderweg ging.« Als »Tiefpunkt des deutschen Sonderwegs« erwähnt der Journalist zunächst den »kläglich gescheiterten« Versuch, nach der Märzrevolution 1848 ein parlamentarisches System einzurichten, und dann vor allem die Machtergreifung der Nationalsozialisten. »Erst Millionen Tote später und nach der Teilung des Landes wurde Deutschland in ein demokratisches System eingebunden. Dies nicht durch eigenen Antrieb, sondern künstlich, durch eine von den Siegermächten aufoktroyierte parlamentarische Demokratie.« Demgegenüber

sei die Schweiz »die stärkste direkte Demokratie der Welt«. Der Volksentscheid vom 9. Februar zeige dies nach dem historischen Nein zum EWR-
Beitritt im Jahr 1992 erneut auf eindrückliche Weise. Diesen mutigen
Volksentscheid in ein rassistisches Plebiszit umzudeuten, wie das der
deutsche Theaterregisseur Volker Lösch mache, sei unwürdig und res-
pektlos. Mit seiner Inszenierung missbrauche Lösch die Bühne des Theaters Basel sowie dessen Mitarbeitende. »Letztlich wird Volker Lösch damit selbst zu einem der Brandstifter, die er in den 50,3 Prozent der Bevölkerung vermutet, die am 9. Februar Ja zur Masseneinwanderungsinitiative
gesagt haben.« So weit der junge BaZ-Redaktor.

Der ehemalige Bankdirektor Roland Rasi schickte mir diesen BaZ-
Artikel zu. Er fragte, ob es sich beim Autor um den Studenten handle, der
in der Vorlesung »Wer regiert die Schweiz?« (HS Universität Basel 2013) ab und
zu das Wort ergreife. »Nein, das trifft nicht zu«, schrieb ich ihm zurück.
Es handelt sich bei den beiden jungen Männern um Verwandte. Der eine
ist Mitglied der SVP und arbeitet bei der *Basler Zeitung*, der andere ist bei
der Jungen Vaterländischen Union und schreibt für das Liechtensteiner
Vaterland. Er intervenierte auch ab und zu interessant und engagiert in
meiner Vorlesung. Offenbar sind nicht alle, die soziologische Vorlesungen besuchen, sozialistisch orientiert. Sie sehen sich aber ab und zu so
dargestellt. Nämlich verkehrt. Wie Volker Lösch. Er inszenierte den *Biedermann,* imponierte mit engagierten Bezügen zur Gegenwart und sah
sich gleich in die Ecke des Brandstifters gestellt. Ich erlebte Volker Lösch
auch an der »Linken Woche der Zukunft« in Berlin. (24.4.2015) Er redete
dort der »Linken« ins Gewissen, die ihm gleichwohl frenetisch applau-
dierte. Ich fand seine mutige Intervention wiederum eindrücklich und
rhetorisch geschickt, fast zu geschickt. Mit vielen Bonmots, in dichter
Folge, und eher spärlichen Anstößen zum vertiefenden Nachdenken. Einzelne Kritikerinnen taxierten die Rede als linkspopulistisch. Vielleicht
zutreffend? Ich warne jedenfalls davor, dem rechten Populismus einen
linken entgegenhalten zu wollen. Aus meiner Sicht gilt es, in den Mitteln,
die wir wählen, die freiheitlichen Ziele vorwegzunehmen, die wir postulieren. Von daher gibt es keine Alternative zum Versuch, zu differenzieren, statt zu simplifizieren. Unabhängig davon, was gerade besser ankommt. Das nehme ich mir auch selber immer wieder vor. Manchmal

gelingt es, manchmal weniger. So bezog sich auch an einer gewerkschaftlichen Retraite (17.4.2015) ein Vertreter des Schweizerischen Gewerkschaftsbundes verkürzt darauf, wie vorbildlich die radikale Demokratietheoretikerin Chantal Mouffe einen sozialen Populismus postuliere. Er verstand dies im Sinne einer Anleitung zum Mächtigsein, was bei Mouffe so keineswegs intendiert ist. Aus meiner Sicht läuft jedenfalls auch ein »sozialer Populismus« Gefahr, demokratische Prozesse zu gefährden. Wobei zu beachten ist, dass der Begriff verschiedene Phänomene beinhaltet. Es gibt den Nationalpopulismus, wie ihn der Politologe Pierre-André Taguieff in *L'Illusion populiste* (2007) beschreibt. Europa kennt seit über drei Jahrzehnten starke Schübe von Nationalpopulismus. Dazu gehören Diskurse, die den Gegensatz zwischen Volk und Eliten betonen oder »das Volk« als »ethnos« und nicht als »demos« verstehen. (Perrineau 2010: 191) Davon zeugt der Vormarsch fremdenfeindlicher Parteien in Europa. In *On Populist Reason* (2005) relativierte allerdings Ernesto Laclau, der (bis zu seinem Tod 2014) eng mit Chantal Mouffe zusammenarbeitete, den Begriff. Er erläuterte uns das auch an einer Veranstaltung im Seminar für Soziologie. Seiner Meinung nach äußert sich in der abwertenden Haltung gegenüber dem Populismus vor allem »eine Ablehnung von Politik überhaupt« (a.a.O.: X). Aber das Volk bilde wohl eine politische Kategorie im vollen Sinne des Wortes, und der Populismus lasse sich auch ganz einfach als eine Möglichkeit sehen, »das Politische zu schaffen« (a.a.O.: XI). Mit dieser Bedeutungsumkehr machen er und Chantal Mouffe den Begriff für gewerkschaftliche und linke politische Arbeit gewiss interessant. Gemeint ist eine Politik, die sich wirklich auf die sogenannt einfache Bevölkerung bezieht. Im Zentrum steht – im Sinne von Laclau (a.a.O.) – das Interesse, gesellschaftliche Strukturen und Prozesse zu hinterfragen und deutlichzumachen, wie Machtverhältnisse immer das Ergebnis politischer Aushandlungsprozesse und damit prinzipiell veränderlich sind.

Macht persönlich reflektieren

Helmut Hubacher beschrieb uns (20.5.2013) viele Politikerinnen und Politiker, die sich »wie Hamster im Laufrad drehen«. Sie seien ständig unterwegs, und »wenn noch ein bisschen Freizeit übrig bleibt, geht man an eine dieser vielen Einladungen«. Im Advanced Executive Program des Swiss

Finance Institute im Campus der Credit Suisse in Bocken bei Horgen diskutierte ich (28.2.2015) mit mehreren Bankkadern darüber. Einzelne erzählten offen von eigenen Ängsten und einem Konkurrenzdruck, der sich oft als völlig kontraproduktiv erweise. Nun, das ist nicht sehr vertrauenerweckend und deutet darauf hin, wie wichtig es ist, auch interne Mechanismen der Macht anzugehen. Ich unterhielt mich (9.6.2015) über das Streben nach Macht mit dem Psychiater Gerhard Dammann, der selbst ein Buch über Manager verfasst hatte. Als zentral erweist sich für ihn die Bereitschaft zur Selbstreflexion. Sie beinhaltet auch den Zugang zu dem, was einem bei sich selbst fremd ist.

Gerhard Dammann leitet die Psychiatrische Klinik Münsterlingen. Er beschrieb in einem früheren Interview den Narzissmus als Motor für Erfolg. Ausgeprägten Narzissten fehlen die Bodenhaftung und das Gefühl für Grenzen. Sie heben ab und sehen in andern viel Feindliches, um sich besser über sie erhöhen zu können. Sie gewähren auch wenig Unterstützung, weil die Energie eigenen Zielen nutzen soll. Zudem verlangt die Konkurrenz, sich gegen andere durchzusetzen. Der Narzissmus führt zu einem Zynismus, der andere entwertet und Neid schürt. Guten Anklang findet der Ruf nach Stärke und sauberen Tugenden. Als Feindbild dient der »überbordende Staat«. Wer von eigenen Vergehen ablenken will, projiziert sie gerne auf andere. Er verbindet ökonomische Interessen mit etwas Philanthropie. Das verleiht der eigennützigen Botschaft mehr Würde. So weit psychologische Deutungen. Sie sind wichtig, dürfen aber nicht den Anschein erwecken, nette Mächtige könnten strukturelle Krisen verhindern und eine soziale Wirtschaftspolitik durchsetzen.

Ich sprach Gerhard Dammann später auch auf die Habilitation *Narzissmus und Macht* von Hans-Jürgen Wirth (2002) an. Wirth vertritt die These, dass es heute öfter Personen »nach oben schwemmt«, die über eher wenig Sozialkompetenz verfügen. »Dies kann so meines Erachtens pauschal nicht vertreten werden«, entgegnete Gerhard Dammann (9.6.2015). Zum einen müsse die Branche beziehungsweise die Art und Geschwindigkeit der finanziellen Honorierung beachtet werden; beispielsweise Investmentbanking versus traditionelles Bankgeschäft, was ja auch innerhalb der Deutschen Bank zu Spannungen geführt habe. Auch bedürfe es in der Regel für steile berufliche Karrieren eher höherer Sozialkompetenz.

»Dennoch gibt es sicherlich Teilbereiche«, so Gerhard Dammann, »wo Mangel an Empathie und Entwertung anderer beziehungsweise narzisstisches Geltungsstreben zu Motoren von Erfolg und Ehrgeiz werden können, was in den letzten Jahren verschiedentlich beschrieben worden ist.«

Ich fragte Gerhard Dammann weiter, wie er bei Reichen ein Bewusstsein oder sogar ein Gefühl von Macht erlebe. Natürlich spiele eine Rolle, antwortete der Psychiater, ob eine Person bereits reich geboren wurde oder ihr Vermögen selbst erarbeitet habe; auch die Frage, ob das Vermögen immer kontinuierlich gestiegen sei oder Einbrüche erlebt habe, sei relevant. Schließlich auch die Frage, durch welche Unternehmensbereiche das Vermögen erzielt wurde. So könnte man darüber spekulieren, dass das große wissenschaftliche und mäzenatische Engagement von Jan Philipp Reemtsma für die Sozialforschung und andere Bereiche damit zu tun habe, dass das Geld zu großen Teilen in der Zigarettenindustrie erwirtschaftet wurde und die Familie in die NS-Zeit verstrickt war. Man könne jedenfalls davon ausgehen, dass das Erleben von persönlichem großem Reichtum bei den Betroffenen zu Mechanismen wie Rationalisierung (»dafür wurde auch hart gearbeitet«), Verdrängung (»um nicht ständig an die soziale Dissonanz zu denken«) oder Reaktionsbildungen (»karitatives Engagement, Stiftungen«) führen könne.

Eine weitere Frage bezog sich auf eine Verkäuferin, die mir sagte, sie beneide keine Reichen. Dabei interessierte mich, ob sie innerlich einfach keinen Neid zulassen dürfe. »Dass jemand sagt, er empfinde keinen Neid, kann zwar grundsätzlich auch mit Verleugnung zu tun haben«, antwortete Gerhard Dammann; »manchmal wird Neid auch projiziert, im Sinne, dass eine Person das gefühlt hat, sie werde von den anderen beneidet. Im geschilderten Fall scheint es mir jedoch wahrscheinlicher zu sein, dass die Verkäuferin tatsächlich keinen Neid empfindet, weil sie sich gar nicht mit den Reichen vergleicht. Man weiß, dass man sich etwa im Lohn mit seiner Peergroup vergleicht: Sekretärinnen mit Sekretärinnen; Radiologie-Oberärzte mit Radiologie-Oberärzten; Bank-CEOs mit Bank-CEOs. So kann es sein, dass eine Sekretärin unzufrieden ist, weil sie 300 Franken im Monat weniger verdient als eine vergleichbare Sekretärin der Abteilung, sich aber nicht mit dem deutlich höheren Lohn ihres Chefs vergleicht.«

Nun, das Eigene ist keine feste Kategorie. Es besteht aus meiner Sicht aus keinem wahren, inneren Kern, den es zu entdecken gilt. Das Eigene entsteht vielmehr prozessual. Es befindet sich stets im Wandel. Unser Ich ist ein werdendes Ich, das sich permanent verändert und nie ganz fassen lässt. Auch das Vertraute ist uns nie ganz vertraut. Es bleibt stets ein wenig unvertraut. Wenn wir uns ihm annähern, entdecken wir Fremdes. So wie wir im Fremden auch viel entdecken, was uns vertraut ist, wenn wir das Fremde nicht diffamieren, um unser eigenes Ich zu stabilisieren. Es gibt allerdings auch eine andere Nähe, eine Nähe durch Distanz; eine Nähe durch Respekt vor dem Andern, das sich uns stets entzieht und weder fassen noch vereinnahmen lässt. Sich fremd fühlen kann auch eine Form sein, die Nicht-Akzeptanz des Fremden nicht zu akzeptieren. Dieses Verständnis relativiert vielleicht das intentionale Verstehen der hermeneutischen Tradition. Das Fremde bleibt fremd, indem es sich dem Zugriff entzieht und nicht identifizieren lässt. Die Fremdheit verbindet also, indem sie bestehen bleibt. Sie hilft, das andere Ich als anderes Ich anzuerkennen. Die Akzeptanz setzt ein Ja zur Differenz voraus. Dazu gehört die Integration der eigenen Fremdheit. Sie ermöglicht eine Vertrautheit, die Ambivalenzen zulässt und darauf verzichtet, Ordnung durch rigides Normieren oder Homogenisieren herzustellen. Anstelle des symbiotisch Nahen oder des hochstilisiert Anderen ermöglicht das Selbstverständnis, dass Grenzen nur teilweise überwindbar sind, eine Vertrautheit mit sich und anderen. Daran lässt sich anknüpfen. Statt vornehmlich über das zu stolpern, was trennt, ergibt es oft Sinn, an Verbindendes anzuknüpfen, Vertrauensbereiche auszuweiten und weiterführende Schritte auszuhandeln. Dabei hilft die Selbstreflexion aller Beteiligten. Sie kann auch dazu beitragen, neue soziale und ökologische Bündnisse und Bewegungen zu initiieren.

Engagement und sozialer Sinn

Am 1. Juni 2015 war die Zürcher St.-Jakobs-Kirche voll besetzt. Kirchliche und andere soziale Einrichtungen luden zu einem Aktionsmonat ein. »Zusammen leben« lautete das Motto. Etliche Asylbewerbende wirkten mit, zusammen mit Stadtpräsidentin Corine Mauch. Hannes Lindenmeyer koordinierte den Anlass. Er engagierte sich früher jahrelang beim Schweizerischen Arbeiterhilfswerk. Ich fragte ihn, was seinen Einsatz motiviert.

Sie engagieren sich seit Jahrzehnten. Was bewegt Sie dazu?
Und wie gehen Sie mit Resignation um?

Die Welt interessiert mich, drum habe ich mich auch vor fünfzig Jahren für ein Geografiestudium entschieden. Schnell wurde mir dabei klar, dass mich in erster Linie interessiert, wie sich die Menschen in der Welt einrichten, insbesondere wie sie Ressourcen gewinnen und diese untereinander verteilen. Dass ich zu einer (weltweit gesehen) kleinen Minderheit, auf die Schweiz bezogen jedoch zu einer Mehrheit gehöre, die in einer privilegierten Situation lebt, legt es für mich selbstverständlich nahe, sich für eine andere, gerechtere Verteilung einzusetzen. Schon aus Eigeninteresse, weil ich – wie wohl alle Menschen – in einer friedlichen Welt leben möchte.

Aktionen wie »Zusammen leben« sind erfreulich. Aber sind sie mehr als ein Tropfen auf einen heißen Stein?

Der Stein ist wirklich sehr heiß, denken wir an die Flüchtlingskatastrophe im Mittelmeer, die aktuellen Kriege an den Außengrenzen Europas, den weltweiten Vormarsch von rechten Populisten, die mit viel Geld Egoismus und Verantwortungslosigkeit predigen – auch gegenüber den Benachteiligten im eigenen Land. Uns fehlen die Mittel, mit der großen Spritze diesen heißen Stein zu kühlen, abgesehen davon, dass ich an der Nachhaltigkeit einer solchen »Spritzkampagne« zweifle. Es braucht die Tropfen, es müssen aber viele sein. Die Überzeugungen wachsen im Zusammenleben von Menschen, die sich mit kritischer Vernunft mit den Fragen der Zeit auseinandersetzen – und an diesen Auseinandersetzungen Freude haben.

Wie nehmen Sie die Kraft der Kirche wahr? Und wo sehen Sie weiterführende zivilgesellschaftliche Ansätze?

Wo sich die Kirchen im traditionellen Sinne als religiöse Institutionen verstehen, legitimieren sie die bestehenden Ungerechtigkeiten. Als »Opium fürs Volk« trösten sie mit Almosen und Verweis aufs bessere Leben nach dem Tode; schlimmstenfalls lenken sie mit rigiden Verhaltensvorschriften von den wahren Problemen der Gesellschaft ab. Im Kern der christlichen Botschaft – und wohl im Kern der Botschaften der meisten Religionen – wird aber der Sinn des Lebens jedes Menschen und damit die Anerkennung seiner Würde postuliert; daraus erwächst die Verpflichtung, Strukturen, die diese Würde des Menschen verachten, zu bekämpfen. Selbstverständlich haben die Kirchen keinen Alleinanspruch auf den Einsatz für die universelle Gültigkeit der Menschenrechte; die zivilgesellschaftliche Bewegung ist viel breiter. Der Beitrag der Kirchen kann darin bestehen, dass sie den politischen Kampf mit Spiritualität verbinden; Spiritualität ist eine Kraft, die Menschen stark macht und vor Resignation schützt. Wenn die Kirchen ihre traditionelle Rolle im Sinne des »prophetischen Wächteramts« wahrnehmen, Ungerechtigkeiten nicht legitimieren, sondern aufdecken und anprangern, können sie einen wichtigen Teil der weltweiten Solidaritätsbewegung sein.

Gibt es für Sie so etwas wie ein Schlüsselerlebnis, das hilft, besser zu verstehen, was sich in der Schweiz tut, und Sie allenfalls zuversichtlich stimmt?

In unserem Stadtquartier Zürich-Aussersihl leben seit über hundert Jahren Menschen aus den verschiedensten Kulturen auf engem Raum zusammen. Kein Wahlkreis der Schweiz zeigt seit je in allen Abstimmungen, in denen es um Vorschläge für eine gerechtere Verteilung von Ressourcen, um gleiche Rechte und Solidarität geht, so deutliche Zustimmung. Noch nie wurde hier eine migrations- oder integrationspolitische Vorlage mit weniger als 70 Prozent zugunsten von Zugewanderten entschieden. Wer das Zusammenleben mit Menschen anderer Kulturen kennt, wird nicht von Angst und Ablehnung, sondern vom Interesse an der Begegnung geleitet. Wir sollten die mittelständischen Einfamilienhausghettos aufbrechen. In gewissem Sinne machen das ja die jungen Menschen, die in ihrer Freizeit die tristen Agglomerationen verlassen und in die pulsierenden Städte ziehen. Vielleicht ist das eine Chance, dass aus diesen Erfahrungen – sofern sie nicht im Konsum ersäuft werden – auch neue Haltungen erwachsen.

Soziale Gerechtigkeit

Soziale Gerechtigkeit gilt weithin als soziales Miteinander, das sich am sozialen Ausgleich orientiert. Sie bezieht sich auf das faire Verteilen wichtiger Ressourcen. Der Begriff kam Mitte des 19. Jahrhunderts im Kontext der sozialen Frage auf. Heute wird er oft harsch kritisiert und umdefiniert. Wir halten dafür, ihn zu verteidigen. Der politisch liberale John

Rawls verfasste 1971 eine *Theorie der Gerechtigkeit*. Zwei Prinzipien bilden das Fundament. Das erste Prinzip garantiert allen Menschen gleiche Grundfreiheiten. Zum Beispiel das Stimm- und Wahlrecht, die Redefreiheit, den Schutz vor Willkür sowie das Recht auf Eigentum. Das zweite Prinzip verlangt faire Chancengleichheit. Wird Ungleiches gleich behandelt, bleibt es ungleich. Daher ist bei sozioökonomischen Veränderungen darauf zu achten, dass sie Benachteiligten mehr Vorteile bringen. Dagegen wendet sich der libertäre Philosoph Robert Nozick in *Anarchie, Staat und Utopie* (1974). Er wirft John Rawls vor, die individuellen Freiheitsrechte staatlich einzuschränken. Ähnlich argumentieren finanzliberale Kreise.

Michael Walzer setzt sich in *Sphären der Gerechtigkeit* (1983) hingegen für eine pluralistische Gerechtigkeit und kommunitäre beziehungsweise »komplexe Gleichheit« ein. Zur Gerechtigkeit gehören nebst Politik und Wirtschaft vor allem Ansehen, Geld, Macht, Wissen, Sicherheit und Gesundheit. Gerechtigkeit begnügt sich nicht damit, sozioökonomische Ungleichheiten zu überwinden. Das betont ebenfalls Axel Honneth, der die Kritische Theorie (Frankfurter Schule) weiterführt. In *Kampf um Anerkennung* (1992) fordert er eine gerechte Gesellschaft, die mit wechselseitiger Anerkennung die individuelle Selbstentfaltung fördert. Soziale Gerechtigkeit beruht aus seiner Sicht auf drei Prinzipien der Anerkennung: auf Rechtsgleichheit, individueller Leistung und Liebe. Alle Menschen haben Anspruch auf gleichen Zugang zum Recht, zu sozialer Wertschätzung und affektiver Zuwendung. Zur ökonomischen Umverteilung kommt nach diesem Ansatz unabdingbar die Anerkennung.

»Umverteilung oder Anerkennung?«, fragt Nancy Fraser in ihrem Buch *Die halbierte Gerechtigkeit* (2001). Gerechtigkeit verlangt, so Fraser, beides: eine ökonomische Perspektive und symbolische Anerkennung. Als dritte Komponente erwähnt sie: die Politik (der Repräsentation). Ebenfalls wichtig ist eine Sozialpolitik, die existenzielle Sicherheiten garantiert und sich nicht vornehmlich auf die kulturelle Ebene verlagert. Der Ökonom Amartya Sen plädiert in *Die Idee der Gerechtigkeit* (2009) pragmatisch dafür, von den konkreten Lebensbedingungen der Menschen auszugehen und den Blick auch auf das individuell Mögliche (»Capability«) zu richten. Zum Beispiel auf eine gute Ausbildung, Ernährung und Gesundheit. Und dazu gehört weltanschaulich ein einfacher Konsens, der sich konsequent an sozialer Gerechtigkeit orientiert und diese auch konkret realisiert: wirtschaftlich, politisch, gesellschaftlich und persönlich. Zur Anerkennung kommt also unabdingbar die Umverteilung. Aber die persönliche Komponente bleibt wichtig. Wer Menschen politisch ansprechen will, muss sich dafür interessieren, wo der Schuh drückt. Beim Arbeiten, Wohnen, der Gesundheit. »Zuerst kommt das Fressen, dann kommt die Moral«, schrieb Bertolt Brecht. Der Mangel macht Menschen ohnmächtig. Der Mangel an Hoffnung (Bloch 1977) ebenfalls. Wie der Mangel an einfachem sozialem Sinn, der uns immer wieder fragen lässt, was eigentlich wichtig ist im Leben.

Ändere die Welt: Ein gutes Leben führen

Am 31. Januar 2015 verstarb der Soziologe Ulrich Beck. Er ging davon aus, dass wir uns im Übergang zu einer reflexiven Moderne befinden und zunehmend in der Lage sind, Zukunft und das zu antizipieren, was passiert, wenn es so weitergeht. Beck sicht die *Risikogesellschaft* (1986) als Produkt der Moderne. Sie dokumentiert den bruchartigen Übergang von der industriellen zur reflexiven Moderne. Technische Fortschritte zeitigen unerwartete Nebenfolgen. Ökologische und soziale Bedrohungen kumulieren sich. Davon geht Beck aus.

Tradierte Bande und geschlechtsspezifische Stereotypen weichen sich auf. Die standardisierte Erwerbsarbeit erodiert. Wechselhafte Lebensverläufe mit »Bastelbiografien« lösen »Normalbiografien« ab. Vielfältige Gestaltungs- und Wahlmöglichkeiten kompensieren den Verlust. Vor der politisch-administrativen Steuerung kommen verbandliche und wirtschaftliche Akteure stärker zum Zug; zudem soziale Bewegungen und zivilgesellschaftliche Einrichtungen. (Beck 1993) Nationalstaatliches Denken wollte Beck kosmopolitisch überwinden. Dies auch deshalb, weil Umweltprobleme vor Landesgrenzen keinen Halt machen. Globalisiert, erweisen sie sich als weltinnere Aufgabe. Die Weltgesellschaft entwickelt ein Bewusstsein über sich selbst. Sie geht das, was sie gefährdet, gemeinsam an. (Beck 2007) So entsteht eine übergreifende Community. Das Überleben lässt sich nur so sichern. Ist die Globalisierung ein wirtschaftlicher Globalismus, dann droht ein bornierter Provinzialismus. Politische und kulturelle Globalität ermöglichen hingegen eine solidarische Regionalität. Hoffentlich.

Die industrielle Moderne kennzeichnet Ulrich Beck als zweckrational. Vordergründige Klarheiten prägen das ultimative Entweder-oder-Denken. Anders verhält es sich in der reflexiven Moderne. (Beck/Giddens/Lash 1996) Hier erkennen Menschen, wie Nebenfolgen dominieren und auf jene zurückfallen, die sie verursachen. Und diese Einsicht fördert nach Beck die Bereitschaft, sich zu engagieren. Das ist eine zuversichtliche Option. Schön wär's. Leider lassen sich aber gerade unter einseitig machtgeprägten Bedingungen soziale Probleme einfach auf jene abwälzen, die über weniger Einfluss und Ressourcen verfügen.

Die Individualisierung basiert, so Beck, auf einer dynamischen Pluralisierung. Diese bringt mehr Ambivalenzen mit sich. Sie sucht das verbindende *Und* sowie das *Sowohl-als-auch*. Eine »neue Identität« lässt Widersprüche zu. Das ist erfreulich. Die Verunsicherung kann aber auch dazu führen, in Beliebigkeit abzudriften oder Halt bei populistischen Ideologien zu suchen.

Ulrich Beck berührt seit Tschernobyl viele Seelen. Die Individualisierung erklärt er aus Prozessen der Auflösung. Vielleicht ist sie sogar eine Voraussetzung für neue Verbindlichkeiten, die aus freien Stücken zustande kommen. Beck sieht durchaus, dass es ein Oben und Unten gibt. Er vernachlässigt aber vertikale Klassen- und Machtgefüge, die keineswegs passé sind. Gut nachvollziehbar ist indes die konkrete Hoffnung auf neue soziale Verbindlichkeiten. Sie braucht keine Illusion zu sein. Viele Menschen wollen doch aus machtgeprägten Gefügen mit hoher sozialer Kontrolle ausbrechen. Sie suchen mehr freiheitliche Urbanität mit weniger Anonymität. Vielleicht entsteht so tatsächlich eine lebendige Bereitschaft, sich für gerechtere Strukturen zu engagieren.

Ändere die Welt! (2015) betitelte der Genfer Soziologe Jean Ziegler sein Buch, das er nach seinem achtzigsten Geburtstag mit dem Ziel publizierte, uns aufzurütteln. (*SonntagsZeitung* 8.3.2015: 20/21) »Unmöglich, in die Kapitalflüsse kann man nicht eingreifen«, sagte ein Privatbankier zu Jean Ziegler. Die beiden trafen sich im letzten Zug von Bern nach Genf. Jean Ziegler sprach den Privatbankier auf die vier Milliarden Franken an, die vom früheren Diktator Mobutu auf Schweizer Bankkonten lagen. Er fragte ihn, warum die reiche Bank die Gelder nicht dem Volk zurückgebe, das an Hunger leide. Das gäbe, sagt der Bankier, bloß jahrelange Prozesse. Aufwendig, teuer und aussichtslos.

Wie Menschen an Hunger leiden, beschrieb Jean Ziegler auch anhand eines Essens in Recife in Brasilien. Ein Bettlerjunge kam herein. Der Schweizer Honorarkonsul, mit dem Ziegler speiste, gab dem Jungen ein paar Münzen. Jean Ziegler suchte den Jungen draußen auf und erfuhr, wie er seine kranken Eltern und die Familie ernährte. Jean Ziegler bat den Koch, dem Jungen draußen ein Essen zu servieren. Der vor Hunger zitternde Junge packte alles in eine Zeitung ein und machte sich auf den langen Weg zur Familie im Slum. Der Junge sei glücklich und sein Freund, sagte dann der Generalkonsul zu Jean Ziegler. Er erhalte ab und zu von ihm ein wenig Geld. Und Jean Ziegler fragte sich, warum er selbst weiterreise, statt sich um die Familie des Jungen zu kümmern. Er sei, so seine Antwort, selbst in ein machtvolles System eingebunden, das uns gefangen halte. Aber was hindert uns daran, das zu tun, was dringlich nötig wäre: solidarisch zu leben und die gängigen Konkurrenzmechanismen auszuhebeln, die uns vorwärtstreiben? Was veranlasst uns, die Rädchen weiter anzukurbeln, die für ein oligarchisches Prinzip drehen, das den Markt verabsolutiert und das Kapital dorthin fließen lässt, wo es private Gewinne maximiert und sich optimal verwertet? Jean Ziegler plädiert mit diesen Fragen dafür, die scheinbare Logik der Macht zu durchbrechen und einen andern Sinn zu suchen. So, wie das sozial Bewegte tun, die Stadtgärten anlegen und sich dafür engagieren, Räume der Spekulation zu entziehen und selbstbestimmt zu gestalten.

Monika Rühl, die Direktorin von Economiesuisse, wünschte sich persönlich in der *Weltwoche* (vom 8.1.2015) zum Jahresbeginn 2015 vor allem »eine erfolgreiche Schweizer Wirtschaft«. Die Unternehmerin und Nationalrätin (seit 2015) Magdalena Martullo-Blocher wünschte sich, »etwas Neues zu schaffen, das dann noch in die Welt hinaus exportiert wird«. Der Genfer Soziologe Jean Ziegler wünschte sich indes drei Wunder: die Liebe, die Schöpfung der Natur sowie die Freiheit und Solidarität. Die unterschiedlichen Wünsche dokumentieren unterschiedliche Welten.

Bei unseren Interviews zu Geld und Macht in der Schweiz erzählten mehrere Banker und Managerinnen begeistert von dem Buch *Die Entde-*

ckung der Langsamkeit (1983). Das erstaunte mich. Denn Sten Nadoldny kontrastiert darin die Biografie von Benjamin Franklin. Von ihm stammt der Ausspruch »Time is money« (»Zeit ist Geld«). Benjamin Franklin typisiert das konkurrenzgetriebene kapitalistische System. Nadoldny porträtiert hingegen John Franklin, der eine Alternative verkörpert. John kam mit einer Behinderung zur Welt. Er litt als Kind darunter, weniger flink Bäume erklimmen zu können als seine Kollegen. Ein Lehrer vermittelte ihm aber: Wenn du etwas sorgfältig angehst, siehst du mehr. John vermochte seine Not in eine Tugend zu verkehren. Als Gouverneur von Tasmanien führte er später wichtige demokratische Errungenschaften ein. Und bei seinen Antarktis-Entdeckungen bemerkte er auch, wie Frieden dort entsteht, wo Menschen langsam aufeinander zugehen. John Franklin kritisierte allerdings auch eine Langsamkeit, die nicht sehend ist, sondern blind. Nämlich dann, wenn sie nicht aus freien Stücken erfolgt, sondern aus Angst und Not.

Nun, materielle Bedingungen sind wichtig. Dazu gehört die gerechtere Verteilung von Geld, Macht und Ansehen. Hinzu kommt die Frage nach dem, was unser Leben lebendig und lebenswert macht: soziale Teilhabe und sozialer Sinn. Teilhabe bedeutet teilnehmen und teilen. Und: Sozialer Sinn kann auch darin bestehen, Abstand von einer Macht zu halten, die sich selbst mit viel Geld inszeniert.

Teil II **Fallstudien**

Im ersten Teil der Arbeit näherten wir uns breit gefächerten Gefügen und Dynamiken der Macht an.
Hier folgen nun exemplarisch vertiefende Fallstudien.
Peter Streckeisen nimmt die Beziehungen zwischen
Staat und Banken im Kontext der internationalen Finanzkrise in den Blick. In einem weiteren Beitrag beleuchtet
er den Einfluss des ökonomischen Denkens in der
Schweiz. Gian Trepp fragt nach der künftigen Politik
der Schweizerischen Nationalbank. Ganga Jey Aratnam
durchleuchtet mit der Rohstoffbranche einen Sektor,
in dem die Schweiz global eine Schlüsselrolle spielt.
Markus Bossert analysiert einen zentralen Akteur auf
der politischen Bühne des Landes: den Gewerbeverband.

Peter Streckeisen

⚜Bankenstaat

Finma und Nationalbank als Einrichtungen der »vierten Gewalt« des Staates

Der 16. Oktober 2008 und der 19. Februar 2009 sind Daten für die Geschichtsbücher der Zukunft. Sie stehen für die größte staatliche Aktion zur Rettung einer Bank, die in der Schweiz je durchgeführt wurde, sowie für den Anfang vom Ende des schweizerischen Bankgeheimnisses gegenüber den USA und den OECD-Staaten. Im Halbjahr zwischen Herbst 2008 und Frühjahr 2009 verdichteten sich wirtschaftliche und politische Prozesse zu einer spektakulären Kette von Ereignissen, die von zahlreichen Kommentatorinnen und Kommentatoren als Bruch mit der Vergangenheit erlebt wurden. Dies gilt gerade auch für die Rolle des Staates: Wer hätte sich gedacht, dass die in wirtschaftsliberaler Tradition stehende Schweiz unter Aufwendung von Milliardensummen eine der größten Banken der Welt, die UBS, vor dem Untergang bewahren würde? Wer konnte sich zuvor jemals denken, dass die Bankenaufsicht dieses Landes eines Tages diese Bank, unter Umgehung der laufenden Amtshilfeverfahren, zur sofortigen Lieferung von Kundendaten an die US-amerikanischen Behörden autorisieren und damit ein sehr großes Loch in die Mauer des Bankgeheimnisses schlagen würde, das seit den 1930er-Jahren als ein nicht verhandelbarer Pfeiler helvetischer Rechtsstaatlichkeit betrachtet wurde?

In diesem Kapitel nehme ich diese Ereignisse zum Anlass, um jene Formen der Macht zu untersuchen, die in Bereichen vorherrschend sind, in denen, zumindest von außen gesehen, nie ganz klar ist, wo nun eigentlich der Staat aufhört und wo die Bankenwelt anfängt – und umgekehrt. Joseph Vogl (2015: 143–199) spricht von einer »vierten Gewalt«, die sich neben die offiziell anerkannten drei Staatsgewalten (Regierung, Parlament und Justiz) stellt und bei der »ökonomischen Regierung« (a. a. O.: 29–67) der Bevölkerung zunehmend an Einfluss gewinnt. Angesiedelt in einer Grauzone zwischen Politik und Wirtschaft, sind Einrichtungen wie die Bankenaufsicht oder die Nationalbank weitgehend dem Einfluss mehr oder weniger demokratischer politischer Prozesse entzogen. Sie erfüllen eine »Schleusenfunktion« (a. a. O.: 158), indem sie Dynamiken und Funktionsweisen des Finanzmarktkapitalismus ebenso in den Staatsapparat hineintragen, wie sie als die Schlüsselinstitutionen politischer Regulierung des Banken- und Finanzsektors auftreten. Wir haben mit einer Reihe von Verantwortungsträgern im Schnittfeld zwischen Staat und Banken biografische Interviews geführt, um diese Welt der »vierten Gewalt« besser verstehen zu können. In der Folge rufe ich wichtige Aspekte der eingangs erwähnten Ereignisse der Jahre 2008 und 2009 in Erinnerung. Es folgt ein Abschnitt mit theoretischen Überlegungen zum »Bankenstaat«. Die Hauptteile des Kapitels sind der Bankenaufsicht und der Nationalbank gewidmet. Der Beitrag schließt mit Überlegungen zur Frage, inwiefern die Protagonisten des Bankenstaats sinnvollerweise als Angehörige eines »Staatsadels« im Sinne Bourdieus (2004) betrachtet werden können.

UBS-Krise und »Steuerkonflikt« mit den USA

Als am 16. Oktober 2008 die höchsten Verantwortungsträger des Finanzdepartementes, der Nationalbank und der Eidgenössischen Bankenkommission (EBK) ins Scheinwerferlicht traten und einer ebenso erstaunten wie aufgeregten Öffentlichkeit einen detaillierten Plan zur Rettung der UBS präsentierten, wurde mit einem Schlag sichtbar, dass führende Exponenten der staatlichen Behörden den Fall in einer Art Geheimoperation von langer Hand vorbereitet hatten. Dabei waren auch die Spitzen der UBS einbezogen worden, um am Tage X Maßnahmen vorstellen zu können, denen die Zustimmung der Bank gewiss war. Die staatlichen

»Retter« setzten keineswegs auf Konfrontation, sondern suchten eine ein-vernehmliche Lösung, deren Erfolg nicht zuletzt auf der Kooperation der UBS beruhen sollte. Die Vorbereitungen mussten laut Aussage der Prota-gonisten geheim bleiben, da es verheerende Auswirkungen auf die Markt-position der UBS hätte haben können, wären diese vorzeitig bekannt ge-worden. Die Kooperation zwischen Staat und Bank hinter den Kulissen diente dem Ziel, den Finanzmärkten die Möglichkeit zu nehmen, zwi-schen der Ankündigung und der Umsetzung von staatlichen Rettungs-maßnahmen zu reagieren und neue Fakten zu schaffen.

Was in einer kritisch gestimmten Öffentlichkeit bisweilen als Umge-hung demokratischer Instanzen und Entscheidungsmechanismen skan-dalisiert wird, entspricht bei genauerem Hinsehen der alltäglichen Funk-tionsweise des Bankenstaats. Der am 30. Mai 2010 veröffentlichte Bericht der Geschäftsprüfungskommission des National- und Ständerates zeigte, dass sich Spitzenvertreter des Finanzdepartements, der Eidgenössischen Bankenkommission und der Nationalbank seit Jahren abseits jeder Öf-fentlichkeit darauf vorbereitet hatten, Maßnahmen im Fall einer akuten Bankenkrise zu ergreifen. Auslöser für die Bildung dieses Finanzkrisen-stabs (Finkrist) waren die Erfahrungen mit dem »Grounding« der Swiss-air im Herbst 2001. Abgesehen von Finanzminister Hans-Rudolf Merz, der sich allerdings nicht sonderlich dafür zu interessieren schien und aus-gerechnet in der »heißen Phase« der UBS-Krise wegen eines Herz-Kreis-lauf-Stillstands die Führung der Amtsgeschäfte an Stellvertreterin Eve-line Widmer-Schlumpf abtreten musste, war der Bundesrat über diese geheimen Vorbereitungen und Szenarien nicht informiert. Selbstver-ständlich wusste auch das Parlament von nichts: Die zuständigen Kom-missionen des National- und Ständerats wurden erst in letzter Minute über das geplante Rettungspaket informiert.

Die Maßnahmen zugunsten der UBS waren außergewöhnlich. Weil es der Bank im Herbst 2008 nicht gelang, dringend benötigtes neues Ka-pital aufzunehmen, zeichnete der Bund eine Wandelanleihe im Umfang von 6 Milliarden Franken. So konnte der Staat der UBS Kapital zuführen, ohne Eigentümer zu werden. Es wurde denn auch eindeutig kommuni-ziert, eine staatliche Beteiligung am Aktienkapital der UBS sei nicht das Ziel, die Wandelanleihe werde so bald wie möglich veräußert. Und weil die UBS vor dem Hintergrund der sogenannten Subprime-Krise in ihrem Portefeuille riesige Bestände zunehmend wertloser Titel führte, gründete die Nationalbank eine Zweckgesellschaft zur Übernahme fauler (oder »toxischer«) Papiere. Dieser Stabilisierungsfonds (StabFund) wurde durch ein Darlehen der Nationalbank von maximal sechzig Milliarden Franken alimentiert und wies eine Architektur auf, die auf sehr enger Kooperation zwischen Nationalbank und UBS beruhte. Während die Nationalbank die Geschäftsleitung des Fonds stellte, waren Spezialisten der UBS für die Verwaltung der Papiere verantwortlich. Der Verwaltungsrat wurde aus Vertretern beider Seiten gebildet, wobei die Nationalbank den Vorsitzenden und die Mehrheit der Mitglieder stellte. Darüber hinaus wurde vereinbart, dass die Nationalbank im Falle der Erwirtschaftung eines Gewinns die erste Milliarde für sich behalten, jeder weitere Gewinn aber hälftig aufgeteilt werden würde.

Das Rettungspaket für die UBS war erfolgreich: Die schweizerischen Behörden profitierten vom internationalen Krisenmanagement der Regierungen und Zentralbanken, die eine Politik tiefer Zinsen und billigen Geldes (Quantitative Easing) praktizierten. Es gelang ihnen, die Gefahr mit einem Schlag in den Griff zu bekommen und die Situation zu beruhigen.

Im Gegensatz dazu zeigt sich beim Kampf um das Bankgeheimnis das Bild eines langwierigen Rückzugsgefechts, bei dem den schweizerischen Behörden die Agenda durch ausländische, in erster Linie US-amerikanische Instanzen diktiert wird. Als die Aufsichtsbehörde Finma im Februar 2009 die Lieferung von Kundendaten der UBS autorisierte, war das unmittelbare Ziel, eine Klage der US-Behörden abzuwenden, welche die Existenz der soeben geretteten Bank erneut bedroht hätte. Die Verhandlungen zwischen den US-amerikanischen Behörden und schweizerischen Banken über die Folgen von Steuerflucht und Steuerhinterziehung sind bis heute nicht abgeschlossen. Im Rahmen der OECD versuchte die Schweiz zuerst eine Quellen- oder Abgeltungssteuer als Alternative zum automatischen Informationsaustausch zwischen den Steuerbehörden zu etablieren, konnte sich aber nicht durchsetzen. Damit stand fest, dass sich das traditionelle Bankgeheimnis im Geschäft mit Kundinnen und Kunden aus OECD-Staaten nicht mehr halten ließ. Die staatstragende *Neue*

Zürcher Zeitung zögerte nicht, im Zusammenhang mit den Entwicklungen im »Steuerkonflikt mit den USA« von »Kapitulation« zu sprechen. (NZZ 20.2.2009)

Im Zuge dieses Rückzugsgefechts wurde im Frühjahr 2010 eine neue staatliche Abteilung ins Leben gerufen: das Staatssekretariat für internationale Finanzfragen. Rückblickend wirkt es erstaunlich, dass die Schweiz mit ihrem seit Jahrzehnten sehr bedeutenden internationalen Finanzplatz eine solche Abteilung nicht früher eingerichtet hat. Immerhin kam die Frage der Steuerfluchtgelder bereits mit dem »Chiasso-Skandal« der Schweizerischen Kreditanstalt (heute Credit Suisse) im Jahr 1977 auf den Tisch. In den 1990er-Jahren stand der Finanzplatz im Scheinwerferlicht der Auseinandersetzungen um die »nachrichtenlosen Vermögen«, die im Zweiten Weltkrieg bei schweizerischen Banken angelegt worden waren. Dabei übten die USA starken politischen Druck auf die Schweiz aus. Der Konflikt wurde beigelegt, indem der Bund eine Historikerkommission einsetzte (die Bergier-Kommission) und sich die Banken im wahrsten Sinne des Wortes freikauften. Außerdem trat die Schweiz zu Beginn der 1990er-Jahre dem Internationalen Währungsfonds bei und begann, in der Finanzdiplomatie eine neue Rolle zu spielen. In der Finanzverwaltung existierte zwar seit längerer Zeit eine Gruppe für internationale Fragen, aber das war eine kleine Einheit ohne ranghohen Direktor. Zu Beginn des Steuerkonflikts mit den USA agierten auf schweizerischer Seite Funktionäre von vergleichsweise bescheidenem Rang, etwa der Chefjurist der Bankenkommission. Erst mit der Zuspitzung der Auseinandersetzungen 2009 wurde das Verhandlungsfeld zur Chefsache gemacht und in die Hände von Staatssekretär Michael Ambühl gelegt, der erster Vorsteher des neuen Staatssekretariats wurde.

Angesichts der Zuspitzung der Ereignisse 2008 und 2009 setzte sich die Einsicht durch, dass eine Neuausrichtung der schweizerischen Finanzmarktpolitik unausweichlich war. Was viele Spezialisten und Verantwortungsträger hinter vorgehaltener Hand schon lange gesagt hatten, durfte und sollte nun offen ausgesprochen und zur neuen Maxime gemacht werden. Der Bundesrat setzte Expertenkommissionen ein, um den Politikwechsel zu begründen. Die Kommission zur »Limitierung von volkswirtschaftlichen Risiken durch Großunternehmen« beschäftigte sich unter Leitung des Direktors der Eidgenössischen Finanzverwaltung, Peter Siegenthaler, mit dem Problem des Too Big to Fail (TBTF). Die »Expertengruppe zur Weiterentwicklung der Finanzmarktstrategie« unter Leitung von Aymo Brunetti, Wirtschaftsprofessor in Bern und ehemaliger »Chefökonom« des Staatssekretariats für Wirtschaft (Seco), erarbeitete Konzepte für den Wechsel zur »Weißgeldstrategie« mit automatischem Informationsaustausch und griff Vorarbeiten der TBTF-Kommission auf. In diesen Gremien, Beispiele einer Komitologie nach helvetischer Art, begegnete sich das Who's who aus Verwaltung, Wissenschaft, Banken und Finanzwelt, um die Zukunft des Finanzplatzes, als dessen Anhängsel die Schweiz bisweilen nur noch erschien, zu regeln. Der Bericht des Bundesrates vom 18. Februar 2015 über TBTF beschränkte sich darauf, die Arbeiten der Expertenkommissionen zu würdigen und festzuhalten, die Stoßrichtung sei richtig, doch bestehe weiterhin Anpassungsbedarf, gerade in Bezug auf die Notfallpläne, welche die Banken für den Krisenfall ausarbeiten müssten, um die Fortführung »systemrelevanter Geschäfte« zu ermöglichen, ohne dass jeweils die ganze Bank gerettet werden muss. In Anlehnung an die helvetische Tradition der »Selbstregulierung« verzichtete der Staat weiterhin darauf, den Banken organisatorische Vorschriften zu machen, und setzte auf deren Bereitschaft und Fähigkeit, die Probleme selbst zu lösen.

Staat und Banken

In der Finanz- und Bankenkrise erwies sich der Staat als zentraler Akteur. Aber was und wer ist das überhaupt: der Staat? Wir sollten uns davor hüten, den Staat als geschlossene Einheit zu betrachten, als Akteur, der wie eine Person denkt und eingreift. Natürlich versuchen staatliche Akteure dieses Bild zu zeichnen, um ihre Handlungsfähigkeit zu unterstreichen. Aber eine kritische Betrachtung darf es nicht dabei bewenden lassen. Es reicht auch nicht, zwischen Regierung, Parlament und Verwaltung zu unterscheiden. Die innere Vielfalt und Konflikthaftigkeit des Staates lässt sich nicht auf das Verfassungsprinzip der Gewaltenteilung reduzieren. Selbst wenn wir in der Schweiz allein die Bundesverwaltung anschauen, haben wir ein komplexes Gebilde vor Augen, dessen unterschiedliche Abteilungen nicht einfach wie von magischer Hand geführt »an einem Strick ziehen«. Zwar gibt es Organigramme, Verordnungen und Gesetze, welche die Arbeitsteilung und die Kooperation zwischen den Departementen und Ämtern regeln sollen. Aber der Staat, wie er im Alltag lebt und agiert, ist etwas anderes als dieser »Staat auf dem Papier«.

Pierre Bourdieu (1994) schlägt vor, den Staat als »bürokratisches Feld« zu betrachten, als ein Kräfte- und Kampffeld, auf dem unterschiedliche Akteure um Macht und Einfluss kämpfen. Diese Sichtweise erlaubt es, die Blackbox aufzubrechen und der Frage nachzugehen, welche verschiedenen Kräfte im Innern des Staates wirken. Außerdem lenkt der Begriff des Feldes die Aufmerksamkeit auf die Grenzen des Staates: Diese sind mitunter fließend oder porös, vor allem aber stets umkämpft. Zweifellos wirkt der Staat gegen außen, doch zugleich wirken äußere Kräfte ins Feld des Staates hinein. So lässt sich die Entwicklung des Staates in vielfältiger Wechselwirkung mit seinen gesellschaftlichen, wirtschaftlichen und kulturellen Umfeldern untersuchen. In diesem Beitrag geht es um die Rolle staatlicher Einrichtungen, die sich mit der Bankenwelt beschäftigen. Und so, wie von einem »Sozialstaat« die Rede ist, wenn wir uns auf staatliche Abteilungen beziehen, die sich auf die Bearbeitung der sozialen Frage ausrichten, spreche ich in diesem Beitrag vom »Bankenstaat«, um die Bankenaufsicht oder die Nationalbank in den Blick zu nehmen. Gemessen an der Anzahl Angestellter, ist der Bankenstaat im Vergleich zur gesamten Bundesverwaltung relativ klein, aber das sagt nichts über seine Bedeutung aus. Die Finanzverwaltung, die innerhalb der Bundesverwaltung sozusagen die »natürliche« Kooperationseinheit für die Finanzmarktaufsichtsbehörde Finma und die Nationalbank darstellt, ist ebenfalls keine besonders große Abteilung, nimmt im gesamten staatlichen Gefüge aber dennoch unbestritten eine zentrale Stellung ein.

Den Staat als Kräfte- oder Kampffeld zu betrachten, bedeutet nicht, über die grundlegende Interessengemeinschaft der verschiedenen staatlichen Akteure und Abteilungen hinwegzusehen, die sie bei aller Konflikthaftigkeit verbindet. Wer Macht im Staat ausüben will, hat ein Interesse an der Macht des Staates, und diese setzt eine gewisse Solidarität und Kooperation innerhalb des Staates voraus. Staatliche Macht beruht aber auch auf ihren Verbindungen über die Grenzen des Staates hinaus. Im Bereich des Bankenstaates etwa ist es offenkundig, dass die Position der staatlichen Institutionen in Verbindung mit der Position der privaten Akteure steht, mit denen sie zu tun haben: Die Stellung der schweizerischen Bankenaufsicht im Bundesstaat sowie auf internationaler Ebene lässt sich etwa nicht unabhängig von der wirtschaftlichen Bedeutung der Großbanken und des Finanzplatzes betrachten. Nicht nur in der Schweiz zeichnet sich der Bankenstaat dadurch aus, dass Schlüsselinstitutionen wie die 2009 gebildete Finma und die Nationalbank staatliche Einrichtungen sind, die zwischen dem Staat im engeren Sinne und der privaten Bankenwelt stehen. Weder Finma noch Nationalbank sind Teil der Bundesverwaltung. Der Bundesrat ernennt zwar die höchsten Verantwortungsträger beider Einrichtungen, doch unterstehen diese keiner Weisungsbefugnis, sondern sind in ihren Entscheidungen rechtlich autonom. Die Finma ist eine öffentlich-rechtliche Anstalt mit eigener Rechtspersönlichkeit, die dem Finanzdepartement nur in administrativer Hinsicht angegliedert ist. Sie wird durch Abgaben der Banken finanziert. Die Nationalbank ist eine spezialgesetzliche Aktiengesellschaft des Bundesrechts, deren Aktienkapital sich nur gut zur Hälfte in öffentlichem Besitz befindet; der Bund besitzt keine Aktien, die Kantone und Kantonalbanken hingegen schon. Das Personal von Finma und Nationalbank untersteht nicht dem Bundespersonalgesetz, sondern jeweils spezifischen Reglementen.

Was in diesem Beitrag aber besonders interessiert, ist weniger die Frage, was der Staat – im Besonderen der Bankenstaat – eigentlich ist, sondern die Frage, was der Staat tut, oder noch besser: wie durch das, was im Namen des Staates getan wird, Staat und Staatlichkeit erst hergestellt und verändert werden. Michel Foucaults Konzept der Gouvernementalität beschreibt den Staat als ein sich stets wandelnder Effekt von Regierungspraktiken. Anders gesagt, ist der Staat, durch diese Brille betrachtet, das immer nur vorübergehend stabilisierte Ergebnis dessen, was im Namen des Staates getan wird. (Lemke 2007) Dabei kann der »Staatseffekt« ein Nebeneffekt sein, wenn staatliche Einrichtungen wie nebenbei im Zusammenhang mit Praktiken entstehen, die übergeordnete Ziele verfolgen. Die Gründung des Staatssekretariats für internationale Finanzfragen könnte als Beispiel genannt werden: Eine neue Abteilung wird im Zuge von Bemühungen gegründet, den Steuerkonflikt mit den USA und weite-

ren OECD-Staaten beizulegen. Aus der Perspektive Foucaults ist die
»Staatsformierung kein einmaliges Ereignis, sondern ein andauernder
Prozess, in dem die Grenzen und die Inhalte staatlichen Handelns immer
wieder neu bestimmt werden« (a. a. O.: 54).

Foucaults Ansatz schützt vor der Versuchung, ein Bild des Staates aus
Prämissen abzuleiten, ohne Staat und Staatlichkeit empirisch zu untersuchen. So lässt sich etwa die Rolle, die Peter Siegenthaler, Direktor der Eidgenössischen Finanzverwaltung, im Kontext der UBS-Rettung gespielt
hat, aus keinem Gesetzestext ableiten. Auch die liberale Vorstellung, der
zufolge der Staat das Allgemeinwohl vertritt, oder die marxistische Ansicht, der Staat stehe im Dienste des Kapitals, hilft da nicht weiter. Im Gegensatz zu solchen Ansätzen der Staatsableitung ist es unser pragmati-
sches Ziel, ansatzweise zu erforschen, wie sich was ereignet hat und was
die Protagonisten dazu geführt hat, im Namen des Staates so und nicht
anders zu handeln. Siegenthaler agierte nach dem Swissair-Grounding
von 2001 bereits als Krisenmanager des Staats, obwohl solche Aufgaben
nicht im Pflichtenheft des Direktors der Finanzverwaltung stehen. In der
Vorbereitung auf das Szenario einer akuten Bankenkrise war er eine trei-
bende Kraft. Im Anschluss an die UBS-Rettung leitete er die Kommission,
die das Problem des Too Big to Fail bearbeitete.

Sowohl die Maßnahmen zur UBS-Rettung als auch die Autorisierung
des Transfers von Kundendaten an US-amerikanische Behörden ließen
sich nicht einfach aus gesetzlichen Vorgaben ableiten. Vielmehr definierten die Protagonisten ihre Ziele vorweg und versuchten erst im Nachhinein, diese mit dem Gesetz in Einklang zu bringen oder mit einer Berufung auf Notrecht zu begründen. Um nachvollziehen zu können, warum
jemand wie Siegenthaler in einer bestimmten Situation so und nicht anders gehandelt hat, müssen wir drei Aspekte, die alle nur auf den ersten
Blick »individuell« sind, zu erforschen versuchen: seine Stellung im Feld
des Staates, nicht nur im juristischen oder »objektiven« Sinne, sondern
auch im Hinblick auf Beziehungen, Ansehen und Prestige; seine Biografie und berufliche Laufbahn, die er unter gewissen Gesichtspunkten mit
Angehörigen seiner Generation teilt und die ihn im Zuge der Sozialisation und Formung eines spezifischen Habitus auf eine Weise geprägt haben, die das Spektrum wahrscheinlicher Handlungsweisen und -pers-

pektiven umreißt; die politische Programmatik und sein Verständnis von Regierungskunst, das er verinnerlicht hat und aufgrund dessen er sich mit anderen Akteuren verbunden fühlt oder, im Gegenteil, andere Akteure als seine Gegenspieler betrachtet.

Mit dem Begriff »Bankenstaat« will ich nicht suggerieren, der schweizerische Staat stehe unter der Kontrolle oder im Dienste der Banken (auch wenn es einige Aspekte gibt, die einer solchen Sicht der Dinge Plausibilität verleihen). Vielmehr geht es darum die Aufmerksamkeit auf jene Wechselwirkungen zu legen, die zwischen einem Bereich der Staatstätigkeit auf der einen und der Bankenwelt auf der anderen Seite bestehen. Den andauernden Prozess der Staatsformierung im Sinne von Lemke betrachten wir als Teil einer »Koproduktion«, in der sich Staat und Banken in gewisser Hinsicht gegenseitig herstellen oder zumindest in der jeweiligen Entwicklung stark beeinflussen. Marx (1962: 783) hat in seinem berühmten Kapitel über die »ursprüngliche Akkumulation« beschrieben, wie der Staat als Geburtshelfer der Unternehmerklasse im Allgemeinen sowie des »Börsenspiels« und der »Bankokratie«, das heißt der zentralisierten Bankenmacht, im Besonderen agierte. Für einen Blick in die umgekehrte Richtung können wir uns von Max Weber (1980: 824–826) anregen lassen, der die Funktionsweise staatlicher Institutionen als Abbild der Arbeitsteilung und Rationalisierung im kapitalistischen Betrieb beschrieben hat. Der einseitigen Analyse von Economiesuisse (2014), die in gewohnter Manier Wettbewerbsverzerrungen durch den zunehmenden Einfluss des Staats beklagt, gilt es eine Sichtweise entgegenzustellen, die nicht nur den »staatlichen Fußabdruck« in der Wirtschaft, sondern auch den »wirtschaftlichen Fußabdruck im Staat« untersucht und Grundlagen schafft, um wirtschaftliche Macht ebenso systematisch zu hinterfragen wie Staatsmacht und um zu erkennen, wie wirtschaftliche und staatliche Macht mitunter Hand in Hand gehen.

Von der Bankenkommission zur Finma

Mitten in den Turbulenzen der internationalen Finanz- und Bankenkrise nahm am 1. Januar 2009 die integrierte Finanzmarktaufsicht (Finma) den Betrieb auf. Doch die Gründung der neuen Behörde war, anders als beim Staatssekretariat für internationale Finanzfragen, kein »Schnellschuss« im Kontext der Krise, sondern von langer Hand vorbereitet. Bereits 1998 hatte Finanzminister Kaspar Villiger eine Expertengruppe Finanzmarktaufsicht unter der Leitung von Professor Jean-Baptiste Zufferey (Universität Freiburg) eingesetzt, welche die Grundlagen für eine Reorganisation der Aufsichtsbehörden erörtern sollte. Die Kommission empfahl, die bisher getrennten Aufsichten über Banken und Versicherungen zu integrieren. Ende 2001 wurde eine weitere Kommission unter Leitung von Ständerat und Professor Ulrich Zimmerli (Universität Bern) eingesetzt, um den Entwurf eines Gesetzes über die integrierte Finanzmarktaufsicht vorzubereiten. Im Februar 2006 richtete der Bundesrat die Botschaft zu diesem neuen Gesetz ans Parlament. Neben der Eidgenössischen Bankenkommission und dem Bundesamt für Privatversicherungen sollte nun auch die Kontrollstelle zur Bekämpfung der Geldwäscherei in die Finma überführt werden.

Die Zusammenlegung der Banken- und Versicherungsaufsicht spiegelte Entwicklungen in der Finanzbranche, die mit dem Begriff Allfinanz bezeichnet werden: Banken stiegen ins Versicherungsgeschäft ein, indem sie größere Versicherungsunternehmen aufkauften. So kam in der Schweiz die Winterthur 1997 unter das Dach der Credit Suisse, und in den USA übernahm die Großbank Citicorp ein Jahr später Travelers Group. In beiden Fällen wurde die Zusammenlegung allerdings nach wenigen Jahren wieder aufgelöst, und die Orientierung am Allfinanzkonzept setzte sich nicht auf breiter Basis durch. Die Schweiz war dennoch nicht das einzige Land, das eine integrierte Finanzmarktaufsicht ins Leben rief. Solche Gremien wurden 2001 auch in Großbritannien (Financial Services Authority) und 2002 in Deutschland (Bafin) gebildet.

Eine Schlüsselfrage bei der Ausarbeitung des Finma-Gesetzes war die Rechtsform der neuen Aufsicht, zumal sich die Vorgängerbehörden in der Hinsicht wesentlich unterschieden: Die Versicherungsaufsicht war ein Bundesamt, die Bankenaufsicht eine Behördenkommission. Beide Rechtsformen wurden nun im Hinblick auf die gewünschte Unabhängigkeit der neuen Aufsichtsbehörde als unbefriedigend betrachtet. Mit der Rechtsform einer öffentlich-rechtlichen Anstalt sollte die Unabhängigkeit der Finma in funktioneller, institutioneller und finanzieller Hinsicht eindeutig festgeschrieben werden. Das Finma-Personal untersteht somit nicht dem Bundespersonalgesetz, und die Aufsichtsbehörde darf über ihre finanziellen Ressourcen, die vollumfänglich von den beaufsichtigten Unternehmen entrichtet werden, autonom verfügen.

Ich lasse nun den Aspekt der Zusammenlegung der Aufsichtsbehörden außer Acht und konzentriere mich ganz auf die Bankenaufsicht. Inwiefern ist in der Finma eine andere Form von Bankenstaat zu finden als in der Vorgängerbehörde? Welche Prozesse, Brüche und Kontinuitäten der Staatsformierung lassen sich beschreiben?

Wenn wir die Geschichte der schweizerischen Bankenaufsicht betrachten, lassen sich drei Phasen unterscheiden. Die Eidgenössische Bankenkommission wurde durch das erste Bankengesetz von 1934 ins Leben gerufen. Bis zu Beginn der 1930er-Jahre wehrten sich Finanzdepartement, Nationalbank und Bankiervereinigung mit vereinten Kräften gegen jede Bankengesetzgebung. Aber unter dem Eindruck von Weltwirtschaftskrise und Bankzusammenbrüchen ließ sich diese Position nicht länger aufrechterhalten. (Bänziger 1985) Zugleich wurde im neuen Gesetz das Bankgeheimnis zum strafrechtlich geschützten Berufsgeheimnis. Bankenaufsicht und Bankgeheimnis sind also Zwillinge oder zwei Seiten derselben Medaille. Die Bildung einer Behördenkommission mit Vertretern des Bundes, der Nationalbank, der Banken und der Wirtschaft setzte sich gegen andere Szenarien durch, etwa die Schaffung eines Bundesamts für das Bankwesen oder die Übertragung der Aufsichtskompetenzen an die 1907 gegründete Nationalbank. Die ersten Mitglieder der 1935 ihre Tätigkeit aufnehmenden Kommission waren der ehemalige Bundesrat Edmund Schulthess (Präsident), der Generaldirektor der Nationalbank Paul Rossy (Vizepräsident), der Direktor des Bankvereins Carl Brüderlin, der Direktor der Kreditanstalt Emil Walch und der Luzerner Ständerat mit gewichtigen Wirtschaftsmandaten Albert Zust.

Bis in die 1960er-Jahre war diese Bankenkommission ein Gremium von Ehrenmännern, dem ein kleines Sekretariat mit zwei bis drei Fachpersonen zur Seite stand. Die Aufsichtstätigkeit im eigentlichen Sinne wurde durch private Revisionsgesellschaften ausgeführt, welche als »bankengesetzliche Revisionsstellen« anerkannt wurden. (Keller 1985) Die Grundphilosophie beruhte auf einem Konzept der »Selbstregulierung« der Banken, welche subsidiär durch die Revisionsprüfung und die Autorität, das heißt das symbolische Kapital der Ehrenmänner der Bankenkommission, ergänzt wurde. Die zweite Phase setzte in den 1970er-Jahren durch eine Ausweitung des Tätigkeitsfelds der Bankenkommission im Kontext des starken Wachstums der Bankbranche und der steigenden Internationalisierung des Bankgeschäfts ein. Im Zentrum dieser Phase standen die Reorganisation und vor allem der deutliche Ausbau des Sekretariats der Bankenkommission. Das zunächst administrative Sekretariat mit wenigen Fachpersonen verwandelte sich nun in einen behördlichen Apparat, der in zunehmendem Ausmaß Geschäfte selbst an die Hand nahm und auch die Fähigkeit entwickelte, ergänzend zu externen Revisionsstellen ausgewählte Bankgeschäfte selbst zu prüfen. So verschoben sich die Gewichte von der Bankenkommission im engeren Sinne, deren Mitglieder weiterhin nebenamtlich tätig waren, zum wachsenden Stab aus Verwaltungs- und Fachpersonen, auf den sich die Kommissionstätigkeit stützte. Die Verlagerung der Handlungsinitiative von der Behördenkommission zur Kommissionsbehörde verkörperten die in steigendem Maße auch gegenüber den Banken und der Öffentlichkeit als prägende Persönlichkeiten auftretenden Sekretariatsdirektoren Bernhard Müller (1976–1985), Kurt Hauri (1986–1995) und Daniel Zuberbühler (1996–2008).

Als mit der integrierten Finanzmarktaufsicht im Jahr 2009 eine dritte Phase in der Geschichte der Bankenaufsicht begann, ging diese stetig ausgebaute Kommissionsbehörde in der neuen Finma auf. Das Personalwachstum beschleunigte sich vorübergehend nochmals, zwischen 2009 und 2013 stieg der Finma-Personalbestand um 43 Prozent auf 468 Stellen. Weiterhin werden externe Gesellschaften mit Revisions- und Aufsichtsaufgaben betraut (im Jahr 2012 entsprach deren Tätigkeit dem Äquivalent von 260 Vollzeitstellen), doch prüft die Finma in zunehmendem Ausmaß ausgewählte Bankgeschäfte selbst. Die Selbstregulierung entwickelte sich zu einer »Koregulierung« (Zulauf 2013), auf deren Grundlage die Aufsichtsbehörde den Banken detaillierter als früher vorgibt, wo sie sich nach welchen Regeln selbst regulieren sollen und wo es dagegen einer staatlichen Regulierung bedarf.

Vom Ehrenmann zum Manager

Der Übergang zur Finma brachte einen augenfälligen Wandel im Profil des Führungspersonals mit sich. Das lässt sich besonders deutlich festhalten, indem wir den letzten Direktor der Bankenkommission, Daniel Zuberbühler, mit dem ersten Finma-Direktor, Patrick Raaflaub (2009–2014), vergleichen. Der 1948 geborene Zuberbühler trat 1976 in den Dienst der Bankenkommission und absolvierte beinahe seine gesamte Laufbahn in dieser Behörde. 1981 wurde er Leiter der Rechtsabteilung, 1986 Vizedirektor, 1996 Direktor. Wie seine Vorgänger Bernhard Müller und Kurt Hauri war Zuberbühler Jurist. Ungeachtet ihrer unterschiedlichen parteipolitischen Zugehörigkeiten (als Sozialdemokrat fiel Zuberbühler ein wenig aus dem Rahmen), teilten diese Juristen die Mission, die Bankenaufsicht zu einer handlungsfähigen Behörde auszubauen, in dem die existierenden gesetzlichen Grundlagen bis an die Grenze getestet und ausgenutzt wurden. Dies sollte wenn möglich einvernehmlich erreicht werden, indem die Bankenvertreter von der Sicht der Behörde überzeugt wurden. Vor juristischen Auscinandersetzungen mit den Banken schreckten Zuberbühler & Co. jedoch nicht zurück, im Gegenteil: Sie waren stolz, wenn es ihnen gelang, die Bankjuristen herauszufordern oder sogar vor Bundesgericht abblitzen zu lassen. Aber sie suchten in aller Regel das direkte Gespräch mit hochrangigen Bankenvertretern, um abseits einer breiten Öffentlichkeit nach Lösungen zu suchen, die im Sinne aller Beteiligten sein könnten.

Im Gegensatz zu Daniel Zuberbühler, für den die Bankenaufsicht eine Art Lebensaufgabe war, betrachtete der erste Finma-Direktor Patrick Raaflaub diese Tätigkeit nur als Etappe seiner beruflichen Laufbahn. Er hat nicht Jura studiert, sondern Politik und Wirtschaft an der HSG in St. Gallen (mit Promotion bei Professor Heinz Hauser, einem Wortführer der »neoliberalen Wende« in der Schweiz). 1994 in den Rückversicherungskonzern Swiss Re eingetreten, machte er in diesem Unternehmen (und zwischenzeitlich bei Zurich Versicherungen) Karriere und war Head of Group Capital Management, bevor er 2009 zur Finma kam. Nach fünf Jahren als Direktor der Aufsicht ging er zurück zum Versicherungskonzern: Seit September 2014 ist Raaflaub Group Chief Risk Officer und Mitglied der Geschäftsleitung von Swiss Re. Die öffentliche Funktion war bei ihm Zwischenstation einer privatwirtschaftlichen Karriere, sodass der Begriff *revolving doors* in diesem Fall absolut zutrifft. Zuberbühler und Raaflaub unterschieden sich aber nicht nur mit Blick auf Ausbildung und Karriere deutlich. Augenfällig war auch die Differenz in der Art und Weise, wie sie mit den Banken und der Öffentlichkeit kommunizierten. Raaflaub brüskierte Bankenvertreter wiederholt und schreckte nicht davor zurück, Banken öffentlich zu kritisieren. In der Bankenwelt wurde zunehmend beklagt, der Direktor der Aufsichtsbehörde habe kein Gehör mehr für die Anliegen und Besonderheiten der Branche. Früher habe man mit Problemen zum Direktor der Aufsicht gehen und darauf hoffen können, diese einvernehmlich zu lösen. Heute laufe man Gefahr, ohne Vorwarnung negative Schlagzeilen in der Wirtschaftspresse über sich selbst zu lesen.

Auch Raaflaubs Nachfolger, der aktuelle Direktor Mark Branson, ist weder Jurist noch ein langjähriger Staatsdiener wie Kurt Hauri oder Daniel Zuberbühler. Allerdings hat er nicht wie Raaflaub von Beginn an angekündigt, diese Funktion nur wenige Jahre wahrnehmen zu wollen. Eine Besonderheit an der Wahl Bransons liegt natürlich darin, dass erstmals eine Person ohne schweizerische Staatsbürgerschaft in eine derart ranghohe staatliche Funktion eingesetzt wurde. Er hat am Trinity College in Cambridge Mathematik und Management studiert sowie an der Universität Lancaster einen Master in Operational Research erlangt. Er hat bei Credit Suisse, SBC Warburg und UBS Karriere gemacht, in London und Zürich (mit einem Intermezzo in Japan). Im Januar 2010 trat Branson in die Finma ein und wurde Leiter der Bankenaufsicht. Wenn wir die aktuelle Zusammensetzung der Finma-Geschäftsleitung anschauen, sehen wir, dass die Wahl von Managern aus der Finanzbranche üblich geworden ist. Peter Giger, Leiter des Geschäftsbereichs Versicherungen, hat bei Zurich und Swiss Re Karriere gemacht. Michael Loretan, Leiter des Geschäftsbereichs Asset Management, arbeitete 2005 bis 2011 in leitender Stellung bei der UBS, bevor er zur Finma kam. Michael Schoch, Leiter des Geschäftsbereichs Banken seit Juli 2014, hat seit 1994 bei Bankverein und UBS Karriere gemacht. Nach dem Abgang von Nina Arquint (Ende 2014) weisen nur noch zwei Mitglieder der Geschäftsleitung primär interne Karrieren auf: David Wyss, Leiter des Geschäftsbereichs Enforcement, der 1998 in den Rechtsdienst der Bankenkommission eingetreten ist, sowie Léonard Bôle, Leiter des Geschäftsbereichs Märkte, der seit 2004 für die Bankenaufsicht tätig ist.

Ökonomen und Manager statt Juristen und Anwälte, Quereinsteiger aus der Finanzbranche statt langjährige Staatsdiener: Die veränderten Beziehungen und Kommunikationsformen zwischen Staat und Banken sind nicht nur eine Frage der Kräfteverhältnisse und politischen Einstellungen, sondern auch der »Soziologie des Bankenstaats«. Daniel Zuberbühler, Sohn des Direktors des Von Roll Werks in Bern, ist der Inbegriff des Ehrenmanns, Angehöriger einer einheimischen Elite, die in verschiedenen Bereichen der Macht, im Staat wie in der Wirtschaft, die Geschicke des Landes lenkte und deren Angehörige sich mit einer Mischung aus Respekt und Rivalität begegneten. Man kannte sich und regelte heikle Fragen wenn möglich einvernehmlich. Heute sehen sich Banken und Versicherungen zunehmend mit Exponenten der Aufsichtsbehörde konfrontiert, die aus ihren eigenen Reihen stammen, wenn auch nicht aus absoluten Spitzenpositionen, und das Geschäft aus eigener Erfahrung kennen. Diese zu Behördenvertretern mutierten Manager und Finanzspezialisten, die nun ihren ehemaligen Arbeitskollegen auf die Finger schauen, sehen sich nicht als Mitglieder einer nationalen Elite, die Konflikte im Modus des Ehrengeschäfts regeln, sodass beide Seiten das Gesicht zu wahren vermögen. Vielmehr setzen sie als Behördenvertreter eine Praxis fort, die dem rauen Klima des internationalen Finanzgeschäfts entspricht, und dies passt zu einer Entwicklung, aufgrund deren heute an der Spitze führender Finanzinstitute nicht mehr Vertreter einer schweizerischen Elite stehen, die Militär- und Wirtschaftskarriere unter einen Hut zu bringen verstehen, sondern internationale Manager.

Eine Sonderstellung kommt in dieser Hinsicht Eugen Haltiner zu, dem letzten Präsidenten der Bankenkommission und ersten Verwaltungsratspräsidenten der Finma. Haltiner ist Ehrenmann und Manager in einem, und genau dies wurde ihm letztlich zum Verhängnis. Als der Bundesrat ihn 2006 zum Bankenkommissionspräsidenten ernannte, übernahm erstmals in der Geschichte der Bankenaufsicht eine hochrangige Führungsperson einer Großbank dieses Amt. Doch Haltiner verkörpert einen anderen Managertyp als Raaflaub und Branson. Er zählt zur

letzten Generation einheimischer Führungskräfte, bei denen Wirtschafts-
und Militärkarriere Hand in Hand gingen und die sich ihr Verständnis
von Menschenführung in der Armee angeeignet haben. Der zunehmend
dominierenden angelsächsischen Kultur im Bankgeschäft steht er ableh-
nend gegenüber. Die Zugehörigkeit zur einheimischen Elite unterstreicht
seine Mitgliedschaft im Club zur Geduld in Winterthur. Er kam nicht aus
der zweiten Reihe zur Bankenaufsicht, sondern direkt aus der Geschäftsleitung der UBS. Da er nach 1998 im Prozess der Fusion von Bankgesellschaft und Bankverein, aus der die UBS hervorging, eine führende Rolle
gespielt hatte, schien er prädestiniert dafür, die Banken- und Versicherungsaufsicht zu fusionieren. Doch als Haltiner im Februar 2009 an vorderster Front die Verantwortung für den Entscheid übernahm, die Lieferung von UBS-Kundendaten an die US-amerikanischen Behörden zu autorisieren, holte ihn seine Vergangenheit bei dieser Bank ein. Als
Ehrenmann, der in schwierigen Situationen »seinen Mann steht«, wollte
er in diesem Geschäft nicht wegen Befangenheit in den Ausstand treten.
Eine zunehmend kritische Öffentlichkeit nahm ihn als verlängerten Arm
der UBS im Staat wahr. Haltiner trat Ende 2010 als Verwaltungsratspräsident der Finma zurück.

Bankwissenschaft und Rechnungswesen

Die langsame Verschiebung von der Behördenkommission zur Kommissionsbehörde sowie der mit der Finma-Gründung ins Auge springende
Übergang vom Ehrenmann zum Manager waren in der Bankenaufsicht
mit einem längerfristigen Prozess verbunden, der sich seit den 1970er-
Jahren zwischen den Staat und die Banken schob: die Entwicklung des
computergestützten und in steigendem Ausmaß standardisierten Rechnungswesens. Das folgende Zitat aus einem Interview, das wir mit einer
Person geführt haben, die damals ihre berufliche Laufbahn im Rechnungswesen einer schweizerischen Großbank begonnen hat, verdeutlicht
das Ausmaß der Veränderungen. Der Besuch im Büro des Chefs, den wir
Herrn M. nennen, an einem Tag im Dezember Mitte der 1970er-Jahre,
wird so beschrieben: »Herr M. raucht Pfeife, das gesamte Büro ist vollge-
qualmt. Auf dem Tisch eine Rechnungsmaschine, ein langer, langer Pa-
pierstreifen. Was tut Herr M.? Er macht die Bilanz dieser Bank auf das

Jahresende. Dazu gehört es natürlich auch, mit den anderen Großbanken [an dieser Stelle werden zwei genannt] zu sprechen und zu fragen: ›Wo kommt ihr etwa hin? Was sollen wir etwa machen?‹ [lacht] Das waren noch diese Zeiten! Es war wirklich ein Umfeld, das noch sehr große Gestaltungsmöglichkeiten beinhaltete.«

Die Schilderung deckt sich mit Aussagen von Professor Conrad Meyer, an der Universität Zürich vierzig Jahre zuständig für Entwicklungen im Bereich des Rechnungswesens. In seiner Abschiedsvorlesung im Juli 2014 hält er fest: »Früher war in der Rechnungslegung alles einfacher, könnte man sagen. Praktisch hatte das zu bedeuten, dass selbst börsenkotierte Unternehmen in ihrem Abschluss mehr oder weniger machen konnten, was ihnen beliebte. Vermögenswerte wurden unterbewertet, Gewinne entsprechend nach oben oder nach unten angepasst und die Finanz- und Ertragslage des Unternehmens aktiv gestaltet. 1977, im Jahr des sogenannten Chiasso-Skandals, bei dem die Schweizerische Kreditanstalt (heute Credit Suisse) Verluste von 1,2 Milliarden Franken erlitt, wies die Bank die höchste Eigenkapitalrendite ihrer Geschichte aus.« (Meyer 2014) Meyer verweist auf die Gegenüberstellung von zwei Grafiken mit den Jahresgewinnen der Großbanken zwischen 1972 und 1983 sowie 2002 und 2013. In der älteren Grafik sind die Ergebnisse geglättet und unterscheiden sich kaum von einem Jahr zum anderen. In der neueren Grafik schwanken die Jahresergebnisse weitaus stärker, mit einem deutlichen Einbruch im Jahr 2008 – eine sehr schöne Illustration der Tatsache, dass das Rechnungswesen nicht einfach eine gegebene Realität abbildet, sondern ökonomische Realitäten herstellt, auf die sich die relevanten Akteure in der Folge beziehen, wie wenn es reine Fakten wären.

Conrad Meyers akademische Laufbahn begann am Institut für schweizerisches Bankwesen der Universität Zürich, das 1969 von Professor Ernst Kilgus gegründet worden war. Wenige Jahre später richtete auch die HSG in St. Gallen ein Bankeninstitut ein. Die Institutsgründungen waren Teil einer »Akademisierung« der Unternehmensführung, die früher mehr als Kunst denn als Wissenschaft verstanden wurde. Die Betriebswirtschaftslehre (BWL) etablierte sich nach dem Zweiten Weltkrieg als universitäres Studienfach. In relativ kurzer Zeit Massenstudienfach geworden, differenzierte sie sich weiter aus, zum Beispiel durch die Spezialisierung auf Banken und Finanzgeschäfte. (Burren 2007) Bis in die Zwischenkriegszeit war denn auch das Rechnungswesen kaum Unterrichtsstoff an Universitäten, sondern wurde allein in den Gewerbeschulen vermittelt. Karl Käfer, Begründer des schweizerischen Rechnungswesens, war Berufsschullehrer, bevor er 1946 in Zürich Professor für Betriebswirtschaftslehre mit Schwerpunkt Rechnungswesen wurde. Hans Geiger, einer der ersten Assistenten am Bankeninstitut der Universität Zürich, der nach einer steilen Karriere bei der Kreditanstalt (heute Credit Suisse) 1997 als Professor an dieses Institut zurückkehrte, erinnert sich, in den 1970er-Jahren sei in den Banken die Frage noch umstritten gewesen, ob es möglich sei, eine Kostenrechnung wie in den großen Industrieunternehmen einzuführen. Als er sich damals auf Bankwirtschaft spezialisierte, stellte er überdies sehr rasch fest, das Besondere an dieser Branche sei die behördliche Regulierung. »Wer die Regulierung nicht versteht, versteht das Bankgeschäft nicht.« Natürlich stützte sich die Regulierungstätigkeit auf das Rechnungswesen: Heute existieren international verbindliche Standards der Rechnungslegung, an denen sich Unternehmen und Banken orientieren müssen. Auf internationaler Ebene handelt es sich im Wesentlichen um United States Generally Accepted Accounting Principles (US-GAAP) und International Financial Reporting Standards (IFRS). In der Schweiz können kleinere Firmen im Rahmen des von Conrad Meyer mit geprägten Swiss GAAP FER abrechnen.

Die Modernisierung und Standardisierung des Rechnungswesens lässt sich als Dimension der »Akademisierung« der Betriebsführung und »Verwissenschaftlichung« des Bankwesens in den Blick nehmen. Zugleich handelt es sich um eine »Ökonomisierung« der Unternehmen und Banken, denn die Techniken der Rechnungslegung zielen darauf ab, einer in standardisierten Zahlen erfassten »ökonomischen Wahrheit« Geltung zu verschaffen und Spielräume beim Zurechtrücken der Ergebnisse einzuschränken. Der Übergang vom Ehrenmann zum Manager ging mit dem Siegeszug eines »evidenzbasierten« Bankgeschäfts einher, das sein Pendant in den neuen Methoden der Bankenaufsicht fand. Durch diese Brille lassen sich zum Beispiel Aufstieg und Fall der Unternehmerfamilie Erb in Winterthur betrachten. (Buomberger 2005) Der Aufbau des Firmenimperiums fand in einer Zeit statt, als das Bankgeschäft noch viel weniger

»auf nackten Zahlen« beruhte. Bis zu einem gewissen Grad lässt sich zweifellos sagen, dass die Banken damals dem Patron Hugo Erb Kredite gegeben haben, weil er Hugo Erb war und nicht irgendein Kunde. Doch mit der Zeit reichte ein Handschlag zwischen Ehrenmännern nicht mehr aus. Die Banken verlangten Zahlen und Businesspläne, die Erb nicht liefern konnte oder wollte. 2003, im Todesjahr des großen Patrons, meldete die Erb-Gruppe Konkurs an. Es war dies der zweitgrößte Konkurs der schweizerischen Wirtschaftsgeschichte, übertroffen nur vom Zusammenbruch der Swissair.

Wie Ève Chiapello (2009) zeigt, bildet das Rechnungswesen nicht einfach eine Realität ab, sondern schafft die Realitäten, auf die sich die Wirtschaftsakteure in ihrer Praxis berufen. Die heute vorherrschenden Modelle konstruieren das Unternehmen als wirtschaftliche Einheit, die andere Unternehmen kauft und verkauft. Die Holding ist die passende juristische Form für diese Art von Unternehmensgruppen mit wechselnder Zusammensetzung. Im Gegensatz zur kontinentaleuropäischen Tradition weisen die angelsächsischen Rechnungsmodelle nicht so sehr die für die »Politik« (Staat, Parteien, Gewerkschaften) relevanten Größen aus (etwa Lohnsummen und Steuern), sondern orientieren sich konsequent am Erkenntnisinteresse der Aktionäre und potenziellen Investoren, der sich am Return on Investment orientiert). Die schweizerische Gesetzgebung im Bereich des Too Big to Fail (TBTF) basiert letztlich auf dieser Konzeption des Unternehmens als »Portfolio« einer Reihe von Teilunternehmen, die je nach Marktlage zugekauft oder veräußert werden, indem sie den Banken die Aufgabe zuteilt, ihre Organisationsstrukturen so zu gestalten, dass im Krisenfall »systemrelevante Teile« sofort von den anderen Einheiten getrennt werden können.

Am Beispiel des Rechnungswesens können wir den Begriff der Koproduktion von Staat und Banken wieder aufgreifen. Weder die Bankenwelt noch die Bankenaufsicht würden in der heutigen Form existieren, wenn es dieses standardisierte Accounting nicht gäbe, wie es in der Zeit der Globalisierung neudeutsch genannt wird. Interessant am Phänomen des standardisierten Rechnungswesens ist zum einen das bereits angesprochene Spannungsfeld zwischen Ökonomisierung und Regulierung: Alles deutet darauf hin, als sei ein Mehr an »wirtschaftlicher Kostenwahrheit«

nicht ohne ein Mehr an politischer Regulierung zu haben. Aber handelt es sich wirklich um eine Regulierung durch den Staat? Bei genauerem Hinsehen erkennen wir, dass die einschlägigen Standards durch Gremien entwickelt werden, die im Auftrag staatlicher Behörden »in Kooperation mit der Wirtschaft« gebildet wurden. Wir befinden uns in einem Feld, in dem die Grenzen zwischen Staat und Wirtschaft fließend sind. Ein Gremium wie das International Accounting Standards Board (IASB), das die Grundsätze der IFRS bestimmt, umfasst Fachpersonen, die aus Regierung, Finanzwelt und Wissenschaft kommen – wobei manche von ihnen nicht nur in einem dieser Felder, sondern in zwei oder drei tätig gewesen sind. Nicht nur in der Schweiz wird also dem Prinzip gefolgt, es sei am besten, wenn »die Wirtschaftsvertreter« selbst die Regeln mit bestimmen, denen sich »die Wirtschaft« unterwerfen soll.

Dass die Bankbranche die staatliche »Überregulierung« beklagt, ist zum Allgemeinplatz geworden. Doch wie Bankenprofessor Hans Geiger im Gespräch festhält: »Die Banken lieben in der Regel die Aufseher nicht. Aber sie lieben es, beaufsichtigt zu werden.« Dies gilt gerade für Großbanken und international tätige Banken. Ohne die Bankenaufsicht als integralen Bestandteil eines international standardisierten Systems von Regeln und Praktiken könnten diese Banken niemals mit einer schmalen Eigenkapitalbasis riesige Summen aufnehmen und umsetzen. Standards wie IFRS sowie einigermaßen ernst zu nehmende Aufsichtsbehörden sind für die Banken ein symbolisches Kapital, das potenziellen Geschäftspartnern signalisiert, dass sie es mit einem Finanzinstitut zu tun haben, mit dem Geschäfte auf sicherer und vertrauter Grundlage abgeschlossen werden können. Ohne ein Vertrauen generierendes System dieser Art müssten die Banken ihrer Geschäftstätigkeit weitaus mehr Eigenkapital zugrunde legen. Für die kleineren und/oder vor allem im Inland tätigen Banken sind IFRS oder US-GAAP hingegen eine Nummer zu groß, und die Regulierungspraxis der Finma scheint für sie nicht angemessen. Das ist ein Grund dafür, dass sich heute in der Bankiervereinigung Interessengegensätze zuspitzen und die stärker am inländischen Geschäft ausgerichteten Banken wie Raiffeisen beginnen, eigenständig Politik zu machen und eine gewisse Differenz zu den Großbanken zu markieren.

Die Nationalbank als »ehrwürdige« nationale Institution

Beim Betreten der repräsentativen Gebäude der Schweizerischen Nationalbank am Berner Bundesplatz oder an der Zürcher Börsenstraße ergreift uns das Gefühl, an einen besonderen Ort zu gelangen, wenn nicht
sogar an die heilige Stätte des Schweizer Frankens. Kein Zauber dieser
Art umgibt das schlichte, funktionale Gebäude der Finma an der Laupen-
straße in Bern. Für das Interview mit dem Nationalbankpräsidenten werden wir durch Vorzimmer geführt, bevor er uns mit einer Assistentin zur
Seite in einem altehrwürdigen Raum mit Gemälden an der Wand, einer
Mischung aus Arbeits- und Empfangszimmer, in Fauteuils bittet, die um
ein kleines Tischchen gruppiert sind. Der Finma-Direktor empfängt uns
dagegen in einem hellen und großzügigen Sitzungsraum ohne jede Deko-
ration. Spiegeln diese äußerlichen Eindrücke mehr als nur eine Altersdif-
ferenz zwischen beiden Schlüsselinstitutionen des Bankenstaats? Die Nationalbank wurde 1907 gegründet, die Finma 2009, und in der Tat ist die
Nationalbank von einer Aura der Ewigkeit und Unveränderlichkeit um-
geben, für die es im Bereich der Finanzmarktaufsicht kein Pendant gibt.
Vor allem erscheint die Nationalbank als Einrichtung, die über den Dingen steht, während sich die Finma im Kleinen mit Verfehlungen einzelner
Banken beschäftigt. Grob gesagt, ist die Nationalbank für die Stabilität
des Finanzsystems zuständig, während die Finma für die Solidität der
Geschäftstätigkeit einzelner Banken sorgt. Bei der UBS-Rettung 2008
musste die Bankenaufsicht zuerst die Solvenz der Bank bestätigen, damit
Bund und Nationalbank aktiv werden konnten.

Die etwas ungleiche Arbeitsteilung zwischen Nationalbank und Bankenaufsicht hat sich seit den 1930er-Jahren eingespielt. Als in der Schweiz
die Einrichtung einer Aufsichtsbehörde für den Bankensektor diskutiert
wurde, wollte die Nationalbank diese Aufgabe nicht – wie in anderen
Ländern – selbst wahrnehmen. Zugleich waren ihre Führungspersön-
lichkeiten darauf bedacht, die Entstehung einer starken Behörde zu verhindern, die in Konkurrenz zur Nationalbank hätte treten können. Der
Entscheid für die Bildung einer aus Ehrenmännern zusammengesetzten
Behördenkommission wurde denn auch durch Vertreter der Nationalbank vorgespurt. Eine Schlüsselrolle spielte Paul Rossy. Der ab 1921 für
die Nationalbank tätige Wirtschafts- und Politikwissenschaftler war 1933

bis 1937 als Experte im Finanz- und Zolldepartement für den Aufbau der Bankenaufsicht zuständig. 1935 bis 1937 amtete er selbst als Vizepräsident und erster Vorsteher des Sekretariats der Bankenkommission, bevor er 1937 zur Nationalbank zurückkehrte und bis 1955 als deren Vizepräsident tätig war.

Die besondere Stellung der Nationalbank im Feld des Staates muss aber auch im Vergleich zum Bundesrat beleuchtet werden. Michael Bordo und Harold James (2007: 101–102) halten fest, dass die 1907 gegründete Nationalbank bereits in der Zwischenkriegszeit »Teil eines Konsenses über die nationalen Institutionen« und eine »ehrwürdige nationale Institution« wurde. Dennoch war die Nationalbank in den ersten Jahrzehnten faktisch der Politik des Bundesrats untergeordnet. Vermutlich ist das später stark kritisierte Geschäft mit Nazigold im Zweiten Weltkrieg das erste Beispiel einer Handlung mit weitreichenden Konsequenzen, die von der Nationalbank in Eigenregie beschlossen und umgesetzt wurde. So richtig aus dem Schatten der Regierung trat sie allerdings wie andere Zentralbanken des westlichen Kapitalismus erst mit dem Ende des internationalen Regimes der festen beziehungsweise administrierten Wechselkurse zu Beginn der 1970er-Jahre. Denn ein solches Regime unterwirft die Geld- und Währungspolitik politischen Vereinbarungen, die in der Regel zwischen Regierungen getroffen werden. In einer Welt der flexiblen Wechselkurse hingegen wird die Unabhängigkeit der Zentralbanken zum höchsten Gut stilisiert, und deren Vorsitzende und Experten erlangen einen zuvor niemals erreichten Status. Heute sieht sich die Nationalbank ohne Zweifel als Institution, die dem Bundesrat ebenbürtig, wenn nicht aufgrund der relativen Unabhängigkeit vom politischen Prozess mit seinen Irrationalitäten und Unwägbarkeiten gar überlegen ist.

Auf dem Höhepunkt der Bankenkrise erschien die Nationalbank als Institution, die Ruhe zu bewahren vermag und wie ein Fels in der Brandung steht. »Wir haben Zeit, die UBS hat keine Zeit« – diese Aussage von Präsident Jean-Pierre Roth an der Medienkonferenz vom 16. Oktober 2008, an der die außerordentlichen Maßnahmen für die angeschlagene Großbank präsentiert wurden, brachte das Selbstverständnis wie die Sonderstellung der Institution auf den Punkt.

Die Schweizerische Nationalbank spielt zudem auch auf internationaler Ebene eine bedeutende Rolle. Das ist nicht einfach nur das Ergebnis der Sonderstellung des Schweizer Frankens als Fluchtwährung, sondern auch einer jahrzehntelangen Kooperation zwischen Zentralbanken verschiedener Länder. Die Gründung der Bank für Internationalen Zahlungsausgleich (BIZ) 1930 in Basel machte die Schweiz zum Treffpunkt der internationalen Finanzdiplomatie. Mit Ernst Weber (1942–1945), Fritz Leutwiler (1982–1984) und Jean-Pierre Roth (2006–2009) stellte die Schweizerische Nationalbank bereits drei Vorsitzende der BIZ. Sie ist nicht nur ein Ort, an dem Geld- und Währungspolitik verhandelt wird. Spätestens im Zweiten Weltkrieg etablierte sie sich als Einrichtung, in deren Rahmen abseits der Öffentlichkeit internationale Diplomatie und Politik betrieben werden kann. Während es damals um verborgene (und im Nachhinein gebrandmarkte) Kontakte zwischen Spitzenvertretern des US-amerikanischen und deutschen Staates ging, spielte die BIZ später möglicherweise auch bei der Entwicklung hin zum Fall der Berliner Mauer eine gewisse Rolle. Jedenfalls handelt es sich um eine Institution, die den Teilnehmenden im Vergleich zu Regierungskonferenzen oder Organisationen wie der Weltbank und dem IWF zwei Vorteile bietet: die Abwesenheit des Scheinwerferlichts sowie eine Kontinuität der Kooperation, die kaum durch Wahlen oder Regierungswechsel beeinträchtigt wird.

Im Gegensatz etwa zu den Kantonalbanken handelt es sich bei der Nationalbank weniger um eine Staatsbank als um eine Mischform aus staatlicher und privater Bank. Vorschläge für eine rein staatliche wie für eine rein private Zentralbank zirkulierten in der Schweiz durchaus vor deren Gründung, doch scheiterten diese um die Jahrhundertwende in der politischen Auseinandersetzung. Die Form der spezialgesetzlichen Aktiengesellschaft des Bundesrechts, die teilweise in staatlichem und teilweise in privatem Besitz steht, war der Kompromiss, der aus diesem Prozess hervorging. In den ersten Jahren nach der Gründung (1907) war das Personal im Beamtenstatus angestellt, doch wurde diese Regelung 1921 aufgehoben. In der Jubiläumsschrift von 1957 wurde festgehalten: »Nicht nur widersprach [diese Regelung] der Rechtsform der Bank als einer Aktiengesellschaft, sondern sie trug vor allem auch dem Umstand zu wenig Rechnung, dass sich das Personal der Bank vorwiegend aus kaufmännisch geschulten Arbeitskräften mit Bank- oder Handelspraxis rekrutiert und daher nach Bildungsgang und Art der Beschäftigung eher zum Bankpersonal als zum Beamtenkörper einer öffentlichen Verwaltung zählt, was auch bei der Regelung der Besoldungsverhältnisse zu berücksichtigen ist.« (Schweizerische Nationalbank 1957: 352)

Die für die »vierte Gewalt« so charakteristische Positionierung zwischen staatlicher Verwaltung und Privatwirtschaft hat sich von Beginn an in die Personalpolitik der Nationalbank eingeschrieben. Dem Vernehmen nach hat sich in der Unternehmenskultur dieser Einrichtung aber eine etwas traditionelle Orientierung an Rang, Hierarchie und Dienstweg länger gehalten als in den Großbanken sowie in verschiedenen Bereichen des öffentlichen Sektors. Ein Quereinsteiger aus der Privatwirtschaft wie Philipp Hildebrand, der 2010 bis 2012 als Präsident amtete, sowie die erstmalige Wahl einer Frau, Andréa Maechler, ins Direktorium im Dezember 2014 erscheinen vor diesem Hintergrund als Personalien mit dem Potenzial, einen gewissen Kulturwandel auszulösen.

Die besten Ökonomen

Die programmatische Erneuerung der Nationalbank in wirtschaftspolitischer Hinsicht ging jedoch dieser Art von Kulturwechsel weit voraus. Nach dem Zusammenbruch des Systems der international administrierten Wechselkurse gelang es der Nationalbank, sich neben der Deutschen Bundesbank international als führende und innovative Kraft bei der Entwicklung und Umsetzung neuer geld- und währungspolitischer Konzepte zu etablieren. Diese beiden Zentralbanken sind für ihre »Stabilitätskultur«, das heißt für die ganz selbstverständliche Orientierung am Ziel der Preisstabilität, sowie für ihre politische Unabhängigkeit bekannt. (Neumann 2007) Unter dem Präsidium von Fritz Leutwiler (1974–1984) wurden Weichen für die Zukunft gestellt und Prozesse in die Wege geleitet, welche die heutige Nationalbank prägen. Dies gilt zum einen für den Aufbau einer internen Forschungsabteilung. Wenn die Geschichte der Bankenaufsicht mit der »Akademisierung« der Betriebsführung sowie der Entstehung des standardisierten Rechnungswesens verknüpft war, so spiegelte sich in der programmatischen Erneuerung der Nationalbank der Einfluss theoretischer Strömungen im Feld der Volkswirtschaft, die sich in der Nachkriegszeit unter angelsächsischer Hegemonie von der Tradition der Political Economy ab- und dem Paradigma der Economics zuwandte. (Jurt 2007) Und das etwas aristokratische Selbstverständnis der Nationalbank ist gerade mit diesen Differenzen im akademischen Feld verknüpft, denn die überzeugten Anhänger der Volkswirtschaftslehre schauen mit einer Mischung aus Verachtung und Spott auf die Betriebswirtschaftslehre herunter, welche die große Masse der Studierenden anzieht und ihnen vielleicht auch aus diesem Grund nicht als richtige Wissenschaft gilt. Zudem war Leutwiler der erste Präsident, unter dessen Leitung die Nationalbank begann, aktiv und systematisch mit einem breiteren Publikum zu kommunizieren. Auch in diesem Sinn lässt sich sagen, sie sei nun aus dem Schatten des Bundesrats getreten. Ab 1974 wurden regelmäßige Medienkonferenzen durchgeführt, ab 1977 war im Schulfilmverleih die Filmserie *Geld-Geschichten* erhältlich, und 1982 erläuterte Fritz Leutwiler an der Basler Mustermesse dem Publikum das neue Kommunikationskonzept: »Die Nationalbank genießt einen hohen Grad an Unabhängigkeit. Das verpflichtet zur Information.« (Zit in: Abegg 2007: 325)

Der Aufbau einer eigenen volkswirtschaftlichen Forschungsabteilung prägte die Entwicklung der Nationalbank entscheidend. Er stattete die nach dem Ende der festen Wechselkurse gewonnene neue Unabhängigkeit der Nationalbank mit einer Aura von wissenschaftlicher Exzellenz und Objektivität aus, die heute so charakteristisch für die spezifische Art von Macht ist, welche die international führenden Zentralbanken ausüben. Für den Aufbau der internen Forschung kamen junge Ökonomen in die Nationalbank, die mit der Welt der angelsächsischen Elitehochschulen vertraut waren. Kurt Schiltknecht, der nach dem Studium der Volkswirtschaftslehre in Zürich bei der OECD in Paris und dann in den USA an der Wharton School tätig war, wurde mit dem Aufbau der Forschung betraut. Präsident Leutwiler soll ihn als wissenschaftlichen Mitarbeiter eingestellt und ihm sinngemäß gesagt haben, er wisse nicht, wie die Geld- und Währungspolitik nach dem Ende der administrierten Wechselkurse gestaltet werden solle, und erwarte ein Konzept in dieser Hinsicht. Schiltknecht nahm die Herausforderung an und holte mehr oder weniger gleich gesinnte Ökonomen ins Haus: Ernst Baltensperger, Jürg Rich, Ulrich Kohli, Jean-Pierre Roth und andere. Schiltknecht verließ die Nationalbank wieder, als 1984 an seiner Stelle Hans Meyer ins Direktorium gewählt wurde. Jean-Pierre Roth hingegen, der in Genf Wirtschaft studiert hatte und nach einem Aufenthalt am Massachusetts Institute of Technology (MIT) zur Nationalbank gestoßen war, schaffte 1996 den Sprung ins Direktorium und wurde 2001 als erster Vertreter dieser neuen Generation von Ökonomen Nationalbankpräsident. Wie er im Gespräch betont, wollte die Nationalbank intern eine eigene kleine Fakultät »mit den besten Ökonomen der Schweiz« betreiben.

Als eigentlicher Doyen der Geldpolitik der Schweiz gilt Ernst Baltensperger. Wie Schiltknecht studierte er in Zürich Volkswirtschaft. Die Universität Zürich galt in den 1950er- und 1960er-Jahren als renommiert auf dem Gebiet, weil mit Friedrich Lutz (einem Schüler von Walter Eucken) und Jürg Niehans zwei Professoren von internationalem Rang in der Limmatstadt lehrten. Baltensperger ging Mitte der 60er-Jahre mit Niehans in die USA. An der Johns Hopkins University lernte er mit dem aus der Schweiz stammenden Karl Brunner, der als Mitbegründer der monetaristischen Lehre gilt, einen weiteren einflussreichen Ökonomen kennen und schätzen. Als Schiltknecht Baltensperger beim Aufbau der Forschungsabteilung der Nationalbank einbezog, nutzte dieser die Gelegenheit, nach Europa zurückzukehren. 1978 wurde er Professor in Heidelberg, 1981 in St. Gallen und 1984 an der Universität Bern, wo er heute auch nach der Emeritierung tätig bleibt. Baltensperger ist wiederholt als Berater der Nationalbank tätig gewesen. Sein Einfluss zeigt sich auch darin, dass er mehrere Ökonomen der folgenden Generation ausbildete, die in der »ehrwürdigen Institution« eine Rolle spielen. Drei der sechs Männer, aus denen das erweiterte Direktorium der Nationalbank Anfang 2015 besteht, haben in Bern Volkswirtschaft studiert: Präsident Thomas Jordan, der im engeren Sinne als Schüler Baltenspergers gilt, ebenso wie Fritz Zurbrügg, Vizepräsident des Direktoriums, und Thomas Wiedmer, Stellvertreter von Zurbrügg im II. Departement. Besondere Erwähnung verdient das 1984 unter Mitwirkung von Baltensperger gegründete Studienzentrum Gerzensee der Nationalbank. Es trägt zur internationalen Vernetzung und Positionierung der Nationalbank bei, indem es Kurse für Nachwuchskräfte der Zentralbanken aus allen Ländern anbietet (eine Art Entwicklungshilfe der besonderen Art). Zugleich sind die Doktorandenkurse von Gerzensee zu einem wichtigen Instrument geworden, um

Kräfte der Universitäten in der Volkswirtschaftslehre zu bündeln und das Promotionsstudium in der Schweiz international wettbewerbsfähig zu machen, das heißt an den Kriterien der führenden angelsächsischen Hochschulen auszurichten.

Ein Gesetz nach Maß

Im Zeitalter der flexiblen Wechselkurse entwickelte die Nationalbank zuerst ein Konzept, das sich an der Geldmengensteuerung orientierte. In der zweiten Hälfte der 1990er-Jahre wurde ein neues Konzept ausgearbeitet, das auf Zinssteuerung und Inflationsprognose beruhte. (Jordan/Peytrignet 2007) In dem Zusammenhang entschied sich die Nationalbank dafür, das Repogeschäft neu als Instrument ihrer Geldpolitik einzusetzen. »Bei einem Repogeschäft verkauft der Geldnehmer Effekten an den Geldgeber und vereinbart gleichzeitig, Effekten gleicher Gattung und Menge zu einem späteren Zeitpunkt zurückzukaufen. Für die Dauer des Geschäfts zahlt der Geldnehmer einen Zins (Repozins). Aus rechtlicher Sicht gilt das Repogeschäft als Kombination eines Kaufs und Verkaufs von Effekten, bei welcher der Geldgeber die Effekten vom Geldnehmer für die Dauer des Geschäfts zu Eigentum erwirbt. Aus ökonomischer Sicht handelt es sich jedoch um einen Kredit, der durch Sicherheiten gedeckt ist. Obwohl der Geldgeber rechtlicher Eigentümer der übertragenen Effekten ist, fließen die darauf anfallenden Zinsen weiterhin dem Geldnehmer zu, der somit der wirtschaftlich Begünstigte bleibt.« (Borsani/Hug/Jordan 2007: 310) Was in diesem Zitat aus der Jubiläumsschrift zum hundertjährigen Bestehen der Nationalbank nach rein technischer Beschreibung klingt, erweist sich als Frage von großer politischer Bedeutung.

Denn das Finanzdepartement betrachtete Repogeschäfte bis dahin aus rechtlicher Sicht und unterstellte sie der Stempelsteuer, die bei jedem Kauf und Verkauf von Effekten erhoben wird. Als die Nationalbank entschied, das Repogeschäft für ihre geldpolitischen Operationen zu nutzen, gab es in der Schweiz noch keinen Markt für solche Geschäfte. Die Stempelsteuer galt als Hindernis für die Entstehung eines solchen Markts, weil sie diese Transaktionen mit oft kurzen Laufzeiten stark verteuerte. Die Nationalbank entschied also nicht einfach, bestehende Marktstrukturen zu nutzen. Vielmehr setzte sie sich das Ziel, in der Schweiz einen Markt und die dafür notwendige Infrastruktur (vor allem die Handelsplattform Eurex Repo) aufzubauen. Zu dem Zweck musste das Finanzdepartement von der Notwendigkeit überzeugt werden, das Repogeschäft nicht mehr aus rechtlicher, sondern aus ökonomischer Sicht zu betrachten. Die Überzeugungsarbeit erreichte ihr Ziel rasch: »Auf Anregung der SNB und der Geschäftsbanken nahm die Eidgenössische Steuerverwaltung per 1. Januar 1997 eine Neuinterpretation des Bundesgesetzes über die Stempelabgaben vor: Sie schloss sich der wirtschaftlichen Betrachtungsweise an und qualifizierte das Repogeschäft nunmehr als gedeckten Kredit [...]. Nun war das Repogeschäft von der Stempelsteuer befreit und der Weg für den Aufbau des Repomarktes frei. Damit die SNB das Repogeschäft als geldpolitisches Instrument einsetzen konnte, musste allerdings noch das Nationalbankgesetz angepasst werden: Anlässlich der Revision des Jahres 1997 erhielt die SNB die Befugnis, Repogeschäfte abzuschließen [...].« (A.a.O.: 311)

Am Beispiel dieser »Neuinterpretation« kommen zwei Aspekte deutlich zum Ausdruck: zum einen die unangefochtene Stellung der Nationalbank im staatlichen und politischen Feld, die es ihr ermöglicht, rechtliche Grundlagen ihrer eigenen Tätigkeit bei Bedarf umzugestalten. Zum anderen die »ordnungspolitische Läuterung«, welche die ehrwürdige Institution seit der Prägung durch die oben beschriebene neue Generation von Ökonomen durchlief und die sie zu einem Ort machte, an dem die »wirtschaftliche Sichtweise« fast in reiner Gestalt zum Tragen kommt. Seit den 1980er-Jahren wandelte sich das Selbstverständnis der Nationalbank von einer Institution, die »hoheitliche Instrumente« wie Mengen- oder Preisvorschriften, Emissionsverbote oder Bewilligungspflichten zur Verfolgung wirtschaftspolitischer Ziele (etwa im Kampf gegen die Konjunkturüberhitzung in den 1970er-Jahren) einsetzt, zu einer Rolle als ökonomischer Akteur, der auf »Markteingriffe« verzichtet, aber, wie das Beispiel des Repomarkts zeigt, mitunter einen Markt erst herstellt. Zur Neuausrichtung zählte auch die »Bereinigung der Nebengeschäfte«, damit sich die Nationalbank auf ihre Doppelrolle als »Bank der Banken« und »Bankier des Bundes« konzentrieren konnte. (Kesselring 2007)

In der Vergangenheit musste die Nationalbank bedrohte Wirtschaftszweige durch Sonderkredite unterstützen oder sich an der Finanzierung von Pflichtlagern für die Landesversorgung beteiligen. Mit solchen Aufgaben wollte die ordnungspolitisch geläuterte ehrwürdige Institution nichts mehr zu tun haben. Auch die Beziehungen der Nationalbank zum Bund wurden auf eine neue Grundlage gestellt. Bis dahin galt die Pflicht, den Zahlungsverkehr des Bundes sowie dessen Kreditgeschäfte und Finanzmarkttransaktionen unentgeltlich zu erbringen. Das neue Nationalbankgesetz von 2004 beruht dagegen auf Vertragsfreiheit und Entgeltlichkeit: Die Nationalbank wird für ihre Dienste bezahlt und ist »nicht mehr gezwungen, die Bundesaufträge im Bankgeschäft bedingungslos auszuführen, sondern sie kann das Wie und Was als gleichwertige Partnerin mit dem Bund aushandeln. Allerdings darf sie dem Bund ihre Bankdienstleistungen nicht grundsätzlich oder ohne Begründung verweigern.« (A.a.O.: 585)

In den 1980er- und 1990er-Jahren agierte die ehrwürdige Institution vor dem Hintergrund eines »fiktiven Rechtszustandes« (Klauser 2007: 504): Die Verfassungsbestimmungen zur Geld- und Währungsordnung sowie das Nationalbankgesetz waren hoffnungslos veraltet. Die Totalrevision der Bundesverfassung sowie die Revision des Nationalbankgesetzes erlaubten es um die Jahrtausendwende der Führungsriege der Nationalbank, bei der Anpassung der Rechtsgrundlagen ihre Vorstellungen durchzusetzen. Aus der neuen Bundesverfassung, die am 1. Januar 2000 in Kraft getreten ist, sind nicht nur überholte Bestimmungen wie die Goldbindung des Frankens oder die Fiktion eines währungspolitischen Ausnahmezustandes, der durch die Rückkehr zu festen Wechselkursen beendet werden soll, gestrichen worden. Darüber hinaus stärkt der neue Verfassungsartikel die Unabhängigkeit der Nationalbank und verpflichtet sie zugleich zur Bildung ausreichender Währungsreserven. Die Ausrichtung der Nationalbanktätigkeit auf die Preisstabilität bei gleichzeitiger Beachtung der konjunkturellen Entwicklung wurde nicht in die Verfassung, aber ins neue Nationalbankgesetz geschrieben. Das neue Gesetz gibt der Institution weitgehend freie Hand, als ökonomischer Akteur auf dem Markt zu agieren, indem es darauf verzichtet, die erlaubten Instrumente im Einzelnen aufzuzählen. Hoheitliche Instrumente wurden zu guten Teilen aus dem Gesetz gestrichen, allerdings mit Ausnahme einer neu konzipierten Mindestreservepflicht der Banken sowie der Kompe-

tenz der Nationalbank, statistische Daten zu erheben. Als neue Aufgabe
kam die Überwachung systemisch relevanter Zahlungssysteme hinzu,
die es der Institution erlaubt, einzelne Finanzinstitute als systemrelevant
zu erklären. (Kuhn 2007)

Magier und Zauberlehrlinge

Auf der Titelseite einer Sonderbeilage der *Neuen Zürcher Zeitung* vom
5. Januar 2015 zum Finanzjahr 2014/15 ist ein kleiner Tisch mit einem um-
gekehrten Zauberhut zu sehen, aus dem einige Hasen springen. Darunter
steht: »Magier der Märkte. Die Börsen weiter im Bann der Zentralbanken.« Wir sehen uns heute mit folgendem Paradox konfrontiert: Nach
Jahren der wirtschaftlichen Liberalisierung, der Privatisierung und eines
scheinbaren Rückzugs des Staates hängen »die Märkte« an den Lippen
staatlicher Akteure. Es handelt sich allerdings um einen besonderen Typus staatlicher Akteure: die Vorsitzenden der führenden Zentralbanken
der Welt. Wenn sie an die Öffentlichkeit treten, wird jede Aussage, ja
nicht selten jedes Wort aus ihrem Mund auf die Waagschale gelegt und
zum Gegenstand von Interpretationen und Spekulationen gemacht, die
das Marktgeschehen bis zum folgenden Auftritt prägen. Diese Notenbanker verkörpern einen relativ neuen Typus von Herrschaft und Regierung
vor dem Hintergrund flexibler Wechselkurse und globalisierter Märkte.
Ihre Macht scheint mit der jüngsten Finanzkrise ins Unermessliche gewachsen zu sein, sie stehen als die Führungskräfte jener Institutionen da,
welche die Weltwirtschaft vor dem Untergang bewahrt haben. Wie
Frédéric Lebaron (2012) festhält, sprechen die führenden Notenbanker der
Welt weitgehend dieselbe Sprache, orientieren sich an denselben monetaristischen Konzepten und betrachten die Unabhängigkeit von politischen
und demokratischen Prozessen als entscheidende Voraussetzung ihrer
Tätigkeit. In aller Regel handelt es sich um Ökonomen, auch wenn sich
ihre Karrieren und entsprechende Formen von Legitimität und Prestige
unterscheiden: je nachdem, ob sie ein eher akademisches oder ein poli-
tisch-bürokratisches Profil aufweisen, ob sie interne Laufbahnen absolvieren oder von außen in die Zentralbanken kommen sowie ob sie privatwirtschaftliche Mandate wahrgenommen haben oder primär im öffentlichen Sektor tätig gewesen sind.

Die oft magische Qualität der Auftritte der Zentralbankchefs stützt sich manchmal auf die Erinnerung an Ereignisse, bei denen es ihnen scheinbar geglückt ist, entfesselte Marktkräfte zu bändigen: So gründete der Mythos von Alan Greenspan, 1987 bis 2006 Vorsitzender der US-Zentralbank Fed, wesentlich auf dem Black Monday im Oktober 1987, als er auf den Zusammenbruch des Dow Jones mit einer Medienmitteilung reagierte, die aus einem einzigen Satz bestand und zusicherte, das Fed werde mit allen Mitteln die Liquidität der Märkte garantieren. Die Börse beruhigte sich, und Greenspan stand als Mann mit übermenschlichen Kräften da. Kritiker haben ihm in der Folge vorgeworfen, mit der Bereitstellung von »billigem Geld« nur die nächste Welle der Börsenspekulation vorbereitet zu haben. Der Magier kann im Handumdrehen als Zauberlehrling dastehen, der die Kräfte, die er heraufbeschworen hat, nicht mehr kontrolliert. Die symbolische und damit zugleich politische Wirksamkeit der Auftritte und Interventionen der Zentralbankchefs hängt zweifellos von der Fähigkeit ab, eine »Fiktion wirtschaftlicher Neutralität« (Lebaron 2000: 182–211) zu verkörpern, die sie als Personen erscheinen lässt, die klar »über den Dingen stehen« und sich nicht in den Dienst partikularer Interessen oder politischer Ränkespiele stellen lassen. Um sich für eine solche Aufgabe zu empfehlen, reicht eine weiße Weste im Sinne der »Orthodoxie«, das heißt des verlässlichen Denkens in erwünschten theoretischen und politischen Kategorien, nicht aus. (A.a.O.: 189)

Heutige Zentralbankchefs brauchen zudem eine wissenschaftliche Legitimität, garantiert möglichst durch Abschlüsse prestigeträchtiger angelsächsischer Wirtschaftshochschulen, um als fähig zu gelten, ihre durch die politische Unabhängigkeit der Zentralbanken geadelte Funktion auszuüben. Mit Blick auf diesen Aspekt war Greenspan als erster großer »Magier der Märkte« noch nicht über jeden Zweifel erhaben, doch im Lebenslauf seines Nachfolgers an der Spitze des Fed, Ben Bernanke, sowie von dessen Nachfolgerin Janet Yellen figurieren die Auszeichnungen der Wirtschaftseliteuniversitäten an prominenter Stelle. Mario Draghi, seit 2011 Präsident der Europäischen Zentralbank, promovierte am Massachusetts Institute of Technology (MIT) und arbeitete in Harvard, bevor er 2004 zu Goldman Sachs ging und 2006 Vorsitzender der italienischen Zentralbank wurde. Und Thomas Jordan, der Präsident der

Schweizerischen Nationalbank, steht als Erbe einer geldtheoretischen Tradition da, die mit Namen wie Karl Brunner, Jürg Niehans und Ernst Baltensperger verbunden ist, und hat seine Habilitationsschrift in Harvard geschrieben.

In gewisser Hinsicht entspricht die Tätigkeit dieser Zentralbankchefs genau dem, was Michel Foucault als den Kern der liberalen Regierungskunst identifiziert hat. Sie praktizieren eine Form von Macht, die nicht »der Wirtschaft« oder »der Gesellschaft« ihre Gesetze aufzwingen will, sondern versucht, »eine Art aus den Menschen und den Dingen gebildete[n] Komplex« (Foucault 2006: 146) so zu regieren, dass sich dessen Kräfte möglichst produktiv entfalten. Dafür braucht es eine spezifische Form von Wissen, das die Zentralbanken in ihren eigenen Forschungsabteilungen produzieren. Jedem einzelnen Zinsentscheid geht eine umfassende Analyse der Märkte voraus, nicht nur auf der Ebene eines einzelnen Landes, sondern im internationalen Maßstab. Und doch gilt die wissenschaftliche Exzellenz in diesem Feld bloß als notwendige Voraussetzung der Regierungskunst. Wie die Protagonisten selbst immer wieder sagen, ist die Zentralbanktätigkeit letztlich eine Kunst, die auch vom Gespür für wirtschaftliche Entwicklungen abhängt. (Vgl. etwa Baltensperger 2007: 638)

Nicht zuletzt geht es um die Kunst, einen Diskurs zu führen, der in unterschiedlichen Öffentlichkeiten wie erwünscht interpretiert wird. Wenn die Zentralbankchefs sprechen, produzieren sie bestimmte Erwartungen und Spekulationen in der Financial Community; zugleich richten sie ihre Worte an ein Laienpublikum, das den Inhalt nicht zu verstehen braucht, um das Gefühl zu erhalten, dass diese »Magier« ihre Wissenschaft und Kunst auch wirklich beherrschen. Zu den Möglichkeitsbedingungen der Zentralbankmagie zählen neben den äußerlichen Gegebenheiten wie Marktzuständen und Kräfteverhältnissen demnach auch Persönlichkeitsattribute, die teilweise objektivierbar sind (etwa die akademischen Titel), teilweise aber erst »in frischer Tat« zur Geltung kommen.

Angesichts ihrer Funktion und Stellung verfügen die Vorsitzenden der Zentralbanken heute über Möglichkeiten, in der Öffentlichkeit ökonomische Sichtweisen und »Wahrheiten« zu verbreiten, von denen Wirtschaftsprofessoren oder Experten von Wirtschaftsverbänden nur träumen können. Doch in der langen Geschichte der »ehrwürdigen nationalen Institution« lag das Direktorium keineswegs die ganze Zeit bereits fest in der Hand von Ökonomen. Die ersten zwei Präsidenten, Heinrich Kundert (1907–1915) und August Burckhardt (1915–1924), hatten nicht studiert, sondern eine KV-Lehre beziehungsweise eine Banklehre absolviert. Der erste Präsident mit Studium, Gottlieb Bachmann (1937–1939), war Jurist. Ökonomen und Juristen wechselten sich seit dem Zweiten Weltkrieg an der Spitze der Nationalbank ab. Markus Lusser (1988–1996) war der letzte Jurist in dieser Position. Seine Nachfolger Hans Meyer (1996–2000) und Jean-Pierre Roth (2001–2009) waren Ökonomen.

Anfang 2015 besteht das Direktorium der Nationalbank aus drei Ökonomen: Präsident Thomas Jordan, Jean-Pierre Danthine und Fritz Zurbrügg. Danthine studierte in Leuven (Belgien), promovierte an der Carnegie University und wirkte 1980 bis 2009 an der Universität Lausanne als Professor für Makroökonomie und Finanztheorie. Zudem war er Direktor des Swiss Finance Institute, einer gemeinsamen Einrichtung von Universitäten und Bankiervereinigung zur Förderung des wissenschaftlichen Nachwuchses im Finanzbereich. Zurbrügg studierte an der Universität Bern Volkswirtschaftslehre und machte Karriere in der Finanzverwaltung sowie beim Internationalen Währungsfonds. Vor der Wahl ins Direktorium war er 2010 bis 2012 Direktor der Eidgenössischen Finanzverwaltung. Jean-Pierre Danthine trat aus Altersgründen Mitte 2015 zurück und wurde durch Andréa Maechler als erste Frau im Direktorium ersetzt. Sie hat in Genf, Lausanne und Toronto studiert sowie an der University of California in International Economy promoviert und daraufhin für verschiedene internationale Institutionen gearbeitet, zuletzt als Leiterin der globalen Marktanalyse im Internationalen Währungsfonds.

Wie bei der Bankenaufsicht (mit Eugen Haltiner) gab es auch in der Nationalbank eine Schlüsselperson, die aus der Reihe tanzte und ihre Funktion unter öffentlichem Druck aufgab. Mit Philipp Hildebrand wurde 2003 ein Mann ins Direktorium gewählt, der eine internationale Finanzkarriere (Moore Capital Management, Vontobel, Union Bancaire Privée), aber kaum Erfahrungen in Politik, Verwaltung oder Wissenschaft vorzuweisen hatte. Der bei der Wahl erst vierzigjährige Hildebrand hatte in Genf Internationale Beziehungen studiert und in Oxford promoviert. Der Sohn eines IBM-Managers avancierte rasch zum Aushängeschild der Nationalbank und erschien bei der UBS-Rettung als unersetzlicher Krisenmanager. 2010 trat er die Nachfolge von Jean-Pierre Roth als Präsident an. In den Interviews, die wir geführt haben, ist eine unbestreitbare Faszination für den Mann spürbar. Er wird oft als Lichtgestalt mit außergewöhnlichen Analyse- und Entscheidungsfähigkeiten, aber auch als Angeber und nicht absolut integre Person beschrieben. Offensichtlich fehlte es ihm an Gespür für die in dieser Funktion übliche Zurückhaltung, was die Zurschaustellung persönlicher Fähigkeiten und Beziehungen in der Öffentlichkeit anbetrifft. Hildebrand trat am 9. Januar 2012 zurück, nachdem er im Zusammenhang mit Devisengeschäften seiner Frau mit dem Vorwurf des Insiderhandels konfrontiert worden war. Der Rücktritt führte zu keinem »Karriereknick«: Heute ist er Vice Chairman der weltweit größten Vermögensverwaltungsfirma BlackRock in London. Mit Hildebrand ist der bislang einzige Vertreter des globalisierten Finanzmanagements an der Spitze der Nationalbank an- und abgetreten. Dass er im Vergleich zu anderen Exponenten des Bankenstaats »in einer anderen Liga spielt«, haben wir nicht zuletzt dadurch erfahren, dass es unmöglich war, mit ihm einen Interviewtermin zu vereinbaren.

Staatsadel

Viele Analysen des Staates schwanken zwischen zwei Sichtweisen: Während die liberale Staatstheorie den Staat als Garanten des Allgemeinwohls sieht, stellen marxistische Ansätze den Staat unter den Generalverdacht, im Dienste der herrschenden Klasse und besonders »des Kapitals« zu agieren. Beide Sichtweisen vergessen oder vernachlässigen die Tatsache, dass staatliche Akteure durchaus Eigeninteressen haben, die sie mehr oder weniger bewusst und konsequent verfolgen. Wir können uns der Tatsache sicher sein, dass die Exponenten des Bankenstaats sehr wohl wissen, dass sie sich ebenso auf das Allgemeinwohl berufen müssen, wie sie Interessen von Großunternehmen und Wirtschaftsverbänden nicht einfach übergehen können. Aber wir sollten nicht vergessen, dass diese »Staatsdiener« ein Interesse daran haben, als Akteure zu erscheinen, die im Dienste anderer stehen. Jedenfalls »sind sie gezwungen, sich aufs Allgemeine zu berufen, um ihre Herrschaft auszuüben« (Bourdieu 2004: 467). Und wenn es auch außer Zweifel steht, dass Finma und Nationalbank immer wieder Interessen des schweizerischen Finanzplatzes oder sogar einzelner Banken vertreten (das sagen sie in ihren öffentlichen Stellungnahmen von Zeit zu Zeit durchaus ganz offen), gilt es, das Augenmerk auch darauf zu legen, inwiefern diese Interessenvertretung zugleich mit Eigeninteressen der staatlichen Akteure verbunden ist. Die Position und die Macht der Protagonisten des Bankenstaates im Feld des Staats wie auch darüber hinaus sind ja mit dem Schicksal der Banken und des Finanzplatzes verbunden. Es ist sicherlich keine gewagte These zu behaupten, diese staatlichen Akteure hätten ein partikulares Eigeninteresse am Erfolg der schweizerischen Banken und des Finanzplatzes, das sich nicht einfach mit den Interessen der Finanzinstitute gleichsetzen lässt.

Der Amts- oder Staatsadel, wie Bourdieu (2004: 463) die Elite der staatlichen Akteure nennt, »ist ein Korps, das sich geschaffen hat, indem es den Staat geschaffen hat, das, um sich zu konstruieren, den Staat konstruieren musste, und das heißt unter anderem eine ganze politische Philosophie des ›öffentlichen Dienstes‹ als Dienst für den Staat oder die Gemeinschaft der Bürger [...] und dieses Dienstes als einer ›uneigennützigen‹, an allgemeinen Zwecken orientierten, Tätigkeit«. Auf wen trifft dies besser zu als auf Daniel Zuberbühler, der beinahe seine ganze berufliche Laufbahn in der Bankenaufsicht absolvierte und entscheidend dazu beitrug, die Behörde, als deren Direktor er zum Protagonisten des Bankenstaats wurde, vom administrativen Sekretariat eines Gremiums von Ehrenmännern zur richtigen Behörde auszubauen? Um dieses Lebenswerk zu erbringen, reichte es nicht aus, als Handlanger der Banken zu agieren oder – noch naiver – einfach Gesetze anzuwenden, die ein irgendwie definiertes Allgemeinwohl zum Ausdruck bringen. Vielmehr traten Zuberbühler & Co. in Beziehungen zu den Banken, die durch eine Mischung aus Kooperation, Respekt, Rivalität und Konflikt geprägt waren, und bei der Konstruktion ihres Bankenstaats versuchten sie mehr als einmal, Bundesverwaltung, Parlament und Banken gegeneinander auszuspielen. Der Blick auf Eigeninteressen des Direktors der Eidgenössischen Bankenkommission muss nicht dazu führen, ihm ein machiavellisches Weltbild zu unterstellen. Vielmehr gehen wir davon aus, dass sich Partikularinteressen dieser Art im Bewusstsein der Protagonisten in die Form einer spezifischen Berufung kleiden, die etwa im Gespräch mit Zuberbühler immer dann angesprochen wird, wenn er einen Begriff wie »Service public« verwendet oder auf ethische Standards zu sprechen kommt, denen er und sein Team in der Bankenwelt zum Durchbruch verhelfen wollten.

Bei den langjährigen Staatsdienern lässt sich immer eine Berufung der Art erkennen, wie sie im Zitat von Bourdieu oben umrissen wurde. Staatssekretär Michael Ambühl zum Beispiel, Staatsdiener in der vierten Familiengeneration, ist nicht einfach ein Bankenlobbyist, nur weil er 2009 das Dossier im Steuerkonflikt mit den USA übernahm und vom Bankgeheimnis zu retten versuchte, was noch zu retten war. Die Welt der Banken war ihm fremd, und daran änderte sich auch durch sein hohes Engagement in dieser »mission impossible« offensichtlich wenig. Wie ein roter Faden zog sich aber durch seine diplomatische Karriere das Verlangen, jeweils möglichst schwierige Verhandlungssituationen mit einem durch Operations Research und Spieltheorie inspirierten Ansatz zu lösen, den er »Verhandlungsengineering« nennt. Und Anfang 2009 war die Auseinandersetzung mit den US-amerikanischen Behörden zweifellos die größte Herausforderung, die einem Diplomaten anvertraut werden konnte. Aber im Gegensatz zu den früheren Missionen, die seinen Ruf als »Mann, von dem man Wunder erwartete« begründeten (die bilateralen Verträge II mit der EU, der Einsatz für die Geiselbefreiung im Iran oder die Vermittlerrolle im Armenienkonflikt), musste er im Steuerkonflikt mit durchzogener Bilanz abtreten. Der Austritt aus dem diplomatischen Dienst führte ihn 2013 nicht etwa in den Verwaltungsrat einer Großbank, sondern zurück an die ETH, an der er Betriebswirtschaftslehre studiert hat und heute als Professor für Verhandlungsführung tätig ist.

Jean-Pierre Roth, der ehemalige Nationalbankpräsident und aktuelle Präsident der Genfer Kantonalbank, sitzt seit seinem Austritt aus der Nationalbank in den Verwaltungsräten von Nestlé, Swatch und Swiss Re. Hat er damit in irgendeiner Weise »die Seiten gewechselt«, vom öffentlichen Dienst in die Privatwirtschaft? Im Gespräch wird klar, dass es sich aus seiner Sicht eher um eine Kontinuität im Dienste der Schweiz handelt, denn die Unternehmen, in deren Verwaltungsräten er zu finden ist, sind genau wie die Nationalbank Aushängeschilder des Landes und tragen zu dessen besonderem Ruf auf internationaler Ebene bei, jedenfalls in den Augen der politischen und wirtschaftlichen Eliten. So, wie die ökonomische Sicht für ihn ganz selbstverständlich bestens geeignet ist, die Interessen der Schweiz zu erkennen und zu wahren, lässt sich eine patriotisch gefärbte und vielleicht bis zu einem gewissen Grad vererbte Berufung zum Service public (Roths Vater war Poststellenhalter im Wallis) auch in den Verwaltungsräten von Großkonzernen ausleben.

Eine analoge Kontinuität lässt sich bei Peter Siegenthaler, dem ehemaligen Direktor der Eidgenössischen Finanzverwaltung und heutigen Verwaltungsrat von SBB, Inselspital und Berner Kantonalbank, erkennen. Seine Mandate sind im Vergleich zu jenen von Roth staatsnäher und ohne internationale Ambition, worin sich in doppelter Weise die frühere Differenz zwischen dem Nationalbankpräsidenten und dem Direktor der Finanzverwaltung reproduziert. Siegenthaler war in den letzten Jahren der führende Krisenmanager des Bundes, er spielte nach dem Absturz der Swissair eine ebenso bedeutende Rolle wie beim verhinderten Absturz der UBS. Er war aber auch der Mann der Schuldenbremse und des ausgeglichenen Staatshaushalts, sodass es ohne Zweifel treffender ist, ihn als eine Art Verkörperung der wirtschaftlichen Ordnung (im Sinne von Ordnung schaffen und Ordnung halten) zu beschreiben denn als Komplize dieses oder jenes Unternehmens, das in den Genuss einzelner Maßnahmen gekommen sein mag (natürlich steht und fällt die wirtschaftliche Ordnung bisweilen mit dem Stehvermögen großer Unternehmen).

Und selbst bei jenen Protagonisten des Bankenstaats, die aus der Privatwirtschaft kommen, werden wir bei genauerem Hinsehen eine höhere Berufung erkennen können sowie eine nicht bloß oberflächlich aufgesetzte Absicht, sich nicht einfach weiter in den Dienst der bisherigen Firma zu stellen. Personen wie Eugen Haltiner oder Mark Branson, die beide von der UBS an die Spitze der Bankenaufsicht wechselten, wissen sehr wohl, dass es im Interesse der Banken ist, wenn sie in öffentlichen Funktionen unabhängig agieren. Darüber hinaus können sie nur schon deswegen nicht als verlängerter Arm der UBS im Bankenstaat agieren, weil auch eine Großbank wie die UBS keine harmonische Einheit ist, sondern ein Kosmos, in dessen Innern Machtkämpfe toben und um unterschiedliche Strategien gerungen wird. Im Falle der Finma deutet darüber hinaus einiges darauf hin, dass die direkt aus den Banken kommenden Aufseher die Branche »härter anfassen« als die Vertreter der »Generation Zuberbühler«, unter denen die Juristen und langjährigen Staatsdiener dominierten. Wenn der ehemalige Chefjurist der Bankenkommission, Urs Zulauf, im Gespräch unterstreicht, im Gegensatz zu Kollegen, die aus der Bankbranche in die Aufsichtsbehörde kommen, habe er nie das Gefühl gehabt, er hätte das beaufsichtigte Geschäft selbst besser machen können, gibt er uns einen Schlüssel zum Verständnis des Paradoxons an die Hand. Nicht nur kennen sich die aus der Bank kommenden Aufseher im Geschäft besser aus, sie nehmen auch die Motivation mit, ehemalige Kollegen zu übertrumpfen und den mit dem Wechsel in die Bankenaufsicht verbundenen Zugewinn an Macht und Autorität auszuspielen. Dass sie dabei die in der Branche ganz selbstverständlich geltenden Sichtweisen und Wertungen nolens volens reproduzieren, ist die andere Seite der Medaille. Um das Problem der Regulatory Capture, der Vereinnahmung der Bankenaufsicht durch die beaufsichtigten Banken, zu analysieren, sollten wir uns von verschwörungstheoretischen Ansätzen verabschieden und können die Intuition von Marx wieder aufgreifen, dass sich die handelnden Akteure nur bis zu einem gewissen Grad bewusst sind, warum sie wie handeln und wie sich ihr Handeln unter gesellschaftlichen Bedingungen auswirkt, die nicht unter ihrer Kontrolle stehen: »Sie wissen das nicht, aber sie tun es.« (Marx 1962: 88) Jedenfalls erweist sich die Analyse der Wechselwirkungen zwischen verschiedenen Handlungsfeldern, zwischen Staat, Wissenschaft und Wirtschaft in der Grauzone der »vierten Gewalt« des Staates, als Voraussetzung, um die Bedeutung von Beziehungen und Laufbahnen angemessen einordnen zu können.

Für die Banken ist es sicher nicht ideal, wenn die Exponenten des Bankenstaats als direkt mit ihnen verbandelte Personen erscheinen. Sie haben ein Interesse an staatlichen Behörden, die als unabhängig wahrgenommen werden und dennoch in ihrem Sinn entscheiden. In dem Ausmaß, in dem die Macht nicht auf einer mechanischen, sondern »organischen Solidarität« der Herrschenden (Bourdieu 2004: 471) beruht, wurzelt ihre Legitimität eben gerade nicht in Beziehungen zwischen Angehörigen eines Clans oder einer Seilschaft, sondern auf dem scheinbar anonymen Zusammenspiel unterschiedlicher Institutionen und Felder, allen voran

Wirtschaft, Staat und Wissenschaft. Diese Form der Macht untersteht einem »Gesetz der Ökonomie der Legitimationsarbeit«, demzufolge »die symbolische Wirksamkeit eines Legitimationsaktes direkt proportional zur anerkannten Unabhängigkeit des Weihenden vom Geweihten und zu dessen Statusautorität [ist]« (a. a. O.: 468). Insofern haben die Banken auch Interesse an einer starken Position der Protagonisten des Bankenstaats im Feld des Staates. Und wir haben in diesem Kapitel drei Fälle gesehen, in denen die Legitimität prominenter Staatsdiener öffentlich hinterfragt wurde: Patrick Raaflaub, dessen Tätigkeit als Direktor der Finma als kurze Zwischenstation einer privatwirtschaftlichen Karriere erscheint, die ihn zu dem Unternehmen zurückführt, aus dem er in die Aufsichtsbehörde kam; Eugen Haltiner, der als verlängerter Arm der UBS im Bankenstaat wahrgenommen wird, als er an vorderster Front die Lieferung von Kundendaten seiner ehemaligen Bank an die US-amerikanischen Behörden verantwortet; schließlich Philipp Hildebrand, dessen persönliche Integrität nicht nur aufgrund der Vorwürfe des Insiderhandels in Zweifel gezogen wird.

Der Bankenstaat hat sich dieser Männer entledigt und steht heute mit weißer Weste da, weitaus mehr als die Banken, deren Reputation nicht nur aufgrund der staatlichen Rettungsinterventionen, sondern angesichts der nicht abreißenden Serie neuer Fälle von Marktmanipulation und Steuerhinterziehung weiterhin angeschlagen ist.

Gian Trepp

⚜ Nationalbank am Scheideweg

Mehr Bankenstaat oder Deregulation?

Die historisch beispiellose, ultraexpansive Geld- und Währungspolitik
der Nationalbank seit der Finanzkrise 2008 hat eine neue Lage geschaffen.
Das geldpolitische Konzept der Vorkrisenzeit wurde Makulatur, die darauf basierenden Instrumente haben die Wirkung verloren. Der Vorkri-
sen-Geldmarkt und das dazugehörige Repogeschäft sind gewissermaßen
in der Geldschwemme ersoffen. Die vom September 2011 bis Januar 2015
zur Verteidigung der Euro-Kurs-Untergrenze getätigten enormen Euro-
Käufe blähten die Bilanz und behinderten den Spielraum zukünftiger
Geld- und Währungspolitik. Nach Aufhebung der Untergrenze bedrohte
die Frankenstärke weiterhin Arbeitsplätze in Exportindustrie und Tourismus, während sich die wirtschaftliche Ungleichheit durch Benachteiligung von Sparerinnen und Rentnern mit Negativzinsen verschärfte. In
diesem Umfeld betonte Präsident Thomas Jordan (an der Generalversammlung der Nationalbank von Ende April 2015) hoffnungsfroh, die Negativzinsen seien zwar nötig, aber nur temporär; die Lage werde sich wieder normalisieren. Gleichzeitig forderten Linksparteien und Gewerkschaften die Wiedereinführung der Untergrenze zwecks Schutz von

Arbeitsplätzen, während UBS-Konzernchef Sergio Ermotti die Untergrenze als verfehlte Wirtschaftsintervention ablehnte.

Instabile Weltfinanz

Der Ausstieg aus der seit 2008 weltweit praktizierten ultraexpansiven
Geldpolitik hatte im April 2015 noch kaum begonnen. Bei der US-ameri-
kanischen Zentralbank, dem Federal Reserve System (Fed), gab es einige
Verlautbarungen und Lippenbekenntnisse zum geplanten Ausstieg aus
dem Quantitative Easing (QE), die QE-Programme der Europäischen
Zentralbank und der Bank of Japan liefen ungebremst. Als QE wird der
Kauf von Staatsobligationen durch die eigene Zentralbank zwecks An-
kurbelung der Konjunktur bezeichnet. Auch an den Nullzinsen, teilweise
Negativzinsen hielten die großen Zentralbanken fest, weil sie von Zinser-
höhungen unkontrollierbare negative Auswirkungen auf das Bankensystem und die Realwirtschaft ihres Landes befürchteten. Das Zinsdiktat
und die Staatsobligationenkäufe der Zentralbanken missachtet das
marktwirtschaftliche Grundprinzip der Zinspreisbildung im Spannungsfeld von Angebot und Nachfrage und nimmt auch die weitere Aufblähung der Preisblase bei Finanzwerten und Immobilien in Kauf. Für
Sparer und Rentnerinnen ohne Zugang zum Gratisgeld bedeuten Null-
und Negativzinsen einen schleichenden Kapitalverlust.

Als internationales Finanzzentrum ist die Schweiz stark von der an-
haltenden Aufblähung und Instabilität des Weltfinanzsystems seit der Finanzkrise betroffen. Dies kommt auch am Wachstum der Nationalbankbilanz zum Ausdruck, die von Anfang 2008 bis Mitte 2015 um etwa
450 Prozent zunahm. In absoluten Zahlen brachte dies einen Anstieg von
rund 128 Milliarden Franken auf gegen 600 Milliarden. Hauptursache für
den Anstieg war der Versuch, den Kapitalzufluss aus dem Euro-Raum zu
behindern und damit den Aufwertungsdruck auf den Franken zu stop-
pen: zuerst mit Tiefzins, dann mit Nullzins, ab September 2011 mit dem
Euro-Mindestkurs von 1,20 und nach Aufhebung im Januar 2015 mit einem Negativzins auf Sichteinlagen von 0,75 Prozent. All diese Maßnahmen vermochten jedoch den nachhaltigen Aufwertungsdruck auf den
Franken nicht zu brechen. Seit 2007 ist der Frankenkurs gegenüber den
wichtigsten anderen Währungen bis Anfang 2015 im Durchschnitt um

fast 40 Prozent angestiegen. Die interventionistische Währungspolitik der Nationalbank zur Verteuerung der Frankenhaltung hat das Vertrauen der Reichen dieser Welt in den Finanzplatz Schweiz ebenso wenig zu erschüttern vermocht wie der Untergang des Bankgeheimnisses und der (fast) gänzliche Wegfall der Beihilfe zur Steuerhinterziehung durch das Bankensystem. Die Gründe dafür füllen ein ganzes Buch. Ein Kapitel davon handelt vom anhaltenden staatlichen Sukkurs für das Bankgeschäft, beispielsweise von der faktischen Staatsgarantie, von der die zwei Großbanken so lange gratis profitieren, als Bundesrat und Parlament die Too-Big-to-Fail-Problematik in der unteren Schublade ruhen lassen. Profitieren kann das Bankensystem auch von einer zwar verschärften, aber immer noch zu laschen Bankenüberwachung durch die Finanzmarktregulierung Finma. Noch immer wählen und zahlen die Banken die gesetzliche Revisionsfirma selber, während die Rechnungsprüfung anderswo längst von der Überwachungsbehörde vergeben und unter Verrechnung an die betreffende Bank bezahlt wird. Wirksame Bußen in Milliardenhöhe gegen Großbanken, wie in den USA die Regel, darf die Finma nicht verfügen.

Die Kosten der Euro-Kurs-Untergrenze

Die Sozialdemokratische Partei (SP) und die Gewerkschaften haben die Aufhebung der Euro-Kurs-Untergrenze vom Januar 2015 kritisiert und die sofortige Wiedereinführung im Interesse von Arbeitsplätzen und Finanzstabilität gefordert – umso mehr, als die Nationalbank die Untergrenze ohne Kosten zeitlich unbegrenzt halten könne, weil sie die Franken für die zur Verteidigung der Untergrenze nötigen unbegrenzten Euro-Käufe selber aus dem Nichts schöpfen könne. Als ökonomischen Gewährsmann für den angeblich kostenfreien Mindestkurs ließ die Zeitung *Work* der Gewerkschaft Unia den ehemaligen deutschen SP-Staatssekretär und ehemaligen Unctad-Chefökonomen Heiner Flassbeck mehrfach ausführlich zu Worte kommen. Aus linker Optik klingt die Flassbeck-These gut, ist jedoch reines Wunschdenken. Auch vom Interessenstandpunkt der Arbeitnehmerinnen und Arbeitnehmer her gesehen, kann der Euro-Mindestkurs nicht kostenlos durchgesetzt werden. Im Gegenteil. Der unbegrenzte Ankauf von Euro zum Kurs von 1,20 durch die Nationalbank verursacht hohe volkswirtschaftliche Kosten. Grund dafür ist die Mechanik der Geldschöpfung im Schweizer Teilreserven-Bankensystem. Das Buchgeld oder Giralgeld, das die Nationalbank kraft gesetzlicher Befugnis per Computerclick selber schöpft, kann nicht direkt in Euro umgetauscht werden. Wenn die Nationalbank Euro kaufen will, tut sie dies nicht selber, sondern beauftragt eine der ungefähr 350 Banken, die bei ihr ein sogenanntes Girokonto unterhalten. Es ist die beauftragte Girobank, welche diese Euro auf dem globalisierten Devisenmarkt bei einer Drittbank oder einem Devisenhändler kauft, und es ist die Nationalbank, welche die bestellten Euro mit einer Gutschrift von selbst geschöpftem Nationalbank-Girogeld auf dem Girokonto der beauftragten Girobank bezahlt. Bezahlen kann die beauftragte Girobank den Euro-Lieferanten jedoch *nicht* mit dem erhaltenen Nationalbank-Girogeld, weil das Nationalbank-Girogeld nur zwischen Nationalbank und Girobanken zirkuliert (abgesehen von der Staatskasse und der Tresorerie der großen Sozialwerke, die jedoch keinen Devisenhandel betreiben). Vielmehr bezahlt die Girobank die für die Nationalbank bei einer Drittbank gekauften Euro mit einer Gutschrift auf dem Konto, das die Euro-Verkäuferin bei ihr führt. Sie gibt, mit anderen Worten, der Euro-Verkäuferin einen Kredit. Weil das Bankensystem-Kreditgeld und das Nationalbank-Giralgeld zwei verschiedene Geldsorten sind, ist die Durchsetzung des Euro-Mindestkurses mit dem Instrument des unbegrenzten Aufkaufs von Euro mit volkswirtschaftlichen Kosten verbunden.

Die enormen Euro-Käufe der Nationalbank haben die Giroguthaben des Bankensystems bei der Nationalbank explodieren lassen. Diese überschüssigen Girogelder haben mittlerweile das nach dem Teilreserveprinzip funktionierende Schweizer Geld- und Kreditsystem aus den Angeln gehoben. Das Teilreserveprinzip besagt, dass eine Bank nicht den vollen Gegenwert der Sichteinlagen der Kundschaft verfügbar halten muss, sondern bloß eine Teil- oder Mindestreserve bei der Zentralbank. In der Schweiz beträgt die Mindestreserve höchstens 4 Prozent auf vergebene Bankkredite auf den Girokonten bei der Nationalbank. Gemäß Nationalbankstatistik waren die Mindestreserve-Anforderungen im April 2015 um rund 2600 Prozent übererfüllt. Dieser riesige Überschuss der Mindestreserven verkörpert ein riesiges Inflationspotenzial. Entsprechend dem geltenden Maximalsatz von 4 Prozent auf vergebene Bankkredite, müssten für die ausstehenden ungefähr tausend Milliarden Bankkredite ungefähr vierzig Milliarden auf den Girokonten liegen. Mit anderen Worten könnten die Girobanken nach den geltenden Mindestreserve-Bestimmungen auf ihren gegen 400 Milliarden Giroeinlagen Kredite in der Höhe von ungefähr zehn Billionen Franken vergeben – sollte dies geschehen, bekommt die Schweiz ihre erste Hyperinflation. Der Abbau dieses Inflationspotenzials bedingt den Abbau der überschüssigen Giroguthaben. Diese zentrale Aufgabe der Nationalbank muss in volkswirtschaftlichem Landesinteresse gelöst werden. Die den Banken aufgrund der Mechanik des Geld- und Kreditsystems leistungslos zugefallenen Giroguthaben gehören nicht den Banken.

Neben den Giroguthaben des Bankensystems haben die enormen Euro-Käufe zur Verteidigung der Untergrenze auch die Devisenreserven der Nationalbank explodieren lassen. Im Februar 2015 wies die Nationalbank rund 510 Milliarden Franken Devisenreserven aus, davon ungefähr 46 Prozent in Euro, 29 Prozent in US-Dollar, 8 Prozent in japanischen Yen, 6 Prozent in Englischen Pfund und 4 Prozent in Kanadischen Dollar. Die Höhe der für die Geld- und Währungspolitik nötigen Devisenreserven legt die Nationalbank fest. Sicher ist, 510 Milliarden sind zu viel. Der Überschuss kann durch Übertrag auf Rechnung eines neuen Staatsfonds abgeschöpft werden. Die durch Wegfall von Währungsreserven in der Bilanz der Nationalbank enstehende Lücke kann passivseits durch Sterilisierung oder Tilgung überschüssiger Giroguthaben des Bankensystems kompensiert werden. Die Aufteilung der für die Währungspolitik nötigen Devisenreserven auf die verschiedenen Währungen ist Sache der Nationalbank. Die geopolitischen Entwicklungen des 21. Jahrhunderts legen die Erweiterung des Anlageuniversums mit dem chinesischen Renminbi nahe. Die Schweiz gehört zu den Gründungsmitgliedern der chinesisch-asiatischen Entwicklungsbank AIIB.

Im Januar 2015 unterzeichneten die Schweiz und China ein Währungsabkommen am WEF in Davos, und der Franken-Renminbi-Swap der Nationalbank mit der chinesischen Zentralbank ist zustande gekommen. Mit dem Swap-Abkommen stellen die beiden Zentralbanken ihrem jeweiligen Bankensystem maximal 21 Milliarden Franken beziehungsweise 150 Milliarden Yuan zur Verfügung. Vor diesem Hintergrund gab die China Construction Bank die Eröffung einer Filiale in Zürich bekannt, während UBS und CS umgekehrt ihre Aktivitäten in Hongkong und Shanghai verstärken wollen.

Die steigenden Devisenreserven und Girogelder haben die Nationalbankbilanz seit Beginn der Finanzkrise um rund 450 Prozent wachsen lassen, während das Bruttoinlandprodukt (BIP) im gleichen Zeitraum lediglich um rund 15 Prozent zulegte. Der hohe Zufluss von Auslandkapital in den Franken ist, mit anderen Worten, nicht in die Schweizer Realwirtschaft investiert worden, sondern hat die Bedeutung des Frankens als Finanz- und Anlage-Buchgeld auf den globalisierten Finanzmärkten weiter erhöht. Ersichtlich wird die Bedeutung des Frankens als Finanz- und Anlagewährung am großen Frankenanteil im internationalen Devisenhandel. Das Volumen der umlaufenden Franken hat die Aufnahmefähigkeit der Schweizer Realwirtschaft längst gesprengt. Gemäß einer Statistik der Bank für Internationalen Zahlungsausgleich zu den Währungsanteilen am globalen Devisengeschäft vom September 2013 liegt der Franken nach dem Dollar und dem Euro auf Rang 3, während das Schweizer BIP weltweit lediglich auf Rang 20 figuriert.

Wie weiter?

An der Generalversammlung vom 24. April 2015 hat Nationalbankpräsident Thomas Jordan die Preisgabe des Euro-Mindestkurses, kombiniert mit Negativzinsen und sporadischen Devisenmarktinterventionen, bekräftigt. Die Nationalbank geht davon aus, dass die Devisenmärkte die Überbewertung des Frankens über kurz oder lang korrigieren. Gröbere Konjunktureinbrüche infolge allzu langer Durststrecke für Exportindustrie, Tourismus und grenznahen Detailhandel prognostizieren die Nationalbankökonomen nicht.

Ganz anders die Situation auf dem politischen Parkett. Dort lagen im Banne eines von Euro-Krise, Renminbi-Aufstieg und Dollar-Abstieg geschüttelten Weltwährungssystems die zwei Optionen neue Euro-Kursuntergrenze oder freier Frankenkurs auf dem Tisch. Für UBS-Konzernchef Sergio Ermotti ist der Fall klar. In einem Beitrag in den drei Zeitungen *Tages-Anzeiger, Corriere del Ticino* und *Le Temps* (18.2.2015) propagierte er in drei Sprachen die Neuauflage der Deregulierung im Stile des neoliberalen *Weißbuches* von Mitte der 1990er-Jahre, inklusive freier Wechselkurse – Kursschwankungen könnten mit UBS-Währungsderivaten abgesichert werden.

Damit sind SP und Gewerkschaften, wie erwähnt, nicht einverstanden. Zum Schutz von Arbeitsplätzen und der Finanzstabilität fordert die Linke eine Zweitauflage der Euro-Untergrenze. Diese könnte die Nationalbank bei andauerndem Kapitalzustrom aus dem Euro-Raum nicht mehr mit unbegrenzten Euro-Käufen durchsetzen. Die weitere Aufblähung der Bilanz durch weitere Erhöhung von Währungsreserven und Giroguthaben müsste der Nationalbank die Fähigkeit zur unabhängigen Währungs- und Geldpolitik rauben. Eine allfällige Zweitauflage der Untergrenze kann nur durch Öffnung des Giftschranks wirksam durchgesetzt werden, mit Kapitalimportrestriktionen und Negativzinsen für Auslandkapital. Das heißt mit mehr Bankenstaat in Form eines Kapitalkontrollsystems – und neuen Problemen mit der EU, weil der freie Kapital- und Zahlungsverkehr gleich wie die Personenfreizügigkeit eine nicht diskutierbare Grundfreiheit des EU-Binnenmarktes ist.

Ganga Jey Aratnam

⊹Glencore oder die Rhizome der Macht

Eine Spurensuche in Zug

»»Das ist ein Bergwerk, nicht wahr?‹ Der Alte konnte nicht sogleich antworten. Ein heftiger Hustenanfall drohte ihn zu ersticken. Endlich spie er aus, und sein Speichel bildete einen schwarzen Fleck am roten Erdboden. ›Ja, das Bergwerk le Voreux [...]. Der Ort liegt ganz nahe.‹« (Zola 2014 [1885]: 4) So lässt der französische Schriftsteller Émile Zola den Arbeit suchenden Étienne Lantier im Roman *Germinal* seinem Schicksal begegnen: einem Bergwerk in Nordfrankreich, das dem jungen Maschinisten »das unheilkündende Aussehen eines gierigen Raubtieres zu haben [schien], das dahockte, um die Welt zu verschlingen« (a.a.O.: 5).

Macht und Ohnmacht rund um die Rohstoffförderung entfalten sich bereits auf den ersten Seiten dieses auf ethnografischen Beobachtungen Zolas fußenden Meisterwerks des sozialen Realismus von 1885. Heute finden sich von der einst machtvollen, sowohl stolzen als auch tragisch-bewegenden Geschichte des Bergbaus in Westeuropa nur noch Überreste. Viele der Rohstoffe für die aktuelle Etappe der Industrie-, Dienstleistungs-, Hightech-, Konsum- und Wissensgesellschaft werden in Lateinamerika, Afrika und Asien geschürft. Was wo abgebaut, wohin transportiert, wo verarbeitet und wem weiterverkauft wird, das wird allerdings in den Machtzentralen der Konzerne entschieden, von denen etliche ihren Sitz in der rohstoffarmen Schweiz haben.

Von der Schweiz aus werden 60 Prozent des weltweiten Metallhandels und 35 Prozent des globalen Rohölhandels orchestriert. (Bundesamt für Justiz 2014: 3) Für den Handel mit Metallen und Rohöl ist der Kanton Zug ein eigentlicher Hub. Nicht nur, aber auch, weil dort das global tätige, integrierte Rohstoffunternehmen Glencore Xstrata beheimatet ist. Glencore Xstrata ist zu einem Sinnbild globaler Rohstoffmacht geworden. Bereits vor der Fusion mit Xstrata stand Glencore im Scheinwerferlicht, nicht zuletzt, weil das Unternehmen im Fokus von kritischer Gegenmacht stand. Diese hatte bereits das Wirken von Marc Rich, der in den 1970er- und 1980er-Jahren eine neue Generation von Rohstoffhändlern verkörperte, kritisch unter die Lupe genommen. Glencore ging letztlich aus Marc Richs Firma hervor. Am Anfang stand das Unternehmen Philipp Brothers (Phibro), das mit Metallen handelte und dessen Angestellter Marc Rich einst war. Alle drei Unternehmen waren oder sind mit dem Kanton Zug verbunden. Durch ihre Fusion im Jahr 2013 wurden Glencore und Xstrata zum umsatzmäßig zweitgrößten Konzern der Schweiz – nach dem ebenfalls mit Rohstoffen handelnden Vitol-Konzern mit Sitz in Genf. 2014 machte Glencore Xstrata einen Umsatz von fast 207,8 Milliarden Franken, während das größte nicht im Rohstoffhandel tätige Unternehmen, Nestlé, 91,6 Milliarden erwirtschaftete. (*Handelszeitung* 28.6.2015: 10) Nestlé verbuchte 13,9 Milliarden Franken Gewinn. (Ebd.) Glencore gab dagegen »nur« 6,7 Milliarden Franken Betriebsgewinn (EBIT) an. (NZZ 4.3.2015: 23) Im August 2015 musste Glencore aufgrund der fallenden Rohstoffpreise sogar einen Geschäftsverlust verbuchen. (NZZ 19.8.2015) Das Rohstoffgeschäft erweist sich damit als äußerst volatil. Hohe Umsätze garantieren noch keine entsprechenden Gewinne, verweisen jedoch auf die Kapitalintensität der Branche. Entsprechend wichtig ist die Rolle von Finanz- und Versicherungsdienstleistern, die Teil des wachsenden Rohstoffclusters sind.

In Zug haben die Rohstoffakteure alte und traditionsreiche Industrieunternehmen abgelöst. Zwischen 100 und über 300 Rohstofffirmen sollen heute im Kanton Zug ansässig sein – so genau scheint das niemand zu wissen. Aber die Bedeutung des Rohstoffclusters geht weit über Firmen wie Glencore Xstrata, das in Zug 800 Mitarbeitende beschäftigt, hinaus. Das zeigt sich am Beispiel des spezialisierten Zuger Finanzplatzes. Dieser generiert auch Risikokapital für neue Industrien, etwa Bio- und Medizinaltechnik. Der Zuger Rohstoffsektor – die Unternehmen und ihre Angestellten – generiert jährlich etwa 200 Millionen Franken Steuern für die Zuger Staats- und Gemeindekassen. Dem steht allerdings dank Transfer Pricing und tiefen Steuern an Standorten wie Zug wiederum eine gewaltige Steuerersparnis der Rohstofffirmen insgesamt gegenüber. In Zeiten von Verlusten kann der Gewinnsteuersegen aber auch in den hiesigen Staatskassen ausbleiben. Dann tröstet man sich in Zug mit den Multiplikatoreffekten aus dem Rohstoffcluster – und mit den Erträgen aus den Einkommen gut verdienender Rohstoffhändler. Zug ist der wirtschaftlich am stärksten wachsende Schweizer Kanton. Gleichzeitig steigen in Zug auch die Lebens- und Wohnkosten ständig an. Wegen und mit Glencore Xstrata standen die Schweiz und der Kanton Zug wiederholt im Scheinwerferlicht medialer Aufmerksamkeit, politischer Kampagnen und von kritischen Reportagen. So geht etwa die Hilfswerk- und NGO-Kampagne »Recht ohne Grenzen. Klare Regeln für Schweizer Konzerne. Weltweit« (2015) explizit auf Aktivitäten und Unterlassungen von Glencore Xstrata ein. Weniger bekannt sind dagegen die symbiotischen funktionalen Cluster des Rohstoffgeschäfts oder die feinen gesellschaftlich-kulturellen Vernetzungen der Rohstoffmacht im Zugerland. Diese Themen stehen im Fokus des folgenden Beitrags.

Glencore und Zug, das ist ein für unsere Machtanalyse besonders spannender Knoten in der weltweiten Verflechtung und Ausbreitung des Geschäfts mit den Rohstoffen. Für unsere Analyse benutzen wir die Metapher vom Rhizom und sprechen von einer rhizomatischen Perspektive, die wir nun erläutern.

Eine rhizomatische Perspektive: Rohstoffcluster und Commodity Hubs

Ein Rhizom ist ein meist unterirdisches oder auch knapp über dem Boden horizontal wachsendes Geflecht von Pflanzenachsen. Trotz des Namens ist ein Rhizom nicht mit einer Wurzel zu verwechseln, die einen klaren Ort hat. Rhizome sind dagegen vernetzter und vielfältiger. Solche Eigenschaften illustrieren auch die Wirkung und Ausdehnung des Rohstoffkreislaufs. Gilles Deleuze und Félix Guattari haben für ihre theoretisch-kulturwissenschaftliche Analyse der Postmoderne ebenfalls die Rhizommetapher benutzt. (Deleuze/Guattari 1977) Aber anders als die beiden französischen Theoretiker wenden wir unsere rhizomatische Perspektive auf einen empirisch-konkreten Fall an: auf die Rohstoffmacht, die in und mit der Schweiz, insbesondere auch in und mit Zug, vielfältig und auf mitunter überraschende Weise verflochten ist und stets neue Triebe hervorbringt. Statt von einer Hierarchie mit einheitlichem Ursprung auszugehen, plädieren wir dafür, die Rohstoff(markt)macht in ihren vielgestaltigen und transnationalen Verflechtungen und Verbindungen zu begreifen. Die Rohstoffrhizome durchziehen Landes- und Weltgegenden mit ihren Produktionsstätten, ihren Gütern, ihrem Personal, den Geschäftsabläufen und den rund um sie tätigen Branchen, und sie wirken in gesellschaftliche, politische und kulturelle Bereiche hinein.

Rhizomatische Strukturen definieren das Rohstoffhandeln bereits von Beginn an. Sie entstehen aus der Tatsache, dass nachgefragte Rohstoffe nicht überall vorkommen. Rohstoffhändler nehmen insofern eine geografische »Ausgleichsfunktion« wahr. (Thomann/Glauser 2012) Die Verflochtenheit ist jedoch nicht nur geografisch-transnationaler Natur, sondern sie zeigt sich auch zwischen Sektoren und Branchen in geografisch lokalisierbaren Rohstoffclustern, die als Commodity Hubs funktionieren. Genf, Zug und Lugano und in ihrem interdependenten Zusammenwirken auch die Schweiz insgesamt bilden solche Hubs. Gesamtschweizerisch trägt der Rohstoffcluster in den 2010er-Jahren rund 3,5 Prozent zum schweizerischen Bruttoinlandprodukt bei. Das ist mehr als der Beitrag der Landwirtschaft und fast so viel wie der des Tourismus. (EDA, EFD et al. 2013: 12) Der größte lokale Hub – die rhizomorphe Verbindung von Rohstoffproduzierenden und -handelsfirmen, von Finanzintermediären, Transporteuren und spezialisierten Ausbildungsstätten – befindet sich in Genf. Über Genf verläuft ein Drittel des weltweiten Handels mit Rohöl und Ölprodukten. Noch höhere Weltmarktanteile verschieben die in der Genferseeregion ansässigen Unternehmen im Bereich der Agrarrohstoffe oder *soft commodities*.

Diskret, riskant und teuer – eine erste Auslegeordnung

Das Waadtländer Handelshaus André & Cie. war 1877 ein Pionier des späteren Soft-Commodity-Hub am Genfersee (André & Cie SA 1977), bevor es sich in den späten 1990er-Jahren verspekulierte und 2011 den Konkurs anmelden musste. (Vgl. *Handelszeitung* 11.7.1996; NZZ 12.10.1999; NZZ 14.2.2001; *La Libération* 13.3.2001) Das Familienunternehmen André & Cie. hatte zeit seines Bestehens das heiligste Handlungsprinzip der Branche hochgehalten: die Diskretion. In der Tat gilt Intransparenz als eine zentrale Strategie, um im hart umkämpften Rohstoffmarkt zu bestehen. Oder wie es der Genfer Rohstoffhändler Daniel Jaeggi in einem TV-Interview formulierte: »Die Diskretion hat damit zu tun, dass wir in einem Geschäft tätig sind, indem jeder jeden kopieren kann. Es gibt keine Möglichkeit, uns vor der Konkurrenz zu schützen. Die Diskretion war schon bei den holländischen Kaufmännern auf der Suche nach Gewürzen in Indonesien im 18. Jahrhundert ein wichtiger Punkt. Die Fundorte der Gewürze wurden wie ein Staatsgeheimnis behandelt, denn war das Geheimnis einmal gelüftet, hatte die Konkurrenz leichtes Spiel.« (SRF 9.1.2014: ab Minute 9.35) Im Fall von André & Cie. half familiäre Verschwiegenheit am Schluss nicht mehr. »Stets sterben die ältesten Teile des Wurzelstocks in dem Maß ab, als er sich an seiner Spitze verjüngt«, heißt es in einer lexikalischen Beschreibung des Rhizoms. (Deleuze/Guattari 1977: 1) Im gleichen Zeitraum, in dem der Stern von André & Cie. erlosch, ging jener von Mercuria auf. Erst 2004 gegründet, ist der Genfer Agrarrohwaren-Konzern heute eines der umsatzstärksten Unternehmen der Schweiz: Vitol, Glencore Xstrata, Cargill, Trafigura, Mercuria heißen die Top Five – alle aus dem Rohstoffbereich. Erst auf Platz 6 folgt Nestlé. (*Handelszeitung* 28.6.2015: 10) Insgesamt sind sieben der zehn größten Schweizer Firmen im Rohstoffsektor tätig. (*Handelszeitung* 25.6.2015)

Doch wer, abgesehen von ein paar Insidern, kennt diese Rohstoffriesen außer Glencore schon, obwohl sie ein Weltunternehmen wie Nestlé punkto Umsatz weit hinter sich lassen? Diskretion zahlt sich hier offenbar nicht nur im Geschäftserfolg aus, sondern auch darin, dass man unter dem Radar einer kritischen Öffentlichkeit hindurch segelt. Zu diesem Profil passen auch selbstkritische Reflexionen zum Rohstoffsegen als Rohstofffluch, wie sie Mercuria-Mitgründer Marco Dunand vorbringt:

»Ressourcen und Nationalismus« seien ein wichtiges Thema, erklärte Dunand vor der Kamera und sah diesen Nationalismus darin begründet, dass die Rohstoffe produzierenden Länder zwar reich an Ressourcen seien, die lokale Bevölkerung aber keinen Vorteil daraus ziehen könne. Entsprechend erachtet es Dunand als »normal, dass die lokale Bevölkerung mit dieser Entwicklung nicht zufrieden« ist. (SRF 9.1.2014: ab Minute 20.47)

Anders sieht das Ivan Glasenberg: »Mir ist es egal, wenn ein Land von Anfang an die Regeln durchgibt: Wie hoch sind die Steuern, wie hoch die Abgaben«, hielt der CEO von Glencore Xstrata fest. Denn »dann können *wir* entscheiden, ob wir in diesen Ländern investieren oder nicht«. Aus einer solchen Machtposition heraus stellt man dann entsprechend auch »keinen Ressourcen-Nationalismus« fest. Und falls doch, falls die Länder »extrem werden, also die Ressourcen nationalisieren«, dann, so Glasenberg lapidar, »verlieren sie Investitionen. Das ist dann ihr Risiko.« (SRF 9.1.2014: ab Minute 21.50)

Doch das Rohstoffgeschäft ist nicht nur für viele Produzentenländer und die dortigen Arbeiterinnen und Arbeiter riskant, sondern auch für die Rohstofffirmen selber. Das macht es aus Firmen- und Investorensicht gleichzeitig attraktiv und gefährlich. Denn Risiken bergen sowohl hohe Gewinne als auch massive Verlustpotenziale. Die Preisvolatilität von Rohstoffen ist enorm und auch von kaum kontrollierbaren Faktoren wie Wetter, Geologie, Umweltrisiken oder gefährlichen Fördermethoden abhängig. Deshalb gelangen Finanzinstrumente wie Futures und Optionen zum Einsatz. Aber viele Verluste werden durch die Rohstoffhändler selber verursacht. *Corner and squeeze* (Davidson 1985) lautet die bildhafte Beschreibung einer Marktmanipulationstechnik. Dabei werden Waren und Güter zu strategisch-spekulativen Zwecken künstlich verknappt. So kauften etwa Genfer Ölhändler im großen Stil Tanklager, Pipelines und Raffinerien, um von den sinkenden Erdölpreisen zu profitieren. Das Erdöl wird nun »gecornert« und der Markt auf diese Weise »gesqueezt«. Entsprechend »freuen« sich die Händler über die Preisvolatilität, die sie selber befördern. (*Handelszeitung* 23.12.2014)

Indem Glencore und Xstrata die gesamte Wertschöpfungskette in einen Konzern integrierten, entstand zusätzliche Marktmacht. Um diese Power zu erlangen, war enormes Kapital vonnöten. Am Glencore-Börsengang waren mindestens neun Banken beratend beteiligt. Sie konnten für ihre Dienste auf Einkünfte in der Höhe von 1,5 bis 2,5 Prozent der Emissionssumme zählen, die schließlich rund elf Milliarden US-Dollar betrug. (*Finanz und Wirtschaft* 19.5.2011) Die Finanzierung der Glencore-Xstrata-Fusion zeigt: Rohstoffhändler und -produzenten brauchen und suchen die Nähe von Finanzdienstleistern, wie sie sich in Zürich, Genf oder Lugano und mittlerweile auch in Zug mit seinen Specialized Finance Services (SFS) finden. Doch nicht nur der solide Finanz- und Versicherungsplatz kommt dem Rohstoffmarkt in der Schweiz zugute, sondern allgemein seine Verwurzelung in diversifizierten, flexiblen und stabilen wirtschaftlichen Strukturen. Nebst dem ausgewogenen Branchenmix aus Industrie und Gewerbe, Logistik und Transport und den erwähnten Finanz- und Versicherungsdienstleistungen spielen auch gute Infrastrukturen und (hoch-)qualifiziertes Personal eine stabilisierende Rolle. Die schweizerische Wirtschafts-, Steuer- und Geldpolitik fügt sich in diese Rohstoff-Rhizomatik ein. Ein historisches Beispiel dafür ist die während des Zweiten Weltkriegs aufrechterhaltene Umtauschbarkeit der Währungen. Sie trug dem hiesigen Finanz- und Handelsplatz gewichtige Standortvorteile ein, die sich im Nachkriegsboom positiv auswirkten. (Mazbouri 2008; Vogler 2005) Dazu kamen und kommen je regionale Spezialitäten und Spezialisierungen in der Finanzierung. Das »Genfer Modell« etwa gilt als kreativ und attraktiv, weil es die Finanzierung, Versicherung und Verschiffung des Rohstoffgeschäfts kompakt an einem Ort offeriert und Finanzierungsmöglichkeiten für sämtliche Phasen und Transaktionen anbietet. (Thomann/Glauser 2012)

Das für Rohstoffaktivitäten notwendige Kapital bleibt nämlich eine kritische Größe. 70 bis 80 Prozent der Handelsfinanzierung im Rohstoffbereich in der Schweiz erfolgen gemäß dem Grundlagenbericht des Bundesrates durch Banken. (EDA, EFD et al. 2013) Dabei spielen nebst ausländischen Banken wie BNP Paribas oder Crédit Agricole auch die Schweizer Großbanken UBS und Credit Suisse sowie die Nummer vier unter den Schweizer Banken, die Zürcher Kantonalbank (ZKB), eine wichtige Rolle. Die vollständig in staatlichem Besitz befindliche ZKB, die im Kanton Zürich einen »gesetzlichen Leistungsauftrag« erfüllt, hat für ihren Geschäftszweig Commodity Trade Finance auch Spezialisten der Credit Suisse abgeworben. Die Credit Suisse verlangt von Rohstofffirmen, dass sie zehn Millionen Franken Eigenkapital vorweisen müssen, um von ihr Kredite zu erhalten. Beim risikofreudigen staatlichen Unternehmen ZKB reicht dagegen ein *track record:* ein Verzeichnis der bisherigen Investitionswirkungen. Die Bedeutung der ZKB im schweizerischen Rohstoffcluster zeigt sich auch daran, dass diese Bank an der Rohstoffveranstaltung der Lugano Commodity Association 2013 den einzigen Redner stellte. (*Handelszeitung 7.2.2013:* 23) Die *Basler Zeitung* destillierte den Zusammenhang zwischen Risiko und Rendite 2011 in die Feststellung, Rohstoffe seien nicht mehr bloß ein »Input-Faktor für die Industrie, sondern mittlerweile auch eine eigene Anlageklasse« (*Basler Zeitung 16.4.2011*). Nicht so bei der Zuger Kantonalbank. Hier sorgte unter anderem die skeptische, gewerblich-industriell geprägte Haltung des langjährigen Bankvorsitzenden Jost Grob-Bossard für eine distanzierte Haltung gegenüber dem wachsenden Rohstoffhub, wie Daniel Brunner von der Dokumentationsstelle Dokuzug im Telefoninterview mit dem Verfasser erklärte. (2.3.2015)

Der Fall Zug: Spezialisierte Finanzdienstleister als Teil des Rohstoffrhizoms

Insofern ist es bezeichnend, dass der Zuger Rohstoffhandelsplatz nicht für ein ausgeprägtes Bankenwesen wie Genf bekannt ist. Der »Zuger Finanzplatz« ist neu, und er ist gerade das Resultat einer Koevolution zwischen dem Zuger Groß- und Rohstoffhandelsplatz und spezialisierten Finanzdienstleistern, den Specialized Financial Services (SFS). Diese zeichnen sich vor allem durch nicht an der Börse gehandelte Finanzanlagen (Private Equity) aus; sie sind Treuhänder, Hedgefunds, Trust Companies, unabhängige Vermögensverwalter und Captives. Diese ursprünglich firmeneigenen Rückversicherer und Risikomanager finden im riskanten Rohstoffgeschäft einen idealen Nährboden. (Kontaktstelle Wirtschaft Zug 2011: 2) Im Jahr 2010 beschäftigte dieser Zuger Specialized-Financial-Services-Cluster bereits die Mehrheit von 56 Prozent aller Angestellten in der kantonalen Finanzbranche (traditionelle Banken, Versicherungen und SFS). (Kontaktstelle Wirtschaft Zug 2011: 3) Die in Zug tätigen Rohstofffirmen sind die hauptsächlichen Kunden der spezialisierten Finanzdienstleister. Deren vermehrte Präsenz in Zug zieht wiederum neue Groß- und Transithandelsfirmen an und stärkt auch den Risikokapitalmarkt (Venture Capital) für High-, Biotech- und Medizinalunternehmen. Handel und Finanzen trugen im Jahr 2010 mit knapp 36 Prozent zur Zuger Bruttowertschöpfung bei. (Kontaktstelle Wirtschaft Zug 2011: 2) Nebst dem Rohstoffhandel als Branche haben sich in Zug damit auch spezifische funktionale Cluster herausgebildet, wozu auch Anwaltskanzleien, spezialisierte Unternehmensberater und Informatikdienstleistende gehören – bis hin zu Institutionen, die Lehrgänge und Weiterbildungen im Rohstoffbereich für künftige Commodity Professionals anbieten. Einige dieser Professionals finden auch im eigentlichen Kern des Zuger Commodity Hub, bei den Rohstofffirmen selber, eine Arbeitsstelle.

Die Angaben über die Zahl der im Kanton Zug ansässigen Rohstofffirmen differieren erheblich und reichen von rund 100 bis über 300. Der Zuger Rohstoffverbandsvertreter Martin Fasser nannte in Zentralschweizer Medien die Zahl von 200 Firmen. (*Neue Luzerner Zeitung* 28.11.2013; *Zentralplus* 30.5.2014) *Zentralplus* schreibt, ausgehend von Fassers Angaben: »Im Kanton Zug sind insgesamt aber gegen 330 Unternehmen direkt oder indirekt im Rohstoffhandel tätig. 250 davon haben eine Adresse in der Stadt Zug.«

Dass sich diese Firmen im Kanton Zug niederließen, hat auch mit einer anderen Zuger Spezialität zu tun, die eine Geschichte hat, nämlich mit den in den frühen 1920er-Jahren etablierten und danach sukzessive ausgebauten Zuger Steuerprivilegien, vor allem mit der bevorzugten Behandlung von Holding-, Domizil- und gemischten Gesellschaften, an die sich bald auch die milde steuerliche Behandlung von Privatpersonen anschloss. (van Orsouw 1995; Oesch 1976; Palan/Murphy/Chavagareux 2010) Das um 1903 erstmals in Schweizer Kantonen eingeführte Holdingprivileg, das wirtschaftliche Privilegien, ähnlich jenen für Trusts in US-Bundesstaaten wie Delaware, aufnahm, zog seit den 1950er-Jahren vermehrt auch US-amerikanische Unternehmen an, darunter auch den Metallhändler Philipp Brothers. Zeit für einen kleinen Rückblick.

Wie sich das Rohstoffrhizom entwickelt hat – in der Schweiz und in Zug

»Es ist seltsam, dass der schweizerische Handel, welcher Art er auch sein mag, in allen wirtschaftswissenschaftlichen Darstellungen der Schweiz über der Landwirtschaft, der Industrie usw. vernachlässigt oder bloß in der Erläuterung unseres Warenverkehrs mit dem Auslande abgetan wird«, beklagte der Basler Volkswirtschaftler und Sozialpolitiker Fritz Mangold 1935 die allgemeine Ignoranz insbesondere gegenüber dem Transithandel, zu dem auch der Handel mit internationalen Rohstoffen gehört. (Mangold 1935: 1) Mangold definierte den Transit- oder Welthandel folgendermaßen: »[E]s handelt sich um internationalen Zwischenhandel, das heißt um Einfuhr- und Ausfuhrhandel zwischen verschiedenen Volkswirtschaften durch Dritte, in unserem Falle durch in der Schweiz ansässige Firmen. Diese Handelsfirmen kaufen in den Ländern A, B, C usw. und verkaufen in den Ländern X, Y, Z. Ihre Ware transitiert beispielsweise von Indien nach England, Deutschland usw., während der Ertrag zum größten Teil der Schweiz zufließt.« (Mangold 1935: 1) Der von der Schweiz aus betriebene weltweite Rohstoffhandel und die hiesige Profitballung sind damit keine Erfindung des frühen 21. Jahrhunderts. In den frühen 1940er-Jahren identifizierte eine Branchenpublikation den »Transit- und Welthandel« als viertes Großhandelstätigkeitsfeld neben Binnenhandel, Import und Export. (Delegation des Handels 1943)

Die nachweislich älteste Transithandelsfirma der Schweiz, das Unternehmen Simonius, Vischer & Co., ließ sich 1719 im Basler Ragionenbuch eintragen. Sie handelte mit Wolle aus Europa und später auch aus Übersee. (Mangold 1935: 3) Diese Verbindung der frühen Handelshäuser mit der Textilproduktion war kein Zufall, sondern lag in der Natur der Sache. Denn der transnationale Rohstoffhandel spielte im Fernhandelskapitalismus der frühen Neuzeit und in allen Phasen der Industrialisierung – von der frühindustriellen Heimarbeit mit Verlagswesen ab dem 17. Jahrhundert bis zur fabrikindustriellen Revolution im 19. Jahrhundert mit der Baumwolle – eine wesentliche Rolle. In den frühen 1860er-Jahren hielt der deutsche Ökonom Arwed Emminghaus dann fest, an »allen Enden der Welt« säßen schweizerische Kaufleute in schweizerischen Handelskolonien, um »der Industrie ihres Heimatlandes immer neue Absatzwege zu verschaffen« (Emminghaus 1860: 152). Das trifft beispielsweise auf den Winterthurer *global player* Volkart Brothers zu, der im großen Stil multinationalen Baumwoll- und Kaffeehandel betrieb. (Dejung 2013) Um 1929 erreichte der von der Schweiz aus tätige Transithandel einen vorläufigen Höhepunkt. (Mangold 1935: 8–9)

In der Krise der 1930er-Jahre ging die Zahl der Neugründungen von Groß- und damit auch Transithandelsfirmen dagegen zurück. (Delegation des Handels 1943: 151) Mitte der 1950er-Jahre lässt sich anhand des Handbuchs der schweizerischen Volkswirtschaft (wieder) ein ansehnlicher Großhandelssektor mit Textilrohstoffen und Textilien, mit Getreide, Kakao und Rohkaffee, Kreide, chemischen und pharmazeutischen Rohprodukten nebst Gütern wie Maschinen, Autos, Uhren oder Haushaltgeräten identifizieren. (Schweizerische Gesellschaft für Statistik und Volkswirtschaft 1955: 445)

Kurz danach, 1957, beginnt im Kanton Zug das Zeitalter der *hard commodities*. Der US-amerikanische Metallhändler Philipp Brothers verlegt seine europäische Hauptniederlassung vor allem auch aus steuerlichen Gründen nach Baar. (Waszkis 1992: 156) Zwar schreibt Philipp Brothers, ab 1981 Phibro, Zuger Rohstoffgeschichte. Aber für jene Geschichten, die Zug international als mitunter zwielichtigen Rohstoff- und Steuerstandort ins Scheinwerferlicht rücken, sorgen zwei abtrünnige Mitarbeiter von Philipp Brothers: Marc Rich und Pincus Green, die 1974 in Zug die Marc Rich & Co. AG gründen.

Die beiden Trader profitierten von den strukturellen Veränderungen der krisenhaften 1970er-Jahre, die sie wiederum mitprägten. (Ammann 2010; Copetas 1985; Yergin 1991) Erstens ließen der Nahostkonflikt und seine wirtschaftlichen Folgen den Erdölpreis ansteigen und brachten die westlich kontrollierten Erdölfirmen in die Bredouille. Zweitens brach das internationale Währungssystem der fixen Wechselkurse zusammen, was zur Deregulierung und Ausweitung der weltweiten Finanzindustrie beitrug. (Ferguson et al. 2010) Drittens wirkten sich Dekolonisierung und weitere politische Umwälzungen in Entwicklungs- und Schwellenländern – auch solchen, die über Rohstoffe verfügten – aus.

Die Marc Rich AG trug wesentlich dazu bei, das bisherige Oligopol der weltweit größten sieben Erdölfirmen aufzubrechen; unter anderem auch dadurch, dass sie den Rohstoffhandel zwischen offiziell verfeindeten

Ländern durchführte. Für solche doppelt riskanten, aber potenziell auch doppelt lukrativen Geschäfte galt das Gebot der Diskretion noch mehr. Geheimnisvoll, öffentlichkeitsscheu, intransparent. Diese Attribute tauchen in zahllosen Medienberichten und Kampagnen, ja auch in wissenschaftlichen Beiträgen über die Marc Rich + Co. AG und ihr Nachfolgeunternehmen Glencore auf. (Vgl. z. B. WOZ 14.2.2008; Erklärung von Bern 2011; MultiWatch 2014; Guex 1998: 151) So spricht Guex (1998: 151) von einer »complete secrecy with which these companies carry out their activities«. Mit seiner geschäftlichen und privaten Verschwiegenheit gab der kongeniale Trader Marc Rich die perfekte Projektionsfläche ab.

Dabei war Rich durchaus eine öffentliche Figur: Die US-Steuer- und Justizbehörden leiteten nämlich Anfang der 1980er-Jahre eine Untersuchung gegen Marc Rich und Pincus Green ein. Der Vorwurf und schließlich die Verurteilung lauteten unter anderem auf Steuerhinterziehung und illegale Geschäfte mit dem damaligen US-Erzfeind Iran. Rich und Green wurden fortan vom FBI mit einem Haftbefehl gesucht. Dass und wie die Zuger und die Schweizer Behörden sich der Forderung nach einer Auslieferung widersetzten, lässt sich mehrfach nachlesen. (Vgl. etwa bei Copetas 1985; Ammann 2010)

Philanthropie und die feinen Verästelungen der Zuger Rohstoffmacht

Diese Geschichte passt gut in den Geist der 1980er-Jahre, in die Zeit von Filmfiguren wie dem New Yorker Börsenhändler Gordon Gekko und den anderen mächtigen »Wölfen der Wall Street«. (Vgl. die Filme *Wall Street*, 1987; *The Wolf of Wall Street*, 2013) Diese Geschichte veranschaulicht aber auch die gesellschaftlich wirksamen Machtverästelungen des Rohstoffsektors. Denn sie handelt davon, wie Marc Rich und seine Firma in Zug und Umgebung Freunde, Alliierte und Unterstützende fanden. Diese waren später, im Dezember 2000, auch bereit, Briefe an den damaligen US-Präsidenten Bill Clinton zu schreiben, er möge Marc Rich doch begnadigen, damit dieser wieder in die USA reisen dürfe. Die Geschichte um diese Bittbriefe ist ein Kabinettstück in Sachen rhizomorpher Macht. Dabei verbindet sich im transnationalen Handel erwirtschaftetes und von den Zuger Steuern geschontes Kapital mit lokaler, nationaler und internationaler Politik. Eines der Bindeglieder stellen Kultur und Gemeinnützigkeit dar. In diesen Sparten war und ist die »Schweizerische Stiftung für den Doron-Preis« seit 1986 unterwegs: Von Marc Rich gegründet, hat sie in dreißig Jahren 77 Personen und Organisationen aus dem humanitären, kulturellen, gemeinnützigen und wissenschaftlichen Bereich mit einem Preis geehrt. Bis dato hat die Stiftung weltweit rund 4000 Non-Profit-Projekte mit über 150 Millionen US-Dollar gefördert. (Schweizerische Stiftung für den Doron-Preis 2015: 2) Präsidiert wird der Stiftungsrat von Georg Stucky, einem wichtigen Zuger Netzwerker. Vor seiner politischen Karriere, die Stucky als Vertreter der Freisinnigen in die Zuger Regierung und in den Nationalrat führte, war der Rechtsanwalt in Libyen in Sachen Erdöl unterwegs. Hierzulande führte er die Geschicke des US-amerikanischen Erdölablegers Texaco Schweiz. Seine Zeit als Zuger Finanzdirektor (1975–1990) überschnitt sich auch mit seiner Tätigkeit als Geschäftsführer der Erdöl-Vereinigung (1970–1979), einer 1961 gegründeten Branchenorganisation der schweizerischen Erdölwirtschaft. Stucky war für eine für beide Seiten gewinnbringende Kooperation mit Akteuren wie Marc Rich geradezu prädestiniert und wurde Verwaltungsrat der Marc Rich AG. (Morosoli 2012) Mit Annemarie Huber-Hotz sitzt eine weitere einflussreiche, gut vernetzte und ebenfalls freisinnige Zuger Persönlichkeit im Doron-Stiftungsrat. Die Baarerin war von 2000 bis 2007 schweizerische Bundeskanzlerin, als erste Frau in diesem hohen Amt. Und Christoph Luchsinger, 1995 bis 2006 freisinniger Zuger Stadtrat, erst als Finanzvorsteher, anschließend als Stadtpräsident, repräsentiert die Verbindungen der Doron-Stiftung und ihres Rohstoff-Mäzens mit der Stadtzuger politischen Elite.

Dass solche Verflechtungen immer noch tragen und für Zug lange einträglich waren, brachte ein Zuger SVP-Kantonsrat am Tag der Beerdigung von Marc Rich deutlich auf den Punkt. Im Parlamentsprotokoll des Zuger Kantonsrats heißt es dazu: »Thomas Wyss will [...] einige Worte zum Hinschied eines Mitbürgers sagen, der heute in Israel beigesetzt wird. Sein Entscheid, den Kanton Zug als Wohn- und Arbeitsort zu wählen, hat dem Kanton sowie vorab den Gemeinden Zug und Baar direkt und indirekt zum Vorteil gereicht. Das hatte und hat Auswirkungen auf die Staatsfinanzen. Dafür sei dem verstorbenen Marc Rich gedankt. In

Glencore und in der Schweizerischen Stiftung für den Doron-Preis, die von alt Regierungsrat Georg Stucky präsidiert wird, lebt er weiter.« (Kantonsrat Zug 2013: 1672) Sogar manche Linke sind den von Marc Rich gestifteten guten Werken heute milde gesinnt. So hielt etwa die ehemalige sozialdemokratische Genfer Bundesrätin Ruth Dreifuss die Laudatio für die Doron-Preisträger des Jahres 2015. (Schweizerische Stiftung für den Doron-Preis 2015)

Doron steht für das altgriechische Wort »Geschenk.« Und einem geschenkten Gaul schaut man nicht ins Maul. Unter den rund hundert Schweizer Persönlichkeiten, die sich im Dezember 2000 bei Bill Clinton für die Begnadigung von Marc Rich einsetzten, figurierten auch damalige Stiftungsrätinnen und -räte der Doron-Stiftung, einige Doron-Preisträgerinnen und -Preisträger sowie kulturpolitisch engagierte Stadtpräsidenten wie Josef Estermann. Denn über seine Stiftung hinaus engagierte sich Marc Rich auch als Donator und Sponsor beim Zuger und Zürcher Kunsthaus, beim Zürcher Opernhaus und beim Luzerner Kultur- und Kongresszentrum (KKL). Der Sozialdemokrat Estermann schrieb nach Washington, Marc Richs freiwillige Beiträge an die Gesellschaft als Ganzes (»his voluntary contributions to society as a whole«) würden nach seiner fast zwanzigjährigen Abwesenheit aus den USA jegliches ihm dort angelastete Fehlverhalten (»any wrong-doing that he has been accused of«) weit übersteigen. (*The New York Times* 4.2.2001; vgl. auch NZZ 3.2.2001: 46)

Ob nun diese Briefe oder eher die Bemühungen von Marc Richs Ex-Frau Denise Rich den Ausschlag gaben oder jene von israelischen Spitzenpolitikern – die Begnadigung kam im Januar 2001 zustande. Diese Begnadigung und mit ihr die Schweizer Briefe wurden wenig später von einem Ausschuss des US-Repräsentantenhauses kritisch unter die Lupe genommen. Dessen Bericht warf Rich eine Instrumentalisierung der humanitären Aktivitäten vor: Es mache den Anschein, als seien diese nur ein Teil von Marc Richs lang anhaltender Strategie gewesen, einer Strafverfolgung in den USA zu entgehen. (U.S. Government Printing Office 2002) Der Vorsitzende der Genfer Privatbank Union Bancaire Privée, Michael de Picciotto, widersprach dieser Sichtweise allerdings. Auf die Frage, ob er für seinen Unterstützungsbrief in der Causa Marc Rich durch etwas Wertvolles motiviert worden sei, antwortete der Schweizer Bankier den

US-Kongressabgeordneten: »Ein wichtiger Mann wie Mister Rich hat es nicht nötig, etwas Derartiges zu tun.« (U.S. Government Printing Office 2004: 170; Ü.d.A.)

Die Tradition des Sponsorings und der Philanthropie setzt auch Glencore fort. Weniger personalisiert und feierlich inszeniert als zu Marc Richs Zeiten, erscheint das Glencore-Engagement smart, diversifiziert und breitenwirksam. So ist das Unternehmen auch im Bereich Sport tätig, etwa als Großsponsor des zugerischen Eishockeyclubs (EVZ), des wichtigsten lokalen Sportakteurs, dem auch zahlreiche lokale Wirtschafts- und Politikgrößen wie der frühere Eishockeyschiedsrichter und -funktionär Heinz Tännler, Zuger Baudirektor der SVP und Zuger Landammann 2014/15, verbunden sind. Glencore engagiert sich aber auch im Sozialbereich, etwa als Gönner erster Kategorie der Gemeinnützigen Gesellschaft Zug (GGZ 2015), die lokal eine ähnlich soziale und humanitäre Reputation genießt wie auf nationaler Ebene die Schweizerische Gemeinnützige Gesellschaft (SGG). Als Teil einer »Schenkökonomie« (Mauss 2009) markieren wohltätige Preise auch sozialen Abstand und sind Ausdruck von Entscheidungs- und ökonomischer Macht. Doch Macht besteht nicht nur darin, dass man entscheidet, mit wem man sich verbindet und wen man mit seiner Aufmerksamkeit beehrt. Sondern Macht besteht auch darin, zu definieren, mit wem man dies *nicht* tut und wo *keine* Verbindungen und Verflechtungen gesucht werden.

Besseres Image durch Lobbying, Professionalisierung und Distanzierung

Glencore Xstrata ist beispielsweise nicht Mitglied der Zuger Rohstoff-Branchen- und -Interessenorganisation Zug Commodity Association (ZCA). Dabei haben die Zuger gemeinsam mit der Lugano Commodity Trading Association (LCTA) und der Genfer Trading and Shipping Association (GTSA) eine Geschäftsstelle aus- und eine gesamtschweizerische Lobbyorganisation aufgebaut: Seit Herbst 2014 existiert die Swiss Trading and Shipping Association (STSA), die »fast« 150 Firmenmitglieder zählt. (STSA 2015) Die früher vor allem durch ihre Verschwiegenheit bekannte Rohstoffbranche bringt sich mit solchen Initiativen und Institutionen lokal und national stärker ein. Sie generiert neue Verästelungen und antwortet damit auch auf den wachsenden Druck nach mehr Transparenz. Initiativen im Ausbildungswesen, von der universitären Hochschule bis zur Lehre, dienen der Professionalisierung. So bietet die Universität Genf einen interdisziplinären Masterstudiengang in International Trading, Commodity Fincance & Shipping an, der das »Genfer Modell« weiter verankert. In Zug und Lugano treten die regionalen Branchenorganisationen im Commodity-Sektor als Mitorganisatoren von Ausbildungslehrgängen zum CAS Commodity Professional an. In Zug wird die Personalbasis für die multinationalen Handelsaktivitäten zudem durch die Einrichtung von KV- und Informatik-Lehrstellen, in denen die Ausbildung auf Englisch erfolgt, gestärkt. In Genf war das bereits bisher der Fall. (Regierungsrat Kanton Zug 2015; Regionaljournal SR DRS 13.4.2015) Allerdings bildet Glencore bei 800 Mitarbeitenden bisher nur gerade eine Lehrkraft aus. (SRF 1.12.2014)

Die Aktivitäten vor Ort werden durch professionalisiertes Lobbying des Branchenverbands auch überregional vernetzt. Wie im schweizerischen Neokorporatismus üblich und bewährt, fließen Karrieren und Kontakte von der Privatwirtschaft in die staatliche Verwaltung über und umgekehrt. Der STSA-Generalsekretär Stéphane Graber etwa war zuvor bei der Genfer Volkswirtschaftsdirektion tätig. Er unterhält auch gute Kontakte zu Bundesbehörden wie den Staatssekretariaten für Finanzmarktfragen (SIF) und für Wirtschaft (Seco). (WOZ 4.4.2013) Solche auf ein sauberes Image der Rohstoffbranche bedachten Interessenvertreter grenzen sich mitunter auch von solchen Unternehmen und Aktivitäten ab, die der Branche einen schlechten Ruf einbringen. Aus der Perspektive von NGOs, kritischen Politikern, Medien und Hilfswerkvertretern ist Glencore Xstrata zweifellos ein solches Unternehmen.

Wie die neuen, auf Öffentlichkeit bauenden Rohstoffvermarkter sich von den *bad boys* abgrenzen, kam auch an einer vom Verfasser besuchten Veranstaltung des Forums Kirche und Wirtschaft im Juni 2013 im zürcherischen Kappel am Albis zum Ausdruck. Das Thema lautete: »Rohstoffbranche im Kanton Zug zwischen Profit und Verantwortung«. (Forum Kirche und Wirtschaft 2013) Unter der Moderation von Marc-Rich-Biograf und Journalist Daniel Ammann referierte dort nebst einem Mitverfasser des bundesrätlichen Rohstoffberichts und einem reformierten Ethiker auch Martin Fasser als Vertreter der Zuger Commodity Association.

Im Kontrast zu solchen Vertrauen schaffenden Bemühungen steht allerdings, dass der Trader Martin Fasser durch seine berufliche Verflechtung mit einem umstrittenen Genfer Rohstoffunternehmen ins Zwielicht geriet. (*Zentralplus* 2.3.2015) Gegenüber den Versuchungen der Macht kann die Moral schon einmal auf der Strecke bleiben.

Macht macht Gegenmacht

Auch kirchliche Akteure können in einen Clinch geraten. Im Publikum der erwähnten Rohstoff-Veranstaltung saß auch Monika Hirt Behler. Das engagierte Mitglied der Zuger Alternativen/die Grünen wirkt als Stiftungsrätin des kirchlichen Hilfswerks Brot für alle und präsidierte bis vor Kurzem die reformierte Kirche des Kantons Zug. Von einer Journalistin 2012 auf die Haltung der Kirche gegenüber den Rohstoffkonzernen angesprochen, sprach Hirt Behler von einem »Spagat« zwischen der Pflicht der Kirche, die Augen nicht vor bestimmten Geschäftspraktiken zu verschließen, und der Rücksicht etwa auf Glencore-Mitarbeitende, die und deren Kinder der Kirche angehören und durch zu harsche Kritik verunsichert würden. Die Steuergelder der Firmen könne sich die Kirche »nicht auswählen«, sondern lediglich »sinnvoll einsetzen«, meinte Hirt Behler. (*reformiert.info* 29.9.2012) In einem Leserbrief, den sie als Kirchenratspräsidentin der reformierten Kirche Kanton Zug zeichnete, hielt Monika Hirt Behler zu Kirchensteuererträgen aus Unternehmenssteuern fest: »Dieses System ist im Kanton Zug vorgegeben, und wir sind dankbar dafür [...]«. (*Neue Zuger Zeitung* 24.11.2012: 35)

In der Stadt Zug ist bereits fast jede fünfte Person konfessionslos (Kanton Zug, Fachstelle für Statistik 2012), Steuereinnahmen fließen zu 45 Prozent durch Unternehmen den Kirchen zu. (*Neue Zuger Zeitung* 25.1.2012) Mit anderen Worten: Wenn die Zahl Konfessionsloser steigt und die Kirchensteuereinnahmen von natürlichen Personen sinkt, dann wächst die ökonomische Abhängigkeit der Kirchen gegenüber den Unternehmen. Kirchenvertreterinnen wie Monika Hirt Behler sind sich dieser Problematik durchaus bewusst, wie ihre Reflexionen zeigen.

Letztlich haben wir es hier erneut mit einem Ausdruck der spezifischen Zuger Rohstoffrhizomatik zu tun: indem die Rohstoffmacht eine kritische Gegenmacht hervorruft und erstarken lässt. So ist die Geschichte des Zuger Rohstoffhandelsplatzes seit den 1980er-Jahren fast untrennbar mit der alternativen Zuger Linken verbunden – oder umgekehrt. (Mailverkehr des Verfassers mit Josef Lang im Juni 2015) Zuerst noch als Sozialistische ArbeiterInnen-Partei (SAP), dann als Sozialistisch-Grüne Alternative (SGA) und schließlich als Alternative/die Grünen haben linke Zugerinnen und Zuger die Aktivitäten von Marc Rich, Glencore und Xstrata kritisch beobachtet, begleitet und kommentiert. Davon zeugen zahlreiche Kampagnen, Demonstrationen, Presseartikel, Medieninterviews, parlamentarische Vorstöße und Treffen mit Aktivistinnen und Aktivisten und Organisationen aus verschiedenen Ländern, die Glencore und Xstrata wegen der Arbeitsbedingungen oder Umweltwirkungen anklagen. Kaum einer hat die Tätigkeiten der Zuger Rohstoffbranche an der Person und Tätigkeit von Marc Rich und später der Glencore-Akteure so akribisch und unermüdlich verfolgt und an die Öffentlichkeit gebracht wie Josef Lang, Historiker und ehemaliger grüner Nationalrat. Jo Langs politisches Engagement begann als Gymnasiast in Drittwelt-Solidaritätsgruppen, führte ihn 1982 als ersten Vertreter der neomarxistischen, später alternativ-grünen Linken ins Zuger Stadtparlament, ging weiter im Zuger Kantonsrat und gipfelte 2003 in der Wahl ins Bundesparlament. Sein Wirken und jenes seiner Parteikolleginnen und -kollegen lässt sich vielfach nachlesen und nachschauen.

In einem Fernsehbeitrag beschreibt Josef Lang auch, wie der heutige, aus Südafrika stammende Glencore-CEO nach Zug kam: »Ivan Glasenberg hat einen sehr schwierigen Job gehabt; er hat nämlich die Aufgabe gehabt, für Marc Rich, aber auch fürs Apartheidregime, Kohle, südafrikanische Kohle zu verkaufen. Aber niemand durfte südafrikanische Kohle kaufen, weil es ja einen Boykott gab. Und er hat das Kunstwerk fertiggebracht, dass genügend Länder Apartheid-Kohle kauften.« Gemäß Lang war dies Glasenbergs »Meisterstück«. Denn wer das fertigbrachte, der galt für Marc Rich als »skrupellos und ein guter Händler« (SRF 9.1.2014: ab Minute 16.12; WOZ 4.7.2013). Der kritische Aktivismus einer solchen politischen Gegenmacht kann aus einer systemtheoretischen Optik auch wieder integrativ wirken: Einerseits sehen sich die Aufgedeckten und Angeschuldigten – die Rohstoffkonzern-Vertreter – veranlasst, Verteidigungs-, Transparenz- und Goodwillstrategien zu entwickeln. Mitunter kann das ihre Stellung wieder festigen. Anderseits kann Gegenmacht als Resultat von Kritik an der Rohstoffmacht auch wieder zu Machtpositionen der Kritikerinnen und Kritiker führen.

Als Glencore- und Xstrata-Kritikerin trat auch Berty Zeiter in ihrer Zeit als Zuger Kantonsparlamentarierin für die Alternative-die Grünen Baar auf – unter anderem an der »Manifestation zum Tag der indigenen Völker«. (Zeiter 2009) 2010 wurde sie in den Gemeinderat (Exekutive) von Baar gewählt, wo auch Glencore Xstrata seinen Sitz hat. Zeiter repräsentiert als ehemalige Katechetin auch das kirchennahe Milieu, bei dem die ethisch aufgeladene Sorge über Rohstoffkonzern-Praktiken auf Resonanz stößt.

Daniel Brunner von der Dokumentationsstelle Doku.zug, wo sich viel Material über die Rohstoffgeschichte und die Aktivitäten der Gegenmacht befindet, weist auch auf die Polarisierung innerhalb der Christlichdemokratischen Volkspartei (CVP) in Zug hin. Ein Rechtstrend, der Verhärtungen in sozialen und ethischen Fragen bewirkte und parteipolitisch teilweise in die Nähe der SVP führte, sei im Wesentlichen der Grund dafür, dass sich innerhalb der CVP eine christlich-soziale Minderheit (CSP) abspaltete. Die mit globaler Verantwortung und Menschenrechten argumentierenden Kampagnen der alternativen Zuger Linken stießen daher auch im links von der CVP agierenden christlichen Milieu auf Resonanz und beförderten neue politische Allianzen. Die Zuger CSP und die Alternativen/die Grünen arbeiten in Wahlen und Parlamenten zusammen. In der Stadt Zug hat die als Partei kleine CSP ein elektorales Potenzial weit über ihre Basis hinaus. So stellte sie von 2010 bis 2014 zwei von fünf Mitgliedern der Zuger Stadtregierung. Seit 2014 vertritt Vroni Straub-Müller die Anliegen der CSP, aber auch der Stadtzuger Alternativen/die Grünen in der städtischen Exekutive. Die Stadträtin gehört zugleich dem Kantonsparlament an, in das sie 2014 mit dem besten Resultat sämtlicher Kandidierender wiedergewählt wurde. (Kanton Zug 6.10.2014)

Trotz der jahrelangen herben Gegenmacht und unermüdlichen Kritik darbten die Rohstoffbranche und die Rohstoffmacht in Zug nicht. Im Gegenteil, sie breiten sich stetig aus. Das lässt an Luc Boltanski und Ève Chiapello denken. Sie gelangten zum Schluss, der »neue Geist des Kapitalismus« greife auf solche Rechtfertigungsapparate zurück, die ursprünglich nicht seiner Ordnung entstammen und die er sich trotzdem letztlich dienstbar machen kann. Selbst solche aus dem Arsenal der Kapitalismus-kritik. (Boltanski/Chiapello 2003)

Machtauswüchse werden beseitigt, aber das Rhizom bleibt erhalten

Der Druck zu mehr Öffentlichkeit und Transparenz, zu Corporate Responsability bis Due Diligence ergibt sich aber auch aus den Bedürfnissen der Kapital benötigenden und nach mehr Marktmacht strebenden Rohstoffunternehmen selbst. Teilweise kommt er von jenen, die über dieses Kapital verfügen: von den Investoren und den Banken (was mitunter das Gleiche ist). Dabei steht nicht nur die Sicherheit der Finanzanlage auf dem Spiel. Seit der Finanzmarktkrise 2008 geht es vielmehr ums Ganze.

Denn seit die Schweizer Großbank UBS unter dem Druck der US-Behörden Bankkundendaten auslieferte und mit nachträglicher behördlicher Zustimmung das Schweizer Bankgeheimnis verletzte, haben sich die Spielregeln für die schweizerische Finanz- und Steuerpolitik geändert. Die Verbindungen zwischen Rohstoffen und Steuern sind nämlich unmittelbar und verlaufen auch über die Banken. Indem der Bundesrat und die Bankenvertreter den Bankenplatz Schweiz retten wollen, sind sie bereit, alles zu opfern, was illegalen und von den internationalen Akteuren geächteten Steuerpraktiken Vorschub leistet. Dazu gehört nicht nur die Relativierung und schließlich Aufhebung des Bankgeheimnisses aus Artikel 47 des Bankengesetzes von 1934, mindestens für ausländische Kontoinhaberinnen und -inhaber, das vom automatischen Informationsaustausch in Steuersachen nach OECD-Standard abgelöst wird. (Schweizerischer Bundesrat 14.1.2015) Sondern dazu gehört auch die Abschaffung der von der EU als unfair und wettbewerbsverzerrend gebrandmarkten kantonalen Steuerprivilegien für Holdings und Sitzgesellschaften. (EFD 11.12.2013 und 13.3.2014)

Das entbehrt nicht einer gewissen Ironie. Denn auf gesamtschweizerischer und Bundes-Ebene wurde das Privileg für Statusgesellschaften durch die Unternehmenssteuerreform erst 1997 auch via das Steuerharmonisierungsgesetz verallgemeinert. Der schweizerische Bundesstaat geriet dadurch in eine eigentliche fiskalische »Komplizenschaft« mit den steueroptimierenden, Transfer Pricing betreibenden Holding- und Domizilfirmen – darunter auch Rohstofffirmen –, denen er 48 Prozent seiner gesamten Unternehmenssteuereinnahmen verdankt. (EFD/ESTV 19.9.2014: 19)

Angesichts dieser auch finanziell eindrücklichen Interdependenzen sind maßgebliche Akteure der Schweizer Wirtschaft und der Rohstoffbranche zu Konzessionen bereit. Dabei gelangt eine doppelte Strategie zur Anwendung. Sie besteht in der bereits beschriebenen Verstärkung und Verbreiterung der lokalen Verankerung einerseits und in dosierter Transparenz anderseits. Diese zweite Strategie wandte Glencore im Mai 2011 mit seinem Börsengang zwecks weiterer Kapitalisierung für neue Investitionen an, um den Weg für die angekündigte Fusion mit Xstrata zu ebnen. Für das Initial Public Offering (IPO) wurden Glencores Firmendaten erstmals öffentlich, weil mit einer Börsenkotierung Rechnungslegungs-, Revisions- und weitere Pflichten verbunden sind. Diese neue Transparenz wurde allerdings mit der formalen Sitzverlegung von Zug auf die Kanalinsel Jersey – einem neuen Knoten im Rohstoffrhizom – teilweise wieder relativiert. (Humanrights.ch 15.5.2011)

Nicht nur mit der Präsentation von Geschäftszahlen signalisiert die Branche mehr Offenheit, sondern auch dadurch, dass Informationsveranstaltungen und Vernetzungstreffen nicht mehr nur Insidern vorbehalten sind. In Lausanne führt die Branche zusammen mit der *Financial Times* seit 2012 öffentliche Rohstoffgipfel durch. Die maßgebliche Beteiligung durch das Wirtschaftsmagazin sichert dem Anlass auch medialen Einfluss. (FT Commodities Global Summit 2015) Am ersten Gipfel referierte beispielsweise Alexander Karrer (Financial Times Global Fischer Commodities Summit Lausanne 24./25.4.2012): Karrer kennt sich sowohl im Innern der privatwirtschaftlichen Wirtschafts- und Finanzmacht aus – er war im Vorstand der Genfer Industrie- und Handelskammer – als auch im staatlichen Umgang mit Finanzmacht. (WOZ 4.4.2013) Denn seit 2010 amtet Karrer als stellvertretender Staatssekretär für internationale Finanzmarktfragen. Dieses Staatssekretariat ist ein direktes Produkt der Finanzmarkt- und der UBS-USA-Krise. Alexander Karrer war auch zugegen, als Bundesrat Johann Schneider-Ammann im März 2013 den »Grundlagenbericht Rohstoffe« präsentierte, den ersten Versuch der Schweizer Bundesbehörden, mehr Transparenz zu schaffen – gestützt auf Informationen des Rohstoffclusters wie der kritischen NGO-Seite. Das ist symptomatisch dafür, was für den Schweizer Wirtschafts- und Steuerstandort auf dem Spiel steht, wenn die Rohstoffbranche allzu viele Reputationsschäden erleidet. Während sozialpolitische Akteure, NGOs und Hilfswerke grundsätzliche Kritik äußern, geht es anderen um schädliche Auswüchse oder die Prävention von zu viel Marktmacht. Dies widerspiegelt auch die Medienmitteilung des Bundesrats (EDA, Seco 19.8.2015) betreffend den Stand der Umsetzung der Empfehlungen des »Grundlagenberichts Rohstoffe«. Der Bundesrat versucht sich im Spagat zwischen dem Kampf für mehr Transparenz und für die Einhaltung von internationalen Standards im Menschenrechts-, Umwelt- und Sozialbereich einerseits und dem Bestreben, die Wettbewerbsfähigkeit von Schweizer Unternehmen zu fördern, andererseits.

Unter Verweis auf den freien Wettbewerb möchten auch die EU-Wettbewerbsbehörden Marktmacht kontrollieren. Sie verlangten von Glencore, bis 2018 die Zinkkaufbeziehungen mit dem belgischen Zinkproduzent Nyrstar auf Eis zu legen, damit durch Glencore Xstrata nicht etwa ein Zinkoligopol entstehen würde. (NZZ 23.11.2012: 27) Erst danach willigte die EU in die Fusion mit Xstrata ein. Die Zinkerzförderung und Zinkschmelzung gelten als riskant und aufwendig. Entsprechend wichtig ist es für einen Zinkproduzenten, zuverlässig mit Krediten versorgt zu werden. Umso besser, wenn dies durch ein staatlich solide abgesichertes Finanzinstitut wie die Zürcher Kantonalbank geschieht. Genau das war bei Nyrstar, einem der vier größten Zinkproduzenten Europas, der Fall. Das Unternehmen residiert seit 2010 in Zürich. Es sorgte für Schlagzeilen, als es in seinen südafrikanischen Werken zu Bleivergiftungen kam. Dadurch, dass Nyrstar seine Zinkproduktion Glencore exklusiv verkaufen konnte, war der belgische Zinkunternehmer auch mit Glencore verflochten. Eine Verflechtung mit Glencore machten die chinesischen Regulierungsbehörden ihrerseits zu einer von zwei Bedingungen für ihre Zustimmung zur Fusion von Glencore und Xstrata: Glencore musste sich bereit erklären, einerseits seinen Anteil an einer peruanischen Kupfermine zu verkaufen und andererseits chinesische Kunden während acht Jahren mit bestimmten Mengen an Kupfer, Zink und Blei zu versorgen. (NZZ 17.4.2013: 27)

Bei solchen ostasiatischen Machtspielen macht Glencore Xstrata allerdings nicht ungern mit, ist doch Asien der gegenwärtige Wachstumsmarkt überhaupt. Deshalb ist es auch kein Zufall, dass Glencore 2011 nebst der London Metal Exchange (LME) auch die Börse von Hongkong für den Börsengang auswählte. Und indem die Hongkonger die traditionsreiche, aber in finanziellen Nöten steckende LME aufkauften, wurde das asiatische Standbein noch wichtiger. Die Hongkonger Börse erließ im Juni 2010 Rechnungslegungsvorschriften für Mineral Companies (HKex 2011). Glencore unterzog sich mit dem dortigen Börsengang diesem Regulativ. Im Geschäftsbericht 2013 verweist Glencore zudem auf verschiedene weitere internationale Standards, denen das Unternehmen zu folgen angibt: Das reicht von der »Global Reporting Initiative« über die Mitgliedschaft beim Dow Jones Sustainability Index bis hin zur selbst deklarierten Orientierung an den Prinzipien der Internationalen Arbeitsorganisation (ILO). (Glencore Xstrata 2014)

Kongo, Sambia, Zug: Verflochtene Geschäfte brauchen Transparenz

Der Europäischen Investitionsbank (EIB) gegenüber gab sich Glencore allerdings zugeknöpft, als diese wegen Verdachts auf Betrug und Steuerhinterziehung im Zusammenhang mit einem Darlehen an die Mopani Copper Mines Plc eine Untersuchung durchführen ließ. Die sambische Kupfermine, eine Glencore-Tochter, sollte mit dem Darlehen die veralteten, Gesundheit und Umwelt bedrohenden Einrichtungen in der Kupferhütte von Mufulira erneuern. Weder Glencore noch die sambischen Behörden waren bereit, den Untersuchungsorganen Einblick in die Rechnungen zu geben, und regelten die Sache stattdessen untereinander. Die EIB gab schließlich auf. (European Investment Bank 29.1.2015) Die Demokratische Republik Kongo, wo Glencore auch Schürfrechte hat, ging dagegen mit ihren Zahlen an die Öffentlichkeit. Sie zeigen, wie mager die Erträge sein können, die für Quellenländer von Rohstoffen aus dem Rohstoffgeschäft anfallen. (*Berner Zeitung* 21.1.2013)

Dabei spielte auch eine Organisation eine Rolle, die im Glencore-Geschäftsbericht nicht auftaucht: die Extractive Industries Transparency Initiative (EITI), bei der Regierungen und Rohstoffhändler mitwirken. Die EITI stattete Anfang 2013 den Schweizer Behörden einen Besuch ab. Denn die Schweiz kann, wenn sie dazu den politischen Willen aufbringt, dem Vorbild der USA und der EU folgen und dem Rohstoffhandel mehr Transparenz in der Rechnungslegung und die Offenlegung von Geldflüssen abverlangen. In der EU ist eine Rechnungslegungsrichtlinie am 19. Juli 2013 in Kraft getreten (EU-Richtlinie 2013/34/EU), und für die USA wurde ein entsprechendes Gesetz ebenfalls 2013 verabschiedet (Dod. Frank Wall Street Reform and Consumer Protection Act 2013).

Eine Motion, die den Handel mit Rohwaren sowie mit Edelmetallen und Edelsteinen dem Geldwäschereigesetz unterstellen will, empfahl der Bundesrat zur Ablehnung. (Curia Vista/von Graffenried 2015) Dagegen hatten die Regierung und die Parlamentsmehrheit ein offenes Ohr für manche der EITI-Forderungen. Dafür machten sich auch hiesige Hilfswerke wie Fastenopfer und Heks sowie NGOs wie die Erklärung von Bern (EvB) stark. Der allseitige Druck mündete im erwähnten »Grundlagenbericht Rohstoffe« in Handlungsempfehlungen, die auch Transparenzrichtlinien enthalten, welche mittels einer Revision des Aktienrechts umgesetzt werden. (EJPD 28.11.2014: 173) Die Außenpolitische Kommission des Nationalrats regte eine Verallgemeinerung der geplanten Transparenzvorschriften an, indem diese auch für nicht an der Börse kotierte Rohstoffunternehmen gelten sollten. 21 Abgeordnete der CVP stimmten am 11. Juni 2013 im Nationalrat für diese Verallgemeinerung, mehrheitlich zusammen mit der Ratslinken. Damit verhalfen sie dem Anliegen zum Durchbruch. Dagegen stimmten alle drei Zuger Nationalräte (Josef Lang war nicht mehr dabei), auch der CVP-Vertreter. (Außenpolitische Kommission des Nationalrats 29.4.2013; Nationalrat 11.6.2013) Die Zuger Rohstoffmacht wirkt ins Schweizer Parlament hinein. Wem genau nützt eine solche Haltung, die die Rohstoffunternehmen möglichst schonen will? Kommt sie der Mehrheit der Zuger Bevölkerung zugute? Wir kehren nochmals nach Zug zurück.

Der Zuger Commodity Hub und seine Steuerpolitik

Die Rohstoffbranche zaubert Farbspiele in den Zuger öffentlichen Raum: Glencore hat die aufwendige Lichtinstallation des US-amerikanischen Künstlers James Turrell im Zuger Bahnhof mitfinanziert. Darauf weist eine Spendentafel hin. Dagegen werden weniger schmucke, aber notwendige Mittel für staatliche Aufgaben mit dem profaneren Mittel der Besteuerung finanziert. Selbst im wohlhabenden Zugerland, dessen Steuerpolitik seit dem Zweiten Weltkrieg dem Motto »tiefe Steuersätze bringen hohe Steuererträge« folgt, geht die Rechnung aber nicht immer auf. 2013 hatte der Kanton erstmals seit der Auflösung der Steuerausgleichsreserve von gut 47 Millionen zehn Jahre zuvor wieder ein Defizit von rund zwanzig Millionen zu verzeichnen (Geschäftsbericht Kanton Zug 2013: 21), 2014 betrug der Aufwandüberschuss 139 Millionen (Jahresrechnung Kanton Zug 2014: 1). Als Gründe dafür macht der Regierungsrat beide Male tiefere Fiskalerträge aus – und zwar namentlich bei den natürlichen Personen. Mit einem einschneidenden Sparprogramm will die Zuger Regierung ihren Finanzhaushalt mittelfristig wieder ins Lot bringen. Sie schließt dafür Steuererhöhungen jedoch explizit aus. (Kanton Zug, Entlastungsprogramm 2015–2018) Spielt dabei die Abhängigkeit von Rohstoffmarkt und Rohstoffmacht eine Rolle?

Doch wie viele der für öffentliche Leistungen notwendigen Steuereinnahmen stammen denn eigentlich aus dem Rohstoffsektor? Die traditionelle Intransparenz der Branche schlägt sich auch in einem Mangel an diesbezüglichen detaillierten Daten nieder. So vermochte der »Grundlagenbericht Rohstoffe« der Bundesverwaltung keine präzisen Zahlen zur Rohstoffbranche zu nennen. Linke Zuger Abgeordnete wollten es genauer wissen. Die Antwort der Zuger Regierung enthält Mutmaßungen: Etwa ein Zehntel der jährlichen gemeindlichen und kantonalen Gewinn- und Kapitalsteuern juristischer Personen würden von den Zuger Rohstoffunternehmen erbracht. Zusammen ergibt dies rund 36 Millionen Franken. Den Anteil der Zuger Rohstoffbranche an den direkten Bundessteuern schätzt die Regierung auf 20 Prozent. Rohstoffhändler und -produzenten steuern also etwa 200 Millionen Franken bei. Davon macht der Anteil aus den direkten Bundessteuern, der dem Kanton verbleibt, mit 17 Prozent rund 34 Millionen Franken aus. Dem Zugerland fließen nach dieser Kalkulation also etwa siebzig Millionen Franken aus den direkten Rohstoffaktivitäten von Unternehmen zu. (Regierungsrat Kanton Zug 10.9.2013: 2) Annähernd doppelt so hoch, nämlich über 134 Millionen Franken, sind allerdings die Steuereinnahmen natürlicher Personen, die dem Kanton und den Gemeinden durch die direkten Steuern der Mitarbeitenden der Rohstoffbranche zukommen. (Regierungsrat Kanton Zug 10.9.2013: 2)

Zusammen ergibt dies mit jährlich über 200 Millionen Franken zwar einen schönen Batzen. Aber übermäßig viel ist es angesichts der gigantischen Umsätze der Branche – bei deutlich geringeren Gewinnen – und der Tatsache, dass den in der Schweizer Rohstoffbranche stark vertretenen Expats und Hochqualifizierten überdurchschnittliche Löhne und Entgelte bezahlt werden, trotzdem nicht.

Gemäß Medienberichten bezahlte Glencore 2013 zum wiederholten Mal – trotz dem weltweiten Gewinn 2013 von 5,9 Milliarden US-Dollar – keine Gewinnsteuern in der Schweiz. Das war infolge einer durch den Börsengang von 2011 bedingten Verrechnung buchhalterischer Verluste von rund einer Million Dollar möglich. (*Handelszeitung* 9.4.2014) Auch 2011 und 2012 bezahlte Glencore keine Steuern:»We didn't pay taxes in Switzerland. Zero.« So lautete nämlich Ivan Glasenbergs leicht genervte Aussage, als die SP-Nationalrätin Jacqueline Badran es an einer Informationsveranstaltung für Bundesparlamentarier im Hotel Bellevue Palace in Bern genauer wissen wollte. Badran hielt diese Aussage von Glasenberg sowohl im Gespräch mit dem Verfasser (1.3.2014) als auch in einem politischen Vorstoß fest. (Vgl. Curia Vista 2014) Für 2013 plante Glencore wieder eine Steuergutschrift, diesmal von 163 Millionen Dollar, um diese von der Steuerlast abzuziehen. (NZZ 25.8.2013) Ein solches Vorgehen stieß auch manchen bürgerlichen Politikerinnen und Politikern sauer auf. So kommentierte der Zuger CVP-Kantonsrat und seit 2015 amtierende Stadtrat Urs Raschle, Zug habe von Glencore zwar stark profitiert. »Aber wenn die Firma keine Steuern mehr zahlt, müssen wir offen darüber diskutieren, ob sie uns Zugern nicht mehr schadet als nützt.« (Urs Raschle, zitiert in NZZ 25.8.2013) 2014 erzielte Glencore Xstrata einen gegenüber dem Vorjahr um 7 Prozent geringeren Gewinn von immerhin noch 2,3 Milliarden US-Dollar (NZZ 3.3.2015), was dann Steuereinnahmen von 200 Millionen für den Kanton Zug abwarf. Und angesichts des im August 2015 vermeldeten Reinverlusts von 676 Millionen US-Dollar im ersten Halbjahr 2015 (NZZ 19.8.2015) wird Zug auch in der nächsten Periode nicht auf lukrative Steuereinkünfte zählen können.

Auch international wächst die Kritik. Die von multinationalen Konzernen praktizierten Gewinnverschiebungen und Senkungen von steuerlichen Bemessungsgrundlagen werden von der OECD als »Base Erosion and Profit Shifting« (BEPS) definiert. Im Juli 2013 lancierte die OECD gegen diese Praktiken einen Action Plan (OECD 19.7.2013), der die Diskussion um globale Standards zur Bekämpfung »aggressiver Steuerplanung« vorantrieb – auch etwa im Bereich Steuer-Rulings. (NZZ 18.3.2015) Die Zuger Regierung hat mehrfach verneint, dass sie den Zuger Firmen Steuererleichterungen gewähre. Auch die kantonale Steuerstatistik, Rechenschaftsberichte oder weitere Beantwortungen von politischen Vorstößen wiederholen diese Aussage. Dem Unternehmen Glencore sei man nie mit Tax Holidays entgegengekommen. (Regierungsrat Kanton Zug 10.7.2012) Formaljuristisch ist dies korrekt. Das Zuger Steuergesetz würde Steuererleichterungen zwar erlauben, doch diese wurden in der Praxis jeweils abgelehnt.

Trotzdem sorgen öffentliche Aussagen mancher Zuger Unternehmer zu »großzügigen Steuerregelungen« für Stirnrunzeln. So machte der CEO der Firma Actavis, Claudio Albrecht, in der Sendung »Rundschau« des Schweizer Fernsehens die Aussage: »Nicht nur die Firma, auch die Mitarbeiter profitieren in Zug von großzügigen Steuerregelungen.« Der isländische Generikahersteller Actavis hatte seinen Sitz in der Woche vor dem Interview in die Schweiz verlegt und beschäftigt Angestellte aus 29 Nationen. (*Tages-Anzeiger* 20.5.2011) Das lässt vermuten, dass es gar keine individuellen Steuerabkommen braucht, wenn bereits die Steuerregeln im Sinne jener, die davon am meisten profitieren, eingerichtet sind. Oder wenn jene, die über genügend Definitions- und Handlungsmacht verfügen, das Steuersystem »gezähmt« haben, wie es der französische Soziologe Alexis Spire formuliert. (Spire 2011)

Nicht Steuererleichterungen im rechtlichen Sinn, aber andere Vorteile lassen sich am Beispiel der öffentlichen Förderung von englischsprachigen Bildungsangeboten im Kanton Zug aufzeigen. Das ist ein Asset, das bei der Anwerbung multinationaler Unternehmen und ihrer hochqualifizierten Mitarbeitenden entscheidend sein kann. Und es ist Ausdruck einer weiteren Ausprägung rhizomorpher Macht, die in Öffentlichkeit und Politik allerdings weit weniger Beachtung findet. Vom Kindergarten »Big Bear House« über die »futura Montessori Tagesschule Baar GmbH« bis hin zur »International School of Zug and Luzern« führt der Kanton Zug eine ausführliche Liste anerkannter Privatschulen im Bereich der obligatorischen Schulzeit auf, deren Unterrichtssprache Englisch ist. (Direktion für Bildung und Kultur Kanton Zug 2015) Solche internationalen Schulen verfügen im Kanton Zug in mindestens dreifacher Hinsicht über Vorteile. Sie profitieren erstens von öffentlichen Schulgeldbeiträgen. (Kanton Zug, Zuger Schulgesetz § 78) Dieser Beitrag an die Betriebskosten wird zweitens ergänzt durch eine Unterstützung von Investitionskosten: So hat der Kanton einem zinsgünstigen Darlehen von fünf Millionen Franken für ein Bauprojekt der »International School of Zug and Luzern« zugestimmt (Kantonsrat, Kantonsratsbeschluss 24.2.2011), unter anderem mit der Begründung, die Schule sei »in einer Nische tätig und gemeinnützig«. (*Neue Zuger Zeitung* 28.1.2011) Drittens geht es um Steuervorteile der natürlichen Personen: Familien können nebst Wohnkosten auch Bildungskosten von den Steuern abziehen, sofern sie rechtlich in die Kategorie »Expats« fallen. (Schweizerischer Bundesrat 2000) Auch Erwerbstätige im Rohstoffhandel erfahren damit eine Reihe von handfesten Finanz- und Steuervorteilen für sich und ihre Familien – im Windschatten der Bildungspolitik. Diese Privilegien werden im Rahmen des erwähnten staatlichen Sparprogramms 2015–2018 allerdings auch wieder infrage gestellt. (Regierungsrat Zug 24.3.2015)

Mit ihrer Steuerpolitik bezweckten die Zuger Behörden im Verbund mit Zürcher Wirtschaftsanwälten und interessierten Unternehmen einst, gegenüber reicheren Kantonen aufzuholen. Eigentlich arm war man nicht, fiel aber gegenüber Zürich und anderen nach dem Zweiten Weltkrieg zurück. Die Steuerpolitik wirkte: Sie katapultierte das zugerische Volkseinkommen ab den 1970er-Jahren an die Spitze der Kantone. Zug nimmt einen Spitzenplatz in Rankings zur möglichst niedrigen Steuer- und Abgabenbelastung ein. Bei den Hochqualifizierten belegt Zug europaweit den ersten Rang: Für diese gut ausgebildeten und gut bezahlten Arbeitskräfte beträgt die effektive Steuer- und Abgabenlast in Zug 23,3 Prozent. Günstiger kommen diese Personen nur noch in Hongkong (15,4 Prozent) und Singapur (10,2 Prozent) weg. (BAK Taxation Index für Hochqualifizierte 2013) Für Unternehmen, Hochqualifizierte und gut Verdienende weist Zug eine ausgezeichnete Standort- und Lebensqualität auf. Ebenso können wenig Verdienende einige Vorteile in Anspruch nehmen, seien das etwa Prämienverbilligungen oder Steuervorteile für Alleinerziehende. Allerdings sollen gerade diese teilweise – analog zu den Steuervorteilen für Expats – beim Sparpaket reduziert werden.

Das wirft ein Licht auf die dunklen Seiten des Zuger Rohstoffrhizoms. Diese wurden bereits in den 1990er-Jahren kritisch diskutiert. 1994 kommentierte der einstige Zuger Finanzdirektor Georg Stucky die Konzentration von einkommensschwächeren Haushalten in Außengemeinden: Diese seien zwar nicht eigentlich hinausgedrängt worden, »aber vom Wohnsitz in der Stadt wegen hoher Mieten und mangelndem Angebot abgehalten.« (van Orsouw 1995: 195) Selbst der wirtschaftsliberale Freiburger Volkswirtschaftler Reiner Eichenberger spricht von »Zugisierung«, wenn es um die Schattenseiten von Wirtschaftswachstum und Zuwanderung geht, nämlich um Bodenknappheit und soziale Verdrängung. (*Der Sonntag* 27.5.2012: 14 f.)

Statistische Evidenz für eine Senkung der Wohlstandserwartungen produziert die Auswertung der verfügbaren Einkommen in der Zuger Mittelschicht. Gemessen an diesem Indikator, erlebte der Kanton Zug nach 2006 einen deutlichen Abstieg. Damals befand sich Zug im interkantonalen Vergleich der Günstigkeit der Lebenskosten noch auf dem 5. Platz. Innert nur zweier Jahre fiel er auf den 18. Platz zurück, und im Jahr 2011 befand sich die Zuger Bevölkerungsmehrheit mit ihrem durchschnittlichen frei verfügbaren Einkommen noch auf dem 19. Rang aller 26 Kantone. (Credit Suisse Economic Research 2011)

Für den Lebens- und Wohnalltag der mittelständischen Zugerinnen und Zuger bedeutet dies eine spürbare Verschlechterung. Gleichzeitig weist der Kanton Zug zusammen mit dem Nachbarkanton Schwyz – ebenfalls ein ausgeprägter Steuerwettbewerber – die höchste Einkommensungleichheit in der Schweiz auf. (ESTV 2014) Dies gilt auf Städteebene auch für die Gemeinde Zug, die einen Gini-Quotienten von 0,65 aufweist, einen der höchsten schweizweit. (*Tages-Anzeiger* 1.4.2014) Hinter solchen statistischen Zusammenhängen verbergen sich reale soziale Umschichtungen und Umwälzungen. Eine volkswirtschaftliche Studie der Credit Suisse Economic Research zum Kanton Zug aus dem Jahr 2014 empfiehlt etwa: »Für Mittelstandshaushalte kann sich deshalb ein Umzug in die Kantone Aargau, Luzern oder Schwyz lohnen.« (Credit Suisse Economic Research 2014)

Rhizome statt verengte Perspektiven

Glencore Xstrata ist wohl jener Akteur im Rohstoffhandel, der in den letzten Jahren am häufigsten im Visier von Öffentlichkeit und Politik stand. Bereits die Tatsache, dass der Zuger Rohstoffriese vom Abbau bis zur Vermarktung die gesamte Wertschöpfungskette abdeckt, garantiert ihm weltumspannende Machtpositionen. Zusammenschlüsse und Firmenzukäufe werden von Vertreterinnen und Vertretern einer kritischen Gegenmacht, von NGOs und Hilfswerken, und zunehmend auch von Regierungen und suprastaatlichen Behörden zwar unter die Lupe genommen. Sind die staatlichen Player mächtig genug, dann gelingt es ihnen auch, Auflagen für Mega-Mergers zu formulieren. Damit ist die Gefahr eines »Too Big to Be Fair« jedoch längst nicht gebannt. Indem Marktmacht auch Marktmanipulationstechniken wie Corner and Squeezing oder Banging the Close – kurz vor Börsenschluss noch die Kurse zu beeinflussen – begünstigt, werden auch hehre Wettbewerbsprinzipien verletzt.

Fairnessprobleme ganz anderer Dimension resultieren aus dem Einfluss der Rohstoffriesen auf regionale Wirtschaftsräume oder ganze Volkswirtschaften, deren Arbeitsmärkte, die Politik und die Umwelt. Selbst wenn es Zug gelänge, mehr Steuereinnahmen von Rohstoffunternehmen wie Glencore Xstrata zu generieren, wäre den armen rohstoffreichen Ländern noch nicht geholfen. Denn nebst der (Unternehmens-) Steuerpolitik bietet ein opakes Rechtssystem den Unternehmungen genügend Raum fürs Profit Shifting. Die Schweiz und Zug haben lange davon profitiert. Ob die derzeitigen Zuger Defizite einen finanzpolitischen Paradigmenwechsel einleiten? Wenn eine Großbank dem Zuger Mittelstand rät, sich den Traum vom Eigenheim doch in angrenzenden Kantonen zu verwirklichen, oder wenn Zug nebst Genf und Basel-Stadt den höchsten Pendlersaldo aufweist (Regierungsrat Kanton Zug 24.3.2015), dann weist dies darauf hin, dass die Attraktivität von Zug als Wohn- und Lebensort schwindet. Die vielen Zupendlerinnen und Zupendler verweisen aber auch auf Dynamiken des Zuger Arbeitsmarkts.

Seit den 1950er-Jahren sind mit Philipp Brothers, der Marc Rich AG und schließlich Glencore neue Groß- und Transithandelsunternehmen ins Zugerland gezogen. Im interdependenten Zusammenwirken mit der Zuger Steuer- und Standortpolitik hat dieser Zuger Spross des weltweiten

Rohstoffrhizoms einen eigentlichen Commodity Hub mit einem rohstoff-affinen funktionalen Branchencluster hervorgebracht. In den 1980er- und 90er-Jahren standen noch die für die Rohstoffbranche arbeitenden Wirtschaftsanwälte und Treuhandfirmen im Vordergrund. Heute umfasst der Cluster auch spezialisierte Ausbildungsgänge, Informatik- und vor allem Finanzdienstleistungen. Rein makroökonomisch scheint sich diese Cluster-Orientierung auszuzahlen. Mit einer Wachstumsrate von 5,6 Prozent (BIP) im Jahr 2012 ließ der Kanton Zug alle anderen Kantone weit hinter sich. Die Statistiker machen dafür insbesondere die Zuger Finanzdienstleister verantwortlich. (Bundesamt für Statistik 27.3.2015) Die Koevolution von Rohstofffirmen, Steuerpolitik und den Specialized Financial Services ist offensichtlich, aber bisher wenig beachtet. Das gilt auch für den wachsenden Zuger Pharma- und Medizinaltechnologie-Cluster, der von der Verfügbarkeit von Zuger Venture Capital profitiert.

Wie wäre es aber, wenn wir uns in einem Spiel mit verteilten Rollen befänden? Die Rohstoffmagnaten holen die Kohlen aus dem Feuer und machen einen Reibach, von dem via rhizomorphe Multiplikatorwirkungen auch andere Branchen profitieren. Eine rhizomatische Perspektive, die wirtschaftliche und soziale Phänomene in ihrer Vielschichtigkeit und in ihren Verästelungen begreift, kann auch diese Spurensuche weiterbringen. Sie ergänzt die Perspektive auf das internationale Wirken der Rohstoffmächtigen und hilft dabei, die Frage nach Auswirkung und Verantwortung, nach Strategie und Profit weiterzutreiben.

Markus Bossert

Schweizerischer Gewerbeverband

Lobbying-Organisation für kleine und mittlere Unternehmen (KMU)

Der Schweizerische Gewerbeverband (SGV) ist der größte Wirtschaftsverband der Schweiz. Als Dachverband sind ihm über 220 Berufsverbände sowie 26 kantonale Verbände angeschlossen. Diesen Mitgliedsverbänden gehören gegen 300 000 Unternehmen an. (Vgl. www.sgv-usam.ch) Zum Vergleich: Dem Schweizerischen Arbeitgeberverband und Economiesuisse, den anderen beiden großen Wirtschaftsdachverbänden, sind jeweils rund 100 000 Unternehmen angegliedert. (Vgl. www.economiesuisse. ch und www.arbeitgeber.ch)

Die Broschüre *Strategie und politische Zielsetzungen 2014–2018* (2014) gibt Auskunft über das Selbstbild und die Anliegen des SGV. Darin definiert der Verband sich als »nationale Interessenvertretung zur Förderung der KMU und der Selbständigerwerbenden in der Schweiz«. Er beschreibt sich als »parteipolitisch unabhängig« und möchte »über die angeschlossenen Kantone sowie regionalen und kommunalen Sektoren« »die föderalistischen Strukturen der Schweiz« widerspiegeln. Als sein »Kerngeschäft« bezeichnet der SGV die KMU-Politik, bei der es gilt, »optimale

Rahmenbedingungen für die KMU« zu schaffen. Konkret heißt das für ihn: Regulierungskosten vermindern, Regeln und Vorschriften abbauen sowie Gebühren, Abgaben und Steuern senken. Um diese Ziele durchzusetzen, arbeitet der SGV mit anderen gleich gesinnten Interessenverbänden zusammen und pflegt Kontakte zur Bundesverwaltung, zur Regierung und zu den parlamentarischen Vertreterinnen und Vertretern. Es handelt sich beim Verband also um eine Lobbying-Organisation, die in der Schweiz über breite Akzeptanz verfügt.

Neben der politischen Interessenvertretung ist das Erbringen von Dienstleistungen eine wichtige Aufgabe des SGV. In der Schweiz besteht für Unternehmen etwa im Gegensatz zu Deutschland keine Mitgliedspflicht in wirtschaftlichen Interessenorganisationen. Eine hohe Mitgliederzahl ist aber wichtig für Wirtschaftsverbände, weil sich dadurch ihr politisches Gewicht erhöht und sie sich in weiten Teilen über Mitgliederbeiträge finanzieren. Von der politischen Vertretung profitieren allerdings alle Unternehmen und nicht nur Mitglieder. Exklusive Dienstleistungen schaffen hier einen zusätzlichen Anreiz, um Mitglied zu werden. Vor allem in Berufs- und kantonalen Gewerbeverbänden haben Dienstleistungen deshalb einen hohen Stellenwert und sind für viele Mitglieder mindestens genauso wichtig wie die politische Interessenvertretung. Auch der SGV bietet seinen Mitgliedern verschiedene Dienstleistungen an. Um einige Beispiele zu nennen: Die Stiftung KMU Schweiz berät Unternehmen in wirtschaftlichen und juristischen Fragen, das Schweizerische Institut für Unternehmensschulung (SIU) und die KMU Frauen Schweiz stellen Bildungsangebote für Unternehmen bereit, außerdem ist der SGV an der Gemeinschaftsstiftung Proparis beteiligt, die sich im Gewerbe für die berufliche Vorsorge engagiert. Zusätzlich bieten die genannten Angebote und jährliche Anlässe wie die Synergy oder die gewerbliche Winterkonferenz in Klosters Möglichkeiten, sich zu vernetzen und zu präsentieren.

Wie ließe sich für den SGV Ausmaß und Art von politischem Einfluss beschreiben? Die Fragestellung enthält zuallererst eine Vereinfachung. Sie setzt voraus, dass der SGV eine Einheit darstellt, der man Einfluss zuschreiben kann, was keineswegs selbstverständlich ist. Eine Organisation wie der SGV setzt sich aus vielen verschiedenen Personen zusammen, die in zahlreichen weiteren Organisationen und gesellschaftlichen Feldern engagiert sind. So gesehen, kann der Verband als Verdichtung von Interessen betrachtet werden, für die ein Name eingeführt wurde. Diese sprachliche Benennung täuscht klare Grenzen vor, die bei genauerem Hinsehen verschwimmen. Neben den vielfältigen Kontakten der Verbandsmitglieder in andere Felder und zu anderen Akteuren können auch externe Organisationen oder Personen einen maßgeblichen direkten oder indirekten Einfluss auf den SGV und seine Politik ausüben. Den SGV als einheitlichen Verband zu betrachten, erleichtert einerseits die Kommunikation, verleitet aber auch dazu, seine fließenden Grenzen auszublenden. Um den politischen Einfluss des Verbands besser zu verstehen, scheint es mir deshalb sinnvoll, Kontakte innerhalb des Verbands und Verknüpfungen zu anderen Akteuren aufzuzeigen. Zunächst aber ein Blick in die Geschichte des SGV.

Allmählicher Schulterschluss mit Industrie und Großkapital

Der Schweizerische Gewerbeverband kann auf eine über 135-jährige Geschichte zurückblicken. Gegründet wurde der nationale Dachverband 1879 in Luzern, nach mehreren Anläufen. Seine Wurzeln liegen jedoch noch viel tiefer, nämlich in der Zunftordnung des Ancien Régime. In den Schweizer Städten waren die Zünfte nicht nur wirtschaftlich, sondern auch politisch äußerst bedeutsam. Mit dem Einmarsch der französischen Truppen unter Napoleon und der kurzen Phase der Helvetik (1798–1803) erlebte diese Ordnung eine grundlegende Erschütterung. Die Niederlage Napoleons und die Phase der europäischen Restauration ließen das Ancien Régime zwar noch einmal aufleben, die Ideen des revolutionären französischen Bürgertums hatten sich jedoch in der Schweiz festgesetzt. Das Zunftwesen geriet in weiten Teilen des Landes unter Druck. Das definitive Ende des Ancien Régime kam nach dem Sonderbundskrieg (1847), als mit der Bundesverfassung von 1848 der schweizerische Bundesstaat gegründet wurde. (Vgl. Gutersohn 1954: 10–14; Trossmann 1979: 5–7)

Ein Hauptanliegen der Bundesverfassung war es, schweizweit einen einheitlichen Binnenmarkt zu schaffen. Zwischen den Kantonen wurden Zölle abgebaut. Ständische und räumliche Beschränkungen zur Ausübung eines Berufes fielen. Für das traditionelle Gewerbe, das in den

Städten angesiedelt war und sich vor allem aus Handwerkern und Händlern zusammensetzte, ergab sich aus der Ausdehnung der Gewerbefreiheit eine ländliche Konkurrenz. Hinzu kamen industrielle Betriebe, die produzierende Gewerbezweige unter Druck setzten. Das Gewerbe reagierte darauf mit der Gründung von lokalen Gewerbevereinen, die an die Tradition der Zünfte anknüpften. Doch anders als bei den ehemaligen Zünften schlossen sich in den neuen Vereinen Gewerbetreibende aus allen Berufen zusammen. Erklärte Absicht war es, Arbeiter- und industriellen Vereinigungen Paroli zu bieten und die Kontrolle über die Berufsausübung zurückzuerlangen. Bei den frühen gewerblichen Interessenvereinigungen handelte es sich somit vorwiegend um konservative Kräfte, die sich der Zunftordnung des Ancien Regime verbunden fühlten. (Vgl. Gutersohn 1954: 16–17; Trossmann 1979: 6)

Da der junge Bundesstaat nur mit wenigen Kompetenzen und Befugnissen ausgestattet war und die einzelnen Kantone weiterhin über hohe Autonomie verfügten, blieb es vorerst mehrheitlich bei lokalen und regionalen Gewerbevereinen. Dies änderte sich mit der revidierten Bundesverfassung von 1874. Sie verankerte das Recht auf Gewerbe- und Niederlassungsfreiheit und führte das politische Instrument des Gesetzesreferendums auf nationaler Ebene ein. Des Weiteren wurden die Kompetenzen des Bundesstaats ausgebaut. Auf einmal bestand für das Gewerbe Bedarf nach einer nationalen Vereinigung, um die Politik auf Bundesebene zu beeinflussen. Gleichzeitig brauchte der Bund wirtschaftliche Spitzenorganisationen, die ihn bei seinen neuen Aufgaben unterstützten. (Vgl. Gutersohn 1954: 23; Trossmann 1979: 8)

Bei der 1879 gegründeten Dachorganisation, die sich noch »Schweizerischer Gewerbeverein« nannte, handelte es sich in erster Linie um einen Zusammenschluss von lokalen und regionalen Gewerbevereinen aus den einzelnen Kantonen. Der SGV war finanziell stark vom Bund abhängig: »Noch im Jahr 1913 waren bei Totalausgaben von 103 000 Franken nicht weniger als 75 000 Franken durch Beiträge vom Bund gedeckt.« (Tschanz 2004: 11) In der nationalen Politik spielte er bis zum Zweiten Weltkrieg nur eine untergeordnete Rolle. Zeichen der Abhängigkeit vom Bund war unter anderem, dass die Geschäftsstelle des SGV 1897 von Zürich nach Bern verlegt wurde und fortan dort blieb. (Vgl. a.a.O.: 12)

Die Politik der neu gegründeten Dachorganisation stand unter dem Eindruck der damaligen Weltwirtschaftskrise. Zwischen 1873 und 1879 kam es zu einem starken Konjunktureinbruch. Viele europäische Nationalstaaten stellten die liberale Wirtschaftsordnung infrage, erließen Schutzzölle gegenüber dem Ausland und förderten konkurrenzunterbindende Kartelle im Inland. Auch der SGV sprach sich in der Schweiz für Schutzzölle aus und stellte sich damit gegen die Interessen großer Teile der industriellen Exportwirtschaft. Wie schon zuvor die regionalen Vereine wandte sich auch die Dachorganisation gegen die Gewerbefreiheit und forderte Schutzbestimmungen für das Gewerbe, mehr Kontrolle bei der Berufsausübung und zusätzliche Mittel für die Berufsbildung. (Vgl. Gruner 1956:32 u. 38; Gutersohn 1954: 49; Trossmann 1979: 9–11)

Gegen Ende des 19. Jahrhunderts nahm die Anzahl der Konflikte zwischen Arbeitgebern und organisierten Arbeitnehmern zu, was die Mitgliederzahlen in wirtschaftlichen Interessenorganisationen deutlich ansteigen ließ. Vermehrt wurden Berufs- und Branchenverbände gegründet, die besonders schnell und stark wuchsen. Der Schweizerische Gewerbeverein jedoch, der vor allem durch kommunale und kantonale Gewerbevereine geprägt war, gab sich gegenüber den Anliegen der Arbeiterschaft durchaus aufgeschlossen. Präsident Jakob Scheidegger (1897–1915), ein Schuhhändler aus dem Kanton Bern, befürwortete Kompromisse und setzte auf die Kooperation mit weniger klassenkämpferischen Arbeitnehmerorganisationen wie der christlich-sozialen Arbeiterbewegung. Unter seiner Führung engagierte sich der SGV stark für ein arbeitnehmerfreundliches Kranken- und Unfallversicherungsgesetz. (Vgl. Gruner 1956: 62; Trossmann 1979: 17–18)

Die anderen wirtschaftlichen Interessenorganisationen wie der Schweizerische Handels- und Industrieverein (SHIV, heute Economiesuisse) oder die Berufsverbände teilten diese Haltung nicht. Unter der Führung des Baumeisterverbands wurde mit dem Zentralverband schweizerischer Arbeitgeber-Organisationen (ZSAO, heute Schweizerischer Arbeitgeberverband) sogar eine Konkurrenzorganisation gegründet, welche die Arbeitgeber insbesondere in der Streikbekämpfung unterstützte. »Solange Scheidegger Präsident blieb, lehnte der SGV eine Zusammenarbeit mit dem SHIV ab. Dem ZSAO stand der SGV feindlich gegenüber.« (Trossmann 1979: 18)

Mit zunehmender politischer Bedeutung der national straff organisierten Berufsverbände wurde ihr Einfluss auf den SGV immer größer. Jakob Scheidegger trat 1915 als Präsident zurück, nachdem sein Entwurf für ein Arbeitsgesetz auf Druck der Berufsverbände intern abgelehnt wurde. Sein Nachfolger Hans Tschumi (1915–1930) vertrat eine sozialpolitisch kompromisslosere Linie und forcierte die Zusammenarbeit mit SHIV und ZSAO. Die definitive Machtübernahme konsolidierten die Berufsverbände durch die Statutenrevision 1917, bei welcher der Verein symbolisch in Verband umbenannt wurde. (Vgl. Gutersohn 1954: 24–25; Trossmann 1979: 18–19)

Während des Ersten Weltkriegs und der Wirtschaftskrise in den 1930er-Jahren pochte das Gewerbe auf staatliche Hilfe und engagierte sich für gesetzliche Schutzbestimmungen, um die schwierige wirtschaftliche Lage zu meistern. Strömungen, die eine partielle Rückkehr zur Zunftordnung wünschten, bekamen wieder Auftrieb. Ihrer Ansicht nach sollte die Wirtschaft durch berufsständische Organisationen gelenkt werden. Der Bund ging zwar nur bedingt auf die Sonderwünsche des Gewerbes ein, jedoch kam es in jener Zeit grundsätzlich zu einer engen Kooperation zwischen Staat und Wirtschaft. Ausgestattet mit zahlreichen Sonderkompetenzen, betrieb der Bund in Absprache mit den wirtschaftlichen Spitzenorganisationen eine aktive Struktur- und Konjunkturpolitik. (Vgl. Gutersohn 1954: 45; Trossmann 1979: 20 u. 25–30)

Wie Kenneth Angst (1992) in seiner Dissertation darlegt, begann im Gewerbeverband ab 1938 ein allmählicher Wertewandel einzusetzen. Im Verlaufe des Zweiten Weltkriegs rückte der SGV von seiner wirtschaftskonservativen Haltung ab und ersetzte sie durch eine liberale, wobei die enge Verflechtung mit dem Staat bestehen blieb: »Im Rahmen dieser Neuorientierung vollzog sich die endliche Integration auch des gewerblichen Mittelstandes in die schweizerische Wachstumsgesellschaft der Nachkriegszeit – diktiert von seinen Verbänden, die sich seit jener Zäsur die Überwindung kultureller und mentaler Modernisierungswiderstände im Sektor der gewerblichen Wirtschaft auf ihre Fahnen geschrieben haben.« (Angst 1992: 3)

Prägende Figur bei der wirtschaftsliberalen Neuausrichtung war der Zürcher Ökonom Dr. Paul Gysler. Der Nationalrat der Bauern-, Gewerbe-

und Bürgerpartei (BGB, heute SVP) präsidierte den Verband von 1941 bis 1951 und war 1946 Mitbegründer des Instituts für gewerbliche Wirtschaft an der Hochschule St. Gallen. Im SGV straffte er die Strukturen. Er professionalisierte das Sekretariat, ersetzte die Delegiertenversammlung durch den Gewerbekongress und führte die Gewerbekammer mit gewähltem Vorstand ein. In der Gewerbepolitik etablierte Gysler das Prinzip »Selbsthilfe« statt »Staatshilfe« (Tschanz 2004: 13), was ihm bei seinen Kritikern den Ruf als »Steigbügelhalter des Großkapitals« eintrug. (Trossmann 1979: 35)

Der SGV als Spitzenverband des Gewerbes ist bis heute dieser Linie treu geblieben. In der Nachkriegszeit wurde der eingeschlagene Kurs nochmals bekräftigt, insbesondere durch Otto Fischer, der von 1948 bis 1979 im Verband tätig war und ab 1967 das neu geschaffene Amt des Direktors antrat. Er baute den SGV zu einer schlagkräftigen und politisch einflussreichen Organisation aus, die bis heute mit der Möglichkeit, Referenden anzudrohen, durchzuführen und zu gewinnen, ein starkes politisches Druckmittel besitzt. »In außenpolitischen Fragen verfolgte der SGV in der Ära Fischer eine betont isolationistische Linie. Man bekämpfte in den dreieinhalb Jahrzehnten von 1945 bis 1980 alle internationalen Einmischungen und beobachtete kritisch jede Anbindung der Schweiz an internationale Organisationen.« (Tschanz 2004: 14)

Nach dem Abgang von Otto Fischer folgten in kurzen Zeitabständen die Direktoren Markus Kamber (1980–1984) und Peter Clavadetscher (1985–1989), die niemals das politische Gewicht ihres Vorgängers erreichten. In diesen »turbulenten achtziger Jahren« spielte der CVP-Ständerat und Verbandspräsident Markus Kündig eine tragende Rolle für den Verband. (Tschanz 2004: 18 f.)

Vom Gewerbe zu den KMU

Ursprünglich bezeichnete der Begriff »Gewerbe« nur den Handel. Mit der Etablierung der Handels- und Gewerbefreiheit in der Schweiz und der einsetzenden Industrialisierung im Verlaufe des 19. Jahrhunderts wurde Gewerbe jedoch umfassender gedeutet und schloss auch das Gastgewerbe und das Handwerk mit ein, das bis dahin gleichbedeutend mit der Produktion war. (Vgl. HLS, »Handwerk«)

Das Gewerbe verstand sich fortan vor allem in Abgrenzung zu den industriellen Großbetrieben. Doch auch diese Grenze wurde durch anhaltenden Strukturwandel und fortwährende Technisierung immer fließender. Typische Merkmale von gewerblichen Unternehmen wie Orientierung am lokalen oder Binnenmarkt und nicht industrielle Produktionsformen verschwanden zunehmend. Einzig die verhältnismäßig kleine Betriebsgröße und die Abgrenzung zum primären Sektor (Land- und Forstwirtschaft, Fischerei) blieben bestehen. Im ausgehenden 20. Jahrhundert wurde deshalb mehr und mehr von kleinen und mittleren Unternehmen (KMU) und nicht mehr von Gewerbe gesprochen. Zeichen dieses Wandels ist die Umbenennung des Instituts für gewerbliche Wirtschaft in Institut für Klein- und Mittelunternehmen (KMU-HSG) im Jahr 2003. Auch der SGV setzte sich mit der neuen Terminologie auseinander und begann sich Ende der 1990er-Jahre als Dachorganisation der Schweizer KMU zu bezeichnen. Eine Umbenennung in »KMU Schweiz« wurde allerdings von den Mitgliedsverbänden 2004 abgelehnt. (Vgl. Tschanz 2004: 19)

KMU können nach unterschiedlichen Kriterien definiert werden, zum Beispiel nach Umsatz, Bilanzsumme oder Anzahl der Mitarbeitenden. In der Schweiz ist eine Abgrenzung nach Anzahl der Mitarbeitenden üblich. Das KMU-HSG veröffentlicht jährlich eine Studie (Fueglistaller et al. 2014) zu den KMU in der Schweiz. Darin werden KMU als Unternehmen mit weniger als 250 Mitarbeitenden definiert. Von den rund 558 000 marktwirtschaftlichen Unternehmen in der Schweiz fallen 99,8 Prozent unter diese Definition. Macht somit die Einteilung in KMU und Großunternehmen überhaupt Sinn? Die Bedeutung der Großunternehmen zeigt sich in der Beschäftigungsstruktur. Trotz ihrem Anteil von gerade mal 0,2 Prozent ist in den 1256 Großunternehmen knapp ein Drittel aller Beschäftigten in der Schweiz angestellt, während in KMU gut zwei Drittel aller Beschäftigten arbeiten. Andererseits scheint die Grenze von 250 Mitarbeitenden etwas willkürlich zu sein. So sind 92,3 Prozent aller Firmen in der Schweiz Mikrounternehmen mit weniger als zehn Mitarbeitenden, zum Beispiel der Coiffeur oder die selbständige Finanz- und Steuerberaterin. Die Größe ist damit nur bedingt aussagekräftige für die Struktur und die Bedürfnisse eines Unternehmens. Genauso entscheidend sind Branche und Sektor. Mit der hohen Anzahl an Mikrounternehmen geht auch ein hoher Anteil an prekärer Selbständigkeit als Verlegenheitslösung einher, wie es etwa in der Taxibranche oft der Fall ist. In diesen Fällen verschwimmt die Grenze zwischen Angestellten, Arbeitern und Selbständigen.

Inwiefern ist der SGV ein Dachverband der KMU? Etwa 10 Prozent der KMU sind Landwirtschaftsbetriebe, für die sich traditionell der Schweizerische Bauernverband (SBV) zuständig fühlt und die somit nicht dem Gewerbe angehören. Damit bleiben rund 500 000 KMU in der Schweiz, die sich auf Dienstleistungsbetriebe, Industrie und verarbeitendes Gewerbe verteilen. Allerdings ist der SGV ein Dachverband, dessen Mitglieder vorwiegend aus Berufs- und kantonalen Gewerbeverbänden bestehen. Diese Verbände haben in der Regel keine Einschränkungen bezüglich der Größe ihrer Mitglieder. Oft sind in den einzelnen Verbänden auch die Branchenprimusse vertreten, die häufig über ein hohes Gewicht verfügen, beispielsweise Implenia im Baumeisterverband. Es gibt also keine klare Trennung zwischen KMU und Großbetrieben in den Schweizer Wirtschaftsverbänden. Dies zeigt sich auch in den rund 26 Doppelmitgliedschaften beim SGV und bei Economiesuisse. So gehören etwa Hotelleriesuisse oder die Chambre neuchâteloise du commerce et de l'industrie beiden Verbänden an. Und auch bei Economiesuisse ist die überwiegende Mehrheit der 100 000 Unternehmen, die vom Verband vertreten werden, den KMU zuzurechnen. Die Selbstbeschreibung des SGV als »Dachverband der KMU« und »Nummer 1 der Schweizer KMU-Wirtschaft« begründet sich damit vor allem auf zwei Komponenten. Erstens einer historischen: Das Gewerbe setzte sich traditionell aus Kleinbetrieben zusammen. Zweitens einer programmatischen: Im Gegensatz zu anderen Wirtschaftsverbänden und trotz uneinheitlicher Mitgliederstruktur verspricht der Verband, eine Politik im Sinne der KMU zu machen. Die Positionierung als Dachverband der KMU ermöglicht es dem SGV, nahezu alle Unternehmen der Schweiz anzusprechen und vorzugeben, was eine Politik für die überaus zahlreichen und vielfältigen KMU in ihrer Gesamtheit sein soll.

Bleibt das Rätsel, weshalb der SGV immer nur von rund 300 000 Unternehmen spricht, für die er sich einsetzt, und 200 000 weitere KMU unerwähnt lässt. Ein Grund dafür liegt wahrscheinlich in der statistischen Erhebungsmethode. Die Betriebszählung des Bundesamts für Statistik, die letztes Mal 2008 durchgeführt wurde, kommt auf gut 300 000 Unternehmen. Die Ende 2013 erstmals publizierte Statistik der Unternehmensstruktur erfasst Mikrounternehmen besser und findet deshalb wesentlich mehr Unternehmen. Die neuen Zahlen zeigen, wie wenig sowohl der Bund als auch der SGV sich des tatsächlichen Ausmaßes der Mikrounternehmen in der Schweiz bewusst waren. Aus der bisherigen Konfusion bei Behörden und Wirtschaftsorganisationen lässt sich schließen, dass sehr viele KMU nur indirekt oder gar nicht in das schweizerische Verbandssystem eingebunden sind.

Hierarchisch geführter Spitzenverband

Der Aufbau des SGV ähnelt dem einer repräsentativen Demokratie. Die kantonalen Gewerbe- und nationalen Berufsverbände entsenden Delegierte an den Gewerbekongress, die dann die wesentlichen Entscheidungsträgerinnen und -träger wie das Verbandspräsidium oder die Mitglieder der Gewerbekammer wählen. Die Anzahl der Delegierten bemisst sich aber nicht allein an der Anzahl Mitglieder der Verbände. Erstens besteht das Anrecht auf eine Mindestzahl Delegierter (vgl. Statuten SGV, Art. 11), jeweils fünf bei kantonalen Gewerbeverbänden und drei bei den Berufsverbänden. Zweitens hängt die Anzahl Delegierter bei den Berufsverbänden von ihren Jahresbeiträgen ab, die sich nicht nach der Mitgliederzahl, sondern hauptsächlich nach ihrer wirtschaftlichen Bedeutung richten. (Vgl. Statuten SGV, Art. 40) Finanziell starke Verbände wie der Baumeisterverband oder Gastrosuisse erhalten somit ein besonderes Gewicht am Gewerbekongress. Gleichwohl ist der Kongress, wenn er die Mitglieder der Gewerbekammer wählt, dem Ausgleich verpflichtet. (Vgl. Statuten SGV, Art. 16) Jeder kantonale Gewerbeverband hat Anspruch auf einen Sitz. Die übrigen Sitze sollten angemessen nach Landesteilen und Gruppierungen verteilt werden, wobei jeder Mitgliedsverband in der Regel nicht mehr als einen Vertreter entsenden kann.

Einige Worte zu den Gruppierungen. Sie bilden sich aus dem Zusammenschluss verwandter Berufe. In branchenspezifischen Anliegen können sie bei der Beschlussfassung in der Gewerbekammer eine bedeutsame Rolle spielen. »Bau« bildet mit vierzig Mitgliedern die größte, »Freizeit und Tourismus« mit elf Mitgliedern die kleinste Gruppierung im Gewerbeverband. Die Größe der Gruppierungen sagt allerdings nur bedingt etwas über ihren Einfluss aus. Ebenso wichtig ist das Gewicht der einzelnen Verbände, die ihnen angehören. So verfügt die kleinste Gruppierung »Freizeit und Tourismus« mit Gastrosuisse über ein einflussreiches Mitglied. Gastrosuisse gelang es beispielsweise 2014, für ihre umstrittene Initiative »Schluss mit der Mehrwertsteuer-Diskriminierung des Gastgewerbes« eine Ja-Parole im SGV herbeizuführen.

Das bedeutsamste Gremium im Gewerbeverband ist der Vorstand. Auch er sollte bei seiner Zusammensetzung die Sprachregionen, Berufs- und kantonalen Gewerbeverbände angemessen berücksichtigen. (Vgl. Statuten SGV, Art. 22) Der Vorstand legt die Verbandsstrategie fest und repräsentiert den Verband gegen außen und vor den Behörden, wobei der Verbandspräsident (und bisher waren es ausschließlich Präsidenten) der wichtigste Repräsentant ist. Besonders von Bedeutung ist der Vorstand für die politische Vernetzung. Mindestens der Verbandspräsident und möglichst viele weitere Vorstandsmitglieder sollten Mitglied des Schweizer Parlaments sein oder gute Beziehungen zur Bundesebene pflegen. Die Möglichkeit des Vorstands, weitere Mitglieder in die Gewerbekammer zu berufen, dient ebenfalls in erster Line der politischen Vernetzung. Hier werden meistens Personen berufen, die entweder Mitglied des Parlaments sind oder über wichtige politische Kontakte verfügen. Im Vorstand sitzen daher oft Schlüsselpersonen, die wirtschaftlich und politisch gut vernetzt sind und dank ihrer Funktion und ihren Beziehungen für den Verband frühzeitig wesentliche Informationen beschaffen können.

Der Vorstand pflegt enge Beziehungen zur Geschäftsstelle. Insbesondere Verbandspräsident und Direktor (auch hier waren es bisher ausschließlich Direktoren) stehen in ständigem Austausch. Als Führungsspitzen und Repräsentationsfiguren müssen sie oft rasch auf kurzfristige politische Entwicklungen und gesellschaftliche Ereignisse reagieren. In gegenseitiger Absprache werden dann auch Entscheide getroffen oder Positionen bezogen, ohne zuvor den gesamten Vorstand oder die Gewerbekammer zu befragen. Im politischen Tagesgeschäft erhält damit der Verbandspräsident, vor allem aber die Geschäftsstelle eine zentrale Rolle.

Mit rund 24 Mitarbeitenden ist die Geschäftsstelle im Verhältnis zur Verbandsgröße relativ klein gehalten. Sie arbeitet hoch professionell und besteht aus ständigen Mitgliedern, die meist über Jahrzehnte im Amt bleiben und fortwährend das gleiche Dossier innehaben. Es handelt sich um Fachpersonen, die mit den politischen Fragestellungen und bürokratischen Abläufen genauestens vertraut sind. Fasst die Gewerbekammer Parolen zu politischen Geschäften, werden diese Parolen zuerst in der Geschäftsstelle vorbereitet und begründet, bevor sie der Gewerbekammer vorgelegt werden. Die Beziehung zwischen Gewerbekammer und Geschäftsstelle ähnelt damit derjenigen von Bundesregierung und Schweizer Parlament. Auch hier haben Verwaltungsbeamtinnen und -beamten einen Informationsvorsprung und können politische Geschäfte durch ihre Entwürfe und Empfehlungen in eine bestimmte Richtung lenken. Ebenfalls kann die Exekutive im politischen Tagesgeschäft am Parlament vorbei vorläufige Entscheidungen treffen.

Noch nicht angesprochen wurde bisher die Rolle der Parteien im SGV. Der Verband definiert sich als parteipolitisch unabhängig. Die Verbandsvertreterinnen und -vertreter stammen jedoch ausschließlich aus dem bürgerlichen Lager. Während die Statuten eine angemessene Vertretung der Sprachregionen, Berufe und Kantone vorschreiben, machen sie keine Empfehlungen zur Berücksichtigung der Parteien. Allerdings wurde es implizit zur Regel, dass im Vorstand die wichtigsten bürgerlichen Parteien FDP, CVP und SVP (ehemals BGB) vertreten sind. Auch wechselt das Präsidium seit der Nachkriegszeit alternierend zwischen diesen drei Parteien. Allerdings wird der SGV seit seiner Gründung vom Freisinn dominiert. Bis zum Zweiten Weltkrieg übten einzig freisinnige Politiker das Amt des Verbandspräsidenten aus. Doch auch in der Nachkriegszeit blieb der Einfluss des Freisinns hoch. Dies zeigt sich deutlich bei der wichtigen Stelle des Direktors, die bis heute von freisinnigen Funktionären besetzt wird. Lange Zeit waren auch in regionalen Verbänden und lokalen Sektionen freisinnige Politikerinnen und Politiker die tonangebenden Figuren. Diese Ordnung geriet, wie vieles in der politischen Landschaft der Schweiz, mit dem Aufstieg der SVP zur wählerstärksten Partei ins Wanken. Die SVP hat vor allem an der Basis des Gewerbes enorm zugelegt und damit die bisherige Gewichtsverteilung innerhalb des Verbandes verschoben. Seit der Jahrtausendwende bemüht sich die Partei, teils mit einer aggressiven Kommunikation, mehr Einfluss in den Wirtschaftsdachverbänden zu erhalten. So hat sie sowohl dem SGV als auch Economiesuisse mit Konkurrenzverbänden gedroht, falls die Partei nicht mehr Einfluss auf die Verbandsführung erhalte. (nzz.ch 26.2.2008; *Sonntags Zeitung* 21.9.2014) Auch auf kantonaler Ebene wurde diese Strategie von einigen SVP Vertretern kopiert, beispielsweise im Kanton Solothurn. (*Aargauer Zeitung* 23.12.2009)

Wie erfolgreich war die SVP bisher beim SGV? Einige Punkte sprechen für einen gestiegenen Einfluss der Partei auf den Verband. Inzwischen ist mit Jean-François Rime (seit 2012) ein SVP-Mitglied Präsident des SGV. Ebenfalls ist der neue Direktor Hans-Ulrich Bigler (seit 2008), zumindest in sozialpolitischen Fragen und was die Tonart anbelangt, wesentlich näher bei der SVP als sein Vorgänger Pierre Triponez (1990–2008) (vgl. *Aargauer Zeitung* 10.7.2013; *Tages-Anzeiger* 17.11.2004), so zum Beispiel bei der Abstimmungskampagne zum Radio- und TV-Gesetz (RTVG), bei welcher der SGV die Werbeagentur Goal engagierte, die mit ihren provokanten Abstimmungsplakaten für die SVP bekannt geworden ist. (*Tages-Anzeiger* 19.5.2015; 26.5.2015) Andere Punkte sprechen dagegen. Die meisten Verbandsmitglieder sehen Verbandspräsident Jean-François Rime als logischen Nachfolger von Eduard Engelberger (2004–2010), da eigentlich schon 2004 mit Samuel Schmid ein SVP-Vertreter das Präsidium hätte übernehmen sollen. Schmid wurde dann aber vorher zum Bundesrat gewählt, und dem Verband fehlte ein passender SVP-Kandidat. Und Direktor Hans-Ulrich Bigler? Er ist Sektionsmitglied der FDP und war Wunschkandidat von Eduard Engelberger; die beiden kannten sich über den Druckereiverband Viscom. Ebenso ist der SGV trotz SVP-Präsidium in seiner Haltung bisher nicht auf die Parteilinie der SVP umgeschwenkt. In der wesentlichen Frage, die das bürgerliche Lager spaltet, nämlich bei der Haltung gegenüber der Europäischen Union, hat der SGV bisher die wirtschaftsliberale Linie von FDP und CVP beibehalten. Der Verband fasste jeweils Parolen für die bilateralen Verträge und wehrte sich gegen Initiativen, welche die Verträge infrage stellten, so zum Beispiel 2014 die Volksinitiative gegen Masseneinwanderung der SVP oder die Ecopop-Initiative. Bisher wirken im Dachverband die alten Strukturen noch, und seine

Vertreter betonen gegen außen stets, dass bei einem Wirtschaftsdachverband die Parteipolitik keine wesentliche Rolle spielen darf. Ob die SVP die Verbandsparolen in Zukunft stärker auf ihre politische Linie bringen kann und ob sie das Verbandspräsidium einmal, wie vorgesehen, an die CVP abgeben wird, muss sich zeigen. Betrachtet man die Geschichte, war der SGV schon immer ein Ort, an dem konservative Strömungen vertreten waren und im Verband politischen Einfluss ausübten, sei es vor dem Zweiten Weltkrieg, als man sich die Zunftordnung zurückwünschte, oder danach, mit dem langjährigen Verbandsdirektor Otto Fischer, der einer politischen und wirtschaftlichen Öffnung der Schweiz äußerst skeptisch gegenüberstand.

Neben den Kantonen, den Branchen und den Parteien darf der Einfluss von externen Verbänden auf den SGV nicht vergessen gehen. Der SGV pflegt enge Beziehungen zu den anderen wichtigen Wirtschaftsdachverbänden wie dem Arbeitgeberverband oder Economiesuisse. In wesentlichen politischen Fragen spricht man sich jeweils ab. Beispielsweise fassten Economiesuisse und der SGV in den letzten zehn Jahren bei nationalen Abstimmungsvorlagen praktisch immer dieselben Parolen. Erst in jüngerer Zeit bei der bereits erwähnten Initiative von Gastrosuisse 2014 und dem Referendum gegen das Radio- und TV-Gesetz (RTVG) 2015 standen sie sich als Gegner und Befürworter gegenüber. Während die Initiative von Gastrosuisse auch innerhalb des SGV umstritten war und schließlich von der Stimmbevölkerung abgelehnt wurde, war die Ja-Parole von Economiesuisse zum neuen RTVG besonders brisant, da das Referendum dagegen direkt vom SGV ausging. (Vgl. *Tages-Anzeiger* 23.2.2015)

Macht mit Kleinunternehmertum und Lehrlingen

Der Schweizerische Gewerbeverband pflegt enge Beziehungen mit dem Parlament, der Verwaltung und der Regierung der Schweiz. Als Lobbying-Organisation ist ein gutes und dichtes Beziehungsnetz für den Verband zentral. Im Jahr 2014 waren rund fünfzehn Personen aus der Gewerbekammer Mitglied im National- und Ständerat. Zusätzlich haben manche Berufs- und kantonale Gewerbeverbände ihre eigenen Interessenvertreter, die Mitglied des Parlaments sind. Alle Parlamentarier, die dem SGV nahestehen, vereinen sich in der Gewerbegruppe der Bundesver-

sammlung. Sie zählt rund achtzig Mitglieder. Die direkte Interessenvertretung im Parlament wird durch die indirekte ergänzt. In der Gewerbekammer sitzen auch ehemalige National- und Ständeräte, die durch ihr
einstiges Amt freien Zutritt zum Bundeshaus haben und in Bundesbern
hervorragend vernetzt sind. Schließlich beschäftigen einzelne Unternehmen und Berufs- und Branchenverbände zahlreiche professionelle Lobbyisten, die das Parlament in seinen Entscheidungen beeinflussen sollen.
Auch sie können je nach Sachlage eine Unterstützung für den Gewerbeverband sein. (Vgl. *Beobachter* 12.10.2012)

Entscheidet das Parlament nicht im Sinne des SGV, kann der Verband
als letzte Möglichkeit durch die Mobilisierung seiner Mitglieder ein Referendum herbeiführen. Das Mittel der Initiative, das gegenwärtig bei
den Polparteien SVP und SP sehr beliebt ist und auch vermehrt von den
übrigen Parteien zur politischen Profilierung aufgegriffen wird, verwendet der Gewerbeverband eher selten. Bei Abstimmungen kann der SGV
mit Eigenmitteln, Geld aus dem Schutzfonds und freiwilligen Spenden
seiner Mitglieder groß angelegte mediale Abstimmungskampagnen führen. Da sich der SGV hauptsächlich aus Mitgliederbeiträgen finanziert,
steht ihm für Abstimmungskämpfe wesentlich weniger Geld zur Verfügung als beispielsweise dem anderen großen Wirtschaftsverband Economiesuisse. Eine enge Kooperation mit gleich gesinnten Dachverbänden
ist daher ein finanzieller Vorteil, bedeutet jedoch auch eine Einbuße von
Autonomie.

Von der Verwaltung wird der SGV als referendumsfähiger Wirtschaftsverband oft direkt ins Gesetzgebungsverfahren miteinbezogen. Er
kann sich im Rahmen des Vernehmlassungsverfahrens zu kommenden
Gesetzesvorlagen äußern. Dies verschafft dem Verband und seinen Parolen auch eine gewisse mediale Präsenz. Des Weiteren sitzen Mitglieder der
Gewerbeverbände häufig in außerparlamentarischen Kommissionen,
durch die sich der Staat Expertise auf sachfremden Gebieten verschafft.
Zusätzlich besteht eine enge Verbindung zum Staatssekretariat für Wirtschaft (Seco), das ein Ressort zur KMU-Politik in der Schweiz betreibt.

In der Kooperation mit dem Staat kommen den Gewerbeverbänden
vor allem in drei Bereichen grundlegende Aufgaben zu. Bereits erwähnt
wurden der Gesetzgebungsprozess und die zahlreichen Möglichkeiten

des Gewerbes, darauf Einfluss zu nehmen. Dies passiert natürlich nicht nur auf Bundesebene, sondern auch in den Kantonen und Gemeinden durch kantonale und kommunale Gewerbeverbände. Ein weiterer Bereich ist die Sozialpartnerschaft. In der Schweiz überlässt der Staat es fast gänzlich den Arbeitnehmer- und Arbeitgeberorganisationen, untereinander die Arbeitsverhältnisse zu regeln. Dabei kommt den Branchenverbänden beim Aushandeln von Gesamtarbeitsverträgen eine zentrale Stellung zu. Als letzter Bereich ist die Berufsbildung zu nennen.

Zusammen mit dem Bund und den Kantonen sind die Berufsverbände verantwortlich für die Rahmenbedingungen und Inhalte der Berufsbildung. Die Kantone, welche die Berufsfachschulen und Fachhochschulen betreiben, tragen hier ungefähr drei Viertel der Kosten. Das verbleibende Viertel übernimmt der Bund. Gleichwohl haben die Berufsverbände eine weitgehende Mitsprache, wenn es um die Ausgestaltung der Berufsbildung für ihren Nachwuchs geht, und unterhalten zum Teil eigene Bildungszentren, die Lehrabschlussprüfungen oder Weiterbildungskurse durchführen. Besonders die höhere Berufsbildung wird in weiten Teilen von den Berufsverbänden gestaltet und finanziert.

Die duale Berufsausbildung bindet die einzelnen Lehrbetriebe stark in das System ein. Ihnen kommt in der Regel die abschließende Verantwortung für die Lehrlinge zu. Bei einem erfolgreichen Ausbildungsverlauf profitieren die Betriebe insgesamt von der kostengünstigen Arbeitskraft der Lehrlinge. Das Gewerbe ist daher an einem möglichst kompetenten Nachwuchs interessiert. Doch in der Schweiz ist alleine schon der Nachwuchs knapp. Im Jahr 2011 standen erstmals mehr Lehrstellen zur Verfügung, als Lehrstellensuchende vorhanden waren. (*Handelszeitung* 20.6.2011) Die Lehrbetriebe wetteifern deshalb um die besten Schulabgängerinnen und Schulabgänger. Zusätzlich entziehen vermehrt die Gymnasialbildung und eher weniger der direkte Berufseinstieg weitere potenzielle Lehrlinge. Mit einer möglichst attraktiven dualen Berufsbildung, die viele Weiterbildungsmöglichkeiten bietet, möchte der SGV den Unternehmen die Suche nach geeignetem Nachwuchs erleichtern.

Mit zunehmender Bedeutung des tertiären Bildungswegs in der Berufsbildung häufen sich die Konflikte mit der akademischen Bildung. Es geht um die Verteilung von staatlichen Geldern zwischen den Hochschulen und der höheren Berufsbildung. (Vgl. *Handelszeitung 29.11.2010*) Ebenfalls befürchten die Wirtschaftsverbände, durch eine »Verschulung« Einfluss auf die Fachhochschulen zu verlieren. (*Tages-Anzeiger 1.10.2014*) Gleichzeitig hat seit den 1990er-Jahren eine Annäherung des Gewerbes zur akademischen Welt stattgefunden, die insbesondere vom ehemaligen Verbandspräsidenten Hans-Rudolf Früh (1991–2004) vorangetrieben wurde. Unter seiner Führung wurden enge Kontakte zur Hochschule St. Gallen (HSG) geknüpft und die akademische Forschung über das Gewerbe vertieft, was wesentlich zur Verankerung des Begriffs KMU in der Schweiz beitrug.

Die oben beschriebenen Aspekte sind für den SGV grundlegende Elemente für seine Profilierung. In seinen Pressmitteilungen beruft sich der Dachverband immer wieder besonders auf zwei Aspekte. Erstens vertritt er als KMU-Verband nahezu 100 Prozent der schweizerischen Unternehmen, die rund zwei Drittel aller Arbeitnehmerinnen und Arbeitnehmer beschäftigen. Zweitens bilden die KMU rund 70 Prozent aller Lernenden aus und spielen damit eine zentrale Rolle in der Berufsbildung. Direktor Hans-Ulrich Bigler hat diese Kommunikation seit seinem Amtsantritt noch verstärkt. Der SGV zieht damit ein hohes symbolisches Kapital aus den zwei in der Schweiz gut verankerten und gewichtigen Werten von Kleinunternehmertum und Beschäftigung von Lehrlingen.

Wichtig ist aber auch die tiefe regionale und lokale politische und gesellschaftliche Einbindung des Verbands. Der SGV ist zusammen mit seinen angegliederten Organisationen das größte politische Netzwerk der Schweiz. Keine Partei und keine andere Interessenorganisation verfügt über ein so weit verzweigtes Netzwerk, das praktisch schweizweit Ableger und Sektionen auf jeder kantonalen, regionalen und kommunalen Ebene aufweist. Zahlreiche gewerbliche Vertreter politisieren in kommunalen und kantonalen Exekutiven und Legislativen. Die gewerblichen Organisationen verfügen damit lokal jeweils über eine starke Verankerung.

Hans-Ulrich Bigler nennt diese lokale Verankerung als einen Hauptgrund für die äußerst erfolgreiche Kampagne des SGV gegen die 1:12-Initiative. Er erklärt in der *Berner Zeitung* (27.1.2014): »Das war für uns tatsächlich eine Erfolgsgeschichte. Wir setzten bewusst auf die Glaubwürdigkeit der kleinen und mittleren Unternehmen (KMU). Diese transportierten die Verbandsbotschaft auf überzeugende Weise bei Mitarbeitern, Lieferanten oder im persönlichen Freundeskreis. Das gelingt besser, wenn der Absender der Botschaft und seine betriebliche Situation bekannt ist.«

Auch sieht Hans-Ulrich Bigler die lokale Verankerung als Vorteil des SGV gegenüber anderen Wirtschaftsverbänden wie Economiesuisse (a. a. O.):»Ich will nicht den einen Verband gegen den andern ausspielen. Auch Großfirmen haben bei ihren Mitarbeitenden sehr wichtige Überzeugungsarbeit geleistet. Der SGV konnte aber vermutlich ein breiteres gesellschaftliches Umfeld erreichen. Denn unsere Firmenvertreter sind dort sehr gut verankert. Denn sie sind es, die sich in Vereinen engagieren, Dorffeste organisieren, in der Feuerwehr helfen und sich sowohl sozial wie auch lokalpolitisch engagieren. Ein CEO, der im internationalen Markt seinen Verpflichtungen nachkommen muss, hat nie diese Nähe. Ich will das aber nicht werten.«

Ein weiterer Einflussfaktor ist die *Schweizerische Gewerbezeitung* (SGZ), deren Präsenz unter Direktor Hans-Ulrich Bigler stark ausgebaut wurde. Die im Zweiwochen-Rhythmus erscheinende Zeitung wurde zur Gratiszeitung umfunktioniert und wird mit einer stark gestiegenen Auflage an alle Gewerbebetriebe, Berufsfachschulen und Parlamentarier verteilt. Nach demselben Prinzip wurde das monatlich im französischsprachigen Raum erscheinende *Journal des arts et métiers* (JAM) reorganisiert. Zusätzlich hat der Verband auch seinen Online-Auftritt und seine Kommunikation über Social Media erweitert und verstärkt. (Vgl. nzz.ch 21.2.2010)

Das Hauptproblem bezüglich seiner politischen Schlagkraft liegt für eine breite Organisation wie den SGV in der Bündelung der Interessen. Der Verband ist durchsetzt von Spezialinteressen. So ist zum Beispiel die Baubranche geteilt, was die »Energiewende« betrifft. Viele Mitglieder sehen darin auch eine wirtschaftliche Chance, etwa bei Gebäudesanierungen. Der SGV stützt bisher die Linie von Economiesuisse, welche die Interessen und Privilegien der traditionellen Energiebranche und der Transportindustrie vertritt. Ein Zeichen der Zerrissenheit ist auch die Gründung von Swisscleantech, einer Interessenorganisation der »grünen Wirtschaft«, die politisch vor allem von der relativ neuen Grünliberalen Partei getragen wird. Swisscleantech bildet im Bereich Energiewende eine Konkurrenzorganisation zum SGV und zu Economiesuisse. Der SGV ist daher mehr denn je bemüht, sich als größte und bedeutsamste Interessenorganisation der KMU-Wirtschaft zu positionieren. (Vgl. *Handelszeitung 9.4.2011*)

Daneben gibt es innerhalb des SGV traditionelle Interessenkonflikte zwischen Branchenverbänden. Ein Beispiel ist der Drogisten- und der Apothekerverband (PharmaSuisse). Ebenfalls kann die Durchsetzung von Spezialinteressen einzelner Branchen im Verband zu Konflikten führen. Solche an der Basis schlecht verankerten Anliegen haben dann auch geringere Chancen, bei Volksabstimmungen eine Mehrheit zu finden. Ein Beispiel hierfür ist abermals die bereits erwähnte Initiative von Gastrosuisse.

Gut spielt die Interessenbündelung bei sozial- und wirtschaftspolitischen Vorlagen. Dort tritt der Verband konsequent für die Reduktion von Steuern und den Abbau von Sozialleistungen ein. Zusammen mit Economiesuisse werden hier in den meisten Fällen eigene Forderungen durchgesetzt und Reformen, die in der Regel von links stammen, verhindert. Einzige Ausnahme bilden die breit gefächerten Sozialwerke wie AHV, Pensionskassen und Krankenversicherung, bei denen sich das Stimmvolk bisher gegen einen größeren Leistungsabbau gewehrt, allerdings auch keinen Leistungsausbau zugelassen hat.

Land und Verband suchen ihren Weg

Vier Ereignisse scheinen mir von 1990 bis 2014 für die politische Entwicklung der Schweiz zentral. Erstens das GATT-Abkommen der Uruguay-Runde mit dem anschließenden Beitritt der Schweiz zur WTO 1999. Es hat den Markt in der Schweiz radikal liberalisiert und Schweizer Großunternehmen enorme neue Investitionsmöglichkeiten eröffnet. Die Entwicklung wird oft unter dem Stichwort Internationalisierung oder Globalisierung zusammengefasst. Zweitens das ungeklärte, mäandernde Verhältnis zur Europäischen Union, das in der Schweiz seit dem EWR-Nein von 1992 regelmäßig richtungsweisende Abstimmungen herbeiführt, jüngst mit der Annahme der Masseneinwanderungsinitiative im Februar 2014. Drittens der Aufstieg der SVP und die Zersplitterung der politischen Mitte mit den zusätzlichen Mitteparteien GLP und BDP. Und schließlich viertens die Finanz- und Wirtschaftskrise ab 2008, die unter anderem zum raschen Fall des Bankgeheimnisses geführt hat.

Wie ist nun die Rolle des SGV innerhalb dieses Zeitraums und in Anbetracht dieser zentralen Entwicklungen zu sehen? Erstens hat sich institutionell wenig verändert. Der SGV ist nach wie vor über die gleichen Verbindungen mit der Regierung, der Verwaltung, dem Parlament und der kommunalen Ebene vernetzt. Lobbying-Gesetze oder Ähnliches, was die Interessenorganisationen in ihrer Arbeit beeinträchtigen würde, wurden trotz einzelner parlamentarischer Vorstöße keine erlassen. (Vgl. *Tages-Anzeiger* 13.5.2015)

Zweitens wird von der Politikwissenschaft generell ein abnehmender Einfluss der Interessenverbände und des SGV im Speziellen festgestellt. (Vgl. Häusermann/Mach/Papadopulos 2004; Fischer 2012; Sciarini 2014; Widmer Feh 2014) Gründe werden genau in den oben beschriebenen Entwicklungen gesehen. Der Aufstieg der SVP und die Zersplitterung der politischen Mitte macht es für den Gewerbeverband schwieriger, mit einer Stimme zu sprechen. Ebenso ist sich der bürgerliche Block in wichtigen Fragen uneinig, was sich auch auf den SGV überträgt. Des Weiteren führt die zunehmende Bedeutung von internationalen Regelwerken wie dem GATT-Abkommen oder den bilateralen Verträgen zu einem verminderten Einfluss des SGV im Gesetzgebungsprozess, während die Macht der Verwaltung und Regierung, welche die Verträge aushandeln, steigt.

Ein weiterer Faktor ist die Internationalisierung der Führungskräfte in Großunternehmen. Die Personalunion von Armeeoffizier, Unternehmer und Parlamentarier spielt immer weniger. In der Schweiz kaum vernetzte internationale Führungskräfte sind vermehrt auf Lobbyisten angewiesen. Oft werden dafür ehemalige Parlamentarier angeheuert oder gar gleich direkt Parlamentarier verpflichtet. Die Anzahl der Lobbyisten im Bundeshaus hat denn auch zugenommen. (Vgl. *Handelszeitung* 2.12.2010) Wenn immer mehr Unternehmen und Branchen ihre eigenen Lobbyisten im Bundeshaus platzieren, kann dadurch die Bedeutung des SGV als Lobbyismus-Netzwerk und -Schaltzentrale abnehmen. Anderseits können die zusätzlichen Lobbyisten auch eine Hilfe sein, politische Interessen durchzusetzen.

Ein weiteres Indiz für einen Bedeutungsverlust zeigt sich in der Zahl der gewonnenen Abstimmungskämpfe, die seit 1990 mit dem Amtsbeginn von Direktor Pierre Triponez prozentual abgenommen hat. Allerdings hat der SGV, abgesehen vom EWR-Beitritt, der Abzockerinitiative und der Masseneinwanderungsinitiative, alle zentralen Abstimmungskämpfe gewonnen. Sicherlich spielt beim Anteil der gewonnenen Abstimmungen auch das Phänomen der »Initiativenflut« eine Rolle. Da die Polparteien SVP und SP Initiativen mehr und mehr als politisches Druck- und Wahlkampfmittel verwenden, hat die Anzahl Vorlagen enorm zugenommen. Insgesamt steht also für die einzelnen Abstimmungskämpfe weniger Geld zur Verfügung. Der SGV wird sich daher jeweils zweimal überlegen, wo er sich wirklich intensiv engagieren will. Der Bedarf nach Geld scheint grundsätzlich hoch zu sein, da Hans-Ulrich Bigler kurz nach seiner Ernennung eine Erhöhung des Mitgliederbeitrags durchgesetzt hat, um die »politische Schlagkraft« zu erhöhen. (Vgl. NZZ 19.5.2009)

Unter Hans-Ulrich Bigler wurde der Verband weiter gestrafft und professionalisiert. Die Auflage der *Schweizerischen Gewerbezeitung* und die Präsenz im Online-Bereich sowie in den sozialen Medien wurden massiv ausgebaut. Der »1000er-Club« wurde eingeführt, ein KMU-Netzwerk, das als politisches Mobilisierungsinstrument bei Abstimmungen und Referenden dient, des Weiteren ein KMU-Rating, das die »KMU-Freundlichkeit« von Parlamentarierinnen und Parlamentariern misst und publiziert und so dem Verband ein Druckmittel gegenüber bürgerlichen Politikern in die Hand gibt. (Vgl. NZZ 15.7.2011)

Gleichzeitig wurde die Kommunikation gegen außen deutlich aggressiver, was Direktor Bigler verbandsintern schon Kritik eingetragen hat. (Vgl. *Handelszeitung* 11.8.2013) Vor allem grenzt sich Bigler wesentlich deutlicher als seine Vorgänger von Economiesuisse und insbesondere den Großunternehmen ab. So drohte Bigler Economiesuisse mit der Unterstützung der Abzockerinitiative, falls die gewerblichen Anliegen nicht stärker berücksichtigt würden (vgl. *Handelszeitung* 17.2.2010) und kritisierte eine Avenir-Suisse-Studie zur Bedeutung von Großunternehmen in der Schweiz (vgl. nzz.ch 29.6.2013).

Strategisch ergibt die klare Abgrenzung zu den Großunternehmen durchaus Sinn, da diese durch die Finanzkrise und Boni-Skandale in ein sehr schlechtes Licht geraten sind. Einen Wirtschaftsverband zu haben, der sich klar von solchen Praktiken abgrenzt, kann kurzfristig politisch von Vorteil sein. Langfristig besteht die Möglichkeit, dadurch einen Antagonismus zu erzeugen, der das bürgerliche Lager zerrüttet. Die Häufung von Maßnahmen, um die öffentliche Wahrnehmung des Verbands zu erhöhen, ist ein Zeichen, dass der Verband bemüht ist, sich in der Politik wieder mehr Gewicht zu verschaffen.

Insgesamt wirken im SGV dieselben politischen Gräben, die auch sonst im bürgerlichen Block wirken. Der SGV spiegelt hier also die gegenwärtige politische Entwicklung und hat daher in Fragen wie der EU-Politik oder bei der Energiewende Mühe, mit einer Stimme zu sprechen. Anders bei sozial- und wirtschaftspolitischen Fragen, bei denen der bürgerliche Zusammenhalt nach wie vor gegeben ist. Gerade bei Fragen, in denen eine hohe bürgerliche Einigkeit besteht, kommt dem SGV durch sein verzweigtes Netz und seine tiefe politische Verankerung nach wie vor eine tragende Rolle als ideologischer Wegbereiter, Kampagnenmotor und Mobilisierungsinstrument zu.

Peter Streckeisen

⚜ Die Macht des öko-
nomischen Denkens

Streifzüge durch die neoliberale Schweiz

Im Juni 1991 veröffentlicht Fritz Leutwiler, Präsident des Verwaltungs-
rats von BBC (heute ABB) und ehemaliger Nationalbankpräsident, zusammen mit Großunternehmer Stephan Schmidheiny sowie weiteren
»Wirtschaftskapitänen« und Wirtschaftsprofessoren das erste sogenannte *Weißbuch,* das zu einer »Revitalisierung« der schweizerischen
Wirtschaft aufruft, um die Wettbewerbsfähigkeit des Landes zu stärken.
Im Frühling 1993 wird Ernst Buschor, Professor an der HSG in St. Gallen, in die Regierung des Kantons Zürich gewählt. Als Gesundheits-
und Bildungsdirektor avanciert er rasch zum führenden Vertreter des
Programms einer Umgestaltung des Staates, das als New Public Management oder wirkungsorientierte Verwaltungsreform bezeichnet wird. Im
Juni 1999 unterzeichnet der Staatssekretär für Bildung und Wissenschaft, Charles Kleiber, im Namen der Schweiz die europäische Bolo-
gna-Erklärung, die zu einer grundlegenden Veränderung des Hoch-
schulwesens führt. »Weißbücher«, New Public Management und Bologna-Reform gelten vielen kritischen Kommentatorinnen und
Kommentatoren als Inbegriff einer »neoliberalen Wende«, die in der
Schweiz der 1990er-Jahre vor dem Hintergrund des »Mauerfalls« und

der Sonderstellung des Landes im Prozess der europäischen Integration einsetzt.

In diesem Kapitel gehe ich von der Hypothese aus, dass sich der Neoliberalismus als Ausdruck einer zunehmenden Macht des ökonomischen Denkens betrachten lässt. Im Gegensatz zu verbreiteten Ansichten über gegenwärtige Ökonomisierungstendenzen hebe ich allerdings hervor, dass es sich nicht um ein einheitliches Phänomen handelt, sondern verschiedene Formen des ökonomischen Denkens unterschieden werden können, die auf je spezifische Weise zur neoliberalen Wende beitragen. So beschreibe ich in der Folge die »Weißbücher«, das New Public Management und die Bologna-Reform als Beispiele für drei Figuren des Neoliberalismus, die sich teilweise wechselseitig unterstützen und ergänzen, in gewisser Hinsicht aber auch widersprechen, konkurrieren oder sogar bekämpfen. Die Analyse, die in vielerlei Hinsicht unvollständig bleibt und eher den Charakter von gezielten Streifzügen als den eines systematischen Forschungsprogramms aufweist, beruht auf einer Verbindung von Dokumentenanalyse und Interviews. Mit einigen der in der Folge genannten Protagonisten wurden biografische Interviews geführt. Diese Form des Gesprächs hat sich als besonders geeignet herausgestellt, um zu erforschen, wie bestimmte Denk- und Sichtweisen mit gewissen Biografien und Karriereverläufen verbunden sind und durch die betreffenden Personen auf eine Art und Weise verkörpert werden, die sie als natürlichste Sache der Welt erscheinen lässt. Bei der Auswahl dieser Protagonisten, die stellvertretend für typische Karrieren und Haltungen stehen, wurde auf Personen fokussiert, die eine Spielart des ökonomischen Denkens in die Öffentlichkeit, in die Politik und/oder in die staatliche Verwaltung tragen und so politisch wirksam werden lassen. Der Blick auf Schlüsselpersonen an der Grenze zwischen Wissenschaft, Politik und Verwaltung vermag ideengeschichtliche Untersuchungen ebenso wie Systemanalysen sinnvoll zu ergänzen, denn wie jedes politische Programm kann natürlich auch der Neoliberalismus nur unter der Bedingung von der Utopie zur Realität werden (Bourdieu 1998), dass er in Fleisch und Blut übergeht und durch real existierende Menschen nicht nur propagiert, sondern regelrecht (vor-)gelebt wird.

Neoliberalismus und ökonomisches Denken

Viele sind sich einig, dass Neoliberalismus schlecht ist. Doch gibt es unterschiedliche Vorstellungen zur Frage, was Neoliberalismus bedeutet. Eine verbreitete Sichtweise beschreibt Neoliberalismus als Siegeszug der Wirtschaftsinteressen oder als Triumph des Kapitals über die Bedürfnisse der Mehrheit der Bevölkerung. Als bekannter Vertreter dieser Interpretation lässt sich etwa David Harvey (2007) nennen. Andere kritische Geister, die sich auf Michel Foucaults Vorlesungen zur Gouvernementalität berufen, sehen den Neoliberalismus als »Ökonomisierung des Sozialen«, das heißt als das Vordringen ökonomischer Sichtweisen und Programmatiken in die Politik und weitere Bereiche des sozialen Lebens. (Bröckling/Krasmann/Lemke 2000) Im Ansatz von Harvey wird die Aufmerksamkeit auf die Wirtschaft als soziales System gelegt, das heißt auf den Kapitalismus und dessen Beziehungen zu Staat und Politik. Beim Ansatz von Foucault stehen Wissenschaft und politische Theorie im Zentrum, das heißt die Entwicklung von den traditionellen Spielarten des politischen und Wirtschafts-Liberalismus hin zum Neoliberalismus. Beide Ansätze haben ihre Stärken und Schwächen. Es ist möglich, sie gegeneinander auszuspielen oder sie gegenseitig zu ergänzen. Die »Macht der Wirtschaft« ist nicht dasselbe wie der politische Einfluss der Wirtschaftswissenschaften. Der »Siegeszug des Kapitals« lässt sich nicht ohne Weiteres mit der steigenden Bedeutung von Ökonomen als Experten und Beratern gleichsetzen. Doch gibt es Zusammenhänge zwischen beiden Prozessen, die zu untersuchen es sich lohnt.

Der Titel dieses Kapitels, »Die Macht des ökonomischen Denkens«, steht dem Ansatz von Foucault auf den ersten Blick näher als jenem von Harvey. Aber es geht nicht primär darum, neoliberale Ansätze in der politischen Theorie oder den Wirtschaftswissenschaften zu untersuchen. Vielmehr soll anhand einiger Beispiele darüber nachgedacht werden, wie ökonomisches Denken in Politik, Verwaltung und öffentliche Diskussion Eingang findet. Vielleicht ist die Verbreitung des Neoliberalismus ja direkt mit einem Prozess verbunden, aufgrund dessen in politischen und staatlichen Schlüsselstellen in zunehmendem Ausmaß Personen zu finden sind, die auf je spezifische Weise »ökonomisch denken«. Der Historiker Frédéric Rebsamen (2011) hat zum Beispiel in einer Untersuchung der

Spitzenbeamten in der Schweiz zwischen 1910 und 2000 zwei interessante Trends ausgemacht. Zum einen hat der Anteil der Quereinsteiger zugenommen, zulasten jener Personen, die interne Karrieren aufweisen. Zum anderen gibt es relevante Verschiebungen bezüglich der Bildungsabschlüsse. Nicht nur sind im Verlauf des 20. Jahrhunderts Personen ohne Studium praktisch vollständig aus Spitzenpositionen der Verwaltung verschwunden. Es fällt auch auf, dass Personen mit einem Abschluss in technischen Wissenschaften und Naturwissenschaften, die 1910 noch über die Hälfte der Spitzenbeamten stellten, im Jahr 2000 nur noch auf 23,5 Prozent der Positionen zu finden waren. Ihr relativer Bedeutungsverlust ging in der ersten Hälfte des 20. Jahrhunderts vor allem zugunsten der Juristen vonstatten, doch zwischen 1980 und 2000 war auch deren Anteil rückläufig: Er sank von 48,1 auf 33,8 Prozent. Die Gewinner waren die Sozial- und Wirtschaftswissenschaften, deren Anteil von 8,8 Prozent (1910) auf 33,8 Prozent (2000) stieg. In der großen Mehrheit der Fälle handelt es sich hierbei um Ökonomen.

Diese Zahlen unterstützen die Vermutung, dass die neoliberale Wende in der Schweiz mit einem »Aufstieg der Ökonomen« in Staat und Verwaltung zusammenhängt. Diesbezüglich muss allerdings differenziert werden: So scheint die traditionelle Vorherrschaft der Juristen im Parlament, anders als in der Bundesverwaltung, weiterhin zu bestehen, haben doch laut einer Studie von *20 Minuten* 66 Prozent der Parlamentarierinnen und Parlamentarier Jura studiert, aber nur 15 Prozent Wirtschaft. Außerdem lässt sich aus der Tatsache, dass eine Person Wirtschaft studiert hat, keineswegs direkt ableiten, wie sie in verschiedenen Positionen der beruflichen Laufbahn denkt und handelt. Um die Bedeutung des Studiums für die Karriere und das Selbstverständnis ausgewählter Protagonisten in Politik und Verwaltung besser einschätzen zu können, haben wir mit ihnen ergänzend zur Analyse von Lebensläufen, Interviews oder Presseberichten biografische Interviews geführt. Dabei werden Unterschiede mit Händen greifbar, zum Beispiel zwischen Aymo Brunetti und Jean-Daniel Gerber: Beide haben Wirtschaft studiert und im Staatssekretariat für Wirtschaft (Seco) eine zentrale Rolle gespielt, Brunetti als Geschäftsleitungsmitglied (1999–2012) und Gerber als Seco-Chef (2004–2011). Doch während Brunetti mit Haut und Haar Ökonom ist und der ökonomischen Sichtweise zum Durchbruch verhelfen will, handelt es sich bei Gerber um einen langjährigen Staatsdiener, dessen Selbstverständnis durch das Wirtschaftsstudium nicht entscheidend geprägt ist. »Wirtschaft studiert haben« kann sehr unterschiedliche Bedeutungen aufweisen, und dies gilt umso mehr, als ja das Feld der Wirtschaftswissenschaften keineswegs eine einheitliche Realität darstellt: Es muss zumindest unterschieden werden zwischen der Volkswirtschaftslehre, die auf akademische Unabhängigkeit und theoretische Kohärenz bedacht ist, und der Betriebswirtschaftslehre, die der »Wirtschaftspraxis« viel näher steht und sich durch eine Mischung von Ansätzen aus verschiedenen Disziplinen und Theorien auszeichnet. (Burren/Jurt 2004) Jedenfalls ist das Bild einer homogenen Wirtschaftswissenschaft, das sich hinter der Kritik am Homo oeconomicus oft versteckt, weit von der institutionellen und von der gelebten Realität entfernt.

Schließlich ist es natürlich keineswegs ausgemacht, dass jemand Wirtschaft studiert haben muss, um »ökonomisch zu denken«. Zu den Unterzeichnern des zweiten »Weißbuchs« im Dezember 1995 zählte Jakob Nüesch, der Präsident der ETH Zürich. In die Reihe der »Wirtschaftskapitäne« und Wirtschaftsprofessoren stellte sich mit ihm ein Biologe, in dessen Karriere industrielle und akademische Forschung sich systematisch die Hand reichten. Vom Agraringenieur zum Mikrobiologen verwandelt, lange Jahre in Forschungslabors der chemisch-pharmazeutischen Industrie in Nordamerika, Europa und der Schweiz tätig, 1978 zum Professor für Mikrobiologie an der Universität Basel berufen, leitete Nüesch 1987 bis 1990 die Pharmaforschung von Ciba-Geigy, bevor er an die Spitze der ETH gewählt wurde und aus dieser prestigeträchtigen Position in den Chor jener Männer einstimmte, welche die schweizerische Wirtschaft »revitalisieren« wollten. Seine Laufbahn verweist auf die Möglichkeit, dass sich unter den Protagonisten der »neoliberalen Wende« auch Personen finden lassen, die, nach Bildungsabschluss betrachtet, einer Kategorie angehören, zu deren Lasten der Aufstieg der Ökonomen stattfindet: Ingenieure, Naturwissenschaftler oder Juristen. Als Beispiel eines »ökonomisch denkenden Juristen« von Bedeutung könnte Mario Corti genannt werden, der Anfang 1999 mit einem Gastbeitrag in der *Neuen Zürcher Zeitung* den Anstoß zur Gründung der ersten marktwirtschaftlichen Denkfabrik in der Schweiz (heute: Avenir Suisse) gegeben hat. (Corti 1999) Der damalige Finanzchef von Nestlé hat seine Karriere in der Nationalbank und im Bundesamt für Außenwirtschaft begonnen. In Erinnerung ist er heute vor allem als letzter Verwaltungsratspräsident der Swissair nach deren »Grounding«, der für Misswirtschaft und ungetreue Geschäftsbesorgung angeklagt, aber 2007 durch das Bezirksgericht Bülach in allen Belangen freigesprochen wurde.

Volkswirtschaftslehre, Betriebswirtschaftslehre sowie »ökonomisch denkende Personen«, die nicht Wirtschaft studiert haben: Auf dieser Grundlage lassen sich drei Formen des ökonomischen Denkens unterscheiden, die im schweizerischen Neoliberalismus von Bedeutung sind. Für jeden Typus bespreche ich unter den drei folgenden Zwischentiteln einige relevante Beispiele.

Doxische Wirkung der »echten Ökonomen«

Das Besondere an den neoliberalen »Weißbüchern« der 1990er-Jahre ist möglicherweise weniger deren Inhalt als die Art und Weise, wie sie zustande kommen und welches Bündnis von Akteuren sie trägt. Auf der Seite der Wirtschaft ist es ein Bruch mit eingespielten Regeln, dass eine Handvoll prominenter Chefs großer Unternehmen (von denen einige wie Fritz Leutwiler, David de Pury und Hans Letsch ihre Karriere im öffentlichen Sektor begonnen haben) an den Wirtschaftsdachverbänden vorbei die Initiative an sich reißen, um der wirtschaftspolitischen Diskussion in der Schweiz eine entscheidende Wende zu geben. Im Bündnis mit diesen »Wirtschaftskapitänen« tritt eine Reihe von Wirtschaftsprofessoren an die Öffentlichkeit, die eine für schweizerische Verhältnisse damals noch ungewohnte Rolle zu spielen gewillt sind. André Mach (2002) bezeichnet sie treffend als »Policy Entrepreneurs«. Es handelt sich um Ökonomen, die ihre Konzepte auf den Markt der öffentlichen Diskussion tragen und damit nicht nur politisch etwas bewirken wollen, sondern zugleich ihren eigenen Marktwert zu steigern versuchen. Charakteristisch für diese Ökonomen ist, dass sie aus der Volkswirtschaftslehre stammen und einer Spielart des deutschen oder amerikanischen Neoliberalismus im Sinne Foucaults (2004) nahestehen. Wenn sie Seite an Seite mit Unternehmenschefs auftreten, sprechen sie im Namen wissenschaftlicher Wahrheiten, um ihre akademische Unabhängigkeit und ihr überlegenes Expertenwissen zu unterstreichen. Die zwei führenden ökonomischen Policy Entrepreneurs der 1990er-Jahre sind Silvio Borner (Universität Basel) und Heinz Hauser (HSG St. Gallen).

Auch wenn sie sich in der Öffentlichkeit als Avantgarde des ökonomischen Wissens in Szene setzen, nehmen solche Professoren in den Wirtschaftswissenschaften nicht unbedingt die angesehensten und einflussreichsten Positionen ein, sondern können durchaus relative Außenseiter sein. In diesem Fall kann der politische Aktivismus eine mehr oder weniger bewusste Strategie sein, Schwächen der eigenen Position im wissenschaftlichen Feld zu kompensieren und eine Art wissenschaftlicher Überinvestition zu tätigen, die sich in der Berufung auf höchste Wahrheiten und reinste Theorien äußert. Jedenfalls ist der Kampf um Einfluss in der Politik unmittelbar verbunden mit einem Kampf um Macht in der Wissenschaft. So fällt etwa auf, dass keine andere Hochschule personell so eng mit den neoliberalen »Weißbüchern« verflochten ist wie die HSG in St. Gallen: Neben Heinz Hauser sind die Professoren Peter Moser, Klaus Vallender, Beat Schmid und Alfred Meier als Unterzeichner zu nennen. Ihre politische Intervention fällt in die Zeit, als die traditionell als Handelshochschule bekannte HSG sich Universität zu nennen beginnt und damit symbolisch und rechtlich in den Kreis der Institutionen höchsten akademischen Ranges eintritt. In Basel zählt Silvio Borner in der zweiten Hälfte der 1990er-Jahre zu den Protagonisten der Gründung einer eigenständigen Fakultät für Wirtschaftswissenschaften, die mit der Tradition einer in der Philosophisch-Historischen Fakultät verankerten Ökonomie bricht, für die international so bekannte Namen wie Edgar Salin oder Karl W. Kapp stehen. Bereits vor dem ersten *Weißbuch* veröffentlicht er mit seinen Assistenten Thomas Straubhaar und Aymo Brunetti das Buch *Schweiz AG,* in dem das früher als Sonderfall bekannte Land als zunehmender Sanierungsfall beschrieben wird. (Borner/Straubhaar/Brunetti 1990) Borner interveniert regelmäßig in der Tagespresse, etwa mit einer Kolumne in der *Basler Zeitung,* die den Titel »Aus der Werkzeugkiste des Ökonomen« trägt.

Neben dem bisweilen etwas ungehobelt auftretenden Borner unterzeichnet mit Ernst Baltensperger ein distinguierter Ökonom das erste

Weißbuch von 1991, der als Professor an der Universität Bern eine renommierte theoretische Tradition vertritt, für die große Namen wie Jürg Niehans und Karl Brunner stehen. Assistent von Niehans an der Universität Zürich, begleitet Baltensperger seinen Mentor Mitte der 1960er-Jahre in die USA und startet seine Karriere an der Johns Hopkins University, wo er den schweizerischen Ökonomen Karl Brunner, einen Mitbegründer der monetaristischen Lehre, kennenlernt. Als er Ende der 1970er-Jahre nach Europa zurückkehrt, zuerst nach Heidelberg, dann nach St. Gallen, verkörpert er gewissermaßen die Zukunft der Volkswirtschaftslehre, die in zunehmendem Ausmaß Einflüsse aus der amerikanischen Ökonomie aufnimmt. (Jurt 2007) Niehans kommt ebenfalls in die Schweiz zurück: Er wird 1977 Professor in Bern, und 1984 folgt ihm Baltensperger in die Bundeshauptstadt. Mit diesen Berufungen legt die Universität Bern das Fundament für ihre bis heute international beachtete Stellung in der Volkswirtschaftslehre. Als Unterzeichner der Weißbücher braucht Ernst Baltensperger gar nicht an vorderster Front aufzutreten, um die politische Intervention mit seiner akademischen Aura zu segnen. Als die Strategie der Policy Entrepreneurs mit der Gründung der marktwirtschaftlichen Denkfabrik Avenir Suisse 2004 sozusagen institutionalisiert wird, agiert er als erster Vorsitzender des wissenschaftlichen Beirats.

Auch wenn der Wirtschaftsdachverband Economiesuisse und die neue Denkfabrik einen ähnlichen Namen tragen, ist es wichtig, den Unterschied in der Art der politischen Intervention zu betrachten. Aus der Sicht der neoliberalen Ökonomen stehen nicht nur Gewerkschaften, sondern auch Wirtschaftsverbände stets im Verdacht, Partikularinteressen zu vertreten. Natürlich ist auch Avenir Suisse sehr wohl von der »Wirtschaft« abhängig, denn die Denkfabrik wird ja durch Unternehmen finanziert. Aber in ihrem Selbstverständnis agiert sie nicht zur Vertretung von Wirtschaftsinteressen, sondern für ein höheres Ziel: Sie will der marktwirtschaftlichen Ordnung zum Durchbruch verhelfen. Die Expertinnen und Experten von Avenir Suisse sprechen im Namen einer wissenschaftlichen ökonomischen Wahrheit. Sie versuchen, eine »doxische Wirkung« zu entfalten, im Sinne der Verbreitung einer Doxa als gelehrte Meinung (oder Meinung von Gelehrten). Die Mehrheit der führenden Köpfe sind Ökonomen. Direktor Gerhard Schwarz, ehemals Chef der Wirtschaftsredaktion der *Neuen Zürcher Zeitung,* steht in der Tradition des deutschen Neoliberalismus. Sein Vorgänger allerdings ist Soziologe: Wie kaum eine andere Person in der Schweiz verkörpert Thomas Held den durch Luc Boltanski und Ève Chiapello (2003) beschriebenen Prozess, der von der Kapitalismuskritik der 68er-Bewegung zur Erneuerung des »kapitalistischen Geistes« führt: Der 1946 geborene Sohn eines ETH-Professors studiert Soziologie und Germanistik in Zürich, wo er sich einen Namen als Sprecher der studentischen Bewegung macht. In den 1980er-Jahren für Ringier und Hayek tätig, in den 1990er-Jahren als Unternehmensberater und in führender Stellung an der Realisierung des Luzerner Kultur- und Kongresszentrums KKL beteiligt, muss Held den Gründern von Avenir Suisse als ideale Person erscheinen, die marktwirtschaftliche Ansichten mit unternehmerischem Projektdenken und einer Prise Nonkonformismus verbindet. Helds Laufbahn prädestiniert ihn dazu, Aufbruchsstimmung zu versprühen und Distanz zur traditionellen Welt der Wirtschaftsdachverbände zu markieren.

Während die Policy Entrepreneurs ihre Vorschläge auf den öffentlichen Markt der politischen Ideen tragen, versuchen andere Ökonomen, ihr Expertenwissen direkt in staatlichen Einrichtungen zur Anwendung zu bringen. Sie bewerben sich auf strategische Positionen, in denen sich einflussreiche Funktionen mit wissenschaftlicher Tätigkeit verbinden lassen. Ein gutes Beispiel dafür ist die Schweizerische Nationalbank (vgl. Seiten 387). Die seit dem Ende des Systems der festen Wechselkurse zum ordnungspolitischen Leitbild stilisierte Unabhängigkeit der Geldpolitik hat in dieser Institution Räume eröffnet, die es Ökonomen ermöglicht, wissenschaftliche Tätigkeit und staatliche Karriere in einem politisch sehr einflussreichen Bereich zu verbinden.

Auch in der Wirtschaftsverwaltung des Bundes haben neoliberale Ökonomen inzwischen Spuren hinterlassen. 1999 werden das Bundesamt für Wirtschaft und Arbeit und das Bundesamt für Außenwirtschaft zum Staatssekretariat für Wirtschaft (Seco) fusioniert. Für Außenstehende scheint der »wirtschaftliche Einfluss« auf die Wirtschaftsverwaltung damals vor allem durch die Wahl des Unternehmers David Syz (SIG Neuhausen) zum Seco-Chef gewährleistet. Doch der Jurist scheint sich im Staatsdienst nicht so richtig zurechtzufinden und tritt nach wenigen Jahren ab. Zunächst im Hintergrund agiert Aymo Brunetti, ehemaliger Assistent von und Buchautor mit Silvio Borner, als Mitglied der Geschäftsleitung und Leiter der Abteilung Wirtschaftspolitische Grundlagen. Mit der Gründung des Seco werden die in der Wirtschaftsverwaltung tätigen Ökonomen unter seiner Leitung zusammengezogen, wodurch eine kritische Masse erreicht wird, auf deren Grundlage quer durch die Bundesverwaltung Einfluss ausgeübt werden kann. Die Funktion der Abteilung, ab 2003 Direktion für Wirtschaftspolitik genannt, kommt dem sehr nahe, was Foucault (2004:342) als »ökonomisches Tribunal« bezeichnet: Brunetti und sein Team sollen ausgewählte Projekte aus verschiedenen Verwaltungsbereichen einer ökonomischen Analyse unterziehen. Durch die Präsentation der Konjunkturprognosen des Seco wird er einer breiteren Öffentlichkeit bekannt und aus linken Kreisen zunehmend als »Neoliberaler« kritisiert. Im Gespräch schmunzelt Brunetti und antwortet gelassen auf dieses Etikett: Die große Mehrheit der Ökonomen sähen die Dinge genauso wie er, und das gelte auch für die Ansichten seines Doktorvaters Silvio Borner, der nur etwas offener und deutlicher sage, was beinahe alle Ökonomen dächten. Als Brunetti 2012 das Seco verlässt und als Wirtschaftsprofessor an die Universität Bern wechselt, tritt mit Eric Scheidegger ein weiterer Ökonom aus Borners Umfeld die Nachfolge an. Brunetti wiederum, der immer schon eine stärkere Berufung für die Lehre als für die Forschung verspürt hat, kann sich nun wieder der Aufgabe widmen, einer neuen Generation von Studentinnen und Studenten die ökonomische Sichtweise, insbesondere das Effizienzdenken, näherzubringen. Außerdem bleibt er ein gefragter Experte im Dienste des Staates, was sich daran zeigt, dass er im Kontext des »Steuerkonflikts« mit den USA und weiteren OECD-Staaten zwei Expertenkommissionen des Bundesrats für die Erarbeitung einer neuen Finanzmarktstrategie leitet.

Zunehmend öffentlich bekannt wird Stefan C. Wolter, Leiter der Schweizerischen Koordinationsstelle für Bildungsforschung (SKBF) in Aarau. Das liegt an den Bildungsberichten, die unter seiner Leitung seit 2006 (Pilotbericht) alle vier Jahre im Auftrag des Bundes und der Erziehungsdirektorenkonferenz erstellt werden. Als Gymnasiast will Wolter Historiker werden, entscheidet sich dann aufgrund der unattraktiven Berufsaussichten aber für das Studium der Wirtschaftswissenschaften an der Universität Bern. Beeindruckt von der intellektuellen Ausstrahlung von Professor Niehans, setzt Wolter in der Folge stark auf die empirische Wende der Volkswirtschaftslehre. Interessiert an psychologischen Fragen, schreibt er eine Dissertation bei Ernst Baltensperger, in der er die Theorie der rationalen Erwartungen hinterfragt und deshalb beim Doktorvater auf Unverständnis stößt. Nach dem Studium ist er als Senior Economist in der Forschungsabteilung der Schweizerischen Bankgesellschaft tätig, wo er sich einen Namen als Arbeitsmarktexperte macht und erste bildungsökonomische Studien erstellt. Als Chefökonom des Bundesamts für Industrie, Gewerbe und Arbeit (BIGA) und Leiter des Ressorts Arbeitsmarktpolitik des Bundesamts für Wirtschaft und Arbeit sammelt er 1995 bis 1999 Erfahrungen in der Verwaltung, insbesondere im Forschungsmanagement, bevor er zum Direktor der SKBF gewählt wird. Parallel zur Ausübung dieses Amts habilitiert Wolter in Volkswirtschaftslehre (2003) und wird Titularprofessor an der Universität Bern (2012), wo er 2001 eine Forschungsstelle für bildungsökonomische Untersuchungen gegründet hat. Als führender Bildungsökonom der Schweiz verkörpert Wolter den als »ökonomischen Imperialismus« bezeichneten Prozess, dem zufolge die Ökonomen sich nicht mehr nur als für die Wirtschaft zuständig betrachten, sondern als Experten in allen Bereichen des sozialen Lebens auftreten und Domänen anderer Disziplinen (in diesem Fall: Pädagogik, Psychologie, Erziehungswissenschaften) erobern. Im Gespräch wird allerdings deutlich, dass Wolter seine Rolle nicht so wahrnimmt. Es geht ihm nicht darum, einer ökonomischen Sicht auf Bildung zum Durchbruch zu verhelfen, sondern die Bildungspolitik auf wissenschaftliche Grundlagen zu stellen. Die Methodologie einer auf hochgradig mathematisierten empirischen Daten beruhenden Ökonomie ist für Wolter zum Synonym der Wissenschaftlichkeit an sich geworden. Die Zusammenarbeit mit anderen Disziplinen ergibt für ihn nur unter der Bedingung Sinn, dass diese den methodologischen Kanon teilen, dessen Anwendung es dem Bildungsökonomen erlaubt, eine glasklare Trennlinie zwischen wissenschaftlichem Wissen und subjektiver Meinung zu ziehen.

Einen besonders interessanten Fall stellt die Laufbahn von Kurt Schiltknecht dar. Nach dem Studium der Volkswirtschaftslehre an der Universität Zürich (mit Ernst Baltensperger) und Jobs in der OECD und an der Wharton School (University of Pennsylvania) wird er 1974 wissenschaftlicher Mitarbeiter der Nationalbank. Als er zehn Jahre später bei der Wahl ins Direktorium zugunsten von Hans Meyer übergangen wird, verlässt er die Nationalbank und wechselt in den privaten Bankensektor (Nordfinanz, Bank Leu). Bald wird er zum Weggefährten von Martin Ebner, den er schon lange, aus Schulzeit und Sport, persönlich kennt. Im Schatten des berühmt-berüchtigten Duos Martin Ebner und Christoph Blocher, das in den 1990er-Jahren zum Angriff auf den »Filz« in den Verwaltungsräten von Großunternehmen wie ABB, Credit Suisse, Schweizerische Bankgesellschaft, Alusuisse oder Lonza bläst, agiert Schiltknecht als ökonomischer Vordenker und Experte. Seine Tätigkeit in Ebners BZ Bank, die 2011 ins Wanken gerät und heute nur noch ein Schatten besserer Zeiten ist, lässt sich als Folge einer politischen Radikalisierung der ökonomischen Sichtweise betrachten, die zur offenen Konfrontation mit Teilen des wirtschaftlichen Establishments führt. Schiltknecht steht unter dem Einfluss US-amerikanischer Ökonomen wie Michael Jensen, der 1985 bis 2000 Professor an der Harvard Business School ist und zum Vordenker des sogenannten Takeover Movement wird, dem zufolge Fusionen und Übernahmen das beste Mittel sind, um die Macht der an Partikularinteressen orientierten Manager zu brechen und die Geschäftspolitik der Unternehmen am Grundsatz des Shareholder-Value auszurichten.

Wenn Kurt Schiltknecht, ehemaliges Mitglied der SP-Wirtschaftskommission, an Ebners Seite als »Rebell von rechts« erscheint, darf nicht übersehen werden, dass er bei zahlreichen Ökonomen hohes Ansehen genießt und in einem gewissen Sinne in der Praxis einfach nur radikalere Schlussfolgerungen »ohne Rücksicht auf Verluste« gezogen hat als seine Fachkollegen. Dass er als Jugendlicher »von der Schule fliegt« und daraufhin mit Erfolg studiert, lässt eine Verbindung von rebellischer Haltung mit einem auf das Gefühl, besonders intelligent zu sein, gestützten Selbstbewusstsein in seiner Biografie weit zurückverfolgen.

Kunst und Wissenschaft des Managements

Auf Betriebswirtschaftslehre und Managementkonzepte schauen die »echten Ökonomen« vom Schlage eines Wolter oder Schiltknecht mit einer Mischung aus Verachtung und Belustigung herab. Als 2002 an der

Universität Bern das Kompetenzzentrum für Public Management gegründet wird, bleiben die Professoren des Departements für Volkswirtschaftslehre auf Distanz, nicht zuletzt aus Sorge um ihr akademisches Prestige: Die Beteiligung an einem Zentrum, dessen wissenschaftliches Niveau aufgrund seiner Praxisnähe nicht über jeden Zweifel erhaben ist, könnte sich negativ in den internationalen Rankings niederschlagen. Das Überlegenheitsgefühl volkswirtschaftlicher Professoren ist nicht einfach eine persönliche Attitude einzelner Personen, sondern spiegelt die strukturelle Verfasstheit des wirtschaftswissenschaftlichen Feldes. Wenn sich die VWL-Professoren für etwas Besseres halten, hat dies mit der Geschichte zu tun, denn ihre Disziplin hat eine ruhmreiche Tradition (für die Namen wie Smith oder Ricardo, aber auch Marx stehen) im Vergleich zu den relativ jungen Betriebs- und Managementwissenschaften. An den Universitäten hat sich die Volkswirtschaftslehre lange vor der Betriebswirtschaftslehre mit eigenen Lehrstühlen etabliert. Darüber hinaus praktizieren die »echten Ökonomen« eine Wissenschaft, die sie zwar prädestiniert, in politische Diskussionen einzugreifen, die sie aber immer auch auf ihre akademische Unabhängigkeit pochen und Distanz zur unmittelbaren Ausübung politischer oder wirtschaftlicher Macht wahren lässt. Sie begründen ihre »ökonomischen Wahrheiten« auf eine reine Lehre, wogegen sich Betriebswirtschaftslehre und Managementwissenschaften durch eklektizistische Verbindung von Konzepten unterschiedlicher wissenschaftlicher Herkunft auszeichnen.

Wenn Policy Entrepreneurs und Verwaltungsökonomen aus der Volkswirtschaftslehre eine doxische Wirkung zu erzielen versuchen, ist die Betriebswirtschaftslehre das Feld par excellence, durch das Grundsätze der Wirtschaftspraxis auf der Basis einer Art »normativer Kraft des Praktischen« (um die Formulierung von Habermas abzuwandeln) in die Wirtschaftswissenschaften und allgemein in die Hochschulwelt hineinwirken. Hier wird eine unreine, mit anderen Disziplinen vermischte Ökonomie praktiziert, die sich weniger an einer höheren Wahrheit orientiert als am Grundsatz, dass das, was in der Praxis funktioniert, letztlich richtig sein muss. Mit Bezug auf Bourdieus (2004: 161–225) Modell des Felds der Hochschulen lässt sich die Gegenüberstellung von Volks- und Betriebswirtschaftslehre im Spannungsverhältnis zwischen einem autono-

men und einem heteronomen, das heißt stärker fremdbestimmten Pol der
wissenschaftlichen Praxis betrachten. Allerdings wirkt die seit dem Zweiten Weltkrieg einen starken Aufschwung erlebende Akademisierung der
Betriebs- und Unternehmensführung wiederum auf die Wirtschaftspraxis zurück, sodass nicht von einem einseitigen »Einfluss der Wirtschaft«
auf die Wirtschaftswissenschaft, sondern von einer komplexen Wechselwirkung gesprochen werden sollte. Hinzu kommt die Tatsache, dass gerade in den USA seit den 1970er-Jahren eine neue Generation von »echten
Ökonomen« (etwa der bereits erwähnte Jensen in Harvard) sich in das
Feld der Managementwissenschaften begeben hat, weshalb von einer
Ökonomisierung der Business Schools gesprochen werden kann. (Fourcade/
Khurana 2013)

Bourdieu unterscheidet nicht nur zwischen autonomem und hetero-
nomem Pol der Wissenschaft, sondern auch zwischen der Welt der Techniker (Ingenieure, Naturwissenschaftler, Mathematiker) und der Welt
der Technokraten, die in Frankreich mit seinem stark zentralisierten
Hochschulsystem und den Grandes Écoles als staatlichen Eliteschulen
vor allem an der École Nationale d'Administration (ENA) ausgebildet
werden. Während der Einfluss der einen sozusagen auf der »Macht der
Technik« beruht (im schweizerischen Hochschulsystem jahrzehntelang
verkörpert durch die staatstragende Sonderstellung der ETH in Zürich),
handelt es sich bei den anderen um »Techniker der Macht«, die wissenschaftliche Konzepte als Machtinstrumente einsetzen. Herrscher über
Dinge und Zahlen die einen, spezialisieren sich die anderen in Menschenführung. Ob es sich dabei um eine von der gebildeten Persönlichkeit der Führungskräfte abhängige Kunst oder um eine objektive Wissenschaft handelt, ist auch heute noch umstritten. Die Akademisierung der
Unternehmensführung durch die Institutionalisierung und das Wachstum der Betriebswirtschaftslehre als Hochschulfach in der Zeit nach dem
Zweiten Weltkrieg hat aber die Gewichte in Richtung Wissenschaft verschoben. Marion Fourcade und Rakesh Khurana beschreiben die Wis-
senschaftsgeschichte der Business Schools in den USA als Aufeinander-
folge dreier Phasen: Zunächst in den liberalen Arts Colleges angesiedelt
und von humanistischem Geist geprägt (der Unternehmer als aufgeklärte
Persönlichkeit), gewinnen führende und neu gegründete Business

Schools (etwa das Carnegie Tech) nach dem Zweiten Weltkrieg unter dem Einfluss technisch-mathematischer Konzepte an wissenschaftlichem Status, bevor im letzten Viertel des 20. Jahrhunderts die bereits genannte Ökonomisierung einsetzt. (Fourcade/Khurana 2013) Das New Public Management, auf dessen Konzepte sich US-Präsident Bill Clinton (1993–2001) bei seiner lautstark propagierten »Neuerfindung der Regierungstätigkeit« beruft, bringt diese Ökonomisierung zum Ausdruck und tritt gleichzeitig als praxisnahe Wissenschaft auf, die privatwirtschaftliche Konzepte in der öffentlichen Verwaltung propagiert.

In der Schweiz verkörpern Benedikt Weibel und Ernst Buschor diese Gegenüberstellung von Kunst und Wissenschaft in der Welt der Techniker der Macht. Weibel studiert an der Universität Bern Betriebswirtschaftslehre und ist als Assistent von Professor Walter Müller tätig, der für seine Theorie rationaler Entscheidungsprozesse bekannt ist. (Honegger/ Jost/Burren/Jurt 2007: 311) 1978 wird er persönlicher Sekretär von SBB-Generaldirektor Roger Desponds und beginnt bei den Schweizerischen Bundesbahnen eine Karriere, die ihn 1993 an die Spitze des Unternehmens führt. Nach vierzehn Jahren als SBB-Chef tritt er Ende 2006 zurück, ist publizistisch tätig und doziert am Kompetenzzentrum für Public Management der Universität Bern; die Vorlesung trägt den vielsagenden Titel »Praktisches Management«. Seine Leistungsbilanz als SBB-Chef wird auf seiner persönlichen Webseite mit diesem Satz umschrieben: »Die SBB wandelte sich in dieser Zeit von einer schwerfälligen, defizitären Institution zu einer effizienten und marktnahen Unternehmung.« In zwei Büchern über die Kunst des Managements (Weibel 2012; Weibel 2014) mischt Weibel vielfältige Bezüge aus unterschiedlichen Wissenswelten (da kommt nicht zuletzt auch der Soziologe Max Weber zu Ehren) und beschwört eine Kultur der Einfachheit, die gepaart mit persönlicher Autorität und Glaubwürdigkeit, zum Erfolg führt. Als Techniker der Macht steht Weibel jenen heute nur noch spärlich vorhandenen Führungskräften der Wirtschaft, welche die Kunst der Menschenführung in der Armee auf »praktische« Weise erlernt haben, näher als der neuen Generation von Managern, die ihre Legitimität auf den Erwerb eines MBA einer mehr oder weniger bekannten Business School stützen. Die mit einer erfolgreichen Karriere verbundene persönliche Autorität erlaubt es ihm, sich nachfolgenden Generationen als Vorbild in der Kunst des Managements zu präsentieren.

Ernst Buschor, in den 1990er-Jahren wie Weibel ein Protagonist der marktwirtschaftlich inspirierten Umgestaltung des öffentlichen Sektors, bewegt sich eher im Feld der Verwaltungswissenschaften als auf der Bühne der Managementkünstler. Die Leistungen von Staat und Verwaltung dürfen in seinen Augen nicht von der Persönlichkeit einzelner Verantwortungsträger abhängig sein, sondern müssen durch die Etablierung eines eigentlichen Managementsystems vorbestimmt und von Grund auf in die gewünschte Richtung gelenkt werden. Von entscheidender Bedeutung in dieser Hinsicht ist für Buschor die öffentliche Haushaltsführung. Wenn er zum Protagonisten jener »Revolution in den Verwaltungswissenschaften« (Pelizzari 2001: 52–57) wird, welche die traditionelle Vorherrschaft der Juristen und ihrer »Kameralistik« infrage stellt, so geschieht dies auf dem Boden eines Kampfs um staatliche Rechnungsmodelle, der sich über einen längeren Zeitraum hinzieht. Die »Macht der Technik«, die an die Schlüsselstellung der Verwaltung der Staatsfinanzen in kapitalistischen Gesellschaften gebunden ist, wird bei Buschor zur Grundlage einer »Technik der Macht«, welche die Verantwortlichen an der Spitze des Staatsapparats notfalls gegen ihren Willen zur »Modernisierung des Staates« drängt. Nach dem Wirtschaftsstudium an der HSG in St. Gallen arbeitet der 1943 geborene Ökonom einige Jahre in der eidgenössischen Finanzverwaltung, bevor er 1972 in die Finanzverwaltung des Kantons Zürich wechselt und 1975 Amtsdirektor wird. 1985 wird er zum Professor für Betriebswirtschaftslehre mit besonderer Berücksichtigung der öffentlichen Verwaltung an der HSG berufen. 1993 bis 2003 ist er Regierungsrat des Kantons Zürich, zuerst Gesundheits- und danach Bildungsdirektor.

Vom Stil her tritt Buschor ähnlich wie Kurt Schiltknecht auf: Er scheut den öffentlichen Konflikt nicht und agiert bisweilen »ohne Rücksicht auf Verluste«. Seine eigentliche Berufung findet er bereits in jungen Jahren als Assistent von HSG-Professor Keller, der vom Bundesrat den Auftrag einer Reform des staatlichen Rechnungswesens erhalten hat. An dem Projekt arbeitet bei Keller auch der spätere Bundesrat Hans-Rudolf Merz mit, der als Jurist eine andere Sicht vertritt als Ökonom Buschor. Gegen die Anwendung des kameralistischen Modells des Bundes auf Gemeinden und Kantone führt Buschor die Überzeugung ins Feld, die Zukunft des öffentlichen Rechnungswesens gehöre einer Annäherung des staatlichen an das privatwirtschaftliche Rechnungswesen mit seiner doppelten Buchführung (auch Doppik genannt). Es gelingt damals zwar nicht, das kameralistische Rechnungswesen des Bundes im gewünschten Sinne zu reformieren, aber immerhin dessen Einführung auf kantonaler und kommunaler Ebene zu verhindern. Als Professor Keller in den Ruhestand tritt, wird Buschor 1985 zum Nachfolger berufen. Er richtet den Lehrstuhl stärker auf Fragen der öffentlichen Verwaltung aus und macht ihn zur Keimzelle eines Netzes von Ökonomen, die zu Protagonisten des New Public Management in der Schweiz und darüber hinaus werden – etwa Kuno Schedler, sein Nachfolger als HSG-Professor; Peter Grünenfelder, Staatsschreiber im Kanton Aargau und Generalsekretär der Schweizerischen Gesellschaft für Verwaltungswissenschaften; oder Andreas Bergmann, Professor an der Zürcher Hochschule für Angewandte Wissenschaften und Vorsitzender des International Public Sector Accounting Standards (IPSAS) Board.

Stark engagiert in Organisationen der Zivilgesellschaft, von der Bertelsmann-Stiftung über Careum bis zu den Studentenverbindungen, ist Buschor eigentlich ein Skeptiker in Bezug auf die Möglichkeiten, den Staat von Grund auf zu modernisieren. Wie er im Interview zu verstehen gibt, verspricht aus seiner Sicht eine Strategie Erfolg, die sich auf die föderalistische Struktur der Schweiz stützt und die Verwaltungen von außen durch Veränderungen in Bund, Kantonen und Gemeinden unter Zugzwang setzt. Es ist für Buschor eine späte Genugtuung, dass gut dreißig Jahre nach Beginn seines Kampfs gegen das kameralistische Rechnungswesen nun auch die Bundesverwaltung ein neues Rechnungsmodell einführt, das sich an den Grundsätzen der Doppik orientiert und in Anlehnung an die Regeln der IPSAS konzipiert wurde. Im Zentrum des neuen Modells steht die Einführung einer Erfolgsrechnung nach privatwirtschaftlichem Vorbild. Dadurch wird die betriebswirtschaftliche Sicht entscheidend gestärkt: Die Direktionen der verschiedenen Abteilungen erhalten einen Zahlenapparat an die Hand, der sie dazu anhält, ihre Verwaltungseinheiten wie Wirtschaftsbetriebe zu betrachten und unternehmerisch zu führen. Und ganz in der Logik eines Managementsystems à la Buschor folgt auf das neue Rechnungsmodell ein neues Führungsmodell der Bundesverwaltung. Es soll auf den 1. Januar 2017 in Kraft treten und basiert auf den Grundsätzen des New Public Management oder, in helvetischem Beamtendeutsch, der ziel- und ergebnisorientierten Verwaltungsführung. Die *Neue Zürcher Zeitung* (13.6.2014) beschreibt den »Systemwechsel« in folgenden Worten: »Die Tätigkeiten der Verwaltung sollen in etwa 140 Leistungsgruppen gebündelt werden. Jede Leistungsgruppe erhält messbare Ziele und ihr eigenes Budget. Innerhalb dieser Globalbudgets kann die Verwaltung flexibler über die Mittelverwendung entscheiden und auch Reserven bilden.«

Federführend bei diesen Verwaltungsreformen auf Bundesebene ist die Finanzverwaltung, an deren Spitze seit einem Vierteljahrhundert beinahe ohne Unterbruch »linke Ökonomen« stehen, genauer gesagt: Ökonomen, die Mitglied der SP sind. Auf Ulrich Gygi (1989–2000) folgen Peter Siegenthaler (2000–2010) sowie (nach der kurzen Amtszeit des heutigen Vizepräsidenten der Nationalbank, Fritz Zurbrügg) Serge Gaillard (seit 2012) als Direktoren der Finanzverwaltung, die mehr als nur das »finanzielle Zentrum« der Bundesverwaltung ist. Aus der Sicht des »Turbo-Reformers« und ehemaligen CVP-Regierungsrats Ernst Buschor zwar zögerlich und langsam, haben diese Verwaltungsökonomen dennoch in eine Richtung gewirkt, welche heute die Einführung des New Public Management auf Bundesebene ermöglicht. Dabei wird seit über zehn Jahren mit Pilotprojekten in ausgewählten Abteilungen experimentiert, die unter der Bezeichnung FLAG (Führen mit Leistungsauftrag und Globalbudget) figurieren. Auf der Webseite des FLAG-Programms wird in der trockenen Sprache der Bundesverwaltung explizit auf die Wurzeln der Verwaltungsreform in theoretischen Strömungen des »amerikanischen Neoliberalismus« hingewiesen, wie wenn es die natürlichste Sache der Welt wäre, den Staat durch eine ökonomische Brille zu betrachten: »New Public Management beschreibt einen globalen Trend von Verwaltungsreformen, der sich seit den 80er-Jahren abzeichnet. Allerdings sind die Reformen im Einzelnen sehr unterschiedlich ausgestaltet. Das NPM-Konzept stützt sich auf verschiedene theoretisch-konzeptuelle Grundströmungen: Public-Choice-Ansatz – verlangt mehr Wahlrechte für die als Kunden der öffentlichen Verwaltung verstandenen Bürger; Prinzipal-

Agent-Ansatz – befasst sich mit der Neugestaltung der innerhalb der Verwaltung herrschenden Auftragsverhältnisse sowie einer klaren Kompetenzzuweisung; Transaktionskostenansatz – untersucht den Vertrag als Organisationsform; Managementansätze aus der Organisationslehre.« Es ist kein Zufall, dass gerade »linke Ökonomen« an der Einführung des New Public Management mitgewirkt haben, gilt dieses Konzept doch in den 1990er-Jahren einigen Wortführern der SP als Alternative zur Privatisierung von Staatsaufgaben. Zu nennen wäre an der Stelle etwa Peter Hablützel, ehemals persönlicher Mitarbeiter von SP-Bundesrat Willi Ritschard (dem ersten und bisher einzigen »Arbeiter im Bundesrat«) und Personalchef der Bundesverwaltung, der bei der Abschaffung des Beamtenstatus zur Jahrtausendwende die Richtung vorgibt.

Ulrich Gygi und Peter Siegenthaler haben an der Universität Bern mit Bundesratssohn Rolf Ritschard und Benedikt Weibel Betriebswirtschaftslehre studiert. Im Kontext der 68er-Bewegung gibt es auch in den Wirtschaftswissenschaften zahlreiche linke Studierende. Gygi, Siegenthaler und Weibel werden Assistenten von Professor Walter Müller und stehen bis heute in einem lockeren, aber regelmäßigen Austausch. Im Gespräch erinnert sich Siegenthaler an die anregenden Diskussionen jener Zeit, zum Beispiel hätten sie mit Professor Müller Wittgensteins *Tractatus logico-philosophicus* gelesen. Einen direkten Einfluss auf die Karriere der »Müller-Boys« erzielt Müllers Theorie rationaler Entscheidungsprozesse, die Verantwortungsträgern helfen soll, »die Komplexität praktischer Entscheidungssituationen [zu] bewältigen, indem sie diese in eine Hierarchie von Teilentscheidungen aufgliedert« (Honegger/Jost/Burren/ Jurt 2007: 311).

Der Aufstieg des Trios ist eindrücklich: 25 Jahre nach 1968, im Jahr 1993, ist Gygi Direktor der eidgenössischen Finanzverwaltung und Weibel CEO der SBB, während Siegenthaler sich im Schatten Gygis vorbereitet, dessen Nachfolge anzutreten. Weitere zehn Jahre später (2003) ist Siegenthaler Direktor der Finanzverwaltung, während Gygi als Konzernleiter der Post agiert und Weibel weiterhin die SBB führt. Nochmals zehn Jahre später (2013) steht Gygi an der Spitze des SBB-Verwaltungsrates, und Siegenthaler ist nach seinem Rücktritt als Direktor der Finanzverwaltung ebenfalls in dieses Gremium gewählt worden, während Weibel neben Verwaltungsratsmandaten vor allem publizistisch tätig ist. Zweifellos lassen sich die »Müller-Boys« als herausragendes Beispiel für den »Aufstieg der Ökonomen« im öffentlichen Sektor ins Feld führen. Allerdings handelt es sich nicht um »echte Ökonomen« vom Schlage eines Schiltknecht oder Wolter, sondern um Absolventen der Betriebswirtschaftslehre, von der nicht mit Sicherheit gesagt werden kann, ob es sich überhaupt um eine Wissenschaft handelt, wie Siegenthaler im Gespräch offen einräumt.

Im Gegensatz zu Weibel und Gygi, die zu Protagonisten der Umwandlung staatlicher Regiebetriebe (Post, Bahn) in effizienzorientierte Unternehmen werden, absolviert Peter Siegenthaler fast seine gesamte berufliche Laufbahn in der Finanzverwaltung. Er verkörpert wie kein anderer den Typ des sozialdemokratischen Ökonomen, für den ein ausgeglichener Staatshaushalt das wichtigste soziale Anliegen überhaupt darstellt. Von allen Seiten als aufrichtig, sachlich, fleißig und sorgfältig beschrieben, können wir ihn als »die wirtschaftliche Ordnung in Person« bezeichnen – im Sinne des Ordnung-Schaffens und -Haltens. Wenn wirtschaftliche Ordnung akut bedroht ist, etwa im Falle des Swissair-Groundings (2001) oder beim drohenden Untergang der UBS (2008), wird Siegenthaler als oberster Krisenmanager des Bundes ins Feld geschickt. Sein Name ist darüber hinaus mit der Einführung der Schuldenbremse verbunden, die den Haushalt des Bundes dauerhaft in ausgeglichenem Zustand halten soll und der politischen Auseinandersetzung technische wie ökonomische Regeln auferlegt. Nicht zuletzt für diese Entpolitisierung der Haushaltspolitik verleiht die Rechtswissenschaftliche Fakultät der Universität Bern dem ehemaligen Direktor der Finanzverwaltung 2012 den Ehrendoktor. Siegenthalers »Haushaltsgewissen« reicht weit zurück, schreibt er doch bereits seine Diplomarbeit über die Grenzen der Staatsverschuldung. Auch wenn er in Konflikt mit seiner Partei gerät und angefeindet wird, denkt er doch niemals daran, sie zu verlassen: Die Beziehung zur SP ist für ihn wie die Treue zu einem Fußballclub, dem man auch dann weiter die Stange hält, wenn er nie gewinnt (gemeint ist YB). Ähnlich wie Weibel (2014: 87–101), der die gute alte Checkliste als überlegenes Führungsinstrument im Vergleich zu technokratischen Manuals anpreist, beschreibt sich Siegenthaler als hartnäckigen und pflichtbewussten Amtsdirektor, der Problemlisten führt, an den Problemen dranbleibt sowie die Fähigkeit besitzt, komplexe Probleme rasch zu erfassen und im Hinblick auf die Entscheidungsfindung zu strukturieren.

Auch der heutige Direktor der Finanzverwaltung ist ein »linker Ökonom«. Anders als seine Vorgänger hat Serge Gaillard allerdings Volkswirtschaftslehre studiert und politisiert zuerst nicht in der SP, sondern als Schüler in einer marxistischen Organisation, der Sozialistischen Arbeiterpartei. Zwischen beiden Aspekten gibt es einen Zusammenhang, weckt das politische Engagement doch das Interesse an der »echten Ökonomie« als Leitwissenschaft des Kapitalismus wie des antikapitalistischen Kampfs. Im Studium zu keynesianischen Konzepten bekehrt, schreibt Gaillard eine Dissertation über Auswirkungen von Sozialabgaben und Steuern auf die Investitionstätigkeit der Unternehmen und arbeitet 1988 bis 1993 bei der Konjunkturforschungsstelle der ETH (KOF), bevor er Chefökonom des Schweizerischen Gewerkschaftsbundes wird. Für ihn sind die 1990er-Jahre eine Zeit guter sozialpartnerschaftlicher Reformen, zu denen er die Sanierung der Bundesfinanzen (mit Einführung der Schuldenbremse) und die Revisionen des Arbeitsgesetzes und der Arbeitslosenversicherung zählt. Gaillard wird als langjähriger gewerkschaftlicher Chefökonom zur Schlüsselfigur der Bundespolitik und positioniert sich für höhere Aufgaben im Dienste des Staates. 2007 wird er Leiter der Direktion für Arbeit im Staatssekretariat für Wirtschaft (Seco). 2012 gelingt der Schritt an die Spitze der Finanzverwaltung. Im Interview umreißt Gaillard drei Säulen seines ökonomischen Credos: Wirtschaftliche Stabilität und Vollbeschäftigung sind die obersten Ziele, gefolgt von Verteilungsfragen (wobei ein Staat mit ausgeglichenem Haushalt sozialer sein kann als ein hoch verschuldeter Staat) und dem Primat der Effizienz. Gaillard betont, auch die Linke müsse ein Interesse an einem effizienten Staat haben. Auf dem Terrain versteht er sich bestens mit Aymo Brunetti, der in der Öffentlichkeit bisweilen als »neoliberaler Gegenspieler« des »ehemaligen Gewerkschafters« dargestellt wird, als beide in der Geschäftsleitung des Seco tätig sind. Im Vergleich zu Brunetti sieht sich Gaillard jedoch als Ökonomen, der einen pragmatischen Bezug zur Ökonomie aufweist. Er sieht die Ökonomie »ingenieurmäßig«, eher als Werkzeugkasten denn als umfassendes Wahrheitssystem, und betont, man könne aus ökonomischer Theorie keineswegs ableiten, wie die Welt funktionieren soll. Diese Haltung rückt ihn näher zu jenen »ökonomisch denkenden« Technikern der Macht, die nicht Wirtschaft studiert haben.

Ärzte, Architekten und weitere »ökonomisch denkende Techniker«

Angesprochen auf seine Haltung zu den Wirtschaftswissenschaften, sagt Charles Kleiber, »Architekt der Bologna-Reform« in der Schweiz, er fühle sich keiner theoretischen Schule verpflichtet und nehme von den Ökonomen nur das, was er gerade brauchen könne. (»Je pique!«) Die Ökonomie ist für ihn ein Instrument, das er in den Dienst der Politik stellen möchte. Sie hilft, die Welt zu verstehen und Reformen voranzutreiben, stößt aber auch an Grenzen und ist nicht in jedem Fall das richtige Mittel. Also kann ein »intellectuel de l'action«, wie Kleiber sich bezeichnet, aus der Ökonomie herauspicken, was er will, und anderes beiseitelassen. Wenn der »Aufstieg der Ökonomen« in Politik und Verwaltung, statistisch gesehen, zulasten der technischen Wissenschaften und Naturwissenschaften geht, so lassen sich doch weiterhin Protagonisten wie Kleiber finden, die aus diesen Wissenschaftsbereichen stammen und auf ihre Weise zur »neoliberalen Wende« beitragen. Die steigende Macht des ökonomischen Denkens spiegelt sich allerdings darin, dass diese Nicht-Ökonomen nach dem Erststudium eines technischen oder naturwissenschaftlichen Fachs später nicht selten ein weiteres Studium oder zumindest eine Weiterbildung in Ökonomie oder Management absolvieren.

Das trifft auf Charles Kleiber zu. Der Sohn eines Architekten studiert Architektur an der ETH Lausanne und ist zunächst als Architekt im Gesundheitswesen tätig. 1976 bis 1981 arbeitet er im Gesundheitsdienst des Kantons Waadt federführend am Entwurf und an der Umsetzung eines neuen Gesetzes zur Spitalplanung und -finanzierung. 1981 Chef des Gesundheitsdienstes geworden, ruft Kleiber eine Vernetzung der kantonalen Spitäler ins Leben, den Service des Hospices cantonaux vaudois, den er ab 1991 selbst leitet. Parallel dazu absolviert er ein Doktorstudium am IDHEAP (Institut des hautes études en administration publique) und schreibt eine Dissertation über ökonomische Anreize im Gesundheitswesen. 1997 ernennt ihn Bundesrätin Dreifuss zum Staatssekretär für Forschung und Wissenschaft. In dieser Funktion, die er zehn Jahre lang ausübt, unterzeichnet Kleiber im Juni 1999, wie eingangs erwähnt, die europäische Bologna-Deklaration.

Zu Beginn der 1980er-Jahre führt die Waadt als erster Kanton eine neue Spitalfinanzierung ein, die auf Globalbudgets beruht. (Kleiber 1983) Charles Kleiber wird zum Ideengeber in der aufkommenden Diskussion über »Kostenexplosion« im Gesundheitswesen und Sparmaßnahmen. 1982 findet die erste nationale Sparkonferenz des Bundes statt, die das Thema zur politischen Chefsache erklärt. Unter der Ägide von Heinz Locher, dem vielleicht ersten »richtigen« Gesundheitsökonomen der Schweiz, folgt der Kanton Bern dem Waadtländer Vorbild, und so beginnen Ansätze des New Public Management und Wettbewerbsmechanismen im schweizerischen Gesundheitswesen Fuß zu fassen. Kleiber sieht sich aber keineswegs als Pionier einer Ökonomisierung des öffentlichen Sektors. Eher stellt er sich als Créateur und Erneuerer vor, der die deterministisch-technische Sichtweise der Architekten und Ingenieure durch Erkenntnisse der Sozial- und Wirtschaftswissenschaften anreichert, um mit anderen herausragenden Persönlichkeiten zukunftsträchtige Projekte umzusetzen. Als Staatssekretär für Wissenschaft und Forschung veröffentlicht er ein Buch über die »Universität von morgen«, in dem er seine Visionen präsentiert und andere Schlüsselpersonen zur Diskussion einlädt. (Kleiber 1999) Verkörperung jenes »neuen kapitalistischen Geistes« (Boltanski/Chiapello 2003), der auf Vernetzung, strategische Beziehungen und kühne Ideen setzt, um die Welt von morgen zu bauen (in seinem Innersten sei er immer noch Architekt, sagt Kleiber im Gespräch), vollbringt er Großtaten wie die Integration der Schweiz in den europäischen Hochschulraum oder den Transfer der naturwissenschaftlichen Abteilungen der Universität Lausanne in die benachbarte EPFL. In Patrick Aebischer, dem Neurowissenschaftler, der zu Beginn der 1990er-Jahre aus den USA zurückkommt und am Lausanner Universitätsspital (CHUV) die chirurgische Forschung und das Zentrum für Gentherapie leitet, findet Kleiber einen natürlichen Verbündeten. 1999 unterstützt er Aebischers Kandidatur für das Präsidium der EPFL mit dem ganzen Prestige seiner Funktion als Staatssekretär.

Aebischers Wahl zum Präsidenten der EPFL ist in der Romandie ein richtiges Politikum, bei dem zwei unterschiedliche Konzeptionen von Wissenschaft und Hochschulmanagement aufeinandertreffen. Aebischer tritt das Amt nur unter der Bedingung an, dass er die gesamte Direktion neu bestimmen und nebenher weiterhin in seinem Forschungslabor tätig sein kann. Gegen den Widerstand eines Großteils der Professorenschaft, vor allem aus dem Ingenieurbereich, und regional einflussreicher Unternehmer wie Daniel Borel oder André Kudelski vermag er sich, seiner eigenen Einschätzung zufolge, aufgrund von drei Persönlichkeitsmerkmalen durchzusetzen: Er hat eine Vision, den Mut diese auch gegen Widerstand zu verteidigen, und das Charisma, um Personen in seinem Umfeld zu begeistern. Kein Mann der Bescheidenheit, verfolgt der neue Präsident das Ziel, die EPFL zu einer weltweit führenden technischen Hochschule zu machen. In den einschlägigen internationalen Rankings tritt die Schule am Genfersee schon bald aus dem Schatten der großen Schwester in Zürich, und der Campus in Écublens wird Schauplatz einer dynamischen Entwicklung, die auf konsequenter Internationalisierung und der Einführung eines Hochschulmanagements nach US-amerikanischem Vorbild beruht. Der Bau des Rolex Learning Center symbolisiert die Verbindung prestigeträchtiger und innovativer Architektur mit der Präsenz international tätiger Firmen auf dem Campus, die nicht nur als Sponsoren auftreten, sondern auch als Kooperationspartner im Innovationspark der EPFL eine Rolle spielen. Aebischer gründet eine School of Life Sciences, die heute eine von fünf relativ autonom geführten Abteilungen der Hochschule ist. Als seine wichtigste Errungenschaft betrachtet er die Errichtung einer Führungskultur, die auf dem für US-amerikanische Universitäten charakteristischen akademischen Unternehmergeist beruht und es Nachwuchstalenten ermöglicht, rasch Karriere zu machen und Führungsverantwortung zu übernehmen.

Wie kaum ein anderer in der schweizerischen Hochschullandschaft steht Patrick Aebischer für eine Art des unternehmerischen Handelns, das nicht nach wirtschaftlicher Gewinnmaximierung, sondern nach der Steigerung von symbolischem Kapital, das heißt Prestige strebt. Einer Künstlerfamilie entstammend, studiert er Medizin in Genf und Freiburg und stellt rasch fest, dass ihn die klinische Tätigkeit ebenso langweilt, wie ihn die medizinische Forschung begeistert. Mit einem Stipendium des Nationalfonds geht er an die Brown University (USA) und beginnt eine steile akademische Karriere, die ihn ans MIT hätte führen können, wenn er es nicht vorgezogen hätte, mit seiner Partnerin, einer Kardiologin, in die Schweiz zurückzukehren. In den USA erlernt Aebischer das akademische Unternehmertum *on the job*, durch die Tätigkeit an der Brown University ebenso wie durch die Gründung seines ersten Start-ups im Jahr 1989, der CytoTherapeutics Inc. Am Universitätsspital in Lausanne versteht er sich dann auf Anhieb hervorragend mit Charles Kleiber. Als der frisch ernannte Staatssekretär für Wissenschaft und Forschung seine erste Reise in die USA plant, bittet er Aebischer, ihn zu begleiten, weil er das dortige Hochschulwesen gut kennt und Kleibers Englischkenntnisse zu kompensieren in der Lage ist: Er habe die Lücke füllen müssen (»I had to fill the gap«), erinnert sich der EPFL-Präsident augenzwinkernd. Mit von der Partei ist auf dieser Reise auch Francis Waldvogel, der damalige Präsident des ETH-Rates (und spätere Vorsitzende des Novartis Venture Fund, an dessen Spitze ihn Aebischer 2014 ablöst), der kurz darauf mit dem Vorschlag an Aebischer herantritt, sich für das Präsidium der EPFL zu bewerben. Wenn Aebischer unternehmerisch agiert und eng mit Unternehmen kooperiert, ist er sich zugleich der Tatsache bewusst, dass eine Hochschule nicht wie ein privates Wirtschaftsunternehmen geführt werden kann. Seine Berufung liegt keineswegs in der Unterwerfung der Wissenschaft unter Wirtschaftsinteressen, sondern im Aufbau einer »Puissance académique« des Arc lémanique, von der auch die regionale Wirtschaft profitiert. Unternehmerisch tätig zu sein, bedeutet für ihn, etwas Neues und Zukunftsträchtiges ins Leben zu rufen (»créer«), nicht möglichst viel Geld zu verdienen.

Für einen weiteren Protagonisten des ökonomischen Denkens an der Schnittstelle von Wissenschaft und Politik, Felix Gutzwiller, erweist sich ein Aufenthalt an prestigeträchtigen Universitäten der USA als Meilenstein der beruflichen Karriere. Er entstammt einer humanistischen Familie: Beide Eltern unterrichten auf Gymnasialstufe, der Vater leitet das Humanistische Gymnasium am Münsterberg in Basel. Gutzwiller studiert in Basel Medizin, bevor er einen Master of Public Health in Harvard erwirbt und an der Johns Hopkins University den Doktortitel erlangt. Bei einem Studienaufenthalt in Sumatra ist es ihm »wie Schuppen von den Augen gefallen«, dass Gesundheit und Krankheit nicht nur individuelle, sondern kollektive Phänomene sind und das Gesundheitswesen deshalb nicht nur aus einer medizinischen, sondern auch einer sozialwissenschaftlichen Perspektive betrachtet und gesteuert werden muss. Als Gutzwiller zu Beginn der 1980er-Jahre in die Schweiz zurückkehrt, ist das Konzept von Public Health hierzulande noch weitgehend unbekannt. Als Direktor der universitären Institute für Sozial- und Präventivmedizin in Lausanne (1983–1988) und Zürich (1989–2013) vermag er die Rolle eines Pioniers zu spielen, der als studierter Mediziner das Monopol der Ärzte auf die Deutungshoheit im Gesundheitswesen hinterfragt mit Berufung auf sozialwissenschaftliche Ansätze, unter denen die Gesundheitsökonomie eine Schlüsselstellung einnimmt. Im allerersten Nationalen Forschungsprogramm des Schweizerischen Nationalfonds (NFP 1) zum Thema Prävention von Herz-Kreislauf-Krankheiten zieht Professor Schweizer (Universität Basel) Gutzwiller als Spezialisten für Public Health mit ein. Im NFP 8 über Wirksamkeit und Wirtschaftlichkeit des Gesundheitswesens kooperiert Gutzwiller in leitender Stellung mit den Gesundheitsökonomen Robert Leu (Universität Bern) und Jürg Sommer (Universität Basel, aus dem Umfeld von Silvio Borner).

Felix Gutzwiller ist kein Ökonom. Seine Laufbahn ist ein Beispiel dafür, wie das ökonomische Denken in einem interdisziplinären sozialwissenschaftlichen Zusammenhang wirksam werden kann. Wenn er sich mit der Zeit zunehmend in der Politik und in Stiftungs- und Verwaltungsräten engagiert, bleibt die Idee von Public Health als Leitbild seines Denkens und Handelns erhalten. Das liberale und humanistische Erbe seiner Eltern schimmert im langjährigen Einsatz für die Liberalisierung der Drogenpolitik, das Recht auf Abtreibung oder die Besserstellung gleichgeschlechtlicher Paare durch. 1999 für die FDP in den Nationalrat und 2007 in den Ständerat gewählt, kann Gutzwiller als einer der wenigen »Ärzte im Bundeshaus« in gesundheitspolitischen Diskussionen seine Fachkompetenz ausspielen, gerade auch, wenn es darum geht, Partikularinteressen der Ärzteschaft infrage zu stellen. Seine zahlreichen Mandate, etwa für die private Spitalgruppe Hirslanden oder die Krankenkasse Sanitas (sowie in der Zeit als Ständerat auch im Bankensektor), lassen kritische Beobachter an seiner professoralen Aufrichtigkeit zweifeln und ihn als gekauften Experten im Dienste wirtschaftlicher Interessen darstellen. Unter dem Aspekt der Macht des ökonomischen Denkens ist Gutzwiller aber dennoch vor allem deshalb eine Schlüsselperson, weil ökonomische Grundsätze und Konzepte wie der »regulierte Wettbewerb« und die Suche nach Kostensenkungen und Effizienzsteigerung in seiner Vorstellung von Public Health ebenso selbstverständlich wie unverdächtig mitschwingen und aus seinem Munde in der öffentlichen Debatte ganz anders wahrgenommen werden, als wenn ein Wirtschaftsvertreter die Ressourcenverschwendung im Gesundheitswesen anprangert.

Vom Arzt zum Gesundheitsökonomen im engeren Sinne hat sich Peter Indra entwickelt, ehemaliger Vizedirektor des Bundesamts für Gesundheit (2006–2010), der nach einem Intermezzo an der Spitze der Swica Krankenversicherung die Gesundheitsversorgung des Kantons Basel-Stadt leitet. Als Fünfjähriger mit seiner Familie aus der Tschechoslowakei in die Schweiz gekommen, studiert er Medizin und spezialisiert sich auf Chirurgie. Nach einigen Jahren klinischer Tätigkeit als Spitalarzt lässt er sich durch Manfred Manser, den Chef der Krankenkasse Helsana, von dem Vorhaben überzeugen, die medizinische Tätigkeit aufzugeben und als Botschafter für zukunftsträchtige Reformen im Gesundheitswesen tätig zu werden. Helsana ist für ihren Einsatz zugunsten von Managed Care (HMO-Modelle usw.) bekannt, und Indra zählt zu einer Handvoll Ärzte, die für die Krankenkasse tätig werden, um ihre Berufskollegen von den Vorteilen dieses Konzepts zu überzeugen. Indra steigt bei der Helsana bis in die Direktion auf. Manser lässt ihm große Freiheiten, und mit der Zeit beginnt er sich für Spitalfinanzierung zu interessieren und wird – etwa in Kooperation mit Luc Schenker vom Institut de santé et d'économie in Lausanne – zum Pionier der Entwicklung und ersten Umsetzung von Konzepten zur Finanzierung der Spitäler auf der Grundlage diagnosebezogener Fallgruppen (DRG). Er absolviert berufsbegleitend einen Master of Public Health (u. a. bei Felix Gutzwiller) und schreibt eine Arbeit über die Einführung von DRG-Modellen in der Schweiz. (Indra 2004) Als Vizedirektor des Bundesamts für Gesundheit tritt Indra die Nachfolge von Hans-Heinrich Brunner an, dem langjährigen Präsidenten der Ärztegesellschaft FMH, der im Staatsdienst nicht glücklich geworden ist. Es han-

delt sich um eine einflussreiche Verwaltungsposition, der die Aufsicht
über die obligatorische Krankenversicherung zugewiesen ist.

Indra bezeichnet sich als den »letzten Mediziner« in der Geschäftsleitung des Bundesamts für Gesundheit. Er kritisiert die Übervertretung
von Juristen und Ökonomen in diesem Gremium, in dem das Fachwissen
der Ärzte und das profunde Wissen über das Funktionieren des Gesundheitswesens von innen heraus von entscheidender Bedeutung sind. Allerdings betont er auch, die Ärzte müssten heute etwas von Ökonomie und
Politik verstehen, um in der Verwaltung eine Schlüsselrolle spielen zu
können. Es braucht »Leute, die beide Sprachen sprechen«, und Indra sieht
sich als einen der ersten und weiterhin raren Ärzte in der Schweiz, die
sich diese Kompetenz auf höchstem politischem Niveau angeeignet haben. Als Thomas Zeltner, der langjährige Direktor der Bundesamtes für
Gesundheit (Arzt und Jurist und wie Gutzwiller ein Pionier des Public-
Health-Ansatzes) 2009 in den Ruhestand tritt, setzt Bundesrat Couchepin seinen ehemaligen persönlichen Mitarbeiter, den Generalsekretär
des Innendepartements Pascal Strupler, an die Spitze des Amts. Indra
möchte keinen Juristen ohne profunde Fachkompetenz in Medizin und
Gesundheitswesen als Vorgesetzten und verlässt den Staatsdienst, als er
das verlockende Angebot erhält, bei der Swica die Nachfolge von Hans-
Ueli Regius als Generaldirektor anzutreten. Indras Nachfolger wird 2010
Andreas Faller, ein liberaler Jurist im Gesundheitsdepartement des
Kantons Basel-Stadt; er gibt das Amt allerdings nach kurzer Zeit wieder
ab und agiert heute als Sprecher des Bündnisses für ein freiheitliches
Gesundheitswesen, das sich im Kampf gegen die Initiative für eine Ein-
heitskasse gebildet hat. Seit 2013 ist im Bundesamt für Gesundheit unter
SP-Bundesrat Alain Berset mit Oliver Peters ein »linker Ökonom« als
Vizedirektor für die Krankenversicherung zuständig. Wie Gaillard, der
gegenwärtige Direktor der Finanzverwaltung, politisiert Peters in jungen
Jahren für eine »revolutionäre Organisation« und absolviert einen Groß-
teil seiner Karriere in Gewerkschaften, bevor er persönlicher Berater des
Waadtländer Gesundheitsdirektors Pierre-Yves Maillard und in der
Folge Finanzchef des Universitätsspitals Lausanne wird. In der Ge-
schäftsleitung des Bundesamts für Gesundheit ist heute kein Arzt mehr
zu finden, aber dafür einer der zwei ranghöchsten ehemaligen »revolu-

tionären Marxisten« im Staatsdienst, die beide Wirtschaft studiert haben – auch dies vielleicht ein Zeichen für die Macht des ökonomischen Denkens.

In einem ganz anderen Feld agiert der ehemalige Staatssekretär im Außendepartement (2005–2013), Michael Ambühl. Staatsbeamter in der vierten Generation der Familie, wie er im Gespräch sagt, ist Ambühl heute Professor für Verhandlungsführung und Konfliktmanagement an der ETH Zürich. Er studiert an der ETH Betriebswirtschaftslehre und Operations Research (ein Teilgebiet der angewandten Mathematik). Nach der Promotion an der ETH wird er Oberassistent bei Professor Peter Kall am Institut für Operations Research der Universität Zürich. Er begeistert sich für Spieltheorie an »historischer Stätte«, hat doch John von Neumann, der Vater dieser Theorie, sie in den 1920er-Jahren an der ETH Zürich begründet. Michael Ambühl interessiert sich allgemein für jenes Feld, auf dem Mathematik und Sozialwissenschaften zusammenkommen und mitunter verschmelzen. Da es im familiären Umfeld nicht an Personen fehlt, die in Politik oder Diplomatie tätig sind, steigt Ambühl in den diplomatischen Dienst ein und erklimmt die Karriereleiter Stufe um Stufe, bis zur Position des Staatssekretärs. Einen Namen macht er sich in den Verhandlungen über die bilateralen Verträge mit der EU. Als Erfolgsrezept in den Verhandlungen beschreibt er das Verhandlungsengineering, eine Konzeptualisierung eines Vorgehens, bei dem man ein komplexes Verhandlungsproblem in Unterteile zerlegt, in denen man dann (möglicherweise) eine quantitative, mathematische Methode anwenden kann. Mit diesem Ansatz ist Ambühl, wie er selber sagt, »ein Exot« in der Welt der Diplomaten, allerdings ein sehr erfolgreicher Exot. Vielleicht fällt sein spieltheoretischer Ansatz nun aber im Vorlesungssaal der ETH Zürich doch auf fruchtbareren Boden als unter den führenden Diplomaten des Landes. Ambühl sieht sich nicht als Ökonomen, sondern als Techniker. Doch seine intellektuelle Berufung zu Spieltheorie und Operations Research erinnert an eine Phase in der Geschichte der Wirtschaftswissenschaften, in der die Business Schools ihre akademische Reputation durch die Anwendung mathematischer Konzepte zu steigern vermochten (siehe etwa die Gründung der Graduate School of Industrial Administration an der Carnegie Mellon University im Jahr 1949, heute bekannt als

Tepper School of Business) und ganz allgemein die Mathematisierung der Ökonomie auf dem Vormarsch war.

Einige Schlussfolgerungen

»Economists are everywhere.« Mit diesem Satz beginnt Marion Fourcade (2009: 1) die Einleitung ihres Buchs zur Geschichte der Ökonomie in den USA, Großbritannien und Frankreich. Wer von der Macht des ökonomischen Denkens spricht, sollte die Macht der Ökonomen und weiterer Protagonisten des ökonomischen Denkens nicht übersehen. Es geht nicht darum, in verschwörungstheoretischer Absicht zu fragen, wer im Hintergrund »die Fäden zieht«, sondern daran zu erinnern, dass auch ökonomische Denker (wie alle Intellektuellen) eigene Interessen haben, die sich in eine Form der Berufung kleiden, die wahlweise an eine höhere Wahrheit oder an die Suche nach dem Einfachen oder Praktischen appellieren kann. Für diese Art der Verfolgung ökonomischer Interessen sind die USA im internationalen Vergleich ein unerreichtes Eldorado. Zugleich ist die »Globalisierung der Ökonomie« auch eine Globalisierung der Wirtschaftswissenschaften (Fourcade 2006), die von der angelsächsischen Welt ausgeht. Die auf der Webseite der Bundesverwaltung (FLAG-Programm) genannte Prinzipal-Agent-Theorie ist heute ebenso beinahe auf der ganzen Welt anzutreffen wie die MBA-Abschlüsse der angelsächsischen Business Schools und deren Nachahmungen aus allen möglichen Ländern. Was die USA für Ökonomen so attraktiv macht, hat Marion Fourcade (2009: 246–246) in ihrer Studie herausgearbeitet: Das ökonomische Eldorado beruht auf mehreren Faktoren, darunter die im historischen Vergleich frühe und umfassende Institutionalisierung der Ökonomie an den führenden Universitäten, das finanzielle Engagement privater Stiftungen, die fehlende Konkurrenzierung der ökonomischen Experten durch kleinräumige Elitennetzwerke (wie in Großbritannien) oder staatliche Elitekorps (wie in Frankreich), die starke Stellung privater Forschungsinstitute und Denkfabriken (Thinktanks) oder die Entwicklung einer international führenden Wirtschaftspresse. Hinzu kommt die quasi organische Verbindung zwischen den führenden US-amerikanischen Universitäten und internationalen Institutionen wie der Weltbank und dem IWF mit ihren Heerscharen ökonomischer Experten oder die Existenz eines Gremiums wie des 1946 errichteten Council of Economic Advisors des Präsidenten, der den Ökonomen ein Beratungsmonopol auf höchster Stufe des Regierungsapparats sichert.

Die akademische Vormachtstellung der USA lässt sich auch in der Schweiz geradezu mit Händen greifen. Die Macht des ökonomischen Denkens beruht nicht zuletzt auf einer internationalen Zirkulation von Personen und Ideen, deren entscheidende Stationen oft im angelsächsischen Raum zu finden sind. Protagonisten wie Ernst Baltensperger, Felix Gutzwiller oder Patrick Aebischer tragen nicht nur relativ neue Theorien und Handlungsweisen in die Schweiz, an ihnen haftet zugleich das Prestige der US-amerikanischen Elitehochschulen, an denen sie studiert und gearbeitet haben. Doch ist es auch möglich, seine Karriere auf die Globalisierung der Wirtschaftswissenschaften zu stützen, ohne in Übersee promoviert, geforscht oder gelehrt zu haben. Dies gilt etwa für Ernst Buschor, der die Konzepte des New Public Management in der Schweiz propagiert und umsetzt, oder für Stefan C. Wolter, der mithilfe eines tatsächlich globalisierten methodologischen Kanons alle möglichen Datensätze für seine bildungsökonomischen Untersuchungen auswertet. Es gibt allerdings auch Schlüsselpersonen, die in dieser angelsächsischen Welt nicht zu Hause sind, etwa Peter Siegenthaler, der langjährige Direktor der Finanzverwaltung, oder Staatssekretär Charles Kleiber, der nicht nur in den USA, sondern bereits in Bern mit sprachlichen Defiziten zu kämpfen hat. Selbst Michael Ambühl ist mehr auf der europäischen als auf der globalen Bühne zu Hause, und ein Policy Entrepreneur wie Professor Heinz Hauser hat seine gesamte akademische Karriere an der HSG absolviert, in eklatantem Widerspruch zu den heute vorherrschenden Regeln der »Exzellenz«. Es gibt denn auch gute Gründe zu denken, dass für die staatlichen Verantwortungsträger auf Bundesebene nicht unbedingt die am meisten internationalisierten Experten die passenden Ansprechpersonen sind, wenn es um Fragen der nationalen Politik geht. Und schließlich ist trotz allem Einfluss aus Übersee weiterhin die Bedeutung des deutschen Neoliberalismus nicht zu unterschätzen, den zum Beispiel Gerhard Schwarz verkörpert, der Direktor von Avenir Suisse.

So, wie die Macht des ökonomischen Denkens zwar mit der »Globalisierung« verbunden ist, aber nicht einfach deren logisches oder natürliches Ergebnis darstellt, ergibt es Sinn, den »Neoliberalismus« als Produkt komplexer Wechselwirkungen zwischen der Ökonomie als sozialem System auf der einen und der Ökonomie als wissenschaftlicher Disziplin auf der anderen Seite zu betrachten. Weit davon entfernt, einen Rückzug oder Niedergang des Staates hervorzubringen, wird die »neoliberale Wende« als grundlegende Transformation des Staates wirksam: Es geht um Veränderungen nicht nur der Politik, sondern auch der organischen Funktionsweise des Staates (etwa im Kampf zwischen der Kameralistik und den privatwirtschaftlichen Modellen der Rechnungsführung) und der sozialen Zusammensetzung des Staatsapparats (wo sich ein »Aufstieg der Ökonomen« beobachten lässt). Die marxistische Verkürzung des Neoliberalismus zum Triumphzug von Kapital und (Finanz-)Bourgeoisie übersieht die Eigeninteressen der Protagonisten in Staat und Wissenschaft, die sich mitunter gegen handfeste Wirtschaftsinteressen wenden, sofern es ihnen ihre Position erlaubt. Lenins (1962: 347) Aussage, die Wirtschaftsprofessoren seien »im Großen und Ganzen nichts anderes als die gelehrten Kommis der Kapitalistenklasse«, war schon zu seiner Zeit gewagt und hält einer Konfrontation mit heutigen Verhältnissen ebenso wenig stand wie die in gewissen Kreisen beliebte vulgärmarxistische Ansicht, der Staat sei nichts weiter als der geschäftsführende Ausschuss der Bourgeoisie. Wer über den Neoliberalismus unter dem Aspekt des Klassenkampfs sprechen will, tut jedenfalls gut daran, die spezifischen Klasseninteressen der Produzenten neoliberaler Ideen nicht aus dem Blick zu lassen.

Pierre Bourdieu (2002: 185) hat die ökonomische Wissenschaft mit einer Hydra verglichen, die sich nicht besiegen lässt, indem ihr der eine oder andere Kopf abgeschlagen wird. Johanna Bockman (2011) betont, dass der Neoliberalismus nicht nur aus dem Westen, sondern auch aus dem Osten komme und dass er nicht nur rechte, sondern auch linke Wurzeln aufweise. Möglicherweise beruht also die Macht des ökonomischen Denkens heute gerade darauf, dass es nicht einheitlich, sondern in verschiedenen, sich teilweise widersprechenden oder sogar offen bekämpfenden Formen auftritt. Während die doxische Wirkung der »echten Ökonomen« sich auf die akademische Freiheit einer reinen Lehre beruft, stützt sich die unreine, mit unterschiedlichen Disziplinen vermischte Ökonomie des Managements auf die »normative Kraft des Praktischen«, um ihren Geltungsanspruch zu begründen. Im wissenschaftlichen Feld lassen sich Prozesse beobachten, die dem Prozess des ökonomischen Imperialismus entsprechen, einer Eroberung fachfremder Forschungsgebiete durch Ökonomen und weitere Protagonisten des ökonomischen Denkens. Buschor stellt die Deutungshoheit der Juristen in der Verwaltungswissenschaft ebenso infrage wie Gutzwiller jene der Ärzte im Gesundheitswesen oder Wolter jene der Pädagogen in der Bildungsforschung. Doch gibt es auch Widerstände und Gegenbewegungen, selbst innerhalb der Wirtschaftswissenschaften. Ein Beispiel ist das von Professor Hans Ulrich in den 1960er-Jahren entwickelte »St. Galler Management-Modell«, mit dem sich die HSG als Ausbildungsstätte wirtschaftlicher Führungskräfte zu profilieren versucht. Explizit gegen den allumfassenden Geltungsanspruch der reinen ökonomischen Lehre gerichtet, das heißt in einem gewissen Sinne als Reaktion auf den ökonomischen Imperialismus konzipiert, beruft sich dieses Modell nicht nur auf die Praxisnähe, sondern auch auf die Systemtheorie und im Laufe der Zeit (es existiert heute in der vierten Generation: Rüegg-Stürm & Grand 2014) zunehmend auf sozialkonstruktivistische Ansätze, um sich wissenschaftlich zu fundieren. An diesem Beispiel lässt sich ein Kampf zwischen verschiedenen Strömungen des ökonomischen Denkens beschreiben, bei dem es um eine Ökonomisierung der Ökonomie geht, das heißt um den Einfluss ökonomischer Theorien auf Unternehmensführung und Wirtschaftspraxis.

Bereits soziologische Klassiker wie Max Weber oder Werner Sombart haben erkannt, dass sich aus dem Sachverhalt, dem zufolge ein Unternehmen als Wirtschaftsbetrieb gilt, keineswegs ableiten lässt, ob und wie es »ökonomisch« geführt wird. Ebenso wenig ist es eine naturgegebene Tatsache, dass sich die Führungskräfte von Unternehmen auf ökonomische Konzepte stützen, nur weil diese aus den Wirtschaftswissenschaften stammen. Vor über hundert Jahren hat sich Thorstein Veblen (1898) über die Irrelevanz der ökonomischen Theorie für die betriebliche Praxis lustig gemacht, und die Schweiz hat im 20. Jahrhundert zahlreiche »Wirtschaftskapitäne« erlebt, die stärker durch das Jura-Studium oder die Armeekarriere geprägt waren als durch ökonomische Theorien. Die Macht des ökonomischen Denkens schreitet weder auf einer Autobahn noch auf einer Einbahnstraße voran, sondern bewegt sich in einem komplexen Geflecht von biografischen Laufbahnen und institutionellen Verflechtungen. Es erweist sich als sinnvoll, die »neoliberale Wende« nicht als den Sieg eines Bereichs über einen anderen zu denken (etwa »der Wirtschaft« über »die Politik« oder »den Staat«), sondern die Wechselwirkungen zwischen verschiedenen Handlungsfeldern in den Blick zu nehmen, in denen auf jeweils unterschiedliche Weise um Macht gerungen wird. Mit Bezug auf ausgewählte Laufbahnen ökonomisch denkender Protagonisten lassen sich Teile eines Puzzles zusammentragen, das uns ein Bild vom Aufstieg gewisser Sichtweisen in Wissenschaft, Politik und Staat gibt, die mit dem Begriff des Neoliberalismus verbunden sind. Der Einfluss einzelner Personen ist dabei immer auch ein Effekt von Kräften, welche die individuellen Kräfte dieser Personen übersteigen. Manchmal beruht ihre Sonderstellung auf der Akkumulation feldspezifischer Ressourcen (zum Beispiel von akademischem Prestige), in anderen Fällen auf der Fähigkeit, sich zwischen unterschiedlichen Bereichen (Wirtschaft, Wissenschaft, Politik oder Staat) zu bewegen oder auf der internationalen Bühne zu agieren. Im Handeln dieser Protagonisten werden gesellschaftliche Zusammenhänge wirksam, deren sie sich nur teilweise bewusst sind, und lebt eine stets spezifische und auch persönlich gefärbte Berufung auf, ohne deren Ausstrahlung gegen innen und außen das ökonomische Denken niemals die Wirkungsmächtigkeit erlangen könnte, die wir heute beobachten.

Ich danke Claude Million und Christoph Maeder für ihre Anregungen zu diesem Kapitel.

⚜ Quellen

Mirja Bänninger, Reto Bürgin, Anouk Sartorius und Hector Schmassmann
schlugen alle Quellen nach und überprüften sie.

Bücher und Aufsätze

Abegg, Werner: »Zunehmende Bedeutung der Kommunikation«,
in: Schweizerische Nationalbank (Hrsg.) 2007, S. 325–342.

Adloff, Frank: »Die Institutionalisierung und Sakralisierung des Gebens. Ein kultursoziologischer Blick
auf das Stiften und Spenden«, in: Adloff, Frank/Priller, Eckhard/Strachwitz,
Rupert Graf (Hrsg.): *Prosoziales Verhalten. Spenden in interdisziplinärer Perspektive,*
Lucius & Lucius, Stuttgart 2011, S. 225–245.

Allgäuer, Jörg: *Die linke und die rechte Hand. Motive der Gründung einer Stiftung,*
Nomos Verlagsgesellschaft, Baden-Baden 2008.

Ammann, Daniel: *King of Oil. Marc Rich – vom mächtigsten Rohstoffhändler der Welt
zum Gejagten der USA,* Orell Füssli, Zürich 2010.

André & Cie SA: *Suisse-Atlantique, Société d'armement maritime S.A.: 1877–1977: 100 ans d'activité,*
André & Cie SA, Lausanne 1977.

Arendt, Hannah: *Macht und Gewalt,* Piper, München 2005
(deutsche und amerikanische Erstausgabe 1970).

Aron, Raymond: »Journaliste et Professeur« (Text der Antrittsvorlesung am Institut des Hautes Études de
Belgique), 23. Okt. 1959, in: *Revue de l'Université de Bruxelles,* März–Mai, 1960 S. 2–10.

Außenpolitische Kommission des Nationalrats: *Mehr Transparenz im Schweizer Rohstoffsektor,*
Postulat 13.3365, eingereicht am 29.4.2013.

Avenir Suisse: »Kurz und bündig«, in: Schellenbauer/Müller-Jentsch (Hrsg.), 2012,
S. 150 ff. [Einlageblatt].

Baltensperger, Ernst: »The National Bank's monetary policy: evolution of policy framework
and policy performance«, in: Schweizerische Nationalbank (Hrsg.), 2007, S. 569–597.

BAK Basel Economics: *Finanzplatz Schweiz. Volkswirtschaftliche Bedeutung und Wechselwirkungen
mit dem Werkplatz. Eine Analyse im Auftrag der Schweizerischen Bankiervereinigung und economiesuisse,*
BAK Economics AG, Basel 2011.

Bänziger, Hugo: »Vom Sparerschutz zum Gläubigerschutz – die Entstehung des Bankgesetzes im Jahre 1934«,
in: Eidgenössische Bankenkommission (Koordination Urs Zulauf), 1985, S. 3–81.

Barfuss, Thomas/Jehle, Peter: *Antonio Gramsci: Zur Einführung,* Junius, Hamburg 2014.

Bauman, Zygmunt: *Retten uns die Reichen?,* Herder, Freiburg i. Br. 2015
(Die englische Erstausgabe erschien unter dem Titel *Does the Richness of the Few Benefit Us All?).*

Bauman, Zygmunt/Lyon, David: *Daten, Drohnen, Disziplin. Ein Gespräch über flüchtige Überwachung,*
Suhrkamp, Frankfurt a. M. 2013 (englische Erstausgabe 2012).

Beck, Ulrich: »Jenseits von Klasse und Stand? Soziale Ungleichheiten, gesellschaftliche
Individualisierungsprozesse und die Entstehung neuer sozialer Formationen und Identitäten«,
in: Kreckel (Hrsg.), 1983, S. 35–74.

Beck, Ulrich: *Risikogesellschaft. Auf dem Weg in eine andere Moderne,* Suhrkamp, Frankfurt a. M. 1986.

Beck, Ulrich: *Die Erfindung des Politischen. Zu einer Theorie reflexiver Modernisierung,*
Suhrkamp, Frankfurt a. M. 1993.

Beck, Ulrich: *Weltrisikogesellschaft. Auf der Suche nach der verlorenen Sicherheit,*
Suhrkamp, Frankfurt a. M. 2007.

Beck, Ulrich/Giddens, Anthony/Lash, Scott: *Reflexive Modernisierung. Eine Kontroverse,*
Suhrkamp, Frankfurt a. M. 1996.

Becker, Steffen/Sablowski, Thomas: »Konzentration und industrielle Organisation.
Das Beispiel der Chemie- und Pharmaindustrie«,
in: *PROKLA. Zeitschrift für kritische Sozialwissenschaft*, 28/4, 1998, S. 619–641.

BEIGEWUM/Attac/Armutskonferenz (Hrsg.): *Mythen des Reichtums: Warum Ungleichheit
unsere Gesellschaft gefährdet*, VSA, Hamburg 2014.

Bello, Walden: *Capitalism's last stand? Deglobalization in the Age of Austerity*, Zed Books, London 2013.

Berger, Wilhelm: *Macht*, Facultas, Wien 2009.

Betschon, Franz/Betschon, Stefan/Schlachter, Willy (Hrsg.): *Ingenieure bauen die Schweiz.
Technikgeschichte aus erster Hand*, 2 Bände, NZZ Libro, Zürich 2014.

Bichsel, Peter: *Des Schweizers Schweiz*, Arche, Zürich 1969.

Binswanger, Hans Christoph: *Die Wachstumsspirale. Geld, Energie und Imagination in der Dynamik
des Marktprozesses*, 4. überarbeitete Auflage, Metropolis, Marburg 2013 (Erstausgabe 2006).

Binswanger, Hans Christoph: *Vorwärts zur Mäßigung. Perspektiven einer nachhaltigen Ökonomie*, Murmann,
Hamburg 2009.

Binswanger, Hans Christoph: »Perspektiven einer nachhaltigen Wirtschaft«,
in: Deimann/Mugier, (Hrsg), 2011, S. 37–62.

Bischel, Iris/Knobloch, Ulrike/Ringger, Beat/Schatz, Holger (Hrsg.): *Kritik des kritischen Denkens*,
Edition 8, Zürich 2014.

Bloch, Ernst: *Das Prinzip Hoffnung*, Gesamtausgabe, Bd. 5, Suhrkamp, Frankfurt a. M. 1977
(Erstausgabe 1955–1957).

Blocher, Christoph: *Freiheit statt Sozialismus*, SVP Kanton Zürich, Zürich 2000.

Blocher, Christoph: *Von der Gefährlichkeit der Macht und vom Unrecht der Ohnmacht*, Vortrag,
gehalten anlässlich der Tagung 1989 des Engadiner Kollegiums vom 4.9.1989 in St. Moritz, Paper.

Block, Klaus-Dieter: *Ach du liebe Schweiz: Unterhaltsame Entdeckungen in einem sonderbaren Land*,
Steffen, Berlin 2014.

Blum, Roger: »Macht und Verantwortung der Massenmedien«,
in: Leisinger/Trappe (Hrsg.), 1991, S. 27–38.

Blum, Roger: »Der unerfüllte Traum der SVP«,
in: *Edito. Das Medienmagazin*, Ausgabe 06, Edito Verlag, Basel 2010, S. 18–21.

Bockman, Johanna K.: *Markets in the Name of Socialism. The Left-Wing Origins of Neoliberalism*,
Stanford University Press, Stanford 2011.

Bogner, Alexander/Menz, Wolfgang: »Das theoriegeleitete Experteninterview.
Erkenntnisinteresse, Wissensformen, Interaktion«, in: Menz/Littig/Bogner (Hrsg.), 2002, S. 33–70.

Boltanski, Luc/Chiapello, Ève: *Der neue Geist des Kapitalismus*, UVK, Konstanz 2003
(französische Erstausgabe 1999).

Bolz, Norbert: *Moderne Propaganda. Über die Gestaltung der öffentlichen Meinung durch Political Correctness*,
Vortrag von Prof. Dr. Norbert Bolz, Leiter Medienwissenschaft, Institut für Sprache und Kommunikation,
TU Berlin, 12.11.2011.

Bonnardin, Muriel (Hrsg.): *Geld & Herzblut: 16 Menschen und ihr Testament*, Kontrast, Zürich 2008.

Bordo, Michael/James Harold: »Die Nationalbank 1907–1946: Glückliche Kindheit oder schwierige Jugend?«,
in: Schweizerische Nationalbank (Hrsg.), 2007, S. 29–118.

Borner, Silvio: *Ökonomisches Gelächter und andere Kommentare zu Wirtschaft und Politik*,
Rüegger, Chur 2003.

Borner, Silvio/Straubhaar, Thomas/Brunetti, Aymo: *Schweiz-AG. Vom Sonderfall zum Sanierungsfall?*,
Verlag Neue Zürcher Zeitung, Zürich 1990.

Borsani, Cristina/Hug, Karl/Jordan, Thomas J.: »Modernisierung des geldpolitischen Instrumentariums«,
in: Schweizerische Nationalbank (Hrsg.), 2007, S. 305–317.

Bourdieu, Pierre: *Le sens pratique*, Minuit, Paris 1980.

Bourdieu, Pierre: »Ökonomisches Kapital, soziales Kapital, kulturelles Kapital«,
in: Kreckel (Hrsg.), 1983, S. 183–198.

Bourdieu, Pierre: *Die feinen Unterschiede. Kritik der gesellschaftlichen Urteilskraft*,
Suhrkamp, Frankfurt a. M. 1984 (französische Erstausgabe 1979).

Bourdieu, Pierre: »L'illusion biographique«, in: *Actes de la recherche en sciences sociales*,
62–63, 1986, S. 69–72.

Bourdieu, Pierre: »Espace social et pouvoir symbolique«, in: *Choses dites*, Minuit, Paris 1987, S. 147–166.

Bourdieu, Pierre: *La misère du monde*, Seuil, Paris 1993a.

Bourdieu, Pierre: »Der Rassismus der Intelligenz«, in. ders.: *Soziologische Fragen*,
Suhrkamp, Frankfurt a. M. 1993b, S. 252–256.

Bourdieu, Pierre: »Rethinking the State. Genesis and Structure of the Bureaucratic Field«, in: *Sociological Theory*, 12/1, 1994, S. 1–18.

Bourdieu, Pierre/Wacquant, Loïc D.: *Reflexive Anthropologie*, Suhrkamp, Frankfurt a. M. 1996 (französische Erstausgabe 1992).

Bourdieu, Pierre et al.: *Das Elend der Welt*, UVK, Konstanz 1997a, (deutsche Übersetzung von *La misère du monde*).

Bourdieu, Pierre: *Die verborgenen Mechanismen der Macht*, Schriften zu Politik & Kultur 1, VSA, Hamburg 1997b.

Bourdieu, Pierre: *Gegenfeuer. Wortmeldungen im Dienste des Widerstands gegen die neoliberale Invasion*, UVK, Konstanz 1998.

Bourdieu, Pierre: *Der einzige und sein Eigenheim*, erweiterte Neuausgabe, VSA, Hamburg 2002.

Bourdieu, Pierre: *Der Staatsadel*, UVK, Konstanz 2004 (französische Erstausgabe 1989).

Bourdieu, Pierre: *Politik. Schriften zur politischen Ökonomie 2*, UVK, Konstanz 2010.

Bourdieu, Pierre: »Beschreiben und Vorschreiben. Die Bedingungen der Möglichkeit politischer Wirkung und ihrer Grenzen«, in: Bourdieu, 2010, S. 11–22.

Bourdieu, Pierre/Passeron, Jean-Claude/Chamboredon, Jean-Claude (Hrsg.): *Le métier de sociologue. Préalables épistémologiques*, Mouton & Bordas, Paris 1968.

Bourguinat, Henri: *Finance internationale*, Presses Universitaires de France, Paris 1992.

Brandl, Barbara: »Industrialisierung und Konzentration. Die Analyse eines Zusammenhangs am Beispiel des Saatgutmarktes«, in: *PROKLA. Zeitschrift für kritische Sozialwissenschaft*, 42/4, 2012, S. 601–618.

Breiding, R. James/Schwarz, Gerhard: *Wirtschaftswunder Schweiz: Ursprung und Zukunft eines Erfolgsmodells*, NZZ Libro, Zürich 2011.

Bröckling, Ulrich/Krasmann, Susanne/Lemke, Thomas (Hrsg.): *Gouvernementalität der Gegenwart. Studien zur Ökonomisierung des Sozialen*, Suhrkamp, Frankfurt a. M. 2000.

Brunner, Christoph: *Think Tanks, Segen oder Fluch für die Demokratie in der Schweiz* (unveröffentlichte Diplomarbeit – Nachdiplomstudiengang Konfliktanalyse und Konfliktbewältigung), Seminar für Soziologie der Universität Basel, Basel 2014.

Bundesamt für Justiz: *Bericht in Erfüllung der Empfehlung 8 des Grundlagenberichts Rohstoffe und des Postulats 13.3365 »Mehr Transparenz im Schweizer Rohstoffsektor«*, 16. Mai 2014, S. 3.

Bundesamt für Sozialversicherung (BSV) (Hrsg.): *Schweizerische Sozialversicherungsstatistik 2013*, EDI, Bern 2013.

Bundesamt für Sozialversicherungen (BSV) (Hrsg.): *Schweizerische Sozialversicherungsstatistik 2014*, EDI, Bern 2014.

Bundesamt für Statistik (BFS): *Eidgenössische Betriebszählung. Wirtschaftsstruktur. Industrie, Dienstleistungen, Schweiz, Großregionen, Kantone: Arbeitsstätten, Beschäftigte*, EDI, Neuenburg 2007.

Buomberger, Thomas: *Die Erb-Pleite: Wie die Besitzerfamilie mit Spekulationen ein blühendes Unternehmen ruinierte*, Orell Füssli, Zürich 2005.

Bürgin, Reto/Schoch, Aline/Sutter, Peter/Schmassmann, Hector/Mäder, Ueli: *Urbane Widerständigkeit: am Beispiel des Basler Rheinhafen Areals*, gesowip, Basel 2015.

Burla, Stefan: »*Multis versus NGOs« oder neue Kooperation* (unveröffentlichte Diplomarbeit – Nachdiplomstudiengang Konfliktanalyse und Konfliktbewältigung), Seminar für Soziologie der Universität Basel, Basel 2014.

Burren, Susanne: »Betriebswirtschaftslehre. Von der Handelshochschulbewegung zur ›Business Administration‹«, in: Honegger/Jost/Burren/Jurt, 2007, S. 253–336.

Burren, Susanne/Jurt, Pascal: »Zur Ausdifferenzierung des wirtschaftswissenschaftlichen Feldes in der Schweiz. Vorschläge für eine Analyse ökonomischer Wissenskulturen«, in: Nollert, Michael/Scholtz, Hanno/Ziltener, Patrick (Hrsg.): *Wirtschaft in soziologischer Perspektive. Diskurs und empirische Analysen*, Lit Verlag, Münster 2004, S. 243–260.

Buser, Matthias/Dokic, Petra/Kovatsch, Milena: *Kaderschmiede Armee: Militärische Führungseigenschaften in der Privatwirtschaft* (unveröffentlichter Bericht des Forschungspraktikums), Seminar für Soziologie der Universität Basel, Basel 2014.

Bütler, Monika/Marti, Christian: »Staatliche Steuern und Transfers und ihre Folgen für den Mittelstand«, in: Schellenbauer/Müller-Jentsch (Hrsg.), 2012, S. 149–178.

Büttner, Milan/Graf, Stephan: *Wie beim Think Tank Avenir Suisse Expertise aufgebaut wird?* (unveröffentlichter Bericht des Forschungspraktikums), Seminar für Soziologie der Universität Basel, Basel 2013.

Calmy-Rey, Micheline: *Die Schweiz, die ich uns wünsche*, Nagel & Kimche, München 2014.

Capus, Alex: *Mein Nachbar Urs: Geschichten aus einer Kleinstadt*, Hanser, München 2014.

Carigiet, Erwin/Mäder, Ueli/Bonvin, Jean-Michel (Hrsg.): *Wörterbuch der Sozialpolitik*, Rotpunktverlag, Zürich 2003.

Cassidy, Alan/Loser, Philipp: *Der Fall FDP. Eine Partei verliert ihr Land,* Rotpunktverlag, Zürich 2015.

Chesney, Marc: *Vom großen Krieg zur permanenten Krise: Der Aufstieg der Finanzaristokratie und das Versagen der Demokratie,* Versus, Zürich 2014.

Chiapello, Ève: »Die Konstruktion der Wirtschaft durch das Rechnungswesen«,
in: Diaz-Bone, Rainer/Krell, Gertraude (Hrsg.): *Diskurs und Ökonomie. Diskursanalytische Perspektiven auf Märkte und Organisationen,* Springer VS , Wiesbaden 2009, S.125–149.

Cohn, Alain/Fehr, Ernst/Maréchal, Michel André: »Business culture and dishonesty in the banking industry«,
in: *Nature,* 516, 2014, S. 86–89.

Copetas, A. Craig: *Metal Men, Marc Rich and the 10-Billion-Dollar Scam,* G.P. Putnam, New York 1985.

Conzelmann, Ursina: *Die Macht der Stiftungen: Interview mit der Christoph Merian Stiftung*
(unveröffentlichter Essay im Rahmen der Vorlesung »Macht und Herrschaft: Wer regiert die Schweiz?«
HS 2013) Seminar für Soziologie der Universität Basel, Basel 2013.

Credit Suisse: *Global Wealth Databook,* Credit Suisse, Zürich 2010.

Credit Suisse Economic Research: *Wohnen und Pendeln. Wo lebt sich's am günstigsten?,* 24. Mai 2011.

Credit Suisse Economic Research: *Der Kanton Zug. Struktur und Perspektiven, Swiss Issues Regionen,*
Januar 2014.

Cueni, Philipp, »Interview mit Nathalie von Rotz«, in: Rotz, Nathalie von, 2012.

Dammann, Gerhard: *Narzissten, Egomanen, Psychopathen in der Führungsetage,* Haupt, Bern/Stuttgart/Wien 2007.

Daum, Matthias/Pöhner, Ralph/Teuwsen, Peer: *Wer regiert die Schweiz? Ein Blick hinter die Kulissen der Macht,*
Hier und Jetzt, Baden 2014.

Dausien, Bettina et al.: »Einleitung«, in: Völter/Dausien/Lutz/Rosenthal (Hrsg.), 2005, S. 7–20.

Davidson, George A.: »Squeezes and Corners: A Structural Approach«,
in: *The Business Lawyer,* 40/4, 1985, S. 1283–1298.

Deimann, Dorothée/Mugier, Simon (Hrsg.): *KunstRaumRhein: Entgegensprechen Teil 2 –
Texte zu Menschenwürde und Menschenrecht: Schöpfungskraft Wirtschaft,* gesowip, Basel 2011.

Dejung, Christof: *Die Fäden des globalen Marktes. Eine Sozial- und Kulturgeschichte des Welthandels
am Beispiel der Handelsfirma Gebrüder Volkart 1851–1999,* Böhlau, Köln 2013.

Delegation des Handels: *Der Schweizerische Großhandel in Geschichte und Gegenwart,*
Selbstverlag der Delegation des Handels, Basel 1943.

Deleuze, Gilles: »Postskriptum über die Kontrollgesellschaften«, in. ders.: *Unterhandlungen 1972–1990,*
Suhrkamp, Frankfurt a. M. 1993, S. 254–262 (französische Erstausgabe 1990).

Deleuze, Gilles/Guattari, Félix: *Rhizom,* Merve, Berlin 1977
(deutsche Übersetzung von *Rhizome* [1976]).

Deleuze, Gilles/Guattari, Félix: *Mille Plateaux – Capitalisme et schizophrénie 2,* Minuit, Paris 1980.

Demirović, Alex: »Herrschaft durch Kontingenz«, in: Bieling, Hans-Jürgen/Dörre, Klaus/Steinhilber,
Jochen/Urban, Hans-Jürgen/Weiner, Klaus-Peter (Hrsg.): *Flexibler Kapitalismus: Analysen. Kritik.
Politische Praxis,* VSA, Hamburg 2001, S. 208–224.

Denknetz (Hrsg.): *Die überflüssige Schweiz,* Edition 8, Zürich 2014.

Drüssel, Dieter: »Neuer Putschismus gegen den Umbruch in Lateinamerika. Das Beispiel Paraguay«,
in: *antidot,* Nr. 13, Zürich 2012.

Ducommun Gil: *Die Aushöhlung der Demokratie. Kapitalkonzentration und Macht,*
Menschenklang, Hindelbank 2015.

Durkheim, Émile: *Les règles de la méthode sociologique,*
Presses Universitaires de France, Paris 1960 (Französische Erstausgabe 1895).

Economiesuisse: *WTO und Freihandelsabkommen – Die Schweiz braucht besten Zugang zum Weltmarkt,*
Faktenblatt, Zürich 2012.

Edding, Cornelia/Clausen, Gisela: *Führungsfrauen – Wie man sie findet und wie man sie bindet,*
5 Bände, Verlag Bertelsmann Stiftung, Gütersloh 2014.

Edschmid, Ulrike: *Das Verschwinden des Philip S.,* Suhrkamp, Berlin 2013.

EFD Eidg. Finanzdepartement: *Maßnahmen zur Stärkung der steuerlichen Wettbewerbsfähigkeit
(Unternehmenssteuerreform III),* Bericht des Steuerungsorgans zuhanden des EFD, Bern, 11.12.2013.

EFD Eidg. Finanzdepartement: *Vernehmlassungsverfahren zum Bundesgesetz über steuerliche
Maßnahmen zur Stärkung der Wettbewerbsfähigkeit des Unternehmensstandorts Schweiz (USR III),*
Ergebnisbericht, Bern, 13.3.2014.

EFD/ESTV: *Erläuternder Bericht zur Vernehmlassungsvorlage über das Bundesgesetz über
steuerliche Maßnahmen zur Stärkung der Wettbewerbsfähigkeit des Unternehmensstandorts Schweiz
(Unternehmenssteuerreformgesetz III),* 19.9.2014, S.19.

Eichenberger, Kurt: »Veränderungen der Demokratie durch die Medien«,
in: Leisinger/Trappe (Hrsg.), 1991, S. 15–26.

Eidgenössische Bankenkommission (Koordination Urs Zulauf):
Jubiläumsschrift. 50 Jahre eidgenössische Bankenaufsicht, Schulthess, Zürich 1985.

Eidgenössisches Departement für auswärtige Angelegenheiten EDA, Eidgenössisches Finanzdepartement
EFD et al.: *Grundlagenbericht Rohstoffe. Bericht der interdepartementalen Plattform Rohstoffe an den
Bundesrat vom 27. März 2013*, Bern 2013.

Elitz, Ernst: »Die Zeitung hat Zukunft. Nach wie vor eine gute Adresse«,
in: Die Politische Meinung, 398, 2003, S. 66-70.

Emminghaus, Arwed C. B.: *Die schweizerische Volkswirtschaft*, 2 Bände, Gustav Mayer, Leipzig 1860.

Erklärung von Bern: *Rohstoff. Das gefährlichste Geschäft der Schweiz*, Salis, Zürich 2011.

Estermann, Yvette: *Erfrischend anders: Mein Leben – Fragen und Ansichten*, Orell Füssli, Zürich 2014.

European Investment Bank: *Mopani Copper Project Summary of the investigation of the Inspectorate General
Fraud Investigation (IG/IN)*, Luxemburg 29.1.2015.

Fahrni, Oliver: *Heavy Metall: Wie sich eine Gewerkschaft in der Industrie neu erfindet*, Seismo, Zürich 2014.

Felber, Christian: *Die Gemeinwohl-Ökonomie: Das Wirtschaftsmodell der Zukunft*, Deuticke, Wien 2010.

Felber, Christian: *Die Gemeinwohl-Ökonomie: Eine demokratische Alternative wächst*,
überarbeitete Neuausgabe, Deuticke, Wien 2012 (Erstausgabe 2010).

Felber, Christian: *Neue Werte für die Wirtschaft. Eine Alternative zu Kommunismus und Kapitalismus*,
Deuticke, Wien 2013 (Erstausgabe 2008).

Ferguson, Niall/Maier, Charles S./Erez, Manela/Sargent, Daniel J.:
The Shock of the Global. The 1970s in Perspective, Belknap Press, Cambridge, Mass. 2010.

Fischer, Manuel: *Entscheidungsstrukturen in der Schweizer Politik zu Beginn des 21. Jahrhunderts*,
Rüegger, Zürich 2012.

Fisher, Irving: »100 % Money and the public debt«, in: *Economic Forum*, 1936, April–June, S. 406–420.

Flassbeck, Heiner/Davidson, Paul/Galbraith, James K./Koo, Richard/Ghosh, Jayati: *Handelt jetzt!
Das Globale Manifest zur Rettung der Wirtschaft*, Westend, Frankfurt a. M. 2013.

Fleischmann, Christoph: *Gewinn in alle Ewigkeit. Kapitalismus als Religion*, Rotpunktverlag, Zürich 2010.

Fueglistaller, Urs/Fust, Alexander/Brunner, Christoph/Althaus, Bernhard:
Schweizer KMU-Studie. Analyse der aktuellsten Zahlen, Schweizerisches Institut
für Klein- und Mittelunternehmen an der Universität St. Gallen, St. Gallen 2014.

Fög (Hrsg.): *Jahrbuch Qualität der Medien*, Schwabe, Basel 2012.

Fög (Hrsg.): *Jahrbuch Qualität der Medien*, Schwabe, Basel 2013.

Forter, Martin: *Falsches Spiel: Die Umweltsünden der Basler Chemie vor und nach »Schweizerhalle«*,
Chronos, Zürich 2010.

Foucault, Michel: *Archäologie des Wissens*, Suhrkamp, Frankfurt a. M. 1981 (französische Erstausgabe 1969).

Foucault, Michel: *Der Wille zum Wissen. Sexualität und Wahrheit I*,
Suhrkamp, Frankfurt a. M. 1983 (französische Erstausgabe 1976).

Foucault, Michel: »Das Subjekt und die Macht. Nachwort und Interview«, in: Dreyfus, Hubert/Rabinow, Paul:
Michel Foucault. Jenseits von Strukturalismus und Hermeneutik, Beltz Athenäum, Weinheim 1996, S. 240–292.

Foucault, Michel: *Botschaften der Macht*, Deutsche Verlags-Anstalt, Stuttgart 1999.

Foucault, Michael: Art. »Staatsphobie«, in: Bröckling/Krasmann/Lemke (Hrsg.), 2000, S. 68–71.

Foucault, Michel: *Die Ordnung des Diskurses*, Fischer, Frankfurt a. M. 2003 (französische Erstausgabe 1972).

Foucault, Michel: »Subjekt und Macht«, in. ders.: *Analytik der Macht*,
Suhrkamp, Frankfurt a. M. 2005 S. 240–263 (französische Erstausgabe 1982).

Foucault, Michel: *Sicherheit, Territorium, Bevölkerung. Geschichte der Gouvernementalität I.
Vorlesungen am Collège de France 1977–1978*, Suhrkamp, Frankfurt a. M. 2006a (französische Erstausgabe 2004).

Foucault, Michel: *Die Geburt der Biopolitik. Geschichte der Gouvernementalität II, Vorlesungen
am Collège de France 1978–1979*, Suhrkamp, Frankfurt a. M. 2006b (französische Erstausgabe 2004).

Fourcade, Marion: »The Construction of a Global Profession. The Transnationalization of Economics«,
in: *American Journal of Sociology*, 112/1, 2006, S. 145–194.

Fourcade, Marion: *Economists and Societies. Discipline and Profession in the United States, Britain,
and France, 1980s to 1990s*, Princeton University Press, Princeton, NJ 2009.

Fourcade, Marion/Khurana, Rakesh: »From social control to financial economics. The linked ecologies of
economics and business in twentieth century America«, in: *Theory and Society*, 42/2, 2013, S. 121–159.

Fraser, Nancy: *Die halbierte Gerechtigkeit. Schlüsselbegriffe des postindustriellen Sozialstaats*,
Suhrkamp, Frankfurt a. M. 2001 (amerikanische Erstausgabe 1996).

Freiburghaus, Dieter: »Geschlossene oder aufgeschlossene Gesellschaft. Schweizer Eliten«,
in: Avenir Suisse (Hrsg.): *Die neue Zuwanderung*, NZZ Libro, Zürich 2008, S. 227–244.

Freiburghaus, Dieter: »Mittelschicht, Bürgersinn und Staat«,
in: Schellenbauer/Müller-Jentsch (Hrsg.), 2012, S. 241–253.

Freiburghaus, Dieter/Epiney, Astrid (Hrsg.): *Beziehungen Schweiz–EU. Standortbestimmung und Perspektiven,*
NZZ Libro, Zürich 2010.

Frémeaux, Philippe: *La nouvelle alternative? Enquête sur l'économie sociale et solidaire,*
Les Petits Matins, Paris 2011.

Friedrichsen, Mike/Gertler, Martin: *Medien zwischen Ökonomie und Qualität. Medienethik als Instrument
der Medienwirtschaft,* Nomos, Baden-Baden 2011.

Gabriel, Melanie: *Frauen in Führungspositionen: Mit Kind und Karrieren* (unveröffentlichter Bericht des
Forschungspraktikums), Seminar für Soziologie der Universität Basel, Basel 2015.

Gane, Nicholas: »The governmentalities of neoliberalism: panopticism, post-panopticism and beyond«,
in: *The Sociological Review,* 60/4, 2012, S. 611–634.

Geiger, Theodor: *Die soziale Schichtung des deutschen Volkes. Soziographischer Versuch auf
statistischer Grundlage,* F. Enke, Stuttgart 1932.

Giddens, Anthony: *Jenseits von Links und Rechts – Die Zukunft radikaler Demokratie,*
Suhrkamp, Frankfurt a. M. 1997 (englische Erstausgabe 1994).

Gilder, George: *Reichtum und Armut,* Severin und Siedler, Berlin (West) 1981.

Girsberger, Esther: *Abgewählt. Frauen an der Macht leben gefährlich,* Xanthippe, Zürich 2004.

Girsberger, Esther: *Eveline Widmer-Schlumpf: Die Unbeirrbare,* Orell Füssli, Zürich 2012.

Graevenitz, Gerhart von/Köcher, Renate/Rüthers, Bernd (Hrsg.): *Vierte Gewalt? Medien und Medienkontrolle,*
16, Baden-Württemberg-Kolloquium, UVK, Konstanz 1999.

Graf, Beatriz: »Syngenta in Brasilien, Aktionstag in Basel«, in: *EBF,* Archipelausgabe 160, Mai, Basel 2008.

Gramsci, Antonio: »Die kommunistische Partei«, in: ders.: *Philosophie der Praxis. Eine Auswahl,* Fischer,
Frankfurt a. M. 1967, S. 80–89 (italienische Erstausgabe 1920).

Gramsci, Antonio: *Gefängnishefte. Kritische Gesamtausgabe,* hrsg. von Bachmann, Klaus/Haug,
Fritz Wolfgang, 10 Bände, Argument, Hamburg 2012 (niedergeschrieben zwischen 1929 und 1935).

Greenpeace Schweiz: *Handbuch: Ratschläge und Einblicke für ein grüneres Leben,* Applaus, Zürich 2013.

Gruner, Erich: *Die Wirtschaftsverbände in der Demokratie. Vom Wachstum der Wirtschaftsorganisationen
im schweizerischen Staat,* Eugen Rentsch, Erlenbach-Zürich 1956.

Guex, Sébastien: »The development of Swiss trading companies in the twentieth century«,
in: Jones, Geoffrey (Hrsg.): *The Multinational Traders,* Routledge, London 1998, S. 150–172.

Guex, Sébastien: »Le secret bancaire suisse: une perspective historique«, in: *Revue économique et sociale:
bulletin de la Société d'Études Économiques et Sociales,* 60/1, 2002, S. 9–19.

Guex, Sébastien: »Les neuf vies du secret bancaire helvétique«, in: *Le Monde diplomatique,* Nr. 683,
Februar 2011, S. 4–5 (Deutsche Übersetzung: »Die neun Leben des Schweizer Bankgeheimnisses«).

Gütersloh, Christoph/Hieber, Andreas: *Finanzplatz Schweiz,* Jugend und Wirtschaft, Thalwil 2010.

Gutersohn, Alfred: *Das Gewerbe in der schweizerischen Wirtschaftspolitik. Der schweizerische Gewerbeverband 1879–1954,* im Auftrage des Schweizerischen Gewerbeverbandes verf. von Alfred Gutersohn in
Zusammenarbeit mit Jakob Weibel, Schweizerischer Gewerbeverband, Bern 1954.

Gysel, Barbara/Jans, Armin/Amrein, Martin (Hrsg.): *Da liegt Zug drin: Soziale und demokratische Spurensuche im Kanton Zug: 100 Jahre Sozialdemokratische Partei im Kanton Zug 1913–2013,* SP Kanton Zug, Zug 2013.

Habermas, Jürgen: *Die Neue Unübersichtlichkeit – Kleine Politische Schriften V,*
Suhrkamp, Frankfurt a. M. 1985.

Hablützel, Peter: *Die Banken und ihre Schweiz: Perspektiven einer Krise,* Conzett /Oesch, Zürich 2010.

Haltiner, Karl W./Szvircsev Tresch, Tibor: »Phänomen ›Militär‹ – Eigenschaften einer eigenartigen
Organisation«, in: Annen, Hubert (Hrsg.): *Das Ruder in der Hand. Aspekte der Führung und Ausbildung
in Armee, Wirtschaft und Politik,* Huber & Co., Frauenfeld 2006, S. 193–202.

Hänggi, Marcel, *Cui bono – Wer bestimmt, was geforscht wird? Eine Studie über die Beziehung zwischen
öffentlicher Wissenschaft und Industrie in der Schweiz,* gesowip, Basel 2013.

Hardt, Michael/Negri, Antonio, *Empire. Die neue Weltordnung,* Campus, Frankfurt a.M. 2002
(amerikanische Erstausgabe 2000).

Hartmann, Michael: *Eliten und Macht in Europa. Ein internationaler Vergleich,*
Campus, Frankfurt a. M. 2007.

Hartung, Lea: »Half-an-idea machine«, in: Pias, Claus/Vehlken, Sebastian: *Think Tanks. Die Beratung
der Gesellschaft,* Diaphanes, Zürich/Berlin 2010, S. 87–112.

Harvey, David: *Räume der Neoliberalisierung. Theorie der ungleichen Entwicklung,*
VSA, Hamburg 2007a (amerikanische Erstausgabe 2005).

Harvey, David: *Kleine Geschichte des Neoliberalismus,*
Rotpunktverlag, Zürich 2007b (amerikanische Erstausgabe 2005).

Haug, Frigga, *Die Vier-in-einem Perspektive. Politik von Frauen für eine neue Linke*,
Argument, Hamburg 2009.

Haug, Frigga: »Geschlechterverhältnisse als Produktionsverhältnisse«,
in: dies., Frigga, 2009, S. 310–340.

Haug, Frigga: *Der im Gehen erkundete Weg: Marxismus-Feminismus*, Argument, Hamburg 2015.

Haug, Wolfgang Fritz, *Hightech-Kapitalismus in der großen Krise*, Argument, Hamburg 2012.

Haumann, Heiko/Mäder, Ueli: »Erinnern und erzählen. Historisch-sozialwissenschaftliche Zugänge zu
lebensgeschichtlichen Interviews«, in: Leuenberger, Marco/Seglias, Loretta (Hrsg.):
Versorgt und vergessen. Ehemalige Verdingkinder erzählen, Rotpunktverlag, Zürich 2008, S. 279–287.

Häusermann, Silja/Mach, André/Papadopoulos, Yannis: »From corporatism to partisan politics: social policy
making under strain in Switzerland«, in: *Swiss Political Science Review*, 10/2, 2004, S. 33–59.

Hayek, Friedrich August von: »Wahrer und falscher Individualismus«,
in: *ORDO – Jahrbuch für die Ordnung von Wirtschaft und Gesellschaft*, Vol. 1, 1948, S. 19–55.

Helmig, Bernd/Hunziker, Beat: *Stiften in der Schweiz. Eine empirische Untersuchung über die Beweggründe
von Stifterinnen und Stiftern*, Verbandsmanagement Institut, Freiburg 2007.

Henschel, Veronika: *Wer regiert in die Schweiz? Die Macht der EU in die Schweiz. Ist Brüssel das neue Bern?*
(unveröffentlichter Essay), Seminar für Soziologie der Universität Basel, Basel 2013.

Herzog, Roland/Schäppi, Hans/Sekinger, Urs: »Erwerbsarbeit im globalen Kontext«,
in: Gurny, Ruth/Tecklenburg, Ueli (Hrsg.): *Arbeit ohne Knechtschaft. Bestandesaufnahmen
und Forderungen rund ums Thema Arbeit*, Edition 8, Zürich 2013, S. 56–75.

Hessel, Stéphane: *Empört euch!*, Ullstein, Berlin 2011 (französische Erstausgabe 2010).

Heye, Corinna/Fuchs, Sarah: »Die Milieus des Schweizer Mittelstands und ihre räumliche Verteilung«,
in: Schellenbauer/Müller-Jentsch (Hrsg.), 2012, S. 213–239.

Hirsch, Joachim: *Materialistische Staatstheorie. Transformationsprozesse des kapitalistischen Staates*,
VSA, Hamburg 2005.

Hoffmann, Erwin: *Was Manager vom Militär lernen können*, Gabler, Wiesbaden 2011.

Hoffmann, Jochen/Steiner, Adrian: »Politische Kommunikationsberater. Chance oder Gefahr für
die Demokratie?«, in: Imhof, Kurt/Blum, Roger/Bonfadelli, Heinz/Jarren, Otfried (Hrsg.):
Demokratie in der Mediengesellschaft, VS Verlag für Sozialwissenschaften, Wiesbaden 2006, S. 77–97.

Hoffmann, Walter K. I.: *Macht im Management. Ein Tabu wird protokolliert*,
Vdf Hochschulverlag, Zürich 2003.

Honegger, Claudia/Jost, Hans-Ulrich/Burren, Susann/Jurt, Pascal: *Konkurrierende Deutungen
des Sozialen. Geschichts-, Sozial- und Wirtschaftswissenschaften im Spannungsfeld von Politik und
Wissenschaft*, Chronos, Zürich 2007.

Honegger, Claudia/Neckel, Sighard/Magnin, Chantal (Hrsg.):
Strukturierte Verantwortungslosigkeit: Berichte aus der Bankenwelt, Suhrkamp, Frankfurt a. M. 2010.

Honneth, Axel: *Kampf um Anerkennung. Zur moralischen Grammatik sozialer Konflikte*,
Suhrkamp, Frankfurt a. M. 1992.

Hoven, Herbert: *In Olten umsteigen*, Suhrkamp, Frankfurt a. M. 2000.

Howald, Stefan: *Volkes Wille? Warum wir mehr Demokratie brauchen*, Rotpunktverlag, Zürich 2014.

Hubacher, Helmut: *Aktenzeichen CH: Micheline, Moritz, Merz + Co.*,
Zytglogge, Oberhofen am Thunersee 2004.

Hubacher, Helmut: *Hubachers Blocher*, Zytglogge, Bern 2014.

Huber, Joseph: *Monetäre Modernisierung. Zur Zukunft der Geldordnung*, Metropolis, Marburg 2011.

Huber, Joseph/Robertson, James: *Geldschöpfung in öffentlicher Hand. Weg zu einer
gerechten Geldordnung im Informationszeitalter*, Gauke, Kiel 2008.

Imhof, Kurt: »Die Demokratie, die Medien und das Jahrbuch«, in: fög – Forschungsinstitut Öffentlichkeit
und Gesellschaft/Universität Zürich: *Qualität der Medien, Jahrbuch 2013*, Schwabe, Basel 2013a, S. 11–21.

Imhof, Kurt/Eberle, Thomas S. (Hrsg.), *Triumph und Elend des Neoliberalismus*, Seismo, Zürich 2005.

Imhof, Kurt et al.: »Hauptbefunde«, in: fög – Forschungsinstitut Öffentlichkeit und Gesellschaft/Universität
Zürich: *Qualität der Medien, Jahrbuch 2013*, Schwabe, Basel 2013b, S. 23–34.

Indra, Peter: *Die Einführung der SwissDRGs in Schweizer Spitälern und ihre Auswirkungen auf das schweizerische Gesundheitswesen*, Schweizerische Gesellschaft für Gesundheitspolitik (SGGP), Zürich 2004.

Iten, Rolf et al.: *Familienergänzende Kinderbetreuung und Gleichstellung*. Schlussbericht
des schweizerischen Nationalfonds SNF 60, INFRAS-SEW, Zürich/St.Gallen 28. Oktober 2013.

Jaeggi, Saskia: *Antonio Gramsci* (unveröffentlichte Semesterarbeit), Seminar für Soziologie
der Universität Basel, Basel 2014.

Jaeggi, Saskia/Mäder, Ueli: »Biografische Zugänge zur Machtanalyse. Was die Gefängnishefte
von Antonio Gramsci erhellen«, in: *Widerspruch*, 66, 2015, S. 155–163.

James, Harold: »Mittelschicht, Unternehmertum und wirtschaftliche Entwicklung«,
in: Schellenbauer/Müller-Jentsch (Hrsg.), 2012, S. 87–98.

Jarren, Otfried: »Vergessene Selbstaufklärung?«, in: fög – Forschungsinstitut Öffentlichkeit und Gesellschaft/
Universität Zürich: *Qualität der Medien, Jahrbuch 2013*, Schwabe, Basel 2013, S. 7–9.

Jordan, Thomas J./Peytrignet, Michel: »Der Weg zur Zinssteuerung und zur Inflationsprognose«,
in: Schweizerische Nationalbank (Hrsg.), 2007, S. 273–291.

Junge, Torsten: *Gouvernementalität der Wissensgesellschaft. Politik und Subjektivität
unter dem Regime des Wissens*, transcript, Bielefeld 2008.

Jurt, Pascal: »Volkswirtschaftslehre. Von der Nationalökonomie zu den ›Economics‹«,
in: Honegger/Jost/Burren/Jurt, 2007, S. 185–250.

JUSO + Denknetz (Hrsg.): *Lohnverteilung und 1:12-Initiative: Gerechtigkeit und Demokratie
auf dem Prüfstand*, Edition 8, Zürich 2013.

Jüttemann, Gerd/Thomae, Hans (Hrsg.): *Biographische Methoden in den Humanwissenschaften*,
Beltz, Weinheim 1998.

Kannankulam, John: »Konjunkturen der inneren Sicherheit – vom Fordismus zum Neoliberalismus«,
in: *PROKLA. Zeitschrift für kritische Sozialwissenschaft*, 38/3, 2008, S. 413–427.

Kanton Zug: *Zuger Schulgesetz vom 27. September 1990 (Stand 1. Oktober 2013)*, §78 Kantonsbeiträge.

Kanton Zug: *Geschäftsbericht 2013*, 2013, S. 21.

Kanton Zug: *Kandidaten- und Parteiergebnisse*, Zug Kantonsrat, 6.10.2014a.

Kanton Zug: *Jahresrechnung 2014b*, Vorabdruck Jahresbericht des Regierungsrates, 2014, S. 1.

Kantonsrat Kanton Zug: *Kantonsratsbeschluss betreffend Darlehen des Kantons an die International School
of Zug and Luzern für das Bauprojekt am neuen Standort in Hünenberg*, Bericht und Antrag des Regierungsrates vom 15. Juni 2010, 24.2.2011, S. 6.

Kantonsrat Kanton Zug: *Protokoll zur Sitzung des Zuger Kantonsrats vom 27.6.2013*, 2013, S. 1672.

Keller, Max: »Die Revisionsstellen im System der schweizerischen Bankenaufsicht«,
in: Eidgenössische Bankenkommission (Koordination Urs Zulauf), 1985, S. 191–203.

Keller, Reiner: *Diskursforschung. Eine Einführung für SozialwissenschaftlerInnen*,
VS Verlag für Sozialwissenschaften, Wiesbaden 2011.

Kesselring, Hans-Christoph: »Die Bereinigung der Nebengeschäfte«,
in: Schweizerische Nationalbank (Hrsg.), 2007, S. 576–589.

Kis, Attila: »*Wer bestimmt, was geforscht wird* « – *Wissenschaft und wirtschaftliche Macht*
(unveröffentlichter Essay im Rahmen des Forschungskolloquiums HS 12), Seminar für Soziologie der
Universität Basel, Basel 2012.

Kissling, Hans: *Reichtum ohne Leistung. Die Feudalisierung der Schweiz*, Rüegger, Zürich/Chur 2008.

Klauser, Peter: »Probleme der überkommenen Währungsordnung«,
in: Schweizerische Nationalbank (Hrsg.), 2007, S. 499–504.

Kläui, Jeremias/Monfort, Simon, *Einfluss der Christoph Merian Stiftung auf die Stadtentwicklung in Basel:
am Beispiel des Dreispitzareals* (unveröffentlichte Essay im Rahmen der Vorlesung »Macht und Herrschaft –
Wer regiert die Schweiz«, HS 2013, Seminar für Soziologie der Universität Basel, Basel 2013.

Kleiber, Charles: »Le nouveau système de planification et de financement des établissements sanitaires
'intérêt public du canton de Vaud«, in: Martin, Jean/Kleiner, Charles/Tinturier, Gérald (Hrsg.):
Maîtrise des coûts dans l'économie hospitalière, Schweizerische Gesellschaft für Gesundheitspolitik (SGGP),
Zürich 1983, S. 44–61.

Kleiber, Charles: *Die Universität von morgen. Visionen, Fakten, Einschätzungen*.
Gruppe für Wissenschaft und Forschung, Bern 1999.

Klöckner, Markus B.: *Machteliten und Elitezirkel. Eine soziologische Auseinandersetzung*,
VDM, Wiesbaden 2007.

Koch, Erwin: *Caterina*, Weissgrund, Zürich 2015.

Kocher, Markus: *Missionare wider die politische Korrektheit, Macht und Medien*
(unveröffentlichtes Paper), Seminar für Soziologie der Universität Basel, Basel 2013.

Köcher, Renate: »Veränderte Mediennutzung – veränderte Gesellschaft«,
in: Graevenitz/Köcher/Rüthers (Hrsg.), 1999, S. 19–30.

Kocyba, Hermann: Art. »Wissen« in: Bröckling, Ulrich/Krasmann, Susanne/Lemke, Thomas (Hrsg.):
Glossar der Gegenwart, Suhrkamp, Frankfurt a. M. 2004, S. 300–306.

Kornbichler, Thomas: *Die Sucht, ganz oben zu sein: Psychohistorische Dimensionen von Macht und Herrschaft*,
Kreuz, Stuttgart 2007.

Koydl, Wolfgang: *Die Besserkönner: Was die Schweiz so besonders macht*, Orell Füssli, Zürich 2014.

Krauer, Nils: *Marcel Hänggi: Wissenschaft und wirtschaftliche Macht* (unveröffentlichter Essay im Rahmen des
Forschungskolloquiums HS 12), Seminar für Soziologie der Universität Basel, Basel 2012.

Kreckel, Reinhard (Hrsg.): *Soziale Ungleichheiten* (Soziale Welt: Sonderband 2), Schwartz, Göttingen 1983.

Kreis, Georg/Krumeich, Gerd/Ménudier, Henri/Mommsen, Hans/Sywottek, Arnold: *Alfred Toepfer: Stifter und Kaufmann: Bausteine einer Biographie – Kritische Bestandsaufnahme,* Christians, Hamburg 2000.

Krysmanski, Hans Jürgen: *Hirten & Wölfe: Wie Geld- und Machteliten sich die Welt aneignen oder: Einladung zum Power Structure Research,* Westfälisches Dampfboot, Münster 2004.

Kuhn, Hans: »Totalrevision des Nationalbankgesetzes«, in: Schweizerische Nationalbank (Hrsg.), 2007, S. 535–553.

Labhart, Robert: *Kapital und Moral: Christoph Merian. Eine Biographie,* Christoph Merian, Basel 2011.

Laclau, Ernesto: *On Populist Reason,* Verso, London 2005.

Laclau, Ernesto/Mouffe, Chantal: *Hegemonie und radikale Demokratie. Zur Dekonstruktion des Marxismus,* Passagen, Wien 1991 (englische Erstausgabe 1985).

Latour, Bruno: *Eine neue Soziologie für eine neue Gesellschaft,* Suhrkamp, Frankfurt a. M. 2010 (englische Erstausgabe 2007).

Lebaron, Frédéric: *La croyance économique. Les économistes entre science et politique,* Seuil, Paris 2000.

Lebaron, Frédéric: »A universal paradigm of Central banker?«, in: *Social Glance. Journal of Social Sciences and Humanities,* 2012, 1/1, S. 40–59.

Leimgruber, Matthieu: *Solidarity without the State? Business and the shaping of the Swiss Welfare State 1890–2000,* Cambridge University Press, Cambridge 2008.

Leimgruber, Walter/Christen, Gabriela: *Sonderfall? Die Schweiz zwischen Réduit und Europa,* Schweizerisches Landesmuseum, Zürich 1992.

Leisinger, Klaus M./Trappe, Paul (Hrsg.): *Regieren die Medien die Schweiz?* Social Strategies Forschungsberichte, 3/4, 1991.

Lemke, Thomas: »Eine unverdauliche Mahlzeit? Staatlichkeit, Wissen und die Analytik der Regierung«, in: Krasmann, Susanne/Volkmer, Michael (Hrsg.): *Michel Foucaults »Geschichte der Gouvernementalität« in den Sozialwissenschaften. Internationale Beiträge,* transcript, Bielefeld 2007, S. 47–73.

Lenin, Wladimir I.: *Materialismus und Empiriokritizismus.* Kritische Bemerkungen über eine reaktionäre Philosophie, Dietz, Berlin 1962 (russische Erstausgabe 1908).

Leuenberger, Moritz: *Lüge, List und Leidenschaft: Ein Plädoyer für die Politik,* Limmat, Zürich 2008.

Locher, Rahel: *Ökonomie, Macht und Geschlecht* (unveröffentlichter Bericht des Forschungspraktikums), Seminar für Soziologie der Universität Basel, Basel 2012.

Levy, René: Art. »Soziale Ungleichheiten«, in: Carigiet/Mäder/Bonvin (Hrsg.), 2003, S. 286–287.

Longchamp, Claude/Bucher, Matthias/Tschöpe, Stephan: *Bei finanziellen Engpässen auf weitere Kinder verzichten: Schlussbericht zur Studie »Wie geht es den Mittelschichtsfamilien in der Schweiz?«,* Gfs, Bern 2010.

Longchamp, Claude/Imfeld, Martina/Tschöpe, Stephan/Rochat, Philippe/Gauch, Carole/Müller, Meike/Kohli, Andrea/Kaspar, Michael: *Polarisierung der Mittelschichtsfamilien schreitet voran: Schlussbericht Familienmonitor Mittelschichtsfamilien,* Gfs, Bern 2013.

Löpfe, Philipp/Vontobel, Werner: *Reiche Multis, arme Bürger: Die unsoziale Kehrseite der maßlosen Unternehmensgewinne,* Orell Füssli, Zürich 2012.

Lüchinger, René: *Elisabeth Kopp. Zwei Leben – ein Schicksal. Aufstieg und Fall der ersten Bundesrätin der Schweiz,* Stämpfli, Bern 2014.

Luhmann, Niklas: *Macht,* Enke, Stuttgart 1975.

Luhmann, Niklas: *Die Realität der Massenmedien,* VS Verlag für Sozialwissenschaften, Wiesbaden 2004.

Lukesch, Barbara: »*Es ist ein Wunder, Dass es funktioniert hat«: 16 Jahre Regierungsrat: Gespräche mit Hanspeter Uster,* Xanthippe, Zürich 2006.

Lukesch, Barbara: *Wie geht Karriere? Strategien schlauer Frauen,* Wörterseh, Gockhausen 2015.

Lüönd, Karl: *Die Macht und die Ehrlichkeit: Kolumnen aus dem Medienzirkus,* Rüegger, Zürich/Chur 2010.

Mach, André: »Economists as Policy Entrepreneurs and the Rise of Neoliberal Ideas in Switzerland during the 1990s«, in: *Economic Sociology: European Electronic Newsletter,* 4/1, 2002, S. 1–14.

Mackay, Paul: »Schöpfungskraft Wirtschaft«, in: Deimann/Mugier (Hrsg.), 2011, S. 63–71.

Mader, Philip: *The Political Economy of Microfinance: Financializing Poverty,* Palgrave Macmillan, London 2015.

Mäder, Ueli: *Aufbruch im Alter: Ansätze,* Rotpunktverlag, Zürich 1988.

Mäder, Ueli: Art. »Zivilgesellschaft«, in: Carigiet/Mäder/Bonvin (Hrsg.), 2003, S. 366–367.

Mäder, Ueli: »Was biographische Zugänge erhellen«, in: Haupert, Bernhard/Schilling, Sigrid/Maurer, Susanne (Hrsg.): *Biografiearbeit und Biografieforschung in der sozialen Arbeit. Beiträge zu einer rekonstruktiven Perspektive sozialer Profession,* Peter Lang, Frankfurt a. M. 2010, S. 53–70.

Mäder, Ueli/Jey Aratnam, Ganga/Schilliger, Sarah: *Wie Reiche denken und lenken. Reichtum in der Schweiz,* Rotpunktverlag, Zürich 2010.

Mäder, Ueli/Schmassmann, Hector: »Wie normativ muss die Armutsforschung sein?«,
in: *Neue Praxis: Zeitschrift für Sozialarbeit, Sozialpädagogik und Sozialpolitik*, 42/11, S. 18–29.

Mäder, Ueli/Streuli, Elisa: *Reichtum in der Schweiz. Porträts, Fakten, Hintergründe*, Rotpunktverlag, Zürich 2002.

Mäder, Ueli/Sutter, Peter/Bossert, Markus/Schoch, Aline/Bürgin, Reto/Mugier, Simon/Schmassmann,
Hector: *Raum und Macht. Die Stadt zwischen Vision und Wirklichkeit
(Leben und Wirken von Lucius und Annemarie Burckhardt)*, Rotpunktverlag, Zürich 2014.

Mangold, Fritz: *Der schweizerische Transithandel. Ergebnisse einer Enquête*,
Verband Schweizerischer Transithandelsfirmen, Basel 1935.

Mankiw, Gregory N./Taylor, Mark P.: *Grundzüge der Volkswirtschaftslehre*, Schäffer-Poeschel, Stuttgart 2012.

Marchart, Oliver: *Die Prekarisierungsgesellschaft: Prekäre Proteste. Politik und Ökonomie
im Zeichen der Prekarisierung*, transcript, Bielefeld 2013.

Marx, Karl: *Das Kapital. Kritik der politischen Ökonomie. Erster Band: Der Produktionsprozess
des Kapitals*, MEW 23, Dietz, Berlin 1962 (Erstausgabe 1867).

Matter, Martin: *P-26. Die Geheimarmee, die keine war: Wie Politik und Medien
die Vorbereitung des Widerstandes skandalisieren*, Hier + Jetzt, Baden 2012.

Mauss, Marcel: *Die Gabe. Die Form und Funktion des Austauschs in archaischen Gesellschaften*,
Suhrkamp, Frankfurt a. M. 2009 (französische Erstausgabe 1923–1924).

Mayring, Philipp: *Einführung in die qualitative Sozialforschung*, Beltz, Weinheim 1999.

Mazbouri, Malik: »Der Aufstieg des Finanzplatzes im Ersten Weltkrieg. Das Beispiel des Schweizerischen
Bankvereins«, in: Rossfeld, Roman/Straumann, Tobias (Hrsg.): *Der vergessene Wirtschaftskrieg: Schweizer
Unternehmen im Ersten Weltkrieg*, Chronos, Zürich 2008, S. 439–464.

Media Trend Journal. Zeitschrift für Medien und Medienplanung, 4, 2013, Zürich, Medien & Medizin Verlag.

Meienberg, Niklaus: *Reportagen aus der Schweiz: Mit einem Vorwort von Peter Bichsel*,
Luchterhand, Darmstadt/Neuwied 1974.

Mensch, Christian: *Enteignete Zeitung? Die Geschichte der »Basler Zeitung«. Ein Lehrstück über den Medien-
wandel. Mit einem Nachwort von Kurt Imhof*, Schwabe, Basel 2012.

Menth, Willi: *Führung und Führungsstil in der Armee*, Universität Basel, Basel 1974.

Menz, Wolfgang/Becker, Steffen/Sablowski, Thomas: *Shareholder Value gegen Belegschaftsinteressen.
Der Weg der Hoechst AG zum ›Life Science‹ Konzern«*, VSA, Hamburg 1999.

Menz, Wolfgang/Littig, Beate/Bogner, Alexander (Hrsg.): *Das Experteninterview: Theorie, Methode,
Anwendung*, Leske + Budrich, Opladen 2002.

Menz, Wolfgang/Littig, Beate/Bogner, Alexander (Hrsg.): *Das Experteninterview. Theorie, Methode,
Anwendung (3., grundlegend überarbeitete Auflage)*, VS Verlag für Sozialwissenschaften, Wiesbaden 2009.

Meuser, Michael: »Geschlecht, Macht, Männlichkeit. Strukturwandel von Erwerbsarbeit und hegemoniale
Männlichkeit«, in: *Erwägen Wissen Ethik*, 21/3, 2010, S. 325–336.

Meuser, Michael/Nagel, Ulrike: »Experteninterview im Wandel der Wissensproduktion«,
in: Menz/Littig/Bogner (Hrsg.), 2009 S. 35–60.

Meuser, Michael/Scholz, Sylka: »Krise oder Strukturwandel hegemonialer Männlichkeit?«,
in: Bereswill, Mechthild/Neuber, Anke (Hrsg.): *In der Krise? Männlichkeiten im 21. Jahrhundert*,
Westfälisches Dampfboot, Münster 2011, S. 56–79.

Meyer, Frank A.: *Es wird eine Rebellion geben: Was unsere Demokratie jetzt braucht. Gespräche mit Jakob
Augstein*, Orell Füssli, Zürich 2014.

Mills, C. Wright: *The Power Elite*, Oxford University Press, New York 2000 (Erstausgabe 1956).

Mills, C. Wright: *The Sociological Imagination*, Oxford University Press, New York 2000 (Erstausgabe 1959).

Moser, Christoph, »Interview mit Florian Vock«, in: Mülli, Michael/Vock, Florian, 2014.

Moser, Heinrich: *Lebensleiter: Der Mensch braucht die Einsamkeit, um seinen Weg zu finden*,
Friedrich Reinhardt, Basel 2000.

Moser, Peter: *Schweizerische Wirtschaftspolitik im internationalen Wettbewerb. Eine ordnungspolitische
Analyse (herausgegeben von Heinz Hauser, Gerhard Schwarz und Klaus A. Vallender)*, Orell Füssli, Zürich/
Wiesbaden 1991.

Müller, Christian/Straub, Daniel: *Die Befreiung der Schweiz: über das bedingungslose Grundeinkommen*,
Limmat, Zürich 2012.

Müller-Jentsch, Daniel: »Einleitung«, in: Schellenbauer/Müller-Jentsch (Hrsg), 2012, S. 11–32.

Müller-Jentsch, Daniel: »Der Schweizer Mittelstand im internationalen Vergleich«,
in: Schellenbauer/Müller-Jentsch (Hrsg.), 2012, S. 33–57.

Müller-Jentsch: Daniel, *Schweizer Stiftungswesen im Aufbruch. Impulse für ein zeitgemäßes Mäzenatentum*,
Avenir Suisse, Zürich 2014.

Müller-Jentsch, Daniel: »Das Unbehagen in den westlichen Mittelschichten und seine Ursachen«,
in: Schellenbauer/Müller-Jentsch (Hrsg.), 2012, S. 59–85.

Mülli, Michael: *Staatsphobie und Normalität nach Schweizer Art: Wie Avenir Suisse einen Mittelstand konstruiert und soziale Ungleichheit entpolitisiert* (unveröffentlichte Seminararbeit), Seminar für Soziologie der Universität Basel, Basel 2014.

Mülli, Michael/Vock, Florian: *Reichtums- und Besteuerungsdiskurs in ausgewählten Schweizer Medien* (unveröffentlichtes Paper), Seminar für Soziologie der Universität Basel, Basel 2014.

MultiWatch (Hrsg.): *Milliarden mit Rohstoffen. Der Schweizer Konzern Glencore Xstrata*, Edition 8, Zürich 2014.

Nadolny, Sten: *Die Entdeckung der Langsamkeit*, Piper, München 1983.

Neckel, Sighard/Wagner, Greta (Hrsg.): *Leistung und Erschöpfung. Burnout in der Wettbewerbsgesellschaft*, Suhrkamp, Berlin 2013.

Nell-Breuning, Oswald von: *Arbeit vor Kapital. Kommentar zur Enzyklika Laborem exercens von Johannes Paul II (hrsg. von der katholischen Sozialakademie Österreichs)*, Europaverlag, Wien 1983

Nell-Breuning, Oswald von: »Solidarität und Subsidiarität«, in: Deutscher Caritasverband (Hrsg.): *Der Sozialstaat in der Krise*, Lambertus, Freiburg i. Br. 1984, S. 88–95.

Neumann, Manfred J. M.: »Monetary policy under flexible exchange rates: an assessment«, in: Schweizerische Nationalbank (Hrsg.), 2007, S. 721–754.

Nonhoff, Martin: *Politischer Diskurs und Hegemonie. Das Projekt »Soziale Marktwirtschaft«*, transcript, Bielefeld 2006.

Nozick, Robert: *Anarchie, Staat, Utopia*, Olzog, München 2006 (amerikanische Erstausgabe 1974).

Oesch, Daniel/Graf, Roman: *Löhne in den Medien 2006. Eine Analyse der Löhne von 1150 Journalisten und Journalistinnen in der Schweiz*, Schweizerischer Gewerkschaftsbund, Bern 2007.

Oesch, Richard: *Die Holdingbesteuerung in der Schweiz. Eine Studie über ihre Grundlage und Ausformung*, Schulthess, Zürich 1976.

Oesch, Thomas/Schärrer, Markus: *Studie zur Situation des Mittelstandes in der Schweiz. Auswertung von Sekundärdaten, Literatur- und Dokumentenanalyse* (im Auftrag von Angestellte Schweiz), Bass, Bern 1.12.2010.

Oevermann, Ulrich: »Die Struktur sozialer Deutungsmuster – Versuch einer Aktualisierung«, in: *Sozialer Sinn: Zeitschrift für hermeneutische Sozialforschung*, 1, 2001, S. 35–83.

Orsouw, Michael van: *Das vermeintliche Paradies. Eine historische Analyse der Anziehungskraft der Zuger Steuergesetze*, Chronos, Zürich 1995.

Osborne, David/Gaebler, Ted: *Reinventing Government. How the Entrepreneurial Spirit is Transforming the Public Sector*, Addison-Wesley Publishers, Reading, Mass. 1992.

Oster, Georg: *Wirtschaftsstruktur und Chancen. Schweiz, Germany Trade and Invest*, Gesellschaft für Außenwirtschaft und Standortmarketing mbH, Bonn 2011.

Palan, Ronen/Murphy, Richard/Chavagneux, Christian: *Tax Havens. How Globalization Really Works*, Cornell University Press, Ithaca, N.Y. 2010.

Parma, Viktor: *Machtgier: Wer die Schweiz wirklich regiert*, Nagel & Kimche, München 2007.

Parma, Viktor/Sigg, Oswald: *Die käufliche Schweiz: Für die Rückeroberung der Demokratie durch ihre Bürger*, Nagel & Kimche, München 2011.

Paul, Axel T.: *Die Gesellschaft des Geldes: Entwurf einer monetären Theorie der Moderne*, Springer, Wiesbaden 2012.

Paul, Axel T. (Hrsg.): *Ökonomie und Anthropologie*, Band 5, Berlin Verlag Arno Spitz, Berlin 1999.

Pearce, Fred: *Land Grabbing. Der Globale Kampf um Grund und Boden*, Kunstmann, München 2012.

Pelizzari, Alessandro: *Die Ökonomisierung des Politischen. New Public Management und der neoliberale Angriff auf die öffentlichen Dienste*, UVK, Konstanz 2001.

Permanent Peoples' Tribunal: *Session on Agrochemical Transnational Coporations*, Bangalore 3-6, Dezember 2011.

Perrineau, Pascal: »Une citoyenneté en mutation«, in: Holeindre, Jean-Vincent/Richard, Benoît (Hrsg.): *La démocratie: Histoire, théorie, pratiques*, Éd. Sciences Humaines, Paris 2010, S. 183–195.

Peters, Rudi: *Der Mittelstand im Spiegel der Steuerstatistik*, ESTV, Bern 2012.

Philipps, Tom: *Hochschulen zwischen Geist und Geld* (unveröffentlichter Bericht des Forschungspraktikums), Seminar für Soziologie der Universität Basel, Basel 2015.

Plehwe, Dieter/Walpen, Bernhard: »Wissenschaftliche und wissenschaftspolitische Produktionsweisen im Neoliberalismus. Beiträge der Mont Pèlerin Society und marktradikaler Think Tanks zur Hegemoniegewinnung und -erhaltung«, in: *PROKLA. Zeitschrift für kritische Sozialwissenschaft*, 29/2, 1999, S. 203–235.

Poglia Mileti, Francesca/Plomb, Fabrice/Streckeisen, Peter: »Von der Chemie der Arbeit zum Siegeszug des Populismus«, in: Butterwegge, Christoph/Hentges, Gudrun (Hrsg.): *Rechtspopulismus, Arbeitswelt und Armut. Befunde aus Deutschland, Österreich und der Schweiz*, Barbara Budrich, Opladen 2008, S. 211–238.

Pohl, Manfred: *Josef Ackermann: Leistung aus Leidenschaft: Eine Würdigung*, NZZ Libro, Zürich 2012.

Ptak, Ralf: »Soziale Marktwirtschaft und Neoliberalismus: ein deutscher Sonderweg«, in: Butterwegge, Christoph/Lösch, Bettina/Ptak, Ralf/Buntenbach, Annelie (Hrsg.): *Neoliberalismus: Analysen und Alternativen*, VS Verlag für Sozialwissenschaften, Wiesbaden 2008, S. 69–89.

Purtschert, Robert/Schnurbein, Georg von/Beccarelli, Claudio: *Visions and roles of foundations in Europe – Länderstudie Schweiz*, Verbandsmanagement Institut, Freiburg i. Ue. 2003.

Pury, David de/Hauser, Heinz/Schmid, Beat (Hrsg.): *Mut zum Aufbruch: Eine wirtschaftspolitische Agenda für die Schweiz*, Orell Füssli, Zürich 1995.

Rawls, John: *Eine Theorie der Gerechtigkeit*, Suhrkamp, Frankfurt a. M. 1979 (amerikanische Erstausgabe 1971).

Rebsamen, Frédéric: »Parachutés ou montagnards? Formation et trajectoires professionnelles des hauts fonctionnaires de la Confédération (1910–2000)«, in: *Traverse*, 2011/2, S. 100–113.

Regierungsrat Kanton Zug: *Antwort des Regierungsrates auf die kleine Anfrage »betreffend Steuergutschrift von 264 Millionen Dollar für Glencore«*, 10.7.2012, S. 2.

Rigney, Daniel: *The Metaphorical Society. An Invitation to Social Theory*, Rowman & Littlefield, Lanham 2001.

Ringger, Beat (Hrsg.): *Zukunft der Demokratie: Das postkapitalistische Projekt*, Rotpunktverlag, Zürich 2008.

Ritsert, Jürgen: *Soziale Klassen*, Westfälisches Dampfboot, Münster 1998.

Robertson, Robert: »Glokalisierung: Homogenität und Heterogenität in Raum und Zeit«, in: Beck, Ulrich (Hrsg.): *Perspektiven der Weltgesellschaft*, Suhrkamp, Frankfurt a. M. 1998, S. 192–220.

Rockefeller, David: *Memoirs*, Random House, New York 2002.

Rosenthal, Gabriele: »Erzählte Lebensgeschichte«, in: Rosenthal, Gabriele: *Erlebte und erzählte Lebensgeschichte. Gestalt und Struktur biografischer Selbstbeschreibungen*, Campus, Frankfurt a. M. 1995, S. 130–135.

Rosenthal, Gabriele: »Die Biographie im Kontext der Familien- und Gesellschaftsgeschichte«, in: Völter/Dausien/Lutz/Rosenthal (Hrsg.), 2005, S. 46–64.

Rothenbühler, Martina/Ehrler, Franziska/Kissau, Kathrin: *CH@YOUPART. Politische Partizipation junger Erwachsener in der Schweiz*, FORS, Lausanne 2012.

Röthlisberger, Adrian: *Nutzen der unteren militärischen Kaderausbildung für angehende Führungskräfte in der Wirtschaft*, Institut für Organisation und Personal, Bern 2007.

Rotz, Nathalie von: *Medien und Macht* (unveröffentlichter Bericht des Forschungspraktikums), Seminar für Soziologie der Universität Basel, Basel 2012.

Rudin, Cynthia, *Wer regiert die Schweiz? Ein Blick aus der Genderperspektive* (unveröffentlichtes Paper), Seminar für Soziologie der Universität Basel, Basel 2013.

Rüegg-Stürm, Johannes/Grand, Simon: *Das St. Galler Management-Modell. 4. Generation –Einführung*, Haupt, Bern 2014.

Rüthers, Bernd: »Einführung. Medien als vierte Gewalt«, in: Graevenitz/Köcher/Rüthers (Hrsg.), 1999, S. 11–18.

Sablowski, Thomas/Rupp, Joachim: »Die neue Ökonomie des Shareholder Value. Corporate Governance im Wandel«, in: *PROKLA. Zeitschrift für kritische Sozialwissenschaft*, 122/1, 2001, S. 47–78.

Sandberg, Sheryl: *Lean In: Frauen und der Wille zum Erfolg*, Econ, Berlin 2013 (amerikanische Erstausgabe 2013).

Sandel, Michael J.: *Was man für Geld nicht kaufen kann: Die moralischen Grenzen des Marktes*, Ullstein, Berlin 2012 (amerikanische Erstausgabe 2012).

Sandel, Michael J.: *Gerechtigkeit: Wie wir das Richtige tun*, Ullstein, Berlin 2013 (amerikanische Erstausgabe 2010).

Sarasin, Philipp: *Stadt der Bürger: Bürgerliche Macht und städtische Gesellschaft Basel 1846–1914*, Vandenhoeck & Ruprecht, Göttingen 1997.

Schäppi, Hans: »Krise – Rationalisierungen – gewerkschaftliche Perspektiven. Das Beispiel der Gemeinkosten-Wertanalysen«, in: *Widerspruch*, 7, 1984, S. 30–45.

Schatz, Gottfried: »Der unsichtbare Reichtum«, in: Vontobel Bank (Hrsg.), 2013, S. 10–13.

Schawinski, Roger: *Wer bin ich? Autobiographie*, Kein & Aber, Zürich 2014.

Schefer, Markus/Rhinow, René: *Schweizerisches Verfassungsrecht*, Helbing und Lichtenhahn, Basel 2009.

Schellenbauer, Patrik: »Die Schweiz als Land der Mitte«, in: Schellenbauer/Müller-Jentsch (Hrsg.), 2012, S. 255–270.

Schellenbauer, Patrik/Müller-Jentsch, Daniel (Hrsg.): *Der strapazierte Mittelstand. Zwischen Ambition, Anspruch und Ernüchterung*, Avenir Suisse und NZZ Libro, Zürich 2012.

Schlaefli, Samuel: *Zerrissen zwischen dem Wunsch nach Stillstand und Wandel; nach Gemeinschaft und Gesellschaft. Eine biographische Spurensuche nach Motiven für die polarisierte Schweiz nach der Abstimmung zur Masseneinwanderungs-Initiative* (unveröffentlichter Bericht des Forschungspraktikums), Seminar für Soziologie der Universität Basel, Basel 31.1.2015.

Schmassmann, Hector: *Symbolischer Interaktionismus und Ethnomethodologie* (unveröffentlichtes Manuskript), Seminar für Soziologie der Universität Basel, Basel 2001.

Schmelzer, Matthias: *Freiheit für Wechselkurse und Kapital. Die Ursprünge neoliberaler Währungspolitik und die Mont Pèlerin Society*, Metropolis, Marburg 2010.

Schmidt, Ina: *Macht denken glücklich? Eine philosophische Betrachtung*, J. Kamphausen, Bielefeld 2010.

Schneider, Markus: *Weißbuch 2004. Rezepte für den Sozialstaat Schweiz*, Die Weltwoche, Jean Frey AG, Zürich 2003.

Schneider, Markus: *Idée suisse: Was das Land zusammenhält und wer dafür bezahlt*, Weltwoche, Zürich 2004.

Schneider, Markus: *Klassenwechsel: Aufsteigen und Reichwerden in der Schweiz: Wie Kinder es weiterbringen als ihre Eltern*, Echtzeit, Basel 2007.

Schnurbein, Georg von: »Patterns of Governance in Swiss Trade Associations and Unions«, in: *Nonprofit Management & Leadership*, 20/1, 2009, S. 97–115.

Schnurbein, Georg von/Bethmann, Steffen: *Philanthropie in der Schweiz*, Centre for Philanthropy Studies, Basel 2010.

Schulmeister, Stephan: *Mitten in der großen Krise. Ein »New Deal« für Europa*, Picus, Wien 2010.

Schulze, Gerhard: *Die Erlebnisgesellschaft. Kultursoziologie der Gegenwart*, Campus, Frankfurt a. M./New York 2000.

Schwab-Trapp, Michael: »Diskurs als soziologisches Konzept. Bausteine für eine soziologisch orientierte Diskursanalyse«, in: Keller, Reiner/Hirseland, Andreas/Schneider, Werner/Viehöver, Willy (Hrsg.): *Handbuch Sozialwissenschaftliche Diskursanalyse: Band 1: Theorien und Methoden*, Leske + Budrich, Opladen 2001, S. 263–283.

Schwarz, Gerhard: »Reich ist die Schweiz nicht wegen des Geldes«, in: Vontobel Bank (Hrsg.), 2013, S. 18–21.

Schwarz, Gerhard/Salvi, Marco (Hrsg.): *Steuerpolitische Baustellen: Fiskalische Irrwege und Herausforderungen*, NZZ Libro, Zürich 2012.

Schwarz, Gerhard: »Zu diesem Buch«, in: Schellenbauer/Müller-Jentsch (Hrsg.), 2012, S. 3–8.

Schweizerischer Bundesrat: *Erläuternder Bericht zur multilateralen Vereinbarung der zuständigen Behörden über den automatischen Informationsaustausch über Finanzkonten und zu einem Bundesgesetz über den internationalen automatischen Informationsaustausch in Steuersachen*, Bern 14.1.2015.

Schweizerische Gesellschaft für Statistik und Volkswirtschaft (Hrsg.): *Handbuch der schweizerischen Volkswirtschaft*, Benteli, Bern 1955.

Schweizerischer Gewerkschaftsbund (SGB) (Hrsg.): *SGB-Verteilungsbericht 2015. Eine Analyse der Lohn-, Einkommens- und Vermögensverteilung in der Schweiz*, Dossier Nr. 107 (verfasst von Lampart, Daniel/Gallusser, Daniel/Schüpbach, Kristina), SGB, Zürich Januar 2015.

Schweizerische Nationalbank (Hrsg.): *Die Schweizerische Nationalbank 1907–1957*, Jubiläumsschrift, Zürich 1957.

Schweizerische Nationalbank (Hrsg.): *Die Schweizerische Nationalbank 1907–2007*, NZZ Libro, Zürich 2007.

Schweizerische Nationalbank (Hrsg.): *Vermögen der privaten Haushalte* (Medienmitteilung), Zürich 20.11.2014.

Sciarini, Pascal: »Eppure si muove. The changing nature of the Swiss consensus democracy«, in: *Journal of European Public Policy*, 21/1, 2014, S. 116–132.

Sedláček, Tomáš: *Economics of Good and Evil: The Quest for Economic Meaning from Gilgamesh to Wall Street*, Oxford University Press, Oxford 2011 (tschechische Erstausgabe 2009).

Sedláček, Tomáš: *Die Ökonomie von Gut und Böse*, Wilhelm Goldmann, München 2013a (deutsche Übersetzung von *Economics of Good and Evil*).

Sedláček, Tomáš/Orrell, David: *Bescheidenheit: Für eine neue Ökonomie*, Hanser, München 2013b (tschechische Erstausgabe 2012).

SEF: *Simplify. Meistern von Komplexität*, Swiss Economic Forum, Interlaken 2015.

Seitz, Werner: *Geschichte der politischen Gräben in der Schweiz*, Rüegger, Zürich/Chur 2014.

Sekinger, Urs/Gruber, Johannes/Pardini, Riccardo/Schöni, Walter/Wüthrich, Therese (Hrsg.): *Widerspruch 65: Europa, EU, Schweiz-Krise und Perspektiven*, Rotpunktverlag, Zürich 2014.

Sen, Amartya: *Die Idee der Gerechtigkeit*, C. H. Beck, München 2010 (englische Erstausgabe 2009).

Simmel, Georg: »Exkurs über den Fremden«, in. ders.: *Untersuchungen über die Formen der Vergesellschaftung*, Duncker & Humblot, Berlin 1908, S. 685–691 .

Somm, Markus: *Christoph Blocher. Der konservative Revolutionär*, Appenzeller Verlag, Herisau 2009.

Sommaruga, Simonetta/Strahm, Rudolf H.: *Für eine moderne Schweiz: Ein praktischer Reformplan*, Nagel & Kimche, Wien 2005.

Sozialdemokratische Partei der Schweiz (SPS) (Hrsg.): *Wirtschaftsdemokratie – eine ›konkrete Utopie‹ mit Zukunft?*, SPS, Zürich 2013.

Spire, Alexis: »La domestication de l'impôt par les classes dominantes«, in: *Actes de la recherche en sciences sociales*, 190, 2011, S. 58–71.

Sprecher, Thomas: *Die Revision des schweizerischen Stiftungsrechts*, Schulthess, Zürich 2006.

Stamm, Luzi, *Wer hat die Macht in Bern? Ist tatsächlich das Parlament für das Versagen der Politik in den 90er Jahren verantwortlich*, Zofinger Tagblatt, Zofingen 2000.

496 |

Staub, Martina: *Welchen Einfluss haben die Medien, die Partei und politische Interessengruppen auf Christoph Mörgeli und seine Funktion als Nationalrat* (unveröffentlichtes Paper im Rahmen der Vorlesung »Geld und Macht: die Schweiz zwischen Meritokratie und Oligarchie« HS 2012), Universität Zürich, Zürich 2012.

Steffen, Isabelle/Linder, Wolf: »Switzerland: Think Tanks and Vested Interests in Swiss Policy Making«, in: *German Policy Studies*, 3/2, 2006, S. 310–346.

Steinberg, Mario: *Zeynel Demir – der Dönerkönig: Vom Migrant zum Selfmade-Millionär* (unveröffentlichter Essay im Rahmen der Vorlesung »Macht und Ohnmacht: biografisch erforscht«, HS 2014), Seminar für Soziologie der Universität Basel, Basel 2014.

Stich, Otto: *Ich blieb einfach einfach: Eine Autobiographie mit Begleittexten von Ivo Bachmann*, Johannes Petri, Basel 2011.

Stiftung Zukunftsrat (Hrsg.): *Entwicklungspfade – Grundlagen zur Zukunftsgestaltung der Schweiz in 45 Themen*, Rüegger, Chur 2013.

Strahm, Rudolf H.: *Warum wir so reich sind: Wirtschaftsbuch Schweiz*, hep, Bern 2008.

Strahm, Rudolf H.: *Kritik aus Liebe zur Schweiz: Kolumnen und Analysen zu Politik und Wirtschaft*, Zytglogge, Oberhofen 2012.

Straumann, Lukas: *Nützliche Schädlinge. Angewandte Entomologie, chemische Industrie und Landwirtschaftspolitik in der Schweiz 1874–1952*, Chronos, Zürich 2005.

Streckeisen, Peter: »Akademisch-finanzieller Komplex«, in: *Debatte*, Nr. 9, 2009, S. 18–19.

Streckeisen, Peter: »Helvetische Mythen: wie der private Sozialstaat verklärt wird«, in: *Telegraph*, Vol. 120–121, 2010, S. 161–168.

Taguieff, Pierre-André: *L'Illusion populiste: Essai sur les démagogies de l'âge démocratique*, Flammarion, Paris 2007.

Tettamanti, Tito: *Manifest für eine liberale Gesellschaft*, Ammann, Zürich 1996.

Tettamanti, Tito: *Schutz von der Wiege zur Bahre. Wie bürgerliche Werte vernichtet werden*, Referat an einer Veranstaltung der Aktion Medienfreiheit, 18.4.2012.

Then, Christoph/Tippe, Ruth: *Europäisches Patentamt am Scheideweg – Patente auf Pflanzen und Tiere aus dem Jahre 2011*, Publikation des internationalen Bündnis No Patents on Seeds, München, März 2012.

Thielemann, Ulrich: *System Error. Warum der freie Markt zur Unfreiheit führt*, Westend, München 2009.

Thomann, Jacques-Olivier/Glauser, Pierre: *Der Rohstoffsektor und seine Finanzierung*, Referat/Folien, Journalistenseminar der Schweizerischen Bankiervereinigung (SBVg), Bern 12.6.2012.

Thomas, William I./Znaniecki, Florian W.: *The Polish Peasant in Europe and America: Monograph of an immigrant group*, 2 Bände, Dover, New York 1958 (Erstausgabe 1918–1920 in 5 Bänden).

Thunert, Martin: »Think Tanks als Ressourcen der Politikberatung. Bundesdeutsche Rahmenbedingungen und Perspektiven«, in: *Forschungsjournal Neue Soziale Bewegungen*, 12/3, 1999, S. 10–19.

Tönnies, Ferdinand: *Gemeinschaft und Gesellschaft. Grundbegriffe der reinen Soziologie*, Wissenschaftliche Buchgesellschaft, Darmstadt 1979 (Erstausgabe 1887).

Trepp, Gian: *Bertelsmann: Eine deutsche Geschichte*, Unionsverlag, Zürich 2007.

Trossmann, Max: »Der Schweizerische Gewerbeverband 1879–1979. Ein Spitzenverband wird 100 Jahre alt«, in: Schweizerischer Gewerbeverband (Hrsg.): *Das Gewerbe in der Schweiz. 100 Jahre Schweizerischer Gewerbeverband 1879–1979*, Bern 1979, S. 5–55.

Tschäni, Hans: *Wer regiert die Schweiz? Der Einfluss von Lobby und Verbänden*, Orell Füssli, Zürich/Schwäbisch Hall 1983.

Tschanz, Ernst: *125 Jahre Schweizerischer Gewerbeverband. 1879–2004*, sgv-usam, Schweizerischer Gewerbeverband, Bern 2004.

Ulrich, Peter: *Zivilisierte Marktwirtschaft: Eine wirtschaftsethische Orientierung*, Haupt, Bern 2010 (aktualisierte und erweiterte Neuausgabe).

Unia (Hrsg.): *Gewerkschaft in Bewegung: 10 Jahre Unia*, Rotpunktverlag, Zürich 2014.

U.S. Government Printing Office, House Report, No. 454, 107. Kongress, 2. Session, 23.1. –22.11.2002: *Justice Undone. Clemency Decisions in Clinton White House*, Vol. 1/2 (United States Congressional Serial Set 14778, Washington, verfasst durch das Committee on Government Reform, März/Mai 2004, Mr. Burton).

Veblen, Thorstein: »Why is economics not an evolutionary science?«, in: *The Quarterly Journal of Economics*, 12/4, 1898, S. 373–397.

Vester, Michael/Oertzen, Peter von/Geiling, Heiko/Hermann, Thomas/Müller, Dagmar: *Soziale Milieus im gesellschaftlichen Strukturwandel. Zwischen Integration und Ausgrenzung*, Suhrkamp, Frankfurt a. M. 2002.

Vogl, Joseph: *Der Souveränitätseffekt*, Diaphanes, Zürich/Berlin 2015.

Vogler, Robert U.: *Das Schweizer Bankgeheimnis: Entstehung, Bedeutung, Mythos*, Beiträge zur Finanzgeschichte, 7, Verein für Finanzgeschichte Schweiz und Fürstentum Liechtenstein, Zürich 2005.

Vögtli, Roland/Matti, René: *… und morgen ist ein neuer Tag: Geschichten von und über Roland Vögtli*, Buchmodul.ch, Frick 2011.

Völter, Bettina/Dausien, Bettina/Lutz, Helma/Rosenthal, Gabriele (Hrsg.): *Biographieforschung im Diskurs*, VS Verlag für Sozialwissenschaften, Wiesbaden 2005.

Vontobel Bank (Hrsg.): *Vontobel-Porträt 2013 – Über Reichtum*, Vontobel Bank, Zürich 2013.

Wacquant, Loïc: *Bestrafen der Armen. Zur neoliberalen Regierung der sozialen Unsicherheit*, Barbara Budrich, Opladen 2009 (französische Erstausgabe 2004).

Walker, Martin/Jonas, Anica: *Die Schweiz für die Hosentasche: Was Reiseführer verschweigen*, Fischer, Frankfurt a. M. 2014.

Walzer, Michael: *Sphären der Gerechtigkeit. Ein Plädoyer für Pluralität und Gleichheit*, Campus, Frankfurt/New York 1992.

Warwick, Hugh: *Süchtige Pflanzen – abhängige Bauern: Ein Bericht zur Firma Syngenta und ihren umstrittenen Gentech-Patenten*, Erklärung von Bern/ActionAid/GeneWatch, Zürich/London/Stockholm 2000

Waszkis, Helmut: *Philip Brothers. The Rise and Fall of a Trading Giant, 1901–1985*, Metal Bulletin Books, Surrey 1992.

Weaver, Kent R.: »The Changing World of Think Tanks«, in: *Political Science and Politics*, 22/3, 1989, S. 563–578.

Weber, Max: *Wirtschaft und Gesellschaft. Grundriss der verstehenden Soziologie*, Mohr Siebeck, Tübingen 1980 (Erstausgabe 1922).

Weber-Berg, Christoph/Lichtsteiner, Hans: *Das Konzept der gemeinnützigen Stiftung aus ethischer Perspektive*, Verbandsmanagement Institut, Freiburg 2009.

Weibel, Benedikt: *Mir nach! Erfolgreich führen vom heiligen Benedikt bis Steve Jobs*, NZZ Libro, Zürich 2012.

Weibel, Benedikt: *Simplicity. Die Kunst, die Komplexität zu reduzieren*, NZZ Libro, Zürich 2014.

Weingart, Peter/Lentsch, Justus (Hrsg.): *Wissen – Beraten – Entscheiden. Form und Funktion wissenschaftlicher Politikberatung in Deutschland*, Velbrück Wissenschaft, Weilerswist 2008.

Welzer, Harald: *Selbst denken. Eine Anleitung zum Widerstand*, Fischer, Frankfurt a. M. 2013.

Wilkinson, Richard/Pickett, Kate: *Gleichheit ist Glück: Warum gerechte Gesellschaften für alle besser sind*, Hoffmanns & Tolkemitt, Berlin 2009 (englische Erstausgabe 2009).

Winker, Gabriele: »Traditionelle Geschlechterordnung unter neoliberalem Druck. Veränderte Verwertungs- und Reproduktionsbedingungen der Arbeitskraft«, in: Winker, Gabriele/Groß, Melanie (Hrsg.): *Queer- /Feministische Kritiken neoliberaler Verhältnisse*, Unrast, Münster 2007, S. 15–49.

Wippermann, Carsten: *Frauen in Führungspositionen. Barrieren und Brücken*, Sinus Sociovision GmbH, Heidelberg März 2010.

Wirth, Hans-Jürgen: *Narzissmus und Macht. Zur Psychoanalyse seelischer Störungen in der Politik*, Psychosozial-Verlag, Gießen 2002.

Wolff, Karsten: »Patente torpedieren Nahrungssouveränität«, in: *GID 190*, Zürich Oktober 2008, S. 11–14.

Wunden, Wolfgang: »Epilog Wolfgang Wunden: Medienunternehmen im Zwiespalt ökonomischer und publizistischer Werte – die medienethische Betrachtung«, in: Friedrichsen/Gertler (Hrsg.): 2011, S. 115–122.

Wyss, Martin: *Am Körper scheiden sich die Geister. Flexibler Altersrücktritt im Bauhauptgewerbe*, gesowip, Basel 2013.

Yergin, Daniel: *Der Preis. Die Jagd nach Öl, Geld und Macht*, Fischer, Frankfurt a. M. 1991.

Zeller, Christian: »Oligopolistische Rivalität im Pharma-Biotech-Komplex. Konzentration des Kapitals und die Suche nach Rentenerträgen«, in: *PROKLA. Zeitschrift für kritische Sozialwissenschaft*, 42/4, 2012, S. 619–639.

Zeller, Christian: »›Kooperative Marktwirtschaft‹ jenseits gesellschaftlicher Auseinandersetzungen«, in: *Emanzipation*, 3/1, 2013, S. 58–70.

Ziegler, Jean: *Der Hass auf den Westen: Wie sich die armen Völker gegen den wirtschaftlichen Weltkrieg wehren*, Bertelsmann, München 2009.

Ziegler, Jean: *Ändere die Welt! Warum wir die kannibalische Weltordnung stürzen müssen*, Bertelsmann, München 2014.

Zola, Émile: *Germinal* (1885). Nach der deutschen Ausgabe von 1927, Deutsche Buch-Gemeinschaft, Berlin; in der Edition durch Michael Holzinger, Berlin 2014.

Zollino, Davide: *Wer regiert die Schweiz?* (unveröffentlicher Essay), Seminar für Soziologie der Universität Basel, Basel 2013.

Zumach, Andreas: *Globales Chaos – machtlose UNO – Ist die Weltorganisation überflüssig geworden?*, Rotpunktverlag, Zürich 2015.

Zeitungen und Zeitschriften

Aargauer Zeitung: Fischer, Simon: »Diese Parlamentarier bezahlt die Wirtschaft«, 3.2.2011.

AZ Nordwestschweiz: Tibolla, Rinaldo: »Die Gefahr der Plutokratie besteht«, Interview mit Georg Kohler, 8.4.2015, S. 5.

Basler Zeitung: Somm, Markus: »Was ist gerecht?«, 7.10.2010, S. 2.

Basler Zeitung: Loser, Philipp: »Bundesrat Merz fürchtet arme Reiche. Die SP-Steuerinitiative gefährde die Steuerhoheit der Kantone«, 7.10.2010, S. 5.

Basler Zeitung: Gross, Seraina: »Reichtum verpflichtet«, 28.10.2010, S. 5.

Basler Zeitung: Eugster, Timm: »Laut Experten profitiert die große Mehrheit. Mit der SP-Steuerinitiative könne der Mittelstand entlastet werden, sagen Wirtschaftsprofessoren«, 9.11.2010, S. 5.

Basler Zeitung: Somm, Markus: »Totengräber des Föderalismus«, 13.11.2010, S. 2.

Basler Zeitung: Ruch, Peter: »Neues Opium fürs Volk«, 25.3.2011, S. 6.

Basler Zeitung: Billerbeck Ewald: »Eine Neubewertung mit Akzent auf dem Stifterpaar« Interview mit Robert Labhart, 21.6.2011, Nr. 142, S. 3–4.

Basler Zeitung: Zulauf, Daniel: »Economiesuisse fürchtet um Einfluss«, 25.10.2011, S. 13.

Basler Zeitung: Schwarz, Gerhard: »Warum sich der Liberalismus so schlecht verkauft«, 12.4.2012, S. 2.

Basler Zeitung: Brunner, Walter: »Nun wird in die Höhe gebaut«, 9.5.2012.

Basler Zeitung: Ebneter, Erik: »Eine Leistungsgesellschaft namens Schweiz«, 13.7.2012.

Basler Zeitung: Mooser, Hubert: »Vereine sind die DNA der Schweiz« Interview mit CVP-Parteipräsident Christophe Darbellay, 19.10.2013.

Basler Zeitung: Agnolazza Aaron: »Bühne frei für einen Brandstifter«, 5.3.2014.

Basler Zeitung: Keller, Christian: »Das Kabinett der Abzocker«, 27.8.2014, S. 11.

Basler Zeitung: Hubacher, Helmut: »Professor serviert ganz scharfe Kost«, 27.9.2014, S. 11.

Basler Zeitung: Hubacher, Helmut: »Gewerkschaften und die Ameisen«, 25.4.2015, S. 11.

Basler Zeitung: SDA: »Unternehmer in die Politik«, 22.6.2015, S. 5.

Basler Zeitung: Richard, Christine: »Wie souverän ist der Souverän?«, 29.6.2015, S. 17.

Basler Zeitung: Simonius, Elisabeth: »Ein Mann der Großzügigkeit. Nachruf auf Architekt Matthias Eckenstein«, 7.7.2015, S. 10.

Basler Zeitung: Hubacher Helmut, »SVP-PR-Sender von Leutschenbach«, 12.9.2015, S. 11.

Beobachter: »Bundesratswahl: Die Netzwerke der Kandidaten«, 1.9.2010.

Beobachter: Hostettler, Otto/Angeli, Thomas: »Lobbyisten in Bundesbern. Der Befangenenchor«, 12.10.2012.

Berliner Umschau: Müller, Paul: »Bilderberg-Konferenz 2012 in Chantilly beendet«, 4.6.2012.

Berner Zeitung: Martin Wilhelm: »Gewerbeverband ergreift Referendum gegen Raumplanungsgesetz«, 3.10.2012.

Berner Zeitung: Soukup, Michael: »Rega-Stiftungsräte beziehen fast 300 000 Franken im Jahr«, 3.11.2012.

Berner Zeitung: Merkt, Anita: »Rohstoffhandel soll transparenter werden«, 21.1.2013.

Berner Zeitung: Kislig, Bernhard: »Die Benachteiligung der höheren Berufsbildung ist eklatant«, 27.1.2014.

Bilanz: Redaktion: »Wirtschaftsanwälte«, 31.5.2002.

Bilanz: Redaktion: »Wirtschaftsanwälte. Großmeister der fetten Deals«, 26.11.2003.

Bilanz: Redaktion: »Kloster Einsiedeln. Vasella hilft der Stiftsschule«, 11.4.2006.

Bilanz: Redaktion: »Wirtschaftsanwälte. Die Paragrafenkönige«, 20.6.2006.

Bilanz: Nolmans, Erik/Barmettler, Stefan: »Wirtschaftsanwälte. Die Höhenflieger«, 20.11.2009.

Bilanz: Redaktion »Wirtschaftsanwälte. Lehre und Praxis«, 17.12.2010.

Bilanz: Nolmans, Erik: »Novartis. Abgemagerte Macht«, 26.1.2012.

Bilanz: Kowalsky, Marc »Who is who: Die 100 wichtigsten Persönlichkeiten der Schweizer Wirtschaft«, 13.12.2013.

Bilanz: »Die Reichsten 300: Die Aufsteiger, die Absteiger, die Neureichen, die Schlossherren, die Streithähne, die Blaublüter, die besten Partien, die Modesünder, die Pleitiers«, 24/2013.

Bilanz: Kneubühler, Ueli: »Triumph am Rheinknie«, 4/2014, S. 42–45.

Bilanz: »Die Reichsten 300: 1 Country-Girl, 16 Geldwechsler, 1 Brückenbauer, 12 Jäger, 1 Hamburger-Brater, 1 Laienprediger, 8 Schlossherren, 57 Aufsteiger, 21 Absteiger, 6 Pferdezüchter, 3 Grafen und 4 Gräfinnen, 9 Schwermatrosen, 16 Herbergsväter, 1 Möbelhändler, 2 Insulaner, 7 Freizeitpiloten, 3 Schuster, 7 Parfumeure, 4 Autobauer«, 24/2014.

Bilanz: Nolmans, Erik: »Finma Seitenwechsel«, Nr. 1, 9.1.2015.

Blick: Seiler, Roman: »Bilderberg-Konferenz – Gästeliste und Agenda streng geheim. Hier tagt die Welt-Elite«, 5.6.2011.

Blick: Vontobel, Werner: »Die Macht der Großen. Wie Novartis gewinnt«, 25.1.2012.

Blick: »Tamedia steigert 2011 dank Edipresse Gewinn um über 60 Prozent«, 4.4.2012.

Blick: »Jean-François Rime ist neuer Präsident des Gewerbeverbands«, 23.5.2012.

Blick: SDA: »Wachstumspolitik: Binnenwirtschaft soll laut Bundesrat-Plänen für Wachstum sorgen«, 15.6.2012.

Blick: SDA: »Bundesrat lockert Bankgeheimnis. SP will noch mehr – SVP kämpft dagegen«, 21.9.2012.

Blick: SDA: »Raumplanung. Referendum gegen »missratenes Raumplanungsgesetz« eingereicht«, 3.10.2012.

Blick am Abend: »Reichster Grieche lebt in St. Moritz«, 1.7.2015, S. 6.

Blick am Sonntag: Gabi Schwegler über Guido Fluri: »Der Mann, der gegen den Tumor tanzt«, 27.7.2014, S. 24–25.

Denknetz: Medienmitteilung: »Maßnahmenpaket ungenügend«, 4.10.2010.

Finanz und Wirtschaft: Vasella, Reto/Frommberg, Laura, »Größter Börsengang Londons macht Glencore-Manager zu Milliardären«, Nr. 30, 19.5.2011.

Finanz und Wirtschaft: Wyss, Thomas: »Bundesrat will ›Gesamtschau‹ zur Finanzmarktpolitik«, 27.6.2012.

Handelsblatt: Hofmann, Siegfried: »Marktführer Syngenta stellt sich neu auf«, 23.10.2013.

Handelszeitung: Gschwend, Benedikt: »Das Ende der Geheimniskrämer«, 11.7.1996.

Handelszeitung: Sollberger, René: »Gewerbe macht Druck mit der ›Abzocker‹-Initiative«, 17.1.2010.

Handelszeitung: AWP/SDA: »Gewerbeverband fordert halbe Milliarde für Berufsbildung«, 29.11.2010.

Handelszeitung: Ernst, Synes: »Das mächtige Netz der diskreten Einflüsterer«, 02.12.2010.

Handelszeitung: Ernst, Synes: »Verbände: Entmachtung auf Raten«, 09.4.2011.

Handelszeitung: Hässig, Lukas: »Juristen auf der Bühn«, 19.5.2011.

Handelszeitung: Schmid, Christian/Vasella, Reto: »Lehrstellen: Nach dem Mangel die Qual der Wahl«, 20.6.2011.

Handelszeitung: Mustur, Vasilije/Nowack, Timo: »Marc Walder ist neuer CEO von Ringier«, 5.4.2012.

Handelszeitung: Strohm, Volker: »Economiesuisse erhöht Wachstumsprognosen«, 4.6.2012.

Handelszeitung: Strohm, Volker: »Xstrata-Aktionär lehnt Glencore-Angebot ab«, 9.9.2012.

Handelszeitung: Bütikofer, Christian: »Fusion von Xstrata und Glencore droht zu scheitern«, 17.9.2012.

Handelszeitung: Badertscher, Marc/Gerber, Samuel: »ZKB: Geschäft mit den Großen«, 7.2.2013.

Handelszeitung: »Direktor Bigler: Dicke Luft im Gewerbeverband«, 11.8.2013.

Handelszeitung: Badertscher, Marc: »Glencore zahlt wieder keine Gewinnsteuern«, 9.4.2014.

Handelszeitung: Müller, Armin: »Die größten Unternehmen der Schweiz«, 26.6.2014.

Handelszeitung: Bloomberg: »Ölpreis: Genfer Händler freuen sich über Auf und Ab«, 23.12.2014.

Handelszeitung: Schmid, Simon: »Top100. Die größten Unternehmen der Schweiz«, 25.6.2015, S. 10–12.

InfoSperber: Rizzi, Andreas: »Ein Professor denkt an die Allgemeinheit«, 23.9.2011.

InfoSperber: Gasche, Urs P.: »Bundeskartellamt: Millionen-Buße für Nestlé«, 6.2.2013.

InfoSperber: Zeyer, René: »So rasch haben Banken ihr Eigenkapital verbraucht«, 7.7.2013.

InfoSperber: Prantl, Heribert: »Medienunternehmen machen den Journalismus kaputt. Teil 2«, 29.7.2013.

InfoSperber: Strahm, Rudolf: »Immobilienboom, Wachsende Risiken für die Banken«, 26.8.2013.

InfoSperber: Gasche, Urs P.: »Die Entschuldigungen wirken etwas hohl«, 3.10.2013.

InfoSperber: Chesney, Marc: »Der Liberalismus und die Logik des Finanzmarktes«, 10.10.2013.

Kontaktstelle Wirtschaft Zug: Newsletter, 2011/1.

Libération, La: Ezan, Pierre: »Un céréalier en manque de blé«, 13.3.2001.

Magazin 2000plus: Berger Wolfgang: »Der Finanzsektor unterwirft die Welt«, 44/2014.

Magazin, Das: Zaugg, Thomas: »Adolf Muschg, Gott und das Glück« (Interview mit Adolf Muschg), 9.5.2014.

Manager Magazin Spezial: Hummler, Konrad: »Obrigkeiten kann man betrügen«, 5/2008, S. 163–164.

Neue Luzerner Zeitung: Meier, Ernst: »Rohstoffhandel – eine Branche und ihr schlechter Ruf«, 28.11.2013.

Notensteingespräche: Zurkinden, Michael u.a. im Gespräch mit Severin Schwan: »Fit für eine stürmische Zukunft?«, Nr. 3, St. Gallen Okt. 2012, S. 1–7.

NZZ: Corti, Mario: »Die Rückbesinnung auf die eigentlichen Staatsziele. Skizze einer marktwirtschaftlichen Denkfabrik für die Schweiz«, 30./31.1.1999.

NZZ: SDA: »André & Cie mit neuer Unternehmensstrategie«, 12.10.1999, S. 28.

NZZ: Weber, Lilo: »Wieviel Kultur für Gnade? Marc Richs Engagement in Zürich«, 3.2.2001, S. 46.

NZZ: SDA: »SVP übernimmt Gewerbeverband«, 26.2.2008.

NZZ: Saxer, Matthias: »Sonderbeilage KMU Schweiz«, 19.5.2009.

NZZ: SDA: »Schweizerischer Gewerbeverband lanciert Gratiszeitung«, 21.2.2010.

NZZ: Zeller, René: »Umverteilung als Maxime«, 01.10.2010, S. 15.

NZZ: Zeller, René: »Fast alle Steuerzahlenden würden getroffen«, 19.10.2010, S. 11.

NZZ: Zeller, René: »Als wäre Tell ein Sozialist«, 23.10.2010, S. 25.

NZZ: Fischer, Peter A.: »Das Haus des Nachbarn zu beschädigen, hilft nichts«, 13.11.2010, S. 27.

NZZ: Zeller, René: »Der erste Schritt zur ›Steuerwende‹«, 16.11.2010, S. 11.

NZZ: Spillmann, Markus: »Die Neidgesellschaft bläst zum Halali«, 16.11.2010, S. 23.

NZZ: Krummenacher, Jörg: »Der Reiz der Vertraulichkeit«, 10.6.2011.

NZZ: SDA: »Protest gegen Bilderberg-Konferenz mit wenig Resonanz«, 11.6.2011.

NZZ: Gemperli, Simon: »Hartes Casting für Gewerbepolitiker«, 15.7.2011.

NZZ: SDA: »Ringier verdient deutlich weniger«, 18.4.2012.

NZZ: SDA: »Wachstumspolitik. Bundesrat will die Binnenwirtschaft ankurbeln«, 15.6.2012.

NZZ: Müller, Giorgio V.: »EU-Plazet mit einem Aber«, 23.11.2012, S. 27.

NZZ: Henkel, Christiane Hanna: »Geldwäscherei bei der HSBC. Zu groß, um vor Gericht zu kommen?«, 12.12.2012, S. 24.

NZZ: Ferber, Michael: »Die verräterischen E-Mails der UBS-Händler. Teure Verfehlungen der Großbank im Libor-Skandal«, 20.12.2012, S. 25.

NZZ: Hosp, Gerald: »Vom Referenzzinssatz zum Skandalwert. Die systematische Manipulation von Libor, Tibor und Euribor erschüttert weiter das Vertrauen in die Finanzwelt«, 20.12.2012, S. 27.

NZZ: Müller, Giorgio V.: »Grünes Licht für Glencore Xstrata«, 17.4.2013, S. 27.

NZZ: Schöchli, Hansueli: »›Multis‹ versus KMU«, 29.6.2013.

NZZ: Bräuer, Sebastian/Fellmann, Fabian: »Kritik an Glencores Rechenspielen«, 25.8.2013.

NZZ: Meyer, Conrad: »Rechnungslegung – was gibt es Schöneres? Langer Marsch zur Überregulierung und wieder zurück«, 16.7.2014.

NZZ: Hermann, Michael: »Die Parteien sprechen mit einer Sprache«, 25.11.2014, S. 13.

NZZ: »Wirtschaft und Politik fehlt eine gemeinsame Sprache« (Interview von Nicole Rütti, Thomas Fuster, Peter A. Fischer mit Monika Rühl), 30.8.2014, S. 35.

NZZ: Ferber, Michael: »Suche nach einem zeitgemäßen Mäzenatentum«, 1.10.2014, S. 26.

NZZ: Ferber, Michael/Schäfer, Michael: »Schwere Vorwürfe der Finma an die UBS«, 13.11.2014.

NZZ: Antonia, Helena im Gespäch mit fbi./zac.: »Zwischenmenschliche Probleme gehen uns nichts an«, 27.11.2014, S. 17.

NZZ: Schöchli, Hanueli: »Steilpass für strengere Großbankenregeln«, 5.12.2014, S. 25.

NZZ: Hosp, Gerald: »Wenn Rohwarenhändler zu Bankern werden«, 13.12.2014, S. 39.

NZZ: Müller, Giorgio V.: »Glencore spart für Aktionäre«, 4.3.2015, S. 23.

NZZ: Höltschi, René: »EU will Licht in Rulings-Dschungel bringen«, 18.3.2015.

NZZ: Müller, Jürg: »Vergütungen für Manager steigen weiter. Abzocker-Aktivismus mit vorwiegend negativen Folgen«, 25.3.2015, S. 27.

NZZ: Tripelhorn, Marc: »Gefährdetes Gedächtnis«, 20.4.2015, S. 7.

NZZ: Birchler, Urs: »Fankurven als Schiedsrichter«, 20.4.2015, S. 17.

NZZ: Beschorner, Thomas/Hajduk, Thomas: »Unternehmensverantwortung in der Schweiz«, 20.4.2015, S. 17.

NZZ: Theiler, Lucia: »Wohlstand bremst das Unternehmertum«, 20.4.2015, S. 45.

NZZ: Jürgensen, Nadine: »Eine emanzipierte Mutter für die SVP«, 21.4.2015, S. 9.

NZZ: Gemperli, Simon: »Biglers Kampfmaschine«, 21.4.2015, S. 11.

NZZ: Zeller, René: »Mehr als eine Tochter«, 21.4.2015, S. 19.

NZZ: Schneider, Manfred: »Der Geist wird zunehmend weiblich«, 21.4.2015, S. 19.

NZZ: Gratwohl, Natalie: »400 Frauen für VR-Mandate«, 22.4.2015, S. 23.

NZZ: »Mehr Stiftungen in der Schweiz«, 22.4.2015, S. 25.

NZZ: Ferber, Michael: »Mehr Stiftungen in der Schweiz«, 22.4.2015, S. 25.

NZZ: Scruzzi, Davide: »Die ›Päcklifrau‹ steht unter Strom«, 24.4.2015, S. 9.

NZZ: Fischer, Peter A.: »Mediensteuer-Zwang, wozu? Hitzige Debatte um die Finanzierung und Zukunft der SRG«, 25.4.2015, S. 27.

NZZ: Zeller, René: »Volksrechte sind unantastbar«, 28.4.2015, S. 11.

NZZ: Jürgensen, Nadine: »Viele Meldungen, wenige Schuldsprüche. Wie die Schweiz versucht, die Geldwäscherei einzudämmen«, 29.4.2015, S. 9.

NZZ: Schöchli, Hansueli: »Firmen fürchten GV-Unfall. Heikle Rolle der Stimmrechtsvertreter«, 29.4.2015, S. 23.

NZZ: Neuhaus, Christina: »›Danke, Genossin!‹ Die Zürcher SP nominiert hart, Anciennität gilt wenig«, 30.4.2015, S. 17.

NZZ: Kutscher, Rico: »Kostspieliger Durchlaufposten. Das Mehrwertsteuersystem verursacht in den Unternehmen viel Zusatzaufwand«, 30.4.2015, S. 34.

NZZ: Jegen, Peter: »Offiziere, Herrenreiter und Profis«, 2.5.2015, S. 48.

NZZ: Mettler, Hanspeter: »Auf den Bezug zum Lokalen und Regionalen setzen. 33 Fragen an Peter Werder, Kommunikationschef Hirslanden-Gruppe«, 2.5.2015, S. 67.

NZZ: Rime, Jean-François: »Mit dem Billag-›Buebetrickli‹ zum Steuer-Blankocheck«, 4.5.2015, S. 15.

NZZ: Candinas, Martin: »Ein Referendum der Schwarzseher und –hörer«, 4.5.2015, S. 15.

NZZ: Vögeli, Dorothee: »Zürcher Sozialhilfe-Regeln vom Tisch. Der Kantonsrat hält an der Verbindlichkeit der Skos-Regeln fest«, 5.5.2015, S. 15.

NZZ: Feldges, Dominik/Winkelried, Daniel: »Der Franken-Druck steigt. In der Schweizer Wirtschaft drohen trotz vielfältigen Maßnahmen Betriebsschließungen und Verlagerungen«, 5.5.2015, S. 23.

NZZ: Häfliger, Markus: »Lobby-Affäre um Markwalder. Kasachische Manöver im Bundeshaus«, 6.5.2015, S. 1.

NZZ: Flückiger, Jan: »Bauern und Umweltschützer setzen sich durch. Der Nationalrat will das Cassis-de-Dijon-Prinzip für Lebensmittel aufheben«, 7.5.2015, S. 9.

NZZ: Jankowsky, Peter: »Der Architektenverband beeinflusst den Stadionbau des Hockeyclubs Ambri-Piotta«, 7.5.2015, S. 12.

NZZ: Müller, Andreas/Lindner, Thomas: »Gastkommentar: zukunftsmodell statt Plan B. Die Unternehmenssteuerreform III als Chance nutzen«, 12.5.2015, S. 18.

NZZ: Häfliger, Markus: »Minder erwägt neue Volksinitiative«, 13.5.2015, S. 1.

NZZ: Rütti, Nicole: »Teilzeitarbeit ist ein zweischneidiges Schwert«, 13.5.2015, S. 32.

NZZ: Rütti, Nicole: »Im Würgegriff der Bauernlobby«, 15.5.2015, S. 21.

NZZ: Zeller, René: »Luftwaffe im politischen Luftloch. Das Verteidigungsministerium will in drei Jahren die Beschaffung neuer Kampfflugzeuge einleiten«, 16.5.2015, S. 11.

NZZ: Senti, Martin: »Pro Bono‹ läuft gar nichts. Zur unscharfen Grenze zwischen Lobbyisten und Milizpolitikern«, 16.5.2015, S. 21.

NZZ: Kälin, Adi: »Seefeldisierung‹ als Vorwand«, 16.5.2015, S. 22.

NZZ: Schöchli, Hansueli: »Bauern ist der Schnaps teuer. Ringen um das Alkoholgesetz«, 19.5.2015, S. 1.

NZZ: Schöchli, Hansueli: »Wenn der Schnaps die Sinne der Politiker benebelt. Kuriositäten im Schweizer Parlament«, 19.5.2015, S. 21.

NZZ: Schade, Edzard: »Versöhnung der Zerstrittenen: Der bürgerliche Ursprung des audiovisuellen Service public«, 19.5.2015, S. 50.

NZZ: Häfliger, Markus: »Armeebudget soll betoniert werden. Die Sicherheitskommission will das Militär gegen Sparmaßnahmen immunisieren«, 20.5.2015, S. 11.

NZZ: Schöchli, Hansueli: »Ein Fonds für die Zukunft? Merkwürdige Ideen der Schweizer Politik«, 20.5.2015, S. 23.

NZZ: Rühle, Michael: »Die nukleare Wirklichkeit«, 7.6.2015, Nr. 154, S. 17.

NZZ: Gemperli, Simon: »Konfliktive Partnerin. Die Gewerkschaft Unia«, 13.6.2015, S. 13.

NZZ: SDA: »Meyer bleibt Spitzenreiter. Bericht zu den Kaderlöhnen in der Bundesverwaltung«, 2.7.2015, S. 11.

NZZ: Rist, Manfred: »Auf den Spuren Rockefellers. Asiens Superreiche legen zu und öffnen sich der Philanthropie«, 7.7.2015, S. 24.

NZZ: Freiburghaus, Dieter: »Der neue Nationalismus«, 30.7.2014.

NZZ-Folio: Schenk,Thomas: »Nicht ohne meinen Anwalt. Knochenarbeit und juristische Tricks. Die Rolle der Wirtschaftsanwälte«, 2.11.2000.

NZZ-Folio: Weber, Daniel: »Es muss alles anders bleiben«, 2014, Nr. 3, S. 3.

NZZ am Sonntag: Städeli, Markus: »Mildtätigkeit und Geldanlage kann man verschmelzen«, 20.5.2012, S. 33.

NZZ am Sonntag: Matt, Othmar von: »Leute aus Blochers Umfeld kaufen NZZ-Aktien«, 22.6.2014, S. 5.

NZZ am Sonntag: Jacquemart, Charlotte: »Milliardenerbe mit Emotionen«, 22.6.2014, S. 32.

NZZ am Sonntag: »Wir müssen die Nerven behalten« (Interview von Kathrin Alder und Daniel Friedli mit Bundesrat Alain Berset), 29.6.2014, S. 8.

NZZ am Sonntag: Häuptli, Lukas: »Von links außen an die Staatsmacht«, 29.6.2014, S. 9.

NZZ am Sonntag: Donzé, René: »Tunnels unter der Goldküste«, 29.6.2014, S. 12.

NZZ am Sonntag: Michel Maréchal im Gespräch mit Daniel Hug: »Bankangestellte sollten sich mit Eid dazu verpflichten, moralische Werte einzuhalten«, 23.11.2014, S. 35.

NZZ am Sonntag: Furger, Michael: »Ein Mann, ein Plan«, 12.4.2015, S. 25.

NZZ am Sonntag: Städeli, Markus: »Mildtätigkeit und Geldanlage kann man verschmelzen«, 20.5.2012, S. 33.

NZZ am Sonntag: Bräuer, Sebastian: »Glasenbergs riskanter Kurs schadet Glencore«, 13.9.2015, S. 33.

NZZ am Sonntag: Hug, Daniel: »Karrer hat neues Mandat bei Ringier-Tochter«, 13.9.2015, S. 37.

reformiert.info: Holthuizen, Anouk: »Protestieren und zugleich kassieren«, 29.9.2012.

Schweiz am Sonntag: Nock, Yannack: »Professoren müssen Nebenämter offenlegen«, 3.5.2015, S. 8.

Schweiz am Sonntag: Simonsen, Leif: »SP will von Buser die ganze Wahrheit«, 3.5.2015, S. 57.

Schweiz am Sonntag: Müller, Patrik: »Wirtschaft gegen Politik«, 6.6.2015.

Schweiz am Sonntag: Simonsen, Leif: »Uni weit weg vom ›gläsernen Professor‹«, 12.7.2015, S. 51.

Schweizerische Stiftung für den Doron Preis: Medienmitteilung vom 11.2.2015, S. 3.

Sonntag, Der: Meierhans, Daniel: »147 Finanzkonzerne regieren die Welt«, 23.10.2011, S. 23.

Sonntag, Der: Eichenberger, Reiner/Stadelmann, David: »Die Zugisierung der Schweiz«, 27.5.2012, S. 14.

SonntagsBlick: Vontobel, Werner: »Griechen retten Deutsche«, 27.11.2011, S. 32.

SonntagsBlick: Schwegler, Gabi: »Er ist ein CEO ohne Lohn und Bonus. Abt Urban Federer«, 12.10.2014, S. 32–33.

SonntagsBlick: Florian Imbach über Ruedi Noser: »Keine Damenwahl«, 12.4.2015, Nr. 15, S. 20–21.

SonntagsBlick: Christine Maier/Matthias Halbeis im Gespräch mit Jonas Projer: »Ich will keinen Lärm um des Lärms willen«, 12.4.2015, S. 22–24.

SonntagsBlick: Schätti, Guido: »Warum der Berner Unternehmer Markus Wenger eine linke Initiative unterstützt«, 12.4.2015, S. 28–29.

SonntagsZeitung: Gnehm, Claudia: »Schweizer Banken finanzieren Atomwaffen«, 13.10.2013, S. 49.

SonntagsZeitung: Alice Chalupny über Roger Federer: »To big to fail‹ für die Sponsoren«, 24.11.2013, S. 47.

SonntagsZeitung: Patrick Odier im Gespräch mit Martina Wacker und Erich Bürgler: »Die Banken dürfen sich nicht in Ketten legen lassen«, 27.4.2014, S. 45.

SonntagsZeitung: Burg, Denis von/Rafi, Reza: »SVP-Unternehmer planen neuen Wirtschaftsverband«, 21.9.2014.

SonntagsZeitung: Bürgler, Erich: »Finma: Streng – und unberechenbar«, 5.10.2014, S. 40.

SonntagsZeitung: Burg, Denis von: »Millionen und ein stummes Komitee reichen nicht«, 12.4.2015.

SonntagsZeitung: »Ich habe nie den Job gewechselt, um mehr zu verdienen«, Andrea Mächler im Gespräch mit Armin Müller und Frédéric Vormus, 16.8.2015, S. 13–14.

Sozialistische Zeitung: Hörtner, Werner: »Ein turbulentes Jahr in Kolumbien«, 11/2013.

Süddeutsche Zeitung: Zitzelsberger, Gerd: »Kapitalismus in der Krise: Erinnerungen an alten Glanz«, 17.5.2010.

Tages-Anzeiger: Meier, Michael: »Abt stößt sich nicht an ›Abzockern‹«, 20.2.2007: sc.tagesanzeiger.ch/dyn/news/schweiz/721642.html.

Tages-Anzeiger: Schaffner, David: »Die Schweiz wird ein Steuerparadies bleiben«, 15.10.2010, S. 3.

Tages-Anzeiger: Vonplon, David: »Der gute Spekulant«, 26.10.2010.

Tages-Anzeiger: Städler, Iwan: »Inszeniertes Drohkonzert«, 16.11.2010, S. 2.

Tages-Anzeiger: Schaffner, David: »Der Druck auf den Steuerwettbewerb nimmt zu«, 19.11.2010, S. 5.

Tages-Anzeiger: Ackermann, Jürg: »Der Unmut über Steuerprivilegien für ausländische Manager steigt«, 20.5.2011.

Tages-Anzeiger: Sturzenegger, Martin: »Wer am meisten Mandate ausübt«, 9.12.2011.

Tages-Anzeiger: Knopf, Simon: »Roche macht feindliches Übernahmeangebot«, 25.1.2012.

Tages-Anzeiger: Wilhelm, Martin: »Dollarkurs trübt Novartis-Ergebnis«, 19.7.2012.

Tages-Anzeiger: wid (Kürzel): »Nun geht Nestlé auf die Migros los«, 22.7.2012.

Tages-Anzeiger: Klenger, Fabienne: »Roche: Mehr Umsatz, weniger Gewinn«, 26.7.2012.

Tages-Anzeiger: Boyadjian, Rupen: »Nestlé überrascht mit solidem Wachstum«, 9.8.2012.

Tages-Anzeiger: Medienmitteilung: »Tamedia mit solidem Ergebnis in einem schwierigen Marktumfeld«, 30.8.2012.

Tages-Anzeiger: Knopf, Simon: »So viel verdienen Schweizer Chefs«, 7.9.2012.

Tages-Anzeiger: Dario Venutti im Gespräch mit Patrick Durisch von der Erklärung von Bern: »Urteil gegen Novartis: ›Ein Sieg für alle Generika‹«, 2.4.2013.

Tages-Anzeiger: Städler, Iwan: »Wo die Großverdiener wohnen«, 1.4.2014.

Tages-Anzeiger: Burri, Anja: »Wirtschaftsverbände bremsen die Fachhochschulen«, 1.10.2014.

Tages-Anzeiger: Brotschi, Markus: »Gewerbeverband gibt Älteren beste Chancen«, 17.11.2014.

Tages-Anzeiger: rar (Kürzel): »Forscher finden ›Betrugskultur‹ bei Banken«, 20.11.2014.

Tages-Anzeiger: Blumer, Claudia: »Die erstaunliche Wende von Economiesuisse«, 23.2.2015.

Tages-Anzeiger: Schindler, Felix: »Fünfmal angegriffen, fünfmal gescheitert«, 13.5.2015.

Tages-Anzeiger: Loser, Philipp: »Mit abgehackten Fingern und dem schielenden de Weck gegen die SRG«, 19.5.2015.

Tages-Anzeiger: Wilhelm, Martin: »SVP-Werber steckt hinter RTVG-Kampagne«, 26.5.2015.

Tageswoche: Krebs, Marc: »Wie Nestlé Wasser in Gold verwandelt«, 20.1.2012.

Tageswoche: Rockenbach, Michael: »Novartis macht sich für SVP stark«, 6.7.2012.

Tageswoche: Gysin, Hanspeter: »Das läuft schief in den Gewerkschaften«, 7.8.2015, S. 19.

The New York Times: Olson, Elizabeth: »Pardon in U.S. For Marc Rich Creates Storm In Switzerland«, 4.2.2001.

Thurgauer Stadtanzeiger: Scherrer, Markus: »Vom Asylsuchenden zum Dönerkönig«, 27.6.2012.

Volksblatt: SDA: »Bundesrat steht weiterhin hinter Mindestkurspolitik der SNB«, 31.8.2012.

Welt, Die: Vasella, Reto: »Bilderberg-Konferenz – Die geheimste Tagung der Welt«, 16.6.2011.

Weltwoche, Die: Schneider, Markus: »Der Sozialstaat muss umgebaut werden«, 12.9.2004, Nr. 48.

Weltwoche, Die: Schiltknecht, Kurt: »Die eindeutige Sprache der Fakten«, 2012, Nr. 36, S. 12.

Weltwoche, Die: Koydl, Wolfgang: »Was macht das Leben lebenswert?«, 2015, Nr. 1.

Weltwoche, Die: »Personenkontrolle«, Nr. 15, 9.4.2015, S. 12.

Weltwoche, Die: Schär, Markus: »André Daguet (1947–2015)«, 7.5.2015, Nr. 19, S. 15.

Weltwoche, Die: Kopp, Elisabeth: »Wir haben gelernt, uns gegen Große zu behaupten«, 11.6.2015, Nr. 24, S. 22–23.

Weltwoche, Die: Leimgruber, Walter im Gespräch mit Markus Schär: »Wir sollten die Menschen mitnehmen«, 11.6.2015, Nr. 24, S. 46–49.

Weltwoche, Die: Gygi, Beat: »Wo Millionäre sind, da lass dich ruhig nieder«, 25.6.2015, Nr. 16, S. 16–18.

Woman in Business, Das Wirtschaftsmagazin für die Frau: »Top 100: Die erfolgreichsten Frauen der Schweiz: Wirtschaft, Wissenschaft, Politik, Kultur«, 09.2013.

Work: Fahrni, Oliver: »Merz hatte schon immer ein Herz für die Reichen«, 18.3.2011, S. 5.

Work: Chesney, Marc/Fahrni, Oliver: »Die Banker wetten sogar auf den Tod kranker Menschen«, Dossier, 19.9.2014, S. 8–9.

WOZ: Wiegers, Elvira: »Rohstoffe und Menschenrechte: Kaufe und schweige«, 14.2.2008, Nr. 7.

WOZ: Wegelin, Yves: »Die Strohmänner der Schweizer Rohstoffgiganten« 4.4.2013, Nr. 14.

WOZ: Lang, Josef: »Marc Rich verlängerte die Apartheid«, 4.7.2013, Nr. 27.

WOZ: Meister, Franziska: »Syngenta kauft ForscherInnen«, 4.7.2013. Nr. 27.

WOZ: »Für Freiheitsrechte einstehen«, Interview von Bettina Dyttrich mit Beat Ringger, 20.3.2014, Nr. 12.

WOZ: »Gültigkeit von Volksinitiativen«, Interview von Noémi Landolt mit Markus Schefer, 3.7.2014, Nr. 27, S. 5.

WOZ: Wegelin, Yves: »Gut so, Herr Jordan!, 2015, 22.1.2015, Nr. 4.

WOZ: Weingartner, Basil: »Crans Montana Forum – Ein Diplomat auf Abwegen«, 12.2.2015, Nr. 7, S. 4.

WOZ: »Die Linke wird entweder feministisch sein. Oder unbedeutend«, Interview von Wolfgang Storz und Pit Wuhrer mit Ingrid Kurz-Scherf, 2.7.2015, Nr. 27, S. 12.

WOZ: »Die Banken können so viel Geld schaffen, wie sie wollen«, Interview von Yves Wegelin mit Mathias Binswanger, 6.8.2015, Nr. 32, S. 6.

Zentralplus: Gautschi, Manuel/Müller, Andrea/Meyer, Falco: »Zuger Rohstoffhandel, Teil 1: Wo werden in der Stadt Zug welche Rohstoffe gehandelt?«, 30.5.2014.

Zentralplus: Meyer, Falco: »Zuger Rohstoffhandel: ›Kikis‹ Erdöl auch in Zug«, 2.3.2015.

20 Minuten: Bigliel, Thomas: »Büezer-Politiker haben einen schweren Stand«, 20.2.2015, S. 8.

20 Minuten: Bigliel, Thomas: »CVP-Präsident Darbellay ist der Liebling der Medien«, 22.6.2015, S. 8.

20 Minuten Online: »Bilderberg-Konferenz findet in St. Moritz statt«, 3.5.2011: www.20min.ch/finance/news/story/Bilderberg-Konferenz-findet-in-St--Moritz-statt-28655858.

20 Minuten Online: »Dies ist die ›geheime‹ Teilnehmerliste«, 10.6.2011: www.20min.ch/finance/news/story/30440710.

Internet

Ackerman, Frank/Whited, Melissa/Knight, Patrick: »Atrazine: Consider the Alternatives«, Cambridge MA October 2013, in: www.synapse-energy.com.

ABB, www.abb.ch (Stand 17.9.2012).

Avenir Suisse: »Über uns«, 2013: www.avenir-suisse.ch/uber-uns-2/ (Stand 21.8.2013).

Avenir Suisse: www.avenir-suisse.ch (Stand 15.5.2015).

AVES: »AVES fordert obligatorische Volksabstimmung zum Atomausstieg«: www.aves.ch/aktuell/120928_atomausstieg.html (Stand 28.9.2012).

Azmedien.ch: http://azmedien.ch/unternehmen/management/verwaltungsrat.php (Stand 3.11.2013).

BAK Basel: »BAK Taxation Index für Hochqualifizierte«, 2015: www.baktaxation.ch/pages/bak-taxation-index/hochqualifizierte.php (Stand 2.6.2015).

Barmettler, Stefan: »Wirtschaftsanwälte, Alles, was recht ist«, 2010: www.bilanz.ch/unternehmen/wirtschaftsanwaelte-alles-was-recht-ist, erschienen auf Bilanz am 2.7.2010.

Barmettler, Stefan: »Millionenschweres Basler Duett im Nationalrat«, 2011: www.bilanz.ch/unternehmen/millionenschweres-basler-duett-im-nationalrat, erschienen auf Bilanz am 7.11.2011.

BBC: »Inside the Secretive Bilderberg Group«, 2005: news.bbc.co.uk/2/hi/americas/4290944.stm.

Bcg.perspectives: »Global Wealth 2015: Winning the Growth Game«, 2015: https://www.bcgperspectives.com/content/articles/financial-institutions-growth-global-wealth-2015-winning-the-growth-game/?chapter=2 (Stand 16.9.2015).

Bilanz.ch: Fritschi, Harald: »Lobbying: Kapital vernetzt«, 5.6.2009: www.bilanz.ch/people/lobbying-kapital-vernetzt# (Stand 20.8.2015).

Bilderberg Meetings: www.bilderbergmeeting.org (Stand 17.2.2015).

Brot für alle: www.brotfueralle.ch (Stand 6.12.2013).

Bundesamt für Energie BFE: »Energiestrategie 2050 und ökologische Steuerreform – Bundesrat eröffnet Vernehmlassung zur Energiestrategie 2050«, 28.9.2012: www.bfe.admin.ch/energie/ 00588/00589/00644/index.html?lang=de&msgid=46133&print_style=yes (Stand 15.9.2015).

Bundesamt für Statistik (BFS) : »Die ›Mitte‹ im Fokus. Die Entwicklung der mittleren Einkommensgruppen von 1998 bis 2009«, 2013: www.bfs.admin.ch/bfs/portal/de/index/news/publikationen.html?publicationID=5047, (Stand 24.7.2013).

Bundesamt für Statistik (BFS): »Ausfuhr nach Wirtschaftsräumen und Bestimmungsländern«, 2015: www.bfs. admin.ch/bfs/portal/de/index/themen/06/05/blank/key/ausfuhr/herkunftslaender.html (Stand 13.9.2015).

Bundesamt für Statisitk (BFS): »Aussenhandel (1) der Schweiz«, 2015: www.bfs.admin.ch/bfs/portal/de/index/themen/06/05/blank/key/handelsbilanz.html (Stand 13.9.2015).

Bundesamt für Statistik (BFS): »Bruttoinlandprodukt nach Kanton 2012«, Medienmitteilung vom 27.3.2015: www.bfs.admin.ch/bfs/portal/de/index/themen/04/22/press.html?pressID=10069 (Stand 2.4.2015).

Bundesamt für Statisitk (BFS): »Daten – Außenhandel«, 2015: www.bfs.admin.ch/bfs/portal/de/index/themen/06/05/blank/data.html (Stand 13.9.2015).

Bundesgesetz über die Gleichstellung von Frau und Mann (Gleichstellungsgesetz, GlG) vom 24. März 1995 (Stand am 1. Januar 2011), SR 151.1: www.admin.ch/opc/de/classified-compilation/19950082/index.html (Stand 3.2.2015).

Bundesverfassung der Schweizerischen Eidgenossenschaft (BV) vom 18. April 1999 (Stand am 18. Mai 2014), SR 101, Art. 8, Rechtsgleichheit: www.admin.ch/opc/de/classified-compilation/19995395/index.html#a8 (Stand 3.2.2015).

Bütler, Monika: »Arbeiten lohnt sich nicht – ein zweites Kind noch weniger«, Discussion Paper No. 2006/05, Februar 2006, Universität St. Gallen: www.interface-politikstudien.ch/media/2014/03/B%C3%BCtler_2006.pdf (Stand 4.2.2015).

Cash News (2012): »Die betrübliche Todesquote von Glencore«, 9.9.2012: www.cash.ch/news/alle-news/die_betruebliche_todesquote_von_glencore-1211197-448 (Stand 19.9.2015).

Christoph Merian Stiftung: »125 Jahre Christoph Merian Stiftung«, 2011: www.merianstiftung.ch/_ actions/documents_viewer.cfm?ObjectID=E4F27CAC-C865-4463-C6E83C753C6EE65C (Stand 26.7.2012).

Center for Philanthropy Studies/Zentrum für Stiftungsrecht/SwissFoundation (Hrsg.): »Der Schweizer Stiftungsreport«, 1.9.2011: http://ceps.unibas.ch/fileadmin/ceps/redaktion/Downloads/Forschung CEPS/_ Forschung_Praxis/stiftungsreport_2011_deutschweb.pdf (Stand 19.9.2015).

Center for Security Studies (ETH Zürich)/Militärakademie (ETH Zürich): Sicherheit 2015: Aussen-, Sicherheits- und Verteidigungspolitische Meinungsbildung im Trend, hrsg. von Tresch, Tibor Szvircsev/Wenger, Andreas, Zürich 2015: http://www.css.ethz.ch/publications/pdfs/Sicherheit-2015.pdf (Stand 13.9.2015).

Credit Suisse: »Gender diversity and corporate performance«, 2012: https://www.credit-suisse.com/newsletter/doc/gender_diversity.pdf (Stand 4.2.2015).

Credit Suisse: »Global Wealth Report«, 2010: https://www.credit-suisse.com/de/de/news-and-expertise/ economy/articles/news-and-expertise/2010/10/de/global-wealth-report-is-released-by-credit-suisse.html (Stand 15.9.2015).

Credit Suisse: »Global Wealth Report«, 2013: https://www.credit-suisse.com/de/de/news-and-expertise/ economy/articles/news-and-expertise/2014/10/de/world-wealth-rises-at-fastest-rate.html (Stand: 15.9.2015).

Credit Suisse, Research Institute: »Thought leadership from Credit Suisse Research and the world's foremost experts«, 10.2014: http://economics.uwo.ca/people/davies_docs/credit-suisse-global-wealth-report-2014.pdf (Stand 13.9.2015).

Credit Suisse: »Geschäftsbericht 2014«, 2015: https://www.credit-suisse.com/media/cc/docs/publications/ annualreporting/2014/csg-ar-2014-de.pdf (Stand 20.8.2015).

Curia Vista – Geschäftsdatenbank: »Fragestunde. Frage. Nimmt die Bundespräsidentin an der Bilderberg-Konferenz in St. Moritz teil?«, 7.6.2011: www.parlament.ch/D/Suche/Seiten/geschaefte.aspx?gesch_id=20115243 (Stand 2.4.2015).

Curia Vista: »Unterstellung von Edelmetallen unter das Geldwäschereigesetz«, Motion 13.3513 von Alec von Graffenried, eingereicht am 20.6.2013: www.parlament.ch/d/suche/seiten/geschaefte.aspx?gesch_id=20133513 (Stand 2.4.2015).

Curia Vista: »Keine Zahlung von Gewinnsteuern von Glencore 2011 und 2012«, Interpellation 13.3310 von Jacqueline Badran, eingereicht am 17.4.2014: www.parlament.ch/d/suche/seiten/geschaefte.aspx?gesch_id=20133310 (Stand 2.4.2015).

Der Schweizer Anwaltvergleich: www.anwaltvergleich.ch (Stand 19.10.2012).

derstandard.at (online-Tageszeitung): »Intellektuelle rufen zu Syriza-Unterstützung auf«, 5.1.2015: http://derstandard.at/2000010032257/Europaeische-Intellektuelle-rufen-zu-Syriza-Unterstuetzung-auf (Stand 15.9.2015).

Die Bundesbehörden der Schweizerischen Eidgenossenschaft: »Wachstumspolitik 2012–2015 im Zeichen der Produktivitätssteigerung im Binnenmarkt«, 2012: www.news.admin.ch/message/index.html?lang=de&print_style=yes&msg-id=44969 (Stand 13.9.2015).

Die Volkswirtschaft: »Bundesrat Johann N. Schneider-Ammann über die Zukunft des Industriestandortes Schweiz«, 7/8.2012: www.dievolkswirtschaft.ch/de/editions/201207/pdf/Schneider-Ammann.pdf (Stand 27.2.2015).

Direktion für Bildung und Kultur: »Anerkannte Privatschulen im Kanton Zug im Bereich der obligatorischen Schulzeit«, 2015: www.zg.ch%2Fbehoerden%2Fdirektion-fur-bildung-und-kultur%2Famt-fur-gemeindliche-schulen%2Finhalte-ags%2Fschulaufsicht%2Finhalte-schulaufsicht%2Fadressen-und-angebote-der-privatschulen%2Fliste-der-anerkannten-privatschulen%2Fanerkannteprivatschulen-juni2015.pdf%2Fdow nload&ei=SwuUVby9OIvYU4WLgDA&usg=AFQjCNFMkOXeVZj9FiwCjke52uE3t5a9xg&bvm=bv.969529 80,d.d24 (Stand 27.2.2015).

Dodd-Frank Wall Street Reform and Consumer Protection Act 2013, US, 2013: www.gpo.gov/fdsys/pkg/BILLS-111hr4173enr/pdf/BILLS-111hr4173enr.pdf (Stand 25.6.2015).

Dubler, Anne-Marie: Art. »Handwerk«, in: Historisches Lexikon der Schweiz (HLS), Bd. VI, Schwabe, Basel 2007: www.hls-dhs-dss.ch/textes/d/D13954.php (Stand 2.5.2015).

Economiesuisse: »Staat und Wettbewerb. Mehr Raum für Privatinitiative schaffen«, 2004: www.economiesu-isse.ch/de/SiteCollectionDocuments/Broschuere_Staat_und_Wettbewerb_20141208.pdf (Stand 20.8.2015).

Economiesuisse: www.economiesuisse.ch (Stand 3.9.2012).

Economiesuisse »Auch beim Bund wächst das Geld nicht auf den Bäumen«, 7.9.2012b: www.economiesuisse.ch/ de/themen/awp/wirtschaftspolitik/seiten/_detail.aspx?artID=artikel_bundesfinanzen_20120907 (Stand 27.2.2015).

Economiesuisse: »Schädlicher Gegenvorschlag zur Einheitskasse«, 12.10.2012a: www.economiesuisse.ch/de/ themen/awp/wirtschaftspolitik/seiten/_detail.aspx?artID=WN_gegenvorschlageinheitskasse_20121012 (Stand 27.2.2015).

Eidgenössische Zollverwaltung (EZV): »Analyse des schweizerischen Außenhandels im Jahr 2014«, 2015: www.ezv.admin.ch/themen/04096/04101/04125/index.html?lang=de&download=NHzLpZeg7t,lnp6IoNT Uo42l2Z6ln1acy4Zn4Z2qZpnO2Yuq2Z6gpJCDfYN7fmym162epYbg2c_JjKbNoKSn6A-- (Stand 13.9.2015).

EJPD: »Erläuternder Bericht vom 28. November 2014 zur Änderung des Obligationenrechts (Aktienrecht)«, 2014: www.ejpd.admin.ch/dam/data/bj/wirtschaft/gesetzgebung/aktienrechtsrevision14/vn-ber-d.pdf, S. 173 (Stand 27.2.2015).

ESTV: »Kartographische Darstellung der Einkommensverteilung«, 2014: www.estv.admin.ch/dokumentation/00075/00076/00701/index.html?lang=de (Stand 6.2015).

ETC Group – Action Group on Erosion, Technology and Concentration: »Putting the Cartel before the Horse … and Farm, Seeds, Soil, Peasants, etc. Who Will Control Agricultural Inputs«, 2013: www.etcgroup.org/putting_the_cartel_before_the_horse_2013 (Stand 17.2.2015).

Europäische Union: »EU-Richtlinie 2013/34/EU (Rechnungslegungsrichtlinie)«, 2013: http://eur-lex.europa.eu/ legal-content/DE/TXT/PDF/?uri=CELEX:32013L0034&rid=3 (Stand 25.6.2015).

Eurostat: »Statistics on income and living conditions by degree of urbanisation«, Luxemburg, Februar 2013: http://ec.europa.eu/eurostat/statistics-explained/index.php/Statistics_on_income_and_living_ conditions_by_degree_of_urbanisation (Stand 15.9.2015).

Eurostat: »Öffentlicher Schuldenstand im Europaraum auf 92,1 % des BIP gefallen« (Pressemitteilung euroindikatoren), 16/2015, 22.1.2015: http://ec.europa.eu/eurostat/documents/2995521/6483086/2-22012015-AP-DE.pdf/b0d27584-6040-48e0-869b-a8336ecc269d (Stand 16.9.2015).

Fahrni, Oliver: »Neue Chancen für die Geschäftsbanken: Ein Lob auf Trennbankensystem und Abkoppelung«, 17.6.2013: www.sp-ps.ch/.../130617_mk_bankensicherheitsinitiative_referat_fahrni (Stand 15.9.2015).

Financial Times Global Fischer Commodities Summit Lausanne: »Closing Key Note Address«, Karrer, Alexander, 24/25.4.2012: https://www.sif.admin.ch/dam/sif/de/dokumente/Rohstoffhandel-und-Finanzie-rung/20120425_Closing-Keynote_KAR_FT-Global-Commodities-Summit_final.pdf.download. pdf/20120425_Closing-Keynote_KAR_FT-Global-Commodities-Summit_final.pdf (Stand 1.4.2015).

Forum Kirche und Wirtschaft, 2013: www.forum-kirchewirtschaft.ch/dokumente/25062013/dokumente.php (Stand 25.6.2015).

Frey, Florian: »Parlamentarier als Lobbyisten – wenn vertreten unsere Politiker wirklich?«, sf.tv 21.6.2011: www.entscheidung11.sf.tv/Nachrichten/Archiv/2011/06/21/Hintergrund/Parlamentarier-als-Lobbyisten-wen-vertreten-unsere-Politiker-wirklich (15.9.2015).

FT Commodities Global Summit, 2015: https://www.etouches.com/ehome/commodities2015/243306/ (Stand 25.3.2015).

Gathmann, Florian: »Einladung zum Club der Mächtigen. Trittin und sein Bilderberg-Problem«, Spiegelonline 5.6.2012: www.spiegel.de/politik/deutschland/gruener-juergen-trittin-rechtfertigt-teilnahme-an-bilderberg-konferenz-a-837110-druck.html (Stand 15.9.2015).

Genfer Kammer der Sozialen und Solidarischen Wirtschaft, APRÈS-GE, *Panorama de l'économie sociale et solidaire à Genève: Panorama*, Genf, 2015: http://public.apres-ge.ch/sites/test.intranetgestion.com/files/ Synthese-etude-statistique-APRES-GE_2015.pdf (Stand 15.9.2015).

GGZ, 2015: www.ggz.ch/_local/ggz-top/125_jahre/sponsoren_spender.htm (Stand 25.3.2015).

Gigon, Ariane: »Nestlé, das Geschäft mit dem Wasser und die Kritik«, swissinfo.ch, Schweizer News-
weltweit 27.1.2012: www.swissinfo.ch/ger/specials/klimawandel/aktualitaet/Nestle,_das_Geschaeft_mit_
dem_Wasser_und_die_Kritik.html?cid=32016786 (Stand 15.9.2015).

Glencore Xstrata: »Annual Report 2013« 2014, S. 16: www.glencore.com/assets/investors/doc/reports_and_
results/2013/GLEN-2013-Annual-Report.pdf (Stand 25.3.2015).

Grabosch, Robert: »The Distribution of Paraquat. Does Syngenta Respect Human Rights?«, 2011:
https://www.evb.ch/en/p25019752.html (Stand 12.2011).

Hässig, Lukas: »Juristen auf der Bühne«, Handelszeitung 19.5.2011: lukashaessig.ch/artikel/2011/artikel/
juristen-auf-der-buhne/ (Stand 15.9.2015).

Harnischberg, Irène: »133 000 Franken. So viel verdient ein Bundespolitiker (mindestens)«, Blick.ch 9.8.2011:
www.blick.ch/news/schweiz/so-viel-verdient-ein-bundespolitiker-mindestens-id82014.html (Stand 15.9.2015).

Help.ch: »Die größten Schweizer Firmen«, 2012: www.help.ch/companysel.cfm?art=TOP (Stand 5.9.2012).

Hermenau, Sue: »Paraguay. Kalter Putsch für Konzerninteressen«, 28.6.2012: america21.de (Stand 15.9.2015).

HKex: UNCTAD, Overview, Commodities and Development Report«, Main Board Chapter 18/GEM Chapter
18A, 2011: http://unctadxiii.org/en/SessionDocument/suc2011d9_overview_en.pdf (Stand 25.3.2015).

Humanrights.ch: »Der Fall Glencore zeigt, dass striktere Gesetze notwendig sind«, 2011: www.humanrights.ch/
de/menschenrechte-schweiz/aussenpolitik/aussenwirtschaftspolitik/tnc/glencores-boersengang,15.5.2011
(Stand 25.3.2015).

IG Biomedizinische Forschung und Innovation, lobbywatch.ch, 2015: http://lobbywatch.ch/de/daten/
organisation/923/IG%20Biomedizinische%20Forschung%20und%20Innovation (Stand 9.7.2015).

Info CH, das Online Lexikon: »Medienlandschaft und Zeitungen in der Schweiz«, 2012: www.conviva-plus.ch/
index.php?page=807 (Stand 1.11.2012).

Institut für Soziologie der Westfälischen Wilhelms-Universität Münster: »Forschungsprojekt ›Wem gehört die
EU?‹, Bilderberg-Konferenzen«, 2007: Bilderberger-konferenzen.de.tl (Stand 3.10.2012).

International Monetary Fund (IMF): IMF eLibrary Data, 2015: http://data.imf.org/?sk=40313609-F037-48C1-
84B1-E1F1CE54D6D5&ss=1390030109571 (Stand 13.9.2015).

Kanton Zug: »Fachstelle für Statistik: ›Konfessionen‹ (Angaben für 2012)«, 2012: www.zg.ch/behoerden/
baudirektion/statistikfachstelle/themen/01bevoelkerungszahlen/konfession (Stand 25.3.2015).

Kanton Zug: »Entlastungsprogramm 2015–2018 des Kantons Zug«, 2015: www.zg.ch/behoerden/
finanzdirektion/direktionssekretariat/entlastungsprogramm-2015-2018 (Stand 25.3.2015).

Katholische Internationale Presseagentur kipa: »Daniel Vasella berät das Kloster Einsiedeln«, 14.4.2006:
www.kath.ch/pdf/kipa_20060414190313.pdf (Stand 30.4.2014).

Konzern-Initiative.ch: »Konzernverantwortungsinitiative: Zum Schutz von Mensch und Umwelt«, 2015:
http://konzern-initiative.ch (Stand 20.8.2015).

Krüger, Uwe: »Alpha-Journalisten. Embedded?«, Message 2007:
www.lobbycontrol.de/download/Message_Bilderberg.pdf (Stand 15.9.2015).

Liebrand, Anian: »Bilderberg 2012 – warum schweigen die Schweizer Medien?«, 2.6.2012:
www.info8.ch/hintergruende/gastbeitraege/1462-bilderberg-2012-warum-schweigen-die-schweizer-
medien.html?tmpl=component&print=1&layout=default&page= (Stand 15.9.2015).

management tools research ag: »Online Befragung ›Point de Suisse II‹«. Ergebnisse der repräsentativen
Befragung, Beckenried 29.7.2015: www.pointdesuisse.ch/wp-content/uploads/2015/08/Ergebnisse_
repBefragung_PointdeSuisse-II_DE.pdf (Stand 15.9.2015).

Monetas: »Mandate von Politikern«, 2015: www.monetas.ch/htm/705/de/Politiker-Suchresultate.htm
(Stand 15.9.2015).

Moneyhouse.ch, 2013: www.moneyhouse.ch/u/o/sudostschweiz_mediengruppe_ag_CH-350.3.002.120-8.htm
(Stand 4.11.2013).

Mont Pelerin Society, »Conference Program«: http://mps2014.org/program.html (Stand 22.12.2013).

Mont Pelerin Society: »The Mont Pelerin Society«, 2013: https://www.montpelerin.org/montpelerin/home.html
(Stand 22.12.2013).

Müller-Plantenberg, Clarita, »Soziale Ökonomie: Ein Bündnis von Gesellschaft und Natur«,
in: Südwind, 2, 2009: www.suedwind-magazin.at/solidarische-oekonomieein-buendnis-von-
gesellschaft-und-natur (Stand 15.9.2015).

Morosoli, Renato: Art. »Georg Stucky« in: Historisches Lexikon der Schweiz (HLS), Bd. V, Schwabe, Basel
2006: www.hls-dhs-dss.ch/textes/d/D33272.php (Stand 2.5.2015).

Nationalrat: Wortprotokoll Postulat APK-NR. Mehr Transparenz im Schweizer Rohstoffsektor, Geschäft
13.3365, Sommersession 2013, 11.6.2013: www.parlament.ch/ab/frameset/d/n/4909/408034/
d_n_4909_408034_408187.htm (Stand 15.9.2015).

Nestlé, 2012: www.nestle.ch (Stand 13.9.2012).

Nestlé, 2014: www.nestle.ch (Stand 15.9.2015).

Novartis, 2012: www.novartis.ch (Stand 10.9.2012).

Nuklearforum Schweiz: »Energiestrategie 2050: Politik und Wirtschaft nehmen Stellung«, 3.10.2012: www.nuklearforum.ch/de/aktuell/e-bulletin/energiestrategie-2050-politik-und-wirtschaft-nehmen-stellung (Stand 15.9.2015).

OECD: »Closing tax gaps: OECD launches Action Plan on Base Erosion and Profit Shifting«, 19.7.2013, www.oecd.org/tax/beps-news.htm (Stand 24.6.2015).

OXFAM International: »Wealth: Having It All and Wanting More«, Januar 2015, https://www.oxfam.org/en/research/wealth-having-it-all-and -wanting-more (Stand 15.9.2015).

Parlament.ch, Kommissionen für soziale Sicherheit und Gesundheit SGK, 2015: www.parlament.ch/d/organe-mitglieder/kommissionen/legislativkommissionen/kommissionen-sgk/Seiten/default.aspx (Stand 9.7.2015).

Parlament, Organe: »Militärischer Rang von Mitgliedern des Ständerates«, 2015: www.parlament.ch/D/ ORGANE-MITGLIEDER/STAENDERAT/MIGLIEDER-SR-A-Z/Seiten/default.aspx (Stand 6.5.2015).

PWC: »Private Banking Switzerland: from Yesterday to the Day after Tomorrow. Eight theses on Swiss Private Banking«, August 2014: https://www.pwc.ch/user_content/editor/files/publ_bank/pwc_private_banking_ switzerland_from_yesterday_to_the_day_after_tomorrow.pdf (Stand 13.9.2015).

Recht ohne Grenzen: »Klare Regeln für Schweizer Konzerne. Weltweit«, 2015: www.rechtohnegrenzen.ch/de/kampagne/recht-ohne-grenzen/ (Stand 3.6.2015).

Regierungsrat Kanton Zug: Interpellation der SP-Fraktion betreffend Maßnahmen gegen Missstände in der Rohstoffbranche (Vorlage Nr. 2246.1–14321), Antwort des Regierungsrates vom 10.9.2013, S. 2 f., 2013: https://kr-geschaefte.zug.ch/gast/geschaefte/497 (Stand 6.6.2015).

Regierungsrat Kanton Zug: »Mit Zug einen Schritt voraus, Strategie des Regierungsrats 2010–2018, Legislatur 2015–2018«, 2014: www.zg.ch/behoerden/regierungsrat/strategie (Stand 6.6.2015).

Regierungsrat Kanton Zug: Medienmitteilung vom Zuger Regierungsrat zum Entlastungsprogramm vom 24.3.2015, 2015: www.zg.ch/behoerden/finanzdirektion/direktionssekretariat/ entlastungsprogramm-2015-2018 (Stand 6.6.2015).

Roche, 2012: www.roche.ch (Stand 12.9.2012).

Royal Döner: »Dönerproduktionsunternehmen«, 2015: www.royaldoener.ch/unternehmen (Stand 28.6.2015).

Ruffo, Nico/Arnold, Adrian: »Legislatur. Fast jeder vierte Nationalrat ist abwesend«, tagesschau.tv 5.6.2012: www.tagesschau.sf.tv/Nachrichten/Archiv/2012/06/05/Schweiz/Session/Legislatur-Fast-jeder-vierte-Nationalrat-ist-abwesend (Stand 15.9.2015).

schillingreport 2015: »Transparenz an der Spitze – Die Geschäftsleitungen und Verwaltungsräte der hundert grössten Unternehmen im Vergleich«, hrsg. von Schilling, Guido, Zürich, März 2015: www.schillingreport.ch/de/home (Stand 15.9.2015).

Schnurbein, Georg von: »Der Schweizer Stiftungssektor im Überblick. Daten, Tätigkeiten und Recht«, Basel, Center for Philanthropy Studies, 2009: http://ceps.unibas.ch/fileadmin/ceps/redaktion/Downloads/ Forschung/Der_Schweizer_Stiftungssektor_im_Ueberblick_2009.pdf (Stand 1.9.2011).

Schweizerische Bankiervereinigung (SBVg): »Die Schweiz und ihr Finanzplatz«, 2007: http://shop.sba.ch/169170_d.pdf (Stand 15.9.2015).

Schweizerische Bankiervereinigung (SBVg): »Unsere Vereinigung«, 2015: www.swissbanking.org/home/aboutus-link/portrait.htm (Stand 15.9.2015).

Schweizerische Bundeskanzlei: »Abstimmungsresultate: Volksabstimmung vom 4. März 2001«, 2001: https://www.admin.ch/d/pore/va/20010304/index.html (Stand 15.6.2015).

Schweizerischer Bundesrat: »Dienstreglement der Schweizerischen Armee«, 1994: www.admin.ch/opc/de/classified-compilation/19950175/201207010000/510.107.0.pdf (Stand 6.7.2014).

Schweizerischer Bundesrat: »Besondere Berufskosten von vorübergehend in der Schweiz tätigen leitenden Angestellten, Spezialistinnen und Spezialisten (Expatriates)«, mit der Rechtsgrundlage Expatriates-Verordnung des Bundes vom 3.10.2000 (SR 642.118.3): https://www.admin.ch/opc/de/classified-compilation/ 20001419/200101010000/642.118.3.pdf (Stand 15.9.2015).

Schweizerischer Bundesrat: »Verteilung des Wohlstands in der Schweiz«, Bericht des Bundesrates in Erfüllung des Postulats 10.4046 von Jacqueline Fehr vom 07.12.2010, 2014: http://www.news.admin.ch/NSBSubscriber/message/attachments/36247.pdf (Stand: 15.9.2015).

Schweizerischer Gewerbeverband (SGV): »Statuten sgv. Reglement Schutzfonds«, 2010: www.sgv-usam.ch/fileadmin/user_upload/deutsch/20121210_statuten-sgv_de.pdf (Stand 28.6.2015).

Schweizerischer Gewerbeverband (SGV): »Vorstand«, 2012: www.sgv-usam.ch/index.hp?id=121&print=1&no_cache=1 (Stand 13.9.2015).

Schweizerischer Gewerbeverband (SGV): »Agrarpolitik 2014 – 2017: Gut für das Gewerbe«, 19.9.2012: www.sgv-usam.ch/index.php?id=26&print=1&no_cache=1&tx_ttnews[tt_news]=1241 (Stand 13.9.2015).

Schweizerischer Gewerbeverband (SGV): »Strategie und politische Zielsetzungen 2014–2018«, 2014: www.sgv-usam.ch/fileadmin/user_upload/deutsch/2014/varia/20140512_sgv_strategie_zielsetzungen_de.pdf (Stand 28.6.2015).

Schweizerische Nationalbank (SNB): »Vermögen der privaten Haushalte 2013«, 20.11.2014: www.snb.ch/ext/stats/wph/pdf/de/Verm_priv_Haush.pdf (Stand 13.9.2015).

Schweizerische Nationalbank (SNB): »Die SNB«, Zürich 2015: www.snb.ch/de/ifor/shares (Stand 15.9.2015).

Schweizerischer Versicherungsverband: »Privatversicherer setzen in der Personalentwicklung auf militärische Führungsausbildung«, 2010: www.svv.ch/de/medien/medienmitteilungen/privatversicherer-setzen-der personalentwicklung-auf-militaerische-fuehrung (Stand 6.7.2014). Simply science, deine Webseite für Naturwissenschaften und Technik: »Novartis«, 2012: www.simplyscience.ch/fr/desktopdefault.aspx/tabid-360/admin-1/ (Stand 10.9.2012).

Sinus/M.I.S. Trend: »Die Schweiz hat sich verändert. Sinus und M.I.S. Trend stellen neues Gesellschaftsmodell vor: die Sinus-Milieus Sinus* 2013«, Heidelberg/Lausanne, 12.3.2013 (Pressemitteilung): www.integral.co.at/downloads/Pressetext/2013/03/Milieu-Update_Schweiz_-_Mar_2013.pdf (Stand 15.9.2015).

Solecol, 2015: www.solecol.ch (Stand 20.8.2015).

SP: »Abstimmung vom 28. November 2010: SP Schweiz kämpft für gerechte Steuern und gegen den Steuermissbrauch«, Medienmitteilung, 2010: www.sp-ps.ch/rolandparoz/Medien/Communiques/2010/Abstimmung-vom-28.-November-2010-SP-Schweiz-kaempft-fuer-gerechte-Steuern-und-gegen-den-Steuermissbrauch (Stand 8.1.2013).

SPIEGELblog: »Bilderberg-Konferenz: Der SPIEGEL verweigert sich der Aufklärung über das ›sagenumwobene Geheimtreffen‹«, 3.7.2010: www.spiegelblog.net/bilderberg-konferenz-der-spiegel-verweigert-sich-der-wirklichen-aufklarung-uber-dieses-geheimnisumwitterte-geheimtreffen.html/print/ (Stand 15.9.2015).

Spiegel Online: »Einkaufstour. Elektrokonzern ABB plant Milliarden-Übernahme in den USA«, 30.1.2012: www.spiegel.de/wirtschaft/unternehmen/einkaufstour-elektrokonzern-abb-plant-milliarden-uebernahme-in-den-usa-a-812260-druck.html (Stand 15.9.2015).

Staatssekretariat für internationale Finanzfragen SIF: »Finanzstandort Schweiz – Kennzahlen«, Bern April 2015: https://www.bundespublikationen.admin.ch/cshop_mimes_bbl/2C/2C59E545D7371ED4B4C61C4F920E639D.pdf (Stand 15.9.2015).

Staatssekretariat für Wirtschaft (SECO): »Quartalsdaten Bruttoinlandprodukt«, 2015: http://www.seco.admin.ch/themen/00374/00456/04878/index.html?lang=de (Stand 13.9.2015).

STSA: www.stsaswiss.ch (Stand 1.3.2015).

Südostschweiz.ch: »Weniger Geheimnisse an der Bilderberg-Konferenz in St. Moritz«, 6.6.2011: www.suedostschweiz.ch/print/120740 (Stand 15.9.2015).

Swissbanking: «Vermögensverwaltung – global und in der Schweiz. Bestandsaufnahme und Branchentrends«, November 2013: www.swissbanking.org/20131025-2400-vermoegensverwaltungsstudie_web-awe-rva.pdf (Stand 15.9.2015).

Swisscleantech: »Die Richtung stimmt – die grüne Wirtschaft geht weiter«, 28.9.2012: www.swisscleantech.ch/fileadmin/content/PRS/swisscleantech_MM_28092012.pdf (Stand 15.9.2015).

Swiss Info: Dettling, Erwin, »Geld und Geist im Kloster«, 6.4.2005: www.swissinfo.ch/ger/geld-und-geist-im-kloster/4444028 (Stand 15.9.2015).

Swiss Info: Gaby Ochsenbein: »Ausländer haben in der Schweiz wenig zu sagen«, 20.7.2012: www.swissinfo.ch/ger/politische-partizipation_auslaender-haben-in-der-schweiz-wenig-zu-sagen/33012842 (Stand 15.9.2015)

Tanner, Albert: Art. »Mittelstand«, in: Historisches Lexikon der Schweiz (HLS), Bd. VIII, Schwabe, Basel 2009: www.hls-dhs-dss.ch/textes/d/D13791.php (Stand 24.7.2013).

Trittin, Jürgen: »60. Bilderberg-Konferenz 2012 in Chantilly, Va, USA«, 5.6.2012: www.trittin.de/texte/papiere/20120605_bilderberg.shtml?navanchor=1110011 (Stand 15.9.2015).

UBS: »Annual Report 2014«, 2015: https://www.ubs.com/global/de/about_ubs/investor_relations/annualreporting/2014.html (Stand 20.8.2015).

Umweltnetz.ch: »Politik und Wirtschaft noch nicht unterwegs Richtung Atomausstieg und Energiewende«, 29.9.2012: www.umweltnetz.ch/content/politik-und-wirtschaft-noch-nicht-unterwegs-richtung-atomausstieg-und-energiewende (Stand 15.9.2015).

Universität Zürich (UZH)/Wissenschaftszentrum Berlin für Sozialforschung (WZB): »Demokratiebarometer«, Democracybarometer.org, 2011–2014: www.democracybarometer.org/profileEN_Switzerland.html (Stand 15.9.2015).

Verein Monetäre Modernisierung: »Vollgeld Initiative: Für krisensicheres Geld: Geldschöpfung allein durch die Notenbank!«, 2015: www.vollgeld-initiative.ch (Stand 16.9.2015).

Werbewoche.ch: »20 Minuten: Online- und Printredaktion zusammengelegt«, 27.9.2013: www.werbewoche.ch/20-minuten-online-und-printredaktion-zusammengelegt. (Stand 30.12.2013).

Werbewoche.ch: »Finanzierung für Watson steht«, 27.10.2013: www.werbewoche.ch/finanzierung-fuer-watson-steht (Stand 30.12.2013).

Widmer Feh, Antoinette: »Machtverschiebungen im parlamentarischen Entscheidungsprozess in der Schweiz unter besonderer Berücksichtigung wirtschaftspolitischer Entscheide«, Büro Vatter AG (Hrsg.), 2014: www.furrerhugi.ch/FUHU/media/FUHUMediaLibrary/Studie-Machtverschiebungen.pdf (Stand 28.6.2015).

Wirtschaft.ch: »Am meisten Verwaltungsräte sitzen in den Reihen der FDP-Fraktion«, 30.5.2011: www.wirtschaft.ch/Am+meisten+Verwaltungsraete+sitzen+in+den+Reihen+der+FDP+Fraktion/494086/detail.htm (Stand 20.8.2015).

ZHAW School of Management and Law: »Swiss Funds of Hedge Funds: Structure, Evolution and Performance«, 2011: https://www.zhaw.ch/de/forschung/personen-publikationen-projekte/detailansicht-publikation/publikation/6538/ (Stand 13.9.2015).

Zulauf, Urs: »Koregulierung statt Selbstregulierung. Erfahrungen mit der Selbstregulierung im Schweizer Finanzmarktrecht seit der Finanzkrise von 2007«, in: Jusletter, 4.11.2013: https://jus.swissbib.ch/Record/305913409 (Stand 15.9.2015).

20 Minuten Online, Bruppacher, Balz: »Novartis krebst zurück«, 17.1.2012: www.20min.ch/finance/news/story/11817081 (Stand 15.9.2015).

Filme und Rundfunk

Arte: Meurice, Jean-Michel/Calvi, Fabricio: *Banken, Banker, Bankster – Der Tanz der Gelder*, 20.12.2012.

BaZ Standpunkte: Prazeller, Markus: *Feinbild Großverdiener – Ausdruck einer Neidkultur?*, 17.2.2013.

Regionaljournal SR DRS: *Englischsprachige Berufslehre in Zug*, 13.4.2015.

Scorsese, Martin: *The Wolf of Wall Street*, 2013.

SRF, DOK: Broda, May: *Das Bankgeheimnis – Vom Erfolgsmodell zum Stolperstein*, 16.3.2009.

SRF: *Glencores Hinterhof*, Reportage von Res Gehriger, 14.10.2012: www.srf.ch/sendungen/reporter/glencoreshinterhof (Stand 15.9.2015).

SRF, DOK: *Wir kaufen uns die Welt*, 9.1.2014.

SRF, ECO: *Gegen Fachkräftemangel – mit der Berufslehre auf Englisch*, 1.12.2014.

SRF: *Der Dönerkönig*, mit Stimmen von Rechtsberater Hans Peter Fent u. a.: https://www.youtube.com/watch?v=-seAyGfUYU (Stand 1.7.2015), Erstausstrahlung: 16.10.2013.

Stone, Oliver: *Wall Street*, 1987.

Tagesschau: *Viel Aufregung um wenig: Bilderberg-Gruppe verlässt St. Moritz*, tagesschau.sf.tv 12.6.2011, 2011a: www.tagesschau.sf.tv/Nachrichten/Archiv/2011/06/12/Schweiz/Viel-Aufregung-um-wenig-Bilderberg-Gruppe-verlaesst-St.-Moritz (Stand 15.9.2015).

Tagesschau: *Zwischenfälle am Rand der Bilderberg-Konferenz*, tagesschau.sf.tv 10.6.2011, 2011b: www.tagesschau.sf.tv/Nachrichten/Archiv/2011/06/10/Schweiz/Zwischenfaelle-am-Rande-der-Bilderberg-Konferenz (Stand 15.9.2015).

Tagesschau: *Gegner der Bilderberg-Konferenz machen mobil*, 9.6.2011, 2011c: www.tagesschau.sf.tv/Nachrichten/Archiv/2011/06/09/Schweiz/Gegner-der-Bilderberg-Konferenz-machen-mobil (Stand 30.12.2013).

Tagesschau: *Google Schweiz tritt Economiesuisse bei*, 31.8.2012: www.tagesschau.sf.tv/Nachrichten/Archiv/2012/08/31/Wirtschaft/Google-Schweiz-tritt-Economiesuisse-bei (Stand 15.9.2015).

Tagesschau: *Xstrata unzufrieden mit verbessertem Glencore-Angebot*, 7.9.2012: www.tagesschau.sf.tv/Nachrichten/Archiv/2012/09/07/Wirtschaft/Xstrata-unzufrieden-mit-verbessertem-Glencore-Angebot (Stand 15.9.2015).

Wagenhofer, Erwin: *Let's Make Money*, 2008: www.letsmakemoney.at (Stand 20.9.2015).

Zeiter, Berty: *Manifestation zum Tag der indigenen Völker*, 12.10.2009, erschienen am 13.10.2009: www.gruene-zug.ch/aktuell/news/artikelansicht/manifestation-zum-tag-der-indigenen-voelker-in-zug-und-baar/manifestation-zum-tag-der-indigenen-voelker-in-zug-und-baar.html (Stand 2.4.2015).

Zitzelsberger, Gerd: *Kapitalismus in der Krise. Erinnerung an alten Glanz*, 2010: www.sueddeutsche.de/wirtschaft/kapitalismus-in-der-krise-erinnerungen-an-alten-glanz-1.373355-2 (Stand 22.12.3013).

Ueli Mäder, Ganga Jey Aratnam, Sarah Schilliger

Wie Reiche denken und lenken
Reichtum in der Schweiz: Geschichte, Fakten, Gespräche

Wer sind eigentlich die Vermögenden und Gutbetuchten?
Dieses Buch liefert Einblicke, Analysen und Statistiken zu den
in der Schweiz wohnenden Reichen.

»Ein informatives wie unterhaltsames Buch, welches das Phänomen
Reichtum in der Schweiz erklärt, aber auch etwas entzaubert.«
der arbeitsmarkt

448 Seiten, Klappenbroschur, 3. Auflage 2010
978-3-85869-428-7, Fr. 38.–/Euro 35,–

Rotpunktverlag.

Ueli Mäder, Peter Sutter, Markus Bossert, Aline Schoch,
Reto Bürgin, Simon Mugier, Hector Schmassmann

Raum und Macht
Die Stadt zwischen Vision und Wirklichkeit
Leben und Wirken von Lucius und Annemarie Burckhardt

Das Buch geht dem Leben und Wirken von Lucius und Annemarie
Burckhardt nach. Sie prägten in Basel, Zürich, Weimar und Kassel
eine ganze Generation von Architekten und Soziologinnen.

*»Dass Lucius Burckhardts Thesen und Theorien bis heute nachwirken,
versucht die Studie zu belegen – anhand aktueller Beispiele wie
des Urban Gardening, der Klybeckinsel-Pläne und der Zwischennutzung
von Stadträumen.«* Basler Zeitung

Mit zahlreichen Abbildungen, beigelegte DVD (von Simon Mugier):
Lucius und Annemarie Burckhardt. Rückblick in Gesprächen
304 Seiten, gebunden, 2014, 978-3-85869-591-8, Fr. 48,–/Euro 43,–

Rotpunktverlag.